张载《西铭》《东铭》
诠评汇纂

魏柏麓 编纂

西北大学出版社
·西安·

图书在版编目(CIP)数据

张载《西铭》《东铭》诠评汇纂. / 魏柏麓编纂. 西安：西北大学出版社,2025.2. -- ISBN 978-7-5604-5566-2

Ⅰ.B244.45

中国国家版本馆 CIP 数据核字第 2025Q8E395 号

张载《西铭》《东铭》诠评汇纂

编　　纂	魏柏麓
出版发行	西北大学出版社
地　　址	西安市太白北路 229 号
邮　　编	710069
电　　话	029-88302590
经　　销	全国新华书店
印　　装	西安华新彩印有限责任公司
开　　本	787mm×1092mm　1/16
印　　张	41.75
字　　数	638 千字
版　　次	2025 年 2 月第 1 版　2025 年 2 月第 1 次印刷
书　　号	ISBN 978-7-5604-5566-2
定　　价	140.00 元

本版图书如有印装质量问题，请拨打电话 029-88302966 予以调换。

内容提要

张载是宋明理学的奠基者,关学学派的创始人,中国著名的哲学家、思想家、教育家。《西铭》《东铭》原名《订顽》《砭愚》,是张载悬挂在学堂东西二牖上的座右铭,后来程颐看到后改为今名。《西铭》《东铭》是张载最重要的哲学文献,是体现张载宇宙本体论、人生境界观和道德修养论的光辉篇章,对宋明理学的思想发展和中华民族的精神形塑产生了重要影响。从宋代到民国八百余年间,先后就有吕大临、张九成、胡宏、朱熹、薛瑄、曹端、吕柟、韩邦奇、刘宗周、王船山、张伯行、李元春、罗泽南、归曾祁、唐文治等260多位学者的注解和评注,《西铭》《东铭》还传播到海外,对韩国、日本的理学产生了重要影响。在韩国李氏朝鲜时期,先后有李滉、崔有海、宋时烈、田愚等130多位学者对《西铭》《东铭》有注解评述;而在日本德川幕府时,也先后有藤惺窝、林恕、山崎闇斋、贝原益轩、浅见安正等10余位学者对《西铭》《东铭》有注解评述。这构成了关学史乃至宋明理学史上极为鲜见的以篇章为对象的经典文献传述现象。但长期以来,由于《西铭》《东铭》诠评文献分散,故而一直没有得到系统全面的整理。本书则首次通过对《西铭》《东铭》历代诠评文献的全面搜辑和系统整理,为研究《西铭》《东铭》诠释史的发展提供系统、完整的文献,由此也可窥见张载关学对东亚社会思想文化深远持久的影响。

赵馥洁先生题辞

粹语箴言奏正声,灵魂震撼气恢宏。
根除长傲遂非态,畅叙民胞物与情。
道合天心群彦辩,思通慧海百家鸣。
散珠荟萃光芒远,千古高文仰二铭。

题《张载〈西铭〉〈东铭〉诠评汇纂》,壬寅年腊月初八,赵馥洁诗

序言：张载《西铭》《东铭》诠评文献概略

《西铭》《东铭》是儒家理学的奠基者、关学学派的创始人、中国著名的哲学家、思想家、教育家张载(1020—1077)所作的两篇儒学文献。这两篇文献原名《订顽》《砭愚》，是张载贴在学堂东西双牖的座右铭，其内容也被张载收入其一生最重要的著作《正蒙》。后来程颐见了，以为《订顽》《砭愚》的名称容易引起争端，遂改为《西铭》《东铭》，后世遂多沿用称之。到了明代，又有人将两者合称为张载"二铭"。① 作为张载著作中的重要篇章，"二铭"集中体现张载人生境界观和道德修养观，是其理学思想的精华所在，故"二铭"一当问世，即得到张载的学友程颢、程颐兄弟的推许和赞扬。自二程之后，"二铭"一直得到历代学者的广泛推重，从宋元明清直到民国传述不绝，所以"二铭"又成为儒家理学乃至中华文化中的经典文献，对中华民族精神的形塑产生了重要影响。不特如此，"二铭"还在中国明朝初、晚期传到韩国、日本，在韩国的李氏朝鲜王朝时期(1392—1910)、日本的德川幕府时期(又称江户时期，1603—1867)得到广泛的关注，进而又梯升为东亚儒家文化圈中脍炙人口的名篇。据编者初步考察，截至1949年之前，中、韩、日三国不仅有850多位学者关注传述"二铭"，而且还出现了以语录、札记、诗歌、赋文、楹联、文论、别纸、书信、问答、策问、图解、著作等多种体裁对"二铭"予以评价、诠释、称引、运用、记叙的多种传述形式。"二铭"的传述，可谓历史久远，范围广泛，关注学者众多，体裁形式多样。这在以篇章为表现形式的经典传承中，无疑是极为罕见的。但不可置否的是，以对"二铭"的地位、特点、主旨、结构、思想渊源以及与其他著作关系等为主要内容的评述和诠释文献，是"二铭"传述文献的主体，也是理解"二铭"诠释思想发展的基本文献。考察张载思想特别是"二铭"的诠释发展以及历史影响，有必要对其诠释评述文献作以考察。因本书

---

① 明万历年间，沈自彰在陕西刊刻《张子全书》，作有《张子二铭题辞》。

所录文献时段下限为 1949 年之前,故先以此时段为限,对此前"二铭"诠评概况作一简要述略。

一、《西铭》在中国的诠释评述

《西铭》《东铭》同为张载的座右铭,在张载那里地位并重,不可偏废。但在传述的过程中,由于二程对《西铭》的偏重及其影响深远,故《西铭》的传述,远比《东铭》的传述更为丰富、深远、持久、广泛。因此,要了解"二铭"的传述情况,首先需要说明《西铭》的传述。在此,先就《西铭》在中国传述的特点,将其划分为宋元、明清和民国三个阶段予以叙述。

(一) 宋元《西铭》诠评

《西铭》《东铭》是张载的作品,对《西铭》《东铭》的诠释评价,也可以追溯到张载那里。对"二铭",张载没有直接的评价。但他将"二铭"收入到自己著作《正蒙》的最后一篇,对于《正蒙》,张载曾经评价说,其"殆与圣人合欤!"(吕大临:《横渠先生行状》),因为"二铭"是《正蒙》的最后一篇《乾称篇》的首段和末段,《乾称篇》在《正蒙》中地位重要,具有"结穴"的重要作用,而这两篇又是《乾称篇》的开局和结局之作,所以他对《正蒙》这一相当自信的评价,也同样适用于《西铭》《东铭》。对于二者的主旨,张载没有直接诠释《东铭》,他对《西铭》的诠释,也仅见于一条:

《订顽》之作,只为学者而言,是所以"订顽"。天地更分甚父母? 只欲学者心于天道①。若语道,则不须如是言。(《横渠语录上》)

"只为学者而言"可以说是张载创作《西铭》的言说对象,"欲学者心于天道"一语,可以说是张载创作《西铭》的意图所在,"若语道,则不须如是言",则隐含了对《西铭》的解读方法,这三个方面结合到一起,应该说揭示了张载

---

① "心于天道":"心",《诸儒鸣道》本作"出"。吴坚本作"忠",林乐昌《张子全书》西北大学出版社 2015 年版(林校本)从之;明吕柟《张子抄释》本、明徐必达《张子全书》本作"心",章锡琛《张载集》中华书局 1978 年版、林乐昌《张子全书(增订版)》西北大学出版社 2021 年版(林新校本)从之。林校本校注云:"'出于天道',似于文义难通;而明徐本'忠于天道'与《明抄释》'心于天道',则义可两存。"林新校本校注云:"'心于天道',意更允恰,当据改。"柏麓按:以林新校本为是,改"出""忠"作"心"。

对《西铭》主旨的概括。张载对《西铭》主旨的诠释，和他的整个思想体系是一致的。但后世对《西铭》的诠释并没有完全沿着张载的思路走，而更多是接受了他的学友程颢、程颐兄弟，特别是程颐的解释而来的。

　　二程兄弟对张载著作的评价诠释，表现出与张载不尽相同的面向。就评价而言，二程兄弟并不认为张载的《正蒙》"殆与圣人合"，而是对其有所批评。程颢认为，张载《正蒙》"立清虚一大为万物之源，恐未安"；程颐说"横渠立言，诚有过，乃在《正蒙》。"但对《西铭》，兄弟二人都评价甚高。程颢说："《订顽》之言，极纯无杂，秦汉以来学者所未到"；程颐说"若《西铭》，则是《原道》之宗祖也"，"据子厚之文，醇然无出此文也。自孟子后，盖未见此书"，又说"至若《订顽》，明理以存义，扩前圣所未发，与孟子性善养气之论同功"。二程兄弟除高度赞许《西铭》外，还结合自己的思想，对《西铭》的主旨做出自己的诠释。程颢在与张载弟子吕大临的对话中，将《西铭》的主旨概括为"仁孝之理""乃仁之体"两个方面。他还以《西铭》开示门下游酢等学者，认为《订顽》立心，便达得天德"，"《西铭》言弘之道"。他说游酢："于《西铭》，读之已能不逆于心，言语之外，别立得这个义理，便道《中庸》矣。"而后，吕大临融合张载、程颢的思想并结合自己的体验，作《西铭赞》和《西铭解》，但受人关注不多。程颢也以《西铭》教授门下弟子尹焞、李朴、鲍若雨、刘元承、杨时等。在对弟子杨时的书信中，他批评杨时"《西铭》理一而分殊，墨氏则二本而无分。……子比而同之，过矣"，将《西铭》的主旨概括为"理一分殊"。二程之后，杨时也给胡安国、罗仲素等学者开示《西铭》，他一方面接着程颐"理一分殊"的说法说"天下之物，理一而分殊。知其理一，所以为仁；知其分殊，所以为义"；另一方面又接着程颢《西铭》"乃仁之体""的说法说"横渠作《西铭》，只是要学者求仁而已"；同时又接着张载"心于天道"的说法说"《西铭》，只是发明一个事天底道理。所谓事天者，循天理而已"。杨时对《西铭》的诠释，有综合张载和二程而并说的意向，但没有充分展开。二程后学胡安国、李侗、李涂、谢谔、张栻、吕祖谦等，都基于程颐的"理一分殊"说，对《西铭》主旨有进一步阐发。不过，他们对《西铭》的诠释和张载的解释一样，在后世都没有得到更多的关注。对后世影响巨大的，是朱熹对《西铭》的解释。

　　作为二程的后学，朱熹虽然对张载、周敦颐、程颢的思想有所取法，但更为贴近程颐。他在程颐"理一分殊"的基础上，著有《西铭解义》，并经过十余年修订成《西铭解》，这成为对后世《西铭》诠释具有深远影响力的文献。进而,朱熹还在与师友的讨论和对门人的教学中,多次评价诠释了《西铭》。与前人相比,朱熹对《西铭》的诠释评价更为系统完善,义理也更加丰富深刻,所以他的解释成为影响后世《西铭》诠评的大宗。朱熹之后,其门下学者黄榦、陈文蔚、陈淳、程珙、庹正、廖俣、陈埴等,以及宋元时期朱熹的后学真德秀、魏了翁、叶采、林駉、黄履翁、罗大经、王柏、曾熠、沈贵珤、刘炎、周应合、黄震、王义山、潜说友、郝经、鲍云龙、牟巘、方回、王恽、黄仲元、金履祥、程若庸、吴澄、程钜夫、胡炳文、程端学等50多位学者,都延续朱熹的思想,对《西铭》有评价诠释。

在宋元的众多诠评中,吕大临的《西铭赞》和《西铭解》、张九成的《西铭解》、林栗的《西铭说》、朱熹的《西铭解义》《西铭解》、张栻的《跋西铭》《答吴德夫》《答朱元晦》等书札、吕祖谦《东莱集注观澜文集》中的《西铭注》及其与朱熹的书札、陈亮的《西铭说》、黄榦的《西铭说》、陈文蔚的《答徐子融书》、陈淳的《答陈伯澡问西铭》、程珙的《书张子西铭解义后》、庹正的《书晦庵所释西铭后》、杨伯嵒《泳斋近思录衍注》中对《西铭》的解说、真德秀《西山读书记》中的《张子之学·西铭解》、熊刚大《性理群书句解》中的《西铭解》、林駉《古今源流至论·前集》中的《西铭》、饶鲁《鹤林精舍》中对《西铭》的解说、王柏的《西铭图》、陈普的《西铭大意》、吴澄的《西铭解》、程复心的《张子西铭图》、郑玉的《跋太极图西铭解后》、侯有造的《张子西铭说》等20位学者对《西铭》文本的诠释,是宋元学者传之后世的重要成果。

(二) 明清《西铭》诠评

明代朱子学定为一尊,尤其是《性理大全》的刊布,将《西铭》专门作为一卷附以二程、朱熹等人的注解,《西铭》更受到学人的关注和认可。方孝孺、杨士奇、吴讷、薛瑄、吴与弼、胡居仁、薛敬之、张元祯、程敏政、杨廉、罗钦顺、湛若水、王阳明、崔铣、吕柟、胡缵宗、聂豹、邹守益、薛应旂、罗洪先、耿定向、姚舜牧、顾宪成、邹元标、顾允成、冯从吾、高攀龙、刘宗周、孙奇逢、黄道周等60多位学者对《西铭》都有评述。但与宋元相比,这一时期对《西铭》文本作出诠释者较少。曹端的《西铭述解》、薛瑄《读书录》中的《读西铭笔录》以及对《西铭》的多条评述、杨廉的《西铭讲义》、吕柟《泾野子内篇》中对《西铭》的多条评述、李廷机《燕居录》中对《西铭》的解说,顾宪成《小心斋札记》《东林商语》中对《西铭》的多条解说、刘宗周《刘子遗书》中对《西铭》的解说、安世凤《景西铭》、王樵《绍闻编》中对《西铭》的评述、邓球《西铭客对》、姚舜牧《性理指归》中对《西铭》的评述，以上10余人对《西铭》的诠释，是这一时期《西铭》诠评的代表性成果。

　　清代继续尊崇朱子，看重《性理大全》，对《西铭》的关注持续升温。明末清初的雷于霖、陆世仪、张履祥、顾炎武、谢文洊、王建常、魏裔介、张能鳞、王夫之，清代前中期的王嗣槐、杨球、陈世祉、陆陇其、屈大均、熊赐履、张英、冉觐祖、陈廷敬、李光地、姚际恒、陈梦雷、李光坡、张伯行、窦克勤、胡煦、蔡衍鏞、王心敬、廖志灏、朱轼、方苞、李文炤、华希闵、王植、江永、郑板桥、杨方达、刘绍攽、毕沅、刘沅，清代晚期的罗泽南、唐鉴、吴敏树、陈澧、曾国藩、严复、张元勋、曾习经、刘师培、梁启超、归曾祁等60多位学者，对《西铭》都有评述。而雷于霖的《西铭续生篇》、高尔俨的《西铭演义》、陆世仪《西铭讲义》及其《思辨录辑要》中对《西铭》的多条评述、谢文洊《事天谟》对《西铭》的解说、王建常《复斋录》中对《西铭》的多条评述、魏裔介的《西铭理一分殊解》、张能鳞的《论天地之帅吾其性》、王夫之《张子正蒙注》中的《西铭解》及其在《读四书大全说》对《西铭》的多条解说、王嗣槐《太极图说·辨仁论》对《西铭》的长篇大段论述、张习孔的《西铭当用韵》、张英《御定孝经衍义》中对《西铭》的解释、冉觐祖《性理纂要附训》中的《西铭解》、陈廷敬《午亭文编》中对《西铭》的解释、李光地《榕村集》中的《张子西铭》《记张子西铭》以及《榕村语录》对《西铭》的多条论述、张伯行《濂洛关闽书》和《近思录集解》中的《西铭解》、窦克勤《张子西铭衍义》以及《事亲庸言》中对《西铭》的解释、王心敬《丰川全集》《续集》《诗集》中的《读西铭》《张子》《横渠先生》以及多条对《西铭》的评述、廖志灏的《订顽一气赋》《西铭论》上下篇以及《一乐编》中对《西铭》的解释、李文炤的《订顽(西铭)》《西铭外传自叙》《西铭解拾遗》、华希闵的《西铭辑释》、茅星来《近思录集注》中对《西铭》的解释、王植的《朱子注释濂关三书》中的《西铭》及其《西铭解》、江永的《西铭论》、刘绍攽的《读张子西铭书后》、刘沅《正讹》中的《西铭解》、李元春《关中道脉四种书》中的《张子西铭全注》、罗泽南的《西铭讲义》、唐鉴的《罗山西铭讲义序》、吴敏树的《书西铭讲义后》《又书西铭讲义后》、贺瑞麟《清麓文集》《清麓遗语》《清麓日记》《清麓答问》等著作中关于《西铭》的多条语录札记、张元勋的《西铭图》、归曾祁的《西铭汇纂》等对《西铭》诠释，是这一时期《西铭》诠评的代表性成果。

　　大致而言，从宋元到明清两代，《西铭》的诠释大多以程朱为宗，但随着理学发展，明朝中后期也有王阳明、罗洪先等人从心学等角度诠释《西铭》，清朝后期，《西铭》的诠释与时代结合，而逐渐走向多元化的路向。

(三) 民国《西铭》诠评

晚清之际，随着科举制的取消，理学逐渐退出意识形态的主流，但值得注意的是，随着中西文化的碰撞交融、学术形态的古今转型以及中华民族危机的加深，整个民国时期中国学界对《西铭》的关注并没有消减，而是出现了新的传述热潮。吴承烜的《西铭赞》、金夕阳的《宋张横渠有民胞物与之说申而论之》、周维新的《书张子〈西铭〉后》、武淑的《西铭解》、张绍价《近思录解义》中对《西铭》的解释、陈荣珪的《西铭解》、孙迺琨的《西铭辑说讲义》、褚应章的《张子〈西铭〉书后》、江谦的《广张子〈西铭〉》、缪篆的《读张横渠〈东铭〉〈西铭〉》、查猛济的《张子〈西铭〉的抗战哲学》、杜天縻的《西铭笺释》、王淄尘的《张子西铭》、朱逸人的《读西铭》、毛夷庚的《张子西铭》、孙常钧的《释西铭》、王建新的《〈西铭〉新话》、陈敦仁的《〈西铭〉注》等都结合中华民族面临的危机，对《西铭》展开合乎时代的诠释；而刘伯明、李佳白、谢扶雅、刘仲山、徐宝谦、赵紫宸、马叙伦、曹冷泉、冯友兰等学者在其论著中，也基于基督教、佛教、关学和中国哲学史建构等立场对《西铭》做了诠释或评述。枯木的《西铭口授》更成为吸收《西铭》阐发佛学思想的代表作。可见，这一时期《西铭》的诠释不再局限于理学，佛教、基督教、天主教等也把《西铭》作为阐发自己思想的重要资源。这体现出《西铭》传述在当时民族危机加深、学术形态转型下的盛况。

二、《西铭》在韩国和日本的诠释评述

值得一提的是，《西铭》的传播并不限于中国境内，而是随着理学的传播，在明代初、晚期也传到韩国和日本，成为两国理学传述的重要文献。因此，我们有必要在此对《西铭》在韩国和日本的诠释评述情况作一介绍。

(一) 韩国：李氏朝鲜时期《西铭》诠评

李氏朝鲜(1391—1911)建立后，在文化上追随明朝，以儒学立国，《西铭》也伴随朱子学传入朝鲜，成为李氏朝鲜时期士人广为熟知的经典文献。

在整个李氏朝鲜时期,先后有朴兴生、申光汉、李滉、金麟厚、李桢、柳希春、李珥、李德弘、宋时烈、韩元震、李光靖、丁若镛、朴永鲁、柳重教、田愚等120多位学者对《西铭》有评述。在众多的朝鲜学人中,李滉是第一位对《西铭》做出系统阐释的朝鲜学者。他在朝鲜宣祖元年(1568年)十二月进献的《圣学十图》有《第二西铭图》。同时他还作有《西铭考证讲义》,另在《答李叔献》《答万正淳书》《答郑子中讲目》等往来书札中关于《西铭》的讨论。李滉对《西铭》的诠释,本之朱熹而有自身特点,对朝鲜和日本影响颇大。在李滉之后,朝鲜学者李德弘《西铭说》、郭再谦的《横渠先生西铭图》、黄汝一的《天地之帅吾其性赋》、林泳《沧溪集》对《西铭》的解说、金德五的《西铭对策》、尹凤九的《考岩书院大学讲说·西铭》、杨应秀的《白水集·别集》中对《西铭》的解释、赵普阳的《西铭是中庸之理辨》、李象靖《大山集》中《与金退甫》《答李学甫问目》《答金道彦兄弟·别纸》《答金子野(丙戌)》等书札关于《西铭》的讲解开示、李宗洙《西铭劄疑(朱子解)》及其《答李公实·别纸》、权炳的《西铭是中庸之理辨》、金宗德《仁说疑禀(附先生答)》中对《西铭》的问答、朴胤源的《易系劄疑》《答李善长》对《西铭》的解说、纪大奎的《读西铭》、裴相说的《第三天地万物造化之图》、李秉远的《上从叔父圣学十图疑义(批海并附)》及其《答柳子强》《答崔儒瑞(廷镇)中庸疑目》《答族叔景观(垧)》等书札、李恒老的《西铭记疑(戊戌)》、金岱镇的《性理大全记疑:西铭》、苏辉冕《看书劄录》及其《答李尚甫(来应○甲戌)》《答李士仁(道用○乙丑)》等书札关于《西铭》的解说、朴永鲁的《西铭集解》、李晚泰的《西铭集解序》、许薰的《答权学尹西铭疑问》、金道和的《西铭(读书琐义)》《答崔纯夫》、柳重教的《西铭句节次第》、田愚的《劝读西铭》以及《答金秉九(丁巳)》等书札、郑载圭的《答赵敬之西铭问目》等书札、郭钟锡《俛宇集》中对《西铭》的解释、张锡英的《林黄中易西铭辨》及其《与康广夏(有为○丙午)》等书札,是韩国李氏朝鲜时期对《西铭》诠释的主要成果。

(二)日本:德川幕府时期《西铭》诠评

明朝晚期,随着德川幕府在日本的崛起,日本进入江户时期(1603—1867)。德川幕府推崇朱子学,《西铭》也随之在日本发生影响。江户时代早期的朱子学,分为"京学"和"南学"两派,但都重视《西铭》。京学派鼻祖藤原惺窝对《西铭》"理一分殊"有论述,门下主要代表林罗山著有《西铭讲解》,林罗山之子林恕著有《西铭私考》；南学派朱子学代表山崎闇斋《文会笔录》有关于《西铭》典故的考证和文字训释，浅见安正著有《西铭参考》，收录朱熹、李滉、山崎闇斋、薛瑄等人的《西铭》注释。江户时代前期朱子学者贝原益轩，在其《慎思录》《大疑录》《近思录备考》《自娱集》《益轩十训》等著作中，都有关于《西铭》主旨的发挥论述；江户前中期海南朱子学派学者大高坂芝山在其《南学遗训》有其《西铭》记事，朱子学派学者室鸠巢著有《西铭详义》，江户前中期朱子学者久代宽著有《心境西铭》，融合朱子、张载思想，仿照《西铭》，创造以心为本的体系。德川时代中期古学派学者荻生徂徕，虽然公然反抗朱子学，但也对《西铭》极为推崇，其《蘐园十笔》有其关于《西铭》的论述。幕末时期的朱子学派的代表性学者佐藤一斋的《近思录栏外书》有其关于"二铭"的论述，樱田虎门《鼓缶子著述书目》载其《西铭考》一卷、古贺侗庵的《刘子》上篇有其记《西铭》事，广濑谦的《途说》有其评论《西铭》。总体而言，日本对张载"二铭"的关注主要局限于德川时期的朱子学者，其论述不如中国、韩国那样数量众多和传述久远，但与中国、韩国的朱子学有密切的关系，同时又表现出自身的特色。

需要注意的是，韩国、日本的《西铭》传述，大多都是在程朱理学的视域下展开的，随着德川幕府在日本统治的终结和明治时代的到来，以及后来李氏朝鲜的终结和朝鲜进入日据期，朝鲜、日本对《西铭》的传述也就逐渐衰退了。

三、《东铭》在中、韩两国的诠释评述

由于受程朱理学的影响，《东铭》在中、韩、日的传述，远不如《西铭》。但由于《东铭》与《西铭》在张载那里作为座右铭并行，两者之间存在着密切的联系，所以学者在关注《西铭》的同时，也必然引发对"二铭"关系和《东铭》主旨的关注。《东铭》的诠评，也是随着两者之间关系的解释而体现出来的。目前，日本学者对《东铭》的诠释评述还有待发现，下面就所知，略述《东铭》在中、韩两国的诠释评述情况。

(一) 中国《东铭》诠评

二程重视《西铭》，对《东铭》则无有评述。但是其弟子尹焞则由张载门下苏昞导入程门，故受关学影响较深，表现出对《东铭》的看重。尹焞的弟子

韩元吉在其《书尹和靖所书东铭后》记载,尹焞"教学者,必先读《东铭》,然后看《西铭》。"(韩元吉:《南涧甲乙稿》卷十六)尹焞之后,朱熹看重《西铭》,但也对《东铭》给与一定关注。他曾说《东铭》"此正如今法书所谓'故''失'两字",并令门下杨道夫将《东铭》层次写成图观看。(《朱子语类》卷九十八)不过,这并没有改变《东铭》在程朱理学中的地位。朱熹在二程观点的基础上认为,《东铭》虽然重要,但其思想境界显然无法与《西铭》相比。当汪应辰问朱子:"东西'二铭',所以相为表里。而顷来诸公皆不及《东铭》,何也?"(《文定集》卷十五)朱熹的回答说:

> 东西《铭》虽同出于一时之作,然其词义之所指、气象之所及、浅深广狭,迥然不同。是以程门专以《西铭》开示学者,而于《东铭》则未之尝言。盖学者诚于《西铭》之言,反复玩味而有以自得之,则心广理明,意味自别。若《东铭》,则虽分别长傲遂非之失于毫厘之间,所以开警后学,亦不为不切,然意味有穷,而于下学功夫盖犹有未尽者,又安得与《西铭》彻上彻下、一以贯之之旨同日而语哉?(《朱子文集》卷三十)

在朱熹此种看法的支配影响下,虽然从宋元一直到明代中期,有陈埴、真德秀、饶鲁、熊刚大、沈贵珤、王应麟、吴讷、刘玑、何瑭、吕柟等人对《东铭》有简要的论述,但《东铭》与《西铭》的地位相比并不高。

真正对《东铭》地位予以肯定的,是明代中期的关中学者韩邦奇。他在其著作《正蒙拾遗》的《乾称篇》为《东铭》作注时言:

> 《西铭》是规模之阔大处言天道也,《东铭》是工夫之谨密处言人道也。先"东"后"西",由人道而天道可造矣。朱子独取《西铭》,失横渠之旨矣。圣贤之学,言其小极于戏言戏动、过言过动之际,无不曲致其谨,推而大之,则乾坤父母而子处其中,盖与天地一般大也。此《西铭》《东铭》之旨。(《正蒙拾遗·乾称篇》"东铭"下注文)

而后唐枢、吴绅、顾允成、刘宗周、张大命、孙奇逢、刁包、张履祥、华希闵、曹元弼、缪篆等人,均重视《西铭》而不废《东铭》。在这种情况下,《东铭》逐渐得到学者的重视。据作者统计,从公元11世纪晚期至20世纪中期,中国有尹焞、朱熹、陈埴、真德秀、饶鲁、熊刚大、沈贵珤、王应麟、吴讷、刘玑、何瑭、吕柟、韩邦奇、余本、周世鹏、刘儓、顾允成、陈继儒、高攀龙、徐必达、刘宗周、张履祥、王夫之、熊赐履、冉觐祖、李光地、张伯行、张棠、周芳、华希闵、王植、江永、杨方达、刘绍攽、王信芳、李元春、牛兆濂、缪篆等38位学者对《东铭》有所评述,而杨伯嵒、熊刚大、叶采、保八、吴讷、刘玑、韩邦奇、王夫之、施璜、冉觐祖、李文炤、茅星来、刘沅、李元春等14位学者对《东铭》文本有注解。

民国时期,中国讲《西铭》之风甚劲,而《东铭》的地位得到进一步提升,其主要表现就是缪篆在其《读张横渠〈东铭〉〈西铭〉》中,将《西铭》和《东铭》集合起来,提出:"《砭愚》之文,为'仁覆天下'主义之文也。若《订顽》之文则又何说? 曰'孝治天下'主义之文也。"并对《东铭》全文做了系统的讲解,这可以说是用现代学术范式对《东铭》解读的第一篇重要文献。

(二) 朝鲜《东铭》诠评

随着《西铭》在朝鲜的传述,《东铭》也传到了朝鲜,并引起一些学者的关注。据编者初步统计,李氏朝鲜时期,先后有李珥、李德弘、崔有海、河弘度、宋时烈、金昌协、李埁、南汉朝、柳寻春、姜必孝、李钟祥、许愈、郑载圭、郭钟锡等14位学者对《东铭》有所评述,曹好益、李尚馨对《东铭》有注解,李德弘有《东铭说》,金昌协在《经筵讲义(心经)》、李钟祥在《育英斋讲义·心经》中专讲《东铭》,宋时烈对《东铭》的论述颇多,由此可见其对《东铭》的看重。

概而言之,从公元11世纪到20世纪前期,对张载"二铭"的诠评主要是在程朱理学的背景下展开的;但随着学术思潮的变迁,对"二铭"的诠评也逐渐突破程朱理学的藩篱和地域国别的限制,并成为不同思想发展的重要资源。中、韩、日三国学者对《西铭》《东铭》的诠解评述,构成了关学史乃至宋明理学史上极为鲜见的以篇章为对象的经典文献传述现象。研究中、朝、日不同历史时期,不同学者基于不同的立场对《西铭》《东铭》的诠释评述,对了解中华文化的海外传播、构建人类命运共同体具有重要的价值。但由于《西铭》《东铭》诠评文献分散,故而长期以来没有得到系统全面的整理。本书首次通过对《西铭》《东铭》历代诠评文献的全面搜辑和系统整理,为研究《西铭》《东铭》诠释史的发展提供系统、完整的文献,从此也可窥见张载关学对古今中外思想文化长远悠久的影响。

编纂说明

● 本书收录中国宋元明清民国时期(1020—1949)、韩国李氏朝鲜时期(1392—1911)、日本德川幕府时期(1603—1867)学者诠释评述张载《西铭》《东铭》文献,分类汇编而成。

○ 本书所涉学者398人,其中:中国260人(宋元71人,明代80人,清代77人,民国32人);韩国李氏朝鲜时期学者137人,日本德川幕府时期学者10人。

○ 本书所参论著493部,其中:中国325部(宋元75部,明代102部,清代105部,民国43部);韩国153部,日本15部。

● 本书依据对文献传述意向的不同,分为六卷。

○ 卷一"二铭"校订,以明初《性理大全》所收《西铭》《东铭》为底本,以古今含有《西铭》或《东铭》文献的24种版本为校本,对《西铭》《东铭》文本予以校订,以为考订《西铭》《东铭》诠解文献提供底本依据。

○ 卷二"二铭"统论,是对《西铭》《东铭》进行统论性文的文献。本卷又分为《二铭改名》《二铭评论》两部分。

"二铭"改名部分,按历史顺序并参照学者生年、论著完成先后,依次收入中国、韩国、日本15位学者相关论述。本部分收录学者名录如下:

程颐　陈埴　李冶　金时习[韩]　吕柟　李滉[韩]　尹根寿[韩]
李德弘[韩]　李恒老　宋时烈　李世龟　张伯行　室鸠巢[日]　申暻[韩]
田愚[韩]

"二铭"评论部分,按历史顺序并参照学者生年、论著完成先后,依次收入中国、韩国、日本40位学者相关论述。本部分收录学者名录如下:

尹焞　汪应辰　朱熹　叶采　黄震　陈仁子　周琦
杨廉　刘玑　韩邦奇　唐枢　吴绅　顾允成　沈自彰
刘宗周　张大命　孙奇逢　习包　宋时烈[韩]　张履祥　汪琬

1

熊赐履　李衡祥[韩]　蔡衍鲲　华希闵　安鼎福　李宗洙[韩]　金相进[韩]
李　栻[韩]　朴旨瑞[韩]　姜必孝[韩]　佐藤一斋[日]　　李恒老　李钟祥
吴可读　柳重教[韩]　李承熙[韩]　曹元弼　张轶欧　缪　篆

　　〇卷三"西铭"诠解，是对《西铭》文本分章注解的文献汇纂。本卷依据传统对《西铭》的分章，将《西铭》文本划分为13章，并逐章收录中国宋元明清民国时期60人，韩国李氏朝鲜时期22人，日本德川幕府时期4人，合计中国、韩国、日本学者86人对《西铭》文句的诠解文献。本卷收录学者名录如下：

吕大临　张九成　朱　熹　张　栻　吕祖谦　杨伯嵒　陈　淳
真德秀　林夔孙　熊刚大　罗大经　叶　采　方逢辰　鲍云龙
熊朋来　同　恕　黄岩孙　保　八　曹　端　薛　瑄　钱　福
彭　韶　刘　玑　李　滉[韩]　王　樵　湛若水　张邦奇　邓　球
姚舜牧　李晬光[韩]　崔有海　雷于霖　高尔俨　宋时烈[韩]　张能鳞
林　恕[日]　王夫之　申　最[韩]　山崎闇斋[日]　　　贝原益轩[日]
张　英　冉觐祖　陈廷敬　金　干[韩]　林　泳[韩]　张伯行　窦克勤
室鸠巢[日]　廖志灏　李文炤　华希闵　鱼有凤[韩]　茅星来　李　縡[韩]
尹凤朝[韩]　王　植　尹凤九[韩]　杨应秀[韩]　金砥行[韩]　李宗洙[韩]　金宗德[韩]
徐昌载[韩]　李　㙂[韩]　刘　沅　李元春　金宪基[韩]　罗泽南　金平默[韩]
金道和[韩]　柳重教[韩]　郭钟锡[韩]　归曾祁　唐文治　张绍价　陈荣珪
缪　篆　查猛济　杜天糜　王淄尘　朱逸人　毛夷庚　孙常钧
方　豪　王建新　陈敦仁　枯　木

本卷对于以上学者《西铭》诠释文献，凡是属于解释《西铭》字词音义出处的，置于《西铭》相应字句之后；属于解说《西铭》文句义理的，置于每章正文之后；后人对前人注解进一步做出注解的，则置于前人注解相对应文献之后。

　　〇卷四"西铭"评述，是对《西铭》进行统论性的评述文献。本卷按历史顺序并参照学者生年、论著完成先后，依次收入中、韩、日三国351位学者对《西铭》的评述文献。本卷收录学者名录如下：

张　载　程　颢　程　颐　吕大临　杨　时　游　酢　尹　焞
郭　雍　谢　谔　张九成　李　涂　林　栗　李　侗　朱　熹
张　栻　吕祖谦　陈　亮　黄　榦　陈文蔚　陈　淳　程　珌

度　正	杨伯嵒	真德秀	刘达可	曾由基	程公许	熊刚大
林　駧	黄履翁	饶　鲁	王　柏	萧立之	赵　昫	沈贵珤
刘　炎	乐雷发	薛　嵎	黄　震	王义山	潜说友	牟　巘
王　恽	金履祥	文天祥	陈　普	熊　禾	吴　澄	程复心
刘将孙	黄瑞节	揭祐民	侯克中	郑　玉	王　毅	侯有造
王　逢	程本立	朴兴生[韩]	曹　端	黎尧卿	薛　瑄	黄　俊
陈献章	薛敬之	周　琦	王　鏊	杨　廉	张　旭	刘　春
杨　旦	邵　宝	钱　福	罗钦顺	湛若水	王阳明	马　理
孙　绪	崔　铣	吕　柟	胡缵宗	徐　问	何景明	魏　校
王一槐	申光汉[韩]	季　本	林大辂	邹守益	叶良佩	杨　爵
骆文盛	薛应旂	李　滉[韩]	刘　僖	谭大初	罗洪先	金麟厚[韩]
李　桢[韩]	柳希春[韩]	金富弻[韩]	方弘静	徐　渭	吴　健[韩]	邓　球
董传策	权好文[韩]	李　珥[韩]	方学渐	温　纯	李德弘[韩]	李廷机
姚舜牧	曹好益[韩]	杨起元	郭再谦	李安仁	顾宪成	徐思远
邹元标	虞淳熙	顾允成	黄汝一	冯从吾	吴允谦[韩]	薛　冈
藤原惺窝[日]		高攀龙	李光胤	申　钦[韩]	戴君恩	权得己[韩]
朴知诫[韩]	顾大韶	刘宗周	安世凤	戴　澳	林罗山[日]	孙奇逢
黄道周	权克中[韩]	林真怤[韩]	吕维祺	张　维[韩]	雷于霖	许　穆[韩]
尹舜举[韩]	陈　确	权　諰[韩]	高尔俨	宋时烈	陆世仪	张履祥
朴长远[韩]	顾炎武	谢文洊	王建常	魏裔介	张能鳞	林　恕[日]
王夫之	山崎闇斋[日]		董　说	王嗣槐	杨　球	陈世祉
朱显祖	陆陇其	屈大均	贝原益轩[日]		阿波集堂元成[日]	
熊赐履	施　璜	张习孔	张　英	冉觐祖	陈廷敬	李光地
李世龟[韩]	姚际恒	陈梦雷	李光坡	张伯行	金昌协[韩]	徐宗泰[韩]
窦克勤	胡　煦	朴光一[韩]	蔡衍鎤	王心敬	室鸠巢[日]	廖志灏
杨名时	朱　轼	萩生徂徕[日]		久代宽[日]	方　苞	金春泽[韩]
李文炤	华希闵	申益愰[韩]	鱼有凤[韩]	权德秀[韩]	丁时翰	李夏坤[韩]
李　縡[韩]	金德五	尹凤朝	王　植	江　永	蔡世远	韩元震[韩]
陈　梓	尹凤九	郑重器[韩]	沈　镐[韩]	庄亨阳	姜再恒[韩]	李清植

陈法　　郑板桥　　范尔梅　　杨方达　　刘绍攽　　郑玉[韩]　　闵遇洙[韩]
申暻[韩]　徐宗华[韩]　崔兴远[韩]　蔡新　　赵普阳[韩]　爱新觉罗·弘历
李象靖[韩]　任圣周[韩]　安鼎福[韩]　李光靖[韩]　金砥行[韩]　李宗洙[韩]　权炳[韩]
金宗德[韩]　柳长源[韩]　赵荣顺[韩]　金镇东[韩]　毕沅　　南基万[韩]　赵有善[韩]
李种徽[韩]　申体仁[韩]　朴胤源[韩]　金相进[韩]　李东汲[韩]　郑宗鲁[韩]　李树仁[韩]
李堣[韩]　金㙆[韩]　郑炜[韩]　李德懋[韩]　南汉朝[韩]　柳范休[韩]　李元培[韩]
徐滢修[韩]　夏时赞[韩]　黄德吉[韩]　何纶锦　李祈[韩]　李书九　李野淳[韩]
纪大奎　　裴相说[韩]　南汉皓[韩]　柳寻春[韩]　丁若镛[韩]　柳台佐[韩]　吴熙常
姜必孝[韩]　刘沅　　姜浚钦[韩]　李义发[韩]　李载毅[韩]　李秉远[韩]　金迈淳
邓显鹤　　柳致明[韩]　郑在夔[韩]　李恒老　奇正镇[韩]　李钟祥　金岱镇
韩运圣　罗泽南　唐鉴　吴敏树　陈澧　曾国藩　苏辉冕[韩]
朴永鲁[韩]　李晚焘[韩]　张福枢　李震相[韩]　金平默　李象秀[韩]　贺瑞麟
金道和[韩]　柳重教　许愈[韩]　金允植　许薰[韩]　李种杞[韩]　田愚[韩]
柳麟锡[韩]　郑载圭[韩]　朱一新　郭钟锡[韩]　张锡英[韩]　金泽荣[韩]　严复
张元勋　　曾习经　　何璋　　刘师培　　梁启超　　归曾祁　　吴承烜
金夕阳　　周维新　　刘伯明　　武淑　　李佳白　　张绍价　　孙迺琨
褚应章　　谢扶雅　　刘仲山　　徐宝谦　　江谦　　缪篆　　赵紫宸
查猛济　　杜天縻　　王淄尘　　朱逸人　　马叙伦　　毛夷庚　　曹冷泉
孙常钧　　张伯良　　王建新　　陈敦仁　　世界不孝子　　冯友兰
枯　木

　　以上351位学者中，熊刚大、张伯行、李文炤、叶采、李滉、茅星来、金道和、李宗洙、王植、罗泽南、归曾祁、林恕、贝原益轩、室鸠巢14位学者，在评述《西铭》时，另有对程颢、程颐、杨时、游酢、尹焞、李侗、朱熹、张栻、吴澄、陆世仪、王心敬等11位学者《西铭》评述的进一步解说，故本书收入相应的文献之后。

　　○卷五《东铭诠解》，是历代对《东铭》文本分章注解的文献汇纂。本卷依据传统对《东铭》的分章，将《东铭》分为3章，并逐章收录中国宋元明清民国时期12人，韩国李氏朝鲜时期2人，合计中国、韩国学者14人对《东铭》文句的诠解文献。本卷收录学者名录如下：

杨伯嵒　　熊刚大　　叶采　　保八　　韩邦奇　　曹好益[韩]　李尚馨[韩]

王夫之　施璜　舟觐祖　李文炤　茅星来　刘沅　李元春

○卷六《东铭评述》是对《东铭》进行统论性文的文献。按历史顺序，依次收入中国、韩国52位学者对《东铭》的评述。本卷收录学者名录如下：

尹焞　朱熹　陈埴　真德秀　饶鲁　熊刚大　沈贵珤
王应麟　吴讷　刘玑　何瑭　吕柟　韩邦奇　余本
周世鹏　刘僬　李珥[韩]　李德弘[韩]　顾允成　陈继儒　高攀龙
徐必达　刘宗周　崔有海[韩]　河弘度[韩]　宋时烈[韩]　张履祥　王夫之
熊赐履　舟觐祖　李光地　张伯行　金昌协[韩]　张　棠　周　芳
华希闵　王　植　江　永　杨方达　刘绍攽　王信芳　李　堣[韩]
南汉朝[韩]　柳寻春[韩]　姜必孝　李元春　李钟祥　许　愈[韩]　郑载圭[韩]
郭钟锡[韩]　牛兆濂　缪　篆

●本书之所以在上述诸条中详细罗列学者名录，并非为了"点卯"，而是为了说明：围绕不同的主题或者采取不同的形式，中、韩、日历代学人对张载"二铭"的诠评发展盛况；同时，也为读者阅读本书提供学者人名检索之便。

●为便于今人研读，本书对录入文献做了以下处理：

○本书在同一主题下，采取"以人系文"的原则，将相应的诠评文献归属于相应学者之后。并以符号"●"区分学者，以符号"○"区分文献段落。每节文献之后，以括注形式，著名文献出处。

○对录入文献作了必要的校勘，以脚注形式出校记；同时根据需要，在录入文献后，以"柏麓按"的形式，对文献差异、涉及学人等事项加按语予以说明。

○将古代文献繁体竖排的体式改为现代通行的简体横排，并依据中国大陆通行标点符号规范予以标点。为便于学者阅读，亦为文中出现的人名、地名、朝代名加了专名线。

●本书所涉学者众多，一些学者为人所熟知，一些学者则鲜为人知，尤其是韩国、日本学者，我国学界所知不多，因此有介绍其生平的必要。同时，有些学者对《西铭》《东铭》都有诠解、评述，如果在各条下均对学者生平予以介绍，则未免有前后重复之嫌。为简略起见，本书编有《本书所涉学人文献概略》，以学者国别、时代为类，学者生年或论著完成时间为序，对本书所涉学者的生平和诠评、论述"二铭"的文献概况予以集中的简要说明，将之置于本书附录，以便学者检索备览。

●本书所采文献繁复,且部分文献源自一书,但因为论述内容的差异而分置于不同卷中,如果在各条下均著明文献所出论著版本情况,则未免有前后重复之嫌。为简略见,本书编有《本书所采文献底本名目》,以著作国别、时代为类,论著作者生年为序,罗列了本书所采文献所依据的底本情况,将之置于本书附录,以便学者检索备览。

●本书所收文献的时间下限为20世纪中期(1949年之前),为便于学者了解《西铭》《东铭》在此后的研究成果,本书编有《1949年以来张载"二铭"研究论文要目(1949—2023)》,以论著出版、发表时间为序,列举了1949至2023年中、韩两国对《西铭》《东铭》研究的重要研究成果,以便学者检索查览。

●由于编者不识韩文、日文,故本书所收《西铭》《东铭》诠评文献仅以汉籍为限,而对韩文、日文的《西铭》《东铭》文献未曾收录。又因为本书所录文献驳杂,然编者见识有限,故其中遗漏文献,当不在少;编者学力功底亦为有限,其中点校失误之处,亦不在少。惟愿将来能有所补正,亦请学界大方,多多予以批评指正。

目 录

序言:张载《西铭》《东铭》诠评文献概略 …………………… 1
编纂说明 ……………………………………………………… 1

卷一 "二铭"校订 ……………………………………………… 1
卷二 "二铭"统论 ……………………………………………… 8
卷三 《西铭》诠解 …………………………………………… 24
卷四 《西铭》评述 ………………………………………… 206
卷五 《东铭》诠解 ………………………………………… 529
卷六 《东铭》评述 ………………………………………… 536
附录 ………………………………………………………… 558
 一 本书所涉学人文献概略 …………………………… 558
 二 本书所采文献底本名目 …………………………… 603
 三 张载"二铭"研究论文要目(1949—2023) ……… 624

后记 ………………………………………………………… 639

卷一 "二铭"校订

柏麓按：张载"二铭"为本书文献传述之基本文献，在传述过程中版本众多，其中文字，颇有差异。今考诸本文献，宜采其要者，辨其"二铭"本文文字不同，置之卷首，以总"二铭"传述之异文尔。

又按："二铭"传述中，注释文献颇多，然以明胡广所编《性理大全》本所收"二铭"影响至远，后世诸儒，多本之训解。如是之故，兹编以《性理大全》中之"二铭"为底本（以下简称《大全》本），并参考"二铭"历史上之重要文本、主要注解本，以及现代对张载著作整理之重要校勘本数种，略见"二铭"本文文字之异同。凡与底本有异者，则出注以标明，同则不出注也。又因尊各家所注原本之故，故于卷二之后收入文献，凡所引"二铭"本文，悉各从其底本，不予改正，以见其旧也。

"二铭"异文校订所参考主要文本及略称对照表

序号	文本简述	简称
1	[南宋]张九成《横浦集》四库本《西铭解》所收《西铭》本文	张氏本
2	[南宋]无名氏编《国朝二百家名贤文萃》宁宗庆元三年（1197）书隐斋刻本所收《西铭》本文	《文萃》本
3	[南宋]无名氏编《诸儒鸣道》理宗端平二年（1235）闽川黄壮猷修补印本所收《西铭》《东铭》本文	《鸣道》本
4	[南宋]林之奇编、吕祖谦集注《东莱集注观澜文集》所收《西铭》《东铭》本文	林吕本
5	[南宋]吕祖谦编《皇朝文鉴》（又名《宋文鉴》）所收《西铭》《东铭》本文	《文鉴》本
6	[南宋]朱熹《晦庵先生文集》淳熙间刻本所收《西铭解义》中《西铭》本文	朱氏本
7	[南宋]朱熹、吕祖谦编《近思录》所收《西铭》《东铭》本文	《近思》本
8	[南宋]朱熹《朱子语类》卷九十八所载《东铭》本文	《语类》本

续表

序号	文本简述	简称
9	[南宋]杨伯嵒《泳斋近思录衍注》中《西铭》《东铭》本文	杨氏本
10	[南宋]真德秀《西山读书记》中《张子之学》所收《西铭》《东铭》本文	真氏本
11	[南宋]熊节、熊刚大《性理群书句解》所收《西铭》《东铭》本文	熊氏本
12	[南宋]叶采《近思录集解》所收《西铭》《东铭》本文	叶氏本
13	[南宋]王霆震《古文集成前集》所收《西铭》《东铭》本文	王氏本
14	[元]黄瑞节《朱子成书》所收《西铭》《东铭》本文	黄氏本
15	[元]保八《周子通书训义》所收《西铭》《东铭》本文	保八本
16	[明]曹端《西铭述解》所收《西铭》本文	曹氏本
17	[明]吕柟《张子抄释》所收《西铭》《东铭》本文	吕氏本
18	[明]徐必达《张子全书》所收《西铭》《东铭》本文	徐氏本
19	[明]沈自彰《张子全书》所收《西铭》《东铭》本文	沈氏本
20	[清]黄宗羲、黄百家、全祖望等编《宋元学案》所收《西铭》《东铭》本文	《学案》本
21	章锡琛点校《张载集》,中华书局1978年版所收《西铭》《东铭》本文	章校本
22	林乐昌著《正蒙合校集释》,中华书局2012年版所收《西铭》《东铭》本文	林集释本
23	林乐昌编校《张子全书》,西北大学出版社2015年版所收《西铭》《东铭》本文	林校本
24	林乐昌编校《张子全书(增订本)》,西北大学出版社2021年版所收《西铭》《东铭》本文	林新校本

《西铭》

乾称父,坤称母;予[1]兹藐焉,乃混[2]然中处。故天地之塞,吾其[3]体;天地之帅,吾其性。民,吾同胞;物,吾与也。

【1】"予":《鸣道》本、《文粹》本、林集释本、林校本、林新校本作"余"。柏麓按:《尔雅·释诂下》:"余,我也。"又:"予,我也。""余"与"予",音同义亦同,可两存其说。

【2】"混":《学案》本作"浑",其他诸本皆作"混"。柏麓按:二字可通,然当以"混"字为本字。

【3】"其":《鸣道》本无,其他诸本皆有。柏麓按:"天地之塞,吾其体"与下句"天地之帅,吾其性"为对文,故当补"其"字。

大君者,吾父母宗子[4];其大臣,宗子之家相也。尊高年,所以长其长;慈孤弱,所以幼其[5]幼。圣,其合德;贤,其秀也。凡天下疲、癃、残、疾、惸[6]、独、鳏、寡[7],皆[8]吾兄弟之颠连而无告者也。

【4】"大君者,吾父母宗子":朱氏本作"大君,吾父母宗子";《大全》本、《文鉴》本、徐氏本、章校本作"大君者,吾父母宗子";《鸣道》本、《文粹》本、林集释本、林校本、林新校本作"大君,吾父母宗子也";张氏本、熊氏本作"大君者,吾父母宗子也"。柏麓按:下句"大臣"后未接"者"字,有"也"字,前后两句系对文,故作"大君,吾父母宗子也;其大臣,宗子之家相也"为胜。然后世多用"大君者,吾父母宗子",姑从其旧。

【5】"其":林吕本、朱氏本、真氏本、《文鉴》本、章校本作"吾",其他诸本皆作"其"。柏麓按:"幼其幼"与"长吾长"对,以"其"字为胜。

【6】"惸":张氏本作"孤",其他诸本皆作"惸"。柏麓按:两字意或可通,然以"惸"字为通行。

【7】"疲、癃、残、疾、惸独、鳏寡":今本多断作"疲癃残疾、惸独鳏寡"或"疲癃、残疾、惸独、鳏寡"。按:"疲、癃、残、疾、惸、独、鳏、寡",八字各有所指,故以断开为宜。

【8】"皆":《鸣道》本、《文鉴》本无,其他诸本有。柏麓按:取"皆"字,可概括前八者。

于时保之,子之翼也;乐且不忧,纯乎孝者[9]也。违曰悖德,害仁曰贼,济恶[10]者不才,其践形惟[11]肖者也。知化则善述其事,穷神则善继其志。不愧屋漏为无忝,存心养性为匪懈。

【9】"者":《鸣道》本、《文粹》本、朱氏本、林集释本、林校本、林新校本无,其他诸本有。柏麓按:从大全诸本,作"纯乎孝者也"。

【10】"济恶":林新校本为"恶济",诸本皆作"济恶"。柏麓按:林新校本与其底本即宋《鸣道》本不合,当是误倒。从古本作"济恶者"。

【11】"惟":朱氏本作"为",《学案》本作"唯",他本皆作"惟"。柏麓按:二字可通,然当以"惟"字为本字。

恶旨酒,崇伯子之顾养;育英才,颍[12]封人之锡类。

【12】"颍":真氏本、熊氏本、《文粹》本、曹氏本、章校本、《全宋文》本作"颍";其他诸本作"颖"。林新校本出校注云:"阮元《校勘记》:案《水经·颍水注》云'阳乾山之颍谷',颍考叔为其封人,然则'颖'当从'水'明矣。(《十三经注疏》七《春秋左传正义》卷二)今据阮校,改'颖'作'颍'。"柏麓按:林说为是。然林集释本、林校本、林新校本正文中,误以"颖"为《鸣道》本原字,注文中又误以《文粹》本、章校本、《全宋文》作"颖"。又按:颖,《正字通》"俗颍字"。颍,《说文》"禾末也"。校勘不慎,可为鉴也。当作"颍",不作"颖""颖"。

不弛劳[13]而底[14]豫,舜其功也;无所逃而待烹,申生其恭也。

【13】"弛":《近思录》本、叶氏本、王氏本作"施",其他诸本作"弛"。柏麓按:取诸本通行,作"弛"。

【14】"底":《鸣道》本、保八本作"厎",其他诸本均作"底"。柏麓按:《孟

子·离娄上》："舜尽事亲之道,而瞽瞍厎豫。"赵歧注:"厎,致也;豫,乐也。""厎",同"底",然"底"字今有别意,似以"厎"为更胜。此则从底本,作"厎"。

体【15】**其受**【16】**而归全者,参乎！勇于从而顺令者**【17】**,伯奇也。**

【15】"体":张氏本作"顺",其他诸本均作"体"。柏麓按:此从底本,作"体"。

【16】"受":《文粹》本、《鸣道》本,作"孝";《文鉴》本作"爱",且注"爱"字云:"一作'受'";其他诸本皆作"受"。章校本出校记曰:"《文鉴》作'爱',注云'一作受','爱'字误;岳麓书社《船山全书》本王夫之《张子正蒙注》作'体其受而全归者'"。柏麓按:据《礼记·祭义》："曾子问诸夫子:'父母全而生之,子全而归之,可谓孝矣;不亏其体,不辱其身,可谓全矣。'"宋本系化《礼记·祭义》其意而申述之,非直引《礼记·祭义》,此从底本,作"受"。

【17】"者":《鸣道》本无,其他诸本均有。柏麓按:"勇于从而顺令者",与上句"体其孝而归全者"为对文,故"勇于从而顺令"当据补"者"字。

富贵福泽,将厚吾之生也【18】**;贫贱忧戚,庸玉女**【19】**于成也。存,吾顺事;没,吾宁也。**

【18】"将厚吾之生也":熊氏本作"将以厚吾之生",保八本作"将以厚吾之生也"。柏麓按:此从底本,作"将厚吾之生也"。

【19】"女":《鸣道》本、《文萃》本、《文鉴》本、《近思录》本、叶氏本、林集本、林校本、林校新本作"汝"。其他诸本作"女"。柏麓按:"女"虽通"汝",然"女"今有别意,故不若作"汝",意更明显。此从底本,作"女"。

《东铭》

戏言,出于思也;戏动,作于谋也。发乎[1]声,见乎四支[2],谓非己心,不明也;欲人无己疑[3],不能也。

【1】"乎":林吕本、《语类》本、《鸣道》本、杨氏本、王氏本、林集释本、林校本、林新校本,作"于",其他诸本作"乎"。柏麓按:"乎"作为介词,与"于"同。"发于声",与下文"失于声"为对文,两说可并存。此从底本,作"乎"。

【2】"支":《文鉴》本、保八本作"肢",其他诸本作"支"。柏麓按:"支",通"肢"。《正字通·支部》:"支,与肢通。人四体也。"两说可并存,然作"肢"则意思所指更明确。此从底本,作"支"。

【3】"欲人无己疑":林吕本、保八本作"欲人之无己疑",其他诸本均作"欲人无己疑"。柏麓按:林吕本、保八本"之"字当为衍字,从诸本。

过言,非心也;过动,非诚也。失于声,缪迷其四体[4],谓己当然,自诬也;欲他人己从,诬人也。

【4】"缪":杨氏本作"谬",其他诸本作"缪"。柏麓按:"谬"通"缪",均指错误。两说可并存,然以"缪"通行。此从底本,作"缪"。

或[5]者以[6]出于心者,归咎为[7]己戏;失于思者,自诬为己诚。不知戒其出汝者,归[8]咎其不出汝者[9],长傲[10]且遂非,不知[11]孰甚焉!

【5】"或":《鸣道》本、《文鉴》本、林校本、林新校本作"惑",其他诸本作"或"。柏麓按:两说皆可通。此则从底本,作"或"。

【6】"以":《语类》本、杨氏本、王氏本、保八本作"谓",其他诸本作"以"。柏麓按:两说皆可通。此从底本,作"以"。

【7】"为":林吕本作"于",其他诸本作"为"。柏麓按:两说皆可通。此

从底本,作"为"。

【8】"归":《鸣道》本、《文鉴》本作"引"。《文鉴》本有小字注"引"字云:"一作'归'。"其他诸本作"归"。柏麓按:依此句之语境,"归咎"字义似更胜。此从底本,作"归"。

【9】"归咎其不出汝者":熊氏本、保八本"归"字上有一"反"字,其他诸本未有。柏麓按:增"反"字,意亦可通。此从底本,不加"反"字。

【10】"傲":熊氏本作"敖",其他诸本作"傲"。按:"敖"与"傲"二字,其意可通,然当从诸本,作"傲"。

【11】"知":《语类》本、《鸣道》本、杨氏本、王氏本、黄氏本作"智",其他诸本作"知"。柏麓按:二字通假,然以"智"为本字,意思更明。此从底本,作"知"。

卷二 "二铭"统论

"二铭"改名

● 程颐

○ **横渠**学堂双牖,右书《**订顽**》,左书《**砭愚**》。**伊川**曰:"是起争端。"改之曰《东铭》《西铭》。(《河南程氏外书》卷第十一"时氏本拾遗")

○《说西铭》:"**横渠**先生初作《西铭》,谓之《订顽》。**伊川**以为太甚,易名《西铭》。"(《永乐大典》卷八二六八《尹和靖言行录》)

　　柏麓按:程颐为"二铭"改名时间,颇难考订。然观吕大临元丰己未(1079)见二程时,程颢语于《西铭》多称《订顽》,程颐则只称《西铭》,则约在此时,程颐已为"二铭"改名矣。然此改名时间,似不当早于张载去世前。

● 陈埴

○ "**横渠**学堂,右书《订顽》,左书《砭愚》。伊川曰:'是起争端。'不知如何是起争端?""一铭中,言义理匼匝,正好讲量。却不于血肉上理会,乃于皮肤之外起意,岂非顽不知订,愚不知砭耶?**横渠**悯俗学顽愚,故以此立斋,吾友以此问余,以此相诘,非起争端耶?"(《木钟集》卷十)

● 李冶

○ 张子厚以"戏言""戏动"、"自诬""诬人"、"长恶""遂非",莫斯为愚,作铭戒之,目曰《砭愚》;以父天母地、民吾同胞、忍为残贼,莫斯为顽,作铭戒之,目曰《订顽》。久之,又以始目克核之太至,乃改《砭愚》曰《东铭》,《订顽》曰《西铭》。是固以长者之心,出长者之辞,名长者之名也。亦岂知人之状万殊,而人之情又万万之殊乎?故贤者以贤治人,终不若以人治人。以贤治人者,君子,以情用。以人治人者,乃小人,以刑用也。"二铭"以贤治人,高矣,远矣,其辞婉矣。奈之何贤者一,而否者百千也耶! 吾若与张子并世,必语之曰:"盖从其初。"惜吾之生也后! (《敬斋泛说》)①

●金时习

○《张载传》:著《正蒙》及《砭愚》《订顽》二铭。程子观之曰:"此起争端。"复改曰东、西《铭》,行于世。程正叔言:"《西铭》明理一而分殊,扩前圣所未发,与孟子性善养气之论同功。"(《梅月堂文集》卷二十)

●吕 柟

○《时紫芝集微言第二十八》:横渠学堂双牖,右书《订顽》,左书《砭愚》。伊川曰:"是起争端。"改之曰:"《东铭》《西铭》。"(释:亦以自订)(《二程子抄释》卷七)

○《鹫峰东所语》:一生以正学名语录来呈。先生曰:"不可他人见之。汝学正,我学固不正邪?张子作《砭愚》《订顽》,伊川曰:'是起争端,改为《东铭》《西铭》。'"遂与改。(《泾野子内篇》卷九)

●李滉

○题注:《订顽》《砭愚》:"订",平议也。("平",去声。平其不平,曰"平",故凡拟议、商量、处置得宜,谓之"平议"。)亦有证正讹舛之义。"顽"者,不仁之名,不仁之人,私欲蔽固,不知通物我、推恻隐,心顽如石,故谓之"顽"。盖横渠此铭,反复推明吾与天地万物其理本一之故,状出仁体,因以破有我之私,廓无我之公,使其顽然如石之心,融化洞彻,物我无间,一毫私意无所容于其间,可以见天地为一家,中国为一人,痒疴疾痛,真切吾身而仁道得矣! 故名之曰《订顽》,谓订其顽而为仁也。人之愚病,莫甚于长傲遂非,横渠之铭,极言其失于毫厘之间而痛改之,正如针治其病而去之,故曰《砭愚》。("砭",非廉切。一云:上声。以石刺病也。)然二言皆颇隐奥,将致学者辩诘纷然之弊,故程子以为启争端,改正之为《东铭》《西铭》云。(《西铭考证讲义》)

---

① 此据《永乐大典》中华书局1986年6月第1版卷之八千二百六十八·《铭》录入点校。

● 尹根寿

○《与陆学正问目》（附答）："横渠双牖，左书《砭愚》，右书《订顽》。伊川见之曰：'是起争端'。改《砭愚》曰《东铭》，《订顽》曰《西铭》。'是起争端'云者，何耶？""《砭愚》则人有不受其砭者，《订顽》则人有不受其订者，故曰'是起争端'。《东铭》《西铭》则浑厚，而人莫与争矣。"（《月汀先生别集》卷一）

● 李德弘

○《心经质疑》：张子《东铭》，初名《砭愚》，以石为针治病，谓之"砭"，以此铭治去愚病，故曰《砭愚》。又以《西铭》为《订顽》，人手足被风湿，气血不得流通，不知痛痒，亦谓之"顽"。《西铭》言仁体，使人去私心通物我，是订正其顽也，故名之曰《订顽》。伊川以为以此名之，则是起辨争之端，改名以东、西《铭》。（《艮斋先生续集》卷三）

● 李恒老

○《退溪讲义》："《订顽》《砭愚》二言，皆颇隐奥，将致学者辨诘纷然之弊，故程子以为启争端，而改之为《东铭》《西铭》。"愚按：二书本为箴警之文，而名以《订顽》《砭愚》，则人或认为指斥讥贬之语，而致忌疾訾毁之心，故程子以为启争端，而改以《西铭》《东铭》，明其为自警之辞也。若以"隐奥""辨诘"为释，则二者初非"隐奥"难解之语，而"辨诘"是讲问思辨之事，恐不可谓"争端"也。（《华西集》卷二十）

● 宋时烈

○《经筵讲义》："《西铭》之主意则仁，即张横渠所作也。尝于学堂双牖，左书《砭愚》，右书《订顽》。伊川曰：'是启争端。'改以《东铭》《西铭》。而《东铭》则其词义之所指，气象之所及，盖犹有未尽者，与《西铭》之彻上彻下一以贯之之旨，判然不同。故程门专以《西铭》开示学者，而于《东铭》则未尝言之。（《宋子大全拾遗》卷九）

○《经筵讲义》："'反情以和其志'云者，尤为要语也。此张子之言，即《东铭》文字也。《东铭》初名，即《砭愚》也。《西铭》初名，即《订顽》也。主仁、智二者而言也。程子以为《订顽》《砭愚》二名,似为隐僻云,故改为东、西《铭》也。"〇"此文颇似险赜,故难晓也。"(《宋子大全拾遗》卷九)

●李世龟

〇《答李太素心经问目》:问:"《订顽》何书也?""横渠《西铭》,初名《订顽》,程子以其启争端,改名《西铭》。盖《东铭》,乃《砭愚》而亦改之矣。"(《养窝集》册六)

●张伯行

〇张子揭此二则警示学者,伊川恐人泥"愚""顽"字,或左右互訕,以起争端,故改为东、西《铭》,不作标题,义指自浑。此一节,《集解》阙,原编列本注,今照叶本补。(《近思录集解》卷二)

●室鸠巢

〇直清按:横渠先生尝于学堂双牖,左书《砭愚》,右书《订顽》。伊川先生曰:"是启争端,改曰《东铭》《西铭》。"或于伊川争端之言,不得其说,疑"争"字为"事"字之误,非也。凡高下同等则相嫌,小大一辞则相妨,是争端所起也。《西铭》之言,本末一贯,无所不该,不与《东铭》专论工夫一端着相伦。其义理之浅深,规模之广狭,又非《东铭》所得而敌者。然据《订顽》《砭愚》相对,为同等之义,一例之名。殆使后之为《西铭》者,或嫌于同等之义,欲崇《西铭》而异之;为《东铭》者,或泥于一例之名,欲推为《东铭》而同之。是争同异于名义之间,以至二篇高下相妨也。故程子以为是启争端,不若改为《东铭》《西铭》。其命名,初无义例,而高下浅深,自不相妨也。(《西铭详义》)

●申 暻

〇《上厚斋先生》:程子论《订顽》《砭愚》云:"是起争端。"而改之以《东铭》《西铭》。若曰《订顽》《砭愚》,则何以起争端?而所争之端,其说为如何耶?(《直庵集》卷三)

●田 愚

〇《答韩德炼(庚申)》:"程子改《订顽》等名,为东西《铭》。曰:'是起争端,'非谓其本题不美。恐不知者,徒起无益之辨也。"○"改《订顽》《砭愚》,为东、西《铭》,意固无害。使伊川见有指心为圣人君师而性为兆民者,与认心为上为一,性为下为二,指心为天下之大本,而性不可当太极者,将虑争而不敢为性师心弟、性尊心卑之论,以救正之乎? 且孟子性善之论,当时亦多有疑怪之者,凡议论行事,但当观其是非得失,不可顾世人之从违而卷舒之也。"(《艮斋先生文集·后编》卷六)

"二铭"评论

● 尹 焞

○韩元吉《书尹和靖所书〈东铭〉后》:和靖先生手书《东铭》,修水黄子余所藏,寓九江时笔也。先生少喜字画,尝因书碑,同舍聚观。伊川笑谓之曰:"是固无害,第将为人役也。"自是不复书。然暮年笔力,犹健如此。其教学者,必先读《东铭》,然后看《西铭》,谓:"从寡过而入。"子余,其知之也。展玩太息。淳熙改元六月戊寅书。(韩元吉:《南涧甲乙稿》卷十六)

柏麓按:韩元吉(1118—1187),字无咎,开封(今属河南)人。韩维四世孙,韩元龙之弟。仕至吏部尚书、龙图阁学士,封颍川公。尝师尹焞,与朱熹友善,又得吕祖谦为婿。所著有《愚懿录》《周易系辞》《南涧集》等。○尹焞《和靖集》又载程颐与杨时论《西铭》事两条,见载"杨时"下。

● 汪应辰

○汪应辰《与朱元晦书》:《西铭》《通书》两书,当置之座右,以求所未至。窃谓"体用一原,显微无间",东、西"二铭",所以相为表里。而顷来诸公皆不及《东铭》,何也?(《文定集》卷十五)

● 朱 熹

○朱熹《答汪尚书》:窃思之,东、西《铭》虽同出于一时之作,然其词义之所指、气象之所及、浅深广狭,迥然不同。是以程门专以《西铭》开示学者,而于《东铭》则未之尝言。盖学者诚于《西铭》之言,反复玩味而有以自得之,则心广理明,意味自别。若《东铭》,则虽分别"长傲""遂非"之失于毫厘之间,所以开警后学,亦不为不切,然意味有穷,而于下学功夫盖犹有未尽者,又安得与《西铭》彻上彻下、一以贯之之旨同日而语哉?窃意先贤取舍之意,或出于此,不审高明以为如何?至于"体用一原,显微无间"之语,则近尝思之。前此看得大段卤莽,子细玩味,方知此序无一字无下落,无一语无次序。其曰:"至微者,理也;至著者,象也。体用一原,显微无间。"盖自理而言,则即体而用在其中,所谓"一原"也;自象而言,则即显而微不能外,所谓"无间"也。其文理密察、有条不紊乃如此。若于此看得分明,则即《西铭》之书,而所谓"一原""无间"之实,已了然心目之间矣,亦何俟于《东铭》而后足耶?若俟《东铭》而后足,则是"体用""显微",判然二物,必各为一书,然后可以发明之也。先生之意,恐不如此,不审高明又以为如何?(《朱子文集》卷三十)

柏麓按:马括《经济文衡·前集》卷二引此段,且加案曰:"论东、西《铭》词义不同。""此段论程门专以《西铭》开示学者,而《东铭》则未之尝言。"

●叶 采

○叶采曰:"顽"者,暴忍而不仁;"愚"者昏塞而不智。《订顽》主仁而义在其中,《砭愚》主智而礼在其中。(《近思录集解》卷二)

●黄 震

○《乾称篇》始于《西铭》终于《东铭》,至若辟邪说,则此章极为痛哉!然学者至今无一以为然,良由不学、不思耳!悲夫,流俗之陷人如此哉!(《黄氏日抄》卷三十三)

●陈仁子

○《铭》曰:"铭者,名也。"所以名其所为名也。故《说文》又曰:"铭,志也。"愚曰:"文用四言,皆始于《诗》。《商颂》《鲁颂》,颂之祖也;庭燎因以箴之,箴之始也;《抑》诗卫武以自警,则铭之类;《皇矣》美周,则赞之类。其体昉于诗,而叶以韵语。然后来如圣主得贤臣颂,太史公论赞,及宋朝张横渠东、西《铭》,西山《夜气箴》,率皆散语,此又体之变也。"(《文选补遗》卷三十六)

●周　琦

○《张子西铭正蒙》:横渠于书室二牖上,扁其东曰《砭愚》,西曰《订顽》。后因伊川之说,改为《东铭》《西铭》。所作西牖之铭,比之《东铭》则优矣。(《东溪日谈录》卷十二)

●杨　廉

○《与叶时勉》:《西铭》理一分殊,亦分得细腻,足见体贴。朱子谓:"尝写作图子,排布甚分明。"今《语类》中有《东铭图》,不见此图也。横渠此铭,如人迷失远祖,不认疏族,却说与他一个根源来历,使他自知亲睦。"天地之塞"二句,是说根源来历处,若理一分殊,自然有的,非《西铭》主意也。(《杨文恪公文集》卷四十五)

●刘　玑

○《正蒙会稿序》:《易》有"蒙以养正"之文,故张子取之以名书。篇内《东铭》《西铭》,初曰《砭愚》《订顽》,皆"正蒙"之谓也。(《正蒙会稿》卷首)

●韩邦奇

○《正蒙拾遗·乾称篇·东铭注》此章言恶虽小而不可为,过无损而所当改。兼言行而言也。朱子以"故""误"言之,其警学者深矣。《西铭》是规模之阔大处言天道也,《东铭》是工夫之谨密处言人道也。先"东"后"西",由人道而天道可造矣。朱子独取《西铭》,失横渠之旨矣。圣贤之学,言其小极于"戏言""戏动"、"过言""过动"之际,无不曲致其谨,推而大之,则乾坤父母而子处其中,盖与天地一般大也。此《西铭》《东铭》之旨。(《正蒙拾遗·乾称篇》《东铭》下注文)

●唐　枢

○《张载》:横渠之学,知神化天人,精粗本末,通体如贯,其已到至处。《西铭》推出本体,与孟子"性善""养气"同功。又《东铭》一室交列,原无偏重;礼人之教,欲立于器,通于运,亦两不相离。又志趋之所向,才力之所任,又足以胜之。但人谓其造道之言,其自谓亦曰:"譬一株,根本枝叶悉备,充荣

之者,其在人功而已。"此自道真语也。(《宋学商求》)

● **吴　绅**

○《正学一庵吴公传》:欲存《西铭》仁体,当守《东铭》"戏言""戏动"之戒。(《郭襄靖公遗集》卷二十)

● **顾允成**

○《题正蒙释后》:程门单提《西铭》,朱子从而表章,遂将《东铭》混过。愚熟玩之,《西铭》是个极宏阔的体段,故推至于"知化""穷神";《东铭》是个极详密的工夫,故严覆于"戏言""戏动"。孟子论仁义之充纤,及"无受尔汝""可言""未可言"之间,意盖如此质美者,明得尽渣滓,便浑化,却与天地同体。其次须在一言一动上仔细磨勘,方可渐入。若无《东铭》工夫,骤而语之以《西铭》体段,鲜不穷大而失其居矣。(高攀龙集注、徐必达发明《正蒙释》卷首)

○《东铭》是个极详密的工夫,程门单提《西铭》,朱子表章之,遂将《东铭》混过。"然下学之功甚广,岂仅严覆于言动间哉! 以此知程、朱单重《西铭》不可易也。(刘廷诏《理学宗传辨正》卷四眉评)

　● 归曾祁曰:曾祁案:"《东铭》是希贤工夫,《西铭》是希圣工夫。然欲读《西铭》,不可不从《东铭》入。既到《西铭》工夫深处,便有圣人气象矣。此程子所以有'充得尽时,便是圣人'之说也。且圣贤宁有种哉? 观其所学与学之功夫为何如耳。"(《西铭汇纂》)

● **沈自彰**

○《张子二铭题辞》:孔门之学,求仁而已。仁者,人也,学不识仁,终非真悟。故孔子以民之于仁甚于水火,孟子于放心不求者衷之。后世关洛,实得其宗。而《西铭》数语,程门辄取以教学者,虽其所指,若不过君臣长幼贫富屋漏之近,然挹其规度,包三才之广大;充其精蕴,体天人为一源。学者所当默识而固有之也。《东铭》严毅,一时并出,兹用提挈,以示学者,庶几程门之遗意云。敬义斋主人沈自彰识。(《张子全书》卷首)

● **刘宗周**

○《圣学宗要》:偶友人刘去非示我以《太极图说》《西铭》《定性书》"已

发未发"说,题之曰《宋学宗源》。辄洒然有当于心,爰益以《识仁》《东铭》及"已发未发",全书又合之阳明子之与程、朱相发明者二,则改题曰《圣学宗要》,盖亦窃取去非之意云耳。由今读其言,如草蛇灰线,一脉相引,不可得而乱。敢谓千古宗传在是,即数子之书不尽于是,而数子之学已尽于是矣。昔朱子解《太极》,晚年方出示人,而程门高弟,相从半载,方得《西铭》看。古人不轻易读书,如此今一旦尽与拈出,得无失之草草否?读者知之。时崇祯甲戌夏日,刘宗周书。(《刘子遗书》卷一)

○夫学,因明至诚而已矣。然则《西铭》之道,天道也;《东铭》,其尽人者与!(《刘子遗书》卷一《东铭》文下)

○《作圣篇》:千古而下,埋没却《东铭》,今特为表而出之,止缘儒者专喜讲大话也。余尝谓《东铭》远胜《西铭》,闻者愕然。(《人谱类记》卷下)

● 张大命

○正蒙先生《砭愚》《订顽》邃矣。及观程明道称子厚"学多苦心极力之象,少宽裕温柔之气",又诮其"意偏言窒",及是而呵捧释子也,固宜陶陶乎!周濂溪光风霁月犹在也。二程可友,琴聪可友,公卜居濂溪以听也。噫!扣吾琴者,谁氏之子?安得有如聪如潽,如颖如真,如昭如贤者?吾与之闻普调于如来。(《太古正音琴经》卷十三)

● 孙奇逢

○《曹月川太极图西铭述解序》:若《订顽》《砭愚》,上推极于乾父坤母,下推极于戏言戏动,语大天下莫能载,语小天下莫能破,深哉!谁其知之?(《夏峰先生集》卷四)

● 刁包

○刁包曰:"文清曰:'"顽",不仁也,有以订之,则仁矣。'《西铭》一篇,皆勉人为仁之意。"余曰:"'愚',不知也,有以砭之,则知矣。《东铭》一篇,皆勉人为知之意。"(《潜室札记》)

● 宋时烈

○《与郑晏叔(丁酉十一月晦日)》:东、西《铭》,韵虽不甚精,大概有之。

如"功"、"恭"、"生"、"成"、"宁",则亦甚精矣。如以古人叶音例之,则必皆当协,而后人不能,可叹。(《宋子大全》卷三十五)

●张履祥

○《备忘》:《东铭》义理,本对《西铭》,不过横渠先生并揭于扉,盖"戏言""戏动"最为害事,进德修业,唯诚与敬而已。思为一入于戏,而能存诚敬者,未之有也。窃尝以为,学者不读《西铭》,则"理一分殊"之义不明,而恻隐之心不笃;不读《东铭》,则"戏言""戏动"之失不知,戒而长备,饰非之习日深锢而不可拔,初学之士即不可不精思而力践之也。(《杨园全书》第七)

●汪　琬

○《答陈蔼恭书》:古之载道之文,自《六经》《语》《孟》而下,惟周子之《通书》,张子之东、西《铭》,程、朱二子之传注,庶几近之。(《赖古堂尺牍新钞三选结邻集》卷十三)

●熊赐履

○先生力行好古,为关中士人宗师,世称为"横渠先生"。著有《正蒙》及东西"二铭",其言并有功圣门,学者至今尊崇之。嘉定中,赐谥曰"明"。淳祐初,追封郿伯,从祀孔子庙庭。明嘉靖中,祀称"先儒张子"。(《学统》卷十八)

●李衡祥

○《效东西铭(并序)》:亭之奥,有两户焉。余爱其向日,一床高足。常奉圣贤于其傍,但其纸色陈久,殆同于阳善者之阴翳,意恶而新之则明窗也。晴日照曜,彷佛乎吾心。儿曹皆喜之,手摩而相顾曰:"写字则好矣。"余又臆之曰:"横渠东、西《铭》,必应如此而题之矣。理一分殊,决是孟子后一人。而龟山曰:'言体而不及用',以今观之,'帅''塞'二字,是固秦汉学者所未到,而明道所谓'善养浩然之气者',的矣。反吾亭而推之,陑不惊,无疑也;嗜不营,无私也;悔不萌,无欺也,此《砭愚》所以在东也;是于行,自觉也;顺于性,自得也;安于命,自乐也,此《订顽》所以在西也。"既书,而读之曰:"张子言其本,此物释其末。虽其大小不同,此皆至刚至大,非义袭而取之也。"亦当

为扁额之话心,小子识之!左铭:陙不惊,嗜不营,悔不萌。右铭:是于行,顺于性,安于命。(《瓶窝集》卷四)

●蔡衍鎤

○《赠云间张北山》:学通《太极》兼《无极》,志在《东铭》与《西铭》。(《操斋集》卷十一)

○《谢赐六字祠学达性天匾额表》:览《太极》《无极》之图,天地之神奇已泄;考《西铭》《东铭》之义,性心之妙用无穷。(《操斋集》卷十骈部)

●华希闵

○《乾称篇》全旨○闵按:此篇明天人一体,有无一致,以申首篇之意。其大旨,只一"仁"字。首章即《西铭》,是实状仁之体;末节即《东铭》,是实指求仁之功。(《正蒙辑释·乾称篇》篇题下)

●安鼎福

○《橡轩随笔(上)》:今六月二十日,天气正热,独卧书斋,忽见丁思仲袖《心经》一部,鞍挂一小壶而来,喜可知也。留数日讲论,余之蒙识,虽无可言,此岂易得之事耶?读到《东铭》,文甚艰棘,相与辨解,而及其归后,犹有未尽之怀。作图而寄之,未审其中不如何也。大抵张子"二铭",实继开之至论。《西铭》则论道之大原,不可以仓卒言也。至于《东铭》,皆是省察克己收敛身心之至要大诀也。(《顺庵集》卷十二)

●李宗洙

○《西铭劄疑(朱子解)》:题注:"订顽","砭愚"。《考证》:"订,平议也。"谨按:一说"订顽""砭愚",有评正攻贬之意,不能平稳,所以易有争端,更详。(《后山先生文集》卷十四)

●金相进

○《答金子晦》:《西铭》韵母,"处""与"叶,"相""长"叶,"幼""秀""告""孝""肖"叶,"志""懈""类"叶。"顽"是不仁之称,"愚"是不智之号。《西铭》,所以订不仁也;《东铭》,所以砭不智也。(《濯溪集》卷二)

● 李祘

○《日得录二》:"铭"者,始于汤盘,而后世无物不铭,如磨兜坚。《订顽》《砭愚》诸作,尤新奇。(《弘斋全书》卷六十二)

● 朴旨瑞

○《答郑虞卿》:《西铭》之说,此非末学浅陋所敢知。然东、西《铭》之迥然不同,观于朱训,无复可疑。而但后之学者,于学问上只是口耳掇拾,都无真切用力。故《西铭》彻上彻下一以贯之之妙,终身晓解不得。他人不暇论,而贤与我亦正坐此病,不能相告语资益,极可叹也。若不废读书思索而幸有得焉,则或有相及而说破耶?(《讷庵集》卷三)

● 姜必孝

○《答成圣发》:"学堂双牖,右书《订顽》,左书《砭愚》。《西铭》大是说仁,顽者,顽而不仁,故以是订之。《东铭》专是说智,愚者,愚而不智,故以是砭之。似不必启争端,而程子改之者何欤?岂以右则必书"订顽",左则必书"砭愚"而然耶?抑订某也顽,砭某也愚而然耶?""二义皆通。"(《海隐遗稿》卷五)

○《答韩稚善(辅衍)》:所询读书之序,坡潭两门,已有第次。而其义与法,尼门画一图尤详焉,可依此读去。而吾先师法门,又以《太极图》《四勿箴》《玉山讲义》《湖南诸公书》及《元亨利贞说》《东西铭》为一副当学的。盖此数篇,是义理头颅,工夫本领。若熟读而详玩,则思过半矣。窃见左右资质稳当,精神敏悟,而又有蓦直向前之意,苟能持此志,益励不懈,则待到日至之时,自觉有大进矣。(《海隐遗稿》卷七)

○《读书次第》:心近义理精微,都在不可不读。以次序言之,当与四子参读。而以其采摭诸经说来,故且读诸经传。大本既立后读之,更觉精彩发越。然平岩、篁墩二家注脚,或多舛误,读者详之。《渊源录》又详编诸君子言行,正好看。大抵濂洛文字甚多,恐难尽看。即此三件书,熟读潜玩,可以领略诸经子矣。次读《太极通书》,次《二程全书》,次东西《铭》,次《朱子大全》。(《海隐遗稿》卷十)

○《四游录(上)》:(先生)又曰:"昔尹和靖见伊川半年,方得《大学》《西铭》看。公明宣学曾子，三年不读书。君看二子所学，且何如？"对曰："皆务实也。"先生因诵明翁学方跋语曰："非立志无以始，非务实无以终"云云。必孝曰："敢不服膺。而'务实'一语。尤有警焉。"读至《订顽》《砭愚》。先生曰："游子尝读《西铭》，涣然不逆于心。曰：'此《中庸》之理也。'又论弘毅曰：'《西铭》言弘之道也，此真求诸言语之外者也。'后生辈只靠师说而已，则焉有心得乎？"必孝曰："《西铭》是说仁，《东铭》却说得礼，《西铭》较广大，《东铭》较亲切。"先生曰："看得是，说得好。"（《海隐遗稿》卷十三）

〇《小屏铭》：古人于左右起居盘盂几杖，有铭有戒，节宣皆有所养。其见于文字，如子圣铭盘，宁王铭席，明诚子《砭愚》《订顽》，是其尤著而寓至戒于常目者也。必孝尝验之，一心之微，外诱夺之，心猿意马，胡走奔放，虽欲不失乎正，得乎？（《海隐遗稿》卷十五）

〇《咏归录》：先生曰："濂洛以来，文字极盛。穷乡晚出，固难尽见。然周、程、张、朱、张、吕文字，不可不熟讲。《图说》是濂溪第一文字，如《易通》非不高简，犹不如《图说》。《二程全书》，即一部小《论语》，但不免有记录之误，读者宜详之。《西铭》规模宏大，《东铭》词理紧密，《正蒙》乃明诚意会之书，然先儒谓'不及《知言》'，朱门文字，无如《学庸或问》及封劄。《南轩文集》，如《仁说》《敬箴》《中和》等书，最好看。东莱《经说》，亦好看。《博议》，立论固好，却只是新巧。"（《海隐遗稿》卷十三）

● **佐藤一斋**

〇横渠自书所得以为警，不拘文体。其曰《订顽》，曰《砭愚》，盖以自指，何干他人事？然如《订顽》则词奇古有韵，呼为"铭"犹可矣；《砭愚》则语平稳无韵，不可呼为"铭"，毕竟以旧题之为愈。（《近思录栏外书》日本天保十年写本）

● **李恒老**

〇《答仲子墣》："程子专以《西铭》开示学者，而《东铭》则未之尝言。朱子已明言程子之意，然犹有未释然者。《西铭》明理一而分殊，虽极广大，论下学工夫，《东铭》似亲切，而程子之舍此取彼，何故？"《西铭》举为仁之全体，《东铭》指害仁之细目。得其大体则细目包在其中，得其细目则大体固不足以尽也。程子，所以差殊看者以是也，然在后学进修之方，此不能实见为仁之

真体,又不能细察害仁之实病。可谓东西两失矣,戒之戒之。"(《华西集》卷十三)

●李钟祥

○《育英斋讲近思录,临罢拈韵共赋》:吾家夫子接寒泉,当日应须讲此编。节次推排慙蔑学,随疑问答荷群贤。《东铭》不及《西铭》大,无极宁论太极前。安简惮烦虽有戒,诚能味此得功全。(《定轩集》卷一)

●吴可读

○《性理论》:"《太极》一篇,明阴阳之妙用;《通书》一册,阐理气之精微;张子"二铭"《正蒙》作,而乾坤太和之蕴宣;邵子《皇极经世》行,而元会运世之数显。"(《携雪堂文集》卷二)

●柳重教

○《上重庵先生(丙寅)》:"《砭愚》《订顽》,所以起争端,可别白指谕耶?"重教对:"《砭愚》《订顽》,本欲自警,人或错会以为讥贬时人,则易致讪谤,故云尔耶。退溪《西铭考证》,谓此二言皆颇隐奥,将致学者辨诘纷纭之弊。故以为启争端,此其指意终未见分时处,乞更赐教。"(《省斋集》卷五)

○《答宋文好(敏荣壬申四月)》:"《西铭》是体仁之事也,《东铭》是明智之事乎?""如是看亦好。"(《省斋集》卷十八)

●李承熙

○《东西铭争端》:程子既言其恐有争端,退陶又以为隐奥恐致辨诘,则必有其由,只当深思之。夫不仁,固是顽;不知,固是愚。然《西铭》之旨,既在于'"理一分殊",何独订其不仁之病?且不仁之病,何独顽?《东铭》之戏与过,何独砭其不知?且"订"与"砭",未可互换乎?恐此等处,所谓深奥,易致争端者也,未可以"顽""愚"二字,嫌其有圭角于时人也。孔子言"古之愚也直"一节,直斥世俗之病,亦何害耶?且古之圣贤,心法白直,是曰是,非曰非,惟恐辨之不明,以致争端。今之君子,工于掩己,而悦于徇人,以混混不露圭角,为息争之方,为一时自己方便之道则得矣,实所以起天下之大争。此士子立心之大界头,幸熟思之。(《大溪集》卷二十二)

● 曹元弼

○守《东铭》之义,而后能宏《西铭》之仁。(《曹元弼日记·孔思堂日记》)

● 张轶欧

○《纂横渠公二铭叙》:《宋史列传》以《西铭》一篇,加载《横渠公传》中,盖以此篇发明所以事天之道,圣贤传授心法之要旨,程子所谓"与孟子养气之论同功"。表章理学,史尚不遗,何况于谱?明永乐中,命儒臣纂修《性理大全》,周子之《太极》《通书》,横渠公之《西铭》《正蒙》,列于编首,至今乡会试,同《孝经》出题取士,列于学校,……在昔,横渠公名其室中二牖,左曰《砭愚》,右曰《订顽》。系之以铭,故撰斯篇。后程子以《愚》《顽》名篇,为太激烈,遂更《订顽》为《西铭》,《砭愚》为《东铭》。原横渠公初意,亦如古人盘匜之箴诚而已。《西铭》之指意立言,遂发前圣所未发,启后学于无穷。兹特以《西铭》纂入于谱,冠诸《艺文》,以示后人下学上达、修身事天,以赐无忝焉耳。(《锡山张氏统谱》卷首)

● 缪 篆

○张横渠学堂双牖右书《订顽》,左书《砭愚》。程伊川为之易《砭愚》为《东铭》,易《订顽》为《西铭》。后人承用,遂不复求张氏从《砭愚》之题所生"戏言,出于思也"云云之文之旨;从《订顽》之题所生"乾称父,坤称母"云云之文之旨。夫不知其旨,虽手书万本,口读万遍,钦其宝而莫名其器,仍是辜负古人,无裨"自""他",孔子所谓"不思则罔"而已。

今夫"东""西"二字对待,人人之所知也;横渠拈"愚""顽"二字并立,一般读者固然不及推求,即三数注家,亦何尝讲明其所谓?夫中国文字,名词之与"愚""顽"字相类者,可数十字;动词之与"订""砭"字相类者,亦可数十字。若以为作者意旨是"东去恶铭""西去恶铭",然则"戏言,出于思也"云云,虽题为"订顽"亦无妨;"乾称父,坤称母"云云,虽题为"砭愚"亦无妨,世亦何贵横渠有此八面之锋之格言哉!且尤奇者,张横浦、朱晦翁二氏作注,皆仅注《西铭》,不注《东铭》;(见《横渠学案》本文下,及《近思录》二卷)惟刘蕺山氏两《铭》并注,然终嫌不能贯澈;(亦见《横渠学案》本文下)后来偏注《西铭》者,亦有数家。夫横渠原文,两铭并重。注者乃偏重焉,将谓《东铭》易解耶?其实,《东铭》原本《易经》《论语》,含义甚广,并非浅近通俗之言。其所以致此偏重之误者,由于寻绎本文不解命题之义,或仅能从文字上看出《西铭》以"孝"字为主,不能从文字上看出《东铭》以何字为主。在《西铭》文中,尚见一"孝"字;《东铭》文中,既不见"礼"字,又不见"仁"字,且读者根本上不明了"视"摄于"动"、"听"摄于"言",《论语》视、听、言、动之四目,《易经·系辞》仅摄为二目之故,此亦由作者横渠之本身,其德行追踪颜、闵,而文学终不逮游、夏,君子是以叹言理之文,七十子之后,不得不赏心于周之荀卿,唐之玄奘也。

兹先揭示"二铭"之主义曰:《东铭》主义是"仁覆天下",《西铭》主义是"孝治天下"。阅者疑吾言乎?试分说之如下。(节自缪篆《读张横渠〈东铭〉〈西铭〉》,《新民》1935年第1卷第2期)

卷三 《西铭》诠解

（第一章）

乾称父，（曹端曰："乾"，天也。《西铭述解》）**坤称母；**（曹端曰："坤"，地也。《西铭述解》。○茅星来曰："母"，叶满补切。《近思录集注》卷二。○《易·说卦传》："乾，天也。故称乎父；坤，地也，故称乎母。"）**予兹藐焉，**（熊刚大曰："藐"，音眇。《性理群书句解》卷三《西铭解》。○《左传》："藐，诸孤。"《文选》："藐尔诸孤。"《广绝交论》注："吕向曰：'藐小貌'。"《书·顾命》："眇眇予末小子。"曾祁案：曹氏端《西铭述解》："予，亦人也。藐，微小貌。"朱氏骏声《四书经征》："'说大人，则藐之。'注：'藐'，《说文》作藐，从艸，古文。貌声，茈花也。借为眇，小目也。从目，少声，转注为微小。一说微小当引申①，于眇字亦通。"）**乃混然**（曾祁案：游氏逊《性理会要》："合一也。"）**中处。**（曾祁案：柳宗元《梓人传》："左持引，右执杖，而中处焉。"）

●吕大临曰：人者，万物之灵，受天地之中以生，为天地之心者也。能知其所自出，故事天如事亲。（宋王霆震辑《新刻诸儒批点古文集成·前集》卷四十九《西铭》）

●张九成曰：乾，吾父；坤，吾母。吾乃乾、坤之子，与人、物混然处于中间者也。（《横浦集》卷十五《西铭解》）

●朱熹《西铭解》曰：天，阳也，（曾祁案：《易·说卦传》："乾为天。"《礼·礼运》："天秉阳，垂日星。"《西铭述解》："乾，天也。"先易民公《易闻》："天之行健者，德也。行之全天者，阳也。"）以至健（《易·系辞》："乾，天下之至健。"《说卦传》："乾，健也。"曾祁案：《正蒙·大易篇》："乾，至健而无体也。"）而位乎上，（曾祁案：《说文》："天，颠也。至高在上，从一大也。"《白虎

---

① 底本"引申"后有一字难以辨识，或为"子"，或为"予"，或为"于"，疑衍，删。

通》:"天,镇也,居高理下,为万物镇也。")父道也;(《礼·昏义》:"天子修男教,父道也。")地,阴也,(曾祁案:《易·说卦传》:"坤也者,地也。又:坤为地。"《说文》:"元气初分,重浊阴为地,万物所陈列也。"《西铭述解》曰:"坤,地也。")以至顺(《易·系辞》:"坤,天下之至顺。"《说卦传》:"坤,顺也。"曾祁案:《易》:"坤道其顺乎,承天而时行。"《疏》:"言坤道柔顺,承奉于天,以量时而行。"《释名·释地》:"坤,顺也,上顺乾也。"《正蒙·大易篇》:"坤,至顺而不烦。")而位乎下,(曾祁案:《释名》:"地,底也,其体底下,载万物也。"先易民公《易闻·说卦传》:"天地定位。"注:'上下高卑之位,非南北也。'")母道也;(《礼·昏义》:"后修女顺,母道也。")

　　柏麓按:朱熹注解中"天,阳也",《西铭解义》作"天,气也"。○"地,阴也",《西铭解》作"地,形也"。

　　●室鸠巢《西铭详义》曰:天地之实,不过阴阳二气,其理即健顺也。故朱子于此先并举阴阳健顺,而后解下文,以天阳地阴说"天地之塞",以乾健坤顺说"天地之帅",其立说可谓明尽。天地所以为父母者,其大端在阴阳,故先以"天阳也,地阴也"提起。而其下健顺上下皆申说之,"至健"即健而无息,"至顺"即顺而有常也。男生为阳,其性刚健,尊居上,此说"父道"三等也;女生为阴,其性柔顺,卑居下,是说"母道"三等也。此"道"字与"乾道""坤道"字同,有分理相同之意,谓乾之理通乎父,坤之理通乎母也。(《西铭详义》)

人禀气于天,赋形于地,(曾祁案:《礼·礼运》:"人者,天地之德,阴阳之交,鬼神之会,五行之秀气也。"《前汉·刑法志》:"人肖天地之貌,怀五常之性。"《文中子》:"天地之中非他也,人也。"程子曰:"天地储精,得五行之秀者为人。")以藐然之身,混合无间而位乎中,(曾祁案:《易·系辞上》:"天下之理得,而成位乎其中矣。")子道也。(曾祁案:刘氏向《说苑》:"南山之阳,有木焉,名曰桥,竦焉实而仰。桥者,父道也。南山之阴,有木焉,名曰梓。勃焉实而俯,梓者,子道也。"《春秋繁露》:"每将兴师,必先郊祭以告天,乃敢征伐,行子道也。")

　　柏麓按:"赋形于地",《西铭解义》作"受形于地",真德秀本作"赋质于地"。

　　●室鸠巢《西铭详义》曰:有受取给为"禀",犹"禀食"之"禀";布散有分为"赋",犹"贡赋"之"赋"。朱子曰:"混合无间,盖此身便是从天地来。"朱子之说当味。人生于天地之中,如苔生湿土,苔,本湿土之气所聚;如冰生河水,冰,本河水之气所凝。人与乾坤相通一体,混合无间亦如此,但人不见尔。人始化受精于父,与"禀气于天"一理;成胎于母,与"赋形于地"一理;身在怀抱中,气息常与父母相通,与"藐然""混合"一理。此说子道又三等也。(《西铭详义》)

然不曰"天地"而曰"乾坤"者,"天地",其形体也;"乾坤",其性情也。

　　●室鸠巢《西铭详义》曰:有形必有体,故云"形体",要之气之为质者也;有性必有情,故云"性情",要之理之为质者也。(《西铭详义》)

　　●金道和曰:"'乾坤',其性情也",性情固不在于形体之外,而言形体,则是专指气也;言性情,则是兼指理与气也。"乾坤"二字,已包得下文"塞""帅"之义。故曰:"乾者健而无息,坤者顺而有常。"此所谓"性情"也。(《西铭(读书琐义)》)

"乾"者,健而无息之谓,(程子曰:"天者,乾之形体;乾者,天之性情。乾,健也,健而无息之谓乾。"《中庸》:"至诚无息。"曾祁案:《易·乾卦》:"天行健,君子以自强不息。"《释名·释天》:"天,《易》谓之乾。乾,健也,健行不息也。")万物之所资以始者也;"坤"者,顺而有常之谓,(《易·文言》:"坤,有常。")万物之所资以生者也。(《易·象传》:"坤元,万物资生。"曾祁案:《语类·西铭解义》云:"乾者,健而无息之谓;坤者,顺而有常之谓。"问:"此便是阳动阴静否?"曰:"此是阳动阴静之理。")

　　●室鸠巢《西铭详义》曰:"健而无息"者,天之性情也。健者动而有力,如昼夜运行,寒暑往来,云行雨施,品物流形,亘古今无一息间断,是健而无息者也。"万物资始",出《易·乾卦·文言》,言万物取于乾,以为受气之始,如雷声一动,昆虫启蛰,阳气一发,草木甲坼亦可见。"顺而有常"者,地之性情也。顺者静而无逆,如载华岳不重,收河海不洩,承雨露施,赋人物之形,亦亘古今无一毫或违,是顺而有常者也。"万物资生",出《易·坤卦·文言》,言万物取于坤,以为有形之生,如禽兽乳孵,凡有形之物,皆陆地生育,亦可见。(《西铭详义》)

是乃天地之所以为天地而父母乎万物者,(《书·泰誓》:"惟天地万物父母。")故指而言之。(胡广《性理大全》卷四《西铭》)

　　柏麓按:"故指而言之",真德秀本作"故启而言之"。

　　●室鸠巢《西铭详义》曰:此"父母"字,与本文不同。父母万物,是乾坤为天下之大父母也。本文父母,是人之亲父母也。张子欲以亲父母喻天地,则乾坤实为天地之父母万物者,故特指此而言,于义最为的当。(《西铭详义》)

〇问《西铭》。曰:"更须子细看他说理一而分殊。而今道天地不是父母,父母不是天地,不得。分明是一理。'乾道成男,坤道成女',则凡天下之男,皆乾之气;凡天下之女,皆坤之气。从这里便彻上彻下,都即是一个气,都透过了。"又曰:"'继之者善'便是公共底,'成之者性'便是自家得底。只是一个道理,不道是这个是,那个不是。如水中鱼,肚中水便只是外面水。"贺孙。(《朱子语类》卷九十八)

● 归曾祁曰:曾祁案:庄渠魏氏校《遗书·五·体仁说》云:"天地浑浑一大气,万物分形,其间实无二体。譬若百果纍纍,总是大树生气贯彻;又如鱼在水中,内外皆水也。人乃自以私意间隔,岂复能与天地万物合一乎?"(《西铭汇纂》)

〇朱熹曰:"自一家言之,父母是一家之父母;自天下言之,天地是天下之父母。"贺孙。(《朱子语类》卷九十八)

〇一之问《西铭》"理一而分殊"。曰:"《西铭》自首至末,皆是'理一而分殊'。乾父坤母,固是一理;分而言之,便见乾坤自乾坤,父母自父母,惟'称'字便见异也。"寓。(《朱子语类》卷九十八)

〇朱熹曰:"'乾称父,坤称母。'厉声言'称'字。"又曰:"以主上为我家里兄子,得乎!"节。(《朱子语类》卷九十八)

〇《西铭解义》云:"乾者,健而无息之谓;坤者,顺而有常之谓。"问:"此便是阳动阴静否?"曰:"此是阳动阴静之理。"端蒙。(《朱子语类》卷九十八)

〇"'混然中处',言混合无间,盖此身便是从天地来。"端蒙。(《朱子语类》卷九十八)

〇朱熹《答陆子美》云:伏承示谕《太极》《西铭》之失,备悉指意。然二书之说,从前不敢轻议,非是从人脚根、依他门户,却是反覆看来,道理实是如此,别未有开口处,所以信之不疑。而妄以己见,辄为之说,正恐未能尽发其奥,而反以累之,岂敢自谓有扶掖之功哉!今详来教,及省从前所论,却恐长者从初便忽其言,不曾致思,只以自家所见道理为是;不知却元来未到他地位,而便以己见轻肆抵排也。……至于《西铭》之说,犹更分明。今亦且以首句论之:人之一身,固是父母所生,然父母之所以为父母者,即是乾坤。若以父母而言,则一物各一父母;若以乾坤而言,则万物同一父母矣。万物既同一父母,则吾体之所以为体者,岂非'天地之塞'?吾性之所以为性者,岂非'天地之帅'哉?古之君子,惟其见得道理真实如此,所以亲亲而仁民,仁民而爱物,推其所为,以至于能以天下为一家、中国为一人,而非意之也。今若必为人物只是父母所生,更与乾坤都无干涉,其所以有取于《西铭》者,但取其姑为宏阔广大之言以形容仁体,而破有我之私而已,则是所谓仁体者,全是虚名,初无实体,而小己之私,却是实理,合有分别;圣贤于此,却初不见义理,只见利害,而妄以己意,造作言语,以增饰其所无,破坏其所有也。若果如此,则其立言之失,"胶固"二字,岂足以尽之?而又何足以破人之梏于一己之私哉?大抵古之圣贤,千言万语,只是要人明得此理。此理既明,则不务立论,而所言无非义理之言;不务正行,而所行无非义理之实。无有初无此理,而姑为此言,以救时俗之弊者。不知子静相会,曾以此话子细商量否?近见其所论王通续经之说,似亦未免此病也。此间近日绝难得江西便,草草布此,却托子静转致。但以来书半年方达推之,未知何时可到耳。如有未当,切幸痛与指摘,剖析见教,理到之言,不得不服也。(《朱子文集》卷三十六)

　　柏麓按:马括《朱子经济文衡》节引上段,且加案曰:"论《西铭》首句之义。""此段谓古之圣贤,只要人明义理之言,行义理之实。"

　　●罗泽南《西铭讲义》曰:泽南案:此朱子答陆子美书也。陆氏极论《西铭》之失,故朱子以此辨之。观龟山上程子书,疑《西铭》为兼爱,是未晰《西铭》分殊之旨。此特一时所见,犹未莹澈也。观朱子答子美书,则陆氏直不知《西铭》"理一"之道。不知"理一",则其所谓"分殊"者,亦为我之私而已。哓哓焉以论圣贤之书,是犹以井蛙而讥鲲龙耳。(《西铭讲义》)

　　●归曾祁曰:曾祁案:薛氏《读书录》:"'亲亲而仁民,仁民而爱物',其理一为仁,分殊为义。"又"'亲亲而仁民,仁民而爱物',皆仁也。于亲曰亲,于民曰仁,于物曰爱。仁之施,各得其宜者,义也。此仁之理,一贯乎分殊之中;义之分殊,不在理一之外也。"又,"读《西铭》,有'天下一家、中国一人之气象'。"[①]○归愚沈德潜《扬州普济堂记》:"张子作《订顽》,知天地为大父母,而民我同胞、物我同与,凡疲癃残疾茕独鳏寡,皆

[①] 此条旁有"作之(文)气象"数字,不知何所出,当为衍文,故见载于此。

我兄弟之颠连而无告者。盖人自私其身,则几席犹秦越也;近观厥初,则万物本同体也。因同体而扩充焉,本乎理之一而推及乎分之殊,有亲亲仁民、仁民爱物,几欲补天地之憾而后即安者矣,则程君之建堂,能本张子之意而见之实事者。(《西铭汇纂》)

〇朱熹《答陆子美》云:前书示谕《太极》《西铭》之说,反复详尽。然此恐未必生于气习之偏,但是急迫看人文字,未及尽彼之情,而欲遽申己意,是以轻于立论,徒为多说,而未必果当于理尔。……熹所论《西铭》之意,正谓长者以横渠之言,不当谓乾坤实为父母,而以"胶固"斥之,故窃疑之。以为若如长者之意,则是谓人物实无所资于天地,恐有所未安尔,非熹本说固欲如此也。今详来诲,犹以横渠只是假借之言,而未察父母之与乾坤,虽其分之有殊,而初未尝有二体,但其分之殊,则又不得而不辨也。(《朱子文集》卷三十六)

柏麓按:马括《经济文衡·前集》卷二引上段,且加案曰:"论人物无资天地之说。""此段专以陆公之言为非是。"

〇问:"《西铭》句句是'理一分殊',亦只就事天、事亲处分否?"曰:"是。'乾称父,坤称母',只下'称'字,便别。这个有直说底意思,有横说底意思。'理一而分殊',龟山说得又别。他只以'民,吾同胞;物,吾与'及'长长幼幼'为理一分殊。"曰:"龟山是直说底意思否?"曰:"是。然龟山只说得头一小截;伊川意则阔大,统一篇言之。"曰:"何谓横说底意思?"曰:"'乾称父,坤称母'是也。这不是即那事亲底,便是事天底。"曰:"横渠只是借那事亲底来形容事天做个样子否?"曰:"是。"淳(《朱子语类》卷九十八)

●张栻《答朱元晦》:《西铭》之论甚精。"乾称父,坤称母"之说,某亦如此看。盖一篇浑是此意也。(《南轩集》卷二二)

柏麓按:据任仁仁、顾宏义《张栻师友门人往还书札汇编》,张栻此书约撰于乾道六年(1170)九月间。

〇《答朱元晦》:《西铭》谓以乾为父,坤为母,有生之类,无不皆然,所谓"理一"也。而人物之生,血脉之属,各亲其亲,各子其子,则其分亦安得而不殊哉?是则然矣。然即其"理一"之中,乾则为父,坤则为母,民则为同胞,物则为吾与,若此之类,分固未尝不具焉。龟山所谓"用未尝离体"者,盖有见于此也,似更须说破耳。(《南轩集》卷三〇)

柏麓按:据任仁仁、顾宏义《张栻师友门人往还书札汇编》,张栻此书在乾道九年(1173)秋。

●吕祖谦曰：天，阳也，以至健而位乎上，父道也；地，阴也，以至顺而位乎下，母道也；人禀气于天，赋形于地，以藐然之身，混合无间而位乎中，子道也。然不曰"天地"而曰"乾坤"者，"天地"，其形体也；"乾坤"，其性情也。"乾"者，健而无息之谓，万物之所资以始者也；"坤"者，顺而有常之谓，万物之所资以生者也。是乃天地之所以为天地，而父母乎万物者，故指而言之。（《东莱集注观澜文集》卷十五《西铭注》）

柏麓按：吕祖谦此句解与朱熹《西铭解》全同。惟"'天地'，其形体也"一句缺一"其"字。

●真德秀曰：《西铭》推事亲之心以事天，盖父母生我者也，而所以生之者，天地也。天赋以气，地赋以形。父母，固我之父母也；天地，亦我之父母也。朱子曰：'父母者，一身之父母也；天地者，人与物、己与人皆共以为父母者也。'父母之生我也，四肢百骸①，无一不②全，必能全其身之形，然后为不忝于父母；天地之生我③也，五常百善，无一不备，必能全其性之理，然后为不负于天地。故仁人事亲如事天，事天如事亲。此又《西铭》之妙指，不可以不知也。"（《性理大全》卷四《西铭》）

●熊刚大曰：乾为天，父道也，故以父言。坤为地，母道也，故以母言。吾于此，以藐然之身，混含无间而处乎中，子道也。（《性理群书句解》卷三《西铭解》）

●叶采曰：《礼记》："仁人之事亲也如事天，事天如事亲。"此谓孝子成身，即《西铭》之原也。（《近思录集解》卷二《西铭解》）

●方逢辰曰：《西铭》之作，张子盖为人局于形体之私，自小其身，不知身与天地对立，而不能尽人道之大也。天高地下，人位乎中，天大地大，人居其一，故曰"予兹藐焉，乃混然中处"。"乃"者，张子惕然自警之辞，谓我以眇然七尺之躯，乃得与天地对立者，岂徒然哉！（《蛟峰先生文集》卷七）

●鲍云龙曰：《西铭》言"乾称父，坤称母"，人在其中，子道也。故乾阳坤阴，天地之气，塞乎两间，而人物资以为体。乾健坤顺，天地之志，为气之帅，而人物得以为性。（此下原有"此人所以得性命之正，而为万物之灵，物得其偏，止于物而已"二十四字。宁按：性命之理不可以正偏言，唯气禀有正偏耳。

---

① "骸"，底本作"體"，据《性理大全》改。
② 底本"不"字下有一"至"字，据《性理大全》，当衍，删。
③ "我"，底本无，据《性理大全》补。

今删去,补下文五十一字。)第人得气之正且通者,故推得去,而有以全其所赋之理,而为万物之灵;物得气之偏且塞者,故推不去,而无以充其全,止于物而已。(《天原发微》卷一上)

●曹端曰:天,阳也,至健而位乎上,父道也。然不曰"天"而曰"乾"者,"天",其形体也;"乾",其性情也。"乾"者,健而无息之谓,万物所资以始者也。是乃天之所以为天,而父乎万物者,故指而言之曰"乾称父"。○地,阴也,至顺而位乎下,母道也。然不曰"地"而曰"坤"者,"地",其形体也;"坤",其性情也。"坤"者,顺而有常之谓,万物所资以生者也。是乃地之所以为地,而母乎万物者,故指而言之曰"坤称母"。○"予",亦人也。"藐",微小貌。"混然中处",言混合无间。○盖人禀气于天,赋形于地,(此身便是从天地来。)今以藐然微小之身,乃与天地混合无间而位乎中,子道也。(《西铭述解》)

●薛瑄曰:《西铭》曰:"乾称父,坤称母,予兹藐焉,乃混然中处。天地之塞,吾其体;天地之帅,吾其性。"天地万物,分明为一体。(《读书续录》卷四)

○天地分明一大父母,生出无限小父母来。(《读书录》卷八)

○父母生子,耳目、口鼻、四肢、百骸无不备,人子能体其全而归之,斯谓之"孝"。天之生人,五常、百行之理无不全,人能以事亲之心事天,于天所赋之理无一之或失,则亦天之孝子矣。(《读书录》卷八)

○《西铭》曰:"予兹藐焉,乃混然中处。""混然"则内外一致,物我无间也。(《读书录》卷一)

○人与天地之理气,混然无间,故天地为人之父母,而人当心父母之心,行父母之事也。(冉觐祖:《性理纂要附训》卷四《西铭解》)

●李滉曰:"予兹藐焉","'予'字以及铭中九'吾'字,固拟人人称自己之辞,然凡读是书者,于此十字,勿徒认作横渠之自我,亦勿认作让与别人。谓我皆当自任,以为己事看,方得。夫《西铭》,本以状仁之体,而必自己为言者,何也?昔夫子答子贡'博施济众'之问,而曰'仁者,己欲立而立人,己欲达而达人',意与此同。盖子贡不知就吾身亲切处求仁,而求之太阔远,无关涉,故夫子言此,使其反之于身,而认得仁体最切实处。今横渠亦以为仁者虽与天地万物为一体,然必先要从自己为原本、为主宰,仍须见得物我一理相关亲切意味,与夫满腔子恻隐之心贯彻流行,无有壅阏、无不周遍处,方是仁之实体。若不知此理,而泛以天地万物一体为仁,则所谓仁体者,莽莽荡荡,与吾身心有何干预哉？（如墨氏爱无差等，释氏认物为己病，皆不知此义故也。）且'予''吾'，即我也，与子贡所谓'我不欲人之加诸我也，吾亦欲无加诸人'之'我'字、'吾'字同，皆我也，而'子绝四：毋意、毋必、毋固、毋我'之'我'字，私也。夫子所谓'己欲立而立人'之'己'字，公也，颜子'克己复礼'之'己'字，私也。"（曾祁案：查氏铎《阐道集》："'克己复礼'多以'己'训私字，'己'即我也，'己'非私也。"）数字之称，本合为一字。一字之间，一公一私，而天理人欲得失之分，不啻霄壤之判，差毫厘而谬千里，尤不可不审也。（《西铭考证讲义》）

●邓球曰："张子见道，就从那大原上说将来了。'乾称'二句，是统言乾坤为万物大父母，'予兹'二句，张子又置其身在大父母中，而为之子也。只此便透彻'理一'了。"客曰："不称天地而称乾坤者何？"曰："乾坤者，健顺之名也；天地者，覆载之形也。所以《易》文只说'乾道成男，坤道成女'，又云'乾元资始，坤元资生'。'藐'，小也，以形言；'混'，合而一之谓也。语曰：'乾坤大父母，吾身小天地是也。'"客曰："受形之父母，奈何？"曰："能孝于父便是事天明，能孝于母便是事地察。"（《闲适剧谈·西铭客对》）

●姚舜牧曰：天以至健，位乎上，父道也；地以至顺，位乎下，母道也。人禀气于天，赋形于地，以藐然之身，混合无间而位乎中，子道也。（《性理指归》卷六）

柏麓按：此本朱熹《西铭解》而有所节略。

●崔有海曰：乾者，至阳之气，运行于上；坤者，至阴之质，承顺乎下。阳有生生不息之义，阴有长养不已之德。阴阳合德，有变化生物之功，此天地为人物之父母也。盖阴阳不和，水旱愆期，则万物必无生化之理，而人必相枕而死。然则人之所以生成者，虽赖父母，而父母之所以生我者，莫非天地造化之妙也。父母慈爱，或惭于私意有轻重不均之失，而天之生养则至公无私，固无古今彼此之不同。上天下地，昭昭显著，无须臾之间断，此天地之大恩，不可忘于顷刻。天地之神明，不可忽于斯须者也，敢不敬哉，可不畏哉！古之大礼，天子郊天，诸侯则虽不敢行僭礼，人人各存敬畏之心，常若天威之照临，不敢萌一毫非僻之心者，乃事天如事父母之大义也。况今人君，乃万民之父母，而代天理物，实如干家之宗子，敬天尽道则休祥必至，违天悖理则灾孽荐及。感应之效，捷于影响，决不可以息忽。昔赵抃每于日夕，焚香拜天，朝昼所为之事，历指告天，则其不可告者，必不躬行。慎独畏天之道，可为百世之则。

伏愿以此为法,以为事天之道,幸甚。(《嘿守堂先生文集》卷七)

●雷于霖曰:道一而已,一而神,两而化,虽化至百千亿万,而一者自同也。乾、坤,本一也;分而为两。乾,阳也,位乎上而济乎下,为万物资始,故称父;坤,阴也,处乎下而行乎上,为万物资生,故称母。孝子曰:"若识得原初父母,则格天配帝,曰从发肤。感通而参赞位育,祇是膝下经纶,更不必求之高深之远。"○乾、坤变化,常在中间。予以藐然之躬,处乎乾、坤之中,混同无间,参而为三,有子道焉。孝子曰:"若识中处之真,谓我属地而天乃统之,谓我属天而地乃承之,七尺微躯,一片鸿蒙,天地人谁得而分之!"(《西铭续生篇》,李元春《青照堂丛书续编》本)

●高尔俨曰:此张子横渠先生见道切实处。太极既判,两仪立焉;乾道成男,坤道成女,阴阳五行,化生万物。乾称父也,坤称母也,予兹藐焉,乃混然中处。"混然"者,浑同一体之谓。天地之间,一阴阳也。不曰天地而曰乾坤,天地以形体言,乾坤以性情言。以形体言,则天上地下,人似乎不相通;以性情言,则乾坤阴阳之气,彻上彻下,人在一气贯通之中,浑然一体,毫无隔碍,父母之说,不待详喻而自明矣。吾儒学问,正要此处看得亲切。真见实理实事如此,不是侈谈,则夙兴夜寐之间,日用行事之际,兢兢业业,求所以事天,而为之子。体天心而以万物为同体者,自有所不能已也。(《古处堂集》卷一《西铭演义》)

●宋时烈曰:盖天阳也,父道也。地阴也,母道也。人之禀气于天,赋形于地。以藐然之身,混合无间而位乎中,子道也。朱子曰:"子之生也,虽体父母气,而受天地气最多;舜之为圣,受瞽瞍气则少,受天地气则多"云。不曰"天地"而曰"乾坤"者,天地,其形体也;乾坤,其性情也。性情于人最切,故云。(《宋子大全拾遗》卷九《经筵讲义》)

●林恕曰:《易·说卦》曰:"乾,天也,故称乎父。坤,地也,故称乎母"云云。今按:震坎艮三男,巽离兑三女,共分得乾坤之一爻,则乾坤有父母之称。自六卦观之,则乾坤为父母,六卦为子,则乾坤是万物之父母也。○《孟子·尽心下》曰:"说大人,则藐之。""藐",音"眇"。注曰:"藐,轻之也。"今按:人与天地混合,处于其中者,藐焉而轻眇也。今按:朱注皆以《易》文字解此段。《乾·象》曰:"天行健,君子以自强不息。"《说卦》曰:"立天之道,曰阴与阳。"《坤·文言》曰:"坤道其顺乎,承天而时行。"又曰:"地道也,妻道也,臣道也。"又曰:"主而有常。"《乾·彖》曰:"大哉乾元,万物资始。"《坤·彖》

曰:"至哉坤元,万物资生。"《系辞》曰:"乾道成男,坤道成女。"《乾·程传》曰:"乾,天也。天者,天之形体;乾者,天之性情。"○《书·泰誓》曰:"天地,万物父母。"先考《谚解》曰:"《日本纪》:阳神,阴神,生日月、山川、国洲。与《西铭》可同撰。"(《西铭私考》)

●王夫之曰:谓之"父""母"者,亦名也;其心之必不忍忘、必不敢背者,所以生名之实也。惟乾之健,故不敢背;惟坤之顺,故不忍忘,而推致其极,察乎天地,切求之近,以念吾之所生成,则太和絪缊,中含健顺之化,诚然而不可昧。故父母之名立,而称天地为父母,迹异而理本同也。朱子曰"天地"者,其形体,迹之与父母异者也;"乾坤"者,其性情,理之同者也。○"混然",合而无间之谓。合父母之生成于一身,即合天地之性情于一心也。(《张子正蒙注》)

○"乾称父","父",吾乾也;"坤称母","母",吾坤也。父母者,乾坤之大德,所以继吾善也。"我日斯迈,而月斯征,夙兴夜寐,无忝尔所生",思健顺之难肖也。(《思问录·内篇》)

○"称"者,以此之名加彼之辞也。张子《西铭》"理一分殊"之旨,盖本诸此。"父""母"者,吾之所生成者也,因之而推其体,则为天地;因此而推其德,则为乾坤。天地大而父母专,天地疏而父母亲,故知父母而不知乾坤者有矣,未有不知父母而知乾坤者也。思吾气之所自生,至健之理存焉;思吾形之所自成,至顺之理在焉;气固父之所临也,形固母之所授也。故敬爱行,而健顺之实、知能之良,于此而凝;承以流行于万理,则见乾于父,见坤于母,而天地之道不违矣,是以可名乾以父,名坤以母,而父母之尊亲,始昭著而不可昧。六子,皆乾、坤之所生也,则吾之有身,备六子之体用性情者,无非父母之所全以生者也,无二本也。而以术数言《易》者,谓复、姤为小父母,然则生我之父母,又其小者。一人而父母三焉,非禽兽之道而何哉!(《周易内传》卷六下)

○合万物而言之,则天为本;自一人而言之,则祖为本,故张子曰"乾称父,坤称母",言乾坤者,人物之父母;而父母者,人之乾坤也。盖一本万殊之理,于斯著矣。(《礼记章句》卷十一)

●山崎闇斋曰:○第一节。《易》:"乾,天也,故称乎父;坤,地也,故称乎母"。(《说卦》)○《左传》:"藐,诸孤。"(《僖九年》)《文选》:"藐尔诸孤。"(《广绝交论》注:"吕向曰:'藐,小貌'。")《书》:"眇眇予末小子。"(《顾命》)○《易》:"乾,天下之至健;坤,天下之至顺。"(《系辞》)○《礼记》:"天子修男教,父道也;后修女顺,母道也。"(《昏义》)○程子曰:"天者,乾之形体;乾者,天之性情。乾,健也,健而无息之谓乾。"(《易传》)○《易》:"乾,健也;坤,顺也。"(《说卦》)○《中庸》:"至诚无息。"○《易》:"坤,有常。"(《文言》)○《易》:"乾元,万物资始;坤元,万物资生。"(《彖传》)○《书》:"惟天地,万物父母。"(《泰誓》)(《文会笔录》卷十二)

●张英曰:天,阳也,以至健而位乎上,父道也;地,阴也,以至顺而位乎下,母道也;人禀气于天,赋形于地,以藐然之身,混合无间而位乎中,子道也。(《御定孝经衍义》卷二)

柏麓按:此本朱熹《西铭解》而有所节略。

●冉觐祖曰:按:"父""母"字不可忽,下文"胞""与""宗子"云云,皆从"父""母"字生。○"藐焉"以形言,"混然"照下文,兼理气言。"混",犹"浑",浑合之意,或作"源泉混混"之"混",未确。○"藐焉"者却能"混然",故下一"乃"字有味。○朱子补出"子道也",当着眼,正与"父母"字相应。(《性理纂要附训》卷四)

●张伯行《濂洛关闽书·西铭解》曰:天下古今,只有一理,而其分万殊。然"理一分殊"之道,人人皆得而尽之。盖以人之于天地,犹子之于父母;天地为天下之父母,与一家之父母,无以异也。是故乾为天,健而无息,万物资始,有父道焉,故称父;坤为地,顺而有常,万物资生,有母道焉,故称母;人禀气于天,赋形于地,以藐焉之一身,乃与乾坤混合无间而处其中,以为之子焉。(《濂洛关闽书》卷二)

○《近思录集解·西铭解》曰:此横渠先生顶天立地,深契本原,已见大意,故推生人所由来与此身所自生,融会而参同之,因事亲以明事天。合并而言,交畅其旨,作铭自订,欲使胸中洞达,不致顽而不化也。乾,健也,阳之性,而天之所以为天也;坤,顺也,阴之性,而地之所以为地也。天以至健位于上,为万物所资始,有父道焉,称父可也;地以至顺位于下,为万物所资生,有母道焉,称母可也。资始、资生,得天地之气以成形者,其间则有予也。藐然此身,形气与天地混合无间而位乎其中,有子道焉。父天母地,倘不知天下一家道理,恐无以为子,无以为人,天地父母其将谓我何?故下文遂历言其所以然。(《近思录集解》卷二)

●窦克勤曰:"处",上声。○乾坤自是乾坤,父母自是父母。以乾主乎始物,与父之始物者无异;坤主乎生物,与母之生物者无异。故乾坤有父母之称,此原人所得于天之由也。玩一"称"字,虽曰"乾坤一大父母",然与父母较之,亦属指拟之辞。○"藐焉"者,形质之小也,"混然中处"者,理气之合,萃于一身也,以一身处乎天地之中,则"乾称父,坤称母",予即称子矣。(《事亲庸言》卷一《事亲如事天,事天如事亲第一》)

●室鸠巢《西铭详义》曰:张子此篇用字,皆有来处。("来"一作"出")《说卦传》:"乾,天也,故称乎父;坤,地也,故称乎母。"○"乾称父,坤称母",此言人物皆为天地所生,与其为父母所生,通为一理也。然以天下言之,则天地是天下之父母也;以一身言之,则父母是一身之父母也。其分亦不得不异尔。"称"者,人称之也,当连"予兹藐焉"一句读。"称"字有二义,要仔细看,凡名实相当谓之"称"。张子以父母喻天地,父母是假借之名,其所以为父母之实,即乾坤也。盖乾道成男,则天下之男,皆乾之气,人物所以受气即资而始者也;坤道成女,则天下之女,皆坤之气,人物所以赋形即资而生者也。此虽假借之言,其实与乾坤一理贯通。若谓乾坤与父母,初无干涉,只以人物为其所生,与父母相类,故姑以父母形容之。何不曰"乾如父,坤如母",而曰"称"哉?此"称"字一义也。然天地自天地,父母自父母,所谓"乾称父,坤称母"者,特据其理而称说之云尔。若直以天地为父母,而不辨其异,则又何不曰"乾为父,坤为母",而曰"称"哉?此又"称"字一义也。若特以天地为父母,而平视己之父母,则其弊恐陷于二本兼爱乃已。且如浮屠以佛为父母,而以其父母为假,亦其误之甚者也。故张子于此若以"如父如母"言之,则其言专于比喻,而昧于一理之旨。又以"为父为母"言之,则其言伤于直截,而疏于分殊之义。一"称"字,于其间稍有分别,最为精当,读者当深味之。"藐",小貌,"予兹藐焉",此一句明人为天地之子,故取于《左传》"藐诸孤"之语。"乃"者,难之之辞。"混",水杂也,谓一体相杂而无痕迹,如水之合也。人以藐焉之身,上下与天地参,不可谓藐焉之身直与天地参,此必有不为形骸所囿者。可知"乃"字当味,此二句含下文"塞""体""帅""性"之意。(元成曰:首句"张子"以下二十七字,系先生草本所附书,诸本无之,今补入加圈分之,读者详焉。)(《西铭详义》)

●李文炤曰:"处",上声。○按:《书》曰:"惟天地,万物父母。惟人,万物之灵。"《易》曰:"易简而天下之理得矣,天下之理得而成位乎其中矣。"盖天地设位而三才之立,则必本乎人心之灵;易简示人而五常百行之全,乃可以成中处之位,此理气之所以无间也。程子曰:"人与天地,一物也",而人特自

小之,何耶?(《西铭解拾遗》)

●华希闵曰:"混然中处",言混合无间,此身内外总是天地,与朱子"鳜鱼肚里水,即鲤鱼肚里水"之语同意,下节只是申明此句。形即天地之气,性即天地之理,所以父母兄弟等子目,再颠扑不破。(《性理四书注释》之《西铭辑释》)

●茅星来曰:此四句乃一篇纲领,言人为天地之子也。(《近思录集注》卷二)

●李绂《答郑叔范小学问目》:口体之养,不是小事。而但比志,则有轻重之别。以《西铭》所谓"乾称父,坤称母"看之,其不曰"天地"而曰"乾坤"者,盖天地,形体也;乾坤,性情也。天地之所以为万物大父母者,只是其性情也。于此尤可见孝子养志之大矣。(《陶庵集》卷十三)

○《答尹叙五》:愚尝读《西铭》,其不曰"天地"而曰"乾坤"者,天地,形体也;乾坤,性情也。于是乎益知孝子养志之为大矣。哀苟能善继父母之志,无辱父母之体,则虽失于前,而亦可追于来也。哀果有志于斯乎?其果有志焉,则愿以乐正子春答门人之语,服膺而终身也。(《陶庵集》卷十七)

●王植曰:愚按:《易·说卦传》之十章:"乾,天也,故称乎父;坤,地也,故称乎母。"以下六卦为其子,张子虽本《易辞》,而意则以天地为人物之父母,犹《书·泰誓》所谓"惟天地万物父母也"。(《朱子注释濂关三书·西铭》)

●李宗洙曰:"乾称父,坤称母",谨按:《易大传》:"乾,天也,故称乎父。坤,地也,故称乎母。"○"予兹藐焉,乃混然中处":谨按:柳子厚《天论说》:"上而玄者,世谓之天;下而黄者,世谓之地;混然而中处者,世谓之元气。"○解:"位乎中";谨按:《易大传》曰:"易简而天下之理得矣,天下之理得而成位乎其中矣。"○"乾者,健而无息之谓,万物之所资以始者也。坤者,顺而有常之谓,万物之所资以生者也":谨按:《易·乾·象传》:"大哉乾元,万物资始。"《程传》:"乾者健也,健而无息之谓。"《坤·象传》:"至哉坤元,万物资生。"○"父母乎万物":按:《书·泰誓》:"惟天地,万物父母。惟人,万物之灵。"(《后山先生文集》卷十四《西铭劄疑(朱子解)》)

●刘沅曰:伏羲画卦名,三画纯阳者为乾,三画纯阴者为坤。夫子释之曰:"乾,健也;坤,顺也。"言伏羲以天地性情而言,为之名曰乾坤。又申之曰:"乾,天也,故称父;坤,地也,故称乎母。"言天地,万物父母。伏羲既以天为乾,以坤为地,其画卦有八,因乾坤变化之而有六卦,是六卦皆乾坤所生,乾坤即六卦之父母矣。古人称八卦曰父母、男女,非无故也,此《说卦》第十章之义。下章曰:"乾为天,为父;坤为地,为母。"则以天地为父母矣。张子袭"乾称父、坤称母"之一说,而不知"称父""称母"谓乾坤生六子。天地本万物之父母,六卦由乾坤而生,则亦如天地生万物一般,故称乾坤为六子父母,此一说也。下章言"乾为父,坤为母",乃正言天地为父母,义微有别。当云"乾为父,坤为母",则是。凡人皆以天地为父母,而曰"予"曰"吾",似言己乃能父母天地者,亦嫌夸大。(《正讹·西铭解》)

●李元春曰:三才一耳。○雷柏林曰:"参赞位育,只是膝下经纶,七尺微躯,一片鸿蒙天地人,谁地而分之!"(《关中道脉四种书·张子释要》之《张子西铭全注》)

●罗泽南曰:"乾",健也。"坤",顺也。天为阳,其德至健而不息;地为阴,其德至顺而有常。曰"乾坤"者,以天地之性情言也。"藐",小也;"混然",人与天地混合而无间也;"中处",位乎天地之中也。人之一身,莫不各有其父也,然推其有生之初,实皆禀气于天,而为吾之所以资始,故乾亦称父;人莫不各有其母也,然推其成形之初,实皆赋质于地,而为吾之所以资生,故坤亦称母。是以人身虽小,与天地之气、之德混合无间,位乎其中,而为天地之子焉。以一身言,父母者一家之父母;以天下言,天地者万物之父母。分虽殊,理实一耳。(《西铭讲义》)

○泽南案:天至健,观夫日月之升降、星辰之旋转、寒暑之往来,无一息之停,非健而何?地至顺,承天时行,乾以此施之,坤即从而受之,未尝有所作为于其间,非顺而何?○天之性情是一个至健底,地之性情是一个至顺底。情即是性之所发,性是体,情是用。乾其静也专,是性;动也直,是情;坤其静也翕,是性;动也辟,是情。○天一积气耳,地则有个形质。故人之呼吸往来,是禀得那天之阳气;人之形骸,是禀得那地之阴质。然气有阴、有阳,呼为阳,吸为阴也。质有阴、有阳,肝为木,心为火,脾为土,肺为金,肾为水,凡一切形骸,皆有阴阳之辨也。如以天地对言之,天为阳、地为阴。分言之,天有天之阴阳,地有地之阴阳。○人身至藐然耳,而天地之理,无不具于一心,直养无害,其气可以塞天地,所以成位乎中,与天地并立为三。天何尝大?人何尝小?特患人自不能充其量耳。○读《西铭》,须知父母是父母,天地是天地。如今便道天是父、地是母不得,特推而言之:乾为万物之所以资始,坤为万物之所以资生,是天下一大父母,故乾亦称父,坤亦称母耳。读《西铭》,须晓得一个"推"字,逐句由自家之父母兄弟,推到天地民物上去,便有个理一分殊在。○读《西铭》,须先横截断看。下截是说吾之父母,上一截是说天地。然后直劈下看之,人禀气于天,赋形于地,天地亦是吾之父母。如此读之,便见得有个理一分殊在。逐句皆然。(《西铭讲义》)

●<u>金道和</u>曰:"予兹藐焉,乃混然中处",天如此高,地如此广,而人以藐然之身,混合无间者,盖以天地之间,逼塞充满,无非这气也。人生其间,呼吸动息,皆是这气。则以是而谓之"混然中处"者,不亦宜乎!<u>大山先生</u>《答我曾王考书》曰:"如鱼之涵淹卵育于水中。"形容"混"字之义,无复余蕴矣。(《西铭(读书琐义)》)

●<u>柳重教</u>曰:此篇盖言人当推事亲之心以事天也。此节正名明位,以冠一篇也。(《省斋集》卷三十《西铭句节次第》)

●<u>郭钟锡</u>《答郑文显·别纸》:"《西铭》'乾父坤母'之说,出自《说卦》。而其'称父''称母',似不若'为父''为母'之尤紧切,引彼文而舍'为'取'称',何也?""乾坤以天地言,父母以吾父母言。须下'称'字,方见得理一分殊之妙,与《说卦》之某卦为某物者,意不同。"(《俛宇集》卷六十)

●<u>归曾祁</u>曰:<u>薛氏瑄</u>《读书录》:"《西铭》曰'予兹藐焉,乃浑然中处','混然'则内外一致,物我无间也。"<u>茅氏星来</u>《近思录集注》:"此四句乃一篇纲领,言人为天地之子也。"又案:此四句与<u>兰陵范氏浚</u>①《心箴》首四句及逢原<u>王氏令</u>《性说》意正同。《心箴》曰:"茫茫堪舆,俯仰无垠,人于其间,眇然有身。"《性说》曰:"天苍然禀之而上也,地隤然禀之而下也,日星禀之所以经纬也,山川禀之所以融结也,然则人介其间,禀之粹者也。"(《西铭汇纂》)

●<u>唐文治</u>曰:乾称父,坤称母,故人皆为天之子,而于万物中为最贵。然若失其为人之格,则不独有负乎天地,实有负此藐然中处之身矣。(《性理学大义·张子大义》)

●<u>张绍价</u>曰:《西铭》言理一分而分殊。首节似言理一,而分殊亦在其中。盖自其同者言之,则天地人只此一理;自其异者言之,则乾父坤母,人混然中处,其分固自各殊也。(《近思录解义》卷二)

●<u>陈荣珪</u>曰:乾坤,天地也。父母,生我者也。所谓"乾称父,坤称母"者,

---

① "兰陵"应为"兰溪",为作者笔误。

以吾人渺小之躯,与万物煦妪涵育于两仪之中,同受覆帱者也。(《西铭解》,《感化月刊》1933年第1卷第2期)

●缪篆曰:横渠自幼讲习《周易》。中国未有文字之先,先有八卦。八卦者,父母卦、六子卦也。在《周易·说卦》"三索"章即云:"乾,天也,故称乎父;坤,地也,故称乎母。震,长男;巽,长女;坎,中男;离,中女;艮,少男;兑,少女。"横渠云"予兹藐焉,乃混然中处"者,《说卦》称"立天地之道,曰阴与阳;立地之道,曰柔与刚;立人之道,曰仁与义"谓之"三才",《中庸》所谓"至诚与天地参"也。《孝经·三才章第七》曰:"夫孝,天之经也,地之义也。"谓事父孝者,天之常也;谓事母孝者,地之宜也。又《感应章第十六》曰:"昔者明王事父孝,故事天明;事母孝,故事地察。"吾师黄希平先生曰:"父母之于人子也,无一息不得其所而父母之心始安;天地之于万物也,无一物不得其所而天地之心始安。深知父母之心,则天地之心乃可一默而见。"然则横渠之志气,由父母而达诸天地者,必有事焉,则下文"民胞""物与""尊老""慈幼""希圣""希贤"等等节目尔。○"孝治天下"一语,极平易而极神奇之语也。骤而问人曰:"孝何以能治天下?"古今来注《孝经》、疏《孝经》者,都不能答。否则引《孝经》一二节以塞责,亦答如不答。篆按:惟王士元所著之伪《亢仓子》之《训道篇》有此答案。该篇立论,探源于全部《孝经》第一章第一句"先王有至德要道"之前,说明"何故以孝治天下"之由。"振衣千仞冈,濯足万里流,"王士元此文其庶几乎? 其言曰:

闵子骞问仲尼:"道之与孝,相去奚若?"仲尼曰:"道者,自然之妙用;孝者,人道之至德。夫其包运天地,发育万物,曲成万类,不希性寿。其功至实,而不为物府,不为事官,不为功尸,扣求视听,莫得而有,字之曰道;用之于人,字之曰孝。"

读此,则"孝治天下"之答案,即"道治天下"。彼功利派恒谓"贫弱之国惟富强是师,于不出家庭之孝无与焉"者,可憬然于孝即人道之代表,在他国吾不敢知,在中国则有定义曰"富强有道,惟孝是视;治平有道,惟孝是视。"(《读张横渠〈东铭〉〈西铭〉》,《新民》1935年第1卷第2期)

●查猛济曰:乾吾父,坤吾母,吾乃乾坤之子,与人物浑然处于中间者也。(《张子〈西铭〉的抗战哲学》,《胜利》1939年第32期)

●杜天縻曰:"乾称父,坤称母",《易·说卦》:"乾,天也,故称乎父;坤,地也,故称乎母。"按:《尚书·泰誓上》:"惟天地万物父母,惟人万物之灵。"

亦此意。○"藐",小貌。(《西铭笺释》,《浙江自治》1939 年第 13 期、第 14 期、第 15 期连载)

●王淄尘曰:乾坤是八卦中两个卦名;这两卦,又统含八卦的意思。原意:乾是阳的代名,坤是阴的代名,包括宇宙间的一切。用于自然界,则乾为天,坤为地;推于人事界,则乾为君,为父,为夫;坤为臣,为子,为妇,也都含阴阳二义。(今日结婚礼帖中,尚有为乾造、坤造者,是即以夫为乾、妇为阴也)此文所说的乾坤,是指天地,人为天地间的生物,犹天地的儿子,不称天地而称乾坤者,以乾坤可包括天地也。○"予",张子自称。"兹",是这个。"藐焉",是微小不大看得见的东西。"混然中处",言混在这个天地中间。朱子(名熹)曰:"自一家言之,父母是一家之父母;自天下言之,天地是天下之母父。"此节言人为天地的儿子,我这个微小的人,乃混处在天地的中间。(《张子西铭》,《前线旬刊》1939 年第 2 卷第 18 期)

●朱逸人曰:"乾"者,健也,阳之性也,故以拟父。"坤"者,顺也,阴之性也,故以拟母。易也,大哉乾元,万物资始;至哉坤元,万物资生。乾坤,即天地也。盖吾人禀气于天,赋形于地,而以藐小之身,浑合无间,而位乎其中,乃子道也。(《读西铭》,《服务(诸暨)》1939 年第 2 期)

●毛夷庚曰:乾吾父,坤吾母,吾乃乾坤之子,与人物浑然处于中间者也。(《张子西铭》,《大风(金华)》1939 年第 97/98 期)

●孙常钧曰:乾为天,坤为地,何以不曰天地,而称乾坤呢?因为天地只是形体,乾坤才是性情,"乾者,健而无息之谓也",为宇宙万物所资以始的。"坤者,顺而有常之谓也",为宇宙万物所资以生的。所以《易经》上说:"乾知大始,坤作成物。"○在数学上有所谓奇、偶两数,"奇、偶者,数之始也"。在八卦里的记号,奇为"、"(假读单字),偶为"、、"(假读折字),奇为阳,偶为阴,一阳加一阳为太阳,再加一阳便为"乾"(☰)。一阴加一阴便为太阴,再加一阴便为"坤"(☷)。乾像父,坤像母。自小的范围而言,人的一身固是父母所生,然"父母之所以为父母者,乃是乾坤"。所以从广大的范围来说,"天地为万物之父母"。我能得以赋形为人,便是从天地得来,而和万物浑然同处于天地之间,因此宇宙为一大天地,而我为一小天地,我与万物既同为一体,就应当推"己溺人溺,己饥人饥"的心肠。以秉承天地之心为心,而为生民立命,为万世开太平。(孙常钧编注《释西铭》,沅陵中报社,1942 年 3 月版)

● 方豪曰：《西铭》所谓乾坤，所谓天地，皆指宇宙之主宰也。（《论中西文化传统：发扬儒家学说之途径》，《真理杂志》1944 年第 1 卷第 3 期）

● 王建新曰：本来宇宙间有两种最大的力量：一种是创造力，是属于天的；一种是长养力，是属于地的。人是由于这两种力量生成的，所以人兼有天、地的两种属性。换言之，人既是宇宙精神的派生物，人的精神自然应该与宇宙的精神一致而且要永远融合无间，以达到如孟子所谓"上下与天地同流"（见《孟子·尽心篇》）的境界。○这里说"乾为父，坤称母"，是根据《易经·说卦传》的说法："乾为天，为父"，"坤为地，为母"。乾、坤本是八卦里两卦的名称。乾代表天的特性就是"健"，是"自强不息"，也就是创造力；坤代表地的特性是"顺"，是"厚德载物"，也就是长养力。人为天地所生，可以称天为父，称地为母。"予兹藐焉"的"藐"字，训"小"，这句可解为"微小的我"。"乃浑然中处"，是说恰好处在天地之间，而与天地在本性上有不可分的关系。（《〈西铭〉新话》，《湘桂月刊》1943 年第 2 卷第 8 期）

● 陈敦仁曰：《易·说卦》："乾，天也，故称之乎父。坤，地也，故称乎母。"（《〈西铭〉注》，《福建训练月刊》1943 年第 2 卷第 3 期）

● 枯木曰：乾者，天之健，其理位乎上而覆育万物；坤者，地之顺，其气形乎下而载生万物，故称为父母。则吾兹藐小焉，乃禀天地而生，处乎其间，与之混合而无间。于此便见儒家不仅指生之育之者为父母，乃共天地而总目之也。此为儒家继天立极，建立人道之始。（《西铭口授》，《海潮音》1948 年第 29 卷第 2 期）

（第二章）

故天地之塞，吾其体；天地之帅，吾其性。

● 吕大临曰：克己复礼，天下归仁，此之谓"体"。尽其心则知其性，知其性则知生矣，此之谓"性"。（宋王霆震辑《新刻诸儒批点古文集成·前集》卷四十九《西铭》）

● 张九成曰：吾之体，不止吾形骸；塞天地间，如人、如物、如山川、如草木、如禽兽昆虫，皆吾体也。吾之性，不止于视、听、言、貌、思；凡天地之间，若

动作,若流峙,若生植、飞翔、潜泳,必有造之者,皆吾①性也。(《横浦集》四库本卷十五《西铭解》)

●朱熹《西铭解》曰:乾阳坤阴,(《易·系辞》:"乾,阳物也;坤,阴物也。"曾祁案:《正蒙·乾称篇》:"乾坤,阴阳也。")此天地之气,塞乎两间,(孟子曰:"浩然之气,塞乎天地之间。"又曰:"气体之充。"《礼·孔子闲居》:"志气塞乎天地。"曾祁案:《书·舜典》:"温恭允塞。"《诗·鄘风》:"秉心塞渊。"注:"塞",训充,训满。《列子》:"天,积气耳,无处无气。"《黄帝·素问》:"地为人之下,太虚之中也。曰:'何凭乎?'曰:'大气举之。'"《扬子》:"故天地成于元气,万物成于天地。"《关尹子》:"自中而升为天,自中而降为地。"注:升降以气言,非天地能从中升降也。)而人物之所资以为体者也,故曰"天地之塞,吾其体";(曾祁案:方麓王氏樵《绍闻编·西铭注》云:"乾阳坤阴,此天地之气,塞乎两间,而人物之所资以为体者也。"此可见体之充,即所谓"塞乎天地之间"者。)乾健坤顺,此天地之志,为气之帅,(孟子"志气之帅"也。曾祁案:《语类》:"帅,总心性言。")而人物之所得以为性者也,②故曰"天地之帅,吾其性"。(曾祁案:《语类》朱子曰:"先有个天理了,却有气,气积为质而性具焉。"薛氏瑄曰:"张子曰:'性者,万物之一源③。'即周子所谓'无极而太极也。'")

柏麓按:注解中"乾阳坤阴",《西铭解义》作"阳气阴质"。○"此天地之气,塞乎两间,而人物之所资以为体者也",《西铭解义》作"此天地之塞,而物之所资以为体者也",真德秀本作"此天地之气,塞乎两间,而人物所资以为体者也"。○"此天地之志,为气之帅,而人物之所得以为性者也",《西铭解义》作"此天地之帅,而物之所得以为性者也",真德秀本作"此天地之志,为气之帅,而人物所得以为性者也"。

●室鸠巢《西铭详义》曰:《西铭》以"乾父坤母"起端,故朱子于此承上文,又以乾坤分理气而解之。乾坤以气言之为阴阳,人物之所以为体也;以理言之为健顺,人物之所以为性也。但不曰"天地之理",而曰"天

---

① "皆吾性也"底本作"皆吾之性也",《古文集成》本无"之"字。与上文"皆吾体也"不相应,删。

② "此天地之志,为气之帅,而人物之所得以为性者也",《西铭解义》作"此天地之帅,而物之所得以为性者也",真德秀本作"此天地之志,为气之帅,而人物所得以为性者也"。

③ "源",底本作"原",据张载《正蒙·诚明篇》改。

地之志"者,据本文"帅"字本于孟子"志气之帅",遂解为"天地之志",方于"帅"字为切。盖健顺之理,所以主宰阴阳之气,谓之'天地之志'可也。朱子曰:"《易》称'复见其天地之心',又称'天地之情可见',安得谓天地不可言志乎!"程先生说"天地以生物为心,"此乃天地之志也。(《西铭详义》)

深察乎此,则父乾母坤,混然中处之实可见矣。(胡广《性理大全》卷四《西铭》)

柏麓按:真德秀本此句解下,另起一段曰:问:"《西铭》之义?"曰:"紧要血脉,尽在'其体''其性'二句。"

●室鸠巢《西铭详义》曰:"实"字当对"体""性"二字看,上文以秉气赋形为说,是父乾母坤,混然中处,大端如此。今说"天地之塞,吾其体;天地之帅,吾其性",是吾"体""性",常常与"天""地"混合,所以为实验之可见者也。○直清按:"乾称父,坤称母",是说规模;"民,物同胞;物,吾与也"以下,说万物一体,皆在篇首两句范围中。然其紧要血脉,却在"天地之塞,吾其体;天地之帅,吾其性"两句。若不是此两句为之关纽,不独"混然中处"无以见其实,凡下文言"同胞"、言"吾与",皆不与我相属,有何干涉?其说"于时保之"以下事天如事亲者,亦似牵强之说。今说此两句,天下人物,皆与我同一气,又与我同一性,自相属不相离,又不得自私以违天理,是"民""同胞"以下,一理透彻,皆的实如此。○又按:此一段张子之意,与朱子所以解本文之意,皆要善观之。本文此段在"藐然中处"之后,是既有"体"与"性"已具可知,故此就其"体""性"已具之后,说出"吾其体""吾其性"来。"天地之塞"非他,即"吾其体";"天地之帅"非他,即"吾其性"。其混合无间之实可见。朱子解云:"天地之气,塞乎两间,而人物之所资以为体者也","天地之志,为气之帅,人物所得以为性""塞乎两间","为气之帅",固解本文"塞""帅"二字。其下句"所资为体","所得为性",不是正解本文下三字。本文正意,只说人与天地一体,朱子原其所以然以解之,谓所以"天地之塞,吾其体;天地之帅,吾其性"者,以其所禀、所得在此故也。"故曰"字当味,乃还本文正意。其与天地混合之意,只即此而察之自见,故以"深察"云云取之。朱子又曰:"且逐日捉身心来体察,便见得吾身便是天地之气,吾性便是天地之帅。"所谓"深察乎此"者如此。(《西铭详义》)

○问《西铭》之义。曰："紧要血脉，尽在'天地之塞，吾其体；天地之帅，吾其性'两句上。上面'乾称父'至'混然中处'是头，下面'民，吾同胞；物，吾与也'便是个项，下面便撒开说，说许多。'大君者，吾父母宗子'云云，尽是从'民，吾同胞；物，吾与也'说来。到得'知化则善述其事，穷神则善继其志'，这'志'，便只是那'天地之帅，吾其性'底'志'。为人子，便要述得父之事，继得父之志，如此方是。事亲如事天，便要述得天之事，继得天之志，方是事天。若是违了此道理，便是天之悖德之子；若害了这仁，便是天之贼子；若是济恶不悛，便是天之不才之子；若能践形，便是天地克肖之子。这意思血脉，都是从'天地之塞，吾其体；天地之帅，吾其性'说。紧要都是这两句，若不是此两句，则天自是天，我自是我，有何干涉？"或问："此两句，便是理一处否？"曰："然。"僩。（《朱子语类》卷九十八）

○"《西铭》大要，在'天地之塞，吾其体；天地之帅，吾其性'两句。'塞'是说气，孟子所谓'以直养而无害，则塞乎天地之间'，即用这个'塞'字。张子此篇，大抵皆古人说话集来。要知道理只有一个道理，中间句句段段，只说事亲事天。"贺孙。（《朱子语类》卷九十八）

○《答李尧卿》："天地之塞，吾其体"云云，"塞"者，日月之往来，寒暑之迭更，与夫星辰之运行，山川之融结，又五行质之所具、气之所行，无非塞乎天地者。"塞"字意，得之。（《朱子文集》卷五十七。）

○"'天地之塞，吾其体；天地之帅，吾其性。''塞'，如孟子说'塞乎天地之间'。'塞'只是气。吾之体，即天地之气。'帅'是主宰，乃天地之常理也。吾之性，即天地之理。"贺孙。（《朱子语类》卷九十八。）

○问："'天地之塞'，如何是'塞'？"曰："'塞'与'帅'字，皆张子用字之妙处。'塞'，乃孟子'塞天地之间'；'体'，乃孟子'气体之充'者；有一毫不满不足之处，则非'塞'矣。'帅'，即'志，气之帅'，而有主宰之意。此《西铭》借用孟子论'浩然之气'处。若不是此二句为之关纽，则下文言'同胞'、言'兄弟'等句，在他人中物，皆与我初何干涉？其谓之'兄弟''同胞'，乃是此一理与我相为贯通，故上说'父母'，下说'兄弟'，皆是其血脉过度处。《西铭》解二字，只说大概，若要说尽，须因起疏注可也。"寓。（《朱子语类》卷九十八。）

○《答黄道夫》：《西铭》"天地之塞"，似亦着"扩充"字未得。但谓充满乎天地之间莫非气，而吾所得以为形骸者，皆此气耳。天地之帅，则天地之心而理在其间也。五行,谓水、火、木、金、土耳,各一其性,则为仁、义、礼、智、信之理,而五行各专其一,人则兼备此性而无不善。及其感动,则中节者为善,不中节者为不善也。(《朱子文集》卷五十八。柏麓按:马括《经济文衡·前集》卷二节引上段,且加案曰:"论《西铭》天地之塞之说。""此段谓五行天常感动之善。")

○或问:"'天地之帅,吾其性',先生解以乾健、坤顺为天地之志。天地安得有志?"曰:"'复,其见天地之心','天地之情可见',安得谓天地无心、情乎?"或曰:"福善祸淫,天之志否?"曰:"程先生说'天地以生物为心',最好。此乃是无心之心也。"(曾祁案:张子曰:"心,统性情者也。")人杰。(《朱子语类》卷九十八。)

○"吾其体""吾其性",有我去承当之意。谟。(《朱子语类》卷九十八。)

○《答吴伯丰》:"天地之塞,吾其体;天地之帅,吾其性。"近见南康一士人云:"顷岁曾闻之于先生,'其'字有'我去承当'之意。"今考经中,初无是说。《西铭》"承当"之说,不记有无此语,然实下"承当"字不得。恐当时只是说得禀受之意,渠记得不仔细也。(《朱子文集》卷五十二。)

○问:"'塞乎天地之间'是元气体段,合下如此。或又言:'只是不疑其行,无往不利',何也?"曰:"只为有此体段,所以无往不利。不然,须有碍处。"问:"程子'有物始言养,无物养个甚?'此只要识得浩气体段否?"曰:"只是说个大意如此。"问:"先生解《西铭》'天地之塞'作'窒塞'之'塞',如何?"曰:"后来改了,只作'充塞'。横渠不妄下字,各有来处。其曰:'天地之塞',是用《孟子》'塞乎天地',其曰'天地之帅',是用'志,气之帅也'。"德明。(《朱子语类》卷五十二)

○人且逐日自把身心来体察一遍,便见得吾身便是天地之塞,吾性便是天地之帅。文蔚。(《朱子语类》卷九十八)

●吕祖谦曰:乾阳坤阴,此天地之气,塞乎两间,而人物之所资以为体者也,故曰"天地之塞,吾其体";乾健坤顺,此天地之志,为气之帅,而人物之所得以为性者也,故曰"天地之帅,吾其性"。深察乎此,则父乾母坤,混然中处之实可见矣。(《东莱集注观澜文集》卷十五《西铭注》)

柏麓按:吕祖谦此句解与朱熹《西铭解》全同。

●张栻《答吴晦叔》:"《西铭》:'天地之帅,吾其性。''帅'有主宰之义,

不曰心而曰性,何也?""'帅'是统率之意,原本而言之,谓之性,则可耳。"(《南轩集》卷二九)

●陈淳曰:性命只是一个道理。不分看,则不分晓;只管分看不合看,又离了,不相干涉。须是就浑然一理中,看得有界分不相乱。所以谓之"命",谓之"性"者,何故?大抵"性"只是理,然人之生,不成只空得个理?须有个形骸,方载得此理。其实理不外乎气,得天地之气成这形,得天地之理成这性。所以横渠曰:"天地之塞,吾其体;天地之帅,吾其性。""塞"字,只是就《孟子》"浩然之气,塞乎天地"句,掇一字来说气;"帅"字,只是就《孟子》"志,气之帅"句,掇一字来说理。人与物同得天地之气以生,天地之气只一般,因人物受取各不同。人得五行之秀,正而通,所以仁、义、礼、智,粹然独与物异;物得气之偏,为形骸所拘,所以其理闭塞而不通。人物所以为理只一般,只是气有偏正,故理随之而有通塞尔。(《北溪字义》卷上)

〇问:"人者,天地之心。或云'天地其体,而人其心也',天地非人,则缘何发挥得那许多底蕴道理出来?或云'人之心,即天地之心。天地之塞,吾其体;天地之帅,吾其性。惟人能全得天地之心以为心',又云'人者,其天地之德,阴阳之交,鬼神之会',又何别?""且平看来,只是人处中间,有弥缝造化之妙耳。若从而细论之,人之所以有是弥缝造化之妙者,亦由其心即天地之心也。来说二义,须兼看,乃足。若又就人类中实究其所以然,则惟是圣人,然后足以当天地之心也。所谓天地之德,则又就其中以所得之理言,此说较密。阴阳之言'交',则又以二气交合而成此体质;鬼神之言'会',则又以二气精灵妙用,萃于此身为魂魄言。"(《北溪大全集》卷四十二)

●林夔孙曰:"五行,一阴阳也"止"万物生生而变化无穷焉",便是"天地之塞,吾其体;天地之帅,吾其性",只是说得有详略缓急耳。(周敦颐:《周元公集》宋刻本,卷二)

●熊刚大曰:乾阳坤阴,此天地之气,塞乎两间,吾资以为体;乾健坤顺,此天地之志,为气之统帅,吾得之以为性。(《性理群书句解》卷三《西铭解》)

●方逢辰曰:"天地之塞,吾其体;天地之帅,吾其性",此二句,乃人所以得与天地对立者也。"塞"者,天地之气也;"帅"者,天地之理也。以充实言,谓之"塞";以主宰言,谓之"帅"。其"体"者,以身体而实践之也;其"性"者,以身体而实有之也。二句之上加一"故"字,"故"者承上而有所用力之辞。乾阳坤阴,此天地之气,充塞乎两间,而人所得以为体者也。然得其体,必当有以体其体,不体其体,则人与物何以别?"体"者,一身躯壳,无非造化。日月之往来,山岳之镇峙,江河之流转,寒暑之代谢,一人之身,天地之所为者备,故曰"天地之塞,吾其体"。"一阴一阳之谓道",阴阳,非道也;所以一阴一阳者,道也,此即天地之主宰也,所谓"天地之帅"也。天地以阴阳五行化生万物,莫不命之以是理,人所得以为性者也。得其性,必当有以性其性,不性其性,则人与物何以异?格物致知所以明此理,诚意正心所以体此理,此"性其性"之条目也。操存之,涵养之,体察之,此"性其性"之工程也。如是,则所以主宰者不在天地,而在我矣,故曰"天地之帅,吾其性"。然而我有此体、此性,人亦有此体、此性,物亦有此体、此性,特人全物偏,故有"胞""与"之分。(《蛟峰先生文集》卷七)

●鲍云龙曰:夫子以德为圣为贤,历万世而不可磨灭者,当自作一类看。如人死曰鬼,气已散了,子孙精神聚处,则祖考来格。《鲁论》所谓"祭如在,祭神如神在",岂特士祭其先为然?自天子至于庶人,皆有等级分别,不可踰越,当自作一类看。下而至于山夔、土羵、水罔、木妖,无鬼有论而怪兴,芦菔诛罔而躬对,不可不信也。或悬颖附箕,或生霆起鹤,天地间自有此等游魂鬼术,足以惑人,不可谓无。但非其正,亦当自作一类看。分类既精,而析理甚明,谷永所谓"明于天地之性,而不惑于神怪",昔人所谓"以道治天下,则其鬼不神,修身之道得矣"。人之一身,鬼神之会也。只这躯壳在此里,而内外无一非天地阴阳之气,此心才动便应,故曰:"天地之塞,吾其体;天地之帅,吾其性。"吾心正,则那公平、正直底、鬼神自相应;一有不正,则彼之游魂、戾气亦相纠结,而不可解矣。(《天原发微》卷十七)

●曹端曰:乾阳坤阴,此天地之气,塞乎两间,而人物之所资以为体者也,故曰"天地之塞,吾其体";乾健坤顺,此天地之志,为气之帅,而人物之所得以为性者也,故曰"天地之帅,吾其性"。深察乎此,则父乾、母坤混然中处之实可见矣。(且人物并生于天地之间,其所资以为体者,皆天地之塞;其所得以为性者,皆天地之帅也。然体有偏正之殊,故其于性也,不无明暗之异。)(《西铭述解》)

●薛瑄曰:阴精阳气聚而成物,即所谓"天地之塞,吾其体"。(《读书续录》卷八)

○"天地之塞,吾其体;天地之帅,吾其性。"此可见人与天地万物为一体。(《读书续录》卷五)

○"天地之塞",气也,形而下者也;"天地之帅",理也,形而上者也。气也,理也,浑合而无间者也。(《读书续录》卷一)

○"天地之塞","天地之帅",人物得之以为形、性者也。(《读书续录》卷四)

○《西铭》"混"字、"塞"字、"帅"字皆一意,但有理、气之别。(《读书录》卷一)

○因读"天地之塞,吾其体"之"塞"字,益知上下四方气之充塞,无丝毫之空隙。(《读书录》卷十)

○理为万物之一源,"理一"也;万物各得其一理,"分殊"也。(《读书录》卷八)

○万物皆自天地"之塞""之帅"来,所谓"一理"也,至散而为万物,则"殊分"矣。(《读书续录》卷四)

○人、物皆得天地之气以成形,所谓"天地之塞,吾其体";皆得天地之理以成性,所谓"天地之帅,吾其性"。体、性,人与物皆同,所谓"理一"也。然人得其气之正而理亦全,物得其气之偏而理亦偏,圣人尤得其气之最清最秀者,故性极其全,与天地合德;贤者禀气,次乎圣人,故其德出乎凡民,皆"分殊"也。(《读书录》卷十)

○"天地之塞,吾其体",得天地之气以成形也;"天地之帅,吾其性",得天地之理以成性也。践形,则能全天赋我之体;尽性,则能全天赋我之理。(《读书录》卷十)

●刘玑曰:"天地之塞,吾其体;天地之帅,吾其性。"是成吾身者,天之神也,己何力焉?若不知天以性成吾身,实为天之神,而自谓因身发智,凡聪明才辩,出于天功者,皆贪以为己力,则不明之甚者也。盖人之才,虽本于天,而亦因物之同异相形,万变相感,耳目内外之合,触于目,启于中,所谓方物,出谋发虑,而后时措之宜也。岂可昧此不知,而一切指为己知哉!(《正蒙会稿》卷二)

○天地万物,本吾一体。然天地大,而万物小。能以天体身,则知"天地之塞,吾其体;天地之帅,吾其性",是先其大者矣。其于小而体物,又何疑之有?(《正蒙会稿》卷二)

○"天地之塞,吾其体。"故能以直养之,使其气盛大流行,而无害焉,则与天地合德矣。日月之明,容光必照,故能大明无私,使其远近、大小而一视焉,则与日月合明矣。存神过化，与天同运，则与四时合其序。日用云为，酬酢惟时，则与鬼神合其吉凶。夫如是，然后能无方体而圣矣。盖人与天地、鬼神，本无二理，惟蔽于有我之私，是以不能相通。人自人，天地鬼神自天地鬼神，而有方体矣。今既相合，而无彼此之分，又何私之可言哉。(《正蒙会稿》卷二)

●李涒曰："天地之塞，吾其体；天地之帅，吾其性"，天地之气，在吾为体，故曰"吾其体"。天地之理，在吾为性，故曰"吾其性"。朱子谓："此篇皆古人说话集来。"故今读此每一段说话，须先寻所从来，见得古人元初立说本意如何，转就这里，认出横渠下语用字之法如此，其巧妙无穷处，方始彼此互发，得其归趣。故下文凡引用古说处，并以本事本语明之。此一节"塞"字、"帅"字，从《孟子》来，则说见注中，兹不复赘云。(《西铭考证讲义》)

●王樵曰："乾阳坤阴，此天地之气，塞乎两间，而人物之所资以为体者也。"此可见体之充，即所谓"塞乎天地之间"者。"充"字宜玩。《左传》曰："心之精爽，是谓魂魄。"大聪明大力量人，魂盛魄强，便担当得无限大事，发挥出无限义理，这便是"充"之意，便是"塞乎天地之间"也。人孰无此气，患不能充尔，充则浩然矣。(《绍闻编》卷七)

○只观"帅"字，体之"充"字，便见持志养气，两事相须，使公孙丑识得，不须再问矣。盖将虽勇，然部伍简练，号令精明，动由纪律，卒徒上工夫，亦是少不得也。又如周亚夫军中夜惊，亚夫坚卧不起。不起，固帅之定然，而士卒有惊，何也？亦未善也。以此见"持其志"又不可不"养其气"，君子所以足容重，手容恭，声容静，气容肃，行中鸾和，步中采齐，皆欲无暴其气也。(《绍闻编》卷七)

●邓球曰：此二句正见所以"乾称父，坤称母"之义。"帅"，犹云"主帅"也，以理言，即太极也，主宰化生万物的，故拟之曰"帅"；"塞"，即孟子"塞乎天地"之"塞"，以气言，盖此气无一息之停，无一处不到，充满周遍的，故名之曰"塞"；"性"，是吾所以生生之理，盖谓天地之主宰，以化生万物者，即吾得之以为性也；"体"，犹云"状貌"，故朱子谓之"体段"，乃吾之所由以为形者也。盖谓天地之氤氲不息，聚而为物者，即吾得之以为体也。吾其帅，天地之性；吾其塞，天地之体，则乾坤不称吾父母乎？二"吾"字泛言，与上文"予"字不同。程明道云："所以谓万物一体者，只有此理，即此理会去，便得。"(《闲适剧谈·西铭客对》)

●姚舜牧曰：乾阳坤阴，此天地之气，塞乎两间，而人物之所资以为体者也,故曰"天地之塞,吾其体";乾健坤顺,此天地之志,为气之帅,而人物之所得以为性者也,故曰"天地之帅,吾其性"。深察乎此,则父乾母坤,"混然中处"之实可见矣。(《性理指归》卷六)

柏麓按:此与朱熹《西铭解》全同。

●崔有海曰:盈于天地之间者,莫非阴阳五行之气也;主宰二五之精者,莫非仁义礼智之性也。人之生也,必得二五之气,以为百骸五脏之体;必得五常之理,以为性情五伦之道者,皆天地所以生成,一理之本也。"帅"者,出于《孟子》,乃主宰之义理之大源,实为气之主宰。故气有千万不齐之差,而理有一定不易之常,故善之为德,为人性之大本;而气之精粗,人人各异。善为其主,变化其气,则如将帅之立其威,百体从令矣。善不为主,众欲交攻,则如将不得人,必为以国与敌之归,此性理之先立大体者也。(《嘿守堂先生文集》卷七)

●雷于霖曰:予以藐焉之躯,认天作父,认地作母,其故何也?良由乾气下济,坤气上行,细缊变化,充满两间,吾受此塞者以成体。孝子曰:"识得塞者,吾体一肢一节,咸肖法象;一呼一吸,潜通阖辟。若能直养而无害,浩气还塞乎天地。"(《西铭续生篇》,李元春《青照堂丛书续编》本)

〇野马飞扬,原非升降无主其中。有至中正、至精粹者,统此变化,为天地之帅,吾受此帅以成性。孝子曰:"天之四德,一极钧旋;人之五性,辐辏一元。无以小害大,无以贱妨贵。天地帅吾性,吾性帅天地,此二句,《西铭》之至要,天地人物之关纽也。《西铭》一篇,总是言仁,此为源头起脉。"(《西铭续生篇》,李元春《青照堂丛书续编》本)

●高尔俨曰:盈天地之间,皆气也。吾之气与天地之气;未尝□一丝毫,吾之气即天地之气,未尝少有间隙。然则吾之气乃所以充塞两间而撑持不坏者,是天地之塞以吾为其体也。语云"天地之性人为贵",又曰"夫志,气之帅也",吾与天地,原未尝分,圣人致中和而天地位、万物育,理有固然不可诬者。人不能尽其性,便是志意萎苶,如何能率天地?吾之性,即天地之性,是"天地之帅,吾其性"也。此二句正是浑然中处之实,吾之与天地浑合无间如此。(《古处堂集》卷一《西铭演义》)

●宋时烈曰:天地之塞乎两间,而人物之所资以为体,故曰"吾其体";乾健坤顺,为气之帅,而人物之所得以为性,故曰"吾其性"。盖"塞"字,是就《孟子·浩然章》"塞乎天地间"说出来,即气也。"帅"字,是就《孟子》"志气

之帅"说出来,即理也。(《宋子大全拾遗》卷九《经筵讲义》)

●张能鳞《论天地之帅吾其性》:读《西铭》之书,知父天母地之义矣。天子为宗子,大臣为家相,民胞物与,此天下一家之理也。亲九族、和万邦,非有天下者不能系,惟天子而后父天母地乎?抑特为得位秉时者言之耳。若夫性,则人人具一天地人性。天地之性,刚健中正,纯粹以精,含弘光大,安贞以利,乾坤之德也,阴阳之道也。天地分之而人备之,故未发之中,其静也专而翕;既发之和,其动也直而辟。天地易简之理,"神而明之,存乎其人",则是天地之志,为气之帅,人所得以为性。而人既得以为性,直谓之天地之帅,可也。天地无心,即人之心以为心,志动而气从,是"帅"之义也。"于穆不已",非至诚,何以感通?"品物流行",非葆合,非以各正?水旱剥蚀,阴阳愆伏,非燮理,则不得其太和;动静相生,刚柔摩荡,非错综,则不能成其变化。然则天位乎上,地位乎下,人位乎中,帅也者,参之两之,仰司天地之命者也,请得而譬言之。"师出无律,弟子舆尸",小人也;"刚中而应,行险而顺",君子也。若夫《师》"贞,丈人",呼吸夫阴阳,而运用乎四时,天高地下,不能不俯而听其财成。苟非圣人,孰能当此而无憾者哉!天地无心而有其理,圣人因理而扩其性。圣人而君临万国者乎,则将以宗子而为帅;圣人而疑丞弼亮者乎,则将以家相而为帅。圣人而匹夫者乎,乾健自强,三军莫夺,先天而天弗违,而况于人乎,而况于鬼神乎!故知"天地之帅,吾其性",是言也,不仅为宗子家相言之也。富哉,言乎!后学能鳞撰。(《儒宗理要·张子》卷末)

●林恕曰:《孟子·公孙丑上》曰:"其为气也,至大至刚,以直养而无害,则塞于天地之间。"又曰:"志,气之帅也;气,体之充也。"(《西铭私考》)

●王夫之曰:"塞"者,流行充周;"帅",所以主持而行乎秩叙也。"塞"者,气也,气以成形;"帅"者,志也,所谓"天地之心"也。天地之心,性所自出也。父母载乾、坤之德以生成,则天地运行之气、生物之心在是,而吾之形色天性,与父母无二,即与天地无二也。(《张子正蒙注》)

○天地之塞,成吾之体;而吾之体,不必全用天地之塞。故资万物以备生人之用,而不以仁民之仁爱物。天地之帅,成吾之性,而吾之性既立,则志一动气,斟酌饱满,以成乎人道之大用,而不得复如天地之帅以为帅,故喜怒哀乐有权,而生杀不可以无心为用。(《思问录·内篇》)

●山崎闇斋曰:○第二节。《孟子》曰:"浩然之气,塞乎天地之间",又曰:"气,体之充",又曰:"志,气之帅①也。"(《公孙丑》)〇《孟子语类》:问:"先生解《西铭》'天地之塞'作'窒塞'之'塞',如何?"曰:"后来改了。只作'充塞'。横渠不妄下字,各有来处。其曰'天地之塞'是用《孟子》'塞乎天地';其曰'天地之帅',是用'志气之帅'也。")〇《礼记》:"志气塞乎天地。"(《孔子闲居》)〇《易》:"乾,阳物也;坤,阴物也。"(《系辞》)〇小注:"问:'近见一士人'"云云,(见《文集·答吴伯丰书》)《语类》曰:"吾其体,吾其性,有我去承当之意"。(此谟录也。)(《文会笔录》卷十二)

●张英曰:乾阳坤阴,此天地之气,塞乎两间,而人物之所资以为体者也。乾健坤顺,此天地之志,为气之帅,而人物之所得以为性者也。(《御定孝经衍义》卷二)

柏麓按:此句解本朱熹《西铭解》。

●冉觐祖曰:按:此二句不但发乾父坤母之义,并"混然中处"之实,亦说出矣。观朱子《解》自明。〇"塞""帅"是借字,"塞"只作"充"字看,以气言。"帅",即"气之帅""帅"字,但此以理言,朱子用"志"字,当活看。〇二"其"字语气当体贴,盖云天地之所以充塞者,气也,吾其资天地之气以为体乎!天地之所以主宰者,理也,吾其得天地之理以为性乎!"其"字固不是"承当"之语,然亦须点明方好。〇"帅"字,只作"主"字看。(《性理纂要附训》卷四)

●陈廷敬《困学绪言若干则》:《西铭》"天地之塞,吾其体;天地之帅,吾其性。"自子思、孟子以来,无人见及此,惟程子云"天人本无间",断语义约而能尽此,皆学者切要入德功夫。极其至,虽圣人莫能外焉。《西铭》"天地之塞","塞"字尤难下,与《孟子》"塞乎天地之间""塞"字别。《孟子》言"直养之气",横渠言"天地之气",故此"塞"字尤是奇妙。学者明得此一字,其于入德之功,亦思过半矣。"鸢飞戾天,鱼跃于渊",言其上下察也,《西铭》从此义得来。〇气,一也,而有"直养之气",有"助长之气"。与天地相似,所谓"直养"也;毫发不与天地相似,则"助长"而已矣。故《西铭》"天地之塞,吾其体",此义最当熟玩。(《午亭文编》卷二十四)

●金干《答申明允》:"《西铭》:'天地之帅,吾其性';'帅'字有主宰之意,不曰'心'而曰'性'者,何也?""朱子注'天地之帅,吾其性'曰:'乾健坤顺,此天地之志,为气之帅,而人物之所得而为性者也。'以此观之,不言心而

---

① "帅",底本作"师",误,改。

言性者可知矣。"(《厚斋集》卷十)

●林泳《日录》(丙午):夕入。与曹丈语良久。……又曰:"《西铭》能令人大心,然强信不得。须是一一就寻常切近处讲明之,方可。今如'乾父坤母'等语,勿概以为然,而必自设疑。曰:'生我者,父母也。何以谓乾父坤母?以至着实见得而后已。"傍有一少年,曰:"愿闻之。"曰:"此说长,略以浅近处言之。父母固是生我者,然使父母而能生我者,乾坤也。不然,世间何以有有父母而无子者乎?"曰:"然则凡生子,多肖厥父母,何也?"曰:"凡人形既生矣,气既定矣,犹有居移气、养移体之理。况乎受其精以为气,处其腹以养其体者乎?不肖何为?"且曰:"乾父坤母者,非谓不父其父,不母其母,而父母乎乾坤也。论其分处,则万物各一父母;论其统处,则乾坤为万物父母。此乃统体各具之理也。"前此如许说非不多,略而不录。今录之。偶能记忆故也。(《沧溪集》卷二十五)

●张伯行《濂洛关闽书·西铭解》曰:"塞",充塞也。"帅",主宰也。乾阳坤阴,天地之充塞者,气为之,而赋形受质,吾其资天地之气以为体者也;乾健坤顺,天地之主宰者,理为之,而万善具足,吾其得天地之理以为性者也。此可见父乾母坤,混然中处之实矣。(《濂洛关闽书》卷二)

○《近思录集解·西铭解》曰:承上文"混然中处"而言。人既处天地中,则此气此理,直与天地通一无二。故阴阳二气充周遍满,乃天地之塞也。吾实以之为体,是此身气血禀受于父母者也。健顺合德,主宰默运,乃天地之帅也。吾实得之以成其性,是此心精爽递传于父母者也。然则吾以此身为天地之分气分形,天地亦以吾身为一脉一气也。混然中处者,可自小其体,自薄其性乎?(《近思录集解》卷二)

●窦克勤曰:此身从乾坤来,故天地之气之充塞无间者,吾得之以为体;天地之志之主帅不移者,吾得之以为性。气质既具,而仁义礼智,悉涵于吾心,则吾之事天,自不容已矣。○不曰"气"而曰"塞",充实之谓。天地间无非阴阳二气之流行,阴阳二气滚来滚去,凡物触之,自成一个质象,人则四肢百体,从此凝结而生,故曰"吾其体"。不曰"理"而曰"帅","帅"者,主持之谓。天地主乎资始、资生,盖以元亨利贞,赋予人物,物则偏蔽不通,人则全受之,为仁义礼智之四德,故曰"吾其性",此指人所得于天之实也。(《事亲庸言》卷一《事亲如事天,事天如事亲第一》)

●室鸠巢《西铭详义》曰:朱子曰:"'塞'字与'帅'字,皆张子用字妙处。""塞"只是气,乃孟子"塞天地之间"者。"体"乃孟子"气体之充"者。"帅"乃孟子"志气之帅"者,有主宰之意,乃天地之常理也。○直清按:"塞"字虽用字孟子语,然孟子说"浩然之气,养后如此",张子说"天地之气自然如此"。然其实天地之气,本自充塞,无处不然。常与其体之充者,相为贯通。譬如鱼在水中,与鱼腹中水通为一体。但人为躯壳所局,故气馁。体有所不充,苟能养而无害,至晬面盎背,则与天地之气为一。初无内外彼我之可言,即是塞于天地之间。但孟子主人而言吾体之充者,与天地之塞为一也。张子主天地而言天地之塞者,与吾体之充为一也,此其所自而言者有异尔。帅者主宰之意,以天地之理,常为气之主宰,故又借用孟子志气之"帅"字,其字的有所指之辞。凡《西铭》其字,皆即自家见在物上指点,如"其体""其性",贴体性字上看,要见固有的在之意。"天地之塞吾其体",是天地与人一气也,"天地之帅吾其性",是天地与人一理也。(《西铭详义》)

● 廖志灏《一乐编》:严君衎《西铭》,至第二节,呼小子问曰:"'帅''塞'二字,只是孟子上解法。抑还有变通否?"小子答曰:"'帅'是天地之主宰,'塞'是天地之流行。似可分理气看。"严君点首曰:"固是。何不将现成说来?'帅'是濂溪之太极,'塞'是《正蒙》之太和,解来更不费力。"(《燕日堂录·一乐编》卷一)

● 李文炤曰:"帅",色界反。○按:《孟子》曰:"夫志,气之帅也;气,体之充也。"然其由来,则皆本于天地焉。上下四方,谓之宇;古往今来,谓之宙,皆一气之所塞也。而吾之为体,亦即此气之分受者耳。一阖一辟,谓之变;往来不穷,谓之通,皆一理之所帅也。而吾之为性,亦即此理之各具者耳。君子之所以践形而尽性也,不其以此与!(《西铭解拾遗》)

● 鱼有凤《杂说》:人之身,自天地观之,一块至少之物。然上天下地,二气充塞无间而凝聚为人,则实与天地一体,故《西铭》曰:"予兹藐焉,乃混然中处。"(《杞园集》卷三十一)

● 茅星来曰:"性",叶息与切。朱子曰:"吾其体,吾其性,有吾去承当之意。"○陈北溪曰:"'塞'字,就'塞乎天地之间'句取一字来说气;'帅'字,就'志,气之帅也'句取一字来说理。"此二句言人所以为天地之子之实,朱子谓此篇大要只在此二句。"(《近思录集注》卷二)

● 杨应秀《孟子讲说》:问:"《西铭》曰:'天地之帅,吾其性',此'帅'字,即本于《孟子》'志气之帅也'之'帅'字,则是张子以天地之志,为人之性也。

'天地之塞,吾其体'此'塞'字,即本于《孟子》'塞乎天地之间'之'塞'字,则是张子以天地之气,为人之体也。而第塞于天地之气,即指浩然之气;而浩然之气,即天地之志气也。是张子似犹未别白于《孟子》之旨,而且以志为性,则有合理、气为性之嫌;以浩气为体,则有违于游气成质之意,愿赐明教。"曰:"《西铭》之'帅'字'塞'字,果出于《孟子·浩然章》,然其"塞"字,只取"充塞"之意,以明游气之盈满天地之间而已,初非指浩然之气而言也,此当活看。其以志为性者,志即心,而心者,理之所会地也;性者,心中所具之理也。故朱子谓心与性,似一而二,似二而一。程子曰:'心也,性也,天也,一理也。'张、程问答《定性书》之'性',朱子以为'心',《西铭》之'性'字亦然。故《朱子语类》云:'天地之帅,则天地之心而理在其中也。'此朱子深知张子之意,而发明其微旨者也。由是推究,则孟、张所言之'志'字,一串贯来,而无所违悖,可知也。"(《白水集·别集》卷二十三)

●刘沅曰:孟子谓"浩然之气难言",而言养浩然之功,则曰"持其志,无暴其气"。心者,人之神明。志为心之所之,即神之发也。"持其志"者,不使神驰于外,然后能使气聚于中。"无暴",即下文"勿助""勿忘"意。持者,一念不生,使心至虚至静,非勉强用力持之也。志静而气乃静,浩然之气乃生,此气非口鼻呼吸之气,乃乾元一气,人得之以为性者。有生以后,气质囿、七情分,始有人心、道心之分,以其主宰意言,即为神,于人曰心。"持志""无暴气"者,神气不可两分,志定气乃定,气定志亦定。言理则为以性定情,性情合一而浩然之气生,及其充实,则心静安而不动,气充实而光辉。如天地之神气,充塞无间,故曰塞乎天地,言其功用之宏耳。然天地之气,弥纶六合,人身安能及之?即圣人亦不过心合天心,气合天气,可以配天。《易》曰:"大哉乾元!万物资始,乃统天。"天,至大也,而有统天,而行此气者,此何物乎?谓塞乎天地者即气,天地之塞,得天之气以成体亦通,而云"天地之帅,吾其性",则非也。孟子云:"志,气之帅,气,体之充。"言养气当神静而后气生,神是气之主,必无持其志,又无暴其气,养成矣。而神气团为一元,与天太极同体,故可以塞乎天地。神为气主,如帅,若天地则似分而实合,是二是一,不得以帅言天。天止一气,气即是理,宰理气者神。神、理、气三者,在天地浑为一元。人之初生亦然,后天乃否,未知孟子养气不动心之义,安知天地之义?然此语似是而非,学者易为所惑,故详论之。(《正讹·西铭解》)

●李元春曰:天地以全德生人,同此气,同此道,则同此体,同此性。一人然,人人皆然。敛之甚近,推之无穷。○雷柏林曰:"吾体一肢一节,咸通法象。一呼一吸,潜通阖闢。"又曰:"天之四德,钧旋一气,人之五性,辐辏一元。"(《关中道脉四种书·张子释要》之《张子西铭全注》)

●罗泽南曰:"塞",谓天地之气充塞乎两间而无间也。"体",人之身也。"帅",谓天地之理,主宰万化,而为气之将帅也。"性",理之具于吾身也。五官百骸,人各有其体也,然推其受体之初,实天地之气,充塞两间,吾得之以为体。仁、义、礼、智,人各有其性也,然推其赋性之始,实天地之理,主宰万化,吾得之以为性。此二句为一篇之要,所以明上文乾父坤母之实,而起下文民胞物与之旨也。(《西铭讲义》)○泽南案:地是阴气凝结底,地之上便是天之气。人足履于地,其身即运行于天。天地之间,莫非此气所充周,人触着、磕着、呼着、吸着,皆此气,故曰"塞"。理与气不相离,气之塞处,亦即是理之塞处。然以其为气之主宰,故曰"帅"。天地之气,若非此理为之主宰,必至散漫而无归,乾坤之道,几乎熄矣。○孟子言"塞天地之间",是指人之气言,《西铭》则以之言天地之气,然究竟是一个气。人身之气有限,岂足以塞天地?特天地之间,无非此正气所布濩,吾能养此浩然之气,便与天地之正气相感通,初无彼此之间。故孟子曰:"塞乎天地耳"。"夫志,气之帅也",孟子亦是就人言。《西铭》以之言天地之气,皆此理为之统帅,至人得之以为性,则又为一身之帅矣。○人之体,本是父母生底,何谓"天地之塞,吾其体"?曰:"父母之身,便是天地,父母之呼吸出入,与天地之气相感通。人受生之初,禀得那父母之气,即是禀得那天地之气。如今道父母即是天地,不得道父母不是天地,亦不得特父母为一身之天地,天地为万物公共之父母耳。"○先儒谓:"父母之生我也,四肢百骸无一不全,必能全其身之形,然后为不忝于父母;天地之生我也,五常百善无一不备,必能全其性之理,而后为不负于天地。"似不必如此分说。四肢百骸,是父母生底,即是天地生底,全其身之形,为不忝于父母,即为不忝于天地;五常百善,是天地与我底,然此理具载于父母之心中,父母与我以形骸,即已与我以义理,全其性之理,为不负于天地,即为不负于父母矣。○问:"'天地之塞,吾其体;天地之帅,吾其性'两句,何以见其为理一而分殊?"曰:"吾之体与人之体、与万物之体各一,其体分之殊也;究皆禀此天地之气,则理一矣。理既具于吾心,则吾之性与人之性、与万物之性各一,其性分之殊也;究皆禀此天地之理,则理一矣。"○其体、其性皆得之天地,则乾父坤母之实可见矣。得天地之气而为体,吾之气即天地之气;得天地之理而

为性,吾之理即天地之理。而混然中处之,实又可见矣。(《西铭讲义》)

●金道和曰:"吾其体","吾其性",资天地充塞之气,为吾之体;得天地健顺之理,为吾之性。则吾之体,即是天地之气也;吾之性,即是天地之理也。故曰"吾其体""吾其性","其"字当玩味也。(《西铭(读书琐义)》)

●柳重教曰:此下二节,推解首节之意。此节举吾体性之所受,以实父母之名也。先言体而后及性者,气以成形,理亦赋焉,语序然也,亦以见归重于性也。(《省斋集》卷三十《西铭句节次第》)

●郭钟锡《答崔汝敬(东翼乙巳)·别纸》:朱子之遇雨而悟《西铭》之义,钟从前寻常谓:"先生虽在途沾雨,犹思索在义理上,会得此义"云尔。今承来谕,为说甚新,第当致思,然窃恐雨之沾湿,不足以形容"帅,吾性""塞,吾体"之真面。因物顿悟,亦恐非先生平日切问近思底意像。如何如何?(《俛宇集》卷六十五)

●归曾祁曰:《二程遗书》:"横渠言气,自是横渠作用,立标以明道。"《语类》:"《西铭》,大纲是理一,而分自尔殊。然有二说,自天地言之,其中固自有分别。自万殊言之,其中亦自有分别。不可认是一理了,只滚作一处看,这里各自有等级差别。且如人之一家,自有等级之别,所以乾则称父,坤则称母,不可弃了自家父母,却把乾坤做自家父母看。且如'民,吾同胞',与自家兄弟同胞,又自别。龟山疑其兼爱,想亦未深晓《西铭》之意。《西铭》一篇,正在'天地之塞,吾其体,天地之帅,吾其性'两句上。"薛氏《读书录》:"《西铭》曰'乾称父,坤称母,予兹藐焉,乃混然中处。天地之塞,吾其体;天地之帅,吾其性',天地万物分明为一体。"又曰:"'天地之塞,吾其体',得天地之气,以成形也。'天地之帅,吾其性',得天地之理,以成性也。践形则能全天赋我之体,尽性则能全天赋我之理。'知化''穷神'者,乐天而能践形尽性也。'无愧''无忝'者,畏天而求践形尽性也。"又曰:"《西铭》'混'字、'塞'字、'帅'字,皆一意,但有理气之别。"又曰:"万物皆自天地之塞、之帅来,所谓一理也。至散而为万物,则分殊矣。"又曰:"人与天地之理气,混然无间。故天地为人之父母,而人当心父母之心,行父母之事也。"又曰:"天地之塞,天地之帅,人物得之以为形性者也。"又曰:"'天地之塞,吾其体;天地之帅,吾其性',此可见人与天地万物为一体。"茅氏《近思录集注》:"此二句言人所以为天地之子之实,朱子谓此篇大要只在此二句上。"○又案:《西铭》大要,在"天地之塞,吾其体;天地之帅,吾其性"两句上,朱子一再言之。云谷遇雨,思及此两句,因之作《西铭解义》。"塞"字、"帅"字,皆从《孟子》来。程子谓:"自孟子后,盖未见此书。"朱子谓:"张子此篇,大抵皆古人说话集来。"是则《西铭》之要,在此两句,而《西铭》之妙,亦即在此两句,且张子之学,上继《孟子》;《西铭》之文,胜于《原道》者,皆在此两句上也。读《西铭》,不能不兼读《孟子》。(《西铭汇纂》)

●唐文治曰:孟子曰:"浩然之气,塞于天地之间。"又曰:"夫志,气之帅也。"为此"塞"字"帅"字之所本,志为气之帅,天地之帅,即《礼运》所谓"天地之心也"。(《性理学大义·张子大义》)

●张绍价曰:吾之气即天地之气,故曰"天地之塞,吾其体";吾之体即天地之理,故曰"天地之帅,吾其性"。此推言理之一处,而分之所以殊,亦在其中矣。(《近思录解义》卷二)

●陈荣珪曰:"塞",充实也。《孟子》"则塞于天地之间"。"帅",率也。谓天地充实之气,为我本体;天地所统率之万物,皆备我之性能。(《西铭解》,《感化月刊》1933年第1卷第2期)

●缪篆曰:此二语,原本于《孟子》"养气"章"志,气之帅也。气,体之充也"二语。横渠上句是说气,下句是说志,所以程伊川云:"与孟子养气之论同功。"清末大儒李平山先生曰:"人之有志,乃所谓人心也。人之有气,乃所谓道心也。志,有心也,有心故曰'惟危'。气,无心也,无心而后可以见天地万物之心,故曰'惟微'。志能帅气,故曰'惟一'。舍志从气,故曰'惟精'。'允执厥中'者,志气合德,故时措之宜也。"(《读张横渠〈东铭〉〈西铭〉》,《新民》1935年第1卷第2期)

●查猛济曰:吾之体,不止吾形骸,塞天地间,如人,如物,如山川,如草木,如禽兽昆虫,皆吾体也。○吾之性,不止于视听言貌,凡天地之间,若动作,若流峙,若生植、飞翔、潜泳,必有造者,皆吾之性也。(《张子〈西铭〉的抗战哲学》,《胜利》1939年第32期)

●杜天縻曰:"天地之塞",《孟子·公孙丑上》:"问:'何谓浩然之气?'曰:'难言也。其为气也。至大至刚,以直养而无害,则塞于天地之间。'"赵《注》:"养之以义,不以邪事干害之,则可使滋蔓塞满天地之间,布旅〔施〕德教,无穷极也。"按:谓天地间自有至大(不可限量)至刚(不可屈挠)之正气,使人得以养之,而发为正直之气也。文天祥《正气歌》:"天地有正气,杂然赋流形。下则为河岳,上则为日星。于人曰浩然,沛乎塞苍冥。"亦此意也。

○"天地之帅",《孟子·公孙丑上》:"夫志,气之帅也;气,体之充也。"赵《注》:"志,心所念虑也;气,所以充满形体为喜怒也。志帅气而行之,度其可否也。"按:气以充体,故曰:"天地之塞,吾其体。"而志以帅气,制之勿妄动以复于本性,故曰:"天地之帅,吾其性。""帅",即统率之意。(《西铭笺释》,《浙江自治》1939 年第 13 期、第 14 期、第 15 期连载)

●王淄尘曰:此节意思出于《孟子》。《孟子》曰:"吾善养我浩然之气。"又曰:"其为气也,则塞乎天地之间。"是说我能够好好的养我浩浩荡荡一种正大之气,这种气,则能够充塞于天地中间。张子以"体"字代"气"字,是以为人必先有体而后有气,故说天地间塞满的,犹我的体也。"帅",犹军队中元帅,元帅是主宰全军的,《孟子》曰:"志,气之帅也。"是借用元帅的帅字,来主宰人的行动。张子改"志"字为"性"字,以为人必先有性,然后始有志。天地之帅,吾其性者,言天地之帅,是运行日月四时,犹我的性,主宰一切行动也。(《张子西铭》,《前线旬刊》1939 年第 2 卷第 18 期)

●朱逸人曰:"塞",充满也,谓天地之气,充塞乎两间,实人物之所资以为体者也。乾健坤顺,此天地之志,而为气之帅,乃人物之所得以为性者也。孟子称"浩然之气,直养而无害,则塞于天地之间。"又曰:"志,气之帅也。""天地之塞,吾其体;天地之帅,吾其性"两语,从此中体会出来。(《读西铭》,《服务(诸暨)》1939 年第 2 期)

●毛夷庚曰:吾之体,不止吾形骸,塞天地间如人、如物、如山川、如草木、如鸟兽昆虫,皆吾体也。吾之性,不止于视听言说,凡天地之间若动作、若流峙、若生植、飞翔、潜泳,必有造之者,皆吾之性也。(《张子西铭》,《大风(金华)》1939 年第 97/98 期)

●孙常钧曰:凡充塞于天地之间者,皆吾之体也。主宰于天地之间者,皆吾之性也。故张横渠说:"吾之体,不止吾形骸,塞天地间如人、如物、如山川、如草木、如禽兽昆虫,皆吾体也。吾之性,不止于视听言貌,凡天地之间若动作、若流峙、若生植、飞翔、潜泳,必有造之者,皆吾之性也。"就是天地之"气"充塞吾体,天地之"志"主帅吾性,也是孟子所谓:"志,气之帅也;气,体之充也。夫志至焉,气次焉。故曰持其志,无暴其气"的道理。我们青年,必须立志以救国救民,养吾浩然之气,来创造宇宙继续的生命。(《释西铭》,沅陵中报社,1942 年 3 月版)

●王建新曰:"故天地之塞,吾其体;天地之帅,吾其性。""塞",就是充塞。"帅",就是领导。"其"字,在本文里有许多地方用法很古奥,应该依古义训作"之",(例如《论语·子张篇》"不若是之甚也",在汉石经里作"不若是其甚也",又如《逸周书·太子晋篇》"尽忘吾其度"训为"尽忘吾之度")"吾其体"即"吾之体","吾其性"即"吾之性"。本文后节有"舜其功也""申生其恭也"各"其"字,同是这样用法。人类和天地在本性上既有不可分的关系,所以说为天地的力量之所充塞的,是吾之体;为天地的精神之所领导的,是吾之性。这样就是说,人体就是宇宙本体的一部分,人性就是宇宙精神之所由表现。(《〈西铭〉新话》,《湘桂月刊》1943年第2卷第8期)

●陈敦仁曰:《孟子·公孙丑》:"其为气也,至大至刚,以直养而无害,则塞于天地之间",此所谓"塞",即充塞天地间之元气,亦即吾人之本体。○《孟子·公孙丑》:"夫志,气之帅也。"心之所之谓之志,行有所指谓之帅。此所谓"帅",即指天地好生之心。此好生之心,亦即吾人之本性。(《〈西铭〉注》,《福建训练月刊》1943年第2卷第3期)

●枯木曰:吾之身受天地造化而生,即天地之正气充塞吾之体矣。吾之性禀天理而成,即天地之大道统率吾之性矣。其视一身关乎天地之重为何如哉?(《西铭口授》,《海潮音》1948年第29卷第2期)

(第三章)

民,吾(曾祁案:《西铭述解》:"'民',即人也;'吾',谓我也。")**同胞;**(曹端曰:"民",即人也。"吾",谓我也。《西铭述解》○《东方朔传》:"同胞之徒。")**物,吾与也。**(曹端曰:"与",即"党与"之"与"。《西铭述解》○柳重教曰:"处""与"协韵。《西铭句节次第》○《孟子·告子》:"与国。"《史记》:"项曰:'田假为与国之王。'如淳曰:'相与交善为与国,党与也'。"《语类》:"与,如'与国''相与'之类。"问:"莫是'党与'之'与'否?"曰:"然。"曾祁案:《说文》:"'与',党与也。"《国策》:"是君以合齐与强楚。"注:'与',党与也。《管子·八观篇》:"请谒得于上,则党与成于下。"曹氏《西铭述解》:"'与',即'党与'之'与'。")

●吕大临曰:均有是性,彼伤则我伤,故有怵惕恻隐之心。均有是生,彼伤则我所不欲,故血气之类弗身践,而草木以时伐。(宋王霆震辑《新刻诸儒

批点古文集成·前集》卷四十九《西铭》)

●**张九成**曰:既为天地生成,则凡与我同生于天地者,皆同胞也;既同处于天地间,则凡林林而生,蠢蠢而植者,皆吾党与也。(《横浦集》卷十五《西铭解》)

●**朱熹《西铭解》**曰:人、物并生于天地之间,其所资以为体者,皆天地之塞;其所得以为性者,皆天地之帅也。

柏麓按:注解中"人物并生于天地之间","生",《西铭解义》作"立"。○"其所资以为体者",真德秀本作"其所质以为体者"。

●**室鸠巢《西铭详义》**曰:民同胞,物吾与。以"体""性"说来,方为的切。朱子尝谓:"上说父母,下说兄弟,中间两句,是血脉过度处。"故今因上文之义以解之。但以天地对人物说,其"塞"即人物之体,其"帅"即人物之性。此段主人物之生说,其体皆"天地之塞",其性皆"天地之帅",其言之序,自不同也。(《西铭详义》)

然体有偏正之殊,故其于性也,不无明暗之异。(曾祁案:以上五十二字,《西铭述解》接"可见矣"下,"惟人也"以下另起。)惟人也,得其形气之正,(《易·象传》:"乾道变化,各正性命。")是以其心最灵,(《书》:"惟人万物之灵。"曾祁案:周子《太极图说》:"惟人也,得其秀而最灵。"游氏逊曰:"秀以气言,即二五之精也,形也。灵以心言,即无极之真也,性也。")而有以通乎性命之全体,(安正氏曰:"'全'字属上,'体'字属下。或以'体'字连'全'字读,非也。")于并生之中,又为同类(《孟子》:"凡同类者,举相似也。何独至于人而疑之?圣人与我同类者。")而最贵焉,(《孝经》:"天地之性,人为贵。")故曰"同胞",则其视之也,皆如己之兄弟矣。物则得夫形气之偏,而不能通乎性命之全,故与我不同类,而不若人之贵;然原其体、性之所自,是亦本之天地,而未尝不同也,故曰"吾与",则其视之也,亦如己之侪辈矣。(《左传》:"僖二十三年,晋、郑同侪。"《后汉书·贾复传》:"等辈。"曾祁案:《韵会》:侪,等辈也。《礼·乐记》:"先王之喜怒,皆得其侪焉。"注:侪,犹辈类。《左传》:"成二年,文王犹用众,况吾侪乎?"《列子·汤问篇》:"长幼侪居。")

柏麓按:注解中"皆如己之兄弟矣","矣",《西铭解义》作"也"。

●**室鸠巢《西铭详义》**曰:体兼形气,故末以形气偏正言之。体是形气之具者也,"其于性也"四字不苟。盖仁义礼智非外铄,本是自天命来,犹水之有源,是性所以不亡,乃性命脉也。后世谓人寿为性命,其义亦然。人之不死,系在天命天命已去,人死也。"全体"二字,不可草草看过。下文言物只说"性命之全",此云"全体"者,接"其心最灵"一句。人心灵处,来理凑合在此,是"全体"也。盖物自无虚灵之心,独可言气偏而理不全耳。何必复言全体之不通乎?"最贵",言人为万物之灵,是对禽兽草木而言,如禽兽有情稍灵,比草木无情为贵。至于人,则其灵非复禽兽可比,所以最灵也。兄弟与我同为父母遗体,其同类最贵可知,己之等辈,如通家子弟是他人。所谓"不与我同类"者,自我父母视之,其辈行比子弟之列;而气习所自,本不相违,所谓"体性所自,未尝不同"者也。(《西铭详义》)

●金道和曰:"其于性也,不无明暗之异",此言人物之所以分也。《大学或问》曰:"得其正且通者为人,得其偏且塞者为物。"彼贱而为物者,牿于形气之偏塞而无以充其本体之全。惟人之生,得其正且通者,其性为最贵。故虚灵洞澈,万理咸备,夫得其正通而虚灵洞澈,万理咸备者,非所谓明乎?得其偏塞而无以充其本体之全者,非所谓暗乎?(《西铭(读书琐义)》)

惟"同胞"也,故以天下为一家,中国为一人,(《礼·礼运》:"圣人能以天下为一家,中国为一人者,非意之也。")如下文所云;惟"吾与"也,故凡有形于天地之间者,若动若植,(《周礼·大司徒》:"山林,其动物宜毛物,其植物宜皂物。"曾祁案:《正蒙·动物篇》:"动物本诸天,以呼吸为聚散之渐;植物本诸地,以阴阳升降为聚散之渐。")有情无情,(唐谭峭《化书》:"有无情而化为有情者,有有情而化为无情者。")莫不有以若其性,(《书·汤诰》:"若有恒性。")遂其宜焉。(曾祁案:《前汉·王陵传》:"上佐天子,理阴阳,下遂万物之宜。")

柏麓按:注解中"故以天下为一家,中国为一人",真德秀本作"故以天下为一人"。〇"如下文所云","所",《西铭解义》作"之",真德秀本亦作"之"。〇"故凡有形于天地之间者","形",《西铭解义》作"生"。〇"莫不有以若其性,遂其宜焉",《西铭解义》作"莫不有以若其性,而遂其宜焉"。

●室鸠巢《西铭详义》曰:以天下为一家者,视天下之广如一家,言皆同于父母之家,无远近之异也。中国为一人者,视中国之众如一人,言皆同于兄弟之身,无亲疏之间也。下文"大君吾父母宗子"以下,正谓此意尔。若其性,如禽兽牛耕马驾,鸡司晨犬守夜,鸟飞鱼跃兽走,草木发生,皆不敢违其性而害之是也。遂其性,如不杀胎,不伤卵,启蛰不杀,方长不折,斧斤以时入山林,皆遂其生育之宜是也。(《西铭详义》)

●金道和曰:"若动若植,有情无情"。"动"者,禽兽也;"植"者,草木也。"有情",指禽兽而言也;"无情",指草木而言也。(《西铭(读书琐义)》)

此儒者(曾祁案:伊川程子曰:"古之学一,今之学者三,异端不与焉。一曰文章之学,一曰训诂之学,一曰儒者之学,欲适道,舍儒者之学,不可。")之道,所以必至于参天地、赞化育,(《中庸》:"赞天地之化育,与天地参。")然后为功用之全,而非有所强于外也。(胡广《性理大全》卷四《西铭》)

●室鸠巢《西铭详义》曰:有为而效为"功",有资而施为"用",参天地"赞"化育,圣人之事也。然其视民如兄弟,视物如侪辈者,自当如此,则是儒者分内之事。圣人尽之尔,岂人尽之尔,岂于本分之外起意而强为至者哉!(《西铭详义》)

○"通是一气,初无间隔。'民,吾同胞;物,吾与也',万物虽皆天地所生,而人独得天地之正气,故人为最灵,故民同胞,物则亦我之侪辈。孟子所谓'亲亲而仁民,仁民而爱物',其等差自然如此,大抵即事亲以明事天。"贺孙。(《朱子语类》卷九十八)

○问:"《西铭》'理一而分殊'。'分殊',莫是'民,吾同胞;物,吾与也'之意否?"曰:"民、物固是分殊,须是就民、物中,又知得分殊。不是伊川说破,也难理会。然看久,自觉里面有分别。"(《朱子语类》卷九十八)

○问:"'物,吾与也',莫是'党与'之'与'?"曰:"然。"道夫。(《朱子语类》卷九十八)

●吕祖谦曰:人、物并生于天地之间,其所资以为体者,皆天地之塞;其所得以为性者,皆天地之帅也。然体有偏正之殊,故其于性也,不无明暗之异。惟人也,得其形气之正,是以其心最灵,而有以通乎性命之全体,于并生之中,又为同类而最贵焉,故曰"同胞",则其视之也,皆如己之兄弟矣。物则得夫形气之偏,而不能通乎性命之全,故与我不同类,而不若人之贵;然原其体、性之所自,是亦本之天地,而未尝不同也,故曰"吾与",则其视之也,亦如己之侪辈矣。惟"同胞"也,故以天下为一家,中国为一人,如下文所云;惟"吾与"也,故凡有形于天地之间者,若动若植,有情无情,莫不有以若其性,遂其宜焉。此儒者之道,所以必至于参天地、赞化育,然后为功用之全,而非有所强于外也。(《东莱集注观澜文集》卷十五《西铭注》)

  柏麓按:吕祖谦此句解与朱熹《西铭解》全同。

 ●真德秀曰:凡生于天壤之间者,莫非天地之子,而吾之同气者也,是之谓"理一"。然亲者,吾之同体;民者,吾之同类;而物则异类矣,是之谓"分殊"。以其"理一",故仁爱之施无不遍;以其"分殊",故仁爱之施则有差。(《性理大全》卷四)

 ●熊刚大曰:人皆资此气、得此理以生,为吾同类,故视之如同胞兄弟然。物之生,亦本于天,故视之亦如己之党与然。(《性理群书句解》卷三《西铭解》)

 ●方逢辰曰:"同胞"者,受气禀理,全无间隔;"吾与"者,亦我之侪辈也。民饥己饥,民溺己溺,所以行"吾同胞"之事也。昆虫草木、鸟兽鱼鳖,莫不使若其性,所以行"物吾与"之事也。故吾儒之道,必至于此而后为全体大用,必尽乎此而后眇然之躯壳始可与天地对立矣。《西铭》一篇,纲领在此。由此而后,皆"其体""其性"之节目,"父母""宗子"下,指圣贤在上者言;"于时保之"以下,指圣贤在下者言。读《西铭》者,以此体察而践行之,则各有下手处矣。吾儒素其位而行,在上之事,固有任其责者;在下之事,我辈之所得为,而不为,则天地生我何如哉!今田野之间,骨肉反眼,闾里作仇,朋友弯弓,主奴易位,彼安知所谓"理一分殊"!名为儒者,不思所以植立抗起之则风靡澜倒,其势必至于胥为禽兽而已矣。凡我同志,盍相与努力于斯!(《蛟峰先生文集》卷七)

 ●黄岩孙曰:程子云:"所以谓万物一体者,皆有此理。"只为从那里来。"生生之谓易",生则一时生皆完,此理人则能推,物则气昏推不得,不可道他物不得有也。人只为自私,将自家躯壳上头起意,故看得道理小了他底。放这身来,都在万物中一例看,大小大快活。(《性理大全》卷四《西铭》)

 ●曹端曰:言惟人也,得其形气之正,是以其心最灵,而有以通乎性命之全体,于并生之中,又为我之同类而最贵焉,故曰"同胞",则其视之也,皆如己之兄弟矣。惟"同胞"也,故以天下为一家,中国为一人,如下文之云尔。○言物则得夫形气之偏,而不能通乎性命之全,故与我不同类,而不若人之贵。然原其体性之所自,皆以本之天地而未尝不同也,故曰"吾与",则其视之,亦如已之侪辈矣。惟"吾与"也，故凡有形于天地之间者，若动若植、有情无情，莫不有以若其性遂其宜焉。此儒者之道，所以必至于参天地、赞化育，然后为功用之全，而非有以强于外也。(《西铭述解》)

●**彭韶**《送陈公甫先生诗序(陈公名献章)》曰：圣贤之道，体用具而已。**孔子**论士，以"行已有耻，使命不辱"为先，"修孝弟，谨言行"者次之。《大学》言"明德"而必及"新民"，《中庸》语"率性"而必及"修道"，《西铭》"父乾母坤"乃至"民胞物与"，盖合内外之道，而本末之事，未尝偏主独胜以为学也。(《彭惠安集》卷二)

●**李滉**曰："同胞"，"胞"，生儿里也。《诗·小弁》注："不处母之胞胎乎？"故谓兄弟为"同胞"。(《西铭考证讲义》)

●**邓球**曰：二"吾"字即上文二"吾"字。"胞"，一体之义；"与"，爱之而不伤也。即"天地之帅"，吾性；"塞"，吾体，反观到"理一"处了，故见得天下之民、之物，虽其分殊，而皆吾之同胞，吾之与也。以吾而视民，又物，固是分殊。又吾之中、民之中、物之中，又各各不同，亦是分之殊。然惟理一，则其不同者，只因形气就分别了。**程子**曰："人只为自私，将自家躯壳上头起意，故看得道理小了。"盖"意"最害事。"意"，便是私，所谓人心也。"躯壳上头起意"，只从那耳、目、口、鼻上动意去，故私胜。只为"意"隔住，不见得一体道理。(《闲适剧谈·西铭客对》)

●**姚舜牧**曰：人、物并生于两间，其所资以为体者，皆天地之塞；其所得以为性者，皆天地之帅也。然体有偏正之殊，故其于性也，不无明暗之异。惟人也，得其形气之正，是以其心最灵，而有以通乎性命之全体，于并生之中，又为同类而最贵，其故曰"同胞"，则其视之也，皆如己之兄弟矣。物则得夫形气之偏，而不能通乎性命之全，故与我不同，而不若人之贵。然原其体、性之所自，是亦本之天地，而未尝不同也，故曰"吾与"，则其视之也，亦如己之侪辈矣。惟"同胞"也，故以天下为一家，中国为一人，如下文所云。惟"吾与"也，故凡有形于天地之间者，若动若植，有情无情，莫不有以若其性，遂其宜焉。此儒者之道，所以必至于参天地、赞化育，然后为功用之全，而非有所强于外也。(《性理指归》卷六)

柏麓按：此与**朱熹**《西铭解》大略相同，个别文字稍异。

●**崔有海**曰：人之为人者，同得天地之理气，则虽有夷夏之远近，莫非兄弟之一气也；万物亦得天地之理气，而理得一端，气禀其偏，与我有不同之实，此人物之所以分殊,而无异于相知之侪流者也。然则内而父母兄弟,外而君臣朋友,各有亲疏之等级;求其一本旡,则莫非理气之本然也。亲疏之间,各得条理者,乃天理之品节;仁爱之心,亦无厚薄者,乃理之大体也。物之应接者,与人不同,而栽之养之,杀之用之,各有当然之则;人之处之,得天地之至理,然后可以合于天地之当然矣。(《嘿守堂先生文集》卷七)

●雷于霖曰:才识父母一本,将于万物有不价而自亲,不比而自合者。凡民、秀民、海内、海外,但范人之形者,皆与我同受父母之体性,实是共一胎胞而称兄弟焉。孝子曰:"认得民吾一胞,则田里诗书,乐与同业,援溺救饥,急与同患,何得致之阋墙之外!"不特人也,即动物、植物,有情无情,但具生之貌者,皆与我分受父母体型,实是同一侪偶而称连属焉。孝子曰:"认得物皆吾与,则烈山焚泽,自当严加禁忌;而开网折竿,岂可虚示慈悲!号物之数有万,皆当育之以茂对之心。"〇以上八句,从乾父坤母说起,以明天地民物,同是一本。以下九句,从同胞兄弟列成品次,以定天下一家之矩,以通天下一家之亲,而孝子事天之理在其中矣。盖父母之于子也,虑伤其体而严设保辅,惧失其性而广延师友,其中有数奇命穷体性不全者,未始不倍加获惜,而乾父坤母之与吾胞也,亦有然者矣,非仁人孰窥其大乎!(《西铭续生篇》,李元春《青照堂丛书续编》本)

●高尔俨曰:世风不古,人心愈漓。《记》云"三代而下,各亲其亲,各子其子",由今观之,且不能各亲其亲,各子其子,即一室同气之中,遂分尔我彼此之相,是且不能以同胞为同胞,而况于民乎,况于物乎!此皆悖德之人,失其本心,不思凡有血气之属,皆从天地胚胎而生,枝分派演,百千万亿,而未有极,其初皆一父母之子耳。古人有见一羊之觳觫而动心,折一枝而变色者,可见人与万物,一体而分,圣贤教人,事事长养此心,有一家者有一家之胞与;有一国者,有一国之胞与;有天下者,有天下之胞与。穷而在下,则推胞与之理于一心;达而在上,则扩胞与之量于天下。学者不可不自广也。(《古处堂集》卷一《西铭演义》)

●宋时烈曰:民,则皆吾同胞之人也,同受天地之气,故曰"同胞"。"同胞"即同生,言吾之视之也,皆如己之兄弟也。物则得夫形气之偏,而与我虽不同类,原其体、性之所自,则是亦本乎天地而未尝不同也,故曰"吾与";视之也,亦如己之侪辈也。盖物与我,虽有亲疏,同是一气,所当爱惜,故曰"亲亲而仁民,仁民而爱物",即此义也。(《宋子大全拾遗》卷

九《经筵讲义》)

●林恕曰:《诗·小雅·小弁》:"靡瞻匪父,靡依匪母。不属于毛,不罹于里。"《毛传》:"'毛',在外,阳,以言父;'里',在内,阴,以言母。"《郑笺》云:"此言人无不瞻仰其父,取法则者;无不依恃其母,以长大者。今我独不得父皮肤之气乎?独不处母之胞胎乎?何曾无恩于我?"○《汉书·东方朔传》:"同胞之徒。"注:《苏林》曰:"胞,胞胎之胞也。"言亲兄弟。今按:《小注》曰:"'物,吾与也'之'与',犹'党与'之'与'。"又按:朱注曰:"体有偏正之异。偏者,动物之性也。正者,人之性也。动物之性者,偏而暗;人之性者,正而明也。故人心最灵而贵。"《泰誓》曰:"惟人,万物之灵。"故以人为同胞,亲之也;以物为与,比同胞则疏也。故'与'者,'党与'也。物与人,共在天地之间,故非不为吾与,然有亲疏之分。"○参天地,赞化育。(《中庸》)○《书·汤诰》曰:"惟皇上帝,降衷于下民,若有恒性。"《孝经》曰:"天地之性,人为贵。"○今按:"同胞""物与",引起下文。(《西铭私考》)

●王夫之曰:由吾同胞之必友爱,交与之必信睦,则与民必仁,于物必爱之理,亦生心而不容已矣。(《张子正蒙注》)

●申最《论仁》:自古圣贤之论仁多矣,……愚尝读《西铭》,至"民,吾同胞;物,吾与也"之语,辄掩卷而叹曰:"此前贤所未发也。知乎此,则可以见仁之体也。噫!我与人,人与物,初无间隔,知其同而同之,知其与而与之者,岂非吾之仁乎?是以知其同而同之,知其与而与之,则天下为一家,中国为一人;不知其同而同之,不知其与而与之,则虽一家之内,一室之中,父子物我,妇姑勃蹊矣。大哉仁也!苟推其极,可以与天地同流,何必缕析名义,综核异同,以为博哉?"(《春沼子集》卷八)

●山崎闇斋曰:○第三节。《前汉·东方朔传》:"同胞之徒。"(苏林曰:"胞者,胞胎之胞也,言亲兄弟。")○"与国"(《孟子·告子》)。《史记》:"项梁曰:'田假为与国之王'。"(如淳曰:"相与交善为与国,党也。")《语类》曰:"'与',如'与国''相与'之类。"问:"莫是'党与'之'与'否?"曰:"然。"(嘉按:"党与"出《史书》。)○《书》:"惟人万物之灵。"(《泰誓》)○《易》:"乾道变化,各正性命。"(《象传》)○《解》中"全体","全"字属上,"体"字属下,或"体"字连"全"字读,非也。○《孟子》曰:"凡同类者,举相似也。何独至于人而疑?圣人与我同类者。"(《告子》)○《孝经》:"天地之性,人为贵。"○"同侪。"(《左传·僖二十三年》)"等辈。"(《后汉书·贾复传》)○《礼记》:"圣人耐①以天下为一家,中国为一人者,非意之也。"(《礼运》)〇《周礼》:"山林,其动物宜毛物,其植物宜皂物。"(《大司徒》)〇《化书》:"有无情而化为有情者,有有情而化为无情者。"〇《书》:"若有恒性。"(《汤诰》)〇《中庸》:"赞天地之化育,与天地参。"(《文会笔录》卷十二)

●<u>张英</u>曰:人、物并生于天地之间,惟人也,得其形气之正,是以其心最灵,而有以通乎性命之全体,于并生之中,又为同类而最贵焉,故曰"同胞",则皆如己之兄弟矣。物则得夫形气之偏,而不能通乎性命之全,故不若人之贵;然原其体、性之所自,是亦本之天地,而未尝不同也,故曰"吾与",则亦如己之侪辈矣。(《御定孝经衍义》卷二)

<u>柏麓按</u>:此句解本朱熹《西铭解》而有所节略。

●<u>冉觐祖</u>曰:按:"胞""与",寻常只作同气看,得<u>朱子</u>之解,兼形气性命为言,最见亲切。〇"胞""与",皆从上文"父母"字来。〇"民"便属"同胞","物"只是"相与",正见理一分殊处。〇"胞"以兄弟言,"与"以朋友言。小注:"党与"之"与","党"字未觉安。〇下文只言"民"不言"物",可见"民,吾同胞"句最重。(《性理纂要附训》卷四)

●<u>张伯行</u>《濂洛关闽书·西铭解》曰:然体性之所自来,同本于天地者,岂吾所独私哉?人与物皆然也。但人之与物,其体有正有偏,其性有明有暗耳。吾既并生其中,则人与吾同类,其相亲者,犹吾同胞之兄弟也;物与吾异类,其稍疏者,犹吾相与之侪辈也。此"理一分殊"之所自起也。(《濂洛关闽书》卷二)

〇《近思录集解·西铭解》曰:此即并生于天地者,推其共本同原,以明父乾母坤者之不容以自私也。人物同得天地之塞以为体,同得天地之帅以为性,但所禀之清浊不同,则体不能无偏正;所赋之纯驳不一,则性不能无昏明,故惟得其秀而最灵者,乃与我同类之民也。其形气与我同其正,性命与我同其全,是形生之最贵者。此如吾之兄弟,属毛离里,同顾复于父母,虽同胞视之,可也。至于生质之蠢而为物,乃与我不同类者也。其形气之偏已与我异,性命之杂亦与我分,然同是含生负性之伦,亦犹我之侪辈,往来交接,同关情于父母,即徒与通之,不为过也。体同胞之意,则必由亲亲以仁之,念吾与之谊,则必推仁恩以爱之。天下一家,兄弟翕也,庶类咸若,俦侣乎也。天地之

---

① 作者笔误,"耐"应为"能"。

所以位,非即父母之所以顺者乎?(《近思录集解》卷二)

●窦克勤曰:得天地之理气以为体性,非予独私,民与物皆然,予与民同为天地所生,一似为一父之子,而为同胞矣。予与物,虽非同类,亦均属天地所生,又一似为父母所同视,而为吾之党与矣。(《事亲庸言》卷一《事亲如事天,事天如事亲第一》)

●室鸠巢《西铭详义》曰:"同胞",犹"同胎"也,父精母血结以成胎,是同父母兄弟也。"与",犹"党与"之"与",曰"吾与",则吾为魁,而彼为其徒可知。"民""物"皆吾之同气,然"民同胞,物吾与",其等差自然如此。由是而推之,"民""物"中各有亲疏远近,亦已明矣。(《西铭详义》)

●李文炤曰:按:《孟子》曰:"君子亲亲而仁民,仁民而爱物。"其序不可紊也。然自一家之私而观之,亲之与疏有间矣;自天下之公而观之,则民犹亲也,细缊不殊于毛里也;自万品之异而观之,灵之与蠢有间矣;自天命之同而观之,则物犹人也,群类不殊于比邻也。彼残忍暴殄者,固不足以语此。而异端之学乃至蠢动含灵,一切平等,而三才之道不立矣。(《西铭解拾遗》)

●金砥行《答任仲思》:《西铭》"同胞""吾与"之旨,即"四海兄弟""中国一人"之义。试以一人而言之,其顶背腹胁,均是一体,则岂有以顶背之不见,而其所爱所养,或有间于所见之腹胁哉!浅拙之踪,虽未尝有一日拜面之旧,而其观善求教之愿,则有未敢自外者。专乞从今以往,随其见误,痛赐镌诲,而无若疽疣之视焉,则愚者之幸,当万万也。感忠善之古义,惧墉堵而无闻,披腹至此,未知执事何以教之?晚秋渐渍,千万自爱,慎道。(《密庵集》卷六)

●李宗洙曰:"同胞",《考证》:"'胞',生儿里也。《诗·小弁》:'不离于里。'"注:"独不处父母之胞胎乎'"按:东方朔《客难》:"同胞之徒,无所容居。"○"物,吾与也",谨按:《论语》:"吾非斯人之徒与,而谁与。"○解:"同类而最贵":谨按:《记》曰:"天地之性,人为贵。"○"以天下为"止"一人":按:《记》曰:"圣人能以天下为一家,中国为一人。而非意之也。"○"若其性遂其宜":按:《书》:"鸟兽草木咸若。"(《后山先生文集》卷十四《西铭劄疑(朱子解)》)

●刘沅曰:民、物皆同一父母天地,而人独得天地之正,物不能然,则谓民如同胞,物但为与,于理可通。然民为同胞,不过以此心此理同得于天地,而吾身所自来则有父母,吾身之同气,则有兄弟。故孝弟为百行之始,爱敬其父母,而兄弟,而民,而物。天理以父母为本,施行自父母而推,不可侈言并包,弗敦本原。圣人天下一家,中国一人,亦止此心此理,推己及人,不得以尽人性物性与尽其性一例看也。(《正讹·西铭解》)

●李元春曰:同生故然。○雷柏林曰:"上八句从乾父坤母说起,明天地万物,同是一本。下九句从同胞兄弟列成品次,以定天下一家之规,以通天下一家之亲。"(《关中道脉四种书·张子释要》之《张子西铭全注》)

●罗泽南曰:"民",指凡天下之人而言也。"物",飞潜动植之类。"与",党与也。我有兄弟,同胞之亲也,若民,则疏矣。然以乾父坤母之理推之,斯民皆天地之所生,而与吾同禀此气、同禀此理者,亦吾之同胞也。人与人,为党与者也,若物,则与我不同类矣。然以乾父坤母之理推之,万物与吾并生于天地之间,而亦同禀此气、同禀此理者,亦吾之与也。特以其体有偏正之殊、性有明暗之异,于并生之中,民与我为同类,物之类与我不同,故有"胞"、"与"之分耳。然亦孰非天地之所生者哉?孟子曰:"亲亲而仁民,仁民而爱物",正以此耳。句承上文而言之,以见民之所以宜仁,物之所以宜爱也。○"同胞"以外皆"与"。(《西铭讲义》)

泽南案:此"民"字,包下大君、大臣、长幼、圣贤、疲癃、残疾、惸独、鳏寡在内。○吾自有吾之"同胞",民本非吾之"同胞"者也。吾自有吾之"与",物本非吾之"与"也。特推而论之,则"民"亦可以称"同胞","物"亦可以称"与"。读《西铭》者,须认得"同胞"二字,是指吾一家之兄弟;"与"字,是指吾平所相与者。"民,吾同胞;物,吾与",由分之殊者,推其理之一耳。○"民胞"之中,也有个"理一分殊",如下文"大君"、"大臣"、"长幼"、"圣贤"、"疲癃"、"残疾"、"惸独"、"鳏寡",自有许多等级也。"物与"之中,也有个"理一分殊",如牛、马、犬、豕则畜之,虎、豹、犀、象则远之,嘉谷则种之,稂莠则芟之,爱之之心虽同,处之之道则异也。○人与物,只争些子,气只此气,特有偏正之异;理只此理,特有明暗之殊。是以君子之于物也,亦必有以爱之。不杀胎,不殀夭,不覆巢数罟,不入污池,斧斤以时入山林,无不欲有以遂其生而若其性。取之必以其时,用之必以其节,其所以处人者,虽不若仁民之详且尽,然亦无不在所爱之中矣。《西铭》"民"、"物"并提,下文"大君"至"惸独"、"鳏寡",皆就"民,吾同胞"言,而不及于"物",亦以见"民"与"物"有轻重之分,故略之耳,非必不有以爱之也。○天地之心,父母之心也。人以父母之心为心者,无不爱之兄弟;以天地之心为心者,无不爱之民物。虽其施有差等之殊,而其一视同仁之心,实无有间。害虐烝民,暴殄天物,是不啻贼骨肉之恩,而伤父母之心者。至诚,尽己之性,以尽人物之性,至于参天地、赞化育,诚有不忍隔膜视之故耳。(《西铭讲义》)

●金道和曰:以一身之父母言之,则父母为父母,而兄弟之生于父母者为同胞也,人类之同吾体性者,为吾与也。以万物之父母言之,则乾坤为父母,而人类之同吾体性者,为同胞也。物类之本乎一原者,为吾与也。人类为同胞,物类为吾与,则是理一也;兄弟为同胞,同类为吾与,则是分殊也。曰"同胞"曰"吾与"者,以其理一也。曰"民"曰"物"者,以其分殊也。(《西铭(读书琐义)》)

●柳重教曰:此节与上节,本同一节,故通押一韵。○此节据"中处"之位,以明"民""物"与吾一体而有等差也,盖所谓"理一分殊"者,实全篇之通义也。(《省斋集》卷三十《西铭句节次第》)

●郭钟锡《答徐仲蕴·别纸》:《西铭》注解:"性命之全体于并生之中",盛见欲以"体"字作"民"字之误,其所论辨,精详缜密,兹可见致思之必慎。然愚意则仍旧属上句读,固自无害,盖此解已于上文"予兹""中处""吾其体""吾其性"处,已将做主矣。至此"民胞物与"处,不必更言吾之所体所性。既言"人物并生",这"人"字,已是"民"字面目。而继之"惟人也",是"人"亦"民"之称。其得形气之正而通性命之全体者与吾同,故于并生之中而又为我同类而最贵也。其下提出"物"字,与上"人也"之文相对,即元文"民吾""物吾"之影响也。其于"物"也,只曰"性命之全"而不着"体"字者,以其与形气之偏作对语也。未审谓何?幸有以驳惠之也。来谕既以"人"字为包"民吾",而乃欲析"民"于"人"字之外,不几于剩复而相妨耶?"民"与"吾",俱是人也,而人与人同类,故谓之"同胞"。"同"之一字,已见"分殊"之义。惟其有彼此之"殊",故就"殊"而究其"同"尔,又何至于认物为己之漭荡也!《西铭》本文不曾提出一个"人"字,盖"吾也""民也""大君也""大臣也""长也""幼也""圣也""贤也",莫非"人"也。而其"人"焉之中,有为民者,有为君者,有为臣者,有为长、为幼、为圣、为贤者,而吾乃其中之一也。"物"非"人"也,而对"民"而称者,以其为"人"之用也。朱先生解之,而始标出"人"字,以见其与物不同类。若夫"民吾"也,则并包在"人"字上,以见其同类之义,又何必析"民吾"而二之耶?(《俛宇集》卷四十五)

●归曾祁曰:薛氏《读书录》:"混然天理,而与物无间,道合一也。"毅斋查氏铎《阐道集》:"学者每论三教异同,愚以为始初立志,已自不同。从佛氏之学者,在于出离生死;从老氏之学者,在于长生久视,此其志已。从自身起念,与天地民物昈,不免分别。若吾儒,立志则欲明明德于天下,天地万物浑为一体,一物失所,引为己辜,其惩忿欲,迁善改过,以不欺其自知之明者,惟欲副天地万物一体之怀,二氏安得而同?"庄渠魏氏校《遗书·答喻吴江时》云:"校多病,杜门忘世久矣。虽然,每闻守令一善政则喜动颜色,其不善则蹙额久之,何也?'民,吾同胞',故休戚若在己也。"亭林顾氏炎武《日知录·直言条》:"张子有云'民,吾同胞',今日之民,吾与达而在上位者之所共也。救民以事,此达而在上位者之责也;救民以言,此亦穷而在下位者之责也。"闻之蔡世远曰:'读汉文帝元年《义振贷诏》,及养老也,皆从'胞民''与物'上发出,王者之政也。"(《西铭汇纂》)

●唐文治曰:因朱子之言,益见人之可贵。而人轻其身以徇无涯之欲,甚者侈谈同胞同与,实则利欲熏心,私意充塞,所作所为,无非我贼。吾同胞同与,岂不哀哉?(《性理学大义·张子大义》)

●张绍价曰:民、物之生,同得天地之理以为性,同得天地之气以为形,此理之所以一也。民与我为同类,则为吾同胞;物与我为异类,则为吾与,此分之所以殊也。(《近思录解义》卷二)

●陈荣珪曰:仁民爱物,胞与为怀,为天壤不易之至理。《孟子》曰:"人皆有所不忍,达之于其所忍,仁也。人皆有所不为,达之于其所为,义也。"(《西铭解》,《感化月刊》1933年第1卷第2期)

●缪篆曰:《尧典》羲氏和氏,敬记天时以授人,仲春民析鸟兽孳尾,仲夏民因鸟兽希革,仲秋民夷鸟兽毛毨,仲冬民隩鸟兽氄毛。中国有史以来,言"民胞"无不言"物与"者。所以然者,伏羲开物成务,黄帝正名百物,民有不能离物类以独存之事实,非侈言泽及禽兽,化被草木之德音也。《孝经·天子章第二》曰:"爱敬尽于事亲,而德教加于百姓,刑于四海。"谓身教施于百族生民九夷八狄七戎六蛮,予兹取法焉。(《读张横渠〈东铭〉〈西铭〉》,《新民》1935年第1卷第2期)

●查猛济曰:既为天地生成,则凡与我同生于天地者,皆同胞也。○既同处于天地间,则凡林林而生蠢蠢而植者,皆吾党与也。(《张子〈西铭〉的抗战哲学》,《胜利》1939年第32期)

●王淄尘曰:人在家里,以同一父母所生者为同胞;在天下,则凡所有人民,亦皆为我同胞。"民,吾同胞"者,言一切人民,都是我的同胞,我应该如兄弟的和他们亲爱。"物,吾与也"的"物"字,常用王阳明的意思来解释。阳明所说的大意是:是言人不但对人有同情心,就是对物,也有同情心。譬如在路上见了活泼泼的牛羊狗马,都觉得有些高兴;如见了死的牛羊狗马,或在将死的牛羊狗马,看他难过的情状,婉转啼叫的声音,就不觉也有些凄惨了。就是对植物,见了花开叶茂的草,不自然欢喜;若见了枝断干枯花落叶萎的草木,心情也就两样了。就是对于没有生机的建筑物,见华美堂皇的房屋,也觉得有些趣味;若见了东倒西歪的破屋或瓦砾堆,也就兴致索然了。这都是人对物同情心的自然发现。"物,吾与也"的意思,也是我愿物的繁盛,不愿物的衰败。我的同情心,既推广到天下的人民,又推广到天下的物物,故曰"民,吾同胞;物,吾与也"。(《张子西铭》,《前线旬刊》1939年第2卷第18期)

●朱逸人曰:"同胞",兄弟也;"与",犹侪辈也。夫吾人与万物并生于天地之间,其所资以为体者,皆天地之塞;其所以为性者,皆天地之帅。惟人得形气之正,其性最灵,而有以通乎性命之全体,故于并生之中,为同类而最贵者,则其视之也,皆如己之兄弟矣。物则得夫形气之遍,而不若人之贵,然原其性体之所自,亦水之于天地而未尝不同也,则其视之也,亦犹己之侪辈矣。以乾为父,以坤为母,而人处其中,凡天下之人,皆天地之子矣。(《读西铭》,《服务(诸暨)》1939年第2期)

●毛夷庚曰:既为天地生成,则凡与我同生于天地者,皆同胞也。既同处于天地间,则凡林林而生,蠢蠢而植者,皆吾党与也。(《张子西铭》,《大风(金华)》1939年第97/98期)

●孙常钧曰:万物既并存于天地之间,同为天地所生,所以应当一视同仁,如兄如弟。就是那林林而生,蠢蠢而植的,虽不与我同类,然推原其体、性之所自,也是本之天地,与我亦未尝有所不同,所以也当视之如己之侪辈。自"九一八"事变发生以来,日本帝国主义穷凶极恶,侵略我土地,蹂躏我同胞,我弟兄姐妹,宛转呻吟于铁蹄之下的不知凡几。我们一息尚存,绝不能坐视不救,应当急速激发"民胞物与"的精神,振奋大无畏的勇气,与残暴者作殊死战。收复失地,使那些哀哀无告的同胞,早日脱离苦海,这样才算尽了我们应尽的责任,也才可以仰不愧于天,俯不怍于地了。(孙常钧编注《释西铭》,沅陵中报社,1942年3月版)

●王建新曰:"民,吾同胞;物,吾与也。""同胞",就是弟兄姐妹。"与",

就是随从。(例如《国语》其语桓公"知天下诸侯,多与己也","与",古训为从。又范文正《岳阳楼记》"微斯人,吾谁与归",义同。)这是由自身推到同类又推到万物的说法。自身与同类都是天地所生的,那么人类就是我们的同辈,而万物也是天地所生,不过关系远了一些,可以说就是我们的随从。○上三节,是说明人生的本质。(《〈西铭〉新话》,《湘桂月刊》1943 年第 2 卷第 8 期)

●陈敦仁曰:"胞",谓母胎所生者。"与",党与也。《书·泰誓》:"惟天地,万物父母。"天地为万物父母,则凡天地所生,皆吾之兄弟、党与也。(《〈西铭〉注》,《福建训练月刊》1943 年第 2 卷第 3 期)

●枯木曰:吾既禀天地而生,则天下万民,亦皆禀天地而生,是为吾之同胞兄弟也。人得天理之全,生为最灵,动植诸物得天地之偏,亦皆同受天之所与也,又恶可不为之爱护乎?(《西铭口授》,《海潮音》1948 年第 29 卷第 2 期)

(第四章)

大君者,(《易·师卦》:"大君有命。"曾祁案:《易·履卦》:"武人为于大君。")**吾父母宗子**;(《礼·内则》:"适子、庶子,祗事宗子。"曾祁案:《仪礼·丧服》:"诸侯之子称公子。又凡适长子曰冢子,即宗子也。其适夫人之次子,或众妾之子,曰别子,亦曰支子。"《礼·曲礼》:"支子不祭,祭必告于宗子。"《内则》:"若富,则具二牲,献其贤者于宗子。"《左传·僖五年》:"'怀德维宁,宗子维城',君其修德而固宗子,何城如之?")**其大臣**,(《论语》:"大臣者,以道事君。"曾祁案:《中庸》:"敬大臣。")**宗子之家相也**。(李文炤曰:"相",去声。《西铭解拾遗》○《礼·曲礼》:"士不名家相。")**尊高年**,(《前汉·刑法志》:"高年老长,人所尊敬也。")**所以长其长**;(李文炤曰:"长",上声。《西铭解拾遗》○《孟子·娄离》:"人人亲其亲,长其长,而天下平。")**慈孤弱**,(《周礼·大司徒》:"慈幼。"《礼·祭义》:"慈幼,为其近于子也。"曾祁案:《礼·月令》:"养幼少,存诸孤。"《曲礼》:"二十曰弱冠。"《疏》:"体犹未壮,故曰弱也。"《释名》:"二十曰弱,言柔弱也。"《书·盘庚》:"无弱孤有幼。"《吕览·辨士》:"苗其弱也欲孤。")**所以幼其幼**。(李元春曰:此以齿言。《张子西铭全注》○《孟子·梁惠王》:"老吾老,以及人之老;幼吾幼,以及人之幼,天下可运于掌。"李氏退溪曰:"九吾,长其长,幼其幼,二"其"字,一本作"吾",依此,则篇中"吾"字为十一。")**圣**,(曾祁案:《孟子》:"大而化之之谓圣。"《正蒙·中正篇》:"塞乎天地之谓大,大能成性之谓圣。")**其合德**;(《易·乾卦》:"夫大人者,与天地合其德。"曾祁案:《正蒙·至当篇》:"浩然无害,则天地合德。")**贤,其秀也。**(李元春曰:此以品言。《张子西铭全注》○《礼·王制》:"命乡,论秀士,升之司徒,曰选士。司徒,论选士之秀者而升之学,曰俊士。升于司徒者,不征于乡。升于学者,不征于司徒,曰造士。大学正论造士之秀者以告于王,而升诸司马,曰进士。司马辨论官材,论进士之贤者以告于王,而定其论。论定然后官之,任官然后爵之,位定然后禄之。")**凡天下疲、癃、**(《史记·平原君传》:"躄者曰:'臣不幸有罢癃之疾'。"《韵会》:"疲,下或作罢癃。"下引此作"疲癃"。《前汉·食货志》:"罢癃咸出。"师古曰:"罢,读曰疲。"柳柳州《与李建书》曰:"癃残顽鄙。"曾祁案:《说文》:"疲罢,病也。")**残、疾、惸、独、**(《诗·正月》:"哀此惸独。"曾祁案:《周礼·秋官·大司寇》:"凡远近惸独老幼之欲。"注:无兄弟曰"惸",无子孙曰"独"。《书·洪范》:"无虐惸独。"魏氏校《皇极讲义》:"茕独,庶民之至微者。"茅氏《近思录集注》:"'惸',孔安国《书传》曰:'惸单,无兄弟也'。")**鳏、寡,**(《诗·鸿雁》:"哀此鳏寡。"曾祁案:《书·吕刑》:"皇帝亲问下民,鳏寡有辞于苗。"《无逸》:"祖甲能保惠于庶民,不敢侮鳏寡。"《康诰》:"文王不敢侮鳏寡。"《孝经》:"治国者不敢侮于鳏寡。"《大戴礼》:"五十无夫曰'寡',又凡孀嫠皆曰'寡妇',又无夫无妇并谓之'寡'。")**皆吾兄弟之**(曾祁案:泾野吕氏柟曰:"一本无'之'字。")**颠连**("颠连",未见出处。《韵府》亦引此铭,出之《大雅》。《里仁》:"颠沛",《易·蹇卦》:"来连",张子合之欤?)**而无告者也。**(李元春曰:此又抽出言,以尽天下之人。《张子西铭全注》○茅星来曰:"相",去声,叶"息里"切,又叶"息与"切,与上处"与"叶。"长","张丈"反。"惸","渠盈"反。"告",叶"居候"切,又如字,与下"孝""肖"叶。"惸",孔安国《书传》曰:"'惸',单,无兄弟也。"《近思录集注》卷二。○《书·大禹谟》:"不虐无告。"《孟子·梁惠王》:"老而无妻曰'鳏',老而无夫曰'寡',老而无子曰'独',幼而无父曰'孤'。此四者,天下之穷民而无告者。"曾祁案:《礼·王制》:"少而无父者谓之'孤',老而无子者谓之

'独'。老而无妻者谓之'鳏',老而无夫者谓之'寡'。此四者,天下之穷民而无告者也,皆有常饩。"《诗》:"哀此惸独。"疏:"单独之民穷而无告也。"《西铭述解》:"'疲癃',谓罢病者;'残疾',谓伤害者;'惸',谓无兄弟者;'独',谓老而无子者;'鳏',谓老而无妻者;'寡',谓老而无夫者;'颠连',言其老急困苦之甚者也。")

●吕大临曰:大君者,裁成天地之道,辅相天地之宜,奉天命,代天治,犹宗子治吾父母之家事也。大臣燮理阴阳,寅亮天地,相其大君,犹家相也。宗子、家相,吾所以敬者,治吾父母之事云乎!大君、大臣、治吾天地之事,可不敬乎?以天下为一家,中国为一人,则天下之长于我者皆吾父兄,天下之幼于我者皆吾子弟。天下之有圣人,其敬之也,犹父之执友,盖与天地合德也。天下之有贤者,皆吾之执友,天地之秀,贤于我者也。天下之贫民,皆吾宗族兄弟之贫者也。(宋王霆震辑《新刻诸儒批点古文集成·前集》卷四十九《西铭》)

●张九成曰:大君,谓人主。吾为天地之子,人主主天地之家事。是大君,吾父母宗子也;大臣,相天子以继天地之业,是宗子之家相也。高年,先我生于天地间者也。有若吾兄①,吾能尊之②,是长天地之长也。○孤儿弱子,后吾生于天地间者也。有若吾弟,吾能慈之③,是幼天地之幼也。○圣人,合天地之德者也;贤人,特天地之秀也。○"疲、癃",老病④也;"残、疾",废疾也;"孤、独、鳏、寡",老而无子者,幼而无父者,老而无夫、无妻者,⑤皆天民之穷者也。然数等无告者,与吾同生于天地,其困苦如此,是乃吾兄弟颠沛而无告诉也,吾其可不恤乎!(《横浦集》卷十五《西铭解》)

●朱熹《西铭解》曰:乾父坤母,而人生(曾祁案:游氏《性理备要》作"居"。)其中,则凡天下之人,皆天地之子矣。(曾祁案:《白虎通》:"王者,父天母地,曰天子。"蔡邕《独断》:"父天母地,故称天子。")然继承(《穀梁·文

---

① 此处《古文集成》本有一"弟"字,与下文"有若吾弟"不相应,不取。
② "吾能尊之",《古文集成》本作"然吾尊之"。
③ "吾能慈之",《古文集成》本作"然吾慈之"。
④ "老病",《古文集成》本作"老疾"。
⑤ "老而无子者,幼而无父者,老而无夫、无妻者",《古文集成》本作"幼而无父者,老而无子者,老而无妻者,老而无夫者"。

十五年》:"继者,君也。"曾祁案:《诗·小雅》:"如松柏之茂,无不尔或承。"注:"承",继也。继,《说文》:积也。)天地,统理人物,(曾祁案:《书·微子之命》:"统承先王,修其礼物。")则大君而已,故为父母之宗子;辅佐(曾祁案:《正韵》:"车辅,两旁夹车木也。"《诗·小雅》:"无弃尔辅。"注:辅以佐车,可解脱之物,防辅之脱也。《韵会》:四辅,星名。所以辅佐北极。曹氏《西铭述解》作:"辅相",《易·泰卦》:"辅相,天地之宜。")大君,纲纪(《诗·棫朴》:"纲纪四方。")众事,则大臣而已,故为宗子之家相。

　　柏麓按:朱熹注解中"则大君而已",《西铭解义》作"则为大君而已"。

　　●室鸠巢《西铭详义》曰:"继承天地",犹嫡子之继父也。"统理人物",犹嫡子之统族。"纲纪",张之曰"纲",理之曰"纪"。辅佐主人,纲纪家事者,"家相"也。(《西铭详义》)

天下之老,一也,故凡尊天下之高年者,乃所以长吾之长;(《孟子·告子》:"长吾之长。")天下之幼,一也,故凡慈天下之孤弱者,乃所以幼吾之幼。圣人,与天地合其德,(曾祁案:周子《太极图说》:"故圣人与天地合其德。"黄氏岩孙曰:"与天地合德,是其德性纯全,即太极之浑融。")是兄弟之合德乎父母者也;(《语类》:"圣人之于天地,如孝子之于父母。")贤者,才德过于常人,是兄弟之秀出乎等夷者也。(《史记·留侯世家》:"徐广曰:'夷,犹侪也。'如淳曰:'等夷,言等辈。'"曾祁案:《留侯世家》:"今诸将皆陛下故等夷。")是皆以天地之子言之,则凡天下之疲、癃、残、疾、惸、独、鳏、寡,非吾兄弟无告者而何哉?(胡广《性理大全》卷四《西铭》)

　　柏麓按:朱熹注解中"乃所以长吾之长",《西铭解义》无"乃"字。○"则凡天下之疲、癃、残、疾、惸、独、鳏、寡",《西铭解义》作"则凡天下之疲、癃、残、疾者"。○"非吾兄弟无告者而何哉",《西铭解义》作"非吾兄弟之无告者而何哉",真德秀本亦作"非吾兄弟之无告者而何哉"。○正文及注解中之"惸"字,真德秀本作"茕"字。

　　●室鸠巢《西铭详义》曰:"乃所以长吾之长",此不可误以为"长吾长以及人之长"例看,以为长天下之长,犹长吾之长,如此则无亲疏之分,却似兼爱之说。《西铭》之意不如此,此据天下为一家,以为天下之长非他人之长,乃所以长吾家之长,"所以"二字可见,下"所以幼吾幼"仿此。"是皆以天地之子言之"一句,与"而何哉"一句相照应。本文说"大君"

以下,不露出"兄弟"二字。至"天下疲癃残疾",始有"吾兄弟"之语,是从上文云云中露出来。故朱子发张子之意,谓"大君为宗子"以下,皆以"均为天地之子"言之,则以天下之疲癃残疾,为吾兄弟无告者,何可疑之有哉?(《西铭详义》)

○朱子曰:"《西铭》状仁之体,元自昭著,以昧者不见,故假父母、宗子、家相等名以晓譬之,初未尝谓与乾坤都无干涉,而姑为是言以形容之也。"(《性理大全》,卷四)

○《记林黄中辨易西铭》:"人皆天地之子,而大君乃其适长子,所谓宗子,有君道者也。故曰'大君者,乃吾父母之宗子尔',非如侍郎所说'既为父母,又降而为子'也。"林曰:"宗子如何是适长子?"予曰:"此正以继祢之宗为喻尔。继祢之宗,兄弟宗之,非父母之适长子而何?"(《朱子文集》卷七十一)

○"许多人物,生于天地之间,同此一气,同此一性,便是吾兄弟党与;大小等级之不同,便是亲疏远近之分。"文蔚。(《朱子语类》卷九十八)

○"凡天下疲、癃、残、疾、惸、独、鳏、寡,吾兄弟颠连而无告者也,君子之为政,且要主张这一等人。"(《性理大全》,卷四。曾祁案:"'且要主张'四字,《西铭述解》作'先必施及'。)

●吕祖谦曰:乾父坤母,而人生其中,则凡天下之人,皆天地之子矣。然继承天地,统理人物,则大君而已,故为父母之宗子;辅佐大君,纲纪众事,则大臣而已,故为宗子之家相。天下之老,一也,故凡尊天下之高年者,乃所以长吾之长;天下之幼,一也,故凡慈天下之孤弱者,乃所以幼吾之幼。圣人,与天地合其德,是兄弟之合德乎父母者也;贤者,才德过于常人,是兄弟之秀出乎等夷者也。是皆以天地之子言之,则凡天下之疲、癃、残、疾、惸、独、鳏、寡,非吾兄弟无告者而何哉?(《东莱集注观澜文集》卷十五《西铭注》)

柏麓按:吕祖谦此句解与朱熹《西铭解》全同。

●熊刚大曰:人君也,即乾父坤母之长子。宰相也,即长子家之辅。尊敬老人,所以长我之兄弟。慈爱孤藐微弱,所以幼吾之卑幼。○圣人与天地合德,是兄弟之合德于父母者。贤者才德过人,是兄弟秀出乎等夷者。凡天下疲懦、癃痛、宿疾之人,与惸忧、独无子、鳏无妻、寡无夫者,无非吾兄弟之颠倒流连无告诉者也。(《性理群书句解》卷三《西铭解》)

●罗大经《元子宗子》曰:横渠《西铭》曰:"大君者,父母之宗子",其说本于召公。《召诰》曰:"有王虽小,元子哉。"又曰:"皇天上帝,改厥元子。""元子",即宗子也。武王誓师之辞曰:"亶聪明作元后,元后作民父母。"余谓父母之说,不如元子、宗子之说意味深长。盖谓之元子、宗子,则天父、地母临之于上;诸弟之颠连无告者,责望于下。非特恻然于同胞之爱,且有所严惮而不敢隳其职分也。(《鹤林玉露》卷七,明刻本)

●熊朋来曰:愚窃疑《清庙》与《显相》为韵,故尝定横渠《西铭》五换韵"宗子之家相",其"相"字协"肖"为韵,"对越在天,不显不承,无射于人,斯天人承"亦未必非韵也。(《五经说》卷二)

●同恕《党仲安周急诗序》:予读张子《西铭》"民,吾同胞;物,吾与也。""凡天下疲、癃、残、疾、惸、寡、孤、独,皆吾兄弟之颠连而无告者。"呜呼,至哉斯言!乾父坤母,均气同体,厚薄之分虽殊,生生之理则一。人灵于物,而可赞化育,独是心之异耳。是心者何?仁义之心也。有是仁义之心,则凡均气同体,而不得其所者,其忍坐视而不为之恤乎?(《矩庵集》卷二)

●曹端曰:且乾父坤母,而人生其中,则凡天下之人,皆天地之子矣。然继承天地,统理人物,则大君而已,故为父母之宗子。辅相大君,纲纪众事,则大臣而已,故为宗子之家相。天下之老,一也,故凡尊天下之高年者,乃所以长吾之长。天下之幼,一也,故凡慈天下之孤弱者,乃所以幼吾之幼。○圣人,与天地合其德,是兄弟之合德于父母者也。贤者,才德过于常人,是兄弟之秀出乎等夷者也。○"疲""癃",谓罢病者。"残""疾",谓伤害者。"惸",谓无兄弟者。"独",谓老而无子者。"鳏",谓老而无妻者。"寡",谓老而无夫者。"颠连",言其老急困苦之甚也。○是皆以天地之子言之,则凡天下之疲、癃、残、疾、惸、独、鳏、寡,非吾兄弟困苦无告者而何哉?(君子之为政,先必施仁于此一等人。)(《西铭述解》)

●钱福《廷对策》曰:皇帝制曰:"朕惟天子,父天母地,而为之子。凡天下之民,皆同胞一气,靡所不统。"故又曰:"大君者,吾父母宗子。宗子继承父母,君主天下,其责甚大,必养之有道,教之有方。举天下之民,无一不得其所,责斯尽焉。"……天地民物,皆其度内,所以立制度,行政令而教养乎天下者,皆心之所为用也。或恭俭是尚,而学宗黄老;或儒术是尚,而性多褊察。欲行仁义者,大伦或已亏;仁厚有余者,刚断或不足;则其心为私欲所杂,而不知民胞物与之义。虽有制度之立,政令之行,不过虚文美观,以为教养之具,恶能尽其心之用哉!若夫"位天地,育万物,参天地,赞化育"云者,此亦子思之言,而亦张载之意也。盖人之一身,与天地并立而为三,分虽有高下大小之不同,而理气之贯通者,未尝有间。吾之心正,则天地之心亦正而天地位;吾之气顺,则天地之气亦顺而万物育。我能位天地、育万物,则化育之大,吾得而赞之;天地之高厚,吾得而参之。儒者之道,必极于此,而后可以为人;尤必极于此,而后可以为君,可以为宗子也。(《鹤滩稿》卷六)

●湛若水曰:张载《西铭》曰:"尊高年,所以长其长;慈孤弱,所以幼其幼。"臣若水《通》曰:'仁人之心,无亲疏内外之间也。而其由亲以及疏,自内以及外者,亦天理之当然尔。故吾之长长之,而高年无所不尊,则天下之长,无不长之矣;吾之幼幼之,而孤弱无所不慈,则天下之幼,无不幼之矣。驱天下长长、幼幼而归之仁人、长者之域,是即所谓'与天地万物一体者'矣。施无不博而济无不众,故尧舜之道,孝弟而已矣,此在人君自尽其心尔。"(《格物通》卷四十九)○宋儒张载《西铭》曰:"民,吾同胞;物,吾与也。"又曰:"凡天下之疲、癃、残、疾、惸、独、鳏、寡者,皆吾兄弟之颠连无告者也。"臣若水《通》曰:"天地万物,本吾一体者也。是万物皆吾同得于天所与之气,故曰'吾与';而民尤同吾得天地之正气,于吾并生之中,乃为同类而至贵者,故曰'同胞'。曰'同胞',则视之如己之兄弟矣;而天下之远,兆民之众,有疲、癃、残、疾、惸、独、鳏、寡之人,皆我兄弟之中颠连无告者。然则知疲、癃、残、疾、惸、独、鳏、寡皆吾之同气,则其哀恤之情,根于天性,自有所不能已者矣。"(《格物通》卷九十八)

●李滉曰:"大君",《易·师卦》:"大君有命。""大君",指天子言也。○"父母宗子",谨按小注,朱子曰:"此正以继祢之宗为喻尔。"继祢之宗,兄弟宗之,非父母之嫡长子而何？盖既以天下之人为吾兄弟,则自当以继祢之宗为言,若继祖以上之宗,则皆非吾新兄弟矣。○"长其长""幼其幼",《孟子》曰:"人人亲其亲,长其长,而天下平。"此取"长其长"一语。又曰:"幼吾幼,以及人之幼。"此摘"幼吾幼"三字,而变"吾"作"其","其"即"吾"也。○"圣其合德",《易·乾卦·文言》:"圣人与天地合其德。"○"鳏寡""无告",《孟子》曰:"老而无妻曰'鳏',老而无夫曰'寡',老而无子曰'独',幼而无父曰'孤'。此四者,天下之穷民而无告者。"此取其语而添减其文。○"颠连",犹言颠沛也。(《西铭考证讲义》)

●邓球曰:"此又承上文'民,吾同胞'一句,而推其分之殊也。而实皆同出于大父母,正以见理之一。'大君',统理乾坤之人;'大臣',辅君以出治诸侯世系宗法图（李滉《西铭考证讲义》附图）：

諸侯						
諸侯（世世為諸侯）	別子					
	繼別（大宗）（百世不遷）	高祖				
			曾祖			
				祖		
					禰	
		繼高祖小宗	繼曾祖小宗	繼祖小宗	繼禰小宗	身事五宗 無大宗則 事四宗
也 身而事五宗 是此人以一 尊大宗故也 而猶服緦者 弟北雖已盡 子為四從兄 從兄於大宗 繼高祖為三 視為再從 為親兄繼祖 指五宗繼禰 也自此入而 小宗之親弟 宗者即繼禰 謹按身事五宗						

李滉《西铭考证讲义》附图

也。'其长'以下四个'其'字，皆指大父母言。尊如大君，一吾父母之宗子；贵如大臣，一吾宗子之家相。'尊高年'，长吾父母之长；'慈孤弱'，幼吾父母之幼。'颠连'，危迫也，推之至于'颠连无告'之辈，皆吾之兄弟者。程子谓：'仁者，浑然与物为体'，只此理会得出来。"（《闲适剧谈·西铭客对》）

●**姚舜牧**曰：凡天下之人，皆天地之子，然继承天地，统理人物，则大君而已，故为父母之宗子；辅佐大君，纲纪众事，则大臣而已，故为宗子之家相。天下之老，一也，故凡尊天下之高年者，乃所以长吾之长；天下之幼，一也，故凡慈天下之孤弱者，乃所以幼吾之幼。圣人，与天地合其德，是兄弟之合德乎父母者也;贤者,才德过于常人,是兄弟之秀出乎等夷者也。是皆以天地之子言之,则凡天下之疲、癃、残、疾、惸、独、鳏、寡,非吾兄弟无告者而何哉?(《性理指归》卷六)

柏麓按:此本朱熹《西铭解》而有所节略。

●崔有海曰:天虽生人,万物既多,不能统理。故必于其中,立其君,以为统理人物之本;置其相,必为宣行治化之期,此君相所以为天之宗子与家相。立政出令,莫非裁成辅相之道也。老者安之,少者怀之,疾者医之,孤独者矜之,使天下之人,各得其所,无一物失其本然之正者,乃天地之至仁。而君相之治化,亦在于是,则莫非顺天地自然之理也。其中圣者,合德于天地;贤者,首出于其类;而君相之道,或以培养,或以尊礼者,乃体天之大义也。仁民爱物,有亲疏之分;用人治事,有圣贤调用之殊。察其事几,不容一毫之私意者,乃克合天心之大道也。(《嘿守堂先生文集》卷七)

●雷于霖曰:乾坤无为而成化,于胞中宠一人焉而作之君,使之总理家道而称吾父母之宗子。盖人各一体,宗子合支庶以为体,而鞠之无不周;人各一性,宗子合支庶以成性,而导之无不化,此宗子之职也。君道无为而成治于胞中,简数人焉而为之臣,使之分理家务,而称之家相,盖治水明农,分育群子弟之体;敷教弼刑,分导子弟之性,此家相之职也。孝子曰:"宗子服父母之劳,家相代宗子之终,皆天之命也。支庶于君相而事之以忠,承之以敬,乃所以奉天之至治钦!"○胞中有年高而老者,吾父母锡之以寿,敢弗尊钦?孝子曰:"体既衰而不再役,性已倦而不再劳,杖于朝,饮于庠,宪其行,乞其言,衣之帛,食之肉,刑弗加于耆艾,以慰吾父母安老之心。"胞中有孤弱而幼者,是吾父母遗之以稚,冲忍弗慈钦?孝子曰:"体方芽而育之使壮,性方蒙而导之使明,捧之惟恐不寿,祝之惟恐不似,罚弗及于后嗣,以惬吾父母怀少之愿。"○胞有圣人,得天地之塞充之以塞天地,得天地之帅全之以帅天地,是与父母合德之子;胞有贤人,与众同体而独钟其美,与众同性而独会其灵,是谓父母之秀子。孝子曰:"河清岳降,圣贤出焉。天岂无意乎?先知先觉,父母为我辟家程;见知闻知,父母为我续家传。吾传圣人之心,齐贤人之步,所以奉天之至教也哉!"○胞中有疲、癃、残、疾,天若刑其体;惸、独、鳏、寡,天若伤其性。斯人也,洒泪乞灵,苍苍者何高?拊膺悔罪,茫茫者何厚?此颠连而无告者也,皆吾兄弟也。孝子曰:"既与之为兄,何忍有沟壑之弟?既与之为弟,何忍有踣躓之兄?此不待接于几席而后悲怜之。吾具父母之耳,遥闻呻吟者在隅;吾具父母之目,静见蹙额者在傍。告于君相,定赈恤之典;告于圣贤,预补救之方,所以释父母之憾也乎!"○读此一段,和天下为一家,通一家为一身,是横渠夫子至仁之教。非影借,乃实理耳。岂与兼爱无等者比乎哉!彼释氏者,以人生为幻妄,世界为阴浊,厌去逃遗,无父无君,至无天地,人伦不察,庶物不明,惟向空寂绝物处,别求超悟,亦云慈悲,实无经济。其所言者,尽是虚诞无征,此非刚明君子,其谁辩之?横渠夫子晚逃佛老,《订顽》之作,似有以辟之。(《西铭续生篇》,李元春《青照堂丛书续编》本)

●高尔俨曰:圣人视天下为一家。天为父,则继天立极者,即吾父母宗子,敢不敬乎!大臣,国之元老,即宗子之家相也,敢不敬乎!吾有长,吾自长之,凡遇高年,由吾长而推之,皆其长也;吾有幼,吾自幼之,凡遇孤弱,由吾幼而推之,皆其幼也。人只为私念不化,一己之外,总不相关,惟以万物一体之怀视之,则人我何分乎!故尊之慈之,无异视也。圣人者,与天地合德,即能合德于父母者也;贤人,即众兄弟中之秀出者也。凡天下疲、癃、残、疾、惸、独、鳏、寡,总为天地所生之人,则皆吾父母一气而分之子,吾兄弟中有此颠连无告,吾岂忍坐视而不之恤乎!吾之权力,可以及一乡一邑,进而可以及一国与天下,惟力是视;即使无权无力,犹且随事,尽吾心焉。而不能恝然者,吾亦自恤吾兄弟之疾苦耳。仁人君子,念及于百姓之颠连困苦,皆吾兄弟也,宁不动心乎哉!(《古处堂集》卷一《西铭演义》)

●宋时烈曰:大凡天下之人,皆天地之子也。然以一家言之,则天地即父母,人君即父母之宗子,大臣即宗子之家相。所谓"家相",如俗称"舍音"也。圣者是兄弟之合德乎父母者,而贤者是兄弟之秀出于等夷者也。然则疲癃颠连,独非吾兄弟无告者而何哉?故凡人君之待大臣、视百姓,常如骨肉兄弟宜当矣。(《宋子大全拾遗》卷九《经筵讲义》)

●林恕曰:《履·六三》:"武人为于大君。"《师·上六》:"大君有命。"今按:宗子者,嫡长子也,一家兄弟宗之,乃是如五宗之宗。○朱小注谓:"五宗之内,继祢之宗也。"今按:家相之相,犹宰相之相。有一家之相,有一国之相,有天下之相。○《孟子·离娄上》:"人亲其亲,长其长。"今按:"尊高年,长其长也。"○《孟子·梁惠王上》:"老吾老,以及人之老;幼其幼,以及人之幼。"今按:"慈孤弱,所以幼其幼也。"○《乾·文言》:"夫大人者,与天地合其德。"《礼运》曰:"人者,其天地之德,阴阳之交,鬼神之会,五行之秀气也。"今按:"圣其合德,贤其秀也"二句,摘《易》《礼》之文。○《孟子·梁惠王下》曰:

"老而无妻曰鳏;老而无夫曰寡;老而无子曰独;幼而无父曰孤。此四者,天下之穷民而无告者。文王发政施仁,必先斯四者。"今按:据《孟子》添减其文。○《韵会》曰:"㷀,㷀忧也,或作睘,又作惸,惸独也。"《诗》:"哀此惸独。"《疏》云:"哀哉,此单独之民。"今按:"惸"即"独"字之义,老而无子者也。又按:"疲癃",是罢癃也。《史记·平原君传》:"罢癃之病。"《索隐》曰:"罢,音皮。癃,音吕宫反。罢癃,背疾,言曲而背癃高也。"《韵会》:"残,践也。践,使残坏也。又,凋伤也。"李滉曰:"颠连,犹言颠沛也。"(《呈仁集》注:颠沛,倾覆流离之际。)《汉书·张良传》:"诸将皆陛下故等夷。"《笺》注:"夷,平也。言故时皆齐等。"○《大禹谟》:"不忧无告。"(《西铭私考》)

●山崎闇斋曰:○第四节。《易》:"大君有命。"(《师卦》)○《礼记》:"适子、庶子,祗事宗子宗妇。"(《内则》)○小注曰:"此正以继祢之宗为喻。"(见《文集·林黄中辨西铭》中)○《论语》:"大臣者,以道事君。"(《先进》)○《礼记》:"不名家相。"(《曲礼》)○《前汉书》:"高年老长,人所尊敬也。"(《刑法志》)○"慈幼。"(《周礼·司徒》)《礼记》:"慈幼,为其近于子也。"(《祭义》)○"'长其长,幼其幼',二'其',一本作'吾',依此,则篇中'吾'字为十一。"(李氏曰:"九'吾'字。")○《孟子》曰:"人人亲其亲,长其长,而天下平。"(《离娄》)○"长吾之长。"(《孟子·告子》)○《孟子》曰:"老吾老,以及人之老;幼吾幼,以及人之幼。天下可运于掌。"(《梁惠王》)○《易》:"大人与天地合其德。"(《文言》)○《礼记》:"命乡,论秀士,升之司徒,曰选士。司徒论选士之秀者,而升之学,曰俊士。升于司徒者,不征于乡;升于学者,不征于司徒,曰造士。大学正论造士之秀者,以告于王,而升诸司马,曰进士。司马辨论官材,论进士之贤者,以告于王,而定其论。论定,然后官之。"(《王制》)○《史记·平原君传》:"罢癃之疾。"(《韵会》:"疲,下或作'罢癃',下引此作'疲癃'。")《前汉·食货志》:"罢癃咸出。"(师古曰:"罢积曰疲。")柳文:"癃残颠鄙。"(《与李建书》)○《诗》:"哀此惸独"(《正月》),"哀此鳏寡"(《鸿雁》)。○《书》:"不虐无告。"(《大禹谟》)○《礼记》:"大道之行也,天下为公,选贤与能,讲信修睦。故人不独亲其亲,不独子其子,使老有所终,壮有所用,幼有所长,矜、寡、孤、独、废、疾者,皆有所养。"(《礼运》)○《礼记》:"强者胁弱,众者暴寡。知者诈愚,勇者苦怯,疾病不养,老幼孤独不得其所,此大乱之道也。"(《乐记》)○《孟子》曰:"老而无妻曰鳏,老而无夫曰寡,老而无子曰独,幼而无父曰孤。此四者,天下之穷民而无告者。"(《梁惠王》)○"颠连。"(未见出处。《韵府》亦引此铭出之。)"颠沛。"(《大雅》《里仁》)"来连。"(《易·蹇卦》)张子合之欤！○《穀梁传》："继天者，君也。"(《文十五年》)○《诗》："纲纪四方。"(《棫朴》)○"等夷。"(《史记·留侯世家》："徐广曰：'夷，犹侪也'。"如淳云："等夷，言等辈。")(《文会笔录》卷十二)

●王夫之曰：家之有宗子，父母所尊奉，乃天之秩叙，在人心理，必奉此而安者。惟其必有是心，必有是理，故"三月无君，则皇皇如也"，"居是邦，则事其大夫之贤者"，皆不容已之诚，而人道之所自立也。○家之有长幼，必敬而慈之，故心从其类，有触必感。此理人皆有之，最为明切。○"合德"，谓与父母之德合；"秀"者，父母所矜爱之贤子孙也。希圣友贤，成身以顺亲，即所以顺天。○颠连无告而无恻隐之心，则兄弟亦可不恤，故曰"苟能充之，足以保四海；苟不充之，不足以保妻子"，生理之明昧而已。(《张子正蒙注》)

●张英曰：乾父坤母，而人生其中，则皆天地之子矣。然继承天地，统理人物，则大君而已，故为父母之宗子；辅佐大君，纪纲众事，则大臣而已，故为宗子之家相。天下之老，一也，故凡尊天下之高年者，乃所以长吾之长；天下之幼，一也，故凡慈天下之孤弱者，乃所以幼吾之幼。圣人，与天地合其德，是兄弟之合德乎父母者也；贤者，才德过于常人，是兄弟之秀出乎等夷者也。是皆以天地之子言之，则凡天下之疲、癃、残、疾、惸、独、鳏、寡，非吾兄弟无告者而何哉？(《御定孝经衍义》卷二)

柏麓按：此句解本朱熹《西铭解》而有所节略。

●冉觐祖曰：《礼大传》："别子为祖，继别为宗，继祢者为小宗。有百世不迁之宗，有五世则迁之宗。百世不迁者，别子之后也，宗其继高祖者，五世则迁也。"按：此宗子只是百世不迁之大宗，不必深辨。○按："父母宗子"，"父母"二字，正从乾父坤母来。○以君为宗子，大臣为家相，议论直恁开阔，前人所未发。○"尊年高"四句，以齿之长幼对言。○"圣其"二句，言其有德者。"疲、癃、残、疾"云云，言其有患者。"疲癃"谓罢病者；"残疾"谓伤害者；"惸独鳏寡"，即《孟子》"孤独鳏寡"，"惸"谓孤子之惸惸在疚者。○此段紧要，与"胞与"二句相连。○以上是论道理，见得天地是父母，民物是胞与，以发明"仁者天地万物为一体"大意。○就中逐项分析，亦见"理一分殊"。(《性理纂要附训》卷四)

●张伯行《濂洛关闽书·西铭解》曰："宗子"，谓百世不迁之大宗。"宗子""家相"，皆设为晓譬之名也。天下之人，皆吾同胞；而同胞之中，又有等杀之不同焉。继承天地、统理人物而为大君者,乃天地之元子;拟之家,则吾父母之宗子也。辅佐大君、纲纪众事而为大臣者,乃大君之卿相;拟之家,则吾宗子之家相也。"高年",天下之长者;拟之家,即吾之长,故凡尊礼天下之高年,乃所以长吾之长。"孤弱",天下之幼者;拟之家,即吾之幼,故凡慈爱天下之孤弱,乃所以幼吾之幼。天下有圣人,是与天地合其德者;拟之家,则兄弟之合德乎父母者也。天下有贤人,是才德过于常人者,拟之家,则兄弟之秀出乎等伦者也。以及"疲、癃、残、疾、惸、独、鳏、寡",凡天下之穷民"无告"者;拟之家,则皆吾兄弟中之颠连而无所控告者也,是则合天下如一家,而"民,吾同胞"者可见,"物"之"吾与"者,亦可推矣。然此孰非理之一而分之殊乎?(《濂洛关闽书》卷二)

○《近思录集解·西铭解》曰:此又即同胞之中,别其贵贱尊卑,贤否穷达,明其皆为乾坤所子,皆吾兄弟,而与共事父母者也。天下之人,固皆父乾母坤,为天地之子矣。然天地之大统不得不归一人,如一家之统系不可不属之嫡长,则承天地统人物者,大君是也,是为父母百世不祧之宗子也。降而有大臣,则左右大君以整顿乾坤,殆犹诸子之有干才,宗子委以家事,则亦宗子之家相而已。至于天地间有高年焉,理当尊也。而体天地而引年,与推亲亲以敬长,无二道也。天地间有孤弱焉,情当慈也。而承天地而恤孤,与顺父母以抚幼,无二理也。若夫圣人与天地相似,则亦同气中之合德于二人者也。贤人钟天地之英,则亦式好中之挺秀于雁行者也。况旷观天下,或所受不完,或所遭不偶,穷苦难言,如疲、癃、残、疾、惸、独、鳏、寡,亦不乏人,类而推之,皆吾兄弟。彼特承受世泽不起,俯仰乾坤,颠连无告耳。然父母之心未尝不念之,有兄弟情者,谅不得而恝视之也。(《近思录集解》卷二)

●窦克勤曰:至于统理民物者,则有大君。大君为天地主张斯世,是即吾父母之有宗子,为父母主张家道也。其代大君治民物者,则有大臣。大臣为大君辅相国政,是即宗子之有家相,为父母辅相家事也。凡尊高年,是即长吾之长;凡慈孤弱,是即幼吾之幼。有圣人焉,与天地合其德,是即吾兄弟之有德者,与父母合也。有贤人焉,较伦类异其等,是即吾兄弟之秀出者,与等类异也。又有疲、癃、残、疾、鳏、寡、孤、独之人,一一待恩于天地,是即吾兄弟之颠连无告者,待恩于我者也。概而论之,凡生于天地间者,似皆为天地之子矣。○自"乾称父"至"无告者也",极言人物为天地所生,以见人不可不事天之意。(《事亲庸言》卷一《事亲如事天,事天如事亲第一》)

●室鸠巢《西铭详义》曰：宗子，父母之嫡长子。正以继尔之宗为喻尔，四"其"字，皆指一家中见在者而言之。"其长"，是一家中见在之长；"其幼"，是一家中见在之幼。"圣"、"贤"，是一家中见在合德父母、秀出等夷者。"疲癃"，废疾不起；"残疾"，天刑不愈；"惸独"，孤单无依；"矜寡"，老无配偶；"颠连"，颠覆流连无所归之意。○此一节当作三截看，各以"也"字结之。先以大君、大臣一截为纲，盖以大君为吾父母宗子，则天下一家可知。老幼、圣贤，是一家中等列分明者，最可爱敬，故居次为第二截。至疲癃残疾，又一等鄙贱泛泛的人，似不与老幼等同等。然以老幼等例言之，亦吾兄弟而无告者，岂可不恻然而哀矜之，故又居次为第三截。（《西铭详义》）

●李文炤曰：按《孟子》曰："天下有达尊三：爵一，齿一，德一。"又曰："鳏、寡、孤、独，此四者，天下之穷民而无告者也。"天下之分，非爵不定，君子之忠君也，盖以宗子视之也；其顺长也，盖以家相视之也，而众著于君臣义矣。万类之叙，非齿不著，君子之敬老也，盖以吾长视之也；其恤孤也，盖以吾幼视之也，而众著于长幼之节矣。生民之极，非德不立，君子之希圣也。盖以合德视之也；其尊贤也，盖以特秀视之也，众著于贤否之辨矣。至若身之不完，家之不立者，此天地之所不能无遗憾也，而君子之处之有常饩之养焉，有随材之任焉，有相收相恤之教焉，盖以兄弟之颠连无告者视之也，则所以矜不成人而悯失所者自不能已矣。昔夫子自言其志曰："老者安之，朋友信之，少者怀之。"而门人记其行曰："见齐衰者，虽狎，必变。见冕者与瞽者，虽亵，必以貌。"正其事也。张子闻生皇子则喜甚，见饿殍者食便不美，其亦有得于此与！朱子曰："若言'同胞''吾与'，而遂于博施济众求之，则非也。所以教人用力，止在于敬耳。"故薛氏曰："读《西铭》，不敢慢一人，轻一物。"此之谓也。（《西铭解拾遗》）

●华希闵曰：此又于"民"字极参差不齐之内，条分缕析，以见其总是同胞。盖《西铭》一书，专明"理一分殊"之旨，同胞是"理一"，其中又有个"分殊"在，方与佛氏一切平等，无疏戚、君臣、上下之分者迥别。此节从"大君"直说到"疲癃残疾"，一一还他等级，分殊处何等井井！然分之殊者，既剔得清，理之一者，愈觉融彻，又须知都是天理之自然，非以己见穿凿配搭也。（《性理四书注释》之《西铭辑释》）

●茅星来曰：此一节皆就"同胞"中推出，见其有殊分而无二理也。朱子谓篇首至此"如棋局"。（《近思录集注》卷二）

●王植曰：此俱从"民，吾同胞"句推出。《礼·曲礼下篇》："祭必告于宗子。"○陈注："宗子上继祖祢，族人兄弟皆宗之。"《易·乾卦·文言》："夫大人者，与天地合其德。"《史记·平原君列传》："臣不幸有疲癃之疾。"《书·洪范》："无虐茕独。"《孟子》："天下之穷民而无告者。"（《朱子注释濂关三书·西铭》）

●徐昌载《上大山先生·别纸》："弟者，所以事长。""《小学》'顺可移于长'，注曰：'长谓职位在己上者。'此'长'字，亦当如此看否？""窃谓职位在上，及年岁长于我者，都在其中。《西铭》言'尊高年，所以长其长'，所谓'长'者，恐非专指朝廷有职位者而言也。"（《梧山集》卷二）

●刘沅曰：天子，为天之子，其父天母地也，虽与人同，而实天下人之父母。《书》曰："聪明作元后，元后作民父母。"《洪范》曰："天子作民父母，以为天下王。"今《泰誓》非古，即不足信，而《洪范》不可易也。○无君则父母亦不能保，何有吾身？故君父同尊。若以大君为宗子，是等君于兄弟，民生于三之意何以通？自古圣人无此说。大臣与小臣，尊卑虽殊，皆辅天而代天工，独言家相，亦偏尊高年。四句老老幼幼，及人老幼，理通而与上下文意不相贯。张子之意，谓老幼者，天之老幼，尊之慈之，是长天之长，幼天之幼。然天之幼，理犹可通，天之长则不可通者矣。○天下之颠连无告者，固仁人君子所不忍，然其中贤否亲疏，不可一概而视。由亲亲而仁民，由仁民而爱物，不特施之有序，且力所能者尽其力，力不能者尽其心。乡人未必侪于伯兄，兄子未必同邻之子，此中有义焉。义以行仁，岂容概以兄弟言之？夫子不云乎："己欲立而立人，己欲达而达人。能近取譬，可谓仁之方也已。"凡此皆陈义，似高而实悖乎圣人，不可不察也。（《正讹·西铭解》）

●李元春曰：家不可无宗子家相，国不可无大君大臣，可知天地所以责成也。○此以齿言。高年，自同胞中所当尊；孤幼，自同胞中所当慈。○雷柏林曰："体既衰而不当再役，性既倦而不当再劳，杖于朝，饮于庠，宽其行，乞其言，衣之帛，食之肉，刑弗加于耆艾，此当慰吾父母安老之心者；体方芽而育之使壮，性方蒙而导之使明，捧之惟恐不寿，祝之惟恐不似，罚弗及于后嗣，此当惬吾父母怀少之愿者。"○此以品言。○雷柏林曰："河清岳降，圣贤出焉。先知先觉，父母为我闢家程；见知闻知，父母为我续家传。吾传圣人之心，齐贤人之步，所以奉天之至教。"○此又抽出言，以尽天下之人。○雷柏林曰："同胞中有疲、癃、残、疾，天若刑其体；同胞中有惸、独、鳏、寡，天若伤其性。斯人也洒泪乞灵,苍苍者何高?扪膺悔罪,茫茫者何厚?吾既与之为兄,何忍有沟壑之弟?吾既与之为弟,何忍有踣蹶之兄?此不待接于几席而后悲怜之。吾具父母之耳,遥闻呻吟者在隅;吾具父母之目,静见蹙额者在旁;告于君相,定赈恤之典;告于圣贤,预补救之方;所以释父母之憾也。"(《关中道脉四种书·张子释要》之《张子西铭全注》)

●罗泽南曰:"宗子",适(嫡)长子。"家相",一家之中相宗子行事者。"长",以长事之也。"其长",吾之兄也。"幼",以幼畜之也。"其幼",吾之弟也。"合德",吾兄弟之与父母合德者。"秀",吾兄弟中之秀者。"疲癃",罢病也。"惸",亦独也。"惸独",言孤单之民也。今夫天下之民,皆吾同胞者也。然民吾同胞之中,亦有差等之分焉。如吾父母有宗子,一家之人皆为其所统理也。推而至于天下,民物皆天地之所生。因于所生之中立一君,以统理之,以养其体,以复其性,故夫君者,亦吾父母宗子也。宗子统一家之事,吾兄弟之中必有相宗子而行者。推而至于天下,大君统理民物,必得大臣以辅相之,而后于天地之所生者,尽得以养其体而复其性,故其大臣亦宗子之家相也。一家之中有长者,吾则长吾之长焉。推而及于天下之高年,固前乎我而禀此气此理者,吾则从而尊之,亦所以长其长也。一家之中有幼者,吾则幼吾之幼焉。推而及于天下之孤弱,又后乎我而禀此气此理者,吾则从而慈之,亦所以幼其幼也。吾兄弟之中有与父母合其德者,一家之幸也。推而至于天下,有圣人焉禀天地之间气而生,而其性无不存,是能尽事天之道,而与天地合其德者,亦吾兄弟之合德乎父母者也。吾兄弟之中有秀出乎等夷者,亦家之幸也。推而至于天下,有贤人焉,其禀气异乎凡,近其天性,自知保全,是能求尽乎事天之道,而为什伯庸众之所不及者,亦吾兄弟之秀出乎等夷者也。吾兄弟之中有颠连而无告者,一家之至不幸者也。推而至于天下,凡疲、癃、残、疾、惸、独、鳏、寡,皆与吾并生于天地之间而独罹其凶厄者,亦吾兄弟之颠连而无告者也。是"民,吾同胞"中,其为差等者又如此,而其所以称物而平施者,不又于此可见哉。此一节承上文"民吾同胞"而申言之也。(《西铭讲义》)

◎泽南案:问:"大君者,民之父母,此何以称宗子?"曰:"彼以怀保小民言,故曰'父母';此以与吾并生于天地言,故曰'宗子'。义各有取,不必牵合也。"○言大臣,则小臣包在其内。职有大小,故分有尊卑。其相大君行事,则一也。○民物并生,若无君臣以纲维之,必至于乱。一家之中,犹必有主,况天下之大乎？是故为其民者，固当知大君、大臣代天理物，斯民皆为其所覆育，我之所以事乎上者，必如支庶子之听命于家相、宗子，不敢有犯也。而其为大君者，则当体天地生物之心，仁以育之，义以正之，使天下之民皆得其所，如宗子之待众兄弟焉。大臣理君之职，是即亮天之工，则当思尽瘁王事，使天地之所生者无一不被大君之泽，如家人之相宗子，而安众兄弟者焉。宗子、家相不能理众兄弟之事，负父母之贻谋矣。大君、大臣不能理民物之事，负天地之付托矣。诚以天下之卑者、贱者，皆为吾之同胞故耳。文王"视民如伤"，伊尹"一夫不获"，则曰"时予之辜"，正是此意。〇天地之化，往者过，来者续，惟此老者、幼者，递嬗其间，以立天地之纲纪。高年，是天地先我而生之者，如一家之长兄，先我而事父母者也。孤弱，是天地后我而生之者，如一家之幼辈，将继我而事父母者也。不有以尊之、慈之，非仁矣。此孔子所以老安而少怀也。〇圣贤，是指他人之为圣为贤者言，非言己之为圣贤也。〇无令子以克家，则父母之箕裘将坠；无圣贤以维世，则天地之纲常必灭。古今三纲九法，不至于灭丧者，实赖此数圣贤，为之扶持于其间，其所传之心法，即上天之家法也。否则，天地之道几乎蔑矣。今人见人之善，则嫉之、忌之，不知此圣此贤纲维斯世，匪特民物托之，实天地所嘉赖者，爱敬之不暇，何忌之有？亦不善推之故耳。〇言圣贤则所以待庸愚者，可见彼庸愚之辈与吾并生于天地，所禀之气既昏，故于性亦不能尽，是亦吾兄弟中之暗弱者，当必有以矜恤之，开导之，使不终于庸愚。此君子所以尊贤而容众，嘉善而矜不能也。或问："圣王之诛奸慝、刑暴乱。奸慝、暴乱是亦天地之所生，而为吾之同胞者，诛之、刑之，无乃非仁民之心乎？"曰："奸慝、暴乱，天理之所不容，王者特奉天命而诛之耳，此又如周公之以大义灭亲者。况去奸恶，正所以保善良，何莫非仁民之心所流露哉？此皆《西铭》言外之意，学者亦不可不知。"〇天下之疲、癃、残、疾、惸、独、鳏、寡，非其所禀之气质有亏，即其所值之气数不偶，造化之生物自有此参差不齐之数，即天亦无可如何者。兄弟之颠连无告者，父母忧之，不为之保全，无以安父母之心矣。天下之疲、癃、残、疾、惸、独、鳏、寡，天地亦悯之，使不为之周恤，伤天地之心矣。古圣王发政施仁，必先此惸独者，此也。〇君臣以位言，长幼以年言，圣贤以德言，疲、癃、残、疾、惸、独、鳏、寡，所宜哀矜者言，举凡天下之民，无不包括其内。〇《西铭》此以上言仁之体，未说到用功处，曰"尊"、曰"慈"，亦不过即其分之殊者，以明其理之一，而其所以处之之宜，亦于此可见。下文"于时保之"以下，始言事天实功。然其所以

推己以及物者,亦惟于此等处称物平施,以全其"胞""与"之量而已,岂有他哉?(《西铭讲义》)

●金平默《答黄子中(理源)》:"不王不禘"云云。"宗子得祭祖,支庶不得祭,(只得□祭)礼也。"《西铭》曰:"大君(天子)者,吾父母(天地)宗子",天子,是天地之宗子,故得以郊禘,诸侯其支庶也,故无郊禘之义。祭先只及五庙,祭神只及社稷,封内山川。是所云心虽无穷,分则有限。就此细究如何?"(《重庵集》卷三十)〇《辟邪辨证记疑》:《西铭》曰:"大君者,吾父母宗子。"惟其宗子也,故得以祀之。诸侯以下支子也,支子而祀之。所谓"非其鬼而祭之,谄也"。(《重庵集》别集卷五)

●柳重教曰:此节承上"同胞"之名而列其目也。凡吾同胞之处顺境者三:曰君曰臣,以爵等也;曰长曰幼,以齿序也;曰圣曰贤,以德差也。处逆境者二:疲、癃、残、疾,身体之不幸也;茕、独、鳏、寡,人伦之不幸也。然君子于其处顺境者,固当各致爱敬之道;而于其处逆境者,尤不可以不尽悯恤之情。故变其辞而异之,以警切人也。或曰:"上节对举'同胞''吾与',而此独言'同胞'之目,何也?"曰:"亲疏贵贱之不同也。"曰:"此既言'同胞'之目,而下文不复言处同胞之道,何也?"曰:"此其列目告语之际,固已示人以致爱敬尽悯恤之意。不待复言处之之道。况历叙六君子之事,'颖封人之锡类',居第二焉。处同胞之道,孰有大于以孝锡类乎?《大学》所谓'新民',《中庸》所谓成物,皆此事也。"(《省斋集》卷三十《西铭句节次第》)

〇《答尹云瑞(丙戌二月)》:"《西铭》'家相'云云"。"考古丧祭礼祝辞,有'孝子''孝显相''哀子''哀显相'之文。'孝子''哀子',即其父母之宗子也。'孝显相''哀显相',乃宗子之家相助祭者也。观其通称'孝''哀',则要亦宗子天属中人也。《西铭》所称'宗子''家相',盖本此等处而立名也。'家妇',固亦称内相,但以大臣拟家妇,名色不相当。且此方列'同胞'之目,而以而以'内相'备数于其间,则于语势亦或不伦矣。"(《省斋集》卷十三)

●郭钟锡《答郭孟润》:"《西铭》于'长长'必着'其'字,于'幼幼'必着'吾'字,何也?""'长其长''幼吾幼',皆用古人成语,而自人而言曰'其',自我而言曰'吾'。"(《俛宇集》卷六十三)

●归曾祁曰:《礼·礼运》:"大道之行也,天下为公,选贤与贤①能,讲信

---

① "能"底本作"贤能",衍一"贤"字,据《礼记·礼运篇》删。

修睦。故人不独亲其亲,不独子其子,使老有所终,壮有所用,幼有所长,矜、寡、孤、独、废、疾者,皆有所养。"《乐记》:"强者胁弱,众者暴寡。知者诈愚,勇者苦怯,疾病不养,老幼孤独不得其所,此大乱之道也。"曾祁案:《参考》引《礼》二条,一正一反也。观于此,则为政者益不能不主张这一等人。晏子曰:"圣王见贤以乐贤,见不肖以哀不肖,今请求老弱之不养,鳏寡之不室者,论而供秩焉。"扬子《法言》曰:"老人老,孤人孤,病者养,死者葬,之谓思。"韩氏《原道》亦曰:"明先王之道以道之,鳏寡孤独废疾者有养也。"可见古来大学问、大经济学家,用心未尝不同。惟是今之天下,读《礼运》者少,熟《乐记》者多,无或乎天下同胞之老急困苦之甚者之多也。我观《周礼》有曰:"凭弱犯寡者眚之①,贼贤害②民则伐之,暴内凌外则坛之。"我于是望眚之、伐之、坛之之有其权者也。○曾祁案:游氏逊《性理会要》引薛云:"以上论仁之体,以下论求仁之方。"茅氏《近思录集注》:"此一节皆就同胞中推出,见其有殊分而无二理也。"朱子谓篇首至此如棋局。○又案:"尊高年"以下一段,合观吕氏大临《张子行状》云:"其在云岩,政事以敦本善俗为先,每以月吉,具酒食,召乡人高年会于县庭,亲为劝酒,使人知养老事长之义,因问民疾苦,及告所以训戒子弟之意。有所告教,常患文檄之出不能尽达于民,每召乡长于庭,谆谆口谕,使往告其闾里。间有民因事至庭或行遇于道,必问'某时命某告某事,闻否',闻即已,否则罪其受命者。故一言之出,虽愚夫孺子,无不预闻。"此正张子坐言起行,一一合符节,孰谓宋学为空言哉?且张子作《西铭》时,去云岩已久,将前可行者著于篇,俾后人读之可以效法,而反目之为空言无补,何足辨哉也?付诸一笑而已。(《西铭汇纂》)

●唐文治曰:此乃谓之同胞,乃谓之平等。禹思天下有溺者,由己溺之;稷思天下有饥者,由己饥之;伊尹思天下之民,匹夫匹妇,有不尧、舜之泽者,若己推而纳之沟中,此皆人道之当然者也。人道以救人、济人为急,惟亲亲仁民爱物,当有差等耳。孔子言博施济众,尧、舜犹病,后人因之,以为非儒者之事,不知圣贤无日不以博施济众为事,而其心惟恐不及,故曰"尧、舜犹病耳"。若借此语以为推诿之地,可哂亦可痛也。(《性理学大义·张子大义》)

●张绍价曰:亲亲、仁民、爱物,理一而分殊,而三者之中,又各有分之殊

---

① 此处衍一"赋"字,原文不出《周礼》,出《司马法》,据《司马法》删之。
② 此处衍一"能"字,原文不出《周礼》,出《司马法》,据《司马法》删之。

焉。同胞中有大君,有大臣,有高年,有孤弱,有圣有贤,有疲癃残疾,惸独鳏寡,莫非父乾母坤,其理未尝不一。然品类不齐,则所以用吾仁者,亦因之而异,或为宗子,或为家相,或尊或慈,或师或友,或矜哀,因其类之高下,以为爱之差等,则分殊中之分殊也。(《近思录解义》卷二)

●陈荣珪曰:元首者,天地之宗子。百官者,元首之辅佐。圣人与天地合其德,兄弟之秀出乎等夷。故天下之老、幼、疲、癃、残、疾、惸、独、鳏、寡、颠连无告者,胥视为我之兄弟,使之皆有所养也。(《西铭解》,《感化月刊》1933年第1卷第2期)

●缪篆曰:《孝经·广扬名章第十四》曰:"君子之事亲孝,故忠可移于君。"此在《礼·祭义》述曾子之言亦云:"事君不忠,非孝也;战阵无勇,非孝也。"又《孝经·孝治章第八》曰:"昔者明王之以孝治天下也,不敢遗小国之臣,而况于公侯伯子男乎?故得万国之欢心,以事其先王。"横渠所称大臣,于古则列国之君,而为五等诸侯者是。○《礼·大学》云:"上老老而民兴孝;上长长而民兴悌;上恤孤而民不倍。"又《孝经·三才章第七》云:"先之以博爱,而民莫遗其亲;陈之以德义,而民兴行。"○《孝经·圣治章第九》说"圣人之德,无以加于孝。"《易·文言》曰:"夫大人者,与天地合其德。"《系辞》云:"阴阳合德。"《说卦》云:"昔者圣人之作《易》也,将以顺性命之理。"清儒周太谷云:"天之赋我曰命,父母赋我曰身,合德曰性。"李平山解之曰:"'天之赋我曰命',犹乾也。'父母赋我曰身',犹坤也。'合德曰性',犹易也。人之生也,有身、命而后有性,所谓'乾坤毁,则无以见《易》'是也。人之学也,不知性则身命终非我有,所谓'《易》不可见,则乾坤或几乎熄'是也。圣功无他,'合德曰性'而已。"吾师黄希平先生评《西铭》曰:"身,受之父母者也,知父母之心,可与修身矣。命,受之天者也,知天地之心犹父母之心,可与立命矣。是故知父母之心,然后可以为子。知天地父母之心也,然后可以为人,可以为子。呜乎,岂独张子有其天地父母哉!○《礼运》曰:"大道之行,天下为公,选贤与能,讲信修睦,故人不独亲其亲,不独子其子。(横渠上文"尊高年,所以长其长;慈孤弱,所以幼其幼"。)使老有所终,壮有所用,幼有所长,矜寡、孤、独、废、疾者,皆有所养。"又《孟子》说:"文王发政施仁,必先鳏、寡、孤、独、四者无告之穷民。"又《孝经·孝治章第八》云:"不敢侮于鳏寡,而况于士民乎?故得百姓之欢心,以事其先君。"(《读张横渠〈东铭〉〈西铭〉》,《新民》1935年第1卷第2期)

●<u>查猛济</u>曰:吾为天地之子,"大君"主天地之家事,是"吾父母宗子"也。"大臣"相天子以继天地之业,是"宗子之家相"也。高年,先我生于天地间,有若吾兄,吾能尊之是长天地之长也。孤儿幼子,后吾生于天地间,有若吾弟,吾能慈之,是幼天地之幼也。圣人,合天地之德;贤人,特天地之秀也。人之有疲、癃、残、疾、惸、独、鳏、寡,是乃吾兄弟颠连而无告诉者也。(《张子〈西铭〉的抗战哲学》,《胜利》1939年第32期)

●<u>杜天縻</u>曰:"大君",谓万民之所宗者。《说文》:"君,尊也,从尹;发号,故从口。"《白虎通》:"君者,群也,群下归心也。"○"宗子",嫡长子。《诗·大雅·板》:"宗子维城。"《正义》:"礼有大宗小宗,为其族人所尊,故称宗子。"《礼·曲礼》:"支子不祭,祭必告于宗子。"孔疏:"宗子上继祖祢,族人兄弟皆宗之。"按:古家族制度,以嫡长子继承祖父之业,为一族所尊;大君承天地之道,亦犹宗子之于家族也。○"家相",古者卿大夫称家,助知卿大夫家事者曰家相,亦称家臣。《礼·曲礼》:"士不名家相长妾。"孔《疏》:"家相,谓助知家事者也。"○"合德",《易·乾·文言》:"夫大人者,与天地合其德。"按:大人为人格之至极者,犹圣人也。(见《论语·季氏》注)与天地合德,即言其德可配天地也。○"秀",特异曰秀,(见《楚辞·大招》注)言特出之才。○"疲癃",亦作罢癃,老病之状。○"惸独",与茕独同。无兄弟曰茕,无子曰独。茕、惸,俱音琼。《诗·正月》:"哿矣富人,哀其惸独。"《释文》:"惸,独也。"《毛传》:"独,单也。"○"颠连",犹颠沛,困苦之甚也。(《西铭笺释》,《浙江自治》1939年第13期、第14期、第15期连载)

●<u>王淄尘</u>曰:古时有公、侯、伯、子、男等封国,各国都有君王。"大君",则天子也。——即清以前的皇帝。"宗子",是父母所生的长子,要他主祭祀,承宗祧,故曰"宗子"。"家相",是管理一家事务的人,在国称"宰相",在家称"家相"。上言人以天地为父母,故天子者,犹我家的"宗子",天子的大臣,犹我家的"家相"。意思是说虽天子和大臣,也都是我一家的人。○"长其长,幼其幼",上面一个"长"字,作"敬"字解,"幼"字作"爱"字解。尊敬年高的人,就无异尊敬自己的长辈;慈爱孤儿弱妇,无异慈爱自己的幼辈。圣人的德性,能自合乎上面所说的道理,故曰"圣,其合德";一般愚昧的人,不知尊敬慈爱他人的高年孤弱,贤人则能知之,所以贤人能优秀于一般人,故曰"贤,其秀也"。○"疲",是劳乏的人;"癃",是年老有病的人;"残疾",是耳目手足不全的人。"惸",音琼,无兄弟者曰"惸";"独",是无子者;"鳏",无妻者;"寡",

无夫者。言上述各项人,也都为天地之子,也都就是我的兄弟,他们颠连困苦,没有去告诉的地方,应时时保护他,故曰"于时保之"。"翼",是羽翼,做"帮助"的解。(《张子西铭》,《前线旬刊》1939 年第 2 卷第 18 期)

●朱逸人曰:《书》曰:"作之君。""君"者,所以继承天地,统理人物者也,故为"父母之宗子"。而辅佐大君,纲纪象事,则大臣而已,故为"宗子之家相"。《孟子》称:"老吾老以及人之老,幼吾幼以及人之幼,天下可运于掌。""高年",即孟子所谓"老",老者吾能尊而礼之,乃所以长吾之长。"孤弱",即孟子之所谓"幼",幼者吾能慈而爱,乃所以幼吾之幼。"圣人",与天地合其德;"贤"者,才德过于常人而秀出乎等伦者也。"疲癃",劳乏而罢病者。无兄弟曰"惸",无子孙曰"独",无妻曰"鳏",无夫曰"寡"。"颠连",流离困顿之意,此皆天下之穷民而无所控告者。合天下如一家,而"民胞物与"之旨,皆从此可见,程子所谓"理一而分殊"也。(《读西铭》,《服务(诸暨)》1939 年第 2 期)

●毛夷庚曰:吾为天地之子,"大君"主天地之家事,是"吾父母宗子"也。"大臣"相天子以继天地之乐,是"宗子之家相"也。"高年",先我生于天地间,有若吾兄,吾能尊之,是长天地之长也。孤儿幼子,后吾生于天地间,有若吾弟,吾能慈之,是幼天地之幼也。圣人,合天地之德;贤人,特天地之秀也。人之有疲、癃、残、疾、惸、独、鳏、寡,是乃吾兄弟颠连而无告诉者也。(《张子西铭》,《大风(金华)》1939 年第 97/98 期)

●孙常钧曰:"大君",是指天子,在民主国家就叫"大总统",或叫"主席",或称"领袖"。我们全体人类,虽同位天地之子,然而继承天地统领万物的,皆由"大君"总揽其成,所以说"大君"是"父母宗子";而大臣的工作,则是辅佐大君纲纪众事,所以说是"宗子之家相"。○依照权能分开的主张来解释,则"大君"的意义,更为精透。把我们四万万人比作天子,把政府和革命党员比作诸葛亮,一方面说明民权的要义,一方面勉励我们革命党人,以"鞠躬尽瘁死而后已"的精神,来辅导一般国民。依照这个说法,则我们全国国民都是天地的"宗子",而政府官吏只是"宗子之家相",即所谓"人民的公仆"。○"高年",先我而于天地之间,好比我们的尊长,我们敬事他,就是长天地之长。"孤弱",后我们生于天地之间,我们爱护他,就是幼天地之幼。这也就是孟子"老吾老,以及人之老;幼吾幼,以及人之幼"的同一说法。○衰颓老病叫"疲癃",肢体损伤叫"残疾",无兄无弟叫"惸",无子无女叫"独",无妻叫

"鳏"，无夫叫"寡"，这些人都是我们同胞中最困苦、最可怜的，我们应该同情他们，随时周济保护他们。这样才算是赞天地以行化育，也才算是尽了以敬事天的能事。(孙常钧编注《释西铭》，沅陵中报社，1942年3月版)

●王建新曰："大君"，就是最高领袖；"宗子"，是长子。"大臣"，是支持要政的主干；"家相"，是管理家事的要员。"尊高年"，就是尊重老年人。"长其长"，是奉养那父母认为家庭中年长的分子。"幼其幼"，是葆爱那父母认为家庭中年幼的分子。"圣"，是人格最完全的人。"合德"，是引用《易经》上"与天地合其德"的话。"贤"，是才能优越的人。"秀"，是出类拔萃的俊杰。"疲"，是弱；"癃"，是衰老；"残"，是肢体不全；"疾"，是患病；"惸"，读"穷"，是无兄弟的人；"独"，是无子的人；"鳏"，是无妻的人；"寡"，是无夫的人。"颠连"，是困苦的形容词；"无告"，是有苦无处诉之意。这一段等于说，人类彼此的关系，如同一个大家庭的各个分子。在这里有主持家政的长子，就是最高领袖；有辅佐治家的要员，就是支持要政的主干；有完全与父母精神相合的家庭分子，就是人类中的圣哲；有才能出众的家庭分子，就是人类学中的贤俊；有受了环境打击而遭遇不幸，值得同情的同辈们，就是人类中的疲、癃、残、疾、惸、独、鳏、寡。〇此一节，是说明人与人的关系。(《〈西铭〉新话》，《湘桂月刊》1943年第2卷第8期)

●陈敦仁曰："大君"，天子也。"宗子"，长子也。"大君"代天地治天下，犹"长子"代父母治一家，故称"吾父母宗子"。〇"其"，指天地言。圣人与天地合德，与日月同明，故曰"圣，其合德"。贤人出于其类，拔乎其萃，故云"贤，其秀也"。〇"疲"，音"罢"，瘦弱也。"癃"，音"隆"，老病也。"残"，指聋、哑、瞽、跛、残废之人。"疾"，指疯、癫、癞、痴、恶疾之辈。"惸"，音"琼"。无兄弟曰"惸"，无子孙曰"独"。《诗·小雅·正月》："哿矣富人，哀此惸独。""鳏"，音"关"。无妻曰"鳏"，无夫曰"寡"。《诗·小雅·鸿雁》："爰及矜人，哀此鳏寡。"(《〈西铭〉注》，《福建训练月刊》1943年第2卷第3期)

●枯木曰："君"者，才德具备之称。天下一家，君为一家之长，代天行事，统理万民，俾各得其所，是为"父母之宗子"。其辅弼之者，又为"宗子之家相"也。凡又关乎民生日用之重，纲纪众事，孰劳服役，皆以一身任之，吾能无感于乘乎？然于尊卑长幼，进退出入，宜乎有以礼节之也。〇天下之高年，一也，皆应尊敬之，所以长吾之长。天下之孤弱，一也，皆应慈爱之，所以幼吾之幼。〇圣人者，有以合乎天地之德，可以参赞化育。贤者，亦才德过于常人，是皆吾兄弟中之可敬者也。○其他如身躯不全之癃癞残疾,生活无依之惸独鳏寡,又皆吾兄弟中之困苦颠连之人,以子道言之,宜乎时而保护之,以敦其尊敬也。(《西铭口授》,《海潮音》1948 年第 29 卷第 2 期)

(第五章)

于时保之,(《诗·我将》:"畏天之威,于时保之。")**子之翼也**;(曹端曰:"翼",敬也。《西铭述解》。○《诗·文王》:"诒厥孙谋,以燕翼子。"曾祁案:《传》:"翼",敬也。《小雅》:"有严有翼。"《传》:"翼",亦敬也。《西铭述解》:"翼,敬也。"茅氏《近思录集注》:"翼",恭敬之意。言子之所以恭敬,其亲者也。)**乐且不忧**,(窦克勤曰:"乐",音洛。《事亲庸言》卷一《事亲如事天,事天如事亲第一》○李文炤曰:"乐",音洛。《西铭解拾遗》。○《易·系辞上》:"乐天知命故不忧。")**纯乎孝者也**。(《左传·隐元年》:"颍考叔,纯孝也。")

●吕大临曰:听于无声,视于无形,敬亲不敢慢也;恐惧乎其所不睹,戒谨乎其所不闻,敬天不敢慢也。惟顺于父母,可以解忧,乐于事亲者也;不识不知,顺帝之则,乐于事天者也。举天下之重,无以加此,诚敬乎此者也;举天下之乐,无以间此,诚乐乎此者也。事亲、事天虽异,所以敬、乐则一也。(宋王霆震辑《新刻诸儒批点古文集成·前集》卷四十九《西铭》)

●张九成曰:畏天地①之威,若畏父母之严,保其心而不敢少肆焉,是子之敬者也。乐天地②之命,虽患难而不忧,此天地纯孝之子也。(《横浦集》卷十五《西铭解》)

●朱熹《西铭解》曰:畏天以自保者,犹其敬亲之至也;乐天而不忧者,(曾祁案:《抱朴子》:"乐天任命,何怨何尤?")犹其爱亲之纯也。(《孝经》:"爱亲者不敢不恶于人;敬亲者,不敢慢于③人。")(胡广《性理大全》卷四《西铭》)

---

① "天地",《古文集成》本作"天"。
② 同上。
③ "于"字底本无,据《孝敬》补。

柏麓按：朱熹注解中"畏天以自保者"，《西铭解义》作"畏天而自保者"。

〇《答廖季硕　俣》：《西铭》首论天地万物与我同体之意，固极宏大，然其所论事天功夫，则自"于时保之"以下，方极亲切。承喻日诵此书，计必有以深得乎此矣。戴在伯向见朋友间多称之，恨未之识也。（《朱子文集》卷四十九）

〇问："《西铭》自'乾称父，坤称母'至'民，吾同胞；物，吾与也'处，是仁之体；'于时保之'以下，是做工夫处？"曰："若言'同胞''吾与'了，便说着'博施济众'，却不是。所以只说，教人做工夫处，只在敬与恐惧，故曰'于时保之，子之翼也'。能常敬而恐惧，则这个道理自在。"子蒙。（《朱子语类》卷九十八）

●吕祖谦曰：畏天以自保者，犹其敬亲之至也；乐天而不忧者，犹其爱亲之纯也。（《东莱集注观澜文集》卷十五《西铭注》）

柏麓按：吕祖谦此句解与朱熹《西铭解》全同。

●熊刚大曰：于是时畏天以自保者，犹子之翼敬乎亲也。〇乐天而不忧惧，犹子之笃孝于亲而无愧也。（《性理群书句解》卷三《西铭解》）

●保八曰："翼"者，羽翼也，谓敬之敬矣。敬之敬者，即诚于中，而形于外也。形于外，有即拱手甚至两肘如羽翼也。（《周子通书训义》）

●曹端曰：畏天以自保者，犹其敬亲之至也。乐天而不忧者，犹其爱亲之纯也。（《西铭述解》）

●李滉曰："于时保之，子之翼"，《周颂》宗祀文王于明堂，以配上帝之《诗》曰："我其夙夜，畏天之威，于时保之。"言天既右享我矣，则我其敢不夙夜畏天之威，以保天所以降监之意乎！又《大雅》言武王迁镐之事，曰："贻厥孙谋，以燕翼子。""翼"，敬也。"翼子"，能敬之子，指成王也。（"燕"，安也。谋及其孙，则子可以无事矣。）此掇其二字，以为子之能敬亲者。〇"乐且不忧，纯乎孝"，《系辞》曰："乐天知命，故不忧。"此孔子赞圣人之德如此。此引之，言圣人之乐天，以对上文贤者之畏天也。《左传》以颖考叔为纯孝，此借用其语。〇自"于时保之"以下，至"勇于从而顺令者，伯奇"，皆上句，言事天之道；下句以事亲事明之。朱子所谓"每一句皆有两义者"，然也。（《西铭考证讲义》）

●张邦奇曰："于时保之，子之翼也；乐且不忧，纯乎孝者也"，这是张子《西铭》中所论天人一理的说话。"时"，是无时不然之意。"保"，是持守之意。"翼",敬也。"乐",是从容顺适之谓。"忧"者,乐之反。忧乐不并形,乐则不忧矣。"纯",不贰之谓。"纯乎孝",则心与亲一矣。《西铭》一书,首明人为天地之子,至此则言人事天地当如子之事父母。何则？人之体性,莫非禀于天地。天地,固吾之父母也。人惟不知天地为吾父母,于是乎遁天倍性,而无以克肖乎天矣。乃若知理无往而不在,仁无事而不体,检身常若不及,而克己恒惧弗胜,对越在天之心,未尝有一时之或懈焉。兹非子之敬亲之至者乎？夫克敬其身,一举足出言而不敢忘父母者,是之谓"翼子"也。天之翼子,非"于时保之"之谓乎？"于时保之",则不敢慢乎天；不敢慢乎天,是不敢慢乎亲矣。若夫静与天俱,动与天游,顺适乎盈虚消息之几,而无累于穷通丰约之间,兹非子之爱亲之纯者乎？夫克顺其亲,凡继志述事,而无一之或违者,是之谓纯孝也。天之纯孝之子,非"乐且不忧"之谓乎？"乐且不忧",是与天为一；与天为一,是与亲为一矣。大抵事天之仁,即事亲之孝,苟非克尽乎事天之仁,亦终有所未至,故《中庸》以舜之大德受命为大孝,武王、周公继天立极,以为法于天下,而谓之达孝。盖天人无二理,仁孝非二道。游酢读《西铭》以为《中庸》之旨,可谓善语道者。《记》曰："仁人之事亲也如事天,其事天也如事亲。"学者苟知此理,则知吾与天地万物,本同一体,无内无外,无远无近,无巨无细,凡分虽殊,而其理则一。宇宙不为远,庭帏不为近,致广大而尽精微,极高明而道中庸,自不能已矣。诸生其致思之。(《张邦奇集·觐光楼集》卷九)

●姚舜牧曰：畏天以自保者,犹其敬亲之至也；乐天而不忧者,犹其爱亲之纯也。(《性理指归》卷六)

柏麓按：此与朱熹《西铭解》全同。

●崔有海曰：敬者,万善之本；不敬者,百恶之源也。敬以持心,战兢戒慎,则事天之道,先立乎大矣。顺天休命,自尽当然之道,不以一毫忧戚间于得失者,乃信天之义,终得其正者也。(《嘿守堂先生文集》卷七)

●雷于霖曰：此以下至篇末条列,事天之事,皆君子践形尽性而为体仁之实功也。《孝经》始于"不敢毁伤",《西铭》首在"于时保之",盖道本于诚,而修主于敬,事亲事天,皆从敬起。敬,德之聚也,直至殁宁之日,方为歇脚之地。○天为时,人阅时不可须臾离者,在其中矣。故一日者,百年之一日也。一日失脚,为百年遗憾。千秋者,一夕之千秋也,千秋断痕,由一夕罔续。可弗慎欤！孝子曰："风雷雨露,无非至教；否泰险夷,皆属仁爱。时时仰承天地与我之心,时时返顾我对天地之心,持此体性以作实符,而奉以周旋冰渊之凛,直易簀而后免,敬之至也。故谓'孝翼之子'"。○君子事天,固多敬畏,然顺天循理,胸次终是悠然。孝子曰:"乾父坤母,待我甚厚;民胞物与,供我不薄。一家之中,岂有不乐?要在我诚而不贰,敬而无失。习得天理烂熟,养得真趣融洽,我不与同体重自筑藩篱,谁与我结憾者?童冠偕大家春风,我不与同性内自遮屏障,谁与搆怨者?鱼鸟亦自家意思,酌得源头活水,散尽天上浮云,此固乐也。岂无雷龙薄舟,雨雪鸣箚?我自弗迷弗乱,何忧之有!爱之至也,谓纯孝之子。"(《西铭续生篇》,李元春《青照堂丛书续编》本)

●高尔俨曰:朱子曰:"《西铭》前一段如棋盘,后一段如人下棋。"此二语甚好。"颠连无告"以上,是发明人为天地之子,而与民物同体之实;"于时保之"以下,是极论人所以事天如事亲之道。凡人不知畏天,便如骄惰之子,不守父母之训,恣睢放纵,既是认得亲切,便须战兢惕厉,时刻对越,以保天命,乃子之能敬谨者也。人不知敬天,则中无主宰,妄想忧虞,无所不至,所以云"小人常戚戚";能敬天,则凡事奉天而行,纯乎天理,而不以私欲夹杂其间,处乐可也,处约亦可也;处常可也,处变亦可也。丰啬苦乐,总吾家庭分内事。吾惟尽吾事亲之心而已矣,他何计哉!(《古处堂集》卷一《西铭演义》)

●林恕曰:《周颂·我将》曰:"我其夙夜,畏天之威,于时保之。"《大雅·文王有声》:"武王岂不仕?诒厥孙谋,以燕翼子。"李滉曰:"天既右亨我矣,则我其敢不夙夜畏天之威,以保天所以降监之意乎!"又曰:"'翼',敬也。翼子,能敬之子,指成王也。'燕',安也。谋及其孙则子可以无事矣。此掇其二字,以为子之能敬亲者也。"○《易·系辞》曰:"乐天知命,故不忧。"○《左传·隐元年》曰:"颍考叔,纯孝也。"杜注曰:"纯,犹焉。"(《西铭私考》)

●山崎闇斋曰:○第五节。《诗》:'畏天之威,于时保之'。"(《我将》)○《诗》:"诒厥孙谋,以燕翼子。"(《文王有声》)○《易》:"乐天知命,故不忧。"(《系辞》)○《左传》:"颍考叔,纯孝也。"(《隐元年》)○《孝经》:"爱亲者不敢不恶于人;敬亲者,不敢慢于人。"(《文会笔录》卷十二)

●王夫之曰:守身以敬亲而事天,则悦亲而乐天,无小大之异也。(《张子正蒙注》)

●张英曰:畏天以自保者,犹其敬亲之至也;乐天而不忧者,犹其爱亲之纯也。(《御定孝经衍义》卷二)

柏麓按:此句解本朱熹《西铭解》。

●冉觐祖曰：按：上文说天地是父母，便见当事，故此借孟子"畏天""乐天"为说。○又曰："于时保之"，《我将》之诗。○又曰："于时"二字，总承上文，谓于是能保而勿失，是子能敬亲者也；能乐而忘忧者，是子之纯乎孝者地。"保""乐"，分两层看。○又曰："保"，是勉然；"乐"，是自然。（《性理纂要附训》卷四）

●张伯行《濂洛关闽书·西铭解》曰："翼"，犹敬也。夫体、性出于天地，民、物皆吾胞与，而君子之所以事天者，可知矣。若能于是畏天以自保，敬谨不失，即如子之敬其亲也；能乐天而不忧，自然尽道，即如子之纯乎孝者也。凡此，皆所以全其体，尽其性，且推广体性之量于民、物，而为理之当然，功之不可阙者矣。（《濂洛关闽书》卷二）

○《近思录集解·西铭解》曰：上言天下一家、万物一体，自此以下乃言事天之功不异于事亲也。盖知天地为大父母，则事之敢不敬乎？敬之斯畏之矣！《诗》云："畏天之威，与时保之"，乃子之敬亲，翼翼奉持，恐失者也，又安得不爱乎？爱之斯乐之矣！《易》曰"乐天之命，故不忧"者，乃子之爱亲，仁孝纯笃而无间者也。（《近思录集解》卷二）

●窦克勤曰：自"于时保之"至末，言事天之功，即言子之事父母者以明之也。○"时"，是也。"翼"，敬也。'畏天以保其身者'，是即子之祗翼其父母者也。○"保"者，有心以守乎理也；"翼"者，有心以将其孝也。乐而忘忧者，理念专一之至也；孝而能纯者，孝念专一之至。（《事亲庸言》卷一《事亲如事天，事天如事亲第一》）

●室鸠巢《西铭详义》曰：自此以下，皆说事天工夫，每句上一件，事天之事，下一件，事亲之事。今合而言之，分殊而理一者也。朱子曰："《西铭》首论天地万物与我同体之意，固极宏大。然其所论事天功夫，则自'于时保之'以下，方极亲切。"又曰："若言'同胞''吾与'了，便说着'博施济众'，却不是，所以只教人做工夫处，只在敬与畏。"故曰："于时保之，子之翼也。""畏天之威，于时保之"，出《诗·周颂·我将》之篇。"诒厥孙谋，以燕翼子"，出《诗·大雅·文王有声》之篇。"乐天知命，故不忧"，出《易·系辞》。"乐天"以全体言；"不忧"者，其用也，言日用事物，以全体应之，所遇而不忧也。"纯"字亦有来处，所谓"颍考叔纯孝也"，出《左传》。（《西铭详义》）

●华希闵曰：畏天者，无一念不在于天，故曰"敬之至"；乐天者，与天心直是合同而化，故曰"亲之纯"。（《性理四书注释》之《西铭辑释》）

●茅星来曰:"于时保之",见《诗·周颂·我将》篇。"翼",恭敬之意,言子之所以恭敬其亲者也。朱子谓此下"如人下棋"。(《近思录集注》卷二)

●王植曰:愚按:此亦从孟子"畏天""乐天"取意,畏者勉然,乐者自然也。《诗·周领·我将》篇:"畏天之威,于时保之"。《大雅·大明》篇:"小心翼翼,昭事上帝"。《易·系辞上传》第四章:"乐天知命,故不忧"。《左传·隐公元年》:"颍考叔纯孝也"。(《朱子注释濂关三书·西铭》)

●尹凤朝《与瑞膺》:《西铭》"子之翼":"子之翼",本用《大雅》"以燕翼子"之诗语,而《释疑》引"小心翼翼"之诗,恐失照勘。○"乐且不忧":"不忧",不必引《论语》"君子不忧"之语,只又按以下所引《系辞》说,似为正训。(《圃岩集》卷十)

●尹凤九《答圃岩堂兄(壬子)》:"《西铭》'子之翼'。'子之翼',本用《大雅》'以燕翼子之'诗语,而《释疑》引'小心翼翼'之诗,恐失照勘。""'翼子'之'翼',亦'翼翼'之'翼'。而其来历,则的是'翼子'之诗矣。《释疑》说,果似失照勘矣。"(《屏溪集》卷三十二)

●刘沅曰:此四句承上而言,能保颠连为天之贤子,已能守困为天之纯孝子。然保天之穷民,必有其分与位,乃能尽其保之道、保之心;若无力则止,尽其恻侧矜全之仁而已。"乐且不忧",必有道如孔颜则善。若第以安贫为乐,亦不得为纯孝。(《正讹·西铭解》)

●李元春曰:雷柏林曰:"此下至篇末,条列事天之事,道本于诚而修主于敬。一日失脚,为百年遗憾;千秋断痕,由一夕罔续。冰渊之凛,直易箦而后免,故曰'孝翼'。"又曰:"敬畏者,顺天循理,胸次自是悠然。"按:诚静皆在"翼"字中。惟畏天驯,至乐天乐,乃真能事天,斯纯孝也。(《关中道脉四种书·张子释要》之《张子西铭全注》)

●金宪基曰:此段愚亦未有他见。横渠盖谓此道理逼塞充满,无有断际,无有内外,只保之失之,存乎其人尔。故兢惧敬畏,必如是之切实做工,方可以保有天命矣。盖道理极广大,而下工夫处,只怎亲切,此等处正好玩味。岂如一说:"姑把上一截许多道理,平铺在面前看;却回头转就自身上,别保着甚么紧急些子也哉!"如此则道有隔断,本有二致,安在其《西铭》理一之意乎?且其云"自己"者,岂"私己"之谓哉?只是这道理付受该载处,除了此身,即无这道理。故修著此身,便是保著这道理。离了这道理,更修不得此身已也。且以文义观之,上言许多道理,此即紧接著一"保"字,便见保著只是这道理。

譬如陈食饮于前,吃著便是这饮食。若如一说,则上何不说合下当保底道理,而虚为此平铺广大样言语,却又别出不说破底,著紧些子以旋自持保哉!况所谓"持保"者,又离却这道理,更无所以为道,已乎辨中自保者甚事?此语可谓直截矣。○且举"天地之性"一句,言"天地之帅"。吾既性,则岂曾见遗万物以自行之天地乎?只此便明白。○夫人生出来,便具这道理。只当敬惧持循,死而后已。如《中庸》所说"中者,天下之大本;和者,天下之达道。致中和,天地位,万物育。""道也者,不可须臾离也,可离非道也,故君子戒慎乎其所不睹,恐惧乎其所不闻。"只此便是《西铭》之理,且省多少言语!只将此意来玩味便分晓。此前圣后贤同条共贯处,岂有异哉!○辨中定省甘旨而不友兄弟,可谓孝乎?此辨甚平易切实。《西铭》之以孝明事天,盖为此故也。○所引朱子语,引得甚衬切。详究一说之意,其原皆从此等处错来,此最当明辨处。而辨意已得之,但"博施济众",程子谓"仁之功用",朱子谓"仁之极功",则横渠教人既说如此广大道理,固当指示切实下工处,不应遽从"极功"处主说也,此意自明白。且朱子此说既云"做工夫,只在敬与恐惧",而下即云"能常敬而恐惧",则这个道理自在。所谓"这个道理"者,非指"乾坤、父母、同胞、吾与"之理,而指何哉?若论"博施济众",则又只是此道理发挥成功处,元不可与"敬""惧"做工作两头看。○此是本领处,百理完具,无所不包,不容有内外,不容有取舍。如曰"寂然而不动,感而遂通天下之故",如曰"万物皆备于我,反身而诚则乐莫大焉"。这里有甚阙漏?这里浑浑,都是一理。彻上彻下,贯内贯外,都只是这个流行。若如一说,则是分明有取舍,分明有内外,如云"甚底我当先做得","甚底我姑未须做得",这便是"有内外",这便是"有取舍"。既有内外取舍,则又安得谓"一本"耶?若如愚说,则必曰保自己,是体万物;体万物,乃所以保自己。这便是无内外处。既无内外,又安有取舍耶?既无内外,又无取舍,这便是浑然一本处。○日用常行,固自有及物处。但朱子又尝曰:"一阳复处,便是天地之心,完全自足,非有待于外也。"然则只满腔子恻隐之心,便是化育万物之理,完全自足,政不必于"博施济众"上究说功用也。○棋盘说尤分明,上一截如棋盘,下一截如人下棋,则所谓"下棋"者,非下著这棋盘之棋,而下着甚么耶?这便是"人能弘道"意。如"同胞""吾与",是道理处。"敬惧""做工",是人弘处。(《初庵全集》卷三)

●罗泽南曰:"时",是也。"翼",敬也。子之事亲,必极其敬也。推而至于事天,于其所赋之理,不敢稍有所失,战战兢兢,畏天以自保者,犹人子敬亲之至也。子之事亲，不待勉强，自尽其道，"纯乎孝者也"。推而至于事天，此心纯乎天理，无一毫物欲以累之，坦坦荡荡，乐天而不忧者，犹子之"纯乎孝者也"。畏天，惧其理之或失也；乐天，心与理一者也。事天者，惟能常存其畏之之心而不敢忽，斯可渐臻于乐矣。此一节言畏天、乐天，以明事天之实也。（《西铭讲义》）

　　○泽南案："敬"字是圣学彻始彻终工夫，若不居敬，纵教识得乾父坤母、民胞物与，终是空头大话，与自己身心，曾不相涉，如游他人广厦之中，万阁千楼，皆非己有。《西铭》功夫，扩之则塞乎天地，卷之则存乎一心，人能守得一个"翼"字，则终自受用不尽矣。○《易》曰："乐天知命，故不忧。"天即理也，乐天，非以天理为可乐而乐之也，以天理为可乐而乐之，心与理尚为二矣。盖以此心浑然天理，无少私欲，是以日用动静之间，从容自得而无适不乐耳。"忧"，非大段忧恼也，此心稍有一毫芥蒂，便是"忧"，便不乐矣。"乐"，从天理流行上说，"不忧"，从人欲净尽上说。○忧患亦圣人所不能无者，何谓不忧？曰："此'忧'字以私欲之累言，当忧而忧，亦理之当然者。圣人于事变之来，亦惟忧其理之不能尽耳。理尽，此心仍泰然矣，非如他人之憧憧往来也。"○畏天，是学者工夫；乐天，是大贤上事。○《西铭》前半篇说得极宏大，后半篇说得极精密。不言"畏天"，学者工夫无下手处；不言"乐天"，无以见学问之极功。"畏天"是诚之者事；乐天，是诚者事。"畏天"，言人道；"乐天"，言天道。○《西铭》前半篇言仁之体，紧要在"天地之塞，吾其体；天地之帅，吾其性"两句。下半篇言做工夫，紧要在"于时保之，子之翼也；乐且不忧，纯乎孝者也"四句。而"翼"字尤下半篇关键，即做到乐处，亦离个"敬"字不得，特有勉强自然之分尔，自古无放心底圣人。○《西铭》前半篇是一个"仁"字，后半篇是一个"敬"字，非敬无以为仁也。（《西铭讲义》）

　　●柳重教曰：此下二节，乃言人之事天，有善不善之等也。此节言事天之善者，二子之翼，勉于孝者也。"纯乎孝"，孝之至也。（《省斋集》卷三十《西铭句节次第》）

　　●归曾祁曰：《语类》："问：'于时保之。'曰：'畏天。'问：'不忧。'曰：'乐天。'"茅氏《近思录集注》："朱子谓：'此下如人下棋。'"（《西铭汇纂》）

　　●唐文治曰："翼"，敬也。《诗》曰："小心翼翼"是也。《易传》："乐天知命，故不忧。"盖乐天则循理安命，决不非分之事，故曰"纯乎孝"，不安命则不孝，罪通于天矣，可不畏哉！（《性理学大义·张子大义》）

●张绍价曰:战战兢兢,临深履薄,畏天者也。居易俟命,无入而不自得,乐天者也。畏天乐天,非二人亦非二心。畏天乃能乐天,乐天无不畏天。(《近思录解义》卷二)

●陈荣珪曰:凡上述颠连无告者,应随时尽保障翼护之责。犹之孝子事亲,纯然无滓,乐且不忧也。(《西铭解》,《感化月刊》1933年第1卷第2期)

●缪篆曰:《孝经·诸侯章第三》云:"富贵不离其身,然后能保其社稷。"又《孝经·士章第五》云:"故以孝事君则忠,以敬事长则顺。忠、顺不失,以事其上,然后能保其禄位而守其祭祀。"〇《孝经·圣治章第八》云:"君子言思可道,行思可乐"云云。(《读张横渠〈东铭〉〈西铭〉》,《新民》1935年第1卷第2期)

●查猛济曰:于时保恤之,是子之能翼天以代养此穷民也。吾能乐天地之命,虽患难而不忧,是天地纯孝之子也。(《张子〈西铭〉的抗战哲学》,《胜利》1939年第32期)

●杜天縻曰:"于时保之",《诗·周颂·我将》:"畏天之威,于时保之。"郑《笺》:"'于',於;'时',是也。言于是而安之也。"〇"翼",辅助之意。(《西铭笺释》,《浙江自治》1939年第13期、第14期、第15期连载)

●王淄尘曰:"子之翼也",言如人子之帮助父母,保护有残疾的子侄一样。"乐且不忧,纯乎孝者也",是说我对于这种事体,出于中心所愿,所以只有欢乐而不忧自己的吃苦,这纯是孝于事亲的道理。(《张子西铭》,《前线旬刊》1939年第2卷第18期)

●朱逸人曰:"翼",犹敬也,畏天以自保,敬谨不失,即如子之敬其亲也。能乐天而不忧,自然尽道,即如子之纯粹乎孝也。(《读西铭》,《服务(诸暨)》1939年第2期)

●毛夷庚曰:于时保恤之,是子之能翼天以代养此穷民也。吾能乐天地之命,虽患难而不忧,此天地纯孝之子也。(《张子西铭》,《大风(金华)》1939年第97/98期)

●孙常钧曰:"乐且不忧",就是《易经》上所说的"乐天知命,故不忧"的意思,也就是说"顺天者昌"。一切动作能顺乎天心,合乎天理,自然可以亨通,即使遇到困难,也能消弭。但这是要绝对能合乎天心才行,所以说"纯乎孝者",才能"乐且不忧"。〇讲到这里,我要特别的声明一句话,"乐天知命",并不同于"听天由命"。"听天由命"是以现状自足,因循苟且,不求进取,与《易经》上说的恰恰相反。"乐天知命"是要人体会"天行健,自强不息"的道理,不断努力,随时进取,以达到增进人类生活。使底于至善至美的境界。(孙常钧编注《释西铭》,沅陵中报社,1942年3月版)

●王建新曰:这是说人类的善恶,应该以本人对于天地之心的从违为断。天地之心,就是发生之心,《易》所谓"天地之大德曰生"。它的运用,是一面要有崇高的理性,一面要有深厚的情感,就是《中庸》上所说"高明配天""博厚配地"。"于时保之",是引《诗经·周颂·我将》篇"我其夙夜,畏天之威,于时保之"。"于时",即古语之"于是"。"畏天之威,于时保之",是说敬重天的尊严,于是保持天理,不敢有违。"子之翼也"的"翼",古训"敬",这是说为人子者的一番恭敬。"乐且不忧",是《易经·系辞上传》上所说的"乐天知命,故不忧"。(《〈西铭〉新话》,《湘桂月刊》1943年第2卷第8期)

●陈敦仁曰:"时""是",古通用。"于时",犹言"于是"。《诗·周颂·清庙》:"畏天之威,于时保之。""子",对天地父母言,"翼",扶持也。言能为天地保恤此颠连无告之人,是犹子代父母扶护其昆季然。○"且",又。"纯",专。君子居易以俟命,则乐天;求仁而得仁,则不忧。乐天不忧,则不失天地之心,事天地如事父母,故曰"纯孝"。(《〈西铭〉注》,《福建训练月刊》1943年第2卷第3期)

●枯木曰:人之立身天地间,其于上述诸端,乐且不忧,行之余裕,可谓纯乎其孝矣。于此可见儒家之言孝,不仅养其口体,必有言行合乎天理之全,乃称纯孝焉。佛教所言不限于现生,范围尤为广阔,能得父母许可出家修道,度脱累生父母,称乎大孝,不亦宜乎?苟如不肖僧人,终日纷纷,不知出家所为何事,则其为不孝甚矣!(《西铭口授》,《海潮音》1948年第29卷第2期)

(第六章)

违(山崎曰:"《论语》:孟懿子问孝,子曰:'无违。'"《易》:"与天地相似,故不违。"退溪谓:"违,为违仁之违,失之。《论语》两处违仁皆违,犹离也,去也。")曰悖德,(《孝经》:"不爱其亲而爱他人者,谓之悖德。"曾祁案:伊川程子《言箴》:"出悖来违。")害仁(《论语·卫灵公》:"子曰:'志士仁人,无求仁①以害仁,有杀身以成仁'。")曰贼,(《孟子·梁惠王》:"贼仁者,谓之贼。")济恶者不才,(《左传·文十八年》②:"不才子,不可教训,……世济其凶,增其恶名。"曾祁案:茅氏《近思录集注》:"济,成也。")其践形(曾祁案:曹氏《西铭述解》:"此即'形色,天性也',惟圣人然后可以践形'之意,非若上文悖贼不才者矣。")惟肖者也。(茅星来曰:"孝""肖"为韵,而其"德""贼"复自为韵。"济",成也。《近思录集注》卷二。○《书·说命》:"说筑傅岩之野,惟肖。"《前汉书》:"人肖天地之貌。"曾祁案:杨子《法言》:"肖,法也。"西楚梁孟之间,曰'肖'。注:'肖'者,似也,与《书传》注'肖,似也'同。)

●吕大临曰:违天者,天之悖德之子。害仁者,天之贼子。长恶不悛者,天之不才之子。与天地相似者,天之克省之子。(宋王霆震辑《新刻诸儒批点古文集成·前集》卷四十九《西铭》)

●张九成《西铭解》曰:违天地之心,是不爱其亲者,故谓之悖德;害天地之仁,是父母之贼也。世济其恶,是天地不才之子;践履天地之形,以貌、言、视、听、思之形,为恭、从、聪、明、睿之用,是克肖天地之德也。(《横浦集》卷十五《西铭解》)

●朱熹《西铭解》曰:不循天理而徇人欲者,(《礼·乐记》:"灭天理而穷人欲。"曾祁案:《正蒙》:"上达反天理,下达徇人欲者欤!")不爱其亲而爱他人也,故谓之"悖德";戕灭天理、自绝本根者,(《书·秦誓》:"自绝于天。"《礼·哀公问》:"孔子曰:'身也者,亲之枝也,敢不敬与?不能敬其身,是伤其亲;伤其亲,是伤其本;伤其本,枝从而亡。'"曾祁案:《诗·大雅》:"枝叶未有害,本实先拨。"《管子·地形篇》③:"地者,万物之本原,诸生之根菀也。")贼杀其亲、(《周礼·大司马》:"贼杀其亲则正之。")大逆无道也,(《前汉书·景帝纪》:"大逆无道。")故谓之"贼";(薛氏曰:"天地以生物为心,而所生之物因各以得。夫天地生物之心以为心,所以人皆有不忍人之心。苟为物欲所蔽,失其不忍人之心,所谓'戕'。贼灭天理,自绝本根者,贼杀其亲,大逆

---

① "仁",底本为"仁",误,据《论语·卫灵公》应改为"无求生以害仁"。
② 即《左传·文公十八年》。
③ 《管子·地形篇》应为《管子·水地篇》。

无道也,故谓之'贼'。")长恶不悛、(《左传·隐六年》①:"长恶不悛。")不可教训者,(曾祁案:《礼·曲礼》:"教训正俗。"《广韵》:"男曰教,女曰训。")世济其凶,增其恶名也,故谓之"不才";若夫尽人之性,(《中庸》:"尽人之性。")而有以充人之形,(曾祁案:程子曰:此言圣人尽得人道,而能充其形也。)则与天地相似而不违矣,故谓之"肖"。(胡广《性理大全》卷四《西铭》)

柏麓按:朱熹注解中"戕灭天理、自绝其本根者",《西铭解义》作"戕灭天理、而自绝其本根者"。

●室鸠巢《西铭详义》曰:"戕灭天理",解"害仁"字,"自绝根本",以为人之本根,犹亲为身之本根,人之所自生也。"世济其凶,增其恶名",用《左传》所论"不才子"之语。"与天地相似而不违",此"违"字与本文"违曰悖德"相应。本文以"违曰悖德"一句起端,而继之曰"害仁",曰"济恶",皆极言违天之事,而后归著其"践形惟肖"一句,是不违之极者也。朱子曰:"人之有形有色,无不各有自然之理,所谓天性也。'践',如践言之践。"盖众人有是形,而不能尽其理,故无以践其形;惟圣人有此形,又能尽其理,然后可践其形而无慊也。〇直清按:本文此一节与上一节,两项相对以为说。上一节,先言畏天,而后言乐天,是正说。此一节,先言违天,而后言不违,是反说。一正一反,说尽事天与事亲一理之意。(《西铭详义》)

〇"人之有形有色,无不各有自然之理,所谓天性也。惟圣人能尽其性,故即形即色,无非自然之理。所以人皆有是形,而必圣人然后可以践其形而无慊也。'践',如践言之践。"人杰。(《朱子语类》卷六十)

●吕祖谦曰:不循天理而徇人欲者,不爱其亲而爱他人也,故谓之"悖德";戕灭天理、自绝本根者,贼杀其亲、大逆无道也,故谓之"贼";长恶不悛、不可教训者,世济其凶,增其恶名也,故谓之"不才";若夫尽人之性,而有以充人之形,则与天地相似而不违矣,故谓之"肖"。(《东莱集注观澜文集》卷十五《西铭注》)

柏麓按:吕祖谦此句解与朱熹《西铭解》全同。

●杨伯嵒曰:尽人之性,而有以充人之形,则与天地相似而不违,故谓之

---

① 即《左传·文公十八年》。

"肖"。(《泳斋近思录衍注》卷二)

●**真德秀**曰:天之予我,以是理也,莫非至善。而我悖之,即天之不才子也。具人之形,而能尽人之理,即天之克肖子也。(《性理大全》卷四《西铭》)

●**熊刚大**曰:违背乎亲,是为悖乱之德。戕灭天理,贼杀其亲,故谓之"贼"。长恶不悛,世济其凶,故谓之"不才"。若能尽得人道而充其形,是与天地相肖似,而不违者也。(《性理群书句解》卷三《西铭解》)

●**曹端**曰:不循天理而徇人欲者,不爱其亲而爱他人也,故谓之"悖德"。戕灭天理,自绝本根者,贼杀其亲,大逆无道也,故谓之"贼"。长恶不悛、不可教训者,世济其凶,增其恶名也,故谓之"不才"。○此即"形色,天性也。惟圣人然后可以践形"之意,非若上文"悖"、"贼"、"不才"者矣。○若夫尽人之性而有以充人之形,则与天地相似而不违矣,故谓之"肖"。(《西铭述解》)

●**李滉**曰:"违曰悖德","违",违天也。即《论语》"违仁"之"违"。"违仁",即违天也。《孝经》曰:"不爱其亲而爱他人者,谓之'悖德'。"○"害仁曰贼",《论语》曰:"君子无求生以害仁。"《孟子》曰:"孔子作《春秋》而乱臣贼子惧。"○"济恶者不才",《左传》:"浑敦、穷奇、梼杌三族,皆不才子,世济其凶,增其恶名。"注:世世成其凶德,增益其身之恶名也。(《西铭考证讲义》)○"浑敦穷奇梼杌",案:"浑敦",即驩兜,黄帝子。"穷奇",即共工,少皞子。"梼杌",即鲧,颛顼子。(《退溪先生文集考证》卷三)

○"其践形惟肖",《孟子》曰:"形色,天性也。惟圣人,然后可以践形。"注中朱子说,即《孟子》本注也。《书·说命篇》:"说筑傅岩之野。""惟肖",言高宗梦见贤弼,绘像以求于天下,得说于傅野,与所梦之贤相似也。然此特明"惟肖"二字所从来处耳。若"肖"字本义,则《韵会》云:"骨肉,相似也。"人言不似其先,曰"不肖"。如《孟子》言"丹朱之不肖,舜之子亦不肖"是也。又《前汉·刑法志》:"人肖天地之貌。"注:头圆象天,足方象地。庸妄之人,谓之"不肖",言其状貌无所象似也。今按:横渠于此一字,本以肖其先之义,转作肖天地之义,而其文则用傅说惟肖之语,其巧妙无穷,而有余味乃如此。(《西铭考证讲义》)

●**邓球**曰:此以下,欲人反求诸身,以自尽此理。"保"谓守之而弗失;"翼",敬也,《诗》言"小心翼翼"。能常保守此理,则是犹子之能敬其亲也。若理得于心,情畅于外而乐,则上不怨天,下不尤人,脱然无累,是犹子之纯乎其孝,而无毫发不豫亲之心也。"违"者,背而去之之谓,则是犹子之逆其亲也,故曰"悖德"。"仁",以心言,自丧所受之理,而陷溺其心,是"害仁"也。"害仁",则不孝之子,忤逆父母,故曰"贼"。"济",犹助也。人性本善,"悖德""害仁"者,不能改恶以从善,是"济恶"而为不才之人,不能奉事父母。"其"字,应上"子翼""纯孝""践形",谓人受形于父母,而具此理,理完具而形用之,故曰"践形"。"肖",似也,言此等"子翼""纯孝"之人,皆合德于大父母,而为天地之肖子。张子至此,见得理一处分明,将天地视为吾所生之父母,而求所以事之,然后此理之在我者,有以全尽之而无歉也。(《闲适剧谈·西铭客对》)

●姚舜牧曰:不循天理而徇人欲者,不爱其亲而爱他人也,故谓之"悖德";戕灭天理、自绝本根者,贼杀其亲,大逆无道也,故谓之"贼";长恶不悛,不可教训者,世济其凶,增其恶名也,故谓之"不才";若夫尽人之性,而有以充人之形,则与天地相似而不违矣,故谓之"肖"。(《性理指归》卷六)

柏麓按:此于朱熹《西铭解》全同。

●崔有海曰:天以至善命之,而人不为善者,"悖德"也。天以至仁为心,而人乃害之者,"贼"也。"才"者,性之用而应于事者也,不能行天命之善,而循于人欲之恶者,乃才之不得宜者也。"悖德""害仁"者,心术之不正也。"济恶"者,纵恣为恶,不知穷源反善之意。逆天背理之罪,固有轻重之殊,而福善祸淫之理,虽有迟速,必如形影之相随,可不畏哉!人之形体,平正直立,内有五常之性,外有中正之形。明性践形,乃克肖于天道,善恶是非之归,莫不先辨于此矣。(《嘿守堂先生文集》卷七)

●雷于霖曰:体与性,天地之与人,我得之为德,是帝命之宝符,当拳拳服膺而勿去之者,有人焉。纵耳目口鼻之欲,徇声色货利之私,此无学无修者,逐物以背本也。更有能学能修者,视四体为假合,别求真谛,灭五性为情,缘远寻超悟,真个去父母之庐,离兄弟之舍,向他人顶足乞怜,正是不爱其亲而爱他人者,谓之"悖德"之子。○"天地之大德曰生",人得之为四德之首,万善之长,是名为"仁"。我资仁以自生,万物资我之仁以并生也。有人而为刚暴阴狠,此无学无修,令人疑性有不善者,此类是也。更有能学能修者,始而自私自利,渐至遗亲遗君,其流也,刑名而乳虎,放旷而刍狗,皆是自戕善根、自断福种,故不曰"害人",而曰"害仁",比之杀越人于货,闵不畏死者,同作一观,谓之"贼子"。○曰"违"曰"害",犹"悖"在一心,"贼"在一人。更有人焉,同济其恶,一恶主盟,众恶羽翼,合群凶以亢王,统绪任其磔裂;集众喙以辱圣,诗书受其颠倒,此岂无才者而能之乎?大力触天,有才而不正,用之雄辩,翻古有才而不实用之,有才不如无才,谓之"不才之子"。○孝子曰:"斯三者,皆乾坤不肖之子,父母之前,兄弟之中,何用此方命败群不类者,为天下一家之累。罪在宗子者,申斧钺之威,尸于朝,进于夷,即之惟恐或逸;其戾在圣贤者,凛笔舌之诛,髡其人,火其书,辨之惟惧不明。此事天讨罪之实,岂可逊彼强我弱,自退而不前欤!"○"天地之帅",即帅其所塞者;"天地之塞",即塞以所帅者。理气原自不分,世之学道者,粗说器体,精言性命,是未达当体还真之妙也。孝子曰:"父母育我,其至仁至慈者,惟在护惜此形;我承父母,其至灵至圣者,惟在奉持此形。有学问之道,要于气血愤盈处涵养,极其平和;气质偏驳处变化,极其中正。比之玻璃盛甘露,冰壶映秋月,内外毫无遮,由是器融于道,形下寓形上之真迹化为神,小体妙大体之用,日用间一肢一节、一运一动,皆人貌而天行,岂虚壳以空游。此与天地之塞相似,实与天地之帅无亏,谓之天地肖子。"(《西铭续生篇》,李元春《青照堂丛书续编》本)

●高尔俨曰:凡事顺天理而行,则谓之顺,即子之能承顺乎父母也。违天害理,则为"悖德之子"矣。仁者,天地生物之心。害仁者,将天地付我之生意,戕灭无余,是谓"贼害其亲之子"矣。天地生人,未尝不善,乃有怙恶不悛,谓之"不才之子"。所谓"践形"者,有耳而能聪,有目而能明,有心思而能睿智,推极言之,天地万物,皆形也。"践"者,实践之谓。仁者以天地万物为一体,人于一体处认得不真,充得不尽,便是我自己本体亏欠,所以能践其形者,乃为"天之肖子"矣。然则凡为人者,其为"天之肖子"乎?抑将为"悖德"、为"贼"、为"不才"之子乎?亦可以深省矣。(《古处堂集》卷一《西铭演义》)

●宋时烈曰:人君常畏得罪于天,即子畏父母之道也。违天者"悖德"。"悖德",即《孝经》所谓"不爱其亲而爱他人者"也。(《宋子大全拾遗》卷九《经筵讲义》)

●林恕曰:《孝经》曰:"不爱其亲,而爱他人者,谓之悖德。"李滉曰:"'违',违天也。即《论语》'违仁'之'违'。'违仁'即'违天'也。"○《论语·卫灵公》:"志士仁人,无求生以害仁。"○《左传·文公十八年》:"三族也,世济其凶,增其恶名。"○《尽心上》曰:"形色,天性也。惟圣人然后可以践形。"注曰:圣人有是形而又能尽其理,然后可以践其形,而无歉也。○《书·说命》:"审厥象,俾以形旁求于天下。说筑傅岩之野,惟肖。"注曰:'肖',似也。李滉曰:"'肖'字本义,则《韵会》云:'骨肉相似也。'人言不似其先,曰

'不肖'。《孟子》言:"丹朱之不肖,舜之子亦不肖",是也。《前汉·刑法志》:'人肖天地之貌。'注:头圆象天,足方象地。庸妄之人谓之不肖,言其状貌无所象似也。今按:横渠于此一字,本以肖其先之义,转作肖天地之义,而其文则用传说'惟肖'之语,其巧妙无穷,而有启示乃如此。"○《汉书·刑法志》曰:"夫人宵天地之貌,怀五常之性,聪明精粹有生之最灵者也。"(应劭曰:"宵",类也。头圆象天,足方象地。师古曰:"宵",义与"肖"同,故庸妄之人,谓之'不肖',言其状貊无所象似也。"貊",貌字。)(《西铭私考》)

●山崎闇斋曰:○第六节。《论语》:"孟懿子问孝,子曰:'无违'。"(《为政》)○《易》:"与天地相似,故不违。"(《系辞》)○退溪:"'违',为'违仁'之'违'",失之。《论语》两处'违仁'皆'违',犹离也,去也。"○《孝经》:"不爱其亲而爱他人者,谓之悖德。"○《论语》:"子曰:'志士仁人无求生以害仁,有杀身以成仁'。"(《卫灵公》)○《孟子》曰:"贼仁者谓之贼。"(《梁惠王》)"孔子成《春秋》,而乱臣贼子惧。"(《滕文公》)○《左传》:"不才子,不可教训,世济其凶,增其恶名。"(《文十八年》)○《孟子》曰:"形色,天性也;惟圣人然后可以践形。"(《尽心》)○《书》:"说筑傅岩之野,惟肖。"(《说命》)○《前汉书》:"人肖天地之貌。"(《刑法志》)○《礼记》:"灭天理而穷人欲。"(《乐记》)○《书》:"自绝于天。"(《泰誓》)○《礼记》:"孔子曰:'身也者,亲之枝也,敢不敬与?不能敬其身,是伤其亲;伤其亲,是伤其本;伤其本,枝从而亡'。"(《哀公问》)○《周礼》:"贼杀其亲则正之。"(《大司马》)○《前汉书》:"大逆无道。"(《景帝纪》)○《左传》:"长恶不悛。"(《隐六年》)○《中庸》:"尽人之性。"(《文会笔录》卷十二)

●王夫之曰:父母继健顺之理以生成,吾所求肖者,此也。亲志以从而无违为顺,然有可从、不可从之异,而理则唯其善而从之者为顺。不从其善而从其不善,或至于残害天理,则贼所生之理矣;济恶而不能干蛊,父母成乎恶而为天之蠹矣,故必践形,斯为肖子;肖乾坤,而后肖父母,为父母之肖子,则可肖天地矣,故舜所践者瞽叟之形,而与天合德。(《张子正蒙注》)

●张英曰:不循天理而徇人欲者,不爱其亲而爱他人也,故谓之"悖德";戕灭天理、自绝本根者,贼杀其亲、大逆无道也,故谓之"贼";长恶不悛、不可教训者,世济其凶,增其恶名也,故谓之"不才之子";尽人之性,而有以充人之形,则与天地相似而不违矣,故谓之"肖子"。(《御定孝经衍义》卷二)

●冉觐祖曰:按:此段上三句反,下一句正。不能保不乐,则"违"矣,"害仁"矣,"济恶"矣。能保能乐,则"践形""惟肖"矣。理本得之于天而故违之,是谓"悖弃其德"。或曰:"悖德"犹云"恶德",作囫囵字看,亦通。纯乎天理而无私,仁也,害仁便是绝天之理,犹之贼杀其亲,故为"贼子"。与仁反者,恶也,长其恶而不悛,不循天理,犹之不遵父教,故为"不才子"。济恶只是长恶,不必泥"世"字。〇又曰:"违曰悖德",可包下二句。"害仁""济恶",总是违也。或曰下二句又甚之也。〇又曰:"肖"是肖子,"惟"字对上三句说。其能尽天理而不虚其形者,惟肖子为然。人之肖天地,犹子之肖亲也。〇又曰:"践形"兼上"保""乐"两意。乐而忘忧者,自然能践也。"于时保之"者,勉力而求其践也。〇又曰:《西铭》本是发明仁道,却不露,惟此处带出"仁"字。〇又曰:朱子解"践形"兼"尽性"说,是与前面体、性相照。愚谓"胞""与"意,亦在体、性内可包,如《中庸》"尽其性,便能尽人物之性"。不然,己性分量未完也。(《性理纂要附训》卷四)

●张伯行《濂洛关闽书·西铭解》曰:若于此而不能保、不能乐,则违矣、害仁矣、济恶矣。夫天,予人以理,而人得之者,德也。天有其理,而我故违之,是曰悖弃其德;纯乎天理而无私,仁也。纵人欲以害吾仁,是曰自贼其性;天理为善,人欲为恶,恶不可长也,济其恶而日甚,是曰不才,是皆不能践形者也。惟于此而能保之、能乐之,则具人之形,即能尽人之性,使复反其本然之善,以充周于百体之间,而与"天地之塞""天地之帅"合以一间矣!非肖子而何哉!盖天地之肖子,与一家之肖子,固非有异也。(《濂洛关闽书》卷二)

〇《近思录集解·西铭解》曰:由是而天人父子之际,逆者自逆,顺者自顺,俱可观矣。(《近思录集解》卷二)

●窦克勤曰:苟不事天而有违天理者,是即父母有悖德之子也;有害天地生物之仁者,是即父母有戕贼之子也;有相助为恶者,是即父母有不才之子也;其有能践其形而不朽天地之所生者,是即父母有克肖之子也。(《事亲庸言》卷一《事亲如事天,事天如事亲第一》)

●室鸠巢《西铭详义》曰:"违天",出《左传》。"悖德",出《孝经》:"不爱其亲而爱他人者,谓之悖德"。"害人曰贼",取《孟子》"贼仁曰贼",又"贼"字命字,因乱臣贼子之语。"害仁"字亦有来处,所谓"求生以害仁"是也。"济恶不才",取《左传》"不才子,世济其凶"。"践形"出《孟子》。"惟肖",因丹朱不肖"舜子亦不肖"等语而反之,字亦有来处,《商书·说命》"说筑傅岩

之野,惟肖"是也。(《西铭详义》)

●李文炤曰:按:《诗》曰:"畏天之威,于时保之。"君子之为仁也,无往而不敬,虽洞洞属属之虑,不加于此矣。《易》曰:"乐天知命,故不忧。"君子之安仁也,无适而不泰,虽婉容愉色之情,不加于此矣。《语》曰:"君子无终食之间违仁。"又曰:"志士仁人,无求生以害仁。"又曰:"苟志于仁矣,无恶也。"盖仁者,人心之全德,而善之长也。苟有一念之间,即为悖德之子矣。有一事之伤,即为贼亲之子矣。同恶相济,而无辅仁之益,即为不才之子矣。《孟子》曰:"惟圣人,然后可以践行。"夫人之一身,性犹太极也,心犹阴阳也,五事犹五行也,四体百骸,犹四时百物也,一一有以践之,则仁之熟也,岂非天地之肖子哉!(《西铭解拾遗》)

●华希闵曰:王文缉曰:"践形惟肖,即可谓秀与合德者也。"(《性理四书注释》之《西铭辑释》)

●王植曰:愚按:"践形惟肖"为下数节之纲,下皆"践形"之实也。《孝经·圣治章》:"不爱其亲而爱他人者,谓之悖德"。"济恶""不才",用舜诛四凶事,见《左传·文公十八年》。"贼",即"乱臣贼子"之"贼"。"践形",亦用孟子语。(《朱子注释濂关三书·西铭》)

●李宗洙曰:"违曰悖德",《考证》:"违,违天也,谓之悖德。"谨按:《易大传》:"与天地相似,故不违。"○"济恶者不才",《左传》:"浑敦,恶名也。"谨按:注"长恶不悛",亦出《左传》。贾逵曰:"《左传》:'高阳氏有才子八人。'"亦谓其后代子孙而称为子。○解:"知变化之道,通神明之德":谨按:《易大传》:"知变化之道者,其知神之所为乎。"又曰:"始作八卦,以通神明之德,以类万物之情。"(《后山先生文集》卷十四《西铭刻疑(朱子解)》)

●刘沅曰:"悖德""贼""不才",皆不肖子之名,无大分别。"违""害仁""不才",亦相似,必分言之,转觉义浅。"践形"者,圣人,谓为"肖子",可。但孟子言"异禽兽者几希",存之者即圣,去之者即禽兽,已是说得分明斩截。(《正讹·西铭解》)

●李元春曰:稍离斯"悖","害仁"甚矣,"济恶"又甚矣。此皆非子,不足言也。○此句人多不明上三字,略断则明矣,言践形,斯为肖子。下四句皆承此而言。(《关中道脉四种书·张子释要》之《张子西铭全注》)

●金宪基曰:横渠既说著上面道理,于此即教人做工。发此"保""乐"两句,以开导人,其意已自完足,但其吃紧为人意,尚有未尽者。故又反辞重揭,连声严辞。特下三二句,以悚动防禁人,既悚动得人,正好著开导人。故下即放开路头,以望人勉人,曰:"其践形惟肖者。"横渠意似只如此。○"违曰"等句,只是既导人后,又防人蹉跌意,不可与"保""乐"句平对看。若"惟肖"句则是既防蹉跌,却仍旧是劝导意。○"悖德曰贼""不才"等语,分明只是同"恶"别称,屡致戒严意,都是一样直下句法,不可分两句作起语,留一句作申结。惟"肖"句,则分明是与"不才、曰贼悖德"等三句反语,总对翻转而作结也。只看"不才"以上,都无一"也"字。"惟肖"下才方下一"也"字,便可见。○若谓"不才"三句,烦复可厌,则夫子之责宰我,只一事也。而连言"成事""遂事",以至于"既往",云而不厌,独何哉?盖责人而不厌烦,所以深责之也;警人而不厌复,所以深警之也。深警之,欲其勿如是也。故下即有"惟肖"一句,以开导而结之也。(《初庵全集》卷三)

●罗泽南曰:"违",不循理而徇欲也。"仁",人所受于天之性也。"不才",才不足以为善也。"践",如践言之践。"形",形体。"肖",似也。子之不爱其亲而爱他人者,谓之"悖德"。天即理也,人而不循天理,犹子之不爱其亲。徇人欲,犹子之爱他人也,亦天之悖德子也。弑父者,贼子也。天命之性,天下之大本。人而戕灭天性,绝其本根,亦天之贼子也。长恶不悛,父母之不才子也。天与人以为善之资,而不一务其善,世济其凶,增其恶名,亦天之不才子也。子能体亲之心而克继其德者,肖子也。天生烝民,与之以是体,即与之以是性,人能践形之理而一无所亏者,则与天地相似矣,斯天之肖子也。人惟即事亲而推之,则人之能事天与不能事天可见矣。此一节承上文反覆言之,以为事天者之法戒也。(《西铭讲义》)

○泽南案:天命我以事父之理,我不能孝,便是违天所命之孝;天命我以事君之理,我不能忠,便是违天所命之忠。凡事皆然。○吾心之仁便是天,害仁便是贼天。○人禀天地之正气以生,性无不具。有这个至善之性,便有个为善之才。恣行凶恶,不自悛悔,一若不能为善然,故谓之"不才子"。孟子曰:"若夫为不善,非才之罪也。"○"形"如耳目口体之类。有耳之形,即有听之理;有目之形,即有视之理;有口体之形,即有言动之理。能尽视听言动之理,即能践耳目口体之形矣。身为人子之身,便有孝之理;身为人弟之身,便有悌之理;身为臣友之身,便有忠信之理。能尽孝悌忠信之理,即能践子、臣、弟、友之形矣。○人之体即天地之体,人之性即天地之性,本肖乎天地底。惟徇乎物欲,便与天地不相似。肖天地者,亦尽吾形中固有之理而已。○以天所赋与之理言,谓之仁;以我所得于天者言,谓之德。究竟是一个。○我性中有这个仁,便能尽得这个仁;我性中有这个义,便能尽得这个义。这便是才。非然者,不才。○"违"与"害仁""济恶",有浅深。"违",是弃此理而徇欲也;"害",则举其本心之理尽灭之矣;"济恶",则本心已丧,肆为不善,若其性本不善者,故直谓之"不才子"。然而世之为"贼子"、为"不才子"者,未有不由于"悖德"始。(《西铭讲义》)

●金平默《三江问答》:尊卑贵贱,大小轻重,各得其分,而能与天地参也,此《西铭》所谓"践形,惟肖者也"。今也反是,卑得以踰尊,贱得以妨贵,小得以害大,轻得以易重,而不以为怪。反以为当然。(《重庵集》卷三十七)

●金道和曰:徇私而违乎理,则非所以"于时保之"者也;纵欲而害其仁,则非所以"乐且不忧"者也。无能改于气禀之恶而复增益之,则是违理之极而害仁之尤甚者也。三者皆反此性,而为天地不才之子矣。若夫所谓"践形"者,总上畏天而自保,乐天而不忧者言也。畏天而持守不懈者,践形之工也,乐天而从容自然者,践形之事也。二者皆尽此性,而为天地克肖之子矣。(《西铭(读书琐义)》)

●柳重教曰:"告""孝""肖"协韵。○此节言事亲之不善者三:"违",谓不循天理,不孝之始也;"害仁",谓贼灭天之本心,不孝之大也;"济恶",谓世传其恶,不孝之极也。末乃顾上节而反结之曰:"其践形,惟肖者也。""形",即所谓"吾性""吾体"之合而言者也。惟善事天者,可以当"践形"之名,而为"肖子",则其不善者之反是,可知矣。(《省斋集》卷三十《西铭句节次第》)

●归曾祁曰:曾祁案:《语类》:"问:'贼。'曰:'贼子'。问:'济恶。'曰:'积恶。'"某氏曰:"所谓'济恶不才'而本之于'悖德''害仁',则所以订其顽者,至矣。"以上见通行本《正蒙》后,不知何人语,俟考。(《西铭汇纂》)

●唐文治曰:"悖德",非人也;"贼",非人也;"不才",非人也。惟肖天乃为人,故《西铭》一篇,所以立人格。(《性理学大义·张子大义》)

●张绍价曰:悖德子、贼子、不才子,不知畏天遑知乐天。践形惟肖,乃能畏天乐天,而为与天合德之圣人也。(《近思录解义》卷二)

●陈荣珪曰:如违此义,即是悖德、害仁、济恶、长凶。所谓具人形而能实践者,唯天地之宗子克肖。(《西铭解》,《感化月刊》1933年第1卷第2期)

●缪篆曰:《孝经·圣治章第九》云:"故不爱其亲而爱他人者,谓之悖德。不敬其亲而敬他人者,谓之悖礼。以顺则逆,民无则焉。不在于善而皆在于凶德,虽得之,君子不贵也。"○《孟子》曰:"惟圣人,然后可以践形。""践形"之义训,孟子于他章申说之,曰:"君子所性,仁义礼智根于心。其生色也,睟然见于面,盎于背,施于四体,四体不言而喻。"横渠此云"其践形,惟肖者也",仍是《孝经·圣治章》"君子不贵也"句直接之下文。其文曰:"君子则不然,言思可道,行思可乐,德义可尊,作事可法,容止可观,进退可度,以临其民。《诗》云:'淑人君子,其仪不忒。'"(《读张横渠〈东铭〉〈西铭〉》,《新民》1935 年第 1 卷第 2 期)

● 查猛济曰:违天地之心,是不爱其亲者,故谓之悖德;害天地之仁是父母之贼也;世济其恶,是天地不才之子;践履天地之形,以貌、言、视、听、思之形,为恭、从、聪、明、睿之用,是克肖天地之德也。(《张子〈西铭〉的抗战哲学》,《胜利》1939 年第 32 期)

● 杜天縻曰:"济恶",'济',成也。'济恶',成其恶。○"践形",意谓内心如其外形。《孟子·尽心》:"形色,天性也,惟圣人然后可以践形。"赵注:"形,谓君子体貌尊严也。'践',履居之也。"焦循《正义》:"圣人尽人之性,正所以践人之形,苟拂乎人性之善,则以人之形而入于禽兽矣,不践形矣。"(《西铭笺释》,《浙江自治》1939 年第 13 期、第 14 期、第 15 期连载)

● 王淄尘曰:违反上面所说的行为,是悖乎做人的道德,故曰"悖德"。"仁"字,现在多作"慈爱"解,其实不然。按"仁",古训本为"二人偶",言两个人遇在一处,始有人道可言,若只一个人,处在空山荒岛之中,是无所谓人道,故"仁",当解作"人道"。盗贼是只知杀人,不讲人道的,故曰"害仁曰贼"。"不才",犹俗说:"这不成才的东西。""济恶"者,就是说专做悖德害仁的事体,是不成才的东西。"肖",做"像"的解。"践形惟肖",言这种东西,独独形貌像个人,其实不能算他是个人,故曰"其践形,惟肖者也"。(《张子西铭》,《前线旬刊》1939 年第 2 卷第 18 期)

● 朱逸人曰:若如此而不能自保,不能乐天,不循天理而循人欲,是谓'悖弃其德性,戕灭其天理,而自绝乎本根矣'。天理为善,人欲为恶,恶不可长也。济其恶者,是谓'不才',不才者,父母之逆子也。倘能尽人之性,充人之形,使复反其本然之善,而与天地之塞,天地之归,瀹然契合,无所间离,是即父母之肖子也。(《读西铭》,《服务(诸暨)》1939 年第 2 期)

● 毛夷庚曰:违天地之心,是不爱其亲者,故谓之"悖德";害天地之仁,是父母之贼也。世济其恶,是天地不才之子;践履天地之形,以貌言视听思之

形,为恭从聪明睿之用,是克肖天地之德也。(《张子西铭》,《大风(金华)》1939年第97/98期)

●孙常钧曰:违背天理而循人欲的,一定不能善事其亲,而欲丧失民胞物与的良知,所以叫做"悖德",即是孔子云"不爱其亲而爱他人者,谓之悖德"的道理。戕灭天理,凶暴淫虐,所以叫做"贼",即是孟子云"贼仁者,谓之贼"的道理。怙恶不悛,世济其凶,所以称为"不才",故"世济其美,不陨其名",而世济其恶者,是天地不才之子。○现在的一般侵略者,倒行逆施,横凶极恶,势焰固然足以震烁一时,无可向迩,但是"违天者不祥",将来定要永受恶名。现在倭国菑害荐至(风灾、水灾),就是"悖德""害仁""济恶"的影响。○"形",就是自然之性。孟子说:"惟善人,然后可以践形。"善人能尽天地之性,所以能"以貌、言、亲、德、思之形,为恭、从、明、聪、睿之用",而与天地混一不违。我们要求取法圣人,期与天地合德,也当顺天地之性,为天地扶持正气,为人类培植元气,兢兢业业,以服务为目的,以敬事天职责。(孙常钧编注《释西铭》,沅陵中报社,1942年3月版)

●王建新曰:"违曰悖德",是说违反天命,(就是真理或天地之心)叫做不道德。"害仁曰贼",是说违反仁爱,也是不合天心,就是罪恶。"贼"字,等于《孟子·尽心上》篇所说"德之贼也"的"贼"字。"济恶",是同恶相济的行为。"不才",就是恶劣的分子,古时坏儿子叫不才子。"践形",语出《孟子·尽心篇》,原文是"形色,天性也,惟圣人然后可以践形。"说浅白些,人既生来一副人的形体,就应该做人事。有人形而能做人事,使人格无亏的,就叫做"践形"。不然,便是有人形而无人味的人。"肖",就是像父母之形的意思。总之,体天地父母之心去做事的,是天地的孝子,也就是人类中的完人,就是善;不顺从天地之心的,无论是"违理"是"济恶"或是不能践形的,都是不孝的行为,也就是恶。○上二节,是说明善恶的差别。(《〈西铭〉新话》,《湘桂月刊》1943年第2卷第8期)

●陈敦仁曰:"践",谓践履。"形",即人之形貌,亦即视听言动之尊严态度。《孟子·尽心》:"形、色,天性也。惟圣人然后可以践行。"焦循曰:"圣人尽人之性,正所以践人之形。苟拂乎人性之善,则以人之形而入于禽兽矣,不践形矣。"戴震云:"人、物成性不同,故形、色各殊。人之形,官器利用,大远于万物,而与人之道不能无失,是不践此形也。犹言之而不逮,是不践此言矣。"吾人若能顺人性之善,不失为人之道,是亦能践形,堪称为天地之肖子也。孟

子云:"圣人与我同类者。"又云:"尧舜于人同耳。"(《〈西铭〉注》,《福建训练月刊》1943 年第 2 卷第 3 期)

●枯木曰:人禀天地之理而成形,即有顺乎天性所应尽之职责,苟违背之,是谓"悖德"。倘或戕灭天理,残杀同类,是有害乎好天地生之仁爱,是之谓"贼"。其如长恶不悛,不可教化之人,又为"不才"之甚也。然则其有顺乎天理践其形之所应穷之职责者,其"唯肖"之者也。(《西铭口授》,《海潮音》1948 年第 29 卷第 2 期)

(第七章)

知化则善述其事,穷神则善继其志。(《易·系辞》:"穷神知化,德之盛也。"《中庸》:"夫孝者,善继人之志,善述人之事者也。"曾祁案:《礼·学记》:"善教者,使人继其志。"《正蒙·神化篇》:"《易》谓'穷神知化。'"熊氏刚大曰:"神者,妙万物而无方;化者,著万物而有迹。《易》言'穷神知化',是'穷理尽性以至于命。'")

●吕大临曰:可以赞天地之化育,则能述天地之事矣。斋戒以神明其德,则能继天地之志矣。"事",所以行也;"志",所以存也。(宋王霆震辑《新刻诸儒批点古文集成·前集》卷四十九《西铭》)

●张九成《西铭解》曰:天地之事,不过乎化;天地之志,不过乎神。故知化,则善述天地之事者也;穷神,则善继天地之志者也。(《横浦集》卷十五《西铭解》)

●朱熹《西铭解》曰:孝子,善继人之志,善述人之事者也。圣人知变化之道,(《易·系辞》:"变化之道。")则所行者,无非天地之事矣;通神明之德,(《易·系辞》:"通神明之德。")则所存者,无非天地之心矣。(《易·象传》:"复,其见天地之心乎!")此二者,皆乐天践形之事也。(胡广《性理大全》卷四《西铭》)

柏麓按:朱熹注解中"通神明之德"之"通"字,《西铭解义》作"体"字。

●室鸠巢《西铭详义》曰:"所行者",无非天地之事,如用舍行藏,与时消息;"所存者",无非天地之心,如浑然一理,纯亦不息。此必乐天践

形者,然后能之。故曰:"二者,皆乐天践形之事也。"(《西铭详义》)

○"圣人之于天地,如孝子之于父母。"《西铭》。升卿。(《朱子语类》卷九十八)

○"化者,天地之用,一过而无迹者也,知之则天地之用在我,如子之述父事也;神者,天地之心,常存而不测者也,穷之则天地之心在我,如子之继父志也。得其心而后可以语其用,故曰'穷神知化'。而《中庸》曰'致中和,天地位焉,万物育焉',亦此之谓欤!"(《性理大全》卷四)

归曾祁案:《参考》:"'致中'是穷神继志之意。'致和'是知化述事之意。"

○所谓继天地之志,述天地之事,便是如此。如知得恁地便生,知得恁地便死,知得恁地便消,知得恁地便长,此皆是继天地之志,随地恁地进退消息盈虚,与时偕行。小而言之,饥食渴饮,出作入息;大而言之,君臣便有义,父子便有仁,此都是述天地之事,只是这个道理。所以君子修之便吉,小人悖之便凶。这物事机关一下拨转,便拦他不住,如水车相似,才踏发这机,更住不得。所以圣贤"兢兢业业,一日二日万几",战战兢兢,至死而后知免。大化恁地流行,只得随他恁地,故曰"存心养性,所以事天也;夭寿不贰,修身以俟之,所以立命也",这与《西铭》都相贯穿,只是一个物事。如云:"五行,一阴阳也;阴阳,一太极也。太极,本无极也。五行之生也,各一其性。无极之真,二五之精,妙合而凝,乾道成男,坤道成女,二气交感,化生万物,万物生生,而变化无穷焉",便只是"天地之塞,吾其体;天地之帅,吾其性",只是说得有详略缓急耳。(《朱子语类》卷一百一十六)

○化底是气,故唤做天地之事;神底是理,故唤做天地之志。穷神者,窥见天地之志,这个无形无迹;那化底,却又都见得。(《性理大全》卷四)

●吕祖谦曰:孝子,善继人之志,善述人之事者也。圣人知变化之道,则所行者,无非天地之事矣;通神明之德,则所存者,无非天地之心矣。此二者,皆乐天践形之事也。(《东莱集注观澜文集》卷十五《西铭注》)

柏麓按:吕祖谦此句解与朱熹《西铭解》全同。

●陈淳曰:神是天地之心,化是天地之用。穷神,以至到言。知化,非见闻之知,如知化育之知,乃默契之谓耳。(《性理大全》卷四《西铭》)

●熊刚大曰:是圣人知变化之道,则其所行皆天地之事,即人子善能继述父母之事。○是圣人通神明之德,则其所存皆天地之心,即人子善能继承父

母之志。二者皆乐天践形者。(《性理群书句解》卷三《西铭解》)

●曹端曰:且孝子,善述人之事者也。圣人知变化之道,则所行者,无非天地之事矣。○孝子,善继其志者也。圣人,通神明之德,则所存者,无非天地之心矣。此二者,乐天践形之事也。(朱子曰:"圣人之于天在我,如子之于父母也。'化'者,天地之用,一过而无迹者也;知之,则天地之用在我,如子之述父事也。'神'者,天地之心,常存而不测者也;穷之,则天地之心在我,如子之继父志也。得其心,而后可以语其用,故曰'穷神知化',而《中庸》曰"致中和,天地位焉,万物育焉',亦此之谓欤!")(《西铭述解》)

●薛瑄曰:"知化则善述其事","化"者,天地之化,一过而无迹,如阴阳之变化是也。知阴阳之变化,则凡率性而行,见诸事为之间者,无非天地之事,犹孝子之善述其事也。"穷神则善继其志","神"者,妙而不测,如天命之神明是也,有以穷之,则吾性之全体,无非天地之志,亦犹孝子之善继其志也。"化"以气言,故曰"知化则善述其事";"志"以理言,故曰"穷神则善继其志"。谓之"知",犹知化育之知,默与之契,非但闻见之知也;谓之"穷",则洞见天地之心,犹《易》所谓"通神明之德",心与之相合,无一毫之间也。知天地阴阳五行变化之道,体之吾身,而有动静五常之道,则所行者,无非天地之事矣;通天地元亨利贞神明之德,体之吾心,而有健顺五常之性,则所存者,无非天地之心矣。然"神"者,天地之本;"化"者,天地之用,必穷神而后知化也。知天地之变化,而行事循乎天理,皆知化而善述其事也;知天道之本原,而存心纯乎天理,即穷神而善继其志也。(《读书续录》卷一)

●张邦奇《知化则善述其事(九月十六日阁试)》:天人所为,分各不同。而善事天者,不异于子之事亲,其必有以事天之事矣。人徒知天人之分不同也,故往往以为天之所为,我无与焉耳;而不知人之所当为者,理之所当然也。苟出于理之当然,是即以承天之所为耳,其岂容歧而二之耶?亲之所为,以责诸子;天之所为,以责诸人,一也。化者,天地变化之道也,而能知之,则有以事天之事矣,兹不谓之"善述人之事"者哉!张子作《西铭》,因其分之殊者,以推明其理之一,可谓深于理者矣。盖尝言之,天地之间,理与气而已矣。阴阳五行之气,轧摩推荡于太虚之中,而理实寓焉。人物之所以生,而各具是性者,皆是物也,是即所谓变化之道也。夫人得天地之理以为性;得天地之气以成形,谓人非天地之子,可乎?人为天地之子,则所以灵,承天地者,宜何如耶?夫父母之于子,创制造作,必为后规,亦冀其子之承之耳。天地之于人,宁独异是乎哉？但其变化之迹，人实无与焉；而其理，则固与人浑合而无间也。故天地之所谓阴阳五行者，在人为健顺五常之性。健顺五常之性具于人，而天下之理无不该。自人伦日用，以至一事一物之所当然，莫非是性之所固有，亦莫非天地之所为，以责于人者也。故圣人者，于天地变化之道，阴阳五行之运，为幽明，为死生，为鬼神者，有以默契其循环之机而无间，则其行之日用人伦之间，行之一事一物之际，莫非健顺五常之运用。先天而天弗违，后天而奉天时，而于天地之事，无有废弃不举者矣；天地之所以与我而责我者，亦于是乎无负矣。兹非子之事亲，而克绍厥绪者乎？不然，则私意一蔽，道与我为二物，虽天地变化之道，本具于吾身，而莫之或知也；虽天地责望之意，重委于吾身，而莫之或承也。是"厥父作室，而子弗肯堂；厥父菑，而子弗肯播"也。其得为孝乎哉？此惟圣人，所以合德于天地，而为克肖之子也。抑因<u>张子</u>之意而推言之，<u>孔子</u>称<u>舜</u>之大孝，则曰"德为圣人"；称<u>武王</u>、<u>周公</u>之达孝，则述其所制之，通天下而传后世者，以见其善继、善述，则事亲固所以事天，而事天不尽其道，则于事亲，亦终有亏焉耳。孝虽仁之一事，而推其极致，虽仁亦于是乎在焉。<u>游酢</u>读《西铭》即能道《中庸》，愚请以是推广<u>张子</u>理一之意。（《张邦奇集·养心亭集》卷八）

●<u>李滉</u>曰："知化则善述其事，穷神则善继其志"，《易·系辞》曰："穷神知化，德之盛也。"《中庸》曰："夫孝者，善继人之志，善述人之事者也。"今按：《中庸》"人之"二字，指亲而言。此改作"其"字，虽亦指亲之语，而意实指天，其旨深且妙矣！"述"，循也。如曰："父作之，子述之"是也。又，修也，续也。故凡终人之事，纂人之言，皆曰"述"。○小注<u>朱子</u>说，最宜潜玩。（《西铭考证讲义》）○"知化"云云"小注<u>朱子</u>说"，<u>朱子</u>曰："圣人之于天地，如孝子之于父母。化者，天地之用，一过而无迹者也，知之则天地之用在我，如子之述父事也。神者，天地之心，常存而不测者也，穷之则天地之心在我，如子之继父志也。得其心而后可以语其用，故曰穷神知化。而《中庸》曰'致中和，天地位焉，万物育焉'，亦此之谓欤！"又曰："如知得恁地便生，知得恁地便死，知得恁地便消，知得恁地便长，此皆是继天地之志，随他恁地进退消长盈虚，与时偕行。小而言之，饥食渴饮，出作入息；大而言之，君臣便有义，父子便有仁，此都是述天地之事。化底是气，故唤做天地之事；神底是理，故唤做天地之志。穷神者，窥见天地之志，这个无形无迹，那化底却又都见得。"（《退溪先生文集考证》卷三）

●姚舜牧曰:孝子,善继人之志,善述人之事也。圣人,知变化之道,则所行者,无非天地之事矣。通神明之德,则所存者,无非天地之心矣。此二者,皆乐天践形之事也。(《性理指归》卷六)

柏麓按:此与朱熹《西铭解》全同。

●崔有海曰:"穷神""知化"者,乃圣人尽性知天之妙者也。能知造化之所以然,则可以成辅相之道;能通神妙不测之体,则可以得裁成之理,此莫非明睿之至极者也。然心之神明,理无不备,思而得之,通天地万化之本,则可以得万理自然之妙旨,推而明之,终至于无所不通。此乃事天之道,必先明天地之本然者也。(《嘿守堂先生文集》卷七)

●雷于霖曰:天地神化,妙于不测。然天人无两般之义,惟善事天地者,能通天地。孝子曰:"天地与我以'塞'之力、'帅'之灵,将使我服父母之劳、养父母之志,而我以冥漠难问者而置之哉?天地以两而化,我以两而不贰者,知阴阳变化之理,自化而之变,随以方启者代为之开辟;自变而之化,随以将息者代为之混沌。日用间所效者,皆天地之行,谓之善述其事。天地以一而神,我以一而不贰者,穷太极神明之德,由动而之静,随以寂然者苞未然之体;由静而之动,随以惺然者审已发之几。凡日用间所存者,皆天地之心,谓之善继其志。达乎此也,象龟龙以筹划,借鳌石以补漏,窗前草,盆中鱼,何处不可以观化存神而述事继志,宁分大小哉?"(《西铭续生篇》,李元春《青照堂丛书续编》本)

●高尔俨曰:天地之化,时行物生,往过来续,无非是也。人不能知化,则天地之化,自在天地,而我无与;知之者,通彻无间,如知一府一县之事之类,则天地之事,皆我之事,岂不谓之善述父母之事者乎?"神"之一字,最难名言。天地之道,可一言而尽也。其为物不贰,则其生物不测。'不贰''不测'处,神也。穷之者,究极其至之谓。上天之载,无声无臭至矣。至诚如神,惟精惟一,此圣人与天地不隔几微处,所谓善继其志者也。夫人,尽天地之子也。其志其事具在,而能善继之者谁乎?慎勿薄待,其身为也。(《古处堂集》卷一《西铭演义》)

●林恕曰:下《系辞》曰:"穷神知化,德之圣也。"《中庸》十九章曰:"夫孝者,善继人之志,善述人之事者也。"李滉曰:"《中庸》'人之'二字,指亲而言。此改作'其'字,虽亦指亲之语,而意实指天,其旨深且妙矣!"○《系辞》曰:"通神明之德。"○《复·彖》曰:"见天地之心乎!"(《西铭私考》)

●山崎闇斋曰：○第七节。《易》："穷神知化，德之盛也。"（《系辞》）○《中庸》："孝者，善继人之志，善述人之事者也。"○《易》："知变化之道。"（《系辞》）○《易》："通神明之德。"（《系辞》）○《易》："复，其见天地之心乎！"（《象传》）（《文会笔录》卷十二）

●王夫之曰："化"者，天地生物之事；父母之必教育其子，亦此事也。"善述"者，必至于"知化"，而引伸之以陶成乎万物。"神"者，天地生物之心理，父母所生，气中之理，亦即此也。"善继"者，必神无不存，而合撰于乾坤，以全至德。（《张子正蒙注》）

●张英曰：孝子，善继人之志，善述人之事者也。圣人知变化之道，则所行者，无非天地之事矣；通神明之德，则所存者，无非天地之心矣。此二者，皆乐天践形之事也。（《御定孝经衍义》卷二）

●冉觐祖曰：按：此"化"字，朱子谓"一过而无迹"。"神"字，朱子谓"常存而不测"，人易看作"过化存神"上去，而非也。化者，天地之用，以气化流行处言；神者，天地之心，以本原主宰处言。○朱子有一条将此"志"字看作前面"天地之帅"，以"志"为帅，意，不必泥。○此承上"践形"，兼承上"乐曰不忧"一边说，要说得自然意出。（《性理纂要附训》卷四）

●张伯行《濂洛关闽书·西铭解》曰：以气言之，谓之"化"；以理言之，谓之"神"。人能知变化之道，则天地之用在我，而所行者无非天地之事矣，如子之"善述"父事焉；能通神明之德，则天地之心在我，而所存者无非天地之志矣，如子之"善继"父志焉。此乐天者之所以能践形也。（《濂洛关闽书》卷二）

○《近思录集解·西铭解》曰：此即能践形者而极言之，乃上文乐天之事也。化育之故，著于万物，乃天之事也。盛德之知化，则绍天之事，而推行尽利焉。孝子"善述人之事"，其是之谓乎？神妙之机运于无形，乃天之志也。盛德之穷神，则体天之志，而成性存存焉。孝子"善继人之志"，非此之谓乎？（《近思录集解》卷二）

●窦克勤曰：天地之运行有迹曰"化"，知者默契之谓"知"，得阴阳之化，则运用在我，行事一体天地之事，是即子之善述父母之事者也；天地之主宰不测曰"神"，穷者窥见之谓"穷"，到存主之神，则主宰有定，存心一天地之心，是即子之善继父母之志者也。（《事亲庸言》卷一《事亲如事天，事天如事亲第一》）

●室鸠巢《西铭详义》曰:"穷神知化,德之盛也",出《易·系辞》。"善继人之志,善述人之事",出《中庸》。化是阴阳之气变化无迹,如寒暑往来、盈虚消长是也。神是阴阳之理神明不测,如四时所以流行,寒暑所以往来是也。变化无迹者不可穷,故曰"知";神明不测者不可知,故曰"穷"。"知",有默契之意;"穷",有到底之意。朱子曰:"化者,天地之用一过而无迹者也。知之则天地之用在我,如子之述父事也。神者,天地之心常存而不测者也。穷之,则天地之心在我,如子之继父志也。得其心而后可以语其用,故曰:'穷神知化',而《中庸》曰:'致中和,天地位焉,万物育焉',亦此之谓欤!"〇直清按:"致中"是穷神,"致和"是知化。"天地位焉",是继天地之志;"万物育焉",是述天地之事。其旨最为明切,朱子以此并论,可谓能得张子之意矣。但《易》之言,以穷神知化为序,而《中庸》亦曰:"继人之志,述人之事。"今张子先言知化,后言穷神者,盖此二句自应上文"天地之塞,吾其体;天地之帅,吾其性"。先言气而后及理,其一篇立言之序如此。(《西铭详义》)

●王植曰:愚按:《易·系辞下传》之五章"穷神知化,德之盛也。"(《朱子注释濂关三书·西铭》)

●刘沅曰:夫子因凡人多思多妄,皆由无修德之学,故言天下何思何虑,同归而但殊途,百虑归于一致。试观天地何尝思虑,而日月往来,寒暑自成,万物自蒙其利。人能法天地以修德,则屈伸变化,精义入神,自然可以致用,不必憧憧思虑矣。由精义而至于知化穷神,则与天合德,并无精义之迹,德之盛也。此夫子原文本义。知化者,知天地之化机。穷神者,穷化机之神妙。张子引以言善述善继,不知夫子名武、周为达孝者,以武、周所为多非文王所为,而实协乎天理,极于时中,是为善继善述,以教天下继述前人之法。若人修德承天,即至于圣人,亦不过全天之理,无愧覆载。一念合天理即人,念念合天理即圣。圣人亦必小心翼翼,曰"寡过未能",谓为继述天地,人称之则可,自有此意则妄。以天地至神至尊,人不可言"善继述"也。且圣人之行不同而心理则一,故子于志言继,于事言述,此易之亦欠精当。(《正讹·西铭解》)

●李元春曰:践形者,为圣人。知化即大而化之之谓。穷神即圣人不可知之谓。二句乐天之事,固践形惟肖者也。(《关中道脉四种书·张子释要》之《张子西铭全注》)

●罗泽南曰:推行有渐,曰"化"。合一不测,曰"神"。善述人之事者,孝也。推而至于天地,一阴一阳,推行有渐,万物由之而生成,此天地之化也,亦天地之事也。人能默契乎天地之化,则其所以行诸身者,或刚或柔,或进或退,悉顺其当然之序,亦善述天地之事者也。善继人之志者,孝也。推而至于天地,一阴一阳,变化万殊,而此理无乎不在,不可测度,此天地之神也,亦天地之志也。人能穷极乎天地之神,则其所以存诸心者,或仁或义,或礼或智,悉存其本然之则,亦善继天地之志者也。此一节承上文言乐天践形之事也。(《西铭讲义》)

○泽南案:推行有渐,曰"化"。盖天地之化,一阴一阳为之也。暑不遽暑,必自冬至一阳,日复一日,月复一月,至于四月六阳,然后其暑乃盛;寒不遽寒,必自夏至一阴,日复一日,月复一月,至于十月六阴,然后其寒乃严。春生而夏长,非一日遂能生之长之也;秋收而冬藏,非一日遂能收之藏之也。自必推行有渐,而后生长收藏之用显。凡天下之物,自无而渐之于有,复自有而渐归于无,故曰化也。知化者,知天地之功用,以如是而消,如是而息,如是而盈,如是而虚,则其一身之行事,皆顺乎消息盈虚之道行去。小而饮食起居,大而君臣、父子、夫妇、昆弟、朋友,以至于齐家、治国、平天下,莫不因时制宜。当刚而刚,当柔而柔,当进而进,当退而退,凡其平生之所行者,无不与天地同用,斯为善述天地之事者也。合一不测,曰神。天地之神亦从一阴一阳上见,言其道之无不在也。天高地下,万物散殊,皆是这一理以主宰之。时而阴也,道在乎阴;时而阳也,道又在乎阳。凡夫往来屈伸,上下幽明,以至于瞬息微尘,无非此一个道理流行充周于其间。在乎彼忽在乎此,在乎前又在乎后,令人不可测度,故曰神也。穷神者,穷得这天地之理,在在昭著,而其一心之所存者,无不是这个道理。心存乎饮食起居,则有饮食起居之理在;心存乎君臣、父子、夫妇、昆弟、朋友,则有伦纪之理在;心存乎齐家、治国、平天下,则有齐、治、平之理在。静时存养,偏倚不形;动时省察,差谬悉化。凡其寸衷之所存者,无不与天地同体,斯为善继天地之志者也。○张子又曰:"一故神,两故化。"盖天地之间,孤阴不生,独阳不长,非二气之摩荡,必不能化生许多万物,故曰"两故化"也。天下只此一理,或阴或阳,此理无乎不在,故曰"一故神"。○问:"朱子谓:'化者,天地之用,一过而无迹',与张子推行有渐之说不同?"曰:"所谓'一过而无迹'者,谓天地之间,春夏间发生许多万物,形形色色,无所不有,到秋冬便一切都收藏了,都无形迹。然其息而有也,必由渐而有;消而无也,必由渐而无。二说究未尝不同。"○身之所行谓之事,心之所存谓志。事即此心所志之事,志即欲行此事之志。表里之义也。〇问:"人所行之事,非天地所行之事,何为善述?"曰:"人之事即天地之事,人之志即天地之志。人惟能行吾之所当行,便是善述天地之事;志吾之所当志,便是善继天地之志。天人无二道也。"〇两"善"字宜玩。述事、继志,皆欲"止于至善"。〇不能知化则无以善述其事,不能穷神则无以善继其志。此明善所以为诚身之先务也。曰"知"、曰"穷",固是知到极处、穷到极处,非徒为见闻之知也。然亦由平日有格物致知工夫,而后可以至此,非顿下便能知得、穷得也。〇读《西铭》,当下格物致知工夫,非徒知得乾为吾父、坤为吾母、民为同胞、物为吾与便可谓之知至也。仁民有仁民之宜,当先有以究其宜也;爱物有爱物之节,当先有以究其节也。君何以致?相何以事?高年何以尊?孤弱何以慈?圣贤何以继?疲、癃、残、疾、惸、独、鳏、寡何以恤?何以践形?何以存心?何以养性?何以保?何以乐?其中一一有义理在,自必博学、审问、慎思、明辨。知其理一,所以会通此理者,无不贯;知其分殊,所以立乎其分者,无不烛。外有以极其规模之大,内有以尽其节目之详。夫然后以之事父母,则可以事父母;以之事天地,则可以事天地;以之处兄弟,则处兄弟之道得;以之待民物,则待民物之用详。斯可以充其量而无憾矣。知之不精,固未有行之不差者。(《西铭讲义》)

●柳重教曰:此下二节,明所以践形之实。此节言纯孝之事也。"继志""述事",合内外言之。"志",即天地之帅;"事",则其所施也。(《省斋集》卷三十《西铭句节次第》)

●归曾祁曰:曾祁案:《语类》:问:"化曰有迹,神曰无迹。"北溪陈氏曰:"化者,天地之用,知化则知孝子之善述其事;神者,天地之心,穷神则知孝子之善继其志。"《正蒙·神化篇》:"神,天德;化,天道。德其体,道其用,一于气而已。"与此二句互相发明,正体用完备之说也。何杨氏疑其言体而不及用哉?使非程、朱表章张子之书,几无以传于后世。(《西铭汇纂》)

●唐文治曰:释此节不可沦于空虚。圣人本喜怒哀乐,以为礼乐刑政,驯致万物各得其所,故所过者化,所存者神,此谓善述天之事,善继天之志。(《性理学大义·张子大义》)

●陈荣珪曰:"化"者,变化也。"神"者,精神也。知其变化,穷其精神,则其事可善述,其志可善继。"其"者,天地也。(《西铭解》,《感化月刊》1933年第1卷第2期)

● 缪篆曰：述事、继志，《中庸》所纪，武王周公之达孝也。《孝经·圣治章第八》云："孝经莫大于严父，严父莫大于配天，则周公其人也。昔者周公郊祀后稷以配天，宗祀文王于明堂以配上帝，是以四海之内，各以其职来祭。"○横渠此下六句，总释其义如下：孔子有言："欲观我褒贬诸侯之志在《春秋》，崇仁伦之行在《孝经》。"所以《孝经》称说先王，即《易经·乾卦》所称九三、九五合天德之君子、大人，乃圣乃神、乃武乃文集于一身之元首也。《西铭》本文亦然。以"知化"为圣功，下接则"善述其事"为王道；以"穷神"为圣功，下接"则善继其志"为王道。此其一。以"不愧屋漏"为圣功，下接"为无忝"为王道；以"存心养性"为圣功，下接"为匪懈"为王道。此其二。以"崇伯子之顾养"为圣功，上文称"恶旨酒"为王道；以"颍封人之锡类"为圣功，上文称"育英才"为王道。此其三。(《读张横渠〈东铭〉〈西铭〉》，《新民》1935 年第 1 卷第 2 期)

● 查猛济曰：天地之事，不过乎化；天地之形，不过乎神。知化穷神，则善述善继天地之事志者也。(《张子〈西铭〉的抗战哲学》，《胜利》1939 年第 32 期)

● 杜天縻曰："知化"，《易·系辞下》："穷神知化，德之盛也。"孔《疏》引《正义》；"穷极微妙之神，晓变化之道，乃是圣人德之盛极也。"按：知化，变化之道。○"善述其事"，《礼·中庸》："夫孝者，善继人之志，善述人之事者也。"按：继志述事，进化无已，自强不息，此穷神知化之道也。○"穷神"，穷极微妙，所谓"发明精神"。(《西铭笺释》，《浙江自治》1939 年第 13 期、第 14 期、第 15 期连载)

● 王淄尘曰：朱子曰："孝子善继人之志，善述人之事者也。圣人知变化之道，则所行者无非天地之事矣！通神明之德，则所存者无非天地之心矣！"意思是说，孝子继父之志，做父之事，与人对于天地一样。圣人能知天地之变化，(如春生、夏长、秋收、冬藏、日月运行、雨露时降)则能体天地的意思，时时保护疲癃残疾等人，也如孝子能体谅父母的心，好好的做父所做的事，故曰"知化则善述其事"。"穷神则善继其志"者，"穷"，作"极端研究"的解。"神"，作"神而明之"的解。言能极端研究这种道理神而明之，则自能好好的继续这种志向，去做事做人。(《张子西铭》，《前线旬刊》1939 年第 2 卷第 18 期)

● 朱逸人曰：夫孝者，善继人之志，善述人之事者也。圣人知变化之道，通神明之德,其所行者,天地之事,其所存者,天地之心。此二者,乐践践形之事也。(《读西铭》,《服务(诸暨)》1939 年第 2 期)

●毛夷庚曰:天地之事,不过乎化;天地之志,不过乎神。知化穷神,即善述善继天地之事志者也。(《张子西铭》,《大风(金华)》1939 年第 97/98 期)

●孙常钧曰:所谓"神"与"化"者,张先生解曰:"气有阴阳,推行有渐为化,合一不测为神。其在人也,知义用利,则神化之事备矣。"所以"天地之事,不过乎化"。能知变化的极则,则其行事无一不合乎天地的常理;"天地之志,不过乎神",能通神明的德性,则其存心无一不合乎天地的意旨。如果不知化穷神,则不免要倒行逆施,无一事得当,无一人得安了。(孙常钧编注《释西铭》,沅陵中报社,1942 年 3 月版)

●王建新曰:这里说明怎样才是最合理想的人生。他举了许多例,把事天之道和事亲之道对比,以说明这种境界。他以为,人能够做到了使自身生命完全合于天理的要求,也就是宇宙精神的要求,才算是最好。"穷神知化,德之盛也",见《易·系辞下传》第五章。"知化",就是知天地之变化;"穷神",是穷天地的精神之所在。(张先生释"化"为"推行有渐","神"释为"合一莫测")这样才能做到"善述人之事"和"善继人之志"的一个天地的孝子。(《〈西铭〉新话》,《湘桂月刊》1943 年第 2 卷第 8 期)

●陈敦仁曰:"化",造化,变化也。"穷",穷究而明之也。天地之事,不外乎化;天地之志,不过乎神。圣人观象制器,以利民生,是能知化,而善述天地之事也;率性修道,以蓄明德,是能明神,而继天地之志也。《易·系辞》:"知变化者,其如神之所为乎!"《中庸》:"夫孝者,善继人之志,善述人之事者也。"(《〈西铭〉注》,《福建训练月刊》1943 年第 2 卷第 3 期)

●枯木曰:天地之造化大矣,唯有知之者,其所言所行,乃有乎合乎天理,是谓善述其事。神者莫测之功,唯有穷理尽性之人,其犹孝子善述其志者也。(《西铭口授》,《海潮音》1948 年第 29 卷第 2 期)

(第八章)

不愧屋漏(《诗·抑》:"相在尔室,尚不愧于屋漏。"曾祁案:《尔雅·释宫》:"西北隅谓之屋漏。"《西铭述解》:"屋漏,室西北隅也。") **为无忝,**(曾祁案:《西铭述解》:"忝,辱也。"《尔雅》:"忝,辱也。") **存心养性**(《孟子·尽心》："存其心，养其性，所以事天也。"）**为匪懈**。（曾祁案：《尔雅》："懈，怠也。"）

●<u>吕大临</u>曰：天命我以信而不信，则辱天之命。天付我以道而堕不守，则扩天之职。①（宋<u>王霆震</u>辑《新刻诸儒批点古文集成·前集》卷四十九《西铭》）

●<u>张九成</u>《西铭解》曰：天地之心，无幽明之间，止不欺而已，故不愧屋漏之隐者，乃无忝于天地②。○心性，即天地。夙夜存心养性，是夙夜匪懈，以事天地也。（《横浦集》卷十五《西铭解》）

●<u>朱熹</u>《西铭解》曰：《孝经》引《诗》曰：（"《诗》曰"上加"《孝经》引"三字，尤有意思。）"无忝尔所生"，（《小宛》）故事天者，仰不愧，俯不怍，（《孟子·尽心》："仰不愧于天，俯不怍于人。"）则不忝乎天地矣；又曰：（"又曰"二字，亦当带《孝经》看。）"夙夜匪懈"。（《烝民》。曾祁案：《诗》本作"解"，与"懈"通。）故事天者，存其心，养其性，则不懈乎事天矣。此二者，畏天之事，而君子所以求践夫形者也。（胡广《性理大全》卷四《西铭》）

　　柏麓按：注解中"畏天之事"，《西铭解义》作"皆畏天之事"。
●<u>室鸠巢</u>《西铭详义》曰："忝"，玷辱也；"所生"，谓父母。"无忝""所生"，是不为亲累之意。本文"无忝"，只是不忝其亲；"匪懈"，只是事亲不懈。<u>朱子</u>解之以为"不忝天地""事天不懈"者，明事天与事亲一理，是<u>张子</u>所以合而论之也。"不愧屋漏"，是省察之密；"存心养性"，是存养之深，虽分为二言，实相须一事，皆上文畏天自保工夫，乃所以为践形之渐也。（《西铭详义》）

●<u>吕祖谦</u>曰：《孝经》引《诗》曰"无忝尔所生"，故事天者，仰不愧，俯不怍，则不忝乎天地矣；又曰"夙夜匪懈"，故事天者，存其心，养其性，则不懈乎事天矣。此二者，畏天之事，而君子所以求践夫形者也。（《东莱集注观澜文集》卷十五《西铭注》）

　　柏麓按：<u>吕祖谦</u>此句解与<u>朱熹</u>《西铭解》全同。
●<u>熊刚大</u>曰：不自欺于室隅人所不见之地，不忝辱于天地，即人子"无忝

---
① "扩天之职"，"扩"，疑为"旷"字。
② 此处《古文集成》本有一"也"字。

尔所生"地。○存其心而不失,养其性而不害。不懈怠于事天,即人子事亲而夙夜匪懈也。此二者,畏天而求践夫形者。(《性理群书句解》卷三《西铭解》)

●曹端曰:"屋漏",室西北隅也。"忝",辱也。○《孝经》引《诗》曰:"无忝尔所生。"故事天者,仰不愧,俯不怍,则不忝乎天地矣。○"夙夜匪懈。"故事天者,存其心,养其性,则不懈乎事天矣。此二者,畏天之事,而君子所以求践夫形者也。(《西铭述解》)

●湛若水曰:宋儒张载《西铭》曰:"不愧屋漏为无忝,存心养性为匪懈。"臣若水《通》曰:"'不愧''匪懈',君子终日乾乾之心,所以存心养性也,故君子之学,存儆戒之心,随处体认,是之谓'不懈'。'不懈'则不愧而心性以存,而无忝所生矣;无忝所生,则事天之功至矣。体乾父坤母之所生而全归者,其在于学乎! 此又为大君宗子,所宜致力焉者也。"(《格物通》卷十二)

●李滉曰:"不愧屋漏为无忝",卫武公作《抑》诗,使瞽矇朝夕讽诵,以自警。其《诗》有曰:"相在尔室,尚不愧于屋漏。""相",视也。"尔",自瞽矇而指武公言也。"屋漏",室西北隅,日光所先漏入处也。古人室之户在东南隅,为人所出入,则西北隅为室之深隐处。言视尔在室中之时,犹当戒惧谨畏,使无愧于屋漏深隐处也。此事天事也。周大夫遭乱,兄弟相戒之《诗》曰:"夙兴夜寐,无忝尔所生。""忝",辱也。"所生",谓父母也。言无作不善以忝父母。此引喻云,是为天无忝之子矣。○"存心养性为匪懈",《孟子》曰:"存其心,养其性,所以事天也。"朱子注:"'心'者,人之神明,所以具众理而应万事者也。'性',则心之所具之理,而天之理之所从出者也。'存',谓操而不舍。'养',谓顺而不害。事则奉承而不达也。"程子曰:"心也,性也,天也,一理也。自理而言谓之'天',自禀受而言谓之'性',自存诸人而言谓之'心'。"《诗·烝民》篇曰:"夙夜匪懈,以事一人。"诗人本谓仲山甫能尽忠事君,《孝经》引之,以言卿大夫尽忠事君,乃所以为孝。故横渠以是为孝子事亲之事,因以喻不懈于事天也。(《西铭考证讲义》)

●邓球曰:此节正言事乾父、坤母之道也。"善继志""善述事",语出夫子,称武王之孝。"化",谓阴阳流形,以生长收藏,而变化万物者也。"知化","知"字,即"乾以易知"之"知",犹云"主"也,谓裁成辅相,而代天之事也。如此,则是犹子能善于父母所为而缵述之矣。"神",谓阴阳不测之妙,"于穆不已"而为万物之命者也。人能"穷"之,则与消息盈虚者合而代天之心,则是犹子能善于父母所存而继承之矣。"不愧屋漏",能慎独也。"无忝",即《诗》言"不忝尔所生"。"心""性",皆大父母所与我者,惟暴弃者,违而害之耳。"存"之、"养"之,是能勉勉焉,以求全于父母之道,《诗》言"匪懈以事"是也。(《闲适剧谈·西铭客对》)

●姚舜牧曰:《诗》曰:"无忝尔所生。"故事天者,仰不愧,俯不怍,则不忝乎天地矣;又曰:"夙夜匪懈",故事天者,存其心,养其性,则不懈乎事天矣。此二者,畏天之事,而君子所以求践夫者也。(《性理指归》卷六)

柏麓按:此本朱熹《西铭解》而有所节略。

●崔有海曰:"不愧屋漏"者,慎独之义也。"存心养性"者,静养本体之道也。盖事天之道,莫大于至诚无间。必于幽独隐微之中,俨若上帝之下临,严束怠惰之气,杜绝非僻之萌;外有端庄之仪,内有静一之德,然后表里交修,身心得正,可以为供子职而不懈,此乃静而敬天者也。(《嘿守堂先生文集》卷七)

●雷于霖曰:以天地之塞为体,此气原是浩然;以天地之帅为性,此志原是卓然。忽而气消索、志委顿者,是我歉然不自满之心,难以对父母兄弟者。孝子曰:"此内愧也,是乾父坤母与我以耿耿难昧之良,令我自纠自察者也。一念负惭,即盖世功勋、震世名节,有不得而救者矣,何也?希大世之功者,急于图大速成,中间行不义、杀不辜,作负心之事者不少;及至勒石垂名,静中回勘,不觉抚膺起叹,谁其救之? 立天下之节者,专于洁己市峻,中间当任不任、当济不济,作袖手之观者不少,及至到岸孤立,暗里四顾,不觉汗颜自恶,谁其就之? 孝子之事天地,乡不顾月旦,国不顾青史,只管自己,信得是、做得慊,即身近污、事尽秽,而乾父坤母当直我于冥漠之间,方是天下真人品。此气此志,还可塞天地、帅天地,屋漏不愧,为无忝所生之子。"○天地以帅者为吾性,性之理具于心,心之觉,发于性,本至善也。若使觉于性者,理欲互胜;具于心者,消长迭见,其何以复吾父母之本生哉? 孝子曰:"千古相传,只传此心。虞廷之命,曰人心、道心。道心者,本性初觉之心。杂以习气,风激浪翻,而静照失常,第见心之人也。然觉于性者,隙光终不熄,功在有以存之。察于二者最精,守于一者最严,仍还吾处而常觉之灵,千圣传心,为传此性。孟子曰'性善',荀子曰'性恶',性善者,本心初具之性,载以气质,明珠沉水,光耀有滓,若见性之恶也。然根于心者,萌蘖终自不断,功在有以养之,消融于形器者甚净,滋培于根荄者甚裕,日现吾静而条达之盛,然习之移心,若生龙活虎,难以缰锁质之梱,性若矿金石玉,未易琢炼,须胜以乾之健,守以坤之贞,而后存养始得力也,谓之夙夜匪懈之子。"(《西铭续生篇》,李元春《青照堂丛书续编》本)

●高尔俨曰:天无处不在,正于人所不知。而己独知之地,倍为亲切。凡餙之昭昭者,皆为人也。修之冥冥者,乃为对天也。人为天地所生之子,时时省察克治,事事简点隄防,务求不愧于屋漏,乃为无忝其亲之子矣。人之所以与天相接者,惟有心性,若放心役性,便为自暴自弃。瞬有存,息有养,所谓"夙夜基命宥密"者,乃为事天匪懈之诚,又岂在崇奉之虚文己耶!(《古处堂集》卷一《西铭演义》)

●林恕曰:《大雅·抑》曰:"相在尔室,尚不愧于屋漏。"《小雅·小宛》曰:"夙兴夜寐,无忝尔所生。"(《孝经》五章引之。)〇《大雅·烝民》曰:"夙夜匪懈,以事一人。"〇《尽心上》曰:"存其心,养其性。"〇《朱子中庸注》曰:"屋漏,室西北隅也。"〇《尽心上》曰:"仰不愧于天,俯不怍于人。"〇今按:《孝经》引《诗》曰:"夙兴夜寐,无忝所生。"(《士章》)又引《诗》曰:"夙夜匪懈,以事一人。"(《卿大夫章》)〇今按:"屋",小帐。"漏",隐也。西北隅而扉隐之处。(见《抑》诗。)(《西铭私考》)

●王夫之曰:止恶于几微,存诚于不息,圣功之至,亦止以敬亲之身,而即以昭事上帝矣。(《张子正蒙注》)

●山崎闇斋曰:〇第八节。《诗》:"相在尔室,尚不愧于屋漏。"(《抑》)〇《诗》:"夙兴夜寐,无忝尔所生。"(《小宛》)〇《孟子》曰:"存其心,养其性,所以事天也。"(《尽心》)〇《诗》:"夙夜匪懈。"(《烝民》)〇《解》:"'《诗》曰'上加'《孝经》引'三字,尤有意思。"又曰:"二字亦当带《孝经》看。"〇《孟子》曰:"仰不愧于天,俯不怍于人。"(《尽心》)(《文会笔录》卷十二)

●贝原益轩曰:"不愧屋漏",犹曰"不欺暗室"。(《近思录备考》卷二)

●张英曰:《孝经》引《诗》曰"无忝尔所生",故事天者,仰不愧,俯不怍,则不忝乎天地矣;又曰"夙夜匪懈",故事天者,存其心,养其性,则不懈乎事天矣。此二者,畏天之事,而君子所以求践夫形者也。(《御定孝经衍义》卷二)

●冉觐祖曰:按:"不愧屋漏",《抑》诗。"无忝尔所生",《小宛》诗。"夙夜匪懈,以事一人",《烝民》之诗。〇又曰:能尽道理,以不愧于屋漏,便为无忝于天地矣。能存心养性,不失赋予道理,便为夙夜匪懈以事天地矣。此承上践形,并承上"于时保之"一边说。不愧存养有工夫,要说得勉然意出。○又曰:事天不外"保""乐"二端,大意已尽,下又借古人以明之。(《性理纂要附训》卷四)

●张伯行《濂洛关闽书·西铭解》曰:"不愧屋漏",《抑》诗。"无忝尔所生",《小宛》诗。"夙夜匪懈",《烝民》之诗。人能尔室致谨,求尽道理以不愧于屋漏,是为"无忝"于天地,犹子之"无忝所生"也。能动静皆敬,不失天所赋之理,以存其心、养其性,是为不懈于事天,犹子之"夙夜匪懈"以事亲也。此畏天者之所以能践形也,如是则可以称肖子矣。(《濂洛关闽书》卷二)

○《近思录集解·西铭解》曰:又即求践行者而实言之,亦上文畏天之事也。事天者,当使仰不愧,俯不怍,故《中庸》引《诗》言"不愧屋漏",与《孝经》引《诗》言"无忝尔所生",可相发明也。事天者当使此心不舍,此性不害,故《孟子》言"存心养性",与《孝经》言"夙夜匪懈",又可互证也。(《近思录集解》卷二)

●窦克勤曰:事天者能戒自欺求自慊,使吾之存发不愧于屋漏,是之为子之于父母无忝所生者也。能存其心养其性,使吾之心性不间于操持,是之为子之于父母夙夜匪懈者也。○心则出入无时,操则存,舍则亡,须有以存之而始存。至性则有善无恶,只要顺其本体之自然,不至于戕害耳,故云"养"。"养"者,不加矫拂之谓。(《事亲庸言》卷一《事亲如事天,事天如事亲第一》)

●室鸠巢《西铭详义》曰:室西北隅,曰"屋漏"。"相在尔室,尚不愧屋漏",《诗》文。"存心养性,所以事天",《孟子》文。"存心",言不为外物所动,"养性",言不为私欲所塞也。"夙兴宵寐,无忝尔所生","夙夜匪懈,以事一人",皆《孝经》引《诗》文以言人子事亲之事。故张子以君子事天之道,合而论之谓"不愧屋漏",是仰不愧于天,俯不怍于地,即子之无忝其亲也。心之为物,性之为理,皆天之所命于我者。存之养之,即子之事亲匪懈也。(《西铭详义》)

●李文炤曰:"解",音懈。○按:《易》曰:"穷神知化,德之盛也。"《诗》曰:"相在尔室,尚不愧于屋漏。"孟子曰:"存其心,养其性,所以事天也。"盖生长收藏者,皆化也,知之则时措咸宜,亦如述人之事者焉,而天地之塞,无所于间矣;元亨利贞,即神也,穷之则全体不息,亦如继人之志焉,而天地之帅,无所于亏矣。鬼神之不测也,而不愧屋漏,则有以协之,亦如无忝于所生者焉,而天地之塞,亦可以顺矣;於穆不已也,而存心言性,则可以法之,亦如匪解于所事者焉,而天地之帅,亦可以存矣。知化穷神,安仁之事也;不愧存养,利仁之事也。必知化而后能穷神,必不愧而后能存养,必不愧存养而后能知化穷神,求仁之序,莫备于此矣。故薛氏曰:"读《西铭》,理明而心广。"此之谓也。(《西铭解拾遗》)

  柏麓按:李文炤《西铭解拾遗》"匪懈"之"懈",作"解"。

● 华希闵曰:不愧屋漏,要于事上见;存心养性,要在心上说。"无忝"横看,"匪懈"直看。(《性理四书注释》之《西铭辑释》)

● 王植曰:愚按:上节与下"恶旨酒"节,皆以二事对举。此虽举二成语为说,然存心养性,正所以不愧之实,难以截分为二事。注:"二者"字须善会。〇"尚不愧于屋漏",《大雅·抑》之诗也;"夙兴夜寐,无忝尔所生",《小雅·小宛》之诗,《孝经》引以证士之孝者也。"夙夜匪懈,以事一人",《大雅·烝民》之诗,《孝经》引以证卿大夫之孝者也。"匪懈"属人臣,此借以言人子。"存心养性",用《孟子》语。(《朱子注释濂关三书·西铭》)

● 申体仁《与金道彦论心经讲录刊补别纸(丙午)》:"视尔友君子"章"屋漏"。朱子曰:"'屋漏',室西北隅。此是深密之地。"屋漏是室西北隅,而日光所先漏入处,所以称以"屋漏"。而深密之地,日光漏入,有昭昭不敢欺、不敢慢,为人所警省处,故前后释"屋漏"者,辄特举此义。《诗经》及《中庸》,皆以此特悬小注于"屋漏"下。而退溪《西铭考证讲义》释"屋漏""无忝"而特曰"西北隅,日光所先漏入处"云,盖解得到此,然后"屋漏"之义,煞有精神。此亦加小圈按字,而添入"日光漏入"四字,如何?(《晦屏集》卷三)

● 刘沅曰:"不愧屋漏",慎独之功,初学多勉强,成功则自然,而求不愧不怍,同也。谓为"无忝",是存心养性。孟子云"所以事天",盖性本天理,全理即合天。"匪懈",盖乾乾不息之意,此言诚意正心之义,不错。但用"匪懈"二字,微有弊。"夙夜匪懈,以事一人"。一人谓君,非谓父母也。事父母,则非但匪懈可了。(《正讹·西铭解》)

● 茅星来曰:"懈",叶居寄切。(《近思录集注》卷二)

● 李元春曰:此又申畏天之事,亦践形惟肖者也。(《关中道脉四种书·张子释要》之《张子西铭全注》)

● 罗泽南曰:"屋漏",室西北隅也。"存",谓操而不舍。"养",谓顺而不害。"夙兴夜寐,无忝尔所生"者,孝子也。推而至于事天,能戒欺求慊,尚不愧于屋漏,则亦无忝于天地矣。"夙夜匪懈",以尽事亲之道者,孝子也。推而

至于事天,能存其心而不亡,养其性而不害,则亦匪懈于事天矣。此一节承上文言畏天以求践乎形之事也。(《西铭讲义》)

○泽南案:"不愧屋漏",即《大学》《中庸》慎独工夫。人所不知,己所独知之地,不令有一毫之或差,始为不愧。○屋漏之地,虽为众人所不及知,而天地之鉴视,未尝于此或爽。一念有差,即已获罪于天地矣。○"存心养性"是一套工夫。能存心而后能养性,存得个恻隐之心,便养得个仁之性;存得个恭敬之心,便养得个礼之性;存得个羞恶是非之心,便养得个义智之性。然亦有存心而不能养性者。佛氏思虑路绝此心,不令有一毫物欲沾染,而于仁义礼智之性则尽灭,却所以陷于空寂而不可救,虽曰"见性",实不知性耳。○"存心养性",兼静时涵养,动时省察说。○"夙夜匪懈,以事一人",《诗》本是说事君民,《孝经》引之言事亲。故《西铭》亦用之,谓子之不懈于事亲也。(《西铭讲义》)

●归曾祁曰:曾祁案:程子曰:"不愧屋漏,则心安而体舒。"不愧屋漏,便是爽持气象。若不能存养,只是说话。懈意一生,便是自弃自暴。① 新吾吕氏坤《呻吟语》:"容貌要沈雅自然,只有一些浮浅之色,作为之状,便是屋漏少工夫。"丰川王氏心敬《尔缉语录》:"无不愧屋漏工夫,做不得经纶参赞事业。"(《西铭汇纂》)

●柳重教曰:此节言翼子之事也。"不愧屋漏",去人欲也;"存心养性",顺天理也。心者,天理之主宰;性者,此心之实体。篇首所谓"性",盖合此二者而言之也。(《省斋集》卷三十《西铭句节次第》)

●郭钟锡《柳省斋(重教)心说辨(辛卯)》:"存心养性"。朱子谓:"存之养之即是事,心性即是天,故曰所以事天也。"亦程子心性天一理之意也,乌在其物则之分也?胡氏谓:"用工全在存心上。存心有工夫。养性无大工夫。"如果存气,则朱子何以谓气上无工夫乎?以气对气,强辨帅卒,然《西铭》之引用贴实,终不可迁就看。且所谓心者,果何气也?气者,又何气也?气是体之充,心之气亦不外乎此体,则其为体之充者,同也。持其气则已是无暴,又何叠床以加工乎?是必曰:"心之气,内气也;体之气,外气也。持其内气,无暴其外气。"然浩然之气,亦只是体之充尔,则外气而无与于内气耶?所谓大体者,只是有形之一物,则先立之工,不过菖茯以补之,存想以炼之耳。如此而

---

① 此句上有眉批十六字,字迹不清,今略。

果足为大人乎？此心之发于道义曰"道心"，而非对道义而发也；此心之发于形气曰"人心"，而非对形气而发也。凡此为说，乍看之，似界辨分明；徐以究之，无一言不牵合缪戾。从事于心学者，恐不必讲也。(《俛宇集》卷百三十)

●唐文治曰：释此节亦不可沦于空虚。"不愧屋漏"，慎所独知也。"存心养性"，敬以养神也。人道以慎独为要，慎所独知，自不敢为非分之事，若破去"慎独"二字，则无忌惮而无所不为矣。《小宛》之诗曰："我心忧伤，念昔先人，明发不寐，有怀二人。"又曰："我日斯迈，而月斯征，夙兴夜寐，无忝尔所生。"此诗宛转抑扬，最宜吟诵，人诚能于明发不寐及夙兴夜寐之时，养此一点良心，俾之虚灵不昧，而又时时省察我之居心制行，其能无忝所生否？倘对人对己，有所愧怍之处，是即有忝于祖宗父母也。惟无忝于亲，庶几无忝于天，而后可以为人也已。(《性理学大义·张子大义》)

●张绍价曰：知化穷神知之精，无忝匪懈行之熟，必如此然后可以践形惟肖，所以畏天者在此，所以乐天者亦在此。(《近思录解义》卷二)

●陈荣珪曰："无忝"者，不辱所生也。"匪懈"者，自强不息也。故君子仰不愧于天，俯不怍于人。存心养性，修然自得，又何言哉！(《西铭解》，《感化月刊》1933年第1卷第2期)

●缪篆曰：《孝经·士章第五》云："《诗》云：'夙兴夜寐，毋忝尔所生。'"又《孝经·卿大夫章第四》云："《诗》云：'夙夜匪懈，以事一人。'"(《读张横渠〈东铭〉〈西铭〉》，《新民》1935年第1卷第2期)

●查猛济曰：天地之心，无幽明之间，不愧屋漏之隐者，乃无忝于天地。心性即天地，夙夜存心养性，是夙夜匪懈，以事天地也。(《张子〈西铭〉的抗战哲学》，《胜利》1939年第32期)

●杜天縻曰："屋漏"，《诗·大雅·抑》："相在尔室，尚不愧于屋漏。"毛《传》："西北隅谓之屋漏。"郑《笺》："'相'，助也。不惭愧于屋漏，有神见人之为也。'屋'，小帐也；'漏'，隐也。"《礼·中庸》："《诗》云：'相在尔室，尚不愧于屋漏，'故君子不动而敬，不言而信。"郑《注》："视女(汝)在室独居者，犹不愧于屋漏；屋漏非有人也，况有人乎？"按：即慎独之意。○"忝"，《诗·小雅·小宛》："夙兴夜寐，毋忝尔所生。"毛《传》："忝，辱也。"《孝经·士章》引《诗注》："所生，谓父母也。无辱其亲也。"○"存心养性"，《孟子·尽心上》："存其心，养其性，所以事天也。"赵《注》："能存其心，养教其正性，可谓仁人。"按：性有仁义礼智之端，心以制之，惟心为正。人能存其良心，以养育其天赋之本性,则自无邪恶矣。《孟子》又曰:"君子所以异于人者,以其存心也;君子以仁存心,以礼存心。"(《离娄下》)(《西铭笺释》,《浙江自治》1939年第13期、第14期、第15期连载)

●<u>王淄尘</u>曰:《诗经》里说:"尚不愧于屋漏。"又说:"无忝尔所生"。"忝",作"站在这地位"的讲。"生",是人的一生。"无",作"不要"的讲。"尔"是说"你"。意思是说你站在人的地位,不要辜负了一生做人的道理,就使穷苦到了屋漏不能修补,只要做人不错,也没有什么惭愧。张子简言之,故曰"不愧屋漏为无忝"。《诗经》里又说:"夙夜匪懈。""夙",是早起。"夜",是夜里。"匪懈",是不懈怠。言一个人要存着上述种种心,又要养好性情,不乱行乱做,一直到底,这就是《诗经》所说早起夜里,都不懈怠,都要像孝子事亲一样,所以下面说六个孝子的事体,来作例子。(<u>《张子西铭》,《前线旬刊》</u>1939年第2卷第18期)

●<u>朱逸人</u>曰:《诗》曰:"尚不愧于屋漏。""屋漏",犹暗室也。又曰:"无忝尔所生","忝",辱也,父母也。又曰:"夙夜匪懈","夙夜",犹朝夕也;"匪懈",犹不息也。吾人能仰不愧于天,俯不怍于地,无时不以忠诚自勉,无地不以忠诚自处,则不辱乎所生矣。存其心而不放,养其性而不流,则不懈乎事天矣。此二者畏天之事,而君子之所求以践其形者也。(<u>《读西铭》,《服务(诸暨)》</u>1939年第2期)

●<u>毛夷庚</u>曰:天地之心,无幽明之间,不愧屋漏之隐者,乃无忝于天地。心性即天地,夙夜存心养性,是夙夜匪懈以事天地也。(<u>《张子西铭》,《大风(金华)》</u>1939年第97/98期)

●<u>孙常钧</u>曰:天地之心,并没有幽明的间隔,所以人的一举一动,都要做到仰不愧、俯不怍,然后才算是无辱于所生。若是当面仁义道德,背后悖德害仁,不独为人神所同嫉,也要被天地所不容了。所以我们要随时去人欲,存天理,就是在人所不知惟己的场所,也要能正心诚意,切勿自欺,这才对得起天地父母了。○心性,就是天理,存心养性的功夫,应当慎始慎终,夙夜不懈,稍一放纵,就要为人欲所蔽,不得见圣人之舆。(<u>孙常钧编注《释西铭》,沅陵中报社</u>,1942年3月版)

●<u>王建新</u>曰:"不愧屋漏",是虽在漏室,也不欺心。语出于《诗经》上的"相在尔室,尚不愧于屋漏"。"屋漏",在古时是室西北隅的称谓。"无忝",是"无忝尔所生"(《孝经》引《诗经》语)一句的简化,意思是不辱没父母。

"存心养性",是引证《孟子·尽心篇》:"尽其心者,知其性也。知其性,则知天矣。存其心,养其性,所以事天也。"人心既与天地之心同体,所以尽心便是知人之性,知性便是知天,存心养性使不变质,便是事天。"匪懈",是《孝经》上引《诗经》的话"夙夜匪懈"的节语。(《〈西铭〉新话》,《湘桂月刊》1943 年第 2 卷第 8 期)

●陈敦仁曰:"屋漏",深邃之处,非人所居。无人之处不愧,有人之处不愧必矣。《诗·大雅·荡》:"相在尔室,尚不愧于屋漏。""无忝",谓不愧对于天地父母也。《诗·小雅·小宛》:"夙兴夜寐,无忝而所生。"○"存心",谓存其善心;"养性",谓养其本性。《孟子·尽心》:"存其心,养其性,所以事天也。""匪懈",即不息。《诗·大雅·烝民》:"夙夜匪懈,以事一人。"心性即天地,夙夜养性,是夙夜匪懈,以事天地也。(《〈西铭〉注》,《福建训练月刊》1943 年第 2 卷第 3 期)

●枯木曰:孔子曰:"十目所视,十手所指,其严乎?"则不愧于屋漏矣,又何忝乎生于天地之间?《诗》曰:"夙夜匪解。"如此存其心,养其性,可谓不懈乎?(《西铭口授》,《海潮音》1948 年第 29 卷第 2 期)

(第九章)

恶旨酒,(熊刚大曰:"恶",去声。《性理群书句解》卷三《西铭解》。)**崇伯子之顾养;**(熊刚大曰:"养",去声。《性理群书句解》卷三《西铭解》。○张英曰:大禹,崇伯之子。《御定孝经衍义》卷二。○窦克勤曰:"恶","养",俱去声。《事亲庸言》卷一《事亲如事天,事天如事亲第一》。○李文炤曰:"恶""养",并去声。《西铭解拾遗》。○《孟子·娄离》:"禹恶旨酒而好善言。"《国策·魏》:"昔者帝女令仪狄作酒而美,进之禹,禹饮而甘之,遂疏仪狄,绝旨酒,曰:'后世必有以酒亡其国者。'"《索隐》:"鲧初受尧封为崇侯以治水,无绩被殛。长子禹袭位,故称崇伯子。"《国语》:"在有虞氏,有崈伯鲧。"《周语》注:"崈",古"崇"字。曾祁案:韦昭注:"崈""崇"通用。《集韵》或作"崈"。《西铭述解》曰:"崇,国名,伯爵也。子,指禹也。")**育英才,**(《孟子·尽心》:"得天下英才而教育之,三乐也。")**颍封人之锡类。**(《左传·隐元年》:"庄公置姜氏于城颍而誓之曰:'不及黄泉,无相见也。'既而悔之。颍考叔为颍谷封人,闻之,有献于公。公赐之食。食舍肉。公问之,对曰:'小人有母,皆尝小人之食矣,未尝君之羹。请以遗之。'公曰:'尔有母遗,繄我独无!'曰:'敢问何谓也?'公语之故,且告之悔。对曰:'君何患焉?若阙地及泉,隧而相见,其谁曰不然?'公从之。遂为母子如初。君子曰:'颍考叔,纯孝也,爱其母,施及庄公。诗曰:孝子不匮,永锡尔类。其是之谓乎'?"曾祁案:慕庐韩氏菼曰:"孝子之心,笃于爱亲,无穷匮也。又能以己之孝,感君之孝,是能锡及其畴类也。")

●吕大临曰:不穷人欲,所以存天德。以善养人,所以广天德。(宋王霆震辑《新刻诸儒批点古文集成·前集》卷四十九《西铭》)

●张九成曰:崇伯之子,禹也。禹恶旨酒。酒能乱德,今恶旨酒,乃顾天地父母之养者也。○颍谷封人,请遗羹于母,以起①郑庄公之孝心,今我育天地所生之英才,则是以孝心与其类也。(《横浦集》卷十五《西铭解》。○曾祁案:此句疑有误。观朱子解下一"如"字便知。盖张氏泥住"孝"字讲故也。《西铭汇纂》)

●朱熹《西铭解》曰:好饮酒而不顾父母之养者,不孝也,(《孟子·娄离》:"博弈好饮酒,不顾父母之养,二不孝也。")故遏人欲,如禹之恶旨酒,(曾祁案:《语类》:问:"旨酒"。曰:"欲也。")则所以顾天之养者,至矣;性者,万物之一源,非有我之得私也,(《正蒙》:"性,万物之一原,非有我之得私。"曾祁案:朱子曰:"所谓性者,人物之所同得,非惟己有是,而人亦有是,非惟人有是,而物亦有是。")故育英才,如颍考叔之及庄公,则所以永锡尔类者,广矣。(曾祁案:此即《礼》云:"善教者,使人继其志之意也。")(胡广《性理大全》卷四《西铭》)

柏麓按:朱熹注解中"好饮酒而不顾父母之养者",《西铭解义》作"好饮酒不顾父母之养者"。○"故遏人欲","遏",《西铭解义》作"遇"。○"则所以顾天之养者",《西铭解义》作"则所以事天者"。○"性者,万物之一源","源",《西铭解义》作"原"。○"非有我之得私也","也",吕祖谦《西铭解》作"己"。○"所以永锡尔类者",《西铭解义》作"所以锡尔类者"。○本段《西铭》正文及注解中之"颍"字,真德秀本作"颕"。

●室鸠巢《西铭详义》曰:本文以"恶旨酒"为"顾养",是因孟子论不

---

① "起",《古文集成》本作"生"。

孝，有"好饮酒"、"不顾养"之言，乃采而合之。故朱子先引孟子之言以发之，但本文"恶旨酒"一句，不止饮酒一事。盖张子一意，姑假此以例凡遏人欲之事耳。故朱子解之云"遏人欲如禹之恶旨酒。"然后乃得本文之意。"顾天之养"，须与"顾父母之养"并看。盖父母之养至矣，抚我教我，食我衣我，其如此者，岂徒使我玩愒岁月，亦以待我之立身行道也。天之养我亦至矣，赋之以形，予之以性，生五谷以食我，生布帛以衣我，其如此者，岂徒使我偷生苟安，亦以待我之进德修业也。故人子能顾父母之养，则不敢好饮酒，以贻亲友。君子能顾天地之养，则不敢徇人欲以害天理，亦理一而分殊者也。"性者，万物之一原"云云，此二句本张子之言。盖"育英才"之为"锡类"，非有语例可以相比，只是据天下同一性之理而言之如此，故朱子以张子之言证之，亦与前引孟子之言相抗。然朱子于此特举性而言之者，天下之人所以与我同类者在此，而我之所以锡者亦以此也。"非我得私"一句，又见其不可不锡之意，可谓明且备矣。本文"育英才"虽对"恶旨酒"，然"恶旨酒"，实为禹事；"育英才"，不预考叔事。故朱子以"遏人欲"对"育英才"，以禹之恶酒，对颍考叔之及庄公，方于文义为顺，此朱子解书之活法也。"广矣"二字，与"至矣"二字相应。禹之"恶旨酒"，是"顾养"一事，推至于"遏人欲"，如此则其所以"顾养"者至矣。考叔之及庄公，是"锡类"一事，推至于"育英才"，如此则其所以"锡类"者广矣。此事亲事天，本同一理，故事亲之事，推至于事天，方始至始广也。（《西铭详义》）

●吕祖谦曰：好饮酒而不顾父母之养者，不孝也，故遏人欲，如禹之恶旨酒，则所以事天之养者，至矣；性者，万物之一源，非我之得私已，故育英才，如颍考叔之及庄公，则所以永锡尔类者，广矣。○"崇伯子"，禹。盖鲧为崇伯。颍考叔请遗母羹，以起郑庄公之孝心。详见《左传》。（《东莱集注观澜文集》卷十五《西铭注》）

　　柏麓按：吕祖谦此句注解中○以上，除"非有我之得私已"，"已"，朱熹《西铭解》作"也"之外，其余与朱熹《西铭解》全同。○以下句，朱熹《西铭解》无。

●杨伯嵒曰：好饮酒而不顾父母之养者，不孝也，故遏人欲，如禹之恶旨酒，则所以事天者，至矣；人与我同出于天地，我能尽孝，亦欲人之尽孝，故乐得英才而教育之，如颍考叔之及庄公，则其锡类者，广矣。（《泳斋近思录衍

注》卷二)

●熊刚大曰:恶美酒而不饮。○鲧封崇国伯爵,禹其子也。禹"恶旨酒",所以顾父母之养。○笃于教育英俊之材。○颍谷掌封疆之人,名考叔,郑大夫也。能感动庄公思念其母,是锡与俦类,使之皆孝也。(《性理群书句解》卷三《西铭解》)

●保八曰:鲧封崇国伯爵也,禹其子,世禹恶旨酒故云。○颍谷掌封疆之人,名考叔,郑大夫。能感动庄公思念其母,是锡与俦类,使之皆孝也。(《周子通书训义》)

●曹端曰:"崇",国名。"伯",爵也。"子",指禹也。○好饮酒而不顾父母之养者,不孝也,故遏人欲,如禹之恶旨酒,则所以顾天之养者,至矣。○"颍封人",颍考叔也。隐元年,郑伯克段于鄢,遂置庄姜于城颍,誓之曰:"不及黄泉,无相见也。"考叔闻之,求献于公,赐之食,啜羹而舍肉。公问之,曰:"母在,请以遗之。"公曰:"尔有母,我独无。"考叔问之,公语之故,且告之悔。对曰:"君何患?若掘地及泉,隧而相见,其谁曰不然?"公从之,母子如初。《诗》曰:"孝子不匮,永锡尔类。"其是之谓乎!○性者,万物之一源,非有我之得私也,故育英才,如颍考叔之及庄公,则所以"永锡尔类"者,广矣。(《西铭述解》)

●集览:"恶旨酒,崇伯子之顾养。"按《战国策》:仪狄作酒,禹饮而甘之,曰:'后世必有以酒亡其国者。"遂疏仪狄而绝旨酒。按《索隐》:鲧初受尧封为崇伯,以治水无绩,被殛。长子禹继位,故称崇伯子。○"颍考叔之及庄公"。按:《左氏》:颍考叔,春秋时颍谷封人,闻郑庄公誓不见母,有献于公。公赐之羹,食而舍肉。公问之,对曰:"小人有母,请以遗之。"公感其言,遂为母子如初。庄公名寤生,武公子也。(《性理大方书》卷四《西铭》)

●李滉曰:"恶旨酒,崇伯子之顾养",仪狄作酒,禹饮而甘之,曰:"后世必有以酒亡其国者。"遂疏仪狄而绝旨酒。"崇",国名。"伯",爵也。禹父鲧封于崇,故《国语》谓之崇伯,其子谓禹也。《孟子》以"博弈好饮酒,不顾父母之养"为五不孝之一。故横渠引此,而反其语,云:禹之恶旨酒,乃遏人欲而存天理,如人子不好饮酒,而能顾父母之养也。○"育英才,颍封人之锡类",《孟子》曰:"得天下英才而教育之,三乐也。"颍考叔,春秋郑庄公臣也,为封疆之官,故谓之"封人"。庄公以弟共叔段叛,置母于城颍,誓曰:"不及黄泉无相见。"既而悔之。考叔闻之,见公。公赐之食,舍肉羹,曰:"请以遗母。"

公曰："尔有母,我独无。"考叔问："何谓也?"公告之故,对曰:"掘地及泉,隧而相见,谁曰不然?"公从之,母子遂如初,其乐融融。君子曰:"考叔,纯孝也,爱其母,施及庄公。《诗》曰:'孝子不匮,永锡尔类',其是之谓乎?("不匮",孝心不穷也。"类",畴类也。)横渠引此,而言君子推吾天性之善,以教天下之英才,使之皆善。如考叔,推己孝以及庄公,使亦为孝子也。(《西铭考证讲义》)

●姚舜牧曰:好饮酒而不顾父母之养者,不孝也,故遏人欲,如禹之恶旨酒,则所以顾天之养者,至矣;性者,万物之一源,非有我之得私也,故育英才,如颍考叔之及庄公,则所以永锡尔类者,广矣。(《性理指归》卷六)

柏麓按:此与朱熹《西铭解》全同。

●崔有海曰:天命之性,发于感物之际,固无不善之端。而人欲之萌,源于血气,故天理不能流行。人欲从之放肆,因为得罪于天者,莫非不能遏人欲之故也。若以"恶旨酒"言之,则声色货利怠慢之欲,皆是有害于天理。若使防意如城,通理如川,绝其物欲之私,上通天理之正,则克己无欲,虽为自养之道,乃事天之本也。"己欲立而立人,己欲达而达人",使天理之在于人者,必尽其推明之道者,乃爱人以德之仁术也。天之生人也,圣贤必得天地精英之气,聪明睿智,足以弘济万物者。天非有私于圣贤也,必欲使圣贤修万民之教化,成万世之太平,此乃推己及人之实,而为天地生成大用者也。(《嘿守堂先生文集》卷七)

●雷于霖曰:酗酒之溺,甚于滔天之水;八载之劳,不挽三爵之流。古今人沉酒而死者,曷可胜纪!"六经"皆有戒辞,奚止禹之恶旨。孝子曰:"我欲践父母之形,而可使酒为困乎?我欲养父母之性,而可使酒为乱乎?亦犹禹之恶也。杯斝之际,不忘父母,谓之顾养之子。"○乾坤无尽,吾孝思亦无尽。一人孝,何若人人孝?一世孝,何若万世孝?孝子曰:"是不可托之庸人。托之英才,但英才而得其养,为能发性体之光;英才而不得其养,未免为性体之累。吾广之以学问,令之充拓得尽;矫之以变化,令之磨砻得精。才高者必傲,范之以乾父坤母之尊,则恭敬常存而高才不至于骄吝;才多者必浮,联之以民胞物与之亲,则慈爱常存而多才不流于放诞。斯人也,数世而一出,千里而一见,吾何能尽见其人而耳提面命哉!惟留之话言,寄之风声,令后起者闻吾风、读吾书,晓然知乾坤父母、民胞物与原自一家,将有才而不敢私之用,以服父母之劳,有才而不忍小之用,以济胞与之急。善根不断、福种不绝,皆吾教育之所成也。正如颍考叔一言,令庄公母子相见如初,通天下万世以为孝,则吾孝思,宁有匮哉!此之谓锡类之子。"(《西铭续生篇》,李元春《青照堂丛书续编》本)

●高尔俨曰:好饮酒而不顾父母之养,不孝也。遏人欲所以存天理,故恶旨酒者,即崇伯子,事天如事亲,顾养其亲之至者也。颍考叔,纯孝也,爱其母,施及庄公,苟能得英才而教育之,使皆知存心养性以事天,所谓尽己性以尽人性,为颍封人,锡类之孝矣。人之于天,关切如此,而可不共勉乎!(《古处堂集》卷一《西铭演义》)

●林恕曰:今按:《西铭》取用"锡类"字,专据《左传》意,不与《诗》《毛传》《朱传》合,所谓"不以文害意"也。○《离娄下》曰:"禹恶旨酒而好善言。"《国语·周语下》曰:"其在有虞,有崇伯鲧。"韦昭注曰:"'鲧',禹父;'崇',鲧国;'伯',爵也。"○《离娄下》曰:"博弈好饮酒,不顾父母之养,二不孝也。"○《尽心上》曰:"得天下英才而教育之,三乐也。"○"崇伯子",犹《春秋》曰:"仍叔子""武氏子"。《论语》曰:"郑人之子"类也。○《左传·隐元年》:"颍考叔为颍谷封人。"《诗》曰:'孝子不匮,永锡尔类',其是之谓乎?"今按:"颍封人",犹"仪封人"、"华封人"之类。○《左传》林注:"以己之孝诚,锡及其畴类,皆为孝也。"今按:《毛传》《朱传》皆谓"类,善也",与《左传》意异。唯郑《笺》与《左传》林注合。(《西铭私考》)

●山崎闇斋曰:○第九节。《孟子》曰:"禹恶旨酒"。(《娄离》)《战国策》:'昔者,帝女令仪狄作酒而美,进之禹,禹饮而甘之,遂疏仪狄,绝旨酒,曰:"后世必有以酒亡其国者。"'"(《魏策》)○《国语》:"在有虞氏,有崈伯鲧。"(《周语》注:"崈",古"崇"字。)○《孟子》曰:"好饮酒,不顾父母之养,不孝也。"(《离娄》)○《孟子》曰:"得天下之英才而教育之。"(《尽心》)○《左传》:"郑庄公置姜氏于城颍而誓之曰:'不及黄泉,无相见也。'既而悔之。颍考叔为颍谷封人,闻之,有献于公。公赐之食。食舍肉。公问之,对曰:'小人有母,皆尝小人之食矣,未尝君之羹。请以遗之。'公曰:'尔有母遗,繄我独无!'颍考叔曰:'敢问何谓也?'公语之故,且告之悔。对曰:'君何患焉?若阙地及泉,隧而相见,其谁曰不然?'公从之。公入,而赋'大隧之中,其乐也融融。'姜出而赋:'大隧之外,其乐也泄泄'。遂为母子如初。君子曰:'颍考叔,纯孝也,爱其母,施及庄公。《诗》曰:'孝子不匮,永锡尔类。其是之谓乎'?"(《隐元年》,《诗·既醉》篇。)○张子曰:"性者,万物之一源,非有我之

得私也。"(《正蒙》)(《文会笔录》卷十二)

●王夫之曰：惟遏欲，可以养亲，可以奉天；惟与人为善，则广吾爱而弘天地之仁。(《张子正蒙注》)

●张英曰：大禹，崇伯之子。○好饮酒而不顾父母之养者，不孝也，故遏人欲，如禹之恶旨酒，则所以顾天之养者，至矣；性者，万物之一源，非有我之得私也，故育英才，如考叔之爱其母而施及庄公，则所以永锡尔类者，广矣。(《御定孝经衍义》卷二)

●张伯行《濂洛关闽书·西铭解》曰：禹之父鲧封崇伯，故称禹为"崇伯子"。"颍封人"，颍考叔也。夫践形惟肖，在于乐天、畏天。是可知古之所谓肖子者，惟是合人己，兼常变，而无一不尽其道而已。彼夫甘旨酒，则溺于嗜欲，惟遏人欲以"恶旨酒"，斯天理可合，所以顾天之养者至矣，此大禹之能"顾养"也。弃"英才"，则不能尽人之性，惟弘教思以"育英才"，斯善量并包，所以"永锡尔类"者广矣，此颍考叔之能"锡类"也。"顾养"，则孝存于己。"锡类"，则孝及于人矣。(《濂洛关闽书》卷二)

○《近思录集解·西铭解》曰：自此以下三节，乃举古来之善事亲者，以证事天之功也。事天者必绝嗜欲以养性，养性者不忘天也，犹之养身者不可忘父母。人之遏欲，能如禹之恶旨酒而不忘天之养，则与孟子言"好饮酒而不顾父母之养"者，大悬绝矣！事天者必有以成物，然后完其成己之量，犹之事亲必能以孝感化人，然后为孝道之纯。人能本天为教，如孟子所云"得英才而教育"，则与颍考叔之推纯孝之类以锡及庄公者，又彼此同揆矣。(《近思录集解》卷二)

●窦克勤曰：崇伯子之恶旨酒，凡天下之遏人欲者，概如此矣。人欲既遏，天理必存，以之答天地生我之意，是即子能顾父母之养者也。颍考叔之及庄公，凡天下之育英才者，概如此矣，英才既育，锡善必多，以之广天地生物之心，是即子于父母有"不匮"之思，而"永锡尔类"者也。"类"，善也。○禹父鲧，尧封之于崇，为崇侯，故禹为崇伯子。○考叔为颍谷封人，郑庄公赐食，食舍肉曰："小人有母，请以遗之。"公誓不见母，因其言感悟，遂相见如初。左氏曰："《诗》云：'孝子不匮，永锡尔类。'其是之谓乎！"(《事亲庸言》卷一《事亲如事天，事天如事亲第一》)

●室鸠巢《西铭详义》曰：《孟子》曰："禹恶旨酒而好善言。"又，仪狄事见《战国策》。崇伯，禹父鲧，封为崇伯。"顾养"，是孟子论不孝之言。"育英才"见《孟子》,云"得天下英才而教育之"。颖考叔,事见《左传》。"锡类"见《诗·大雅·既醉》之篇,云"孝子不匮,永锡尔类",《左传》亦引之,以赞颖考叔。"尔"指孝子,此"类"字,犹"同类"之"类",不可依《诗》本义,以"善"字解之。"锡类",谓资予同类之人。盖天下之为人子者,同事亲之道,所以与孝子为同类。故孝子以其孝及人,使人亦孝其亲,是资予同类之人也。此一节,言大禹"恶旨酒"者,禁遏人欲,不敢自纵,不负天地生我之恩,所以为顾父母之养也。君子"育英才"者,以善及人,不敢自私,不负天下同性之理,所以为孝子之"锡类"也。(《西铭详义》)

●华希闵曰:"恶旨酒",亦遏人欲之一端,此处引来,与孟子同意,是举一以见其全也。"顾养",亦不必粘"酒"字上说。○父母顾子,人人皆孝,天地原人,皆为圣贤。己孝而锡类他人,使之亦尽孝道,此真孝子也。己能乐天畏天,而教育英才,使之亦知畏天乐天,此亦天之大孝子也。(《性理四书注释》之《西铭辑释》)

●茅星来曰:"恶旨酒",见《孟子》及《战国策》。"崇",国名。"伯",爵。《史记索隐》云:《连山易》曰:'鲧封于崇。'《国语》有"崇伯鲧"是也。"颖",地名;"封人",官名,郑大夫颖考叔也。事见《春秋左传》。(《近思录集注》卷二)

●王植曰:愚按:此以"明德""新民"对举也。《索隐》谓:鲧初受尧封,为崇侯,故称禹曰崇伯子,疏仪狄而绝旨酒,事见《战国策》。郑颖考叔锡类,事见《左传》隐公元年。"孝子不匮,永锡尔类",《大雅》"既醉"之诗,《左氏》引以美考叔者也。"顾养""育英才",皆用《孟子》语。(《朱子注释濂关三书·西铭》)

●李宗洙曰:"恶旨酒",谨按:《语类》:"旨酒,欲也。"○"育英才",解:"性者……得私也":按:本横渠《正蒙》语。(《后山先生文集》卷十四《西铭劄疑(朱子解)》)

○《答金道彦别纸(乙卯)》:《西铭》"颖封人之锡类"。《语类》:义刚曰:"庄公见颖考叔而告之悔,是他天理已渐渐明了,考叔当时却开明义理之说,使其豁然知有天伦之亲。今却教恁地做,则母子全恩依旧,不出于真理,其所以略能保全而不复开其隙者,特幸耳。"曰:"恁地看得细碎。且如这样,以他重那盟誓未肯变,故且教他恁地做,全得大义,未暇计较,这个又何必如此去论他?""窃谓人臣进谏之道。亦不可一概论。如庄公之事,既知有悔,则于母子之天,盖已有开明处。但拘于盟誓之言,不能直遂,故教以作隧以践黄泉之约,而复其母子之旧。庶几其谲谏者,朱子所以取之也。如是看,未知如何?"(《后山先生文集》卷六)

●金宗德《答李学甫·别纸》:"颍封人之锡类":人有私欲之蔽,而天则理而已矣。是以张子只以事类之相近者,断章截句而取之。初不可以有些过当之义论之,若就《西铭》中表见之人,欲论行处之精微处,则反失《西铭》之义,朱子所谓"不济得事"也。然离了《西铭》,所当别明颍考叔之事母子以黄泉为期者。天下之大变,帝王彝伦之变,何可以区区约誓为言耶?万古事变无穷,若皆拘于约誓,周遮弥缝,则天下事将何处抵泊?若使张子为万世虑,如文王、孔子,则恐不用颍考叔矣。朱子以公羊子为不解事者,果何义也?区区气质粗厉处,于此尤可验。恐甚。(《川沙集》卷五)

●李塽《答从侄》:"《西铭》'恶旨酒'注'遏人欲如恶旨酒',此义未莹。愚意不好饮酒,所以顾养。则禹之恶旨酒,所以顾养于天也。如此看,如何?""禹之恶旨酒,固可谓顾养于天。然若只将'恶旨酒'一事,便可做顾养于天,则岂不浅且狭哉!'遏人欲'三字,所以所包者广也。"(《俛庵集》卷八)

●刘沅曰:好饮酒,不顾父母之养,为不孝。禹"恶旨酒",恶其易以溺人,非但保身。"育英才",乃君亲师各人分所当为之事。天何待养?言事天而以不顾父母之养,譬于义不伦。爱敬其亲,而推以及于民物,曰"锡类"。夫子言:"一举足而不敢忘父母,一出言而不敢忘父母",推之伐一树,杀一兽,不以其时,皆非孝,此"锡类"之义也。左氏美考叔,反形郑庄不爱其母,故不爱其弟,非考叔果有不匮之孝也。引来亦未确,当若云守身事亲,广亲之仁,不用"恶旨酒"、"颍考叔"事,则妙。(《正讹·西铭解》)

●李元春曰:此下各举一事而言。皆以事亲明事天。"恶旨酒",遏人欲之一端;"育英才",广教化之一事。(《关中道脉四种书·张子释要》之《张子西铭全注》)

●金宪基曰:横渠此段以下,固皆是引事语。但既引事后,却都无引事之迹,浑浑只是自说己意,政不可泥迹说。○"恶旨酒",而今便只作"遏人欲看"。既"遏人欲",则仁之全体,将得其养,何苦而泥其迹?必谓及物行仁之一事,又何必以穷知证之?"育英才",只是"与人为善"意,又何当乎"无忝""匪懈"之语?圣固是"穷神""知化",贤固是"无忝""匪懈"。然事各有类,言各有当,不可如此徇名立说,转没交涉。且就其事论之,禹之恶旨酒,疏仪狄,只是自己窒欲,何谓及物行仁之一事? 知后之有亡国,固是远识,又何以遽见其为穷神知化? 如说禹元是穷神知化者,元来既如此,则今日想无不如此云,得乎? 育才事,自不消说。(《初庵全集》卷三)

●罗泽南曰:孟子曰:"禹恶旨酒。"《战国策》:仪狄作酒,禹饮而甘之曰:"后世必有以酒亡其国者",遂疏仪狄,绝旨酒。《索隐》:鲧初受尧封,为崇侯。以治水无绩,被殛,长子禹袭位。《左传》:郑伯克段于鄢,置母姜氏于城颍,而誓之曰:"不及黄泉,无相见也。"既而悔之。颍考叔为颍谷封人,闻之,有献于公。公赐之食,食舍肉。公问之,对曰:"小人有母,皆尝小人之食矣,未尝君之羹,请以遗之。"公感其言,遂为母子如初。君子曰:"颍考叔纯孝也,爱其母施及庄公。《诗》曰:'孝子不匮,永锡尔类',此之谓乎!"○锡类,已尽其孝。"锡",及其畴类,皆为孝子也。好饮酒而不顾父母之养者,不孝之子也。酒能恣人之欲而乱其性。禹恶旨酒,不令天性之稍乱,而后所以事天者,至是能顾天地之养者也。颍考叔爱其母,施及庄公,子之能锡类者也。性者,吾与人共得于天地,吾能自尽其性以事天而为天之孝子,又能育天下之英才,使之各尽其性以事天而为天之孝子,是亦如颍封人之锡类矣。(《西铭讲义》)

○泽南案:世俗所谓不孝者五,不止好饮酒一节。人一有犯之者,便为不孝乎亲,即为不孝乎天。《西铭》特举一以例其耳。○天生许多英才,天地亦不能自教之。使非有先觉者为之启迪,任其聪明才力,或过于高远,或趋于歧途,遂致所得于天之体不能全,所得于天之性不能尽,岂不辜负此美质? 岂不辜负上天笃生英才之意? 能为育之,使之有以明善,而诚身以尽事天之道,为天下多成就得一个好人,即为天地多成就得一个孝子。孔子"有朋自远方来",孟子"得天下英才而教育之"之乐,正以其能"锡类"耳。○"合德"与"秀",是已成就了底圣贤。"英才",是未成就底圣贤。育之则可以秀出乎等夷,而渐几于合德之域。君子之身,出则行其胞与之道于天下,处则传其胞与之学于吾徒,或显或晦,皆是欲为天地做事业底人,古今来未曾虚生了一个圣贤。(《西铭讲义》)

●金道和曰:"恶旨酒,崇伯子之顾养",禹之恶旨酒,即所以"遏人欲"也。然直言"遏人欲",则与"顾养"字不相衬贴,故特以"恶旨酒"言之,以对夫好饮酒之为不顾养。而"恶旨酒"三字,无以见"事天""顾养"之实,故朱夫

子又以"遏人欲"三字,发明"恶旨酒"之意。(《西铭(读书琐义)》)

●柳重教曰:"志""懈""类"协韵。〇此下三节,引古人之能践形者以实之。此节二人,皆孝之处常而尽道者也。崇伯子,自尽其道者也;颍封人,推以及人者也。(《省斋集》卷三十《西铭句节次第》)

●唐文治曰:大禹非饮食而致孝乎鬼神,故曰"顾养"。《诗》曰:"孝子不匮,永锡尔类。"能教育则可以传吾之学说,而广吾之孝行,故人道以教育为最重。(《性理学大义·张子大义》)

●张绍价曰:"恶旨酒",遏欲所以存理,畏天之事也。"育英才",成己自能成物,乐天之事也。(《近思录解义》卷二)

●陈荣珪曰:"伯子"者,夏禹也。仪狄作酒,禹饮而甘之,遂疏仪狄,绝旨酒,曰:"后世必有以酒亡国者。""颍封人"者,颍考叔也。以舍肉遗母,悟郑庄公者也。"永锡尔类",殆有推及之义。孟子"得天下英才而教育之,三乐也。"(《西铭解》,《感化月刊》1933年第1卷第2期)

●缪篆曰:《论语》称禹"致孝乎鬼神"。郑玄《孝经注》谓《开宗明义章》云:"先王有至德要道,以顺天下。""先王"者,禹也。故《章太炎文集》有《孝经》本夏法说。〇又《孝经·庶人章第六》云:"用天之道,分天之利,谨身节用,以养父母。"又《孝经·纪孝行章第十》云:"孝子之事亲也,居则致其敬,养则致其乐。"又云:"居上而骄则亡,为下而乱则刑,在丑而争则兵,三者不除,虽日用三牲之养,犹为不孝也。"〇《诗》曰:"孝子不匮,永锡尔类。"隐公元年《左氏传》,引以赞颍考叔也。(《读张横渠〈东铭〉〈西铭〉》,《新民》1935年第1卷第2期)

●查猛济曰:崇伯之子,禹也。酒能乱德,恶旨酒,乃顾天地父母之养也;颍谷封人,请遗羹于母,以起郑庄公之孝,今我育天地所生之英才,则是以孝心与其类也。(《张子〈西铭〉的抗战哲学》,《胜利》1939年第32期)

●杜天縻曰:"恶旨酒",《孟子·离娄下》:"禹恶旨酒而好善言。"赵《注》:"旨酒,美酒也。仪狄作酒,禹饮而甘之,遂疏仪狄而绝旨酒。"〇"崇伯子",即夏禹。《史记·夏本纪·索隐》:"《连山易》云:'鲧(禹之父)封于崇,故《国语》谓之崇伯。'按:《书·舜典》:"伯禹作司空。"《传》云:"'禹代鲧为崇伯。'是鲧与禹先后封为崇伯也。〇"育英才",《孟子·尽心上》:"得天下英才而教育之,三乐也。"赵《注》:"'育',养也。教育英才,成之以道。"〇"颍封人之锡类",春秋郑庄公既克弟公叔段,遂置其母姜氏于城颍,誓不在相见。颖封人名考叔见庄公，以遗肉感悟庄公，遂使庄公迎姜氏为母子如初，君子称颖考叔为纯孝，并引《诗》以美之。《诗》曰："孝子不匮，永锡尔类。"事见《左传》鲁隐公元年。按：所引《诗》为《大雅·既醉》章，《传》云："'永'，长也。孝子之行，非有竭极之时，长以与女之族类，谓广之以教道天下也。"颖考叔能爱其母，因以施及庄公，此所谓"锡类"也。(《西铭笺释》，《浙江自治》1939年第13期、第14期、第15期连载)

●王淄尘曰："旨酒"，是味道好的酒。"崇伯子"，夏禹未登王位时的封号。"顾养"，是顾全养生。据旧说：尧帝时，中国大水为灾，尧派名鲧的人去治水，办了九年，毫无成绩。后来舜做了帝，把鲧诛死，却派鲧的子伯禹（即夏禹王）去治水，禹乃苦心劳力了十三年，把水治好，以补救父鲧治水不成的过失，这事在《易经》里赞禹能"干父之蛊"。当时有个人名仪狄者，酿了美酒，禹饮了，以为味道好，因为恐饮酒有害身体，不能顾全养生，即不能做治水的事，补救父的过失，因此痛恶了酒不饮，故曰"恶旨酒，崇伯子之顾养"。○"封人"，是春秋时的官名。那时有个人叫颖考叔，做这个官，故称颖封人。"锡类"者，《诗经》里有"孝子不匮，永锡尔类"的句子。《左传》记：郑庄公有弟名段。庄公之母爱段而恶庄公，竟助段为乱，要篡夺庄公之位。庄公把段逐去，与母誓曰："不及黄泉，毋相见也。"后来颖考叔去见庄公，庄公给他肉吃，考叔把肉包了不吃，庄公问是何故？考叔道："小人有母，这肉拿回去请母吃。"庄公叹道："你有母，我独没有。"考叔问："怎么会没有母？"庄公就把前事说了。考叔道："只要挖个地道，到下面就有了泉水，大家都在那里相会，就应了誓言了。"庄公听了这话，果于地道中与母相见，大家都很喜欢，遂与以前要好时的母子一样。那时候有人称赞考叔道："能自己爱母，又能使庄公也爱母，使同类的人，都成为孝子。""不匮"者，言孝子能永远给你同类的人，都做孝子。此节说"育英才"，因庄公也是有英杰才能的人，但一蒙不孝之名，必使人家看不起他。今颖考叔能使庄公仍做孝子，无异是养育英才了。(《张子西铭》，《前线旬刊》1939年第2卷第18期)

●朱逸人曰：禹之父赏封崇伯，故称禹为崇伯子。史称仪狄作酒，禹饮而甘之曰："后世必有以酒亡其国者。"遂绝旨酒。言其能不溺于嗜欲以顾天之养者也。颖封人，颖考叔也，郑庄公以其弟共叔段之叛而疏其母，置之于城颖而誓之曰："不及黄泉，无相见也。"既而悔之。适颖考叔有献于公，公赐之食，遂乘机开悟庄公，使为母子如初。"锡"，赐也，"类"，畴，类也，《诗》曰："孝子不匦,永赐尔类。"谓孝子之心无穷,能以己之孝感君之孝而赐及其畴类也。(《读西铭》,《服务(诸暨)》1939 年第 2 期)

●毛夷庚曰:崇伯之子,禹也。酒能乱德,"恶旨酒",乃顾天地父母之养也。颖谷封人,请遗羹于母,以起郑庄公之孝。今我育天地所生之英才,则是以孝心与其类也。(《张子西铭》,《大风(金华)》1939 年第 97/98 期)

●孙常钧曰:好饮酒而不顾父母之遗体,最是不孝的事。因为人的嗜酒很容易乱德,所以应注意遏人欲,存天理。像大禹的恶旨酒,这样才算是尽到存心养性的功夫。○相传大禹时,仪狄作旨酒,献给禹王,禹王喝着很觉甘美,但随即就感到它的害处,于是告诫大家说:"后世必有以酒亡其国者。"从此疏仪狄而绝旨酒。○性为万物之源,非一人所得而私,所以应当为天下乐育英才,借以养成纯孝的风气,使天下皆得其所,万物各遂其生。颖考叔因自己的纯孝,推而及于庄公,确实能体天地之仁心,以尽事天地之能事。○原来庄公是春秋时郑国的国君,因为他弟弟共叔段与他不和,于是将叔段驱逐出国去了。同时他母亲武姜平日偏爱叔段,所以也将母亲送出京城,安置在城颖地方,并向他立誓:"不及黄泉,无相见也。"这件事被颖谷封人颖考叔知道了,认为庄公不孝,于是作献物的名义,去见庄公,庄公留他吃饭。他将好吃的肉留下了。庄公很奇怪,问他为什么要留下,他说:"小人有母,皆尝小人之食矣,未尝君之羹,请以遗之。"庄公听了,不禁长叹一声!对他说:"尔有母遗,繄我独无!"于是把过去的情形详细告诉他,深悔自己的错误,很想把母亲迎回来奉养,但以盟誓在先,没有法子。颖考叔说:"君何患焉,若掘地及泉,隧而相见,其谁曰不然。"庄公从之,于是母子相聚如初。颖考叔能以纯孝施及庄公,故《诗》曰:"孝子不匦,永锡尔类。"(孙常钧编注《释西铭》,沅陵中报社,1942 年 3 月版)

●王建新曰:"恶旨酒",是大禹的事迹。大禹之父为崇伯即鲧,故呼禹为"崇伯子"。"顾养",是顾全对父母的孝义。"育英才",是作育人才的意思,出于孟子"得天下英才而教育之,三乐也"。其作用,等于把行孝的感动力推广,如同春秋时代颖考叔以纯孝感动郑庄公,(见《左传》"郑伯克段于鄢"章。)而达到《诗经》上所说"孝子不匦,永锡尔类"的境界。"锡类",有充其族类的意思。颖考叔的官职是"颖谷封人",所以称为"颖封人"。(《〈西铭〉新话》,《湘桂月刊》1943 年第 2 卷第 8 期)

●陈敦仁曰:"旨酒",美酒也。"崇伯子",禹也。酒能乱德,崇伯子之恶旨酒,乃所以为天地父母顾养其身也。○《孟子·尽心》:"得天下英才而教育之。"《左传》引《诗》称颍考叔云:"孝子不匮,永锡尔类。"颍谷封人——颍考叔——遗羹于母,起郑庄公之孝思,是能以自己之孝,使他人亦行孝也。今我为天地作育英才,使人立如己立,使人达如己达,是亦颍封人锡类之事也。(《〈西铭〉注》,《福建训练月刊》1943年第2卷第3期)

●枯木曰:酒为乱性之物,好饮酒不顾父母之养,儒家亦以为戒。崇为国名,伯子指禹而言。禹生平不饮酒,其所以顺养天性为何如乎!郑伯克段于鄢,置其母于城,颍考叔能以孝道启迪之。《诗》曰:"孝子不匮,永锡尔类。"其亦有育英才之意欤!(《西铭口授》,《海潮音》1948年第29卷第2期)

(第十章)

不弛劳而底豫,(李文炤曰:"施",音失。《西铭解拾遗》。柏麓按:李文炤《西铭解拾遗》"弛"作"施"。○《语类》谓:"不弛劳。"横渠解"无施劳",亦作"弛"。《渊源录》:"张天祺不弛其劳,吕大钧不弛厥劳。"曾祁案:"弛""施"通。《周礼·天官·小宰》:"敛弛之联事。"注:"弛"读为"施"。《后汉·光武纪》:"将众部施刑屯北边。"注:"施"读曰"弛","施",解也。《尔雅·释诂》:"弛,易也。"《诗·大雅》:"施于孙子。"笺:"施,犹易也。"《论语》:"君子不施其亲。"何氏晏注:"施,易也。不以他人之亲,易己之亲。"是则不弛不施,皆不改易也。"豫",如《后汉书》言:"天意未豫。"嘉按《前汉书·刘辅传》言:"天心未豫。"曾祁案:《西铭述解》:"厎,致也。豫,悦乐也。"《说文》:"厎,致也,音指。"《书·旅獒》:"西征厎贡厥獒。"又音"致"也。《禹贡》:"震泽厎定。"《尔雅·释诂》:"豫,乐也。"《正韵》:"豫,悦也。"《玉篇》:或作"预"。《正蒙》:"精义入神,豫之至也。")**舜其功也;**(保八曰:见《孟子》。《周子通书训义》)**无所逃而待烹,**(《庄子·人间世》:"无所逃于天地之间。"曾祁案:《史记·越世家》:"蜚鸟尽,良弓藏;狡兔死,走狗烹。")**申生**(张英曰:晋献公之子。《御定孝经衍义》卷二。)**其恭也。**(《礼·檀弓》:"晋献公将杀其世子申生,公子重耳谓之曰:'子盍言子之志于公乎?'世子曰:'不可。君宠骊姬,是我伤公之心也。''然则盍行乎?'世子曰:'不可。君谓我欲弑君也。天下岂有无父之国哉?吾何行如之?'使人辞于狐突曰:'申生有罪,不念伯氏之言,以至于死。申生不敢爱其死。虽然,吾君老矣,子少,国家多难。伯氏不出而图吾君,伯氏苟出而图吾君,<u>申生</u>受赐而死。"再拜稽首,乃卒。是以为恭世子也。"《左传》:"晋献公初娶齐桓公女齐姜,生子名<u>申生</u>。既而伐骊戎,得骊姬,生奚齐。生之,尝欲废<u>申生</u>,而立奚齐。会<u>申生</u>为祭母之胙于公,姬置毒于胙中。公欲享,姬止之曰:'宜试之与犬。'犬死。与小臣,小臣死。<u>申生</u>闻之惧,奔新城,乃诛其傅,<u>申生</u>乃自杀。"曾祁案:又见刘氏向《说苑》四。蔡氏邕《独断》:"知过能改曰恭。"茅氏《近思录集注》:谥法:"敬顺事上曰恭。")

●<u>吕大临</u>曰:自强不息,至于与天地合德,则天下底豫,故先天而天弗违;无妄之以大,非其自取,则天无所逃,故顺受其正。(宋王霆震辑《新刻诸儒批点古文集成·前集》卷四十九《西铭》)

●<u>张九成</u>曰:<u>舜</u>祗载见瞽叟,夔夔斋栗,瞽亦允若,是<u>舜</u>不弛劳而致父母之悦豫,其事父母之孝,大有功于名教,吾能在困苦中竭力为善,以致天地之喜,是乃<u>舜</u>之功也。○大<u>舜</u>逢父怒,大杖则走,小杖则受;(曾祁案:刘氏《说苑》:"小箠则待,大箠则走,以逃暴怒也。")<u>申生</u>不明乎道,乃以死为恭,而成父之恶,不可为训者也。<u>横渠</u>之意,以谓①遭遇谗邪,此命也;顺受其死,以恭顺乎天地,如<u>申生</u>之恭,可也。(《横浦集》卷十五《西铭解》)

●<u>朱熹</u>《西铭解》曰:<u>舜</u>尽事亲之道,而瞽瞍底豫,其功大矣,(《孟子·离娄》:"舜尽事亲之道而瞽瞍底豫,瞽瞍底豫而天下化,瞽瞍底豫而天下之为父子者定,此之谓大孝。"《史记》:"舜父瞽瞍惑于后妻,爱少子象,尝欲杀舜,舜尽孝悌之道。烝烝,乂不格奸。")故事天者,尽事天之道,而天心豫焉,则亦天之<u>舜</u>也;<u>申生</u>无所逃而待烹,其恭至矣,故事天者,夭寿不贰,而修身以俟之,(《孟子·尽心》:"夭寿不二,修身以俟之,所以立命也。")则亦天之<u>申生</u>也。(《语类》:"问:'《西铭》无所逃而待烹,<u>申生</u>未尽子道,何故取之?'先生曰:'天不到得似献公也。有人有妄,天则无妄。若教自家死,便是理合如此,只得听受之。'问:'《西铭》记'颍封人之锡类''<u>申生</u>其恭'。二子皆不能无失处,岂能尽得孝道?'曰:'《西铭》本不是说孝,只是说事天,但推事亲之心以事天耳。二子就此处论之,诚是如此。盖事亲却未免有正有不正处。若天道纯然,则无正不正之处,只是推此心以奉事②之耳。")(胡广《性理大全》卷四

---

① "之意""以谓"四字,《古文集成》作"意谓"。
② "事",底本作"若",据《性理大全》改。

《西铭》)

柏麓按：朱熹注解中"而瞽瞍底豫，其功大矣"，《西铭解义》作"而瞽瞍底豫者也"。○"则亦天之舜也"，《西铭解义》作"则亦舜之功也"。○"申生，无所逃而待烹，其恭至矣"，《西铭解义》作"申生，无所逃而待烹者也"。○"夭寿不贰"，"贰"，《西铭解义》作"二"。○"则亦天之申生也"，《西铭解义》作"则亦申生之恭也"。

●室鸠巢《西铭详义》曰："舜尽事亲之道"以下，正解本文之义。"故事天者"以下，言其本意所在如此；"申生无所逃"，仿此。"天心豫焉"，无他，其和纯乎道德，天理油然而生，即天心之豫也。"天之舜也"，言是天子之底豫者也。"夭寿不二"，"修身以俟"，见《孟子》。"夭寿不二"，应无所逃，言夭寿顺受而已，不措毫发疑虑于其间也。但"不二"二字，须仔细看。天与寿，均是命也。君子视之如一，故曰："夭寿不二。"人恒言："死生命也"。然犹有贪生自私之心，则是夭寿二其心也。"修身以俟"，应"待烹"，言修身以俟之，则其夭寿不二者，务尽其在我者而已，非委于天而自弃也。"天之申生"，言是天之子待烹者也。○问："申生之不去，伯奇之自沉，皆陷父于恶，非中道也。而取之与舜曾同，何也？"朱子曰："彼所事者，人也。人则有妄，故有陷父之罪。此所事者，天也。天岂有妄，而又何陷耶？《西铭》大率借彼以明此，不可着迹论也。"又曰："申生待烹之事恭，若舜须逃也。"(《西铭详义》)

○问："《西铭》'无所逃而待烹'，申生未尽子道，何故取之？"先生曰："天不到得似献公也。人有妄，天则无妄。若教自家死，便是理合如此，只得听受之。"夔孙。(《朱子语类》卷九十八)

●吕祖谦曰：舜尽事亲之道，而瞽瞍底豫，其功大矣，故事天者，尽事天之道，而天心豫焉，则亦天之舜也；申生无所逃而待烹，其恭至矣，故事天者，夭寿不贰，而修身以俟之，则亦天之申生也。○申生，晋世子也。遭骊姬谗邪而死。详见《左传》。(《东莱集注观澜文集》卷十五《西铭注》)

柏麓按：吕氏此句注解中○以上，全同朱熹《西铭解》。○以下句，朱熹《西铭解》无。

●杨伯嵒曰：为其所当为而天佑之，"不弛劳而底豫"者也；处其所难处而心安之，"无所逃而待烹"者也。(《泳斋近思录衍注》卷二)

●熊刚大曰：不敢懈弛其事亲之劳，而能感其父瞽瞍之底致悦豫，舜帝之功致也。○晋献公太子申生,为骊姬所谮。或曰"不如逃之"。太子不从。姬卒谮之,太子自缢新城而死。此所谓"无所逃而待烹"也。详见《左》僖四年。○申生之敬,恭父命也。(《性理群书句解》卷三《西铭解》)

●保八曰:晋献公太子申生,为骊姬所谮。或曰:"不如逃之。"太子不从。姬卒谮之,太子自缢新城而死。详见《左传·僖四年》。(《周子通书训义》)

●曹端曰:"厎",致也。"豫",悦乐也。○舜尽事亲之道,而瞽瞍厎豫,其功大矣,故事天者,尽事天之道,而天心豫焉,则亦天之舜也。○"申生",晋太子也,遭骊姬之谗而死。○申生无所逃而待烹,其恭至矣,故事天者,夭寿不贰,而修身以俟之,则亦天之申生也。(《西铭述解》)

●《集览》:"不弛劳而厎豫,舜其功也"。按《史记》:舜父瞽叟,惑于后妻,爱少子象。尝欲杀舜。舜尽孝悌之道,烝烝乂不格奸。○"无所逃而待烹,申生其恭也。"按:《左传》:晋献公初娶齐桓公女齐姜,生子名申生。既而伐骊戎,得骊姬,生奚齐,幸之。尝欲废申生而立奚齐。会申生荐祭母之胙于公,姬置毒胙中。公欲享,姬止之曰:"宜试之。"与犬,犬死;与小臣,小臣死。申生闻之惧,奔新城。公乃诛其傅。申生自杀。(《性理大方书》卷四《西铭》)

●李滉曰:"不弛劳而厎豫,舜其功",《孟子》曰:"舜尽事亲之道,而瞽瞍厎豫。瞽瞍厎豫,而天下之为父子者定,此之谓大孝。"盖舜父瞽瞍常欲杀舜,使之完廪浚井,舜不以劳苦,弛其孝敬之心,极尽诚笃,故瞽瞍感悟,亦至于悦豫。言君子事天如此,则格天之功,如舜悦亲之功也。○"无所逃而待烹,申生其恭","无所逃于天地之间",语出《庄子》。晋献公用骊姬之谮,欲杀其太子申生。或劝之自明,不可;奔他国,亦不听。遂自杀,谥曰"恭"。今云"待烹",犹言鼎镬且不避也。言君子之处患难,能守死不贰。如此则其敬天之心,如申生之恭也。(《西铭考证讲义》)

●姚舜牧曰:舜尽事亲之道,而瞽瞍厎豫,其功大矣,故事天者,尽事天之道,而天心豫焉,则亦天之舜也;申生无所逃而待烹,其恭至矣,故事天者,夭寿不贰,而修身以俟之,则亦天之申生也。(《性理指归》卷六)

柏麓按:此与朱熹《西铭解》全同。

●李晬光《秉烛杂记》:《西铭》曰:"无所逃而待烹,申生其恭也。"愚按:申生乃雉经而死,非烹也。今曰"待烹",观者不以辞害意,可也。物有彼我,而理无彼我;时有古今,而道无古今,故曰:"以一物观万物,一世观万世。"推

是而反之于身心，无不同者，故曰"以一心观万心，一身观万身。"(《芝峰先生集》卷二十七)

●崔有海曰：人有为善之心，而天不助顺，则必有怨天之心者，不知为善之不笃者也；天有灾祸之及，而不知守正之道者，不知天命之不可违者也。若能极尽其道，如舜之事亲；视死如归、不容人力而苟免者，如申生之就死，则此事天之尽道也。(《嘿守堂先生文集》卷七)

●雷于霖曰：天地岂有不仁爱者哉！当时数穷极之际，其于圣贤君子，偏觉颠危拂乱之甚，正如大舜圣人而遇瞽瞍顽嚚者，倘此时谓天道无知，疑造化不仁，懈祗承之思，废乾济之力，是愈疏也。孝子曰："此父母之劳我也，愈颠危则愈加祗承，愈拂乱则愈勤乾济，积敬竭诚，直至星回日返，觉向之颠危我者转而佑启我，向之拂乱我者转而信顺我，一如舜之不弛斋栗之劳，到底瞽瞍豫悦，以成天下化定之功。"○完廪可逃，浚井可逃，以难在一身耳。如其系纲常之重，关国家之大者，子死孝，臣死忠，死社稷，死封疆，将焉逃乎？不逃而死，为节为烈，光于天地；逃之而终死为殍为戮，辱于天地。孝子曰："自古皆有死，民无信不立，纵有怜而劝我以不死，宽而待我以不死，而吾刚方正大之体性，必不受人之悯怜，挺然不径不实，惟正以待之耳，待之而不烹，天地之灵也；待之而烹，臣子之命也。他年有题我之墓、吊我之魂，犹想我恭敬慈爱之灵，则烹犹不烹也。浩气还天，碧血凝地，此与申生守死新城而谥为'恭'者有异乎？"(《西铭续生篇》,李元春《青照堂丛书续编》本)

●高尔俨曰：舜尽事亲之道而瞽瞍底豫，以瞽瞍之顽嚚，尝欲杀舜，而舜能悦亲于道，得亲之欢。事天者，能尽事天之道，足以感格天心，则亦天之舜矣。申生无所逃而待烹，称之为恭世子。事天者顺乎无所逃之数，而不敢有安排徼幸之思，则亦天之申生矣。夫申生名为恭，不名为孝，为天之孝子者，修德积行，来皇天之眷顾，必如舜之底豫而后可。《书》云"祸福无不自己求之"者，圣贤立命之学，呼吸可通帝座，岂仅委于无所逃之数而已乎？《孟子》言"殀寿不贰"，而必曰"修身以俟"，良有味已。(《古处堂集》卷一《西铭演义》)

●朴长远《劄录》：《西铭》"不弛劳而底豫"，"舜其功"之"功"，是"瞽瞍底豫，而天下之为父子者定"之谓也欤！横渠云："不知疑者，只是不便实作。"此言真有警发人处，心不忘乎学，亦岂易事。(《久堂先生集》卷十八)

●林恕曰：《离娄上》曰："瞽瞍底豫而天下化。"○申生事，详见《左传》《国语》《史记》○注："事天者，夭寿不二，而修身以俟之。"(《尽心上》语) 李滉曰:"'无所逃于天地之间',语出《庄子》。晋献公用骊姬之谮,欲杀其太子申生。或劝之,自明不可,奔他国亦不听,遂自杀,谥曰'恭'。今云'待烹',犹言鼎镬且不避也。言君子之处患难,能守死不贰,如此则其敬天之心,如申生之恭也。"○今按:申生可逃则逃,然后罪于父母,则天地之间不能逃,故自缢而死。然曰"待烹",取申生之心而言之也。虽自杀,其心犹重罪人,待烹于罪也。此只论子不可违父,不必以申生所为,定而为孝子也。"恭世子"三字,见《檀弓》上篇。○《谥法》曰:"执事坚固,曰恭。"又曰:"芘亲之阙,曰恭。"今按:以恭为谥,其义多矣,然申生谥'恭',此二义为当属。(《西铭私考》)

●山崎闇斋曰:○第十节。《家语》:"子贡观于蜡。孔子曰:"赐也,乐乎?"对曰:"一国之人皆若狂,赐未知其为乐也。"孔子曰:"百日之劳,一日之①乐,一日之泽,非尔所知也。张而不弛,文武弗能;弛而不张,文武弗为。一张一弛,文武之道也!"(《观乡射》,又见《礼记·杂记》)○《语类》曰:"不弛劳。"横渠解"无施劳",亦作"弛"。(《渊源录》曰:"张天祺'不弛其劳',吕大钧'不弛厥劳'。")○《语类》曰:"豫,如《后汉书》言:'天意未豫。'嘉按:《前汉书·刘辅传》言:'天心未豫'。"○《孟子》曰:"舜尽事亲之道而瞽瞍底豫,瞽瞍底豫而天下化,瞽瞍底豫而天下为父子者定,此之谓大孝。"(《离娄》)○《庄子》:"无所逃于天地之间。"(《人间世》)○"烹"出《史书》。○《礼记》:"晋献公将杀其世子申生,公子重耳谓之曰:'子盍言子之志于公乎?'世子曰:'不可。君安骊姬,是我伤公之心也。'曰:'然则盍行乎?'世子曰:'不可。君谓我欲弑君也。天下岂有无父之国哉?吾何行如之?'使人辞于狐突,曰:'申生有罪,不念伯氏之言也,以至于死。申生不敢爱其死。虽然,吾君老矣,子少,国家多难,伯氏不出而图吾君,伯氏苟出而图吾君,申生受赐而死。'再拜稽首,乃卒。是以为恭世子也。"(《檀弓》,又见《左传》《史记》)○《孟子》曰:"夭寿不贰,修身以俟之,所以立命也。"(《尽心》)(《文会笔录》卷十二)

●王夫之曰:不可逆者亲,而有时不能顺。舜尽诚而终于大顺,以此知天地之变化,剥复无恒,而大人拨乱反治,惟正已立诚,而可挽气化之偏。○道尽则安命,而不以死为忧,盖生我者,乾坤之大德,非己自有,生而天夺之,故身为父母之身,杀之生之,无可逃之义;德未至于圣,无如自靖以俟命。(《张

---

① "之"字底本缺,据《孔子家语》补入。

子正蒙注》)

●张英曰：舜尽事亲之道，而瞽瞍厎豫，其功大矣，故事天者，尽事天之道，而天心豫焉，则亦天之舜也；○申生无所逃而待烹，其恭至矣，故事天者，夭寿不贰，而修身以俟之，则亦天之申生也。(《御定孝经衍义》卷二)

○臣按：申生以骊姬之谗自杀，晋人谓之"恭世子"。《西铭》亦以"无所逃而待烹"为恭，而先儒有讥其进不能自明，退不能违难，陷父于不义，为大仁之贼者。而《春秋》之书法目晋侯斥言杀，则专罪献公也。伋、寿之事，卫人悲之。二子乘舟之诗(《邶风》)所为作也。使伋子能知从父之令不可以为孝，则进之当以诚自明，退之当以权违难；寿子既知其情，则当谏，三谏不听，号泣随之矢之，以必与伋子俱死，安知宣姜不以爱其所生之故感悔也。徒兄弟俱死，欲不以伤父之志，此申生之所以尤(过也)而效之者也。二公嬖妾信谗，不夫；宣姜、骊姬，搆恶成乱，不妇。司马迁曰："余读世家言，至于宣公之太子以妇见诛，弟寿争死以相让，此与晋太子申生不敢明骊姬之过同，俱恶伤父之志，然卒死亡，何其悲也。"呜呼！此夫子目晋侯而斥言杀也，所以正父子之伦，亦以正兄弟夫妇之伦也。(《御定孝经衍义》卷八)

●张伯行《濂洛关闽书·西铭解》曰：申生，晋献公之子，谥"恭世子"。舜竭力事亲，不弛其劳，而终得亲之厎豫，其孝之功大矣。人能尽事天之道，而天心豫，则亦天之舜也。申生遭谗不避，甘于就死，"无所逃而待烹"，其敬父之命至矣。人能"夭寿不贰"，而"修身以俟之"，则亦天之申生也。(《濂洛关闽书》卷二)

○《近思录集解·西铭解》曰：事天者必至能格天，方见尽人之隆，亦如事亲者必顺亲，方见尽孝之大。事天之道若得致天心豫顺，则与"舜尽事亲之道而瞽瞍厎豫"者，其功一也。事天者必当修身以俟，惟天所置，亦如事亲者先意承志，罔敢有违耳。事天之道若能安命奉行，则与申生之被谗、无所逃而待烹，其恭一也。(《近思录集解》卷二)

●窦克勤曰："弛"，夸张之意，舜不自弛，其事亲之劳，惟夔夔齐栗，祗载见瞽瞍，而瞽瞍亦致于豫悦，瞽瞍厎豫而天下化，天下之为父子者定，功莫大焉。人而尽事天之道，忘其劳以致天心之豫悦，亦犹是也。申生遭难，无所逃避而就死，恭斯著焉。人而顺天之命，凡吉凶祸福之来，不倖徼，不苟免，其恭谨听顺，亦犹是也。○舜遭后母傲弟之变而瞽瞍厎豫，申生被骊姬之谗而无逃待烹，其境则逆，其心则顺，故举此事亲之事，以例事天之事。(《事亲庸

言》卷一《事亲如事天,事天如事亲第一》)

●室鸠巢《西铭详义》曰:"不弛劳",谓竭力共职。舜以此事亲,而至于瞽瞍底豫,其功大矣。君子事天如此,则与舜同功者也。"无所逃",言得罪于父,亦无所逃。申生曰云云,今张子以此三字,该申生之言也。"待烹",谓鼎镬在前而不敢避,申生自缢而曰"待烹"者,盖谓从容赴死之意耳,亦无所逃,从容赴死。申生以此事亲,其恭至矣。君子事天如此,则与申生同恭者也。"恭世子",谓申生,见《檀弓》。盖事天如舜之底豫者,下学上达,知我者天,是与天为一者也。事天如申生之待烹者,夭寿不二,修身以俟,是死生不变者也。又按:此以上数段,每句上说事天,下说事亲,至此张子专以事亲一事言之。譬之诗,前数段则兴也,皆存两义,此一段与次段,则比也。单说事亲,其本意不过只以此翻作事天看。朱子于此解之,以为"天之舜","天之申生",亦可见矣。(《西铭详义》)

●华希闵曰:此节即孟子教人立命之旨,幸而顺,则为舜;不幸而逆,则为申生,在我只尽事之之道,不以顺逆介怀,方是天之孝子。申生本不足与舜并称,然此处举为处顺、处逆者榜样,正以平叙为是,不必作轩轾。(《性理四书注释》之《西铭辑释》)

●茅星来曰:"弛",施纸反。"申生",晋献公世子。事见《春秋》内外传及《礼记·檀弓》。谥法:敬顺事上曰"恭"。朱子曰:"舜之底豫,赞化育也,故曰功。申生待烹,顺受而已,故曰恭。"问:"颍封人、申生皆不能无失处,岂能尽得孝道?"朱子曰:"《西铭》本是说事天,不是说孝。盖事亲有正不正,若天道纯熟,则无正不正之处,只是推此心以奉若之耳。至若申生无所逃而待烹,固为未尽子道,然若事天如此,则又可谓能尽其道者。盖人有妄,天则无妄,若命之死,自是理当如此。惟有听受之而已,固不得以献公比也。"(《近思录集注》卷二)

●李绂《答蔡生(膺祥)问目(己亥)》:申生事,亦是穷格之一端矣。曾子耘瓜而伤其根,父以杖击背,仆地而苏,退而援琴而歌。孔子闻之怒。夫受杖而仆地,圣人非之。况死而彰其父之恶乎?程子曰:"舜百事从父母,只杀他不得。"若使舜处申生之地,则父虽顽,必不命之死。虽命之死,必不死矣。浚井焚廪,先儒以为决无是事。设令有之,使舜不能烝烝乂而死于井廪之间,何以为舜?是以程子之论申生,有曰:"此只是恭也,若舜便逃也。"是岂不为处义之一证?此"恭"字,与《西铭》所云"其恭"同义。盖恭则恭矣,不可谓孝也。岂可以横渠借引之语,朱子注解之辞,遽认以为义理之至当哉?顷问中人伦之变,未易言者,概以本事,要当别论。不欲于文义之外,生出枝叶矣。来示及此,不敢不罄其说,未知如何?(《陶庵集》卷十三)

●王植曰:愚按:此与下节"皆以常变"对举也。舜遭父顽母嚚,亦未必为顺,故朱子谓"舜,伯奇之徒",皆是变。然以视申生之死,亦自有顺逆之分,故双峰饶氏以"待烹""顺令"为处变。○"不弛劳"者,不懈其怨慕之心也,卒致"厎豫",故曰"功"。"厎豫"用孟子语。申生事,见《左传·隐公四年》。申生自缢,曰"待烹者",甚言其不避死也,后谥曰"恭世子"。(《朱子注释濂关三书·西铭》)

●尹凤九《答李士亮"观〈西铭〉可以知仁"》:"无所"止"烹":"申生之逃,不害于'大杖则走'之义。"或问曰:"申生、伯奇,皆陷父于恶,非中道而取之,何也?"朱子曰:"彼所事者,人也,人则有时而出于人欲之私,故有陷父之失。此所事者,天也,天岂有妄处耶?《西铭》大率借此以明彼。观此论二子者,可知盖天之死生祸福于我者,惟当顺受而已。"(《屏溪集》卷二十三)

●李宗洙曰:"不弛劳""其功也",按:《语类》:"横渠解'无施劳'作'弛'。"不弛劳,盖用颜子语。○又按:《内则》:"谏若不入,劳而不怨。"《书·金縢》:"周公自以为功。""劳"字、"功"字,盖出于此。○"无所逃""恭也",解:"夭寿不贰,俟之。"亦出《孟子》。(《后山先生文集》卷十四《西铭劄疑(朱子解)》)

●李堣《答从侄》:"'无所逃而待烹',以事天言之,则夭寿不贰,修身以俟,固为至矣。而以事亲言,则申生之恭,不能无议。引此为说,或无事天事亲殊道之嫌否?""事天事亲,固是一个道理。然天人之间,不能不异,则所以事之者,乌得无少异处耶?申生之事亲,虽不能无议,而以之事天,则无不尽矣。"(《俛庵集》卷八)

●李元春曰:其上能使天悦,为天之舜;其次于天不违,为天之申生。(《关中道脉四种书·张子释要》之《张子西铭全注》)

●金宪基曰:此下所说,拘拘于圣贤之分而引类连说,拳拳于名篇之语而逐段牵通,一向差谬,离本远真。遂至于不可收回,甚非所望,只如瞽瞍之舜,献公之申生,固自有间,若天之舜、天之申生,又何有分别?何至如是分圣分贤,隔一相连,生出无限支节耶!○所谓"既能顾养""锡类,则必有功效"云云者,大不安。如此则"无忝""匪懈"以下许多文字,惟"恶酒""育才"二义为著力处，其余却都只是自然之功效。横渠夫子吃紧为人，不知费却多少言句！而今被此解说，便都没气力，千万不是，切望速改。○"顾养""底豫"，谓"能顾父母之养，则必见悦于父母"云者，此犹可说得。若"锡类""待烹"，自相南北。"锡类"则是育才之称。今谓"既有育才之善则其效必事亲而遭不幸，以至于见烹而后将有令名"，得乎？○且"底豫"句，则自有一"功"字。(此"功"字，只是非常事能做成之谓，非指效验而言也。)或可如此说。今因此句之一"功"字，遂连下句申生事，途穷命迫，有死无他，死而见称之"恭"字，亦作"功"字说，得乎？○所谓"此皆引进顽人之意者，盖说得生庆死荣死必有令名"等句，想是心下亦自觉得不甚安稳，故遂有此语。然横渠立言教人，虽死生在前，只令坚立著心，恭修而待之，此是什么样正大谨严！又何至如是之崎岖委曲，以徒启人谋功计获之邪心也哉！(《初庵全集》卷三)

●柳致明《答金乃锡》：《西铭》"舜其功也"，"以瞽瞍底豫，而天下之为父子者定"，以言圣人之尽人道而有位育之盛，其功大矣。"申生之恭"，虽非孝之尽也，而至于事天而无所逃，则乃君子俟命之义，非有所不尽也。故引之以明君子之事天，必如舜、申生之事亲耳。平日看得如此，但恐其未必中理，为可愧耳。(《定斋集》卷七)

●罗泽南曰：晋献公娶齐姜，生太子申生。后得骊姬，生奚齐。欲废申生而立奚齐。申生祭其母于曲沃，归胙于公。骊姬毒而献之，公祭之地，地坟；与犬，犬毙；与小臣，小臣亦毙。姬泣曰："贼出太子。"太子奔新城。或谓太子："子辞君，必辨焉"，太子不可；曰："子其行乎"，太子亦不可。缢于新城。○"劳"，谓有功。"施"，张大之意。"底"，致也。"豫"，悦也。舜尽事亲之道，未尝自以为孝，终致瞽瞍之悦豫，其功可谓大矣。事天者，尽参赞化育之量，而不自施其劳，至于天心大顺，嘉庥毕至，是大有功于天地者也，天之舜也。献公欲杀世子申生，申生不逃而待烹，其恭至矣。事天者，顺其理之当然，或寿或夭，不以之易其志，是恭以俟天命者也，天之申生也。(《西铭讲义》)

○泽南案：瞽瞍本是不慈底，舜尽子道而瞽瞍底豫，终成其慈父，此舜之大有功于父也。天地固未有不善底，然天地有所不能自为者，每必待人力之裁成。如天能生民，天不能养之也，圣人为之制井田、艺五谷以养之。天赋民以性，天不能教之也，圣人为之设学校、兴礼乐以教之。正宇宙之风俗，挽世运之颓靡，旋乾转坤，救偏补弊，天心因之而大顺焉，此大有功于天地者也。

○舜,孝之至也。彼不过共为子职而已,未尝以为功也。圣人位天地、育万物,亦不过尽吾分内之所当然者而已,未尝以为劳也。○瞽瞍底豫,此舜之有功于父处;瞽瞍底豫,而天下之为父子者定,即舜之有功于天地处。瞽瞍允若至感神,即天之豫舜处。即舜之孝亲一端,便足见事天之实功矣。○或问:"申生之死,献公死之与?抑其气数之命,应止于此而死之与?"曰:"不然。人事未尽,不可以言气数也。死生之故,有因乎天者,有由于人事者。已未尝有致死之端,人亦未尝有以死之。此气数之尽也,天也。若其所禀之气犹强,不遽至于死,或自为斫丧,或妄犯刑戮,或有祸而不知避,或为他人所枉死者,此皆人事为之,不可诿之于气数。惟有罪合诛戮,君相奉天命以诛之,气数虽未尽,理先尽矣,然亦非气数之遽亡也。申生本无罪,献公置之死地,故《春秋》书曰:'晋侯杀其世子申生'。罪献公也。况申生此时亦应逃而去之,不至陷父有杀子之罪,则其死也,于道亦有所未尽耳。若必诿之于气数,则申生不逃之失可以不议,献公之杀子亦是顺天行事,其罪可以不书。如是之论,出凡天下之乱臣贼子、巨盗强寇,皆可以肆行无忌矣,其祸可胜言哉?《西铭》所谓'无所逃而待烹,申生其恭者',不过取其恭顺父命之一节,以明事天之道耳,非以申生之死为天命也。"(《西铭讲义》)

●金平默《答庆希伯(丁亥)》:父母有如献公。天道合下无妄。申生事,施之于事亲,则失之;移此而事天,则为正当道理。《西铭》引申生事,意盖如此。(《重庵集》卷三十)

●李元绷曰:"'不弛劳而底豫',得天之常者,先畏后乐。'无所逃而待烹',值天之变者,以畏为乐。"又曰:"格天之功大,有位育之应;俟天之意恭,无侥幸之心。"(《注释近思录》卷二)

●金道和曰:"舜其功也",此"功"字,乃"功化"之"功"也。尽事亲之道而亲心底豫,尽事天之道而天心豫焉,则其参赞化育之功,果何如哉!故曰:"舜其功也。"一"功"字,善形容圣人功化处,天心豫焉。○天人只是一理,故能尽事天之道,则天心便豫。如所谓阴阳调而四时和,风雨时而甘露降,即其验也,《洪范》庶征之应,其非天心悦豫处耶?○以周公之富,而不至于骄;以颜子之贫,不改其乐。○富而至于骄,则其富也不足以资其善,而适足以丧其善也;贫而不能乐,则其贫也不足以笃其志,而适足以害其志也。盖以富贵福泽为为善之资,则骄心自绝,而可以知福泽之非私我也,乃爱我也。以贫贱忧戚,为励志之方,则乐意自生,而可以知忧戚之非厄我也,乃警我也。然则君

子之事天也,岂以贫富忧乐而贰其心哉。(《西铭(读书琐义)》)

●柳重教曰:"功""恭"协韵。○此节二人,皆孝之处变而得正者也。舜卒得其亲之心,变中之常也;申生卒不得其亲之心,变中之变也。然其不失子道之正,则一也。此以申生为不失其正,主事天言也。下伯奇事亦然。(《省斋集》卷三十《西铭句节次第》)

●郭钟锡《答许后山》:"舜其功也"之"功",似据乎《左氏传》所谓"舜有大功二十,而为天子"云云者矣。(盖"天子"者,天之子也,于《西铭》意较衬。)郑庄幽母,的是大恶之可书者,而迎母之不书,已有纲目之于吕政也,则来悔所难,终似未快,莫若顺看,以鲁旧史之所不载而已。(《俛宇集》卷十七)

●张锡英《答孙德夫别纸》:"申生之行,似不正当。徒知骊姬出而公心不乐,不知姬不出则己死,遗恶名于公,是似于孝不为尽善。《西铭》之称'恭'不称'孝',或非有权衡者乎?""《西铭》之称申生以'恭',只是因其事而以类言之而已。苟以不称孝谓有权衡,则大舜之孝而亦不称孝,只言其功,何也?但申生之死,则未必合理,而其不合理处,只取其人至诚恻怛之意,亦可也。"(《晦堂集》卷十三)

●唐文治曰:不施劳而厎豫,乃乐天之学;无所逃而待烹,乃安命之事。(《性理学大义·张子大义》)

●陈荣珪曰:《孟子》:"舜事其亲之道,而瞽瞍厎豫。"所谓厎豫者,由不乐而至于乐也。申生者,晋献公之子也,为其父妾骊姬所谮而死,横渠先生以其恭而俪诸舜。曲譬哀矜之意,殆存乎其中也。(《西铭解》,《感化月刊》1933年第1卷第2期)

●缪篆曰:《孝经·广要道章第十二》云:"敬一人而千万人悦,所敬者寡而悦者众。"与《孟子》"舜尽事亲之道而瞽瞍厎豫,瞽瞍厎豫而天下悦"同意。○《孝经·谏诤章第十五》云:"曾子曰:'敢问子从父之令,可谓孝乎?'子曰:'父有诤子则身不限于不义,从父之令,又焉得为孝乎'云云。与《孝经》此章相发明者,有《荀子·子道篇》。其言曰:"从义不从父,人之大行也。孝子所以不从命有三:从命则亲危,不从命则亲安,孝子不从命,乃衷。从命则亲耻,不从命则亲荣,孝子不从命,乃义。从命则禽兽,不从命则修饰,孝子不从命,乃敬。故可以从而不从,是不子也。未可以从而从,是不衷也。明于从、不从之义,而能致恭敬、忠信、端悫以慎行之,则可谓大孝也。"○《礼记·檀弓》载申生事,评之曰:"是以为恭世子也。"郑玄注曰:"言行如此,可以为恭,于孝则未之有。"《檀弓》、郑玄之所流传,是孔门圣学之言,非宋儒理学之言也。此条朱晦翁注,牵强。但张横浦注前段甚精,其言曰:"孝子逢父怒,大杖则走,小杖则受。申生不明乎道,以死为恭,成父之恶,不可为训。"不过横浦注后段,则又失之敷衍附会矣。吾师黄希平先生曰:"《春秋》书申生见杀,在灭夏阳后,执虞公前。观申生之死,可以为祸乱灭国者戒。桓庄之族何罪,而以为戮,申生宜见几而谏,一也;晋侯作二军,一出而灭人三国,申生宜见几而谏,二也;伐东山皋落氏,申生宜见几而谏,三也;璧马假道,申生宜见几而谏,四也。《礼记·檀弓》所载,盖表示申生之仁,不如重耳之智。申生死而晋难成矣。微重耳,而晋遂亡矣。孔子曰:'未智,焉得仁。'又曰:'好仁不好学,其蔽也愚。'申生,其仁而愚者欤!以仁孝杀其身,祸并于家国,岂真仁孝足以致祸哉!呜乎!此圣人之学所以泽被万世也。"(《读张横渠〈东铭〉〈西铭〉》,《新民》1935年第1卷第2期)

● 查猛济曰:舜夔夔齐栗,不弛劳而致父母之悦豫,吾能竭力为善,以致天地之喜,是舜之功也;大舜逢父怒,大杖则走,小杖则受,申生不明乎道,以死为恭,成父之恶,不可为训。横渠之意,以为遭遇谗邪,此命也,顺受其死,以恭顺乎天地,如申生之恭,可也。(《张子〈西铭〉的抗战哲学》,《胜利》1939年第32期)

● 杜天縻曰:"不弛劳而厎豫,舜其功也",《孟子·离娄上》:"舜尽事亲之道而瞽瞍厎豫,瞽瞍厎豫而天下化,瞽瞍厎豫而天下之为父子者定,此之谓大孝。"赵《注》:"厎,致也;豫,乐也。瞽瞍(舜之父)顽父也,尽其孝道而顽父致乐,使天下化之,为父子之道定也。"○"无所逃而待烹,申生其恭也",《春秋》晋献公宠骊姬,骊姬谋立其己子为太子,因谗太子申生,献公将杀申生。或劝其行,申生不许,自缢而死。《礼记·檀弓》称申生为"恭世子"。事见《左传》及《国语·晋语》。(《西铭笺释》,《浙江自治》1939年第13期、第14期、第15期连载)

● 王淄尘曰:据《孟子》《史记》所说,舜做百姓的时候,他的父亲叫瞽叟的,因娶后妻,常欲杀舜,舜则总是极尽孝道,故《孟子》曰:"瞽叟亦厎豫",言瞽叟后来到底也安乐了。"不弛劳",是舜不断的劳心力事亲,这是舜的功。○春秋时,晋献公宠一姬,要杀儿子申生,人劝申生逃走,申生不肯,仍尽恭恭敬敬事亲,最终被烹死。(《张子西铭》,《前线旬刊》1939年第2卷第18期)

●朱逸人曰:孟子曰:"舜尽事亲之道,而瞽瞍厎豫。""瞽瞍",舜父也,"厎豫",犹欣悦也。晋献公信骊姬毒胙之谮,将杀世子申生,申生不自白其谮而奔新城,自缢于新城之庙。将死,使猛足言于狐突曰:"申生不敢爱其死。虽然,吾君老矣,国家多难,伯氏不出,奈吾君何?伯氏苟出而图吾君,申生受赐以至于死,虽死何悔?"盖申生受谮,不自辩白,以至于死,陷父于不义,未得为全孝,仅能称"恭"而已。(《读西铭》,《服务(诸暨)》1939年第2期)

●毛夷庚曰:舜夔夔斋栗,不弛劳而致父母之悦豫,吾能竭力为善,以致天地之喜,是舜之功也。大舜逢父母怒,大杖则走,小杖则受;申生不明乎道,以死为恭,成父之恶,不可为训。横渠之意,以为遭遇谗邪,此命也;顺受其死,以恭顺天地,如申生之恭,可也。(《张子西铭》,《大风(金华)》1939年第97/98期)

●孙常钧曰:由不乐致于乐,叫做"厎豫"。大舜因父顽母嚚,他就敬慎恐惧,不矜其孝,而使父母喜悦。就是对于傲弟象,亦以"象忧亦忧,象喜亦喜"的诚意去感化他。○《史记》上有言:"舜父母使他去治仓廪,去其梯而焚之,舜乃以两笠自捍而下,得不死。又使舜穿井,深入,瞽瞍与象共下土实井,舜于匿空中出。"但是舜始终"尊亲养亲","不藏怒,不宿怨。"故孟子曰:"舜尽事亲之道而瞽瞍厎豫,瞽瞍厎豫而天下化,瞽瞍厎豫而天下之为父子者定,此之谓大孝。"○申生是春秋时晋献公的太子,献公爱骊姬,将立骊姬的儿子奚齐而废申生,于是使申生出居于曲沃。一天,骊姬与中大夫成谋,诳申生说:"君梦齐姜,必速祭之。"齐姜是献公之嫡夫人,就是申生之生母。申生听了,果真照着去做,归胙于公,恰巧公出猎去了,骊姬乃置诸宫六日,等到献公回来,骊姬和毒于胙肉里进献于公,并说道:"外来的东西,应详细考查一番再吃。"公乃将肉试地,地突然高起;与犬,犬立刻毙命;与小臣,小臣也死了。骊姬佯泣曰:"贼由太子。"于是献公动怒,将欲加罪于申生,有人告诉申生快到献公前去辩明冤屈,申生说:"我的父亲年纪老了,非骊姬寝不安,食不甘,我假使前去辩明,骊姬必然得罪,恐伤我父亲的心。以后饮食起居,谁能安慰他呢?"结果还是自杀了。这种孝事父母,不惜牺牲的精神,后称为"恭世子"。(孙常钧编注《释西铭》,沅陵中报社,1942年3月版)

●王建新曰:"不弛劳",是《论语》上所说的"不施劳",是不顾自己的功劳,不求人知的意思。"厎豫",就是有欢心。大舜的父亲瞽叟行为很坏,总想杀害舜,而舜能曲尽孝心的来侍奉他,终于得到他的欢心,这是舜在不求人知之中而有的大功,其功在感动天下人去行纯孝。"无所逃而待烹",指春秋时晋世子申生被害事。(见《左传·僖公四年》"晋献公杀世子申生"一章)申生明知因谗将被害,惟以笃爱其父的缘故,不肯去国,终于自缢。可是并非被烹,这里所说的"待烹",或许根据某种传说也说不定。"恭"字训"顺",是说申生能顺而受死,在这里举例的意义,重在"见危授命""临难不苟免"和"杀身成仁"的精神,申生的如何死法是无关大旨的。(《〈西铭〉新话》,《湘桂月刊》1943年第2卷第8期)

●陈敦仁曰:"弛",音"矢",废也。"厎",致也。"豫",悦也。《孟子·离娄》:"舜尽事亲之道,而瞽瞍厎豫。"舜能认劳事亲,致父母之喜悦,先齐其家,以成其治天下之大功。我能竭力行善,致天地之喜,其功行亦与舜同。○《礼记·檀弓》:"晋献公将杀其世子申生,申生不欲行,曰:'天下岂有无父之国哉?吾何以如行之!'再拜稽首,乃卒。是以君子谓之恭世子。"申生不明乎道,以死为恭,成父之恶,不可为训。张子之意,以为遭遇谗邪,莫非命也,顺受其也,以恭顺乎天地,如申生之恭,可也。(《〈西铭〉注》,《福建训练月刊》1943年第2卷第3期)

●枯木曰:瞽叟不道,舜能本乎天性事之,终致其悦豫,见其存养之有素也。晋太子申生遭骊姬之谗,坐待其烹,所谓夭寿不二,修身以俟之。则存养之功深矣!(《西铭口授》,《海潮音》1948年第29卷第2期)

(第十一章)

体其受(曾祁案:茅氏《近思录集注》注:"受",宋本作"爱"。注:一作"受"。愚按:从"受"为是,且朱子注亦解作"受"。)①**而归全者,**(曾祁案:曹子建《感节赋》:"慕归全之明义,庶不忝其所生。")**参乎!**(保八曰:见《论语》。《周子通书训义》○张英曰:曾子名参。《御定孝经衍义》卷二。○《论语·里仁》:"子曰:'参乎,吾道一以贯之。'曾子曰:'唯'。"曾祁案:《西铭述解》:"曾参,晳之子,事孔子而传道者也。")**勇于从而顺令者,**(《孝经》:"曾子问:'子从父之令,可谓孝乎?'子曰:'是何言与。'"曾祁案:唐玄宗②

---

① 此条上有眉批曰:"'受'字无疑。若'爱'字,义即不足。"
② "唐玄宗",底本因避康熙讳作"唐元宗",今改回。

《御注》云:"事父有隐无犯,又敬不违,故疑而问之。有非而从,成父不义,理所不可,故再言之。又"故当不义则争之,从父之令,又焉得为孝乎?"注云:委曲从父母。善亦从善,恶亦从恶,而心有隐,岂得为孝乎?)伯奇也。(张英曰:伯奇,周大夫尹吉甫之子。不得于亲,作《履霜操》。《御定孝经衍义》卷二。○曾祁案:熊氏刚大注《性理群书句解》:伯奇之履霜中野是也。伯奇,周尹吉甫子。)

●吕大临曰:天全德于予,既全而予之,可不全而归之?故行一不义、杀一不辜而得天下,不为也。曾子曰:"吾得正而毙焉,斯已矣,吾又何求",皆全而归之者也。子之于父母,东西南北,惟令之从,素其位而行,不愿乎其外,安时处顺,其顺令之至者焉。(宋王霆震辑《新刻诸儒批点古文集成·前集》卷四十九《西铭》)

●张九成曰:曾子之疾病而易大夫之箦,是顺其受,而不以父母遗体处于不正者也。吾今能处天地之正,而不以患难易其节,是于天地有曾参之孝也①。○伯奇,尹吉甫之子也。吉甫惑于后妻,虐其子,无衣无履而使践霜挽车,伯奇从父之命,顺父之令,不敢有辞焉。人当患难之际,顺而受之,无怨尤于天地,是乃若②伯奇之孝也。《横浦集》卷十五《西铭解》)

●朱熹《西铭解》曰:父母全而生之,子全而归之,(《礼·祭义》:"乐正子春曰:'吾闻诸曾子,曾子闻诸夫子曰'天之所生,地之所养,无人为大。'父母全而生之,子全而归之,可谓孝矣。不亏其体,不辱其身,可谓全矣。")若曾子之启手启足,(《论语·泰伯》:"曾子有疾,召门弟子曰:'启予足!启予手!《诗》云'战战兢兢,如临深渊,如履薄冰',而今而后,吾知免夫!小子!"③)则体其所受乎亲者而归其全也,况天之所以与我者,(《孟子·告子》:"天之所以与我者。")无一善之不备,亦全而生之也,故事天者,能体其所受于天者而全归之,则亦天之曾子矣;子于父母,东西南北,唯令之从,(《庄子·大宗师》:"父母于子,东西南北,唯命之从。")若伯奇之履霜中野,则勇于从而顺令也,况天之所以命我者,吉凶祸福,(曾祁案:贾谊《鹏鸟赋》:"祸兮福所倚,福兮祸所伏。忧喜聚门,吉凶同域。")非有人欲之私,故事天者,能勇于从而

---

① "也",《古文集成》本作"矣"。
② "若"字,《古文集成》本无。
③ 此处有"注曾子"三字,当为衍文,删。

顺受其正,(《孟子·尽心》:"莫非命也,顺受其正。")则亦天之伯奇矣。(胡广《性理大全》卷四《西铭》)

柏麓按:注解中"父母全而生之",《西铭解义》作"父母生而全之"。○"亦全而归之也,故事天者,能体其所受于天者而全归之,则亦天之曾子矣",《西铭解义》作"岂可以不体其所受而以全归之乎"。○"唯令之从","唯",《西铭解义》作"惟"。○"吉凶祸福,非有人欲之私,故事天者,能勇于从而顺受其正,则亦天之伯奇矣",《西铭解义》作"非人之所能为,岂可不素位而行而以顺受之乎"。

●室鸠巢《西铭详义》曰:此解亦先以事亲者解本文之言,而后以事天者合之言。以曾子所以事亲者事天,则是天之子归全者也;以伯奇所以事亲者事天,则是天之子顺令者也。张子立言本意如此,但以其解上段者例之。"归其全也""顺令也"二句,直接"故事天者"云云,于文为顺,而义亦若备且足者。然如此,则无以见天所与之全,与其所命之实,是为本文"归全""顺令"之言而设也。盖谓父母之所生者,身体发肤而已,犹且全而归之。况天之与我,无一善之不备,则是其所以为全者,比父母所生为最重,而其不可不全归也,亦已明矣。父母之所令者,或有非理相加者,犹且从而不违,况天之命我,非有人欲之私,则其所以为命者,比父母所令为最公,而其不可不顺受也,亦已明矣。二"况"字当如此看,此朱子推明本文之意者也。"顺受其正",又见《孟子》。(《西铭详义》)

○又问:"自'恶旨酒'至'勇于从而顺令',此六圣贤事,可见理一分殊乎?"曰:"'恶旨酒','育英才',是事天;'顾养'及'锡类',则是事亲。每一句皆存两义,推类可见。"寓。(《朱子语类》卷九十八)

○问:"《西铭》说'颍封人之锡类','申生其恭'。二子皆不能无失处,岂能尽得孝道?"曰:"《西铭》本不是说孝,只是说事天,但推事亲之心,以事天耳。二子就此处论之,诚是如此。盖事亲却未免有正有不正处。若天道纯然,则无正不正之处。只是推此心以奉事之耳。"寓。(《朱子语类》卷九十八)

○朱熹答叔京"参乎""伯奇"之语,云:"天命无妄。父母之命,有时而出于人欲之私。"方。(《朱子语类》卷九十八)

○问:"申生之不去,伯奇之自沈,皆陷父于恶,非中道也,而取之与舜、曾同,何也?"曰:"舜之底豫,赞化育也,故曰'功';申生待烹,顺受而已,故曰'恭';曾子归全,全其所以与我者,终身之仁也;伯奇顺令,顺其所以使我者,一事之仁也。伯奇,尹吉甫之子,其事不知据何书为实,自沉,恐未可尽信。然彼所事者,人也,人则有妄,故有陷父之失;此所事者,天也,天岂有妄,而又何陷邪?《西铭》大率借彼以明此,不可着迹论也。"(《性理大全》,卷四)

○朱子《答林一之书》曰:"《西铭》中申生、伯奇事,张子但要以此心而事天耳,天命不或惑,忒自无献公、吉父之惑也。"(《晦庵集》卷五十七)

●吕祖谦曰:父母全而生之,子全而归之,若曾子之启手启足,则体其所受乎亲者而归其全也,况天之所以与我者,无一善之不备,亦全而生之也,故事天者,能体其所受于天者而全归之,则亦天之曾子矣;子于父母,东西南北,唯令之从,若伯奇之履霜中野,则勇于从而顺令也,况天之所以命我者,吉凶祸福,非有人欲之私,故事天者,能勇于从而顺受其正,则亦天之伯奇矣。○伯奇,尹吉甫之子也。尹吉甫惑于后妻,虐其子无衣无履而使践霜挽车。伯奇从父之命而顺父之令,不敢有辞焉。详见《说苑》。(《东莱集注观澜文集》卷十五《西铭注》)

柏麓按:吕氏此句注解中○以上,全同朱熹《西铭解》。○以下句,朱熹《西铭解》无。

●杨伯嵒曰:伯奇,尹吉甫子,为后母谮而见逐,作《履霜操》。子于父母,东西南北,惟令所从。若伯奇之履霜中野,则"勇于从而顺令"也。况天之所以命我者,非人之能为,岂可不素其位而行,而以顺受之乎!(《泳斋近思录衍注》卷二)

●熊刚大曰:人之一身,受于父母,当体其所受,全而归之,曾参其人乎!将死而启手足,是其事也。○子于父母,东西南北,唯令之从,不敢后也。伯奇之履霜中野是也。伯奇,周厉王子。(《性理群书句解》卷三《西铭解》)

●黄岩孙曰:"《履霜操》,伯奇所作也。吉甫听后妻之言,逐之。伯奇编水荷而衣,采楟花而食,(曾祁案:楟,《唐韵》:木名,山梨也。□子传尹伯奇采楟花以为食。注:楟花即棠梨花,春开采,暴干,瀹之可充蔬。)清朝履霜,自伤无罪见逐,乃援琴而歌。曲终,投河而死。《家语》曰:'曾参遭妻告其子曰:"高宗以后妻杀孝己,尹吉甫以后妻杀伯奇。"'(曾祁案:翻宋本、汲古阁本、抱经庐氏文弨校本及通行本《家语》"杀伯奇"之"杀",皆作"放"。《太平御览》四百十二孝上引家语亦作"放伯奇"。)伯奇事后母至孝,而后母谮之,伯奇乃亡走山林。①《说苑》王国子奇事,与此正同,必有一误。"②○又按:③《程子遗书》:"问舜与曾子之孝,优劣如何?"曰:"《家语》载耘瓜事虽不可信,却有此义理。曾子耘瓜,误斩其根。曾晳建大杖以击其背。曾子仆地,不知人事。良久而苏,欣然起,进曰:'大人用力教参,得无疾乎?'乃退,援琴而歌,使知体康。孔子闻而怒。曾子至孝如此,亦有这些失处。若是舜,百事事父母,只杀他不得。"又问:"如申生待烹之事,如何?"曰:"此只是恭。若舜,须逃也。"

●黄瑞节曰:按:《家语》:曾子志存孝道,后母遇之无恩而供养不衰,及其妻以藜蒸不熟因出之,终身不取妻。其子元请焉,告其子曰:"高宗以后妻杀孝己,尹吉甫以后妻放伯奇。吾上不及高宗,下不比吉甫,庸知其得免于非乎?"韩子《履霜操解题》云:尹吉甫子无罪,后母谮而见逐。二书皆无自沈之说,《西铭》取其顺令云尔。(《朱子成书·西铭解》)

●保八曰:周厉王子伯奇,履霜中野是也。(《周子通书训义》)

●曹端曰:"曾参",晳之子,事孔子而传道者也。(《西铭述解》)○孔子曰:"父母全而生之,子全而归之,可谓孝矣。"若曾子之启手启足,则体其所受乎亲者而归其全也,况天之所以赋与我,无一善之不备,亦全而生之也,故事天者,能体其所受于天者而归全之,则亦天之曾子矣。○"伯奇",尹吉甫之子。吉甫惑后妻之谮,逐伯奇。伯奇清朝履霜,采芰荷为衣,自伤见逐,作《履霜操》而死。《履霜操》:"朝履霜兮采晨寒,考不明其心兮信谗言。孤恩别离兮摧肺肝,何辜皇天兮遭斯愆。痛殁不同兮恩有偏,谁流顾兮知我冤。"○且子于父母,东西南北,唯令之从,若伯奇之履霜中野,则"勇于从而顺令"也,况天之所以命我者,吉凶祸福,非有人欲之私,故事天者,能勇于从而顺受其正,则亦天之伯奇矣。(《西铭述解》)

●邵宝《答浦文玉》曰:所谕《西铭》之疑,其将广吾意欤?否邪?盖尝观之,《西铭》之指,以事亲而明事天之道者也。天下之无所逃者二,天也,亲也,二者盖等焉。昔者申生之被谮,而将见杀也,或谓之行,申生曰:"天下岂有无父之国哉?吾何行如之?"此则所谓"无所逃"者。当是时,辨不辨,皆不害于"无所逃"也。虽然,死辨与死不辨,则有间矣,是故谓之"共"。以事亲言之,

---

① 此处衍一"苑"字,删。
② 此条上有眉批曰:"《家语》疑后人附会之说,未可尽信。申生,见《左传》。若伯奇事,张子不过藉以指点,未可深求,失其本之,大率借彼二语,实皆通论。"
③ "又按"二字,底本无,据《性理大全》补。

共非纯孝,而孝者必共;以事天言之,共非纯仁,而仁者必共。申生之共,在无所逃,不在辨不辨也。《西铭》之意,盖得之《春秋》,世之责申生者,曰"筮之从,不知谏也",曰"玦之佩,不知让也",曰"胙之进,不知尝也",至于被谗而后图,小则伤亲心,大则亏亲德,无一可者,独其无所逃之共,则质之天地而无愧耳。夫知亲之无所逃,则知天之无所逃矣。由是修身以伺之,自有不能已者,此固仁人孝子之变也,盖至于申生而极焉,而或者犹备责于申生,亦《春秋》之法也,非《西铭》之指也。(《容春堂集·后集》卷十四)

●李滉曰:"体其受而归全者,参乎","父母全而生之,子全而归之。"乐正子春所称夫子之语,见《礼记》。(亦见《小学》)《孝经》:孔子谓曾子曰:"身体发肤,受之父母,不敢毁伤,孝之始也。立身之道,扬名于后世,以显父母,孝之终也。"曾子终身服此教,故其有疾,临终召门弟子曰:"启予足,启予手。《诗》云:'战战兢兢,如临深渊,如履薄冰。'而今而后,吾知免夫,小子!"此曾子体受归全之事也。"参乎"二字,用《论语》"参乎!吾道一以贯之"之语,言人之于天,能体所受而归全者,是则为天之曾参也。○"伯奇也",事见注中。言人之于天,东西南北,惟从令之者,是即为天之伯奇也。(《西铭考证讲义》)○"伯奇""事见注中",小注:黄岩孙曰:"《履霜操》,伯奇所作也。吉甫听后妻之言逐之,伯奇编水荷而衣,采楟花而食,清朝履霜,自伤无罪见逐,乃援琴而歌。曲终。投河而死。《家语》曰:'曾参遭妻,告其子曰:"高宗以后妻杀孝己,尹吉甫以后妻杀伯奇。"'伯奇事后母至孝,而后母譖之,伯奇乃亡走山林。《说苑》王国子奇事,与此政同,必有一误。"○案《列女传》:尹伯奇后母,取蜂去毒,系衣上,伯奇欲去之,母大呼曰:"伯奇牵我。"吉甫见疑,伯奇自杀。(《退溪先生文集考证》卷三)

●邵圭洁《舜申生曾参伯奇之孝何如》:论曰:人知所以事亲,则知所以事天矣。事亲,吾分也,其得于亲,其不得于亲,吾不敢必也;事天,吾责也,其得于天,其不得于天,吾不敢必也。然则何如?曰:其得者,吾幸也,吾思有以副之;其不得者,吾命,吾亦不得而逃之。是故善事亲者,或能化乎亲,或无辱乎亲,或不拂乎亲,其分量不同,要之皆孝子也;善事天者,或能赞乎天,或无愧乎天,或不违乎天,其分量不同,要之皆仁人也。是故事亲者,得则为舜,为曾参;不得则为申生,为伯奇,知此则知所以事天矣。盖尝言之,天下有圣人之孝,有贤人之孝,有君子之孝。圣人之孝,调元赞化;贤人之孝,履道服义;君子之孝,约志循矩。调元赞化者,其功大,以人而成天者也;履道服义者,其行修,尽人以合天者也;约志循矩者,其守固,役人以从天者也。以人而成天,微舜,吾谁与归?尽人以合天,参也,其庶乎!役人以从天,则为申生、伯奇而已矣。是何也?吾亲者,人子之天也。舜之二亲,匪顽则嚚,难事孰甚焉。无几而焚廪者厎豫,掩井者允若,舜初不见其难事,而二亲亦莫觉其见化于子也,吾于此见调元赞化之道焉;参之事亲,则养志以康之,树德以孚之,三至而慈母之杼不投,将死而大夫之箦必易,所谓全而归之者是也,吾于此见履道服义之学焉;彼二子者,噫嘻其可悲矣!献公非骊姬则食弗饱,居弗宁,而毒亲之毁,则业起于姬,吾与其暴之而伤亲之心,宁衔冤而自毙也。履霜之逐,吉甫诚误矣;编荷之寒,采葑之饥,其何辜以当之,而亦不明其心以死,至今诵其援琴之歌,犹足使人于邑。盖不得乎亲不可以为人,不顺乎亲不可以为子,二子之见,有自也。吾于此,见约志循矩之方焉。是故亲同也,而得不得异焉者,其遭际然也;孝同也,而圣人而贤人而君子异焉者,其分量然也。然而古今,亦有遗论矣。舜,上也,粹乎无以议为也;参也,亚于舜矣,传以耘瓜被击云者,未合于大杖则走之义,几累其亲,此其有无未可知,然亦一时之所值尔也。申生、伯奇之死,得非可以无死者乎?窃尝与筹之矣,谗谄之祸,不可长也;父子之爱,不可解也。或进而自明,开吾亲之惑,吾亲苟信,则徐销其隙,毋累后母,毋殃宠姬,策之上也;或退而远害,勿伤亲心,栖之隐地,以需天定,则黄泉之誓,终亦可释,否亦可以缓死,策之次也。苟惟曰吾亲不可逃也,而不如缢诸国、投诸河之为安也,则成吾身顺亲之名,而贻吾亲以信谗之名、溺宠之名、杀子之名,所爱者小而所伤者大。于乎,其可哉!使舜如二子,则灰于虞久矣,泥于井久矣;使参如二子,则启予足难矣,启予手难矣,此策之下也。而惜乎二子之见,止于此也。是故以人成天者,其功大,大不可为也;尽人合天者,其行修,修之者吉也;役人从天者,其守固,固则不免为无权而已矣。虽然张子之并举于《西铭》者,皆取之也,舜、曾者,道其常也;申生、伯奇者,道其变也。得于亲而为常,则为舜之厎豫,为参之归全,可也;不得于亲而为变,则为申生之待烹,为伯奇之顺令,亦可也。要皆所以为善事亲也,皆所以为善事亲,则皆所以为善事天也,是故仁人之事天也,其阴阳和,风雨时,甘露降,醴泉出,九夷朝,四灵至者,是皆舜之厎豫也,是皆所以为人而成天者也;其明历象,定礼乐,同律度,秩典彝,端百体,阜庶物者,是皆参之归全也,是皆所以尽人而合天者也。其安顺逆,俟夭寿,听吉凶,甘祸福,随险易,决死生者,是皆申生之待烹也,伯奇之顺令也,是皆所以役人而从天者也。是故其得乎天也,所以厚我生也,吾幸也;其不得乎天也,所以玉于成也,吾亦未为不幸也。然则善事亲者,得亦行吾孝,不得亦行吾孝,故或能化乎亲,或无辱乎亲,或不拂乎亲,均之可以言孝子也;善事天者,得亦尽吾仁,不得亦尽吾仁,故或能赞乎天,或无愧乎天,或不违乎天,均之可以言仁人也。盖随其分量,举其职业,素其居位,毕其心志,小之而无忝于父母者,此也;大之而无忝于乾坤者,此也,故曰:"知所以事亲,则知所以事天矣。"(《北虞先生遗文》卷六)

●王樵曰:《西铭》以舜与申生、曾子与伯奇相对而言,最有深意。舜尽事亲之道,而瞽瞍底豫,其功大矣。故事天者,尽事天之道,而天心豫焉,则亦天之舜也。此事最难。所谓必得其位,必得其寿,为国至于祈天永命者也。申生无所逃而待烹,其恭至矣,故事天者,夭寿不贰,而修身以俟之,则亦天之申生也。此则学者所当勉。天无私,人不得其常理而怨怼,乃私意,乃妄也。故《西铭》卒章,专说此意。(《方麓集》卷十五)

●邓球曰:此即古圣贤之事以明之。"崇伯子",禹也。鲧封于崇,称"崇伯鲧",故谓禹为"崇伯子"。《孟子》曰:"禹恶旨酒。""颍封人",颍考叔也。鲁庄公誓不见母,考叔一言而感庄公,遂母子如初。左氏美之曰:"孝子不匮,永锡尔类。"张子盖谓天虽非人之所养也,人能去人欲而顺天理,乃可以事天享帝,则与人之好饮酒,而不顾父母之养者,异矣,故曰:"崇伯子之顾养。""育英才",语出《孟子》。"育",谓教而养之也。"英才",可进于善而能育之,亦不过因其同然者而及之,故曰:"颍封人之锡类。""功",谓功用。"恭",谓敬之心也。"弛",懈怠也。舜竭力耕田,供为子职,至瞽瞍底豫而天下化,而天下之为父子者定,故曰"功"。人能事天,而天心感悦,则亦如舜之功也。晋献公听骊姬之谗,杀太子申生。申生曰:"君安骊姬,是我伤公之心也。"竟不逃以待死,故曰"恭"。人能一听于天,至死不变,则亦如申生之恭也。"体受""归全",谓体其所受于天者,而全以归之也。曾子战战兢兢,至启手足而后叹曰"免夫",则是能体受归全者。人事天之心,惺惺不昧。克全天之所赋,而朝闻夕死,则亦犹是也。尹吉甫以后妻之毁逐伯奇,伯奇顺亲之命而出亡在外,是可谓顺亲之令矣。子之顺亲,与人之顺天,其道犹是也。盖观法于古人,而推事亲之心以事天,则父天母地而"践形惟肖"矣。"违曰背德,害仁曰贼"者反是。(《闲适剧谈·西铭客对》)

●姚舜牧曰:父母全而生之,子全而归之,若曾子之启手启足,则体其所受乎亲者而归其全也,况天之所以与我者,无一善之不备,亦全而生之也,故事天者,能体其所受于天者而全归之,则亦天之曾子矣;子于父母,东西南北,唯令之从,若伯奇之履霜中野,则勇于从而顺令也,况天之所以命我者,吉凶祸福,非有人欲之私,故事天者,能勇于从而顺受其正,则亦天之伯奇矣。(《性理指归》卷六)

柏麓按:此与朱熹《西铭解》全同。

●崔有海曰:天乃全而生之,人乃全而归之,乃人道之当然也。人之反己体察者,不能察在我之天理,或以一言一行为足,而不知万善之可修者,皆不知体天之理。死生祸福,只守天理之当然,不萌忻戚之意者,乃君子畏天之意也。申生则取其安于死,伯奇则取其不避艰苦,其意各有所在矣。(《嘿守堂先生文集》卷七)

●雷于霖曰:天地之塞,吾其体,而帅者寓于其中。于是有外体焉,胪圆趾方,法象无不完备;有内体焉,乾刚坤柔,神理无不充周。此授之而来者,固全也。但人在世百年,屈方寸之灵,奉形骸之欲,日日珍供此体,实是日日戕贼此体,及至化迁之日,而刑伤坠损者无问也。即皮骨宛存,总是一具虚壳;而神理销烁,终非两人完璧。入棺之人,非出胞之人,授者十分而还者未半,何相负以至此哉!古有曾子者,受《孝经》一编,作《大学》十传,其于守身之道、修身之理,战战兢兢,日加存省,究竟任重道远,死而后已,一贯传心,千秋不朽。其归全也,岂止一手一足之启哉!事天而若曾子,则亦天之曾参矣。○世间观望逗遛,实是无血性之男子,乃借口予手予足之戒,则归全之说,又为偷生者开一蹊径矣。孝子曰:"天地岂迫我于危险哉?有时危险迫我者,命也,即令也。义在危而来之徐徐,道在险而往之迟迟,是无勇也。父母安用此慢令后期之子哉!古有伯奇者,衣编水荷,食采苹花,不以饥寒惰其体,履霜而泣,援琴而歌,不以吟号靡其志,投河虽几哉,及今激濑涌湍,犹想一往不回之概,其勇于从令者,何如事天而若伯奇也,则亦天之伯奇也。"(《西铭续生篇》,李元春《青照堂丛书续编》本)

●高尔俨曰:父母全而生之,子全而归之,启手启足,体其所受于亲者而归全焉,曾子也。继之者善也,成之者性也,体其所受于天者而全归之,则亦天之曾子矣。伯奇履霜中野,而卒自沉以死,可谓勇于从而顺父母之令矣。人之吉凶祸福,岂非天之令乎?人有见危授命,不为苟免,则亦天之伯奇矣。曾子启手足与伯奇之自沉,常变虽有不同,然而为参之归全,愈于为伯奇之顺令,仁人孝子之处此,则必有道矣。(《古处堂集》卷一《西铭演义》)

●林恕曰:《礼记·祭义》曰:"天之所生,地之所养,无人为大。父母全而生之,子全而归之,可谓孝矣。不亏其体,不辱其身,可谓全矣。"○曾子之启手启足,见《泰伯》篇。今按:《孝经》曰:"身体发肤受之父母,不敢毁伤,孝之始也。"是体其受,而归全者也。又按:"参乎",据《里仁》篇。○伯奇。韩文《履霜操》注曰:尹吉甫之子伯奇所作也。吉甫听后妻逐之,伯奇编水荷而衣,采花而食,晨朝履霜自伤无罪见放,乃援琴鼓之而作此操。曲终投河而死。今按:小杖受之,大杖走者。孝子之事也。申生、伯奇不违父而死,死以彰父之过也。然《西铭》举二人,与虞、舜、曾子并言者,专称不违父之志也。不违父,乃是不违天也。若论孝道,则宜有辨也。(《西铭私考》)

●山崎闇斋曰:○第十一节。《礼记》:"乐正子春曰:'吾闻诸曾子,曾子闻诸夫子曰:"天之所生,地之所养,无人为大。父母全而生之,子全而归之,可谓孝矣。不亏其体,不辱其身,可谓全矣。"'"(《祭义》)○《孝经》:"孔子谓曾子曰:'身体发肤,受之父母,不敢毁伤,孝之始也。立身行道,扬名于后世,以显父母,孝之终也。'"○《论语》:"子曰:'参乎!吾道一以贯之。'曾子曰:'唯。'"(《里仁》)曾子有疾,召门弟子曰:"启予足!启予手!《诗》云:'战战兢兢,如临深渊,如履薄冰。'而今而后,吾知免夫!小子!"(《泰伯》)○《庄子》:"父母于子,东西南北,唯命①之从。"(《大宗师》)○伯奇,事见小注。(《文集·答林一之书》亦言之。)○"天之所与我者。"(《孟子·告子》)○《孟子》曰:"莫非命也,顺受其正。"(《尽心》)○《孝经》:"曾子问:'从父之令,可谓孝乎?'子曰:'是何言与!'"云云。小注云云。(《文会笔录》卷十二)

●王夫之曰:全形以归父母,全性以归天地,而形色天性,初不相离,全性乃可以全形。○"勇于从",不畏难也。乾坤之德,易简而已,而险阻该焉。故父母无不爱之子,而不无苦难之令,勇于从,则皆顺矣。(《张子正蒙注》)

●张英曰:父母全而生之,子全而归之,若曾子之启手启足,则体其所受乎亲者而归其全也。事天者,能体其所受于天者而全归之,则亦天之曾子矣;○子于父母,东西南北,唯令之从,若伯奇之履霜中野,则勇于从而顺令也。事天者,能勇于从而顺受其正,则亦天之伯奇矣。(《御定孝经衍义》卷二)

●冉觐祖曰:按:禹"恶旨酒",非以顾养,此却借孟子"博弈好饮酒,不顾父母之养"为说。见得"恶旨酒",即是"顾养"之孝。○鲧为崇伯,故称禹为

---

① "命",底本作"令",误,据《庄子》改。

崇伯子也。○"得天下英才而教育之",亦不干孝事,此却借《左传》"颍考叔之锡类"来说。见得育英才,即是"锡类"之孝。○"孝子不匮,永锡尔类",既醉诗词,《左传》辄以赞颍考叔,故云颍封人之锡类。○饶氏分上句属修身,下句属及人,甚明。○或以"育英才"照应前面"胞与",意觉偏。此处只宜分人、已说。○"不弛劳",即是服劳意,如舜躬耕养亲,劳而不怨,正是不弛其劳。○"不弛其劳而瞽瞍底豫,舜之功也","功"字跟"劳"字说。○晋献公听骊姬之谗,申生不避,只是顺受,故见得是恭敬。○申生,谥"恭世子"。○天何尝有不豫,又何有烹?只是借形。于"底豫"见能得天心,于"待烹"见得能顺受耳。○"全生""受归"之语,本指形言,此却指天所与我之理而言。○伯奇顺令,事无确处,看来只是父母欲其死则死耳。○饶氏分舜、参是处当,申生、伯奇是处变。○一则亲欲杀之而卒底豫,是有功;一则竟死而不能底豫,却亦是恭。一则全受全归为尽孝;一则全受不能全归,亦为顺令。如此两两分配为说,总要见得事天之道,兼常、变耳。究之,父有不慈,天无不慈,活看为得。(《性理纂要附训》卷四)

● 李光地曰:夭寿不贰者知天意,修身以俟者顺天心,莫非命也。则虽桎梏死,亦命也。天讨有罪,何以谓非正命?曰:"命无不善,桎梏者因有罪而加焉,而非天意也。故曰非正命。若尽其道而死者,则吉凶祸福,皆有天意存焉。虽申生、伯奇,不得谓非正命也。"(《榕村语录》卷二十九)

● 张伯行《濂洛关闽书·西铭解》曰:伯奇,尹吉甫子也。父母全而生之,子全而归之,如临终启手足,体其所受乎亲之全而以全归者,其曾子乎?夫"天之所以与我者",无一善之不备,亦全而生之也,人能体其所受于天者而全归之,则亦天之曾子矣。子于父母,惟令之从,若履霜中野,知有父,不知有身,勇于从而顺令者,是伯奇也。夫天之所以命我者,吉凶祸福,乃气数之适然,人能勇于从而顺受其正,则亦天之伯奇矣。合之舜与曾子以及申生、伯奇,而知其所以事亲,皆可通于事天者有如此。(《濂洛关闽书》卷二)

○《近思录集解·西铭解》曰:人受天地之中以生,当无亏乎赋予之良,是即"父母全而生之,全而归之"之义也。不见夫启手足而知免,体其所受于亲者而归其全,曾子之事亲然乎!人能不亵天弃天、保其全受者而全归之,不亦事天之曾子乎?人知天地之命难移,当无拂乎气数之常,是又"子于父母,东西南北,惟命是从"之义也。不见夫履霜鼓琴以从令,伯奇之事亲然乎!人能于吉凶祸福勇决听从而顺受其正,则又一事天之伯奇也。(《近思录集解》

卷二)

●窦克勤曰：体其所受于父母者，而全以归之，曾子之所以保身也；若体其所受于天地者，而全以归之，其保身也亦犹是也。勇于从父母之令，而有顺无违者，伯奇之所以致命也；若勇于从天地之令，而有顺无违者，其致命亦犹是也。○伯奇，尹吉甫之子。吉甫听后妻之言，遂逐伯奇，伯奇作《履霜操》，援琴以歌，曲终投河而死。○自"恶旨酒"至"勇于从令"，朱子谓："每一句话皆存两义。"今玩之，"恶旨酒""育英才"是事天；"顾养"及"锡类"是事亲，此二事确然如此。至舜与申生、曾子与伯奇，却只是说事亲，但就此事亲，便是事天的样子，此意在言外见。不似禹与考叔事，确然指出事天、事亲两端，说理自周到，语微有辨耳。(《事亲庸言》卷一《事亲如事天，事天如事亲第一》)

●室鸠巢《西铭详义》曰："体"者，常存而具之，如人手足头目具而为体也。体其受勇于从，平常所以为心者如此，故其在死也。全而归之，其在难也。惟命之从，孝子事亲，仁人事天，皆然也。(《西铭详义》)

●李文炤曰：按：仁之为道，太上安之，其次利之，其次强之。禹恶旨酒，省身之严也，拟是心于事亲，则顾諟明命，不啻孝子之顾养，斯畏天之至者矣。君子乐育英才，及人之弘也，拟是心于事亲，则曲成万物，不啻孝子之锡类，夫何至于济恶乎！舜化瞽瞍而用劳允若，所以论亲于道也，推是心以事天，则顺帝之则，斯乐天之纯者矣。申生不忍逃晋献而杀身自明，所以安亲之心也，推是心以事天，则敬天之谕，夫何至于害仁乎！曾子示门人而战兢知免，所以保亲所赋也，推是心以事天，则克绥厥猷，斯践形之完者矣。伯奇不敢拂吉甫而饥寒勿恤，所以从亲之令也，推是心以事天，则奉若其道，夫何至于违仁乎！舜之于孝，安之也。禹参之于孝，利之也。考叔、申生、伯奇之于孝，则皆强之也。而不才贼悖之伦，亦可以警矣。或问："申生之不去，伯奇之自沉，皆陷父于恶，非中道也，而取之与舜、参同，何也？"朱子曰："彼所事者，人也。人则有妄，故有陷父之失。此所事者，天也，天岂有妄？而又何陷耶？"(《西铭解拾遗》)

●华希闵曰："体受归全"，在修身尽伦大处说；"勇从顺令"，在临事应变零细处说。(《性理四书注释》之《西铭辑释》)

●茅星来曰："奇"，叶渠容切。"父母全而生之，子全而归之"，见《礼记·祭义》篇。朱子曰："曾子归全，全其所以与我者，终身之仁也。伯奇顺令，顺其所以使我者，一事之仁也。"(《近思录集注》卷二)

●李绂《答郑叔范小学问目》:父母全而生之,不是只言身体,德亦在其中。故子全而归之,则兼言不亏其体,不辱其身矣。(《陶庵集》卷十三)

●王植曰:愚按:《礼·祭义》:"父母全而生之,子全而归之,可谓孝矣。"《孝经·谏诤篇》:"曾子问曰:'敢问子从父之令,可谓之孝乎?'"(《朱子注释濂关三书·西铭》)

●李宗洙曰:"勇于从""伯奇也",解:"子于父母,惟令之从。"出《庄子》。〇"伯奇履霜中野",谨按:韩诗附注:伯奇,吉甫之长子也,吉甫继室生子,曰伯封。欲立之,乃绐吉甫曰:"伯奇好妾。"若不信,君登楼观之。乃置蜂领中,顾伯奇曰:"蜂螫我,为我掇之。"吉甫望见,以妻之言为然,乃放伯奇。伯奇编水荷而衣,采梓花而食,清朝履霜践草,自伤无罪见放逐,乃援琴而鼓之。见《古乐府解题》。(《后山先生文集》卷十四《西铭劄疑(朱子解)》)

●刘沅曰:此段惟全受全归意不错,余三项皆非。天地纯乎理,故纯乎善,岂若人世父母不尽圣贤乎?舜、申生、伯奇,皆不幸而遇天伦之变。舜、伯奇,至诚格亲,卒慰其孝心。申生可以不死而死,止可为恭。君子事天乐天,止是尽性立命,不愧不怍,不可以人子不幸者为比。无所逃而待烹,谓死忠死孝之辈也。然臣子忠孝,不必以死为是。舜不死于井廪,卒能底豫三仁,不尽捐生。同是忠良,死而无益于君父,君子不为。一者恐时之怒,事后而悔;二者留其身以事亲,至诚不懈,或可挽回。苟获终事君亲,不陷君父于不义,岂不尽善乎!若天则纯乎理,非比君亲或有不慈,如何云无所逃而待烹,勇于从而顺令?(《正讹·西铭解》)

●李元春曰:全天之理者,为天之曾子;顺天之命者,为天之伯奇。此两节亦承上乐天、畏天而指其类也。(《关中道脉四种书·张子释要》之《张子西铭全注》)

●金宪基曰:横渠此等句,引彼明此,都要人体此意做工夫。充满洋洋一句,自是一句意,若只如此说功说效,相申相证,却有甚意味。(《初庵全集》卷三)

●罗泽南曰:曾子闻诸夫子,天之所生,地之所养,惟人为大父母全而生之子,全而归之,可谓孝矣。故曾子一生工夫,以守身为大。黄岩孙曰:"履霜操,伯奇所作也。"吉甫听后妻之言逐之。伯奇编水荷而衣,采楟花而食,清朝履霜,自伤无罪见逐,乃援琴而歌曲,终投河而死。《家语》曰:"曾参遣妻,告其子曰:'高宗以后妻杀孝己,尹吉甫以后妻杀伯奇。'伯奇事后母至孝,而后母谮之,伯奇乃亡走山林。"《说苑》王国子奇事与此正同,必有一误。○父母全而生之子,全而归之,曾子之孝也。人得天地之塞以为体,得天地之帅以为性,是全而生之矣。保其体而不敢有所伤,顺其性而不敢有所害,乃能体其所受于天而全归之者,亦天之曾子矣。吉甫逐伯奇,伯奇履霜中野,是勇于从亲而顺其令者也。人之吉凶祸福,皆天所命。事天者自尽其道,顺受乎天之正命,亦天之伯奇矣。自恶旨酒至此,因古人事亲之诚,以明事天之道也。(《西铭讲义》)

○泽南案:人所受于天之气之理,本无不全底。一毫有所未尽,不得谓之全归矣。曾子以守身为孝,直至启手启足之时,而后知其得免于毁伤,可见其生平战战兢兢,无一时不防闲,无一事不检点。内而思虑好恶,外而接物处事,此心少有疏忽便坏了,此曾子之能全归于亲处。推而至于事天,亦即曾子之能全归于天处,以此体得之于父母,亦得之于天地也。(《西铭讲义》)

●柳重教曰:"乎""奇",用协韵例。○"参乎"因夫子所呼成句,故"乎"字可押韵。○此节二人,兼常变而言之。曾子全其亲之所遗,而无一毫之亏者也。伯奇顺其亲之所令,而无一息之懈者也。盖所引践形之事,至此无以加矣;而所谓"归全"者,乃孝之成终之道也。(《省斋集》卷三十《西铭句节次第》)

●归曾祁曰:曾祁案:《语类》:"答京叔'参乎''伯奇'之语:'天命无妄;父母之命;有时而出于人欲之私'。"蔡氏邕《琴操·履霜操》者,尹吉甫之子伯奇所作也。吉甫,周上卿人也。有子伯奇,伯奇母死,吉甫更娶后妻。生伯邦,乃谮伯奇于吉甫曰:"伯奇见妾美,欲有邪心。"吉甫曰:"伯奇为人慈仁,岂有此也?"妻曰:"试置妾空房中,君登楼而察之。"后妻知伯奇仁孝,乃取毒蜂缀衣领。伯奇前持之。于是,吉甫大怒,放伯奇于野。伯奇编水荷而衣之,采停花(原注:停,音亭,山黎木也。一作檸)而食之。清朝履霜,自伤无罪见逐,乃援琴而鼓之,曰:"履朝霜兮采晨寒,('采'字疑有误)考不明其心兮听谗言;孤恩别离兮摧肺肝,何辜皇天兮遭斯愆;痛殁不同兮恩有偏,谁说顾兮知我冤。"宣王出巡,吉甫从之,宣王闻歌曰:"此孝子之辞也。"吉甫乃求伯奇而感悟,遂射杀后妻。曾氏国藩《求阙斋日记》:"处逆境之道,惟《西铭》'无所逃而待烹,申生其恭也;勇于从而顺命者,伯奇也'等句最为亲切。"(《西铭汇纂》)

●唐文治曰:"体其受而归全。"何谓"受"?无所不知,无所不能之学识也。何谓"全"？凡五官百骸所能为而所当为者皆是也。体之归之者，以吾一身所当任之天职，尽之于世界中而无所亏缺也。若仅以身体发肤，不敢毁伤言之，犹浅也。"勇于从而顺令者"，勇于为善，如<u>孟子</u>言<u>舜</u>之闻一善言，见一善行，若决江河，沛然莫之能御也。(《性理学大义·张子大义》)

●<u>张绍价</u>曰：天与我以仁义礼智之理，全而归之，任重道远，则乐中有畏；天命我以吉凶祸福之数，顺而受之，身困心亨，则畏中有乐。(《近思录解义》卷二)

●<u>陈荣珪</u>曰："参"者，<u>曾子</u>也。"伯奇"者，<u>周</u>贤臣<u>尹吉甫</u>之子也。天之所生，地之所养，唯人为大。父母全而生之，子全而归之，可谓孝矣。不亏其体，不辱其身，可谓全矣。<u>伯奇</u>事后母至孝，卒被逐而无怨。亲民之功，殆类人子全而归之，勇于从而顺令者也。(《西铭解》，《感化月刊》1933 年第 1 卷第 2 期)

●<u>缪篆</u>曰：《论语》载<u>曾子</u>有疾，"启予足，启于手"之文，《礼记·檀弓》载<u>曾子</u>易箦之语。○《太平御览》五百一十一卷录《琴操》云："<u>尹吉甫</u>，<u>周</u>卿也。子<u>伯奇</u>，母早亡。<u>吉甫</u>更娶后妻，妻乃谮之于<u>吉甫</u>，曰：'<u>伯奇</u>见妾美，欲有邪心。'<u>吉甫</u>曰：'<u>伯奇</u>慈仁，岂有此也。'妻曰：'置妾空房中，君登楼查之。'妻乃取毒蜂，缀衣领，令<u>伯奇</u>掇之。于是<u>吉甫</u>大怒，放<u>伯奇</u>于野。<u>宣王</u>出游，<u>吉甫</u>从之，<u>伯奇</u>作歌以感之。<u>宣王</u>闻之曰：'此放子之辞也。'<u>吉甫</u>乃求<u>伯奇</u>而感悟，遂射杀其妻。"(<u>篆</u>按：《孟子》："《小弁》，小人之诗也。"<u>赵岐</u>注："《小弁》，小雅之篇，<u>伯奇</u>之诗也。"<u>赵岐</u>在<u>汉</u>，岂其有异闻耶？不解。)《荀子·子道篇》："故劳苦雕萃，而能无失其敬，炎祸患难，而能无失其义，则不幸不顺见恶，而能无失其爱，非仁人莫能行。诗曰：'孝子不匮'，此之谓也。"<u>荀子</u>所说，<u>伯奇</u>足以当之矣。(《读张横渠〈东铭〉〈西铭〉》，《新民》1935 年第 1 卷第 2 期)

●<u>查猛济</u>曰：<u>曾子</u>得正而毙，吾能处其正，顺受而全，归于天地，是<u>曾子</u>之孝也。<u>伯奇</u>，<u>尹吉甫</u>之子，<u>吉甫</u>惑其后妻，虐其子，无衣无履，而使践霜挽车，<u>伯奇</u>顺父之令，无怨尤于天地，是乃吾<u>伯奇</u>之孝也。(《张子〈西铭〉的抗战哲学》，《胜利》1939 年第 32 期)

●<u>杜天縻</u>曰："体其受而归全者，参乎"，参即<u>曾参</u>，<u>孔子</u>弟子，事亲至孝。临终时有"启手启足"之语，意谓身体发肤受之父母，不敢毁伤。参看《大戴记·曾子疾病》。○"勇于从而顺令者，伯奇"，<u>伯奇</u>为<u>周宣王</u>臣<u>尹吉甫</u>之子。

母早死,父听后妻之言,放伯奇于野。伯奇事后母孝,自伤无罪见逐,乃作《履霜操》。父感悟,求伯奇于野,射杀后妻。(《西铭笺释》,《浙江自治》1939年第13期、第14期、第15期连载)

●王淄尘曰:参,是姓曾,名参,是孔子弟子。他曾说自己身体,是父母给与的,不敢把他有毫发毁伤。将死时,见手足鬓角,果然一些不缺,以是称为孝子。这是说身体受之于父母,而完全归还于父母,是曾参吗!○旧说:周朝尹吉甫爱妻,把前妻所生之子伯奇逐出,伯奇并不怨父,竟顺从父令,投河而死。(《张子西铭》,《前线旬刊》1939年第2卷第18期)

●朱逸人曰:父母全而生之,子全而归之,《孝经》曰:"身体发肤,受之父母,不敢毁伤,孝之始也。"曾子名参,临终时启其手,启其足,是能体其所受乎亲者而归其全也。伯奇,尹吉甫子也,尝履霜中野,从父之命而不知有身。夫天之所以与我者,无一善之不备,亦全而生之也,人自当体其所受于天者而全归之。天之所以命我者,吉凶祸福,乃气数之适然耳,人自当勇于从而顺受其正。合之,舜与曾子以及申生、伯奇,而知其所以事亲者,皆可通于事天也。(《读西铭》,《服务(诸暨)》1939年第2期)

●毛夷庚曰:曾子得正而毙,吾能处其正,顺受而全归于天地,是有曾参之孝也。伯奇,尹吉甫之子。吉甫惑于后妻,虐其子,无衣无履,而使践霜挽车,伯奇顺父之令,无怨尤于天地,是乃伯奇之孝也。(《张子西铭》,《大风(金华)》1939年第97/98期)

●孙常钧曰:以《论语·泰伯》篇来解释:曾子有疾,召门弟子曰:"启予足,启予手。《诗》云:'战战兢兢,如临深渊,如履薄冰。'而今而后,吾知免夫,小子。"曾子以为受身体于父母,不敢毁伤,所以使弟子启亲,看有没有损伤,就是父母全而生之,子全而归之的道理。○伯奇,尹吉甫之子。吉甫是周宣王时逐猃狁至于太原的功臣。惑于后妻,虐其子,无衣无履而使践霜挽车。伯奇顺父母之命,无怨尤于天地,是纯乎孝者也。(孙常钧编注《释西铭》,沅陵中报社,1942年3月版)

●王建新曰:"体其受而归全",是说"身体发肤,受之父母,不敢毁伤"的孝道。曾子做到了这一点,临终时嘱其门人"启予手,启予足",并且说"而今而后,吾知免夫",就是说为人子的,能做到不践踏自己受之于父母之身体,而保持其纯洁与健全,也是孝道之一。"参乎","参",是曾子的名字。"勇于从而顺令",指尹伯奇因后母向其父尹吉甫进谗中伤,被逐至野外,有"清朝履霜"的事迹。彼时他自伤无罪被逐,作《履霜操》,后来有说尹吉甫感悟,即射杀其后妻的,有说伯奇投水而死的;传说分歧,总之在伯奇被逐时,他虽自身遭遇不幸,也不肯违反他父亲的命令的。〇理想的人生,应该是天理流行在自己的生命中,并且为天理的要求,在平时注重修己与事亲。(广义的指服务人类在变时,即牺牲一切亦所不顾。)"知化,穷神",是追求真理、把握真理。"不愧屋漏",是严格自律、表里如一。"存心养性",是求人格的永久纯洁与充分发展。"恶旨酒",是抗拒罪恶。"育英才",是尽力服务,为公家造就人才。"不弛劳",是为善不求人知。"无所逃而待烹",是有成仁取义的决心与勇气。"体其受而归全",是保持身体、精神之绝对健全。"勇于从而顺令",是对于真理作无条件的服从。像横渠先生所想象的人生,可以说是非常伟大非常光明。〇以上五节,说明怎样立身。(《〈西铭〉新话》,《湘桂月刊》1943 年第 2 卷第 8 期)

●陈敦仁曰:《礼记·祭义》:"父母全而生之,子全而归之。"《论语·泰伯》:"曾子有疾,召门弟子曰:'启予足!启予手!《诗》云:"战战兢兢,如临深渊,如履薄冰。"而今而后,吾知免夫!小子!'"朱子注云:"曾子平日以为身体受于父母,不敢毁伤,故于此使弟子开其衾而视之。"参,曾子名。〇"伯奇",周宣王贤臣尹吉甫之子。吉甫惑于后妻,虐其子,无衣无履,而使践霜挽车。伯奇从父之言,顺父之令,无怨尤于天地。琴操云:"伯奇无罪,为后母谗而见逐,晨夜履霜,自伤见放。"(《〈西铭〉注》,《福建训练月刊》1943 年第 2 卷第 3 期)

●枯木曰:孔子曰:"父母全而生之,子全而归之,可谓孝矣。"曾参为传道统之人,临危之际召其门弟子曰:"启乎足,启乎手。"以示其归全,其实即禀天理之全,而全归之意也。昔尹吉甫惑于后妻逐伯奇,而伯奇作《履霜操》,自伤见逐毫无怨色,是勇于从而顺受其正者。如此诸人皆存养有素,不苟于患难,皆足为吾之法也。(《西铭口授》,《海潮音》1948 年第 29 卷第 2 期)

(第十二章)

富贵福泽,将厚吾之生也,(保八曰:概谓使吾为善也轻。《周子通书训义》。〇《书·大禹谟》:"德惟善政,政在养民。水、火、金、木、土、谷,惟修;正德、利用、厚生、惟和。")**贫贱忧戚,**(曾祁案:《列女传·鲁黔娄妻》曰:

"不戚戚于贫贱,不忻忻于富贵。求仁得仁,求义得义。")**庸玉女于成也。**(保八曰:谓使吾为志也笃。《周子通书训义》)。○《诗·民劳》:"王欲玉女,是用大谏。"曾祁案:熊氏刚大注《性理群书句解》:"'庸玉女',用以琢磨女,使成人也。"茅氏《近思录集注》:"'庸',用也。'玉',宝爱之意。言天正所以宝爱之,使之成就也。")

●吕大临曰:父母厚汝之生,使汝仁及宗族;天地厚汝之禄,使汝泽及于民,皆不可自致危暗。父母苦汝,使汝知艰难,以成其身。天地穷汝,使汝由疾疢,以成其德。爱汝故苦汝,福汝故穷汝,皆不可妄生疾怨。(宋王霆震辑《新刻诸儒批点古文集成·前集》卷四十九《西铭》)

●张九成曰:富贵福泽,是天地欲①厚吾之生也。贫贱忧戚,是天地爱汝,欲成就我也。此天将降大任之说。(《横浦集》四库本卷十五《西铭解》)

●朱熹《西铭解》曰:富贵福泽,所以大奉于我,而使吾之为善也轻;(《孟子·梁惠王》:"明君制民之产,必使仰足以事父母,俯足以畜妻子,乐岁终身饱,凶年免于死亡。然后驱而之善,故民之从之也轻。")贫贱忧戚,所以拂乱于我,(《孟子·告子》:"天将降大任于是人也,必先苦其心志,劳其筋骨,饿其体肤,空乏其身,行拂乱其所为,所以动心忍性,曾益其所不能。")而使吾之为志也笃。(曾祁案:《论语》:"子夏曰:'博学而笃志,切问而近思,仁在其中矣。'")天地之于人,父母之于子,其设心岂有异哉!故君子之事天也,以周公之富而不至于骄,(《论语·先进》:"季氏富于周公。"又《泰伯》:"子曰:'如有周公之才之美,使骄且吝,其余不足观也已。'")以颜子之贫而不改其乐;(《论语·雍也》:"子曰:'贤哉,回也!一箪食,一瓢饮,在陋巷,人不堪其忧,回也不改其乐。贤哉,回也!'")其事亲也,爱之则喜而不忘,恶之则惧而无怨。(《礼·祭义》:"曾子曰:'父母爱之,喜而弗忘;父母恶之,惧而无怨。'")其心亦一而已矣。(胡广《性理大全》卷四《西铭》)

柏麓按:朱熹注解中"贫贱忧戚,所以拂乱于我",《西铭解义》作"贫贱,所以拂乱于我"。○"其心亦一而已矣","亦",《西铭解义》作"则"。

●室鸠巢《西铭详义》曰:"轻"字,出《孟子》"民之从善也轻。"注:"轻",易也。但"轻"字比"易"字,稍有便利之意,"拂乱"字,亦出自《孟

---

① "欲"字,《古文集成》本无。

子》:"行拂乱其所为。""故君子之事天也"以下,推广本文之意,比如此说,然后本文之旨,方为全也。(《西铭详义》)

○朱熹曰:"故敬天当如敬亲,战战兢兢,无所不至;爱天当如爱亲,无所不顺。天之生我,安顿得好,令我富贵崇高,便如父母爱我,当喜而不忘;安顿得不好,令我贫贱忧戚,便如父母欲成就我,当劳而不怨。"文蔚。(《朱子语类》卷九十八)

●吕祖谦曰:富贵福泽,所以大奉于我,而使吾之为善也轻;贫贱忧戚,所以拂乱于我,而使吾之为志也笃。天地之于人,父母之于子,其设心岂有异哉!故君子之事天也,以周公之富而不至于骄,以颜子之贫而不改其乐;其事亲也,爱之则喜而不忘,恶之则惧而无怨。其心亦一而已矣。(《东莱集注观澜文集》卷十五《西铭注》)

柏麓按:吕氏此句解,全同朱熹《西铭解》。惟注解中"爱之则嘉而不忘"。"嘉",朱熹《西铭解》作"喜"。

●真德秀曰:祸福吉凶之来,当顺受其正,天之福泽我者,非私我也,予之以为善之资,乃所以厚其责。譬之事亲,则父母爱之,喜而不忘也;天之忧戚我者,非厄我也,将以拂乱其心志,而增益其不能。譬之事亲,则父母恶之,惧而不怨也。及此推之,亲即天也,天即亲也,其所以事之者,岂容有二哉!(《性理大全》卷四《西铭》)

●熊刚大曰:富足、贵显、福禄、利泽,所以大奉于我,使吾之为善也轻。○贫薄、卑贱、忧苦、戚嗟,所以拂乱于我,使吾之为志也笃。"庸玉汝",用以琢磨汝,使成人也。(《性理群书句解》卷三《西铭解》)

●曹端曰:富贵福泽,所以大奉于我,而使吾之为善也轻;(即父母爱之而恩育以加之也。)○贫贱忧戚,所以拂乱于我,而使吾之为志也笃。(即父母恶之而惩戒以加之也。)天地之于人,父母之于子,其设心岂有异哉?故君子之事天也,以周公之富而不至于骄,以颜子之贫而不改其乐;其事亲也,爱之则喜而弗忘,恶之则惧而无怨。其心亦一而已矣。(《西铭述解》)

○困穷拂郁,实修省之一机,故张子《西铭》曰"玉女于成"。(冉觐祖:《性理纂要附训》卷四《西铭解》)

●湛若水曰:张载曰:"富贵福泽,将厚吾之生也;贫贱忧戚,庸玉汝于成也。"臣若水通曰:"儆戒之道二,顺与逆而已矣。何谓顺?富贵福泽是也,所以奉顺于我,厚吾为善之资也。何为逆?贫贱忧戚是也,所以拂乱于我,而增益其所不能也。然而富贵福泽之为儆也,顺而难;贫贱忧戚之为儆也,逆而易。君子之学,体认天理,故能见大。见大则心泰,而富贵贫贱,处之一矣。人君处崇高富贵之位,当从事于斯焉。"(《格物通》卷十二)

●李滉曰:"玉汝","王欲玉女,是用大谏。"此周厉王时,大夫同列相戒之辞。"汝",指同列也。"玉",宝爱之意。言王欲以汝为玉而宝爱之,故我用王之意,大谏正于汝,盖托王意以相戒也。今引此,以言天实宝爱汝,而欲成就之。"汝",托天而指我也。〇"注:使吾之为善也轻","轻",犹易也。《孟子》:"民之从之也轻。"(《西铭考证讲义》)

〇"注:使吾为善也轻",本注:富贵福泽,所以大奉于我,而使吾之为善也轻。贫贱忧戚,所以拂乱于我,而使吾之为志也笃。(《退溪先生文集考证》卷三)

●姚舜牧曰:富贵福泽,所以奉厚于我,而使吾之为善也轻;贫贱忧戚,所以拂乱于我,而使吾之为志也笃。天地之于人,父母之于子,其设心岂有异哉!故君子之事天也,以周公之富而不至于骄,以颜子之贫而不改其乐;其事亲也,爱之则喜而弗忘,恶之则惧而无怨,其心亦一而已矣。(《性理指归》卷六)

〇《大雅》:"玉女","玉"字下得极妙。凡人甚相爱者,必冀成其美,而惟恐其有一毫之玷瑕,此"玉女"之说也。思令所以玉其成,则不得不自珍玉矣。《西铭》曰"玉女于成",明白正大,以谏之曰"大谏""玉女",而用"大谏"者,他山之石,可以攻玉也。(《重订诗经疑问》卷九)

柏麓按:此与朱熹《西铭解》全同。

●崔有海曰:富贵者,天非有私于我也,因吾为善之实,而享之以福也;贫贱者,天非有憎于我也,必欲激励志气,使至于成德。故妙年荣贵者,晚多灾厄凶折之患。妙年蹇屯者,晚有子孙显荣之乐,此天地造化自然,有乘除进退之义。其间或有祸福之不同者,乃气数不齐之故,非天理之正则也。人于富贵之后,敬而不骄,俭而不侈,有钦钦警戒之意,则天鉴其德,而不使丧其福。若有骄奢淫泆之行,则荣华不满眼,大祸必至者,乃天地神明之鉴也。至于"贫贱忧戚",或有因吾所失而致之者,或有莫之为而自至者,若极尽修省之道,进吾德之所未至,则非但忧戚可免,祥庆必至,此天地责成之义也。古之人君,儆戒无虞者,终保治平;因乱不戒者,终至危亡。非天必欲致于危祸之地也,因其德之修不修,以为感应之几者,固昭著而不爽矣。伏念圣上,拨乱反正之后,即遭甲子丁卯之乱,则天之玉成者,至矣尽矣。未乱之前,必有天变,先示于事机之未萌,则天心仁爱,固无上下之间矣。圣上戒慎忧惧之心,必未能上合于天意,故又致丙子惨祸,有甚于前日,此岂不慄慄危惧之道哉?今经大乱之后,日夜默省于身心。政治之得失,必曰一念所存,无乃有违于天道乎!一政所行,无乃获戾于天意乎!战慄如临渊谷,兢业如抱冰火。每以天降百祥,天命维新,为自然感应之实效,然后可以得事天之实德矣。(《嘿守堂先生文集》卷七)

●雷于霖曰:人处富贵福泽者,皆幸天之厚,我若不勉而自厚所性,则醲肥醉饱,反以自薄,其负天者多矣。孝子曰:"天地岂徒宠灵我哉?要在我之富不吝、贵不骄,福泽不私,藉此顺境,加以进修,以答彼苍之眷。此人而长者哉!尚有凭宠之心,乃更有大焉者,以道尊方可贵,德充方可富,长世利人,方可福泽。弘万物一体之道,行天下一家之事,与圣贤同富贵以伸道济之权,与无告分福泽以补偏枯之缺,保泰延禧,为天地大开以荣丽仰承帝简,非人间小善偏祉之所及也。试观伊作阿衡,耻推纳沟,周相王室,谦光吐握,如斯方符天地厚我之大,岂与寻常乐则归恩者比哉?"○人处贫贱忧戚,亦识天之成我,若不勉而自成其性,则送穷赋愁,反以自败,其负天者多矣。孝子曰:"天地岂徒困危我哉?要在我之贫不怨、贱不私、忧戚不堕,自振才华,濯其德行,以企彼苍之佑此人而英雄哉。尚多愿外之思,乃更有大焉者,以贫适得吾素,贱适得吾闇,忧戚适得吾戒慎恐惧之修,讲万物一体之学,备天下一家之猷,不王而具素王之道,不臣而抱素臣之德,风高韵远,使天地别具一光华,大报潜修,非人世品第置之所得而加也。试观孔子蔬水,删述垂乎六经;颜子箪瓢,礼乐备乎三代。如斯方符天地成我之大,岂与寻常苦则思教者比哉!"(《西铭续生篇》,李元春《青照堂丛书续编》本)

●张自烈曰:《玉部》:"玉",鱼六切,音狱。宝玉,阳精之纯。……《诗·大雅》"王欲玉女,是用大谏",注:"玉",宝爱之意。张载《西铭》"贫贱忧戚,玉女于成也"。(《正字通》卷六)

●高尔俨曰:人自视于天地,不甚关切,遇顺境以为固然,处逆境便生愁怨,皆为不善承天者。不知富贵福泽,乃天之所以厚吾之生,我岂可不兢兢业业、克自建立,以答天所以厚吾之意乎?贫贱忧戚,乃天之所以玉女于成,我岂可不纯纯常常,勉自砥砺,以体天所以成我之意乎?人子之于父母,父母爱之,所以体恤我也,则益思所以承顺之方;父母劳之,所以成就我也,则当思所

以黾勉之道。君子之事天,固当如是也。人有处富贵福泽而骄,处贫贱忧戚而怠者,亦独何哉!(《古处堂集》卷一《西铭演义》)

●张尔岐曰:《西铭》云:"富贵福泽,将厚吾之生也。"窃议其不然。天之福兹一人者,亦欲其锡福众子耳。福弥大者,责弥重;责弥远者,忧弥深。若曰"厚吾生已"也,天岂以君相之位为私赏哉!(《蒿庵闲话》卷二)

●林烃曰:《大雅·民劳》曰:"王欲玉女,是用大谏。"《诗笺》云:"玉者,君子比德焉。王乎!我欲女如玉然,故作是诗,用大谏正女,此穆公至忠之言。"李滉曰:"引此言天实宝爱汝,而欲成就之。汝,托天而指我也。"今按:滉说即《朱传》之意也。○朱注曰:"使吾之为善也。"李滉曰:"轻,犹易也。《孟子》'民之从之也轻。'"(《梁惠王上》)朱注:"拂乱",《告子下》曰:"拂乱其所为"。(《西铭私考》)

●王夫之曰:乾坤之德至矣,或厚其生,或玉于成,皆所以成吾之德;父母之爱与劳,体此者也。无往而不体生成之德,何骄怨之有?(《张子正蒙注》)

●山崎闇斋曰:○第十二节。《书》:"德惟善政,政在养民。水、火、金、木、土、谷,惟修;正德、利用、厚生、惟和。"(《大禹谟》)○《诗》:"王欲玉女,是用大谏。"(《民劳》)○《孟子》曰:"明君制民之产,必使仰足以事父母,俯足以畜妻子,乐岁终身饱,凶年免于死亡;然后驱而之善,故民之从之也轻。"(《梁惠王》)○《孟子》曰:"天将降大任于是人也,必先苦其心志,劳其筋骨,饿其体肤,空乏其身,行拂乱其所为,所以动心忍性,曾益其所不能。"(《告子》)○"设心。"(《孟子·离娄》)○《论语》:"季氏富于周公。"(《先进》)子曰:"如有周公之才之美,使骄且吝,其余不足观也已。"(《泰伯》)○《论语》:"子曰:'贤哉回也,一箪食,一瓢饮,在陋巷,人不堪其忧,回也不改其乐。贤哉回也!'"(《雍也》)○《礼记》:"曾子曰:'父母爱之,喜而不忘;父母恶之,惧而无怨①。'"(《祭义》)(《文会笔录》卷十二)

●贝原益轩曰:"贫贱忧戚"云云,与《孟子·告子下》"舜发于畎亩"章可合考。(《近思录备考》卷二)

●张英曰:富贵福泽,所以大奉于我,而使吾之为善也轻;贫贱忧戚,所以拂乱于我,而使吾之为志也笃。天地之于人,父母之于子,其设心岂有异哉!故君子之事天也,以周公之富而不至于骄,以颜子之贫而不改其乐;其事亲

---

① "怨",底本为"恶",误,改。

也,爱之则喜而弗忘,恶之则惧而无怨。其心亦一而已矣。(《御定孝经衍义》卷二)

●冉觐祖曰:按:此承上文常、变意来,以见富贵贫贱随其所处,而皆当体天之心,以尽事天之道。○富贵则有福泽,贫贱未免忧戚。福泽者,福禄恩泽也。○厚吾之生,就为善有资说,甚好。○"庸",作"用"字看。"玉",乃"他山之石,可以攻玉"之意。称"贫贱忧戚",非天之不爱,用以磨砺女,如玉之底于成也。"玉女"二字,本出《民劳》诗。(《性理纂要附训》卷四)

●张伯行《濂洛关闽书·西铭解》曰:"福泽",谓福禄恩泽。"玉",谓用以磨礲,如玉之底于成也。夫事天者,亦知天生我、成我之意乎?天之予我富贵,而以福泽我者,非私我也,将以"厚吾之生"。予之为善之资,所以深其责,譬之事亲,则父母爱之,喜而不忘也。天之予我贫贱,而以忧戚我者,非厄我也,用以"玉女于成",拂乱其心志,而增益其所不能,譬之事亲,则父母恶之,劳而不怨也。即此推之,天地之心,真父母之心,而事亲、事天之道,一而已矣。(《濂洛关闽书》卷二)

○《近思录集解·西铭解》曰:此又言人能忘遇以事天,则见天之处我者,无非父母之心也。富贵福泽,任人之自取之,无异饱暖安佚,必欲为子谋之,然此岂私奉我哉?将厚资吾生,使之为善,而非以养骄也。贫贱忧戚,虽至伟人而不免,无异艰难刻责,欲宽令子而不能,然此岂私困我哉?盖以玉必琢而后成,拂乱乃所以增益,而劳苦即所以全爱也。夫是以事天之君子,得志则与民由之,不得志则修身见于世,所谓"爱之喜而不忘,恶之劳而不怨"者,凡以此也。(《近思录集解》卷二)

●窦克勤曰:"女",音汝。○以上所言事亲之道,皆可见事天之道。既博证之圣贤,皆然矣。末更即人之生平而总论之,凡荷天培育,享富贵之福泽,天非骄之也,盖将厚吾之生,而使为善有资也,则为善不容不力矣。凡受天困厄,值贫贱之忧戚,天非绝之也,乃用以爱女,而使修德有成也,则德行益当加励矣。(《事亲庸言》卷一《事亲如事天,事天如事亲第一》)

●室鸠巢《西铭详义》曰:"厚吾之生",当仔细看。人为万物之灵,其生所系非轻,富贵则能行其礼,达其志,是富贵者为善之资也,故天之福泽我也,非私我也,将予之以为善之资而埤益之也。"玉女",见《诗·大雅·民劳》之篇。人必穷困,然后动心忍住,而增其所不能。故天之忧戚我也,非厄我也,将以成就我而如玉之美也。此段与末端,皆为事天事亲两可之辞。言天地之于人,父母之于子,富之贵之,所以坤益我而易于为善也;穷之困之,所以成就我而固于持志也。盖以事天者言之,而其事亲亦如此,亦见其以事天者事亲也。(《西铭详义》)

●王心敬《丰川语录》:或问:"《西铭》何以言'富贵福泽,所以厚吾之生'?"先生曰:"天下惟大豪杰,识高力定,乃能不为困厄所累,卓自树立。其次则尽有美资质、高趣,往往为逆境摧折矣。而我独有父兄可以庇身,有衣食足以养生,有余力可以招延师友,浸渍岁月以成就德业,岂非天之独厚其生乎?故吾辈幸际此者,须仰体上天厚我之意,砥德砺业,倍加惕翼,然后为无负天心,克终吾分也。不然,天心厚之而不知仰副其意,乘时砥砺,是反不如贫贱忧戚者,于饥寒坎壈中,有树立之效。无论错过良缘,殊可悼可惜;即恐辜负天心,厚福不再耳。"○或问《西铭》言"贫贱忧戚,玉汝于成"之意。先生曰:"凡人处得意之境,富贵纷华,皆足溺心,最难发勇猛砥砺之志,是亦天之薄待斯人,以溺心者误之耳。一当困厄无聊,则奋激自立,不成不休。故古来名世大人物,多是从艰难穷苦中,逼得一点真精神出,以是识见才力,明通坚练,任大投艰,无或不胜之患,是遭际之险阻,正上天玉成斯人大成之至意也。孟子曰'天将降大任于斯人也,必先使之动心忍性,增益其所不能',正谓此耳。"又曰:"学者稍际困厄,便以为天心故意挠人,阻我进修。"这等见解,不惟自己无志无骨,抵挡不住风波,亦负上天玉成之至意已。"(《丰川全集》,《丰川语录》卷二)

●华希闵曰:此节于境遇关头,教人事天也。世人非富贵即贫贱,非福泽即忧戚,若知上天同以成人之德,则无论何等样人,总当畏天乐天,由存心养心以至于知化穷神,而不可以约乐乱心。(《性理四书注释》之《西铭辑释》)

●茅星来曰:"庸",用也。"玉",宝爱之意,言天正所以宝爱之,以使之成就也。(《近思录集注》卷二)

●王植曰:愚按:《书·大禹谟》:"正德、利用、厚生,惟和。"《诗·大雅民劳篇》:"王欲玉女,是用大谏。"《集传》:"'玉',宝爱之意。言王欲以女为玉而宝爱之。"张子则借以言天之爱人而成之也。"(《朱子注释濂关三书·西铭》)

●尹凤九《答李士亮"观〈西铭〉可以知仁"》:"玉汝":"琢磨修励,如治玉而成器否?"《诗传》'玉汝'之意,以汝为玉,而宝爱之也。言天宝爱汝,而欲成就也。此退溪之说,须详之。"(《屏溪集》卷二十三)

●李宗洙曰:"玉女于成",谨按:《记》曰:"此谓孝子之成身。""成"字亦出此。○解:"爱之则喜而不忘,恶之则惧而无怨":谨按《孝经》:"曾子曰:'父母爱之,喜而不忘;父母恶之,惧而无怨。'"(《后山先生文集》卷十四《西铭劄疑(朱子解)》)

●刘沅曰:此四句亦有弊,君子修身立德,但求无愧天亲,境遇之顺逆,听其自然,固不苟求福泽,亦岂愿居贫贱?圣人以修德勉人,则曰"禄位名寿必得";以笃志诲人,则曰"不义富贵如云"。孟子"生于忧患,死于安乐",亦止训诱来学之意。富贵福泽,未必皆是厚生;忧愁贫贱,未必皆是玉成。非道非义,天下亦弗顾矣;得以其道,贫贱亦必去矣。不可以此定天心,但尽其义理所当为而执一艺以治生,不贪富贵,亦不必定贫贱也。(《正讹·西铭解》)

●李元春曰:顺逆荣悴,皆天之所以爱我,则无不可事之天也。(《关中道脉四种书·张子释要》之《张子西铭全注》)

●金宪基曰:富贵贫贱,是人生天地合有底事。而凡人所以徇人欲灭天理者,却又都在厌贫迫忧骄富而恃福,则其所谓厚生玉汝者,皆所以敦勉深励,以致其勤勤望人之意,如言:"凡人生之所赋所遇,无非是为仁之材料云。则此句是次第合说底话,恐非如所说之云云也。○横渠此等句,直是沉著痛快,如活龙生虎,然却又都稳帖在圈子内。而今必欲絷其头缚其尾,引而曳之崎岖偪仄之径,伤残其皮骨,毁剔其鳞甲而后已之。然不知只这一条朽索子,却便能缚得他住,引得他动否?○此卷辨"时""保"处甚当,此应不易。但"恶酒"以下,则不照本文正意处颇多,此恐只是一时意见所使,疑似而迷却真耳。(如"顾养"与"厎豫",若可相连;"待烹"与"顺令",若可相连处。)而今但去,却著迹连说之见,则其余当次第自正,如曰:"我固知引事之不可著迹",而犹如此说,则此与知道体之不可言形,而必以方圆之圆执之,未免同失,如何如何?愚说固知己所熟覰者,但欲因此而得是正耳,有未安者,幸烦辨示。(《初庵全集》卷三)

●罗泽南曰:"玉成",犹琢成也。父母之爱其子者,欲厚子之生也;子则喜而不忘,推而至于事天。富贵福泽,乃天所以厚吾之生,而使之易于为善,自当乘时进修,不负乎天之厚我,犹子之不忘亲之爱也。父母之劳其子者,欲玉子于成也;子则劳而不怨,推而至于事天。贫贱忧戚,乃天所以玉之于成,自当动心忍性,增益其所不能,不负乎天之玉成,犹子不怨亲之劳也。此言人当素位而行,以尽事天之道也。(《西铭讲义》)

○泽南案:富贵福泽、贫贱忧戚,此是气数之适然者。即天亦不能举天下之人,尽置之尊崇之境,以享其遇。然其境不同,其道未尝或异。富贵福泽,则有处富贵福泽之道;贫贱忧戚,则有处贫贱忧戚之道。随天位置,无不可以自立,此君子所以无入而不自得也。使或因其顺而安于逸乐,因其逆而遂为抑郁,匪惟自负,亦负天之所以厚我、玉我之意矣。○问:"末二节,似未说到分殊处?"曰:"父母无不欲厚子之生者,推到天地之与人以富贵福泽,亦将厚吾之生。父母无不欲玉子于成者,推到天地之与人以贫贱忧戚,亦是玉汝于成。此便是'理一而分殊'。存顺没宁,亦是就事亲推到事天上去。《西铭》一篇,固句句有个'理一分殊'在也。"(《西铭讲义》)

●柳重教曰:此节言天之所以处我者,厚薄虽不一,而要其设心,则欲并生哉!犹父母之于我也。盖上文诸节,既言人之所以事天,故至此乃言天之所以施人,以起下节也。(《省斋集》卷三十《西铭句节次第》)

●郭钟锡《答郭孟润》:"'富贵福泽''贫贱忧戚''厚吾''玉汝',是天之有心于人也,乌在其普万物而无心欤?""'厚吾''玉汝',亦自是天理之不涉安排者,初非切切然,逐人而资赍之,逐人而厮炒之,则此正所谓'以其心而无心'者也。"(《俛宇集》卷六十三)

●归曾祁曰:曾祁案:敬修熊氏赐履《学统》引曹月川端曰:"困穷拂郁,实修身之一机,故张子《西铭》曰:'贫贱忧戚,庸玉女于成。'"景逸高氏攀龙语:"门人魏大中曰:'雨露霜雪,总是造物玉成,至意须善承受。此与贫贱句意同。'"见《高子遗书五·高桥别语》。王氏尔缉《语录》:"或问:'《西铭》何以言富贵福泽,所以厚吾之生'?先生曰:'天下惟大豪杰,识高力定,乃能不为困厄所累,卓自林立。其次则尽有美资质、高志趣,往往为逆境摧折矣。而我独有父兄可以庇身,有衣食足以养生,有余力可以招延师友,浸①渍岁月以成就德业,岂非天之独厚其生乎?故吾辈幸际此者,须知仰体上天厚我之意,砥德砺业,倍加惕翼,然后为无负天心,克终吾分也。不然,天心厚之而不知仰副其意,乘时砥砺,是反不如贫贱忧戚者,于饥寒坎壈中,有树立之效。无论错过良缘,殊可悼惜;即恐辜负天心,厚福不再耳。'又曰:'德自我立,业自我建,初无穷通贵贱之可限,只看志行何如。有志有行,即匹夫一命,亦有可传之德美;无志无行,即公侯将相,一过而灰烬烟消。然匹夫一命,建立殊难,

---

① 底本此处衍一"浸"字,删。

终不若居高履丰、乘权藉势者,建立之易。故居高履丰而德业无闻,真宝山空回,辜负上天特厚之意,为尤甚也。'或又问《西铭》言'贫贱忧戚,玉汝于成之意。'先生曰:'凡人处得意之境,富贵纷华,皆足溺心,最难发勇猛砥砺之志,是亦天之薄待斯人,以溺心者误之耳。一当困厄无聊,则奋激自立,不成不休。故古来名世大人物,多是从艰难穷苦中,逼得一点真精神出,以是识见才力,明通坚练,任大投艰,无或不胜之患,是遭际之险阻,正上天玉成斯人大成之至意也。孟子曰:'天将降大任于斯人也,必先使之动心忍性,曾益其所不能,正谓此耳。'又曰:'学者稍际困厄,便以为天心故意挠人,阻我进修。这等见解,不惟自己无志无骨,抵挡不住风波,亦负上天玉成之至意已。'"(《西铭汇纂》)

●唐文治曰:此节余以为当深一层讲。尝读《易传》曰:"崇高莫大乎富贵",心窃疑之,以为圣人何重富贵若此。又读《易传》曰:"崇效天",乃恍然于"富贵"二字,盖指天而言。至富贵者莫如天,善养人者亦莫如天。人能体天之心以养之,斯谓之富,反是谓之贫;人能体天之心以教人,斯谓之贵,反是谓之贱。譬诸一人之力,能教养十百人,乃竟教养千万人焉,谓之大富贵,可也。一人之身,能教养千万人,乃并不能教养一二人焉,谓之至贫贱,可也。古有以匹夫而任教养之资者,孔子是也,不得不谓之大富贵也;有以天子而不能任教养之责者,桀、纣是也,不得不谓之至贫贱也。故富、贵、贫、贱四字,乃系能教养与不能教养之分,不当以境遇而言。自后人误解以利禄为富贵,以穷窭为贫贱,是为贪鄙之所由起,而志气亦因之日短矣。此节教人不以富贵为厚生,而以贫贱为玉成,可发猛省。然不若深一层讲,尤得真诠也。(《性理学大义·张子大义》)

●张绍价曰:富贵福泽似可乐,而所以厚吾之生,则可畏之甚,故以周公之富,而不至于骄。贫贱忧戚似可畏,而所以玉我于成者,则可乐之至,故以颜子之贫,而不改其乐。(《近思录解义》卷二)

●陈荣珪曰:"生"者,生聚也。"成"者,成就也。"富贵福泽",固厚我之生聚;"贫贱忧戚",亦使有所成就。《孟子》"富贵不能淫,威武不能屈。"否则终日戚戚,或借他人之余光,作自己之福泽,殊违先哲勖勉之意也。"女",同"汝"。(《西铭解》,《感化月刊》1933年第1卷第2期)

●缪篆曰:《孝经·诸侯章第三》云:"高而不危,所以长守贵也;满而不溢,所以长守富也。"○《西铭》本文"知化则善述其事"以下,是"富贵福泽"者之孝。"不弛劳而厎豫"以下,是"贫贱忧戚"者之孝。禹、武王,天子也;周公,诸侯也;颍封人,大夫也;皆"富贵福泽"者之孝也。舜,天子也;申生,诸侯之子也,伯奇,卿之子也;曾参,士也,皆"忧戚贫贱"者之孝也。《西铭》本文,句法交绮参错。注者目迷五色,为之逐句附会,随文解释其具体之典故,而不说明抽象之意义,遂令作者精神不显豁呈露,而原文反成堆砌矣。(《读张横渠〈东铭〉〈西铭〉》,《新民》1935 年第 1 卷第 2 期)

●查猛济曰:富贵福泽,固天地之厚吾生;贫贱忧戚,亦天地之爱汝玉成于我也。(《张子〈西铭〉的抗战哲学》,《胜利》1939 年第 32 期)

●杜天縻曰:"玉",爱也,成也。《诗·大雅·民劳》:"王欲玉女,是用大谏。"郑《笺》:"玉者,君子比德焉。我欲令女如玉然。"按:"玉",作动词用。(《西铭笺释》,《浙江自治》1939 年第 13 期、第 14 期、第 15 期连载)

●王淄尘曰:富贵福气,是先人留下来的遗泽,把我们在艰难困苦中,造成一个大人物。(《张子西铭》,《前线旬刊》1939 年第 2 卷第 18 期)

●朱逸人曰:"福泽",谓福禄与恩泽也。"玉",谓用以磨砻,如玉之受磨砻以底于成也,盖天之予我富贵,而以福泽惠我者,非私我也,将欲吾之生,予之以为善之资,所以加重其责任也;天之予我贫贱,而以忧戚加诸我者,非厄我也,将以困心横虑,拂乱其心志,而增益其所不能也。(《读西铭》,《服务(诸暨)》1939 年第 2 期)

●毛夷庚曰:富贵福泽,固天地之厚吾生;贫贱忧戚,亦天地之爱汝,玉成于我也。(《张子西铭》,《大风(金华)》1939 年第 97/98 期)

●孙常钧曰:"富贵福泽",是天地欲培养我们,这就是要"在上不骄,高而不危,制节谨度,满而不溢。高而不危,所以长守贵也。满而不溢,所以长守富也。富贵不离其身,然后能保其社稷,而和其民人"的道理。"贫贱忧戚",这是天地欲玉成我们,也就是孟子说:"天将降大任于是人也,必先苦其心志,劳其筋骨,饿其体肤,空乏其身,行拂乱其所为,所以动心忍性,曾益其所不能"的道理。所以事天地,也当如事父母,"爱之则喜而不忘,恶之则惧而无怨。"试观历代圣贤豪杰,能够名垂竹帛,那一个不是筚路蓝缕,备尝艰苦而来?我们堂堂华胄,上承五千年列祖列宗遗留下来的厚泽,就应当体天地之心,继往开来,为后世再造无疆之庥,这样才算是无忝于所生,也才称实践了生活的目的与生命的意义。(孙常钧编注《释西铭》,沅陵中报社,1942 年 3 月版)

●王建新曰:环境上的变化,足以影响人格。可是在意志坚强、人格光明的人,他决不受环境的支配,而依然用不可□、不可侮的精神来支配环境。环境上最大的变化,莫过于贫富与生死。"富贵福泽",是环境最优越的时候;"贫贱忧戚",是环境最恶劣的时候。可是在环境优越时,容易为了养尊处优,而消减了自己前进的勇气;在环境恶劣时,容易激发人凌厉无前的勇气。横渠先生以为"富贵福泽",是天给了我许多慰藉,让我能发展生命力而多所贡献。这里"厚吾之生"的"生"字,有很深的含义。"贫贱忧戚",未尝不是天葆爱我、造就我,使我有所成就。这样过上优越的环境,必不致于堕落;过上困顿的环境,也不致于沮丧。那么就可以做到"富贵不能淫,贫贱不能移,威武不能屈。"("庸玉女于成"的"庸"字,义近于"或许";"玉"字古义犹"葆爱","女"即古"汝"字)(《〈西铭〉新话》,《湘桂月刊》1943年第2卷第8期)

●陈敦仁曰:"泽",恩也。"厚",裕也。此谓富贵福泽,乃天将以优裕吾人之生活者也。○"戚",愁也。"庸",用也。《孟子·告子》:"天将降大任于是人也,必先苦其心志,劳其筋骨,饿其体肤,空乏其身,行拂乱其所为,所以动心忍性,曾益其所不能。"(《〈西铭〉注》,《福建训练月刊》1943年第2卷第3期)

●枯木曰:总而言之,立身天地间,顺其天性,存乎德行,求之在我。富贵福泽,天将原吾而生之也,吾顺而受之。贫贱忧戚,天用玉我而成全之也,吾安而行之。(《西铭口授》,《海潮音》1948年第29卷第2期)

(第十三章)

存,吾顺事;没,吾宁也。(茅星来曰:"宁",奴京切。《近思录集注》卷二。○《书·旅獒》:"志以道宁。"曾祁案:《左传·襄二十三年》:《夏书》曰:"'念兹在兹',顺事恕施也。"《论语》:"君子疾没世而名不称也。"孝先张氏伯行《西铭集解》:"宁,安也。"《庄子·山木篇》:"其死可葬。"注:其死,可葬。没,吾宁也。)

●吕大临曰:无终食之间违仁,足以顺吾生;无一行之有不慊,足以安吾死。(宋王霆震辑《新刻诸儒批点古文集成·前集》卷四十九《西铭》)

●张九成曰:吾存,则顺事天地而不逆;吾死,则安于其心志而不乱,是乃

终始听命于天地,而为天地至孝之子焉。(《横浦集》四库本卷十五《西铭解》)

●朱熹《西铭解》曰:孝子之身存,则其事亲者,不违其志而已;(《礼·内则》:"曾子曰:'孝子之养老也,乐其心不违其志。'")①没,则安而无所愧于亲也。仁人之身存,则其事天者,(《礼·哀公问》:"孔子曰:'仁人之事亲也如事天,事天如事亲。'")不逆其理而已;没,则安而无所愧于天也。盖所谓"朝闻夕死",(《论语·里仁》:"子曰:'朝闻道,夕死可也。'"曾祁案:陶渊明诗曰:"朝与仁义生,夕死复何求。")"吾得正而毙焉"者,(《礼·檀弓》:"曾子曰:'尔之爱我也不如彼。君子之爱也以德,细人之爱也以姑息。吾何求哉?吾得正而毙焉,斯已矣。'举扶而易之,反席,未安而没。")故张子之铭,以是终焉。(胡广《性理大全》卷四《西铭》)

柏麓按:此句注解,《西铭解义》与《西铭解》不同。《西铭解义》解作:"人之生也,事天事亲,无毫发之不顺,则其死也,得以正毙而无求矣。"○"孝子之身存,则其事亲者""仁人之身存,则其事天者","者",真德秀本均作"也"。○黄岩孙曰:"其事亲也","其事天也"②,两"也"字,今作"者"字。所谓"夭寿不贰,而修身以俟之"者,今作"朝闻夕死,吾得正而毙焉"者。《性理大全》卷四。○归曾祁案:"夭寿不贰"二句,已引于前,是以又改焉。

●室鸠巢《西铭详义》曰:朱子以"朝闻夕死","得正而毙而后已"为说者。人生贵于闻道,一日闻道,则不虚其生,而死无遗恨。所以"朝闻夕死"为可,此以生顺为重,而生顺则死安可也。君子心安于正以正死,则不负其常,而无愧于心,所以"得正而毙",为斯而已。此以"没宁"为生,而死安则生顺可知也。君子事天,毙而后已,犹孝子终身不忘父母,此《西铭》所以为终也。(《西铭详义》)

○《答吴伯丰》:"存,吾顺事;没,吾宁也"二句所论甚当,旧说误矣。然以上句"富贵贫贱"之云例之,则亦不可太相连说。今改云:"孝子之身存,则其事亲也,不违其志而已;没,则安而无所愧于亲也。仁人之身存,则其事天也,不逆其理而已;没,则安而无所愧于天也。盖所谓'夭寿不贰,而修身以俟

---

① 此句上有眉批曰:"两句必须如此解,于事亲事天乃足。惟朱子能得张子立言本然。"

② "其事天也"四字,底本无,据真德秀本及文意补入。

之'者,故张子之铭,以是终焉。"似得张子之本意。(《朱子文集》卷五十二)

●吕祖谦曰:父母存而事之顺焉,则其没也,吾固有宁其神矣。吾身存而事天顺焉,则其没也,固有以得其正而无求矣。此孝子仁人,事亲事天之心,所以终没吾世而后已者。跋张子之铭,以是终焉。(《东莱集注观澜文集》卷十五《西铭注》)

柏麓按:吕祖谦此句解,不同朱熹《西铭解》。

●陈淳曰:盖无极之真,二五之精,妙合而凝,乾道成男,坤道成女,二气交感,化生万物,此天地所以生人物之始也。人得是至精之气而生,气尽则死,得是至真之理所赋,其存也顺吾事,则其没也安死而无愧。始终生死,如此而已。(《北溪大全集》卷十五《北溪字义·似道之辨》)

●真德秀曰:"仁人之事亲如事天,事天如事亲,此《西铭》之妙指,不可不知也。"(曾祁案:叶采《分类近思录集解》:"《礼记》仁人之事亲也如事天,事天如事亲,此谓孝子成身。"即《西铭》之原也。")

●熊刚大曰:孝子身存,则其事亲也不违其志而已。没则安,而无所愧于亲也。(《性理群书句解》卷三《西铭解》)

●保八曰:谓生依前言,顺事天道,死亦安宁也。(《周子通书训义》)

●曹端:孝子之身存,则其事亲者,不违其志而已;仁人之身存,则其事天者,不逆其理而已。○孝子之身没,则安而无所愧于亲也。仁人之身没,则安而无所愧于天也。盖所谓"朝闻夕死","吾得正而毙焉"者,故张子之铭以是终焉。(《西铭述解》)

●李滉曰:"殁,吾宁也。"注:"吾得正而毙焉",《礼记·檀弓篇》:曾子寝疾,曾元坐于足,童子执烛而隅坐。曰:"华而睆,大夫之簀与?"曾子瞿然曰:"然斯季孙之赐也。我未之能易也。"元起,易簀。曾元曰:"夫子之病革矣,不可以变。"幸而至于朝,请敬易之。曾子曰:'尔之爱我也不如彼。君子之爱人也以德,小人之爱人也以姑息,吾何求哉?吾得正而死焉,斯已矣。"举扶而易之,反席未安而殁。朱子曰:"古人谨于礼法,不以死生之变,易其所守。如此便使人有行一不义、杀一不辜,而得天下不为之心,此是紧要处。"(《西铭考证讲义》)

●邓球曰:"生",谓生理。"成",谓造就之也。"玉",犹爱也。"富贵福泽",谓富贵之人,享此福泽也。"贫贱忧戚",谓贫贱之人,有此忧戚也。人有幸而富贵福泽,天非以是私之也,盖天将使有所赖以为善,而益厚其生耳;

有不幸而贫贱忧戚,天非以是薄之也,天将用是以困心横虑而增益之,俾之底于成耳。上文如古圣贤皆能体天之心,而尽天道矣。"顺事",谓所行之事顺于理也;"宁",安也,谓安于死也。如为臣死于忠,比于文山之类;为子死于孝,如申生之类,皆死无遗恨,与造物者游,岂不宁哉?孔子曰:"未知生,焉知死。"今张子即其存之顺,而决其没之宁,盖至是而于死生之际,可谓透矣。为人于父天母地,必于没宁而后可了。邵尧夫有云:"须知虚过死万遍,恰似不曾生一般"者,正谓此也。(《闲适剧谈·西铭客对》)

●姚舜牧曰:孝子之身有,则其事亲者,不违其志而已;没,则安而无所愧于亲也。仁人之身存,则其事天者,不逆其理而已;反,则安而无所愧于天也。盖所谓"朝闻夕死","吾得正而毙焉"者,故张子之铭,以是终焉。(《性理指归》卷六)

柏麓按:此与朱熹《西铭解》大体相同,惟个别文字有异。

●崔有海曰:存以事天者尽其道,然后没而归地者,无所愧于其心,此乃死生之得其正者也。(《嘿守堂先生文集》卷七)

●雷于霖曰:"存"者,指少壮老而言也。人生自少至老,好色、富贵其夺我事亲之心者,不知其几也,而事天亦有然者矣。孝子曰:"自吾有生,乾父坤母有须臾而离我者哉?我之承事,可须臾而疎旷哉?吾胞吾与、吾君吾相、吾圣吾贤、吾老吾幼、吾无告,莫非天也,莫非事天之理所在也。天之理,真实无妄;事之心,恭敬无二。以恭敬之心,尽真实之理。条风鼓瑟,天顺我,而我顺天之道,以正事之;急雪悲笳,天不顺我,而我顺天之数,以权事之。其事也,一日百年,敢二乎哉!"○凡人曰"驱神明之帅,以恣血气之体",自谓快乐一生,及至临终之际,血气消尽,神明犹醒,回头一顾,照见生平悖德害仁济恶不才种种罪愆,自知秽遗青史、臭及子孙,此时托谁补救?脚忙手乱、谵言鬼语、不宁之状,颠倒可怜。孝子曰:'吾生平学修,全在此处得力。吾日以诚为本,以敬为修,完天地之理,得正而毙,浩气还之两间,定性贞之千秋,其与孔子曳杖兴歌,曾子启衾诵诗,同一意象,岂有不也。吾每日自晨至夕,顺天循理,及至夜来就枕,神气清閟,而志意恬旷,并无惊心震魂之梦,即此可以证殁宁岂待易簀之夕乎!○大而无外者,《西铭》之理也;密而罔漏者,《西铭》之功也。四海之广,百世之远,当有补予解之不及者。(《西铭续生篇》,李元春《青照堂丛书续编》本)

●高尔俨曰:人之有存有没,犹其有昼有夜也。昼之所行,一顺乎天理而无悖逆,则夜寐之际,神志安然,不梦不扰,存没之际,亦若是而己矣。看曾子启手足时,何等安闲宁贴,总由平日时刻对越上帝,真如子之事父,无有几微顷刻之间断。到此时节,天地万物,浑然一体,谓之还亲也可,谓之还天也可。看"吾宁"二字,正是顺事中实际受用处,非仅与草木同腐而已也。盖天地之间,浑然一性,浑然一气,而人得其秀而最灵;既生之后,即有父子兄弟夫妇君臣朋友之相维相联,以及四海人民之众、万物之繁,与我并生而并育,总为天之所生,则皆天之所欲爱养而滋息之,诚能反求诸身,乾为父,坤为母,仁人之事天,犹孝子之事亲,自父子君臣长幼朋友,推而至于亿兆之众,一禽一兽一草一木之微,无不随其分量之当然,而引为同体,惟恐一念自私自利,而戕贼及于人物,即上逆天心为悖德之大者。夙兴夜寐,因心所及,随分自尽,要求无慊于此心。万物一体之量,虽大行不加,虽穷居不损,如此则为天之肖子,天心亦必感格而眷佑焉。生顺没宁,太和元气,尝通于天地万物之表。生亦犹是,死亦犹是,如此乃得其所为。天地之间,浑然一性,浑然一气者,而体备焉,所谓全体太极,可以与天地参者,正此也。呜呼!人之自视,亦邈乎小耳。语之以乾父坤母,则骇而疑;语之以万物,则漠然不亲,甚且同室之中,不能保其父子兄弟,而望其推及于鳏寡惸独颠连而无告者乎?望其推及于鸟兽草木,能好生而戒杀乎?此等人生则无益于世,甚且有害于世。无益于世者,天亦无意属之;有害于世者,天且诛伐及之。非天之果有心也。尚贤而下,无不乐承顺而恶忤逆者,父母之常情,即天地之常理也。生为孽质,死为恶缘,天理灭绝,化为异类,不亦深可哀哉!故凡父天母地而为人者,不可不厚自勉也。(《古处堂集》卷一《西铭演义》)

●宋时烈《语录(崔慎录下)》:讲《西铭》"存,吾顺事。殁,吾宁"。注:朱子曰:"孝子之身存,则其事亲,不违其志而已;殁,则安而无愧于其亲。仁人之身存,则其事天也,不逆其理而已;殁,则安而无愧于天也。盖所谓'朝闻夕死','吾得正而毙焉'者,故张子之铭,以是终焉。"先生谓学徒曰:"此说正合于先王之德行,故庙以'孝'陵以'宁'为号也。"先生曰:"自古人君,多有骄亢。每曰:'吾女何得为渠之子妇乎?渠焉得为吾女之舅乎?'以故王女下嫁者,鲜执妇道。孝庙则不然,严教下嫁王女,使之谨事舅姑。虽以此一端观之,孝庙圣德,可谓卓冠百王也。(《宋子大全附录》卷十八)

○《年谱》:崇祯三十二年(先生五十三岁),五月,……显宗大王嗣位,与大臣诸臣,议上大行大王尊号及庙陵殿号。尊号曰"宣文章武神圣显仁",庙号曰"孝宗",陵号曰"宁陵"。上命释进"宁"字义。领相郑公太和属之先生。先生为之说曰:"周人谓武王'宁王''宁考'。张横渠《西铭》有曰:'存,吾顺事;没,吾宁也。'朱子又取以为寿藏之庵,名曰'顺宁'。盖周人之所以称武王者,取安宁天下之意也。张、朱之意,则以为君子极其天理之正,则无所愧于心而死亦安矣,盖亦'朝闻道,夕死可'之义也。"(《宋子大全附录》卷三)

●林恕曰:"朝闻夕死",见《里仁》篇。○"吾得正而毙",见《檀弓》。○朱子曰:"《西铭》前一段如棋盘,后一段如人下棋。"今按:自"乾称"处以下至"颠连无告",如棋局,是前一段也;"子之翼也"以下,如人下棋,是后一段也。详见《性理大全》勉斋黄氏说。又按:前一段者,所以"理一"也,后一段者,所以"分殊"也。○李滉曰:"自'于时保之'以下,至于'勇于从而顺令者,伯奇',皆上句言事天之道,下句以事亲明之。朱子所谓'每一句皆有两义者',然也。"(《西铭私考》)

●王夫之曰:有一日之生,则受父母之生于一日,即受天地之化于一日。顺事以没,事亲之事毕,而无扰阴阳之和,以善所归,则适得吾常,而化自正矣。(《张子正蒙注》)

●山崎闇斋曰:○第十三节。《书》:"志以道宁。"(《旅獒》)○《礼记》:"曾子曰:'孝子之养老也,乐其心,不违其志。'"(《内则》)○《礼记》:"孔子曰:'仁人之事亲也如事天,事天也如事亲。'"(《哀公问》)○《论语》:子曰:"朝闻道,夕死可矣。"(《里仁》)○《礼记》:"曾子寝疾,病。乐正子春坐于床下,曾元、曾申坐于足,童子隅坐而执烛。童子曰:'华而睆,大夫之箦与?'子春曰:'止!'曾子闻之,瞿然曰:'呼!'曰:'华而睆,大夫之箦与?'曾子曰:'然。斯季孙之赐也,我未之能易也。元,起易箦。'曾元曰:'夫子之病革矣,不可以变。幸而至于旦,请敬易之。'曾子曰:'尔之爱我也不如彼。君子之爱人也以德,细人之爱人也以姑息。吾何求哉?吾得正而毙焉,斯已矣。'举扶而易之。反席,未安而没。"(《檀弓》)(《文会笔录》卷十二)

●贝原益轩曰:《西铭》主意,本乎《孟子》所谓"存其心,养其性,所以事天也者欤。"(《近思录备考》卷二)

●张英曰:孝子之身存,则其事亲者,不违其志而已;没,则安而无所愧于亲也。仁人之身存,则其事天者,不逆其理而已;没,则安而无所愧于天也。(《御定孝经衍义》卷二)

●冉觐祖曰:按:末二句,由"存"及"没",说尽终身,总完得一个事天工

夫。一日未没，则一日还是顺事。〇"宁"字，须无一毫遗憾方可。(《性理纂要附训》卷四)

●张伯行《濂洛关闽书·西铭解》曰："宁"，安也。知天地之心，则当终身事之。故其存于世也，不敢逆天之理，而尽吾所以顺事之道。自少而壮，壮而老，事之如一焉。及其没也，得正而毙，则亦安宁而无所愧于天地。《西铭》之说终以此，此则父天母地而处其中者，为孝子，为仁人，孰非所以事天之道哉！盖惟一本而万殊，故虽合天下为一家，而不流于兼爱；亦惟万殊而一本，故虽极亲疏之异等，而不梏于己私。此《西铭》之大指也。观其推亲亲之厚，以大无我之公；因事亲之诚，以见事天之道。程子以为明理一而分殊，真可谓一言以蔽之矣。(《濂洛关闽书》卷二)

〇《近思录集解·西铭解》曰：结言事天事亲，皆必至于生顺死安，无复遗恨而后为至也。孝子之事亲也，身存则顺乎亲而事之，心与之一而未始有违，身没则返之，吾心而安宁，有以为子，无忝所生也。仁人之事天也，身存则顺乎天而事之，理与之通而无所或逆，身没则问之，吾性而亦安宁，可以为人，无愧两大也。学者诚能存此心，则知藐然此身，其生也有自来，其死也无所负。天下一家，万物一体，精而求之，归诸天德；推而大之，无非王道。卓然效参赞之能事，天地以我为孝子；恬然尽继述之善图，父母亦乐我为仁人。(《近思录集解》卷二)

●窦克勤曰：惟天之于人，厚生玉成，所以事天者，身存则天即身而寓，每发一念，每行一事，必顺乎天理以事天。至于身没，则全受全归，吾亦可以无憾于天而安宁矣，至此方尽我之所以事天者，而天道悉全于顺事中也。若夫父母厚待其子而望之为善，过劳其子而爱之成德，与天心何异乎？吾身存而顺理以事父母，吾身没而安宁焉无憾于父母，与事天何异乎？此不言可见矣。末六句，不以事亲例事天而直言事天者，正完首节中处乾坤之实，以见事天者，至此乃为极也。〇自"富贵福泽"至"宁也"，又即天地生人之意，而总括言之，以明人尽事天之道。(《事亲庸言》卷一《事亲如事天，事天如事亲第一》)

●李文炤曰：按：天地父母之仁爱，无所往而不寓。而古之人，其所以处乎顺逆始终之遇者，亦已备矣。然常人之情，处顺则骄溢以自恣，处逆则怨尤以自废。异端之学，当其生则流荡而不返，当其死则系恋而不化，是皆所谓"顽"耳。《语》曰："天之生物，必因其材而笃焉。"《孟子》曰："天将降大任于是人也,必先困之。"曾子曰:"仁以为己任,不亦重乎?死而后已,不亦远乎?"故一息之间,即不得为仁孝也,张子以是订之,其旨深矣。(《西铭解拾遗》)

●华希闵曰:此于生死关头,教人事天,以见人自少而壮而老而死,总是事天之日,然必存顺,方得没宁。孝子一生而能顺其亲,方可安然见祖宗于地下;若悖逆不才之子,其不宁可知。人之于天亦然,一生畏天乐天,不愧不怍,没时便与大化融洽无间;若违者、害仁者、济恶者,其不宁亦可知。(《性理四书注释》之《西铭辑释》)

●李塨《答从侄》:"'存顺没宁',寻常以'存者,理之常;没者,命之安'之义看。今解中以顺事为顺于事亲,然则以前义看,大悖本义否?""通编以事天事亲为言,则于其末也,不应以'存者,理之常'歇后语以结之。此义甚明,不须疑也。"(《恕庵集》卷八)

●王植曰:愚按:此总结通篇。"顺事",内该知化穷神以下之意;"没宁",则完其乾坤中处之体而已矣。注以"没宁"属孝子仁人,而《总论》内所谓"没当安宁之"者,盖未定之说耳。(《朱子注释濂关三书·西铭》)

●李宗洙曰:"存","吾宁也",谨按:"顺事",只以顺天而言也。"顺事""没宁",犹言生顺死安。○自"不弛劳"至"伯奇也"四句,全以事亲言,故解中引事天之事带言之。自"富贵福泽"至"殁吾宁也"四句,全以事天言,故解中引事亲之事带言之。(《后山先生文集》卷十四《西铭劄疑(朱子解)》)

●刘沅曰:二句收束全篇,言能为顺天之学,则生顺死安,于理甚是。(《正讹·西铭解》)

●李元春曰:无愧天地,乃为无愧父母,自然生顺死安。(《关中道脉四种书·张子释要》之《张子西铭全注》)

●罗泽南曰:孝子之事亲也,此身一日尚存,即尽吾一日事亲之道而不敢有所违,没则安而无所愧于亲也。仁人之事天也,此身一日尚存,即尽吾一日事天之道,而不敢有所戾,至没则安而无所愧于天也。《西铭》首言"天地之塞,吾其体;天地之帅,吾其性",是明其受生之始,篇末以"存"、"顺"、"没"、"宁"终者,亦以见仁为己任,必至死而后已也。其旨深哉!(《西铭讲义》)

○泽南案:魂凝魄聚而人以生,魂升魄降而人以死。当其存时,其气未散,其理便在。要必顺而行之,无少差谬,才算得个人,才不负天地之所生,否则其形虽存,其心死矣。凡人自幼至老,顺天而动,罔有所失,为天地间一个完人,幸也。其或有所失于前者,则必有所励于后。惩忿既往,补过将来,趁此身尚存之日,斩钉截铁,向前做去,为得一日好人,即不愧乎在天地间一日,若必待死时而后悟之,已无及矣。《易》曰:"震无咎者存乎悔。"〇非弘不能胜其任,非毅则无以致远。《西铭》,言弘之道也。篇终言"存吾顺事;没,吾宁焉"者,便是"一息尚存,此志不容稍懈"之意,此便是说"毅"处。(《西铭讲义》)

●柳重教曰:"生""成""宁"协韵。〇此节总结全篇也。篇内所言,皆生顺之事,故至此又对举死安之意以结之也。又按:此篇首称"予"以起之,其下累言"吾"以应之,于此又称"吾"以终之,盖以见推仁之本而制义之主也,此其所以异于墨氏之论也。临文者宜察之。(《省斋集》卷三十《西铭句节次第》)

●归曾祁曰:曾祁案:《正蒙·诚明篇》:"尽性然后知生无所得,则死无所丧。"朱子《论语》"朝闻道"章注曰:"道者,事物当然之理。苟得闻之,则生顺死安,无复遗恨矣。"夏峰孙氏奇逢曰:"生顺没宁,无得亦无丧。"又曰:"结尽之。"(《西铭汇纂》)

●唐文治曰:如何而可以为顺?如何而可以为宁?必能保我之良心,无所愧怍于天,乃为尽其为人之道,而可以顺而宁耳。余尝谓《西铭》事天,发明大公之道,读是篇者,当先辨"公""私"二字。公则有以尽"民胞物与"之量而可以事天,私则适以窒"民胞物与"之量逐至无以为人,故人道宜先辨居心之"公""私"。若以"民胞物与"为口头禅,而居心则甚私焉,恐为天所不容,而人道将自此灭矣。(《性理学大义·张子大义》)

●张绍价曰:乐天畏天,一生工夫,不敢有须臾之或懈,只以求"存吾顺事,没吾宁"焉而已。(《近思录解义》卷二)

●陈荣珪曰:《周礼》:"顺行以事师长。"子曰:"朝闻道,夕死可矣。"圣人教之,有始有卒。后儒片言只字,虽析解甚精,终难达先哲遗训之也。(《西铭解》,《感化月刊》1933年第1卷第2期)

●缪篆曰:《孝经·开宗明义章第一》云:"子曰:'先王有至德要道,以顺天下。'"又《三才章第七》云:"则天之明,因地之利,以顺天下。"又《孝治章第八》云:"《诗》云:'有觉德行,四国①顺之。'"又《广至德章第十三》云:"《诗》

---

① "四国",原文作"四海",误。据《孝经·孝治章》《诗经·大雅》改。

云：'恺悌君子，民之父母。'非至德，孰能顺民如此其广大乎!"《孝经》旧注云："天下原自顺者，以此顺之；天下或不顺者，亦以此顺之而使顺。"○《孝经·纪孝行章第十》云："孝子之事亲也，丧则致其哀，祭则致其严。"又《丧亲章第十八》云："生事爱敬，死事哀戚，生民之本尽矣，死生之义备矣。"又《感应章第十六》云："宗庙致敬，不忘亲也。修身慎行，恐辱先也。"（《读张横渠〈东铭〉〈西铭〉》，《新民》1935 年第 1 卷第 2 期）

●查猛济曰：吾存则顺事天地而不逆，没则安其心志而不乱，是乃始终听命于天地，而为天地至孝之子也。（《张子〈西铭〉的抗战哲学》，《胜利》1939年第 32 期）

●王淄尘曰：这两句包括全文。照上面所说做人，我存在的时候，顺着这道理做事。"没"，是死。言死了，也心里安宁的。（《张子西铭》，《前线旬刊》1939 年第 2 卷第 18 期）

●朱逸人曰："宁"，安也，知天地之心，则当终身事之，故其存于世也，不敢逆天之理，而必尽吾所以顺事之道；及其殁也，则自安宁而无所愧于天也。（《读西铭》，《服务（诸暨）》1939 年第 2 期）

●毛夷庚曰：吾存则顺事天地而不逆，没则安其心志而不乱，是乃始终听命于天地，而为天地至孝之子焉。（《张子西铭》，《大风（金华）》1939 年第 97/98 期）

●孙常钧曰：以天地之心为心而事天地，即以此心还之天地，所以我们生存的时候，既能顺之而不逆；死的时候，也就安然而不乱。孔子曰："朝闻道，夕死可也。"这"闻"不是耳闻，如云"见道"不是目见，简直是自心证实，方有是处，如孟子说"浩然之气"，是他亲自领略得到的。以"夙夜匪懈""无忝所生"之心，领略天地之心到究竟地，其所依以建立言论、功德，亦与天地同寿。精神不死乃可以死，这真是全受全归，大孝至孝。（孙常钧编注《释西铭》，沅陵中报社，1942 年 3 月版）

●王建新曰："存，吾顺事"，就是生存时，我就顺命以事亲。"没，吾宁也"，就是遇上死亡，正是我休息的机会。这样把生死看的很超脱，直截了当的认为活着是尽自己的责任，死了不过是生命入于静止状态，也没有什么可悲可怖的。我们有了这样的胸襟，才可以挺立于天地间，做一个堂堂正正的人。（《〈西铭〉新话》，《湘桂月刊》1943 年第 2 卷第 8 期）

●陈敦仁曰："存"，谓生时。"没"，谓将死。生时则顺事天地而不逆，将

死则安其心志而不乱。始终听命于天地,为天地至孝之子。(《〈西铭〉注》,《福建训练月刊》1943年第2卷第3期)

●<u>枯木</u>曰:生则顺天理而行,乃吾之顺事。没则以此归全之,亦无愧于天地矣。其一种弘规谨让,乾乾不息之意,易于字里行间。学者深昧而玩索之,当有得焉。(《西铭口授》,《海潮音》1948年第29卷第2期)

卷四　《西铭》评述

● 张载

○《订顽》之作，只为学者而言，是所以"订顽"。天地更分甚父母？只欲学者心于天道①。若语道，则不须如是言。(《横渠语录上》)

　　柏麓按：此节为现存最早关于《西铭》之述评，当言于《西铭》完成之后，张载去世(1077 年)之前。

● 程颢

○《订顽》之言，极纯无杂，秦汉以来学者所未到。(《河南程氏遗书》卷第二上"二先生语二上""元丰己未吕与叔东见二先生语")

　　柏麓按：此节《张子语录》"后录上""遗事"亦有摘录。《性理大全》载于"程子曰"下。然《近思录》载于"明道先生曰"、《朱子成书》载于"明道程子曰"下，当为程颢语，故见录于此。

　　●张伯行曰：秦汉以来，学多未纯，张子则毫无驳杂，故所言精粹。此下八节，《集解》阙，原编列本注，今照叶补。(《近思录集解》卷二)

　　●李文炤曰：以之修己而不流于佛、老之偏，以之治人而不入于管商之陋，所谓"极醇无杂"也，荀、扬、王、韩之徒，岂足以及此哉！(《西铭解拾遗后录》)

○《订顽》一篇，意极完备，乃仁之体也。

　　●叶采曰：仁者，本以天地万物为一体。(《近思录集解》卷二)

---

① "心于天道"："心"，《诸儒鸣道》本作"出"。吴坚本作"忠"，林乐昌《张子全书》西北大学出版社 2015 年版(林校本)从之；明吕柟《张子抄释》本、明徐必达《张子全书》本作"心"，章锡琛《张载集》中华书局 1978 年版、林乐昌《张子全书(增订版)》西北大学出版社 2021 年版(林新校本)从之。林校本校注云："'出于天道'，似于文义难通；而明徐本'忠于天道'与《明抄释》'心于天道'，则义可两存。"林新校本校注云："'心于天道'，意更允恰，当据改。"柏麓按：以林新校本为是，改"出""忠"作"心"。

●茅星来曰：陈氏曰：非指与万物为一体处为仁之体，乃言天理流行无间为仁之体也。(《近思录集注》卷二)

●金道和曰："乃仁之体"，仁之为体，冲融温粹，恻怛愤盈，周流贯彻于天地万物。而《西铭》之意，以天地为父母，以民物为同胞，一理贯彻，浑融无间，故曰"乃仁之体"。此"体"字专指"体段"而言，如《太极图解》所谓"本体"之"体"。(《西铭(读书琐义)》)

学者其体此意，令有诸己，其地位已高。到此地位，自别有见处，不可穷高极远，恐于道无补也。(《河南程氏遗书》卷第二上"二先生语二上""元丰己未吕与叔东见二先生语")

●叶采曰：体认此意，实为我有，所谓真知而实践之，至此则又有见于大本一原之妙矣。(《近思录集解》卷二)

●张伯行曰：此欲学者领会《订顽》之意，无务求之高远也。仁者本以天地万物为一体，学者须体认此意，实为我有，则地位已高，至此真知而实践之，则自有见于大本一原之妙矣。若不能体认而务求高远，何益哉！(《近思录集解》卷二)

●李文炤曰：天理流行而无间，"乃仁之体"也。孔子言仁，恒示人以用力之方；孟子言仁，恒示人以善端之发。必若《订顽》所论，而仁体乃为完备也。"体此意"而"有诸己"，所谓"善人"、"信人"，"其地位已高"矣，既"到此地位"，则充实辉光，自有不能已者，所谓"别有见处"也。"穷高极远"而无基可据，亦何益之有哉！(《西铭解拾遗后录》)

●茅星来曰：陈氏曰："见得此理，浑然无间，实'有诸己'。后日用酬酢，无往而非此理，更何用'穷高极远'？"(《近思录集注》卷二)

●王植曰：愚按：此言"仁之体"者，犹《论语》朱注以"欲立""欲达"为"状仁之体"，盖举其体段而言之也。仁者，天地之元气，万物之生机，浑沦包育，无所不备，而其发动克盈，周通遍备，无时而息。其在人，则含万有于性始者，心之德至全也；亲亲仁民爱物而天下一家万物一体者，爱之理至大也。《西铭》发此意，故曰："仁之体。"北溪之说，似未明彻，至龟山谓其"言体而不及用"，程子又曰"彼欲使人推而行之，本为用也。"何谓"不及"？又以见"理一"之中，自有"分殊"之义。一篇之中，体用兼该，仁存义立，未尝有偏，与此段固并行而不悖矣。(《朱子注释濂关三书》之《西铭》)

●罗泽南《西铭讲义》曰:泽南案:"仁之体",其理浑然而无间,其分灿然而不淆。《西铭》一篇,意极完备,乃言"仁之体"也。○到此地位,自别有见处。言所见已是不同,非于《西铭》外别见出一个道理也。(《西铭讲义》)

●归曾祁曰:曾祁案:《订顽》"意极完备,乃仁之体"。此篇只发明万物为一之意,如□□□,见得仁体。① ○吕氏柟《二程子抄释》:"人若见得《订顽》,正如醉而醒后景象。"(《西铭汇纂》)

柏麓按:此节《河南程氏遗书》卷第二上"二先生语二上""元丰己未吕与叔东见二先生语"下标"明"字,以示为明道语。《性理大全》载于"程子曰"下。然《近思录》载于"明道先生曰"、《朱子成书》载于"明道程子曰"下,当为程颢语,故见录于此。

○子曰:"《订顽》言纯而意备,仁之体也。(曾祁案:薛氏《读书录》:"'顽',不仁也。有以'订'之则仁矣。《西铭》一篇,皆勉人为仁之意。"某氏曰:"'顽'则不仁。"此见《正蒙》后,不知何人语,俟考。)充而尽之,圣人之事也。子厚之识,孟子之后,一人而已耳。"(《二程粹言》卷上"论书篇")

柏麓按:此节当本于上两节综合润色而成。《近思录》《朱子成书》《性理大全》均未录,归曾祁《西铭汇纂》录于"明道程子曰"下,且于此句末注曰"张氏栻《二程粹言》",当为程颢语,故见录于此。

○学者须先识仁。仁者,浑然与物同体,义、礼、知、信,皆仁也。识得此理,以诚敬存之而已,不须防检,不须穷索。若心懈,则有防。心苟不懈,何防之有?理有未得,故须穷索。存久自明,安待穷索?此道与物无对,大不足以名之。天地之用,皆我之用,孟子言"万物皆备于我",须反身而诚,乃为大乐。若反身未诚,则犹是二物有对,以己合彼,终未有之,(一本下更有"未有之"三字)又安得乐?《订顽》意思,乃备言此体。以此意存之,更有何事?"必有事焉,而勿正,心勿忘,勿助长",未尝致纤毫之力,此其存之之道。若存得,便合有得。盖良知良能,元不丧失,以昔日习心未除,却须存习②此心,久则可夺旧习。此理至约,惟患不能守。既能体之而乐,亦不患不能守也。(《河南程

---

① 底本此句上有眉批曰:"无此气,学者□深体之,乃是教人读《西铭》之方。□□有潜心□□□□穷高极远,入理深矣。"其中数字难以辨认,姑录于此。

② "习",《朱子成书》《性理大全》作"养"。

氏遗书》卷第二上"二先生语二上""元丰己未吕与叔东见二先生语"）

柏麓按:此节《河南程氏遗书》卷第二上"二先生语二上""元丰己未吕与叔东见二先生语"下标"明"字,以示为明道语。《朱子成书》载于"明道程子曰"下,当为程颢语,故见录于此。

● 林恕《西铭私考》曰:"《孟子》言:'万物皆备于我,须反身而诚,乃为大乐'":《尽心上》。○"必有事焉,而勿正,心勿忘,勿助长也。":《孟子·公孙丑上》。"必有事焉",有所事也,如有事于颛臾之有事。"正",预期也。《春秋传》曰:"战不正胜"是也。○"良知、良能":《尽心上》曰:"人之所不学而能者,其良能也;所不虑而知者,其良知也。"注曰:"良者,本然之善也。"（《西铭私考》）

● 罗泽南《西铭讲义》曰:泽南案:仁者,浑然与物同体者。仁者之心,识得天地万物,皆吾一体,浑然无物我之间也。义、礼、智、信,皆仁者。仁者之心,无一物之不爱者也。然于所爱之中,各有差等,不至流于兼爱者,义也。应接之际,仪文毕备,以将其爱之之心者,礼也。知其为吾之所当爱,又知乎爱之各有其等者,智也。爱之虽有差等,然无不实心以爱之,信也。是义、礼、智、信,皆所以行乎仁者也。学者识得仁者,浑然与物为体,则知乎理之一矣。识得义、礼、智、信之皆仁,则分之殊者,又可见矣。○天地以生物为心者也。凡天下之民物,无一非天地之所生,即无一非天地之所爱。仁者之心,亦无不有以爱之。故曰:"天地之用,皆我之用。"○明道此段话,地位尽高,学者难入,然亦有言下学处。如云:"心懈则有防","理有未得,故须穷索",未尝教人不要穷索,不要防也。"反身未诚又安得乐"? 便须作强恕而行工夫。（《西铭讲义》）

● 金道和曰:"义、礼、知、信,皆仁","义是仁之断制,礼是仁之宣著,智是仁之分别,信是仁之诚实,所以谓之"皆仁"。（《西铭（读书琐义)》）

○伯淳言:"《西铭》,某得此意,只是须得他子厚有如此笔力,[1]他人无缘做得。孟子以后,未有人及此。得此文字,省多少言语! 且教他人读书。[2] 要之,仁孝之理备于此,须臾而不于此,则便不仁不孝也。"（《河南程氏遗书》卷第二上"二先生语二上""元丰己未吕与叔东见二先生语"）

---

[1] "他""有"二字,《朱子成书》《性理大全》无。
[2] "且教他人读书"五字,《朱子成书》《性理大全》无。

●归曾祁曰:曾祁案:吕氏柟《二程子抄释》:"《西铭》是大心之方。"□□于此条下,不知何意,姑照录之俟考。(《西铭汇纂》)

柏麓按:此节《张子语录》"后录上""遗事"有摘录。《性理大全》载于"程子曰"下。归曾祁《西铭汇纂》置于"伊川程子曰"下,且以"某得此意"为"颐得此意",即以此句为程颐语。然《河南程氏遗书》既言"伯淳言",《朱子成书》亦载于"明道程子曰"下,则当为程颢也,故见录于此。

〇子曰:"仁孝之理,备于《西铭》之言。学者斯须不在是,即与仁孝远矣。"(《二程粹言》卷上"论道篇")

柏麓按:此节《近思录》《朱子成书》《性理大全》均未录。然与上节语不同而意相合,故见载于上节之下。

〇《订顽》立心,便达得天德。(《河南程氏遗书》卷第五"二先生语五")

●叶采曰:普万物而无私,天德也。(《近思录集解》卷二)

●张伯行曰:《订顽》彻上彻下,直从源头处会,觉得万物一体,绝无些子隔阂。此心已达得天德也。(《近思录集解》卷二)

●李文炤曰:达天德者,穷神知化也。由《订顽》立心,则诚敬之至,而神化可以驯致矣。薛氏曰:"《西铭》立心,可以语王道。"(《西铭解拾遗后录》)

●罗泽南《西铭讲义》曰:泽南案:人惟有物我之私,便不能上达天德。如《订顽》立心,斯可矣。(《西铭讲义》)

●归曾祁曰:曾祁案:陈伯澡问:"《订顽》立心便达天德是言,人能以《订顽》立,则廓然大公,便纯是天理。"北溪陈氏曰:"《订顽》是说人之立心,如此天德。在天言,则天理流行,为人物可得者;在人言,则人所得于天之理也。"王氏心敬曰:"程子谓:'《订顽》立心,可达天德'。读《订顽》者,须窥见从上圣人践形尽性的精神命脉,庶几可望知德。"又曰:"程子谓'《订顽》立心,便可达天德',然则学不至于达天,必于《西铭》不能深信无疑,又如学不至于达天,于《西铭》不能深信不疑,却须实下苦心,体认《西铭》是甚么局量,是甚么工夫,真知而实践,亦庶几有知德之日。"杨氏名时《经书言学指要》:"天德诚而无妄。"(《西铭汇纂》)

柏麓按:游酢《游廌山集》卷三《师语》下亦载此语。此节《性理大全》载于"程子曰"下,作"《订顽》立心,便可达天德"。然不明具体为程颢还是程颐语,《近思录》载于"明道先生曰"、《朱子成书》载于"明道程子曰"下,且《性理大全》置此节于"仁之体"与"识仁"两节之间,当为程颢为游酢所言。故载此两节于"示游酢"下。○《二程集》又有程颢评游酢读《西铭》有得3节。据此亦可见程颢授游酢读《西铭》焉。○熙宁五年(1072),游酢举乡贡,到京城游学,拜见程颢,程称赞他"其资可以进道"。熙宁五年(1072)八月,程颢任扶沟县(今属河南)知县,荐举游酢主管县学教育。在扶沟,他得颢亲炙,精研儒家经典,学识大有长进。然此时张载《西铭》或未完成,或完成而未广传。故程颢此语,或不当出于当时。而元丰四年(1081),游酢与杨时到颍昌拜程颢为师,此时程颢已多次盛言《西铭》,故程颢此语,及论游酢读《西铭》心得之语,大抵出于此年之后。

○弘而不毅,则难立;毅而不弘,则无以居之。《西铭》言弘之道。

柏麓按:此节见载于《朱子成书》《性理大全》,作程颢语。然《二程粹言》载:"子曰:弘而不毅则难立,毅而不弘则无以居之。"无"《西铭》言弘之道"六字。归曾祁《西铭汇纂》认为:"'《西铭》言弘之道'一语,《大全》混入程语。罗山《西铭讲义》仍之。兹从《近思录》改正。"并改此句作"'弘而不毅则难立;毅而不弘则无以居之。'原注:《西铭》言弘之道。(朱子《近思录》)"如此,则"《西铭》言弘之道"六字,似为朱熹承程颢所言而推论及《西铭》,故此句不当归之程颢名下,而当归之"朱熹"名下。

然《河南程氏遗书》卷十四载:"曾子曰:'士不可以不弘毅,任重而道远。'先生曰:'弘而不毅则难立,毅而不弘则无以居之。'"其后有小字注:"《西铭》言弘之道。"朱熹《近思录》卷二云:"弘而不毅则难立,毅而不弘则无以居之。"叶采注云:"本注云:《西铭》言弘之道。说见《论语》。"朱熹《论孟精义》卷四"曾子曰:'士不可以不弘毅,任重而道远。仁以为己任,不亦重乎!死而后已,不亦远乎!'"句下,朱熹引注曰:"明道曰:'弘而不毅则难立,毅而不弘则无以居之。《西铭》言弘之道也。'又曰:'士不可以不弘毅,任重而道远。重担子,须是硬脊梁汉方担得。'"真德秀《西山读书记·张子之学》言程子:"又因论'弘毅'曰:'《西铭》言弘之道。'"如此,则"《西铭》言弘之道"一句,为程颢"本注",而非朱熹所注。故此句当归之程颢名下,兹录载于此,并考之以辨其所属。

●林恕《西铭私考》曰:"弘毅":《论语·泰伯篇》:"士不可以不弘毅。"注曰:"弘,宽广也。毅,强忍也。"(《西铭私考》)

●李文炤曰:合天地万物为一体,弘之至也。然践形惟肖,以至于存顺没宁,而毅亦在其中矣。(《西铭解拾遗后录》)

●归曾祁曰:曾祁案:"《西铭》言弘之道"一语,《大全》混入程语。罗山《西铭讲义》仍之。兹从《近思录》改正。○慎修江氏永《近思录集注》永按:弘而不毅者,纵弛;毅而不弘者,狭陋。《西铭》之道,能实体之浑然,与物同体,弘之至也。(《西铭汇纂》)

●程颐

○孟子论王道便实,徒善不足为政,徒法不能自行,便先从养生(一作"道")上说将去。既庶既富,然后以饱食煖衣而无教为不可,故教之也。孟子而后,却只有《原道》一篇,其间语固多病,然要之,大意尽近理。若《西铭》,则是《原道》之宗祖也。《原道》却只说到道,元未到得《西铭》意思。据子厚之文,醇然无出此文也。自孟子后,盖未见此书。(《河南程氏遗书》卷第二上"二先生语二上""元丰己未吕与叔东见二先生语")

●林㤚《西铭私考》曰:"《原道》":韩文。《唐书·韩愈传》曰:"愈深探本原,卓然树立,成一家言,其《原道》《原性》《师说》等数十篇,皆奥衍闳深,与孟轲、杨雄相表里,而佐佑六经。"○"醇然":《韵会》曰:"《说文》:'醇,不浇酒也'。"《广韵》:浓也,通作"淳"。又曰:"淳,清也,朴也。"今按:醇乎,醇儒之醇,亦犹醇然之醇也。《伊洛渊源录·张子传》有"醇然"之字。(《西铭私考》)

●罗泽南《西铭讲义》曰:泽南案:《原道》只说"道",未说到"率性"处,若说到"率性"处,便是于源头处有所见了。(《西铭讲义》)

●归曾祁曰:曾祁案:北溪陈氏曰:"《原道》说无原头,《西铭》从原头说来,所以为《原道》之宗祖。"敬轩薛氏曰:"程子曰:'《西铭》乃《原道》之宗祖',盖《原道》但言"率性"之"道",《西铭》言"道"所从出,即"天命之性"也。"吕氏柟曰:"《西铭》之意,教在养中,圣君贤相之业也。"(《西铭汇纂》)

柏麓按:此节吕柟《二程子抄释》、归曾祁《西铭汇纂》亦有载录。"孟子而后,却只有《原道》一篇,其间语固多病,然要之,大意尽近理。若《西铭》,则是《原道》之宗祖也"一句,《张子语录》"后录上""遗事"有摘录,"却只有"处"却"字无。《朱子成书》《性理大全》载于"伊川程子曰"下,作:"孟子之后,有《原道》一篇,其间言语固多病,然大要尽近理。若《西铭》,则是《原道》之宗祖也。《原道》却只说道,元未到《西铭》意思。据子厚之文,醇然无出此文也。自孟子后,盖未见此书。"当是程颐语,故见录于此。

○《年谱》:哲宗皇帝元祐元年(1086),丙寅,先生年十六。二年(1087),丁卯,先生年十七。为举子时,教授苏昞季明,一见大奇之,谓先生曰:"子以状元及第,即学乎?唯复科举之外,更有所谓学乎?"先生疑。一日,苏因会茶,举盏以示,曰:"此岂不是学?"先生遂往见伊川先生。三年(1088),戊辰,伊川先生授先生以《大学》《西铭》,又令看"敬"字。(《和靖集》卷八)

柏麓按:元祐元年,丙寅,即公元 1086 年;"二年""三年",即公元 1087、1088 年。据此可知,尹焞授读《西铭》时间,当在元祐三年(1088)之后。

○先生曰:"某才十七八岁,见苏季明教授。时某亦习举业。苏曰:'子修举业,得状元及第,便是了也。'先生曰:'不敢望此。'苏曰:'子谓状元及第,便是了否?唯复这学更有里?'"先生疑之。他①日去见苏,乃指先生。见伊川后半年,方得《大学》《西铭》看。(《河南程氏外书》卷第十二"传闻杂记",出祁宽所记"尹和靖语")

○尹彦明见伊川后,半年方得《大学》《西铭》看。(朱熹:《近思录》卷二)

● 李文炤曰:进道之序,莫详于《大学》;入德之基,莫切于《西铭》。以此并示学者,所以明二书之相须也。(《西铭解拾遗后录》)

● 罗泽南《西铭讲义》曰:泽南案:当时《大学》犹杂载于《戴记》,《西铭》亦初出之书,人鲜有知之者。和靖初见伊川时,亦只讲论其平日已读之书。到半年后,想是已得此意,故以《大学》《西铭》与他看。(《西铭讲义》)

○公因苏昞见伊川,自后半年,方得《大学》《西铭》看。(李幼武:《宋名臣言行录·外集》卷九)

柏麓按:此节《朱子成书》《性理大全》亦见录,然文字略有不同。作:"和靖尹氏曰:'见伊川后,半年方得《大学》《西铭》看。'"

● 归曾祁曰:曾祁案:《和靖年谱》:见伊川年十七,明年十八,伊川授

---

① "他"字据《二程子抄释》补。

以《大学》《西铭》。○江氏《考订朱子世家》:注:自二程子,皆指《西铭》为扩前圣所未发,游其门者必令看《大学》《西铭》,朱子首为之解。○子中王氏懋竑《壬子答朱湘淘书》引《语录》云:"程子好以《西铭》与人看。"(《西铭汇纂》)

○问:"《西铭》如何?"曰:"此横渠文之粹者也。"曰:"充得尽时如何?"曰:"圣人也。""横渠能充尽否?"曰:"言有多端①。有有德之言,有造道之言。有德之言,说自己事,如圣人言圣人事也;造道之言,则知足以知此,如贤人说圣人事也。横渠道尽高,言尽醇,自孟子后,儒者都无他见识。"(《河南程氏遗书》卷第十八"伊川先生语四""刘元承手编")

柏麓按:此节《张子语录》"后录上""遗事"有摘录。《朱子成书》载于"伊川程子曰"下,当为程颐语,故见载于此。○刘元承,即刘安节(1068—1116),字元承,永嘉县人。北宋元祐年间(1086—1093),和弟安上联荐于乡,同入太学,后又联袂赴洛阳从程颐受业。两人俱被列入"元丰永嘉九先生",人称"大刘先生"。元符三年(1100)进士,初任越州诸暨主簿,历河东提学司管勾文字,除监察御史,升起居郎、太常少卿,后因得罪宦官,谪知饶州(今江西鄱阳),移知宣州(今安徽宣城)。政和六年(1116),宣州疫病流行,因劳累过度,卒于任上,年仅49岁。安节曾编《伊川语录四》,遗著有《刘左史集》4卷("永嘉丛书"本)。○刘安节与其弟同入太学、从程颐受业,在北宋元祐年间(1086—1093),则程颐此语,当在其从学之后。

●罗泽南《西铭讲义》曰:泽南案:人有斗筲之量,有池沼之量,有江海之量,有天地之量。《西铭》之量,如天地也。扩充不去,兄弟九族,视若涂人。充得尽时,则便如天地之无不持载,无不覆帱。此量是人人尽有的,特患不能充耳。○问:"伊川谓横渠是造道之言,横渠尚不可谓之有德否?"曰:"非谓横渠是无德者,横渠任道极勇,知足以及此,又能向此道极力行之,但不若圣人之不思而中,不勉而得,一一做得极好处耳。能充《西铭》之量者,必圣人,而后可以言之也。"(《西铭讲义》)

●归曾祁曰:曾祁案:《理学宗传辨正》无"识"字。○吕氏枏曰:"《西铭》,亦庶乎有德者之言矣。"(《西铭汇纂》)

---

① "多端",《朱子成书》《性理大全》作"两端"。

○问:"横渠言'由明以至诚,由诚以至明',此言恐过当。"曰:"'由明以至诚',此句却是。'由诚以至明',则不然,诚即明也。孟子曰:'我知言,我善养吾浩然之气',只'我知言'一句,已尽。横渠之言,不能无失,类若此。若《西铭》一篇,谁说得到此?今以管窥天,固是见北斗,别处虽不得见,然见北斗,不可谓不是也。"(《河南程氏遗书》卷第二十三"伊川先生语九""鲍若雨录"。)

柏麓按:此节《张子语录》"后录上""遗事"有摘录,云:问:"横渠言'由明以至诚,由诚以至明',如何?"曰:"'由明以至诚',此句却是。'由诚以至明',则不然。诚即明也。孟子曰:'我知言,我善养吾浩然之气',只'我知言'一句,已尽。横渠之言不能无失,类若此。若《西铭》一篇,谁说得到此?今以管窥天,固是见北斗,别处虽不得见,然见北斗,不可谓不是也。"○《朱子成书》《性理大全》亦录此节末句,然语词略有不同。云:"横渠之言,不能无失。若《西铭》一篇,谁说得到此?今以管窥天,固是见北斗,别处虽不得见,不可谓不是也。"○鲍若雨(?—1121),字商霖,浙江永嘉(今温州)人。从程颐学,勤苦自励,学者称"敬亭先生"。宣和(1119—1125)中,方腊义军起,率乡人抵御,有司奏功第一,不当赏擢。著有《程门问答录》《敬亭文集》。○鲍若雨从学程颐时间不可考,然程颐于大观元年(1107)九月病逝,其问学,当在此前,或与刘安节不相前后也。

●林恕《西铭私考》曰:"以管窥天":《汉书·东方朔传》语。(《西铭私考》)

○李朴(字先之)请教。先生曰:"当养浩然之气。"又问。曰:"观张子厚所作《西铭》,能养浩然之气者也。"(《河南程氏外书》卷十一"时氏本拾遗")

柏麓按:此节《朱子成书》载"观子厚所作《西铭》,能养浩然之气者也。"于"伊川程子曰"下,当为程颐语,故见载于此。《性理大全》亦有载录。○李朴于绍圣元年(1094)进士及第后,方拜程颐为师,故此事当在此年之后。

●林恕《西铭私考》曰:"能养浩然之气":《公孙丑上》。(《西铭私考》)

●罗泽南《西铭讲义》曰:泽南案:天下许多民物,皆待我之仁爱。若自己不能大著心胸,万物之纷然杂投,便没处放顿,如何容受得起?如物多屋小,安置不下也。《易》曰:"宽以居之",正是此意。(《西铭讲义》)

●金道和曰:"能养浩然之气"日用之间,事事集义,自反常直,无一行之不慊。则仰不愧天,俯不怍人,而其为气也浩然而不穷矣。《西铭》之书,以天地万物为一体。而推亲亲之厚,以大无我之公,因事天之诚,以尽事天之道。存顺没宁,俯仰无愧,则其所以养得浩然之气者,孰加于是也。(读书琐义)》)

●归曾祁曰:曾祁案:此条虞卿刘氏廷诏《理学宗传辨正》另提行,录不连前"《西铭》言弘之道",兹从之。○李氏《道学名臣言行录》:"观《西铭》,能养浩然之气者。"○艮峰倭仁氏《日记·六》:"张子作《西铭》,能养浩然之气,人诚以天地之心为心,具一副仁为己任,毙而后己力量,这气是何等样刚大?此孟子居广居,立正位,行大道,富贵不淫,贫贱不移,威武不屈气象也。"(《西铭汇纂》)

○子厚为"二铭"以启学者。其一曰《订顽》。《订顽》曰云云,杨子问:"《西铭》深发圣人之微意,然言体而不及用,恐其流至于兼爱,后世有圣贤,而推本而论,未免归过于横渠。夫子盍为一言推明其用乎?"子曰:"横渠立言,诚有过,乃在《正蒙》。至若《订顽》,明理①以存义,扩前圣所未发,与孟子性善养气之论同功,岂墨氏之比哉!《西铭》理一而分殊,墨氏则爱合②而无分。分殊之蔽,私胜而失仁;无分之罪,兼爱而无义。分立而推理一,以止私胜之流,仁之方也。无别而迷兼爱,至于无父之极,义斯亡也。子比而同之,过矣!夫彼欲使人推而行之,本为用也。反谓不及用,不亦异乎!"杨子曰:"时也昔从明道,即授以此书,于是始知为学之大,方固将终身服之。岂敢疑其失于墨氏比也?然其书以民为同胞,鳏寡孤独为兄弟,非明者默识,焉知理一无分之殊哉?故恐其流至于兼爱,非谓其言之发,与墨氏同也。夫惟理一而分殊,故圣人称物,远近亲疏,各当其分,所以之其心一焉,所谓'平施'也。昔意《西铭》有平施之心,无称物之义,疑其辞有未达也。今夫子开谕学者,当无惑矣。"(《二程粹言》卷上"论书篇")

○尹焞《跋西铭》云:横渠先生作此铭,或疑同于墨氏之兼爱,寓书以问伊川先生。答曰:"《西铭》之为书,推理以存义,扩前圣所未发,与孟子性善养气之论同功,(二者亦前圣所未发。)岂墨氏之比哉!《西铭》明理一而分殊,

---

① "明理",《答杨时论西铭书》作"推理"。
② "爱合",《答杨时论西铭书》作"二本"。

墨子则二本而无分。(老幼及人,理一也;爱无差等,二本也。)分殊之蔽,私胜而失仁;无分之罪,兼爱而无义。分立而推理一,以止私胜之流,仁之方也。无别而迷兼爱,至于无父之极,义之贼也。子比而同之,过矣!且谓言体而不及用,彼欲推而行之,本为用也。反为不及,不亦异乎!"(《和靖集》卷三)

　　柏麓按:杨时与程颐论《西铭》第一书,见下。

　　○杨时《寄伊川先生》:"某窃谓道之不明,智者过之。《西铭》之书,其几于此乎?昔之问仁于孔子者多矣,虽颜渊、仲弓之徒,所以告之者,不过求仁之方耳;至于仁之体,未尝言也。孟子曰:'仁,人心也;义,人路也。'言仁之最亲,无如此者。然本体用兼举两言之,未闻如《西铭》之说也。孔孟岂有隐哉?盖不敢过之,以起后学之弊也。且墨氏兼爱,固仁者之事也,其流卒至于无父,岂墨氏之罪耶?孟子力攻之,必归罪于墨子者,正其本也。故君子言必虑其所终,行必稽其所弊,正谓此耳。《西铭》之书,发明圣人之微意至深,然而言体而不及用,恐其流遂至于兼爱,则后世有圣贤者出,推本而论之,未免归罪于横渠也。某窃意此书,盖西人共守而谨行之者也。欲得一言,推明其用,与之并行,庶乎学者体用兼明,而不至于流荡也。横渠之学,造极天人之蕴,非后学所能窥测。然所疑如此,故辄言之,先生以谓如何?"(《龟山集》卷十六)

　　柏麓按:《龟山年谱》:"绍圣三年(1096),年四十四岁,官浏阳,与伊川先生书论《西铭》,又寄所著史论。"故二人论《西铭》书信往来,当在此年前后。○此书所论文字,与后世《性理大全》等本略有不同,因其早出,载录于此,以备资考。

　　●贝原益轩曰:以书问也。"体"者,仁也;"用"者,义也。(《近思录备考》卷二)

　　●归曾祁曰:曾祁案:《龟山年谱》:"绍圣三年,年四十四岁,官浏阳,与伊川先生书论《西铭》,又寄所著史论。"(《西铭汇纂》)

　　○程颐《答杨时论西铭书》:"前所寄史论十篇,其意甚正,才一观,便为人借去,俟更子细看。《西铭》之论,则未然。横渠立言,诚有过者,乃在《正蒙》。《西铭》之为书,推理以存义,扩前圣所未发,与孟子性善养气之论同功,(二者亦前圣所未发。)岂墨氏之比哉!《西铭》明理一而分殊,墨氏则二本而无分。(老幼及人,理一也;爱无差等,本二也。)

　　●叶采曰:(本注云:"老幼及人,理一也。爱无差等,本二也。"杨时,字中立,程子门人也。《西铭》以天地为父母,万物为同体,是"理一"也。然而贵贱亲疏,上下各有品节之宜,是"分殊"也。若墨氏惑于兼爱,则泛然并施而无差等,施之父母者犹施之路人,是亲疏并立而为二本也。○或问:"'理一分殊'如同胞物与、大君、家相、长幼、残疾,皆自有等差,是分殊处否?"朱子曰:"此是一直看下,更须横截看,天气而地质,与父母固是一理。然吾之父母与天地自是有个亲疏,同胞里面便有'理一分殊',吾与里面亦便有'理一分殊'。龟山正是疑'同胞''吾与'为近于墨氏,不知'同胞''吾与'各自有'理一分殊'在其中矣。"(《近思录集解》卷二)

●张伯行曰:《西铭》本言"理一",欲人推大公之用,因龟山有兼爱之疑,故程子又明其"分"之"殊"。盖莫非自然之理也。……疑《西铭》言胞与而不及推行节次,恐流弊几近于墨氏。程子解之,谓横渠《正蒙》中其立言不无有过。至若《西铭》之意,直欲推穷底蕴,揭出示人。前圣未经阐发,如孟子"性善""养气"之论,同一创解,有功性学,不得以墨氏相比。(《近思录集解》卷二)

●茅星来曰:陆氏曰:"林次崖谓'理一分殊,理与气皆有之'。以理言,则太极,'理一'也;健顺五常,其'分殊'也。以气言,则浑元一气,'理一'也;五行万殊,其分殊也。"此一段发明程子"理一分殊"之说最明,而罗整庵谓"其未睹浑融之妙",亦过矣。(《近思录集注》卷二)

分殊之弊,私胜而失仁;无分之罪,兼爱而无义。

●叶采曰:徒知"分"之殊,而不知"理"之一,则其蔽也,为己之私胜而失其公爱之理。徒知"理"之一,不知"分"之殊,则其过也,兼爱之情胜而失其施爱之宜。(《近思录集解》卷二)

分立而推理一,以正私胜之流,仁之方也;无别而迷兼爱,至于无父之极,义之贼也。子比而同之,过矣!

●叶采曰:"分"立而推其"理"之一,则无私胜之蔽,此为仁之方,《西铭》是也。施无差等而迷于兼爱,则其极也,至于无父此害义之贼,墨氏是也。(《近思录集解》卷二)

●张伯行曰:两者判若悬殊,疑其相近,则失旨矣。(《近思录集解》卷二)

且谓言体而不及用,彼欲使人推而行之,本为用也。反谓不及,不亦异乎!

(《河南程氏文集》卷九《伊川先生文五》)

●叶采曰：《西铭》本言"理一"，欲人推大公之用。因龟山有兼爱之疑，故程子又明其"分"之"殊"，盖莫非自然之理也。或曰："既言'理一'又曰'分殊'，是理与分为二也？"曰："以理推之，则并生于天地之间者同体同性，不容以异观也。然是理也，则有品节之殊，轻重之等。所谓'分'也者，特是理之等差耳，非二端也。"(《近思录集解》卷二)

●张伯行曰：况横渠本意要人实践推行，即体是用，何尝遗却一边。龟山错会，故不免有此疑耳。……此《西铭》义蕴极为精深，得程子发明，则其指益畅，学者所宜深玩也。(《近思录集解》卷二)

●李文炤曰："分"，"比"，"为"，并去声。(《西铭解拾遗后录》)

●茅星来曰："分"，并音问。"比"，必二反。"为"，去声。问："《龟山语录》云：'知其理一，所以为仁；知其分殊，所以为义。'"曰："仁，只是发出来者，至发出来，有截然不可乱处，便是义。如爱父母、爱兄弟、爱亲戚、爱乡党，推而大之，以至于天下国家，只是一个爱流出来。而爱之中便有许多等差，是义也。"问："伊川谓'《西铭》，《原道》之宗祖'，何如？"曰："《西铭》更从上面说来，《原道》言'率性之谓道'，《西铭》则并'天命之谓性'言之耳。"又曰："诸子只得见下面一层，源头处都不晓。"(《近思录集注》卷二)

●罗泽南《西铭讲义》曰：泽南案："分立而推理一"六字最妙。《西铭》"理一分殊"之旨，得此一语便见分明。"分立而推理一"者，立乎此而推乎彼之谓也。乾坤自乾坤，父母自父母，民物自民物，胞与自胞与，亲疏判然，不相混淆，"分之立"也。从一家之父母、胞与，推到天地民物上，知其理亦如是。故"乾""坤"可以称"父""母"，"民""物"可以称"胞""与"。向非伊川此语，几无以解千古之疑矣。○"分立而推理一"六字最周匝。"分不立"，欲推之而无可推；分立矣，不有以推之，则理之一者亦不见。"分立而推理一"，则仁义并得，体用兼举矣。(《西铭讲义》)

●归曾祁曰：曾祁案：《答杨氏书》与尹氏《和靖集》四《跋西铭》："横渠先生作此铭，或疑同于墨氏之兼爱。寓书以问伊川。先生答曰云云，正同。又，吕氏柟曰："据此则龟山似以体用为二，尚在文字尚泥乎？"(《西铭汇纂》)

柏麓按：此文《龟山集》卷十六亦有所收录，然题目作《伊川答论西铭》，文中小注，亦作正文。○此文《张子语录》"后录上""遗事"亦有摘录，云："杨时致书。伊川曰：'《西铭》明理一而分殊，墨氏则二本而无分。子比而同之，过矣！且彼欲使人推而行之，本为用也。反谓不及，不亦异乎！'"（见《程氏文集》）○"《西铭》明理一而分殊"一句，为程颐对《西铭》宗旨之概括，亦见于尹焞《跋西铭》《性理大全》等书。

○杨时《答伊川先生》①："示论《西铭》微旨，晓然具悉，如侍几席，亲承训诱也。幸甚幸甚！某昔从明道，即授以《西铭》，使读之。寻绎累日，乃若有得。于是始知为学之大方，是将终身佩服，岂敢妄疑其失，比同于墨氏？前书所论，谓《西铭》之书，以民为同胞，长其长，幼其幼，以鳏寡孤独为兄弟之无告者，所谓明理一也。然其弊无亲亲之杀，非明者默识于言意之表，乌知所谓'理一而分殊'哉？故窃恐其流遂至兼爱，非谓《西铭》之书，为兼爱而发，与墨氏同也。古之人所以大过人者，无他，善推其所为而已。'老吾老，以及人之老；幼吾幼，以及人之幼'，所谓推之也。孔子曰'老者安之，少者怀之'，则无事乎推矣。无事乎推者，理一故也。理一而分殊，故圣人称物平施，兹所以为仁之至、义之尽也欤！何谓'称物'？远近亲疏，各当其分，所谓'称'也。何谓'平施'？所以施之，其心一焉，所谓'平'也。某昔者窃意《西铭》之书，有'平施'之心，无'称物'之义，故曰'言体而不及用'，盖指仁义为说也。故仁之过，其蔽无分，无分则妨义；义之过，其流自私，自私则害仁。害仁，则杨氏之为我也；妨义，则墨氏之兼爱也。二者其失虽殊，其得罪于圣人则均矣。《西铭》之旨，隐奥难知，固前圣所未发也。前书所论，窃谓过之者，疑其辞有未达耳。今得先生开谕丁宁，传之学者，自当释然无惑也。相去阻修，未缘趋侍，以请毕余教，兹为恨耳。②"（《龟山集》卷十六）

柏麓按：此书所论文字，与后世《性理大全》等本略有不同，因其早出，载录于此，以备资考。

●林恕《西铭私考》曰：今按：是龟山第二书也。○按：李滉曰："杨龟山上伊川第一书，疑《西铭》言体而不及用，恐流弊遂至于兼爱。伊川答书，深言其理一分殊、仁义兼尽、非墨氏之比以晓之。龟山稍悟前非，

---

① "答伊川先生"：《性理大全》作"龟山第二书曰"。
② "相去阻修，未缘趋侍，以请毕余教，兹为恨耳"十七字，《性理大全》本无。

于第二书引此语,以明《西铭》推理存义之意,意虽不失,语有未莹。故朱子特举其说,而解说之如此,以发明龟山未尽之意。则伊川指示龟山之微旨,始无余蕴矣。"○"仁之至,义至尽":《中庸》。(《西铭私考》)

●王植曰:愚按:龟山第一书以万物一体者为仁之体,以推行有序者为仁之用。而谓《西铭》未及推行之序,为言体而不及用,故曰:"体用指仁义为说也。"然仁者心之德,爱之理,宜以存发。分体用则言万物一体,亦属用爱,一边正仁之用,而何以谓之,仅言体耶?程子谓"理一而分殊",又谓"分立而推理一",其言约而尽矣。龟山第二书意在理前书之所疑,但既言"称物平施"之理而未详推理一分殊之义。故程子谓其"未能释然无惑",朱子总注之,论"全"为第二书而发,谓为《追答第二书》可也。(《朱子注释濂关三书》之《西铭》)

●归曾祁曰:曾祁案:无杨氏之疑,程子理一二分殊之言,未必说出。今以一言而得《西铭》大旨,学者由此而求,瞭如指掌,杨氏可谓有功矣。又案:《宋史·杨时传》:"时旧疑张载《西铭》近于兼爱,与二程往复辩论,卒闻理一分殊之说,杜门立学,十年始出。"(《西铭汇纂》)

○先生曰:"杨中立答伊川《论西铭书》云云,尾说渠判然无疑。伊川曰:'杨时也未判然。'"(《河南程氏外书》卷第十二"传闻杂记",出祁宽所记"尹和靖语")

柏麓按:此节中之"先生",指尹焞。○以上数节,见杨时从二程授受《西铭》之事。"杨时"条以下数则,则见杨时授受门下《西铭》之事。

●吕大临

《横渠赞》:公作《订顽》,备言仁义。其令云岩,惟孰本是先,善俗是尚,而制复周悉。所谓"理一分殊"之说益凿凿,皆可作法语也。又观公转移之际,运用之间,类皆严切,亦自苦心力索中来者耶?予不能不为之赞云。舍人吕大临撰。(张暎照等集修上海青浦族系"汇溪知本堂藏"《张氏支谱》卷首)

○《西铭赞》:呀!精矣哉,横渠之道也!至矣哉,明道之训也!夫《西铭》一书,理义奥阃,发前圣未发之蕴,启人心未启之机,真可与天地同其体。浑浑乎无所名,恢恢乎无所不及;范围不可得而过,形器不可得而絷。(宋林駉《古今源流至论·前集》卷一《西铭》)

柏麓按:"明道之训",即所引文上句云:"愚尝敬诵明道之训矣,曰:

'《西铭》之书,仁孝之理备乎此,须臾而不于此,则不为仁不为孝矣。'"见《古今源流至论·前集》卷一。

●杨时

○论《西铭》曰:"河南先生言:'理一而分殊。'知其理一,所以为仁;知其分殊,所以为义。所谓'分殊',犹孟子言'亲亲而仁民,仁民而爱物',其分不同,故所施不能无差等耳。"或曰:"如是,则体用果离而为二矣?"曰:"用未尝离体也。以一身观之,四肢百骸皆具,所谓体也。至其用处,则屦不可加之于首,冠不可纳之于足,则即体而言,分在其中矣。"(《龟山集》卷十一《语录二》之"京师所闻,丙戌四月至六月")

○《答胡康侯书(其四)》曰:"《正蒙》之书,关中学者尊信之与《论语》等,其徒未尝轻以示人,盖恐未信者,不惟无益,徒增其鄙慢尔。如《西铭》一篇,伊川谓'与孟子性善养气之论同功',皆前圣所未发也。详味之,乃见其用意之深。性命之说,虽扬雄,犹未能造其藩篱,况他人乎!而世儒易言之,多见其妄也。孔子曰:'五十而知天命。'以孔子之圣,犹待五十而后知。其所知,盖有未易言者,非止如世儒之说也。学者当求之圣人,不当徒为空言而已。公之笃志好学,而每蒙谦虚,不见鄙外,故辄肆言之,而不自知其愚也,惟亮之。"(《龟山集》卷二十)

> 柏麓按:"胡康侯",即胡安国。

○《答胡康侯书(其一)》曰:"夫精义入神,乃所以致用;利用安身,乃所以崇德,此合内外之道也。天下之物,理一而分殊。知其理一,所以为仁;知其分殊,所以为义。权其分之轻重,无铢分之差,则精矣。夫为仁,由己尔,何力不足之有!颜渊之克己复礼,仲弓之出门如见大宾,使民如承大祭,若此皆用力处也。但以身体之,当自知尔。"(《龟山集》二十)

> 柏麓按:此节虽未明言《西铭》,然论"理一而分殊",与程颐"明理一而分殊"一语相承;又"知其理一,所以为仁;知其分殊,所以为义"一语,承前条而发,故见录于此。又,此节《性理大全》未录。

○仲素问:"尽其心者知其性。如何是尽心底道理?"曰:"未言尽心,须先理会心是何物。"又问。曰:"心之为物,明白洞达,广大静一。若体会得了然分明,然后可以言尽。未理会得心,尽个甚?能尽其心,自然知性,不用问人。大抵须先理会:仁之为道,知仁则知心,知心则知性,是三者,初无异也。

横渠作《西铭》，只是要学者求仁而已。"(《龟山集》卷十二"语录三""余杭所闻")

　　柏麓按：《性理大全》只取此节末句"《西铭》，只是要学者求仁而已"，语意未完，故全录于此。○"仲素"，即罗从彦（1072—1135），字仲素，号豫章先生，师从程颐、杨时。朱熹父亲朱松及老师李侗都曾拜罗从彦为师。

○语仲素："《西铭》，只是发明一个事天底道理。所谓事天者，循天理而已。"(《龟山集》卷十二"语录三""余杭所闻")

　　柏麓按：此节《性理大全》作："龟山杨氏曰：'《西铭》，只是发明一个事天底道理。所谓事天者，循天理而已。'"

○又云："《西铭》，会古人用心要处为主①，正如杜顺作法界观样。"(《龟山集》卷十二"语录三""余杭所闻")

　　●林恕《西铭私考》曰："杜顺作法界观""龟山所谓'用未尝离体'"：《龟山语录》，见前。（《西铭私考》）

● **游酢**

○游酢于《西铭》，读之已能不逆于心，言语之外，别立得这个义理，②便道《中庸》矣。（"道"一作"到"。《河南程氏外书》卷十《大全集》拾遗）

　　柏麓按：《朱子成书》载此节于"明道程子曰"下，当为程颢语，故录此节及下二节于此。《性理大全》亦载"程子曰"下。

○游酢得《西铭》，诵之则涣然于心，曰："此《中庸》之理也。"能求于语言之外也。(《二程粹言》卷下"圣贤篇")

　　●叶采《分类近思录集解》曰：游酢，字定夫，程子门人也。《中庸》推本乎天命之性。中者性，之体；和者，性之用。致中和，至于天地位、万物育，实则原于天命之本然。《西铭》以人物之生，同禀是气，以为体；同具是理，以为性。虽有差等，实无二本也。今一视同仁者，亦所以尽一己之性，而全天命之本然耳。此即《中庸》之理也。（《近思录集解》卷二）

　　柏麓按：归曾祁《西铭汇纂》亦录入此条。

---

① "为主"二字，《性理大全》作"为文"。
② "言语之外，别立得这个义理"，《朱子成书》《性理大全》"言语之外，别立得这个义理"无"之"字、"别"字。

●张伯行曰：张子能会通之，语虽异而旨则同。定夫一见，便觑得此理，亦可谓学能逢原者矣。(《近思录集解》卷二)

●李文炤曰：真氏曰："《中庸》纲领，在'性''道''教'三言；而终篇之义，无非教人以全天命之性。《西铭》纲领，亦只在'其体''其性'之二言，而终篇反复推明，亦欲不失乾父坤母之所赋予者，为天地克肖之子而已，故以为即《中庸》之理也。"陈氏曰："不止言'体''性'之所自来，须兼事天节目言之。皆是日用切记之实，无过不及，所以谓《中庸》之理也。"愚谓：《中庸》以戒惧而致位、育之功，《西铭》以诚敬而协乾、坤之撰，不亦同条而共贯也哉！(《西铭解拾遗后录》)

○子曰："游酢得《西铭》，诵之即涣然不逆于心，曰：'此《中庸》之理也。'能求于语言之外者也。"(《河南程氏外书》卷七"胡氏本拾遗""别本拾遗")

●尹焞

○《尹和靖言行录》：或问："《西铭》大意如何？"和靖曰："人本与天地一般大，只是人自小了。若能自处，以天地之心为心，便是与天地同体。《西铭》备载此意。颜子克己，便是能尽此道。"(《永乐大典》卷八二六八)

柏麓按：此节和靖所答，又见《性理大全》《西铭汇纂》。

●林恕《西铭私考》曰："颜子克己"：《论语·颜渊篇》。(《西铭私考》)

●郭雍

○兼山与艮斋论《西铭》曰："《西铭》言'乾称父，坤称母。予兹藐焉，乃混然中处'，伊川谓'理一分殊'。理一则无贱民，分殊则有贵君。杨中立谓'其言体不及用，同于墨氏兼爱'，盖似之而非者也。墨氏不知三才之理，反谓分一，于《西铭》之义而失之。中立先生《西铭》之论，劣于《中庸》。当观先生于《中庸》，不当观先生于论《西铭》之日。且自墨子者，以君臣并耕为义，是不知理一者在道，分殊者在事，而欲君臣之分，同并耕之事，此乱天下也。孟子辟之，而后分始明。后世分明之主，至殚竭天下财力、宫室、车服、饮食，以私一人奢侈之奉。政烦、赋重、民失其业，又岂知同胞之民，当均所爱哉？此张氏之论所由以发，所以救分殊之弊也。伊川曰'分殊之弊，私胜而失仁'，正谓是也。'分而推理一，以止私胜之流，仁之方也。'理一之道在君，分殊之道在臣民。文王之时,无冻馁之民,知理一也。庶民攻之,不日成之,知分殊也。理一而贵民,故无秦皇、汉武之事;分殊而尊君,故无墨子并耕之说。墨子既不知理之一,而谓分之一,如此则民得以贱君也。"(王霆震:《古文集成》卷四十九)

  柏麓按:《古文集成》卷四十九载此为"兼山与艮斋论《西铭》"。并载艮斋答书,见下"谢谔"条。〇兼山即郭忠孝,艮斋即谢谔。谢谔师承郭忠孝之子郭雍,郭忠孝去世时,谢谔方七八岁,两人安得书信往来?故疑此当为兼山之子郭雍与谢谔论《西铭》书,载于郭雍之下。

● 谢谔

〇艮斋答兼山书曰:"'理一',仁说也;'分殊',义说也。专于理而分之不知,墨之所以为仁者然也;专于分而理之不知,杨之所以为义者然也。墨之仁,仁也,而所以不得曰仁者,分有迷也;杨之义,义也,而所以不得曰义者,理有亏也。欲知杨、墨之仁义,是铭亦能为蓍龟。"(王霆震:《古文集成》卷四九)

  柏麓按:此节载于上"兼山与艮斋论《西铭》"一条下。当为谢谔答郭雍书。

● 张九成

〇《西铭解·统论》曰:余观《西铭》大意,以谓人梏于形体,而不知我乃[①]天地之子,下[②]与动植同生,上与圣贤同气,要当"穷神知化","不愧屋漏","存心养性",以尽为子之道;又当"恶旨酒","育英材",以[③]为持己接人之方,以合天地之心;而遇困苦,遭患难,当如舜,如申生,如曾参,如伯奇,以听天地之命。而"富贵福泽",为天地之厚我;"贫贱忧戚",为天地之成我。存则顺天地,没则安天地,乃为大孝之子耳[④]。呜呼!岂浅学小识所能见此哉!学者当自重焉[⑤]。(《横浦集》四库本卷十五《西铭解》)

---

  ① "乃"字,《古文集成》本无。
  ② "下"字,《古文集成》本作"不"。
  ③ "以"字,《古文集成》本作"不"。
  ④ "尔",《古文集成》本作"耳"。杨伯嵒《泳斋近思录衍注》卷二《西铭解》所引同《古文集成》本。
  ⑤ "呜呼!岂浅学小识所能见此哉!学者当自重焉"一句,《古文集成》本无。

●李涂

○濓溪先生《太极图说》《通书》,明道先生《定性书》,伊川先生《易传序》《春秋传序》,横渠先生《西铭》,是圣贤之文,与《四书》诸经相表里。(《文章精义》)

●林栗

○《西铭说》:近世士人尊横渠《西铭》过于六经,予读而疑之,试发难以质焉。《易》曰:"乾,健也;坤,顺也。"乾为天,为父;坤为地,为母,是以顺健之至性,而有天地父母之大功。"其称名也小,其取类也大",此之谓也。今《西铭》云"乾为父,坤为母",是以乾坤为天地之号名,则非《易》之本义矣。既曰"乾为父,坤为母",则所谓"予兹藐然,乃混然中处"者,于伏羲八卦、文王六十四卦,为何等名称象类乎?方太朴之未散也,老聃谓之"混然成列",庄子谓之"混沌",是混然无间,不可得而名言者也;既已判为两仪,则轻清者上为天,重浊者下为地,人居其中,与禽兽草木同然而生,犹有别也,安得与天父地母,混然中处乎?又曰"天地之塞,吾其体;天地之帅,吾其性",此其语脉,出于《孟子》。孟子言"浩然之气,养而勿害,则塞乎天地之间",又言"志,气之帅也,故志至焉,气次焉",今舍气而言体,则又非《孟子》之本义矣。其意盖窃取于浮屠所谓佛身充满法界之说,然彼言佛身,谓道体也,道之为体,扩而充之,虽满于法界,可也;今言吾体,则七尺之躯尔,谓充塞乎天地,不亦妄乎?至言"天地之帅,吾其性",尤无所依据。《孟子》以志为帅者,谓气犹三军,听命于志,惟志所之尔。今舍志而言性,则人生而静,未尝感物而动者,焉得以议其所之乎?其所统帅何如也?况于父天母地而以吾为之帅,则惟子言而莫之违矣,不亦妄乎!又曰"民,吾同胞;物,吾与也。大君者,吾父母宗子也。其大臣,宗子之家相也",若以其并生乎天地之间,则民、物,皆吾同胞也。今谓"物,吾与"者,其与同胞,何所辨乎?与之为名,从何立也?若言"大君者,吾父母宗子也",其以大君为父母乎?为宗子乎?《书》曰:"惟天地万物父母,惟人万物之灵。亶聪明,作元后;元后,作民父母。"兹固《西铭》所本,以立其说者也。然一以为父母,一以为宗子,何其亲疏厚薄尊卑之不伦也!其亦不思甚矣。父母可降而为宗子乎?宗子可升而为父母乎?是其易位乱伦,名教之大贼也,学者将何取焉?又言"其大臣,宗子之家相也",则宗子有相而父母无之,非特无相,亦无父母矣。可不悲哉! 孟子曰:"杨氏为我,是无君也;墨氏兼爱,是无父也。无父无君,是禽兽也。若邪说诬民,充塞仁义,将有率兽食人之事。"予于《西铭》亦云:"尊《西铭》者,其不可以无辨。"(《朱子文集》卷七十一,《记林黄中辨易西铭》)

● 李侗

○复朱熹书曰:庚辰七月书云:……所云"见《语录》中有'仁者,浑然与物同体'一句,即认得《西铭》意旨"。所见路脉甚正,宜以是推广求之。然要见一视同仁气象,却不难。须是理会分殊。虽毫发不可失,方是儒者气象。(《朱子全书》第十三册,《延平答问》)

柏麓按:庚辰七月,即南宋高宗绍兴三十年(1160)七月,时年朱子31岁。

● 罗泽南《西铭讲义》曰:泽南案:延平先生言"须是理会分殊,毫发不可失",此是《西铭》紧要工夫。若不于分殊处体认得明白,即于理一处有所见,终是个空架子,毫无着落。(《西铭讲义》)

○李侗复朱熹书曰:壬午六月十一日书云:承谕"仁"一字,条陈所推测处,足见日来进学之力,甚慰。某尝以谓,"仁"字极难讲说,只看天理统体便是;更"心"字亦难指说,唯认取发用处是心。二字须要体认得极分明,方可下工夫。"仁"字难说,《论语》一部,只是说与门弟子求仁之方,知所以用心,庶几私欲沉、天理见,则知仁矣。如颜子、仲弓之问,圣人所以答之之语,皆其要切用力处也。孟子曰"仁,人心也",心体通有无、贯幽明,无不包括,与人指示于发用处求之也;又曰"仁者,人也",人之一体,便是天理,无所不备具。若合而言之,人与仁之名亡,则浑是道理也。来谕以谓"仁是心之正理能发、能用底一个端绪,如胎育包涵,其中生气,无不纯备,而流动发生自然之机,又无顷刻停息,愤盈发泄,触处贯通,体用相循,初无间断",此说推广得甚好。但又云"人之所以为人而异乎禽兽者,以是而已。若犬之性、牛之性,则不得而与焉",若如此说,恐有碍。盖天地中所生物,本源则一。虽禽兽草木,生理亦无顷刻停息间断者。但人得其秀而最灵,五常中和之气所聚,禽兽得其偏而已,此其所以异也。若谓流动发生自然之机,与夫无顷刻停息间断,即禽兽之体,亦自如此。若以为此理惟人独得之,即恐推测体认处未精,于他处便见差也。又云"须体认到此纯一不杂处,方见浑然与物同体气象"一段,语却无病。又云"从此推出'分殊合宜处便是义'以下数句,莫不由此,而仁一以贯之,盖五常百行,无往而非仁也",此说大概是。然细推之,却似不曾体认得。伊川所谓"理一而分殊",龟山云"知其理一,所以为仁;知其分殊,所以为义"之意,盖全在"知"字上用着力。谢上蔡《语录》云:"不仁便是死汉,不识痛痒了。'仁'字,只是有知觉了了之体段,若于此下下工夫,令透彻,即何因见得本源毫发之分殊哉?若于此不了了,即体用不能兼举矣。"此正是本源体用兼举处,人道之立,正在于此。"仁"字之一字,正如四德之"元",而"仁""义"两字,正如立天道之阴阳、立地道之柔刚,皆包摄在此二字尔。(《朱子全书》第十三册,《延平答问》)

> 柏麓按:壬午六月十一日,即南宋高宗绍兴三十二年(1162)七月,时年朱子33岁。

〇问:熹昨妄谓"'仁'之一字,乃人之所以为人而异乎禽兽者",先生不以为然。某因以先生之言,思之而得其说。窃谓天地生物,本乎一源,人与禽兽草木之生,莫不各具此理。其一体之中,即无丝毫欠剩,其一气之运,亦无顷刻停息,所谓仁也。(先生批语:有有血气者,有无血气者,更体究此处。)但气有清浊,故禀有偏正。惟人得其正,故能知其本具此理而存之,而见其为仁;物得其偏,故虽具此理而不自知,而无以见其为仁。然则仁之为仁,人与物不得不同;知仁之为仁而存之,人与物不得不异。故伊川夫子既言"理一分殊",而龟山又有"知其理一""知其分殊"之说。而先生以为全在"知"字上用着力,恐亦是此意也。(先生勾断批云:以上大概得之,他日更用熟讲体认。)不知果是如此否?又详伊川之语推测之,窃谓"理一而分殊",此一句言理之本然如此,故尽在性分之内、本体未发时看。(先生抹出批云:须是兼本体已发、未发时看。合内外为可。)合而言之,则莫非此理。然其中无一物之不该,便自有许多差别。虽散殊错揉,不可名状,而纤微之间,同异毕显,所以理一而分殊也。"知其理一,所以为仁;知其分殊,所以为义",此二句乃是于发用处该摄本体而言,因此端绪而下工夫,以推寻之处也。盖"理一而分殊"一句,正如孟子所云"必有事焉"之处,而下文两句,即其所以有事乎此之谓也。(先生抹出批云:恐不须引孟子说以证之。孟子之说,若以微言,恐下工夫处落空,如释氏然。孟子之说,亦无隐显精微之间。今录谢上蔡一说于后,玩味之,即无时不是此理也。此说极有力。)大抵"仁"字,正是天理流动之机,以其包容和粹,涵育融漾,不可名貌,故特谓之"仁"。其中自然文理密察,各有定体处,便是"义"。只此二字,包括人道已尽。义固不能出乎仁之外,仁亦不离义之内也。然则理一而分殊者,乃是本然之仁义。(先生勾断批云:推测到此一段甚密,为得之。加以涵养,何患不见道也。甚慰甚慰!)前此乃以从此推出分殊合宜处为义,失之远矣。又不知如此上则推测,又还是不?更乞指教。(《朱子全书》第十三册,《延平答问》)

  柏麓按:此是朱熹复李侗书。文中小字,为李侗批复。本节承上节而继续讨论之,当并观。○上三节见朱熹从李侗授受《西铭》事。

●朱熹

○《横渠先生遗像赞》曰:蚤悦孙、吴,(先生初喜孙膑、吴起用兵之法。"蚤",音"早")晚逃佛老。(后来尽奔佛氏、老子虚寂之教)勇撤皋比,(皋比,虎皮也。尝在京师坐虎皮说《周易》,及闻二程论《易》,遂撤去虎皮。"比",音"皮"。)一变至道。(由是一变而至圣人之道)精思力践,(精而思之,以通其微;力而践之,以造其极。)妙契疾书。(中夜妙合于此心,取烛速记其所得)《订顽》之训,(《西铭》之书,初名《订顽》,先生所作以诲学者。"订",正也。丁定切。)示我广居。(无非示我以仁道之大。"广居",所以状仁体之大,而可以安居也。)(《性理群书句解》卷一)

  柏麓按:诗中小注,为熊刚大所加。

○《西铭》:人因形异种私根,不道其初同一源。直自源头明说下,尽将父母属乾坤。(《朱子全书》第26册,《训蒙绝句》)

○曰:"向要到云谷,自下上山,半涂大雨,通身皆湿,得到地头,因思着:'天地之塞,吾其体;天地之帅,吾其性。'时季通及某人,同在那里。某因各人解此两句,自亦作两句解。后来看,也自说得着,所以迤逦便作《西铭》等解。"贺孙。(《朱子语类》卷五)

  柏麓按:乾道六年(1170),朱熹与蔡元定(季通)等游览至云谷,随后"迤逦便作《西铭》等解",此年为朱熹作《西铭解》之始。后朱熹将之呈示吕祖谦等人并不断改订,直到淳熙十五年(1188)才定为《西铭解》,公开出示学者。

○朱熹《西铭解》论曰:天地之间,理一而已。① 然乾道成男,坤道成女,

---

① "天地之间,理一而已",真德秀本作"天地之间,理一而已矣"。

二气交感,化生万物,则其大小之分,亲疏之等,至于十百千万,而不能齐也。不有圣贤者出,孰能合其异而反其同哉?《西铭》之作,意盖如此。程子以为"明理一而分殊",可谓一言以蔽之矣。

●林恕《西铭私考》曰:"一言以蔽之":《论语·为政篇》。(《西铭私考》)

●室鸠巢《西铭详义》曰:此一段,先说《西铭》所自而作之意。"天地之间,理一而已",此就《西铭》"乾坤"二字,推一等而上之以立说。盖《西铭》虽以乾坤父母万物,见"理一"之意,然乾坤既为二气之分,但其所以父母万物,以为生成之原者,不过为生生一原之理而已。是可见乾坤相须,以为一理,而所谓"理一而分殊"者,既始于此。故以此一句冠之,而后及乾道坤道之说,其旨微矣。"乾男坤女,化生万物",是因《易》说"男女形化"如此,是就《西铭》"父母"二字而言之,以明其乾坤之气,成男成女,各为一物质父母也。"大小之分",或以人物言,或以男女言,皆通。然此所该甚广,又须与"亲疏之等"交看,有大者亲而小者疏,又有大者疏而小者亲。如人物,人大而物小,人亲而物疏,是"大者亲而小者疏"也;如男女,男大而女小,父亲而姑疏,是"大者亲而小者疏"也。然母亲而舅疏,姊亲而甥疏,是"小者亲而大者疏"也。又如天下大而国小,以亲疏言之,国亲而天下疏;又如国大而家小,以亲疏言之,家亲而国疏。又如一家大宗大而小宗小,以亲疏言之,继祢者亲而继祖者疏。凡如此等,又"大者疏而小者亲"也。能"合其异而反其同",非夫以天地万物为一体者不能。是必有待"圣贤"者,而《西铭》自"乾父坤母"以下,皆言此理尔。"理一而分殊",程子论《西铭》之言,见《答龟山书》。言一理贯乎万殊,其理则一,而分则殊也。(《西铭详义》)

●李宗洙曰:"乾道成男,坤道成女。二气交感,化生万物",谨按:"乾道……成女。"本《易大传》语。"二气……万物。"本《太极图说》语。(《后山先生文集》卷十四《西铭劄疑(朱子解)》)

盖以乾为父,以坤为母,①有生之类,无物不然,所谓"理一"也;而人物之生,血脉之属,各亲其亲,各子其子,则其分,亦安得而不殊哉? 一统而万殊,则虽

---

① "盖以乾为父,以坤为母",真德秀本作"盖以乾为父,坤为母"。

天下一家，中国一人，而不流于兼爱之弊；①万殊而一贯，则虽亲疏异情，贵贱异等，而不梏于为我之私，②此《西铭》之大指也。

●林恕《西铭私考》曰："兼爱、为我"：《孟子·滕文公下》："杨氏为我，是无君也；墨氏兼爱，是无父也。无父无君，是禽兽也。"○"梏"：《告子·上篇》："梏亡。"注曰："梏，械也。"(《西铭私考》)

●室鸠巢《西铭详义》曰：此一段与后段，因《西铭》之所言，以证程子"理一分殊"之说。"父乾母坤，无物不然"，以此为"理一者"，盖"理一"在此云云外，而在此亦见"理一"也。"以为无不"四字，最见"理一"处。乾非父也，而以为父；坤非母也，而以为母。此何以为之？"理一"故也。有生之类，无得而逃。何以无逃？"理一"故也。盖天地之间，一理贯彻，彼此吻合，无往不然。如下文所谓"推亲亲为无我，推事亲为事天"，亦是此所谓"理一"者也。若特以为论万物同出乎天地，则是所谓"万物一原"者也。恐其于"理"字，有未彻处。"属"，谓系属也，人血脉之系，属乎父母。《左传》曰："人生始化曰魄，魄阳曰魂。"始化血所系，魄阳脉所系。"一统而万殊"，以一理之统万殊者而言之，犹曰"冲漠无朕，而万象森然已具也"。"万殊而一贯"，以万殊之共一理者而言之，犹曰"阴阳不同气，动静不同时，而太极无不在也"。此因程子之言，错综而言之尔。"兼爱""为我"之说，盖因龟山之书，以为《西铭》言仁不言义，其流遂至兼爱而发之。盖谓《西铭》合而言之，"一统而万殊"也；分而言之，"万殊而一贯"也。"一统而万殊"，则其所以为仁者，不容于兼爱而无别矣；"万殊而一贯"，则其所以为义者，不容于为我而自私矣。此以上所论，系"乾父坤母""吾体吾性"两节之义。盖以此为纲领而言之，以统一篇之大指也。(《西铭详义》)

●李宗洙曰："一统而万殊，万殊而一贯"，谨按：此以本然之"理一分殊"而言。《论语》解"一贯"之义曰："至诚无息者，道之体也，万殊之所以一本也。万物各得其所者，道之用也，一本之所以万殊也。"其论体用之理则异，而其言一本万殊之义则同。盖彼以竖言而此以横言，故不同也。(《后山先生文集》卷十四《西铭劄疑(朱子解)》)

---

① "而不流于兼爱之弊"，"弊"，真德秀本作"蔽"。
② "而不梏于为我之私"，"为"，《西铭解义》作"有"。

观其推亲亲之厚,以大无我之公;因事亲之诚,以明事天之道,盖无适而非,所谓"分立而推理一"也!① (泽南案:《西铭》前半篇是推亲亲之厚,以大无我之公;后半篇是因事亲之诚,以明事天之道。句句由分立而推理一。)夫岂专以民吾同胞,长长幼幼为"理一",而必默识于言意之表,然后知其分之殊哉? (泽南案:龟山第二书以《西铭》"民,吾同胞"、"长其长、幼其幼"为理一,是不知《西铭》一篇,句句有个"理一"也。又谓其词无亲亲之杀,必明者默识于言意之表,始知所谓"理一而分殊"。不知《西铭》之分殊,每句中上下截断得明白,不待默识于言意之表,自灼然可见其界限也。)且所谓"称物平施"者,正谓称物之宜,以平吾之施云尔。若无称物之义,则亦何以知夫所施之平哉? (泽南案:"平施",不在"称物"外。龟山谓《西铭》有"平施"之心,无"称物"之义,既未"称物",何谓平施?)

●李滉《西铭考证讲义》曰:"推亲亲之厚,以大无我之公"以上一截,言自"乾称父"以下至"颠连而无告者"是也。"因事亲之诚,以明事天之道"以下一截,言自"于时保之"以下至"殁,吾宁也"是也。○《礼记·哀公问篇》:孔子对公曰:"仁人之事亲也如事天,事天如事亲。"《西铭》下一截之旨,其本于此与!○"称物平施",《易·谦卦·大象》曰:"君子以裒多益寡,称物平施。"杨龟山上伊川第一书,疑《西铭》言体而不及用,恐流弊遂至于兼爱。伊川答书,深言"其理一分殊、仁义兼尽、非墨氏之比"以晓之。龟山稍悟前非,于第二书引此语,以明《西铭》"推理存义"之意。意虽不失,语有未莹,故朱子特举其说而解说之如此,以发明龟山未尽之意,则伊川指示龟山之微旨,始无余蕴矣。(《西铭考证讲义》)○"裒多益寡,称物平施",《易传》:裒取多者,增益寡者。称物之多寡,以均其施与,使得其平也。○"龟山第一书":道之不明,知者过之。《西铭》之书,其几于过乎?《西铭》发明圣人之微意至深,然而言体而不及用,恐其流遂至于兼爱,则后世有圣贤者出,推本而论之,未免归罪于横渠也云云。○"伊川答书":《西铭》明理一而分殊,墨氏则二本而无分。老幼及人,理一也;爱无差等,本二也。分殊之弊,私胜而失仁;无分之罪,兼爱而无义。分立而推理一,以正私胜之流,仁之方也。无别而迷兼爱,至于无父之极,义之贼也。子比而同之,过矣!且谓言体而不及

---

① "所谓分立而推理一也","也",《西铭解义》作"者",真德秀本亦作"者"。

用,彼欲使人推而行之,本为用也。反谓不及,不亦异乎!〇"龟山第二书":圣人称物平施,所以为仁之至,义之尽也欤!何谓"称物"?远近亲疏,各当其分,所谓"称"也。何谓"平施"?所以施之,其心一焉,所谓"平"也。时昔者窃意《西铭》之书,有平施之心,无称物之义,故言体而不及用,盖指仁义为说也。故仁之过,其弊无分,无分则妨义。义之过,其流自私,自私则害仁。二者其实虽殊,其得罪于圣门则均矣。《西铭》之旨,隐奥难知,固前圣所未发也。前书所论,窃谓过之者,疑其辞有未达耳。"朱子举其说解说","后论""朱子曰"云云,"所谓称物平施者,正谓称物之宜,以平吾之施云尔。若无称物之宜,则亦何知夫所施之平哉?龟山第二书盖欲发明此义。然言不尽而理有余也。"(《退溪先生文集考证》卷三)

●林㤦《西铭私考》曰:"称物平施":《易·谦象》曰:"称物平施。"《本义》曰:"称物之宜而平其施,损高增卑以趣於平,亦谦之意也。"(《西铭私考》)

●室鸠巢《西铭详义》曰:"推亲亲之厚",系"民,同胞"以下;"因事亲之诚",系"于时保之"以下。以民为兄弟,以大君为宗子,以高年为吾长,以孤弱为吾幼,以惸独鳏寡为兄弟之无告者,是"推亲亲之厚,以大无我之公"也。以"于时保之",为"子之翼";以"乐且不忧",为"纯乎孝",是"因事天之诚,以明事天之道"也,其余皆仿此。"分立而推理一",亦程子之言,见《答龟山书》。民不可以为"吾与",物不可以为"同胞",是民与"同胞"分立,物与"吾与"分立也。以民为"同胞",以物为"吾与",是"分立而推理一"也,其余皆仿此。"于时保之",不可以为纯孝也;"乐且不忧",不可以为"子之翼",是"于时保之",与"子之翼"分立;"乐且不忧",与"纯乎孝"分立也。以"于时保之",为"子之翼",以"乐且不忧",为"纯乎孝",是"分立而推理一"也,其余皆仿此。龟山第二书,述前书所论之意,以为《西铭》以民为同胞,长其长,幼其幼,是明"理一"也。明者"默识于言意之表",然后"知其分之殊",故朱子因其言而论之。以民为同胞,以高年为吾长,以孤弱为吾幼,是固"理一"也。然同胞长幼,各有分杀,而不可紊,则包"分殊"在其中矣。岂专以此为"理一",而求夫"分殊"于言意之表哉!"称物平施",《易》语,杨氏引此以明《西铭》之旨,得之矣。然其说遂以"称物平施"二端,故朱子论之,以为天下之物各异其宜，而其宜则是理之相通为一处，所以为"平"也。故《易》之所言者，谓"夫称物之宜，以平吾之施耳"，犹程子言"分立而推理一也"。若其无"称物"之义，则无以推其理之一，又何以知其所施之平不平哉！（《西铭详义》）

龟山第二书，盖欲发明此意，①然言不尽而理有饰也。② 故愚得因其说，而遂言之如此，同志之士，幸相与折衷焉。③（泽南案：龟山书有谓孔子老安少怀则无事乎推，此非伊川"分立而推理一"之"推"也。"以己及物"，仁也。"推己及物"，恕也。此言学者与圣人，有勉强、自然之分。故孔子老安少怀，无事乎推耳。若《西铭》所谓"分立而推理一"者，由一己父母兄弟之分，推到天地民物上去，知其理亦如是。不即夫分之殊，则无以见夫理之一，又安有"不事乎推"者哉？）（胡广《性理大全》卷四《西铭》）

柏麓按："而不梏于为我之私"，"为"，《西铭解义》作"有"。○"所谓分立而推理一也"，"也"，《西铭解义》作"者"，真德秀本亦作"者"。○"而不流于兼爱之弊"，"弊"，真德秀本作"蔽"。○"盖欲发明此意"，《西铭解义》"欲"字前无"盖"字。○"天地之间，理一而已"，真德秀本作"天地之间，理一而已矣"。○"盖以乾为父，以坤为母"，真德秀本作"盖以乾为父，坤为母"。○"然言不尽而理有饰也"，"饰"，真德秀本作"余"。○此论当作于乾道六年（1170），随后又改定。

●李滉《西铭考证讲义》曰："熹既为此解"下，程子《答龟山书》及朱子《延平问答》诸说，发明《西铭》之旨、仁义之理，至为精密。文多恐烦，未敢悉以进讲。幸于清燕之暇，睿鉴垂照，沉潜玩索，当有弘益。（《西铭考证讲义》）

●林恕《西铭私考》曰："龟山第二书"：见后。○"折衷"：《史记·孔子世家》太史公曰："言六艺者折中于夫子。"《索隐》云：《离骚》云："明五帝以折中。"王师叔云："折中，正也。"宋均云："折，断也。中，当也"。言欲折断其物而用之，与度相中当，故以言其折中也。（《西铭私考》）

●室鸠巢《西铭详义》曰："龟山第二书"，所以发明程子"理一分殊"

---

① "盖欲发明此意"，《西铭解义》"欲"字前无"盖"字。
② "然言不尽而理有饰也"，"饰"，真德秀本作"余"。
③ 此论当作于乾道六年（1170），随后又改定。

之旨者。盖亦如今所论之意,然言不足而理有余焉。故因其说而遂论之,以尽其说。"折衷",谓折断而得其当也,言吾之所疑于龟山之说者,其同异是非,望同志之士,幸为折其衷也。(《西铭详义》)

●金道和曰:"合其异而反其同","异"者,分殊也;而"合"之,则理一也。"同"者,"理一"也;而"反"之,则"分殊"也。然则上句以"分殊而理一"者言,下句以"理一而分殊"者言。就其异者,而知其所以同焉,则所谓异者,不可以不合也。就其同者,而知其所以异焉,则所谓同者,不可以不反也。反之之中,自有合之之妙;合之之中,自有反之之理。则其合也,非谓无所差等也;其反也,非谓都不干涉也。(《西铭(读书琐义)》)

○又云:熹既为此解,①(曾祁案:朱子作《西铭解义》:"因'天地之塞,吾其体'二句注,见前。"《西铭述解》:"《西铭》大意,明理一而分殊。文公注之:明且备矣。""同志""折衷",见后题注。)后得尹氏书,云:②"杨中立答伊川先生(曾祁案:李氏《道学名臣言行录》无"先生"二字,下"先生"均作"伊川"。)论《西铭》书,有'释然无惑'之语。先生读之,曰:'杨时也未释然。'"(曾祁案:尹氏《外书》曰:"杨中立《答伊川论西铭书》云:'尾说渠判然无疑。'伊川曰:'杨时也未判然。'"与此字异。定九陈氏鼎《东林列传》:"《杨龟山传》本《宋史》云:'关西张载尝著《西铭》,二程深推服之,时疑其近于兼爱,与其师颐辩论往复,闻理一分殊之说,始豁然无疑。'")乃知此论所疑第二书(曾祁案:或作"一",非。)之说,③先生盖亦未之许也。

●林恕《西铭私考》曰:"尹氏":名焞,字彦明,伊川高弟,号和靖先生。《宋史》有传。○"杨时":字中立,号龟山先生。(《西铭私考》)

●室鸠巢《西铭详义》曰:尹氏书,尹和靖家所传之书,盖其《语录》也。此论所疑,即前所论。龟山专以"民吾同胞"为理一,及其"称物平施"之说者也。(《西铭详义》)

然《龟山语录》有曰:"《西铭》理一而分殊。知其理一,所以为仁;知其分殊,所以为义。所谓'分殊',犹孟子言'亲亲而仁民,仁民而爱物',其分不同,故所施不能无差等耳。或曰:'如是,则体用果离而为二矣?'曰:'用未尝离体

---

① "熹既为此解","熹",《西铭解义》作"某",真德秀本亦作"某"。
② "后得尹氏书云",《西铭解义》作"后得尹氏书论云"。
③ "乃知此论所疑第二书之说","二",真德秀本作"一",误。

也。以人观之,四肢百骸,①具(曾祁案:应氏撝谦《性理大中》作"至"。)于一身者,体也。至其用处,则首不可以加屦,足不可以纳冠,盖即体而言,而分(曾祁案:性②,《性理大中》作"用"。)已在其中矣。'"

●林恕《西铭私考》曰:"《龟山语录》有曰:'《西铭》理一云云,分既在其中矣'":见《龟山文集》十一《语录二》。○《孟子》言:"亲亲而仁民":《尽心·下篇》。今按:"《西铭》理一"以下至"差等耳",共《龟山语录》文也。《孟子集注》引之。○"首不可以加屦,足不可以纳冠":《汉书·贾谊传》云:"履虽新不可加之于首,冠虽敝不可弃之于足。"(《西铭私考》)

●室鸠巢《西铭详义》曰:"知其理一",谓即分殊而知其理一也;"知其分殊",谓即理一而知其分殊也。二"其"字当味。盖"理一"而"分殊",本不相离。若特谓"理一"所以为仁,"分殊"所以为义,则失之远矣。盖"理一"为体,"分殊"为用,天理本然,自有体用如此,朱子所谓"本然之仁义"者也。今所知理一、知分殊,是本心之德兼摄体用处,犹程子论仁而曰"公而以人体之"也。故延平以为全在"知"字上用着力。朱子又以为此二句于发用处该摄本体而言,观二"知"字,则知仁义皆内也非外也,四肢百骸合为一身者,体之一者也。以首为首,以足为足者,用之殊者也。盖首圆而上临,自不可加屦,足方而下行,自不可纳冠,是"即体"而"分在其中"者也。(《西铭详义》)

此论分别异同,③各(曾祁案:《道学名臣言行录》作"合"。)有归趣,大非答书之比,岂其年高德盛,而所见始益精与?因复表而出之,以明答书之说,诚有"未释然"者,而龟山所见,盖不终于此而已也。乾道壬辰孟冬朔旦,熹谨书。④(胡广《性理大全》卷四《西铭》)

柏麓按:"熹既为此解","熹",《西铭解义》作"某",真德秀本亦作"某"。○"后得尹氏书云",《西铭解义》作"后得尹氏书论云";"此论分别异同","异同",《西铭解义》作"同异"。○"乃知此论所疑第二书之

---

① "四肢百骸","肢",真德秀本作"支"。
② "性"字,据正文句意,当作"分"字。
③ "此论分别异同","异同",《西铭解义》作"同异"。
④ "乾道壬辰孟冬朔旦,熹谨书"十一字,《西铭解义》无,真德秀本亦无。○真德秀本于此节下引朱熹、二程、杨时论《西铭语》,节录吕大临《横渠先生行状》、朱熹评横渠语。○此论当作于乾道八年(壬辰,1172),随后又改定。

说","二",真德秀本作"一",误。○"四肢百骸","肢",真德秀本作"支"。○"乾道壬辰孟冬朔旦,熹谨书"十一字,《西铭解义》无,真德秀本亦无。○真德秀本于此节下引朱熹、二程、杨时论《西铭语》,节录吕大临《横渠先生行状》、朱熹评横渠语,兹略。○此论当作于乾道八年(壬辰,1172),随后又改定。

●林恕《西铭私考》曰:"乾道壬辰":宋孝宗乾道八年壬辰,当日本高仓帝承安二年。(《西铭私考》)

●室鸠巢《西铭详义》曰:体用有所异处,又有所同处。论其同而不妨于异,论其异而不妨于同,是同异各有归趣也。(《西铭详义》)

●罗泽南《西铭讲义》曰:泽南案:说是仁,便有个义在。说是义,便有个仁在。二者原是不相离底。未有不仁而可谓之义,未有不义而可谓之仁者。如爱物、仁民、亲亲,仁也。亲亲厚于仁民,仁民厚于爱物,这是义。亲亲,仁也。亲亲中有斩衰、期服、大功、缌麻之不同,这是义。仁民,仁也。仁民中有君相、老幼、圣贤、鳏寡之各异,这是义。爱物,仁也。有畜之、杀之、种之、刈之不一,这是义。杨子谓:"知其理一,所以为仁;知其分殊,所以为义",此说最精。(《西铭讲义》)

○又云:始予作《太极》《西铭》二解,未尝敢出以示人也。(曾祁案:东莱吕氏祖谦与朱子书云:"示下《太极图》《西铭解》。当朝夕玩绎,若有所未达,当一一请教,亦不敢示人也。"又云:"向承示以改定《太极图论解》,比前本更益觉精密。《西铭》发前人所未发处益多。"薛氏《读书录》:"朱子《太极图》《西铭解》,至矣尽矣。"子中王氏懋竑《壬子答朱湘淘书》曰:"《太极》《西铭》解说甚详。")近见儒者多议两书之失,(曾祁案:息关蔡氏方炳曰:"鲍若雨向尝疑也。及闻伊川管窥之喻,则幡然而改。刘安节向尝疑也,及闻伊川造道有得之言,则顿然而觉。杨龟山向尝疑也,及闻伊川理一分殊一语,则倏然风飞,判然冰释矣。")或乃未尝通其文义,而妄肆诋诃,(曾祁案:子中王氏《朱子年谱考异》:梭山诋《太极图》《西铭》,林黄中诋《易》《西铭》。)予窃悼焉。因出此解,以示学徒,使广其传,庶几读者由辞以得意,而知其未可以轻议也。淳熙戊申二月己巳,晦翁题。① (胡广《性理大全》卷四《西铭》)

---

① 柏麓按:据尾题,朱子此书撰于淳熙十五年(1188)二月。○《西铭解义》与真德秀本无本段。此段原题《题太极西铭解后》,载《晦庵集》卷八十二。○据此及24.5节,可知朱熹《西铭解》始作于乾道六年(1170),历十九年,至此年方完成修订。

柏麓按：据尾题，朱子此书撰于淳熙十五年(1188)二月。○《西铭解义》与真德秀本无本段。此段原题《题太极西铭解后》，载《晦庵集》卷八十二。○朱熹《西铭解》始作于乾道六年(1170)，历十九年，至此年方完成修订。

●林恕《西铭私考》曰："淳熙戊申"：宋孝宗淳熙十五年戊申，当日本后乌羽帝文治四年。(《西铭私考》)

●室鸠巢《西铭详义》曰："儒者议两书之失"，是犹知寻其文义者也。至于"不通文义而妄肆诋诃"者，小人之无忌惮者也。(《西铭详义》)

●罗泽南《西铭讲义》曰：朱子《西铭解义》成于孝宗乾道八年壬辰，时年四十三岁。至孝宗淳熙十五年戊申，始出以授学者，时年五十九岁。(《西铭讲义》)

●归曾祁曰：曾祁案：《语类》：朱子语林夔孙曰："公既久在此，可将一件文字，与众人共理会。夔孙请所看一件文字。曰："且将《西铭》看。"及看毕，夔孙依先生所解说过，先生曰："而今解得分晓了，便易看。"○答陈肤仲云："《大学》近修得益精密平实，恨未有别本。可寄去《易启蒙》《太极西铭通书解义》《学记》各一本谩往。"○李氏幼武《皇朝道学名臣言行录》十二："乾道八年，《西铭解义》成；九年，《太极图传》《通书解》成；淳熙十五年，始出《太极通书》《西铭》二书解，以授学者。"○马氏端临《文献通考》二百十《经籍考》三十七："《西铭集解》，陈氏曰：张载作《订顽》《砭愚》二铭，后更曰东西《铭》。其《西铭》，即《订顽》也，大抵发理一分殊之旨。有赵师侠者，集吕大临、胡安国、张九成、朱熹四家说为一篇，刻之兴化军。又有户部侍郎王梦龙，集《通书》《西铭》解为三卷。"○《鄞县志》十三：《张氏道统录》："《道统录》者，荟二程子、朱子论定先生之语也。先生《西铭》书成，杨氏致书伊川，有恐流于兼爱之言。朱子题《西铭》，亦曰'近儒者议其书之失''妄肆诋诃'，则在宋时，人有未信横渠之学者。微程、朱表章，则扪烛者不知日月之明，观井者不知江河之大，关中正学，不几于熄乎！"○渊鉴斋康熙《御纂朱子全书·凡例第一》："此外如《太极图通书解》《西铭解》《四书或问》《易学启蒙》《小学》《家礼》《仪礼》《经传通解》诸书，皆所以发明性道，补益经术，然亦自为成书，流传于世旧矣。(《西铭汇纂》)

○又案:去芜洪氏《朱子年谱》:"乾道八年壬辰,四十三岁,冬十月,《西铭解义》成。"○慎修江氏永考订《朱子世家》:"乾道八年冬,《西铭解义》成。"○褚氏寅亮《重订朱子年谱》:"乾道八年壬辰,四十三岁,又成《西铭解义》。"○子中王氏《朱子年谱》:乾道八年壬辰,四十三岁,冬十月,《西铭解义》成。"王氏又作《年谱考异》:"乾道八年壬辰,四十三岁,冬十月,《西铭解义》成"下引东莱吕氏书及朱子《云谷记》,以为于成于庚寅辛卯间,非成于壬辰。又戊申出《太极》《西铭》两解,以示学者,明言两解不及《通书》,而李(明李古冲)、洪两本,皆以《通书》附焉。今据邹本删之云云,《考证》朱子著书年月甚详,因与本书无关,略载于此,不全录其考。李、洪本皆附《通书》,大约依《道学名臣言行录》,《言行录》亦明二书而《通书》仍在其内,疑是《图说》二字之误。(《西铭汇纂》)

○六月一日,林黄中来相访,……又论《西铭》,予曰:"无可疑处。却是侍郎未晓其文义,所以不免致疑。其余未暇悉辨,只'大君者,吾父母宗子'一句,全错读了,尤为明白。本文之意,盖曰人皆天地之子,而大君乃其适长子。所谓'宗子',有君道者也,故曰'大君者,乃吾父母之宗子尔',非如侍郎所说'既为父母,又降而为子'也。"林曰:"宗子如何是适长子?"予曰:"此正以继祢之宗为喻尔。继祢之宗,兄弟宗之,非父母之适长子而何?此事他人容或不晓,侍郎以礼学名家,岂不晓乎?"林乃俛首不说而去,然意象殊不平。

柏麓按:马括《经济文衡·前集》卷二引此段,且加案曰:"论《西铭》宗子之说。""此段推明宗子为适长之义。"

予还自临安,客有问此曲折者,事之既往,本无足言,而恐学者疑于邵、张之学也,因命儿辈录此以示之。客因有问者曰:"太极之论,则闻之矣;宗子之云,殆即庄生所谓'知天子与我,皆天之所子'者?子不引之以为夫子之助,何耶?"予应之曰:"庄生知天子与我皆天之所子,而不知其适庶少长之别;知擎跽曲拳为人臣之礼,而不知天理之所自来。故常以其不可行于世者,为'内直,而与天为徒';常以其不得已而强为者,为'外曲,而与人为徒'。若如其言,则是臣之视其君,阴固以为无异于吾之等夷,而阳为是不情者以虚尊之也。孟子所谓'杨氏为我,是无君也',正谓此尔。其与张子之言'理一而分殊'者,岂可同年而语哉!"昔予书宋君事后,当发此意,因复并记其说,以俟同志考焉。(《朱子文集》卷七十一,《记林黄中辨易西铭》)

○刘子澄言:"本朝只有四篇文字好,《太极图》《西铭》《易传序》《春秋传序》。"因言："杜诗亦何用？"曰："是无意思。大部小部无万数，益得人甚事？"因伤时文之弊，谓："张才叔《书义》好。'自靖，人自献于先王'义，胡明仲醉后每诵之。"又谓："刘棠《舜不穷其民论》好，欧公甚喜之。其后姚孝宁《易义》亦好。"寿昌录云："或问《太极》《西铭》。曰：'自《孟子》以后，方见有此两篇文章。'"（《朱子语类》卷一百三十九）

○或问《太极》《西铭》。曰："自孟子已后，方见有此两篇文章。"（《朱子语类》卷九十四）

○问："《太极图》自一而二，自二而五，即推至于万物。《易》则自一而二，自二而四，自四而八，自八而十六，自十六而三十二，自三十二而六十四，然后万物之理备。《西铭》则止言阴阳，《洪范》则止言五行，或略或详，皆不同，何也？"曰："理一也，人所见有详略耳，然道理亦未始不相值也。"闳祖。（《朱子语类》卷九十四）

○"《西铭》说是形化底道理，此万物一源之性。《太极》者，自外而推入去，到此极尽，更没去处，所以谓之'太极'。"谟。（《朱子语类》卷九十八）

○《答程允夫》：濂溪作《太极图》，发明道化之原。横渠作《西铭》，揭示进为之方。然二先生之学，不知所造为孰深？此未易窥测，然亦非学者所当轻议也。（《朱子文集》卷四十一）

●归曾祁曰：此条可补《题西铭》之不足。（《西铭汇纂》）

○《答张敬夫》：《太极图》立象尽意，剖析幽微，周子盖不得已而作也。观其手授之意，盖以为唯程子为能受之。程子之秘而不示，疑亦未有能受之者尔。夫既未能默识于言意之表，则道听涂说，其弊必有甚焉。（近年已觉颇有此弊矣。）观其《答张闳中书》云"书虽未出，学未尝不传，第患无受之者"，及《东见录》中论"横渠清虚一大之说，使人向别处走，不若且只道敬"，则其微意，亦可见矣。若《西铭》，则推人以之天，即近以明远，于学者之用为尤切。非若此书详于天而略于人，不可以骤而语也。孔子雅言诗书执礼，而于《易》则鲜及焉，其意亦犹此耳。韩子曰："尧舜之利民也大，禹之虑民也深"，其程子、周子之谓乎！（《晦庵集》卷三十一）

柏麓按：上六节总论《西铭》《太极》诸书。

○问先生："王氏《续经》说云云，荀卿固不足以望之，若房、杜辈，观其书，则固尝往来于王氏之门，其后来相业，还亦有得于王氏之道否？"曰："房、杜如何敢望文中子之万一？其规模事业，无文中子髣髴。某常说，房、杜只是个村宰相,文中子不干事,他那制度规模,诚有非后人之所及者。"又问:"仲舒比之如何?"曰:"仲舒却纯正,然亦有偏,又是一般病。韩退之却见得又较活,然亦只是见得下面一层,上面一层都不曾见得。大概此诸子之病,皆是如此,都只是见得下面一层,源头处都不晓。所以伊川说'《西铭》是《原道》之宗祖',盖谓此也。"僩。(《朱子语类》卷一百三十七)

○董卿曰:"伊川谓'《西铭》乃《原道》之祖',如何?"曰:"《西铭》更从上面说来。《原道》言'率性之谓道',《西铭》连'天命之谓性'说了。"道夫问:"如他说'定名''虚位',如何?"曰:"后人多讥议之。但某尝谓,便如此说也无害。盖此仁也,此义也,便是定名;此仁之道,仁之德,此义之道,义之德,则道德是总名,乃虚位也。且须知他此语为《老子》设,方得。盖《老子》谓'失道而后德,失德而后仁,失仁而后义,失义而后礼,失礼而后智',所以《原道》后面又云:'吾之所谓道德,合仁与义言之也。'须先知得他为《老子》设,方看得。"道夫。(《朱子语类》卷九十六)

○问:"《原道》上数句如何?"曰:"首句极不是,'定名、虚位'却不妨,有仁之道、义之道,仁之德、义之德,故曰'虚位',大要未说到顶上头,故伊川云:'《西铭》,《原道》之宗祖。'"可学。(《朱子语类》卷一百三十七)

○《答宋深之》:韩子于道,见其大体规模极分晓,但未能究其所从来,而体察操履处皆不细密,其排佛老,亦据其所见而言之耳。程先生说:"《西铭》,乃《原道》宗祖。"此言可以推其浅深也。近似之说,固应辨析,以晓未悟,然须自见得己分上道理极分明,然后可以任此责;如其未然,而欲以口舌校胜负,恐徒起纷竞之端,而卒无益于道术之明暗也。(《朱子文集》卷五十八,《答宋深之》)

柏麓按:马括《经济文衡·前集》卷二引上段,其加案语曰:"此段谓学者,须自见得己分上道理分明,则异端自灭息耳。"又按:上四节,明伊川所说"《西铭》是原道之宗祖。"

○问:"横渠有'清虚一大'之说,又要兼清浊虚实。"曰:"渠初云'清虚一大',为伊川诘难,乃云'清兼浊,虚兼实,一兼二,大兼小'。渠本要说形而上,反成形而下,最是于此处不分明。如《参两》云,以参为阳,两为阴,阳有太极,阴无太极。他要强索精思,必得于己,而其差如此。"又问:"横渠云'太虚即气',乃是指理为虚,似非形而下。"曰:"纵指理为虚,亦如何夹气作一处?"问:"《西铭》所见又的当,何故却于此差?"曰:"伊川云:'譬如以管窥天,四旁

虽不见,而其见处甚分明。'渠他处见错,独于《西铭》见得好。"可学。(《朱子语类》,卷九十九)

○"横渠尽会做文章。如《西铭》及应用之文,如《百椀灯诗》,甚敏。到说话,却如此难晓,怕关西人语言自如此。"贺孙。(《朱子语类》卷九十三)

○或问四十五章之说。曰:"程子、张子至矣,张氏推明程子所以论《西铭》之意,甚善。其答程子书时,未及此也,岂其晚年所见,始益精诣也与?"(《四书或问》卷三十八,《孟子或问卷十三》)

柏麓按:上三节明《西铭》为横渠精诣所在。○以下数节,以二程观点为据,解说《西铭》主旨。

○明道"学者须先识仁"一段,说话极好。只是说得太广,学者难入。人杰。(《朱子语类》卷九十七)

○曰:"'《西铭》之意,与物同体'。'体',莫是仁否?"曰:"固是如此。然怎生见得意思是如此?'与物同体'固是仁,只便把'与物同体'做仁不得。怎地只说得个仁之躯壳。须实见得,方说得亲切。如一碗灯,初不识之,只见人说如何是灯光,只怎地抟摸,只是不亲切。只是便把光做灯,不得。"贺孙。(《朱子语类》卷九十七)

柏麓按:上两节,明《西铭》与"仁"之关系。

○《西铭》有个劈下来底道理,有个横截断底道理。直卿疑之。窃意当时语意,似谓每句直下而观之,理皆在焉;全篇中断而观之,则上专是事天,下专是事亲,各有攸属。方子。(《朱子语类》卷九十八)

●罗泽南《西铭讲义》曰:泽南案:《西铭》每句有个横截断底道理,每句有个直劈下底道理。"横截断"者,每句下一截是说吾一家之父母同胞、说吾之事父母;上一截是说天地民物、说吾之事天地,"分之殊"也。"直劈下"者,乾坤亦吾之父母,民物亦吾之胞与,"理之一"也。"横截断",则父母同胞是一家之私底;"直劈下",则父母同胞又是天下公共底,借此以明彼也。朱子这两句是看《西铭》要诀,正所以发明"分立而推理一之"义。又谓"逐句浑沦看,便是理一;当中横截看,便是分殊"。看《西铭》之法,至此已无蕴矣。"逐句浑沦看"者,即"直劈"下看法也。

○问:"朱子谓:'同胞里面也有'理一分殊'底意思,物与里面也有'理一分殊'底意思',是谓'民胞'中有个'分殊',如大君、大臣、高年、孤弱之等,'物与'中也有个'分殊'否?"曰:"不然。朱子此语,便谓逐句中有个

'理一分殊'也。人只以'民,吾同胞;物,吾与也'两句合看之,始见'分殊'。不知'民胞'一句里面,也有'理一分殊'。横截看,'同胞'自'同胞','民'自'民'也。'物与'一句里面,也有'理一分殊',横截看,'吾与'自'吾与','物'自'物'也。"(《西铭讲义》)

●归曾祁曰:曾祁案:陈伯澡问:"《西铭》有个直劈下底道理,又有个横截断底道理。"北溪陈氏曰:"如'乾称父'至'颠连无告',是直下底道理;自'于时保之'以下,是横截底道理。"○虞卿刘氏廷诏《理学宗传辨正》:吴廷栋曰:"罗山罗氏曰:'《西铭》每句有横截断底道理,每句有直劈下底道理。"横截断"者,每句下一截是说吾一家之父母同胞,说吾之事父母;上一截是说天地民物,说吾之事天地,"分之殊"也。"直劈下"者,乾坤亦吾之父母;民物亦吾之胞与,"理之一"也。"横截断",则父母同胞是一家之私底;"直劈下",则父母同胞又是天下公共底,借此以明彼也。朱子这两句是看《西铭》要诀,正所以发明"分殊而推理一"之义。'又谓:'逐句浑沦看,即直劈下看法也。'问:'朱子谓"同胞"里面,也有"理一分殊"底意思;"物与"里面,也有"理一分殊"底意思,是谓"民胞"中有个"分殊"。如大君、大臣、高年、孤弱等物与中,也有个"理一分殊"否?'曰:'不然。朱子此语,便谓逐句中有个"理一分殊"也。人只以"民,吾同胞""物,吾与也"两句合看之,始见"分殊",不知"民胞"一句里面也有"理一分殊"。横截看,"同胞"自"同胞","民"自"民"也。"物与"一句里面,也有"分殊"。横截看,"吾与"自"吾与","物"自"物"也。'罗氏此二条发挥朱子'每句有横截断、直劈下道理',尤详明。"(《西铭汇纂》)

○问:"向日曾以《西铭》仁孝之理请问,先生令截断横看。文蔚后来见得孝是发见之先,仁是天德之全。事亲如事天,即是孝。自此推之,事天如事亲,即仁矣。'老吾老''幼吾幼',自老老幼幼之心推之,至于疲癃残疾,皆如吾兄弟颠连而无告,方始尽。故以敬亲之心,不欺闇室,不愧屋漏,以敬其天;(曾祁案:桴亭陆氏世仪《思辨录》:"能敬天,方能与天合德。")以爱亲之心,乐天循理,无所不顺,以安其天,方始尽性。窃意横渠大意,只是如此,不知是否?"曰:"他不是说孝,是将孝来形容这仁。事亲底道理,便是事天底样子。"文蔚。(《朱子语类》卷九十八)

○徐子融曰:"先生谓'事亲是事天底样子',只此一句,说尽《西铭》之意

矣。"文蔚。(《朱子语类》卷九十八)

〇"因事亲之诚,以明事天之道,只是譬喻出来。下面一句事亲,一句事天,如'匪懈''无忝'是事亲,'不愧屋漏''存心养性'是事天。下面说事亲,兼常、变而言。如曾子是常,舜、伯奇之徒皆变。此在人事,言者如此,天道则不然,直是顺之,无有不合者。"子蒙。(《朱子语类》卷九十八)

●林恕《西铭私考》曰:"存心养性"。《尽心上》。(《西铭私考》)

〇林闻一问:"《西铭》只是言仁、孝、继志、述事?"曰:"是以父母比乾坤。主意不是说孝,只是以人所易晓者,明其所难晓者耳。"木之。(《朱子语类》卷九十八)

●林恕《西铭私考》曰:"继志""述事":《中庸》。(《西铭私考》)

〇《答姜叔权》:所喻益见洒落,甚慰所望。但《西铭》之疑,则恐未然。横渠之意,直借此以明彼,以见天地之间,随大随小,此理未尝不同耳。其言则固为学者而设,若大贤以上,又岂须说耶?伊川尝言:"若是圣人,则乾、坤二卦亦不消得。"正谓此也。(《朱子文集》卷五十二)

●归曾祁曰:曾祁案:大贤以上一切皆不须说,所以必说者为大贤以下耳。大贤以下不欲其安于大贤以下,必使之至大贤之地位。程子曰:"《西铭》充得尽时,便是圣人。"高氏景逸曰:"《大学》者,圣学也;《中庸》者,圣心也。匪由圣学,宁识圣心,是以程门必以《大学》《西铭》教人者,实欲使大贤以下之人,皆至于于大贤之地位,或大贤以上之地位也。"(《西铭汇纂》)

〇《答姜叔权》:示喻日用工夫甚善,然若论实下工夫处,却使许多名字不著,须更趋要约,而自然不害众理之默契,乃为佳耳。所论'《西铭》名虚而理实',此语甚善。盖名虽假借,然其理,则未尝有少异也。若本无此理,则又如之何而可强假耶?(《朱子文集》卷五十二)

●罗泽南《西铭讲义》曰:泽南案:"乾""坤"本不是"父""母","民""物"本不是"胞""与"。称之为"父""母""胞""与"者,是假借之名也。然而其理实亦如是。读《西铭》者,须知道"乾""坤"、"民""物"本不是"父""母""胞""与",又须知道"乾""坤"、"民""物"实是"父""母""胞""与"。名虽殊,理则一也。(《西铭讲义》)

●金道和曰:"名虚而理实",天地曰父母,民物曰同胞,曰宗子,曰家相,是皆借引而形容者也,其名可谓虚矣。体便是"天地之塞",性便是

"天地之帅"。"同胞"是如此,"吾与"是如此,则是乃天人一理也,其理未尝不实也。(《拓庵集》卷九《西铭(读书琐义)》)

柏麓按:上七节,言《西铭》因事亲之诚,以明事天之道。

〇《与郭冲晦》:《丛书》云:"理出乎三才,分出于人道。《西铭》专为理言,不为分设。"熹窃谓,《西铭》之书,横渠先生所以示人,至为深切。而伊川先生又以"理一而分殊"者赞之,言虽至约,而理则无余矣。盖乾之为父,坤之为母,所谓"理一"者也。然乾坤者,天下之父母也。父母者,一身之父母也,则其分不得而不殊矣。故以民为同胞、物为吾与者,自其天下之父母者言之,所谓"理一"者也。然谓之民,则非真以为吾之同胞;谓之物,则非真以为我之同类矣。此自其一身之父母者言之,所谓"分殊"者也。又况其曰"同胞",曰"吾与",曰"宗子",曰"家相",曰"老",曰"幼",曰"圣",曰"贤",曰"颠连而无告",则于其中间,又有如是差等之殊哉? 但其所谓"理一"者,贯乎"分殊"之中,而未始相离耳。此天地自然、古今不易之理,而二夫子始发明之,非一时救弊之言,姑以强此而弱彼也。

柏麓按:马括《经济文衡·前集》卷二引此段,且加案曰:"论伊川理一分殊之说。""此段专发明伊川之说尤为切至。"

●罗泽南《西铭讲义》曰:泽南案:无张子之《西铭》,无以明仁道之大;无伊川理一而分殊之言,亦无以明《西铭》之旨。二者皆有功于万世者。(《西铭讲义》)

又云:"《西铭》止以假涂,非终身之学也。"熹窃谓:《西铭》之言,指吾体性之所自来,以明父乾母坤之实;极乐天践形、穷神知化之妙,以至于无一行之不慊而没身焉,故伊川先生以为"充得尽时,便是圣人",恐非专为始学者一时所见而发也。(《朱子文集》卷三十七)

柏麓按:马括《经济文衡·前集》卷二引此段,且加案曰:"再论伊川说充尽之义。""此段以伊川说'充得尽时,便是圣人,非专为始学者'发。"

〇又曰:"《西铭》本不曾说'理一分殊',因人疑后,方说此一句。"义刚。(《朱子语类》卷九十五)

〇又问:"理一而分殊"。"言理一而不言分殊,则为墨氏兼爱;言分殊而不言理一,则为杨氏为我。所以言分殊,而见理一底自在那里;言理一,而分殊底亦在,不相夹杂。"子蒙。(《朱子语类》卷九十八)

●归曾祁曰：曾祁案：薛氏《读书录》："统天地万物言之，一理也。天地万物，各有一理，其分殊也。就天言之，天一理也，而天之风云雷雨之属各有一理，其分殊也。就地言之，地一理也，而地之山川草木之类各有一理，其分殊也。就人一家言之，一理也，而人之父子夫妇长幼之类各有一理，分殊也。就人一身言之，一理也，而四肢百体各有一理，分殊也。就一国天下言之，莫不皆然。就一草一木言之，一理也，而枝干花叶之不同，分殊也。理一行乎分殊之中，分殊不在理一之外。一本万殊，万殊一本也。"○又曰："天地人物之理，浑合而无间，但其中自有条理，所谓'理一而分殊也'。"○周子"无极而太极"，指性命之全体而言；张子《西铭》理一分殊，指仁义而言。《西铭》示人以求仁之体。专言之仁，与《太极图》中正、仁义，亦无不包矣。○《西铭》明理一而分殊，《太极图》自一理、二气、五行，成男成女而化生万物，亦无往而非理一分殊也。○鲁斋许氏衡曰："心之所存者，理一。身之所行者，分殊。"○茅氏《近思录集注》：陆氏曰："林次崖谓：'理一分殊，理与气皆有之。以理言，则太极，理一也。健顺五常，其分殊也。以气言，则浑之一气，理一也；五行万殊，其分殊也。'此一段发明程子理一分殊之说，最明。而罗整庵谓其未睹浑融之妙，亦过矣。"○杨园张氏履祥《备忘录》："学者不读《西铭》，则理一分殊之义不明，而恻隐之心不笃。"○罗山罗氏泽南《西铭讲义》："无张子《西铭》，无以明仁道之大；无伊川理一二分殊之言，亦无以明《西铭》之旨。二者皆有功于万世者。"○曾祁暇时尝仰观屋角蛛网，迁久胡悟理一二分殊之旨，从此读《西铭》，便有意味。（《西铭汇纂》）

○刘刚中问："张子《西铭》与墨子兼爱何以异？"朱子曰："异以理一分殊。一者一本，殊者万殊。脉络流通，真从乾父坤母源头上联贯出来。其后支分派别，井井有条，隐然子思'尽其性''尽人性''尽物性'，孟子'亲亲而仁民，仁民而爱物'微旨。非第夷之爱无差等。且理一，体也；分殊，用也。墨子兼爱，只在用上施行。如后之释氏，人我平等，亲疏平等，一味慈悲。彼不知分之殊，又乌知理之一哉？"

●归曾祁曰：曾祁案：世之好言平等，读此文犹不悟者，不足与语也。（《西铭汇纂》）

○《西铭》，要句句见"理一而分殊"。文蔚。（《朱子语类》卷九十八）

●罗泽南《西铭讲义》曰：泽南案：《西铭》言理一分殊，有两样看法。

统一篇而论之,有一篇之理一分殊。民曰同胞,物曰吾与,此民物之分殊也。曰君,曰相,曰高年,曰孤弱,曰圣,曰贤,曰疲癃、残疾、悍独、鳏寡,此民胞中之分殊也。然此但见仁民与爱物中之分殊,而不见亲亲与仁民爱物之分殊。惟即一句而观之,句句中有个理一而分殊。每句下一截是说吾一家之父母,是说吾一家之同胞,说吾一家之宗子、家相,说吾一家之长幼,说吾一家之合德与秀,与夫兄弟之颠连无告者,及吾之所以事父母;上一截是说乾坤,说民物,说君相,说天下之高年、孤弱,说天下之圣贤,说天下之疲癃、残疾、悍独鳏寡,与吾之所以事天地。上下两截,不相蒙混。以此观之,则亲亲与仁民爱物之分殊显然可见,而其所谓理之一者,特从一家之小推到天地之大,亦无不若是耳。(《西铭讲义》)

〇《西铭》通体是一个"理一分殊",一句是一个"理一分殊",只先看"乾称父"三字。一篇中错综此意。(《朱子语类》卷九十八)

〇道夫言:"看《西铭》,觉得句句是'理一分殊'。"曰:"合下便有一个'理一分殊',从头至尾又有一个'理一分殊',是逐句恁地。"又曰:"合下一个'理一分殊';截作两段,只是一个天人。"道夫曰:"他说'乾称父,坤称母;予兹藐焉,乃混然中处',如此则是三个。"曰:"'混然中处',则便是一个。许多物事都在我身中,更那里去讨一个乾坤?"问:"'塞'之与'帅'二字。"曰:"'塞',便是'充塞天地'之'塞';'帅',便是'志者,气之帅'之'帅'。"道夫。(《朱子语类》卷九十八)

●归曾祁曰:三个成一个,真有孟子"万物皆备于我,反身而诚"之乐。(《西铭汇纂》)

〇或问:《西铭》"理一而分殊"。曰:"今人说,只说得中间五六句'理一分殊'。据某看时,'乾称父,坤称母'直至'存,吾顺事;没,吾宁也',句句皆是'理一分殊'。唤做'乾称''坤称',便是分殊。如云'知化则善述其事',是我述其事;'穷神则善继其志',是我继其志。又如'存,吾顺事;没,吾宁也',以自家父母言之,生当顺事之,死当安宁之;以天地言之,生能顺事而无所违拂,死则安宁也,此皆是分殊处。逐句浑沦看,便见理一;当中横截断看,便见分殊。"因问:"如先生《后论》云:'推亲亲之恩,以示无我之公;因事亲之诚,以明事天之实。'看此二句,足以包括《西铭》一篇之统体,可见得'理一分殊'处分晓。"曰:"然。"又云:"以人之自有父母言之,则一家之内,有许多骨肉宗族。如'民,吾同胞;物,吾与也。大君者,吾父母宗子'以下,却是以天地

为一大父母,与众人厮共底也。"焘。(《朱子语类》卷九十八)

○"《西铭》一篇,始末皆是'理一分殊'。以乾为父,坤为母,便是理一而分殊;'予兹藐焉,混然中处',便是分殊而理一。'天地之塞,吾其体;天地之帅,吾其性',分殊而理一;'民,吾同胞;物,吾与也',理一而分殊。逐句推之,莫不皆然。某于篇末,亦尝发此意。乾父坤母,皆是以天地之大,喻一家之小。乾坤是天地之大,父母是一家之小;大君大臣是大,宗子家相是小。类皆如此推之。旧尝看此,写作旁通图子,分为一截,上下排布,亦甚分明。"谟。(《朱子语类》卷九十八)

○"《西铭》,大纲是理一而分自尔殊。然有二说:自天地言之,其中固自有分别;自万殊观之,其中亦自有分别。不可认是一理了,只衮做一看,这里各自有等级差别。且如人之一家,自有等级之别。所以乾则称父,坤则称母,不可弃了自家父母,却把乾坤做自家父母看。且如'民,吾同胞',与自家兄弟同胞,又自别。龟山疑其兼爱,想亦未深晓《西铭》之意。《西铭》一篇,正在'天地之塞,吾其体;天地之帅,吾其性'两句上。"敬仲。(《朱子语类》卷九十八)

○用之问:"《西铭》所以'理一分殊',如民、物,则分'同胞''吾与';大君家相,长幼残疾,皆自有等差。又如所以事天,所以长长幼幼,皆是推事亲从兄之心以及之,此皆是分殊处否?"曰:"也是如此。但这有两种看:这是一直看,下更须横截看。若只恁地看,怕浅了。'民,吾同胞','同胞'里面,便有理一分殊底意;'物,吾与也','吾与'里面,便有理一分殊底意。'乾称父,坤称母',道是父母,固是天气而地质;然与自家父母,自是有个亲疏,从这处便'理一分殊'了。看见伊川说这意较多。龟山便正是疑'同胞''吾与'为近于墨氏,不知他'同胞''吾与'里面便自分'理一分殊'了。如公所说,恁地分别分殊,'殊'得也不大段。这处若不子细分别,直是与墨氏兼爱一般。"贺孙。

●金道和曰:"一直看""横截看","一直看"者,以上一节言之,则"乾""父"之于"坤""母"也,"同胞"之于"吾与"也,"宗子"之于"家相"也。以下一节言之,则"时保子翼"之"乐天纯孝"也;"济恶""不才"之于"践形","惟肖"也;"知化""述事"之于"穷神""继志"也;"不愧""无忝"之于"存养""匪懈"也。"横截看"者,以上一节言之,则乾固是父而其中自有分别,坤固是母而其中亦有分别。"同胞"里面,便有"理一分殊"之意。"吾与"里面,便有"理一分殊"之意,曰"宗子"曰"家相"之不得无别者是也。以下一节言之,则"时保"固是"子翼",而其中自有分别;"乐天"固是"纯孝"。而其中亦有分别;"济恶"之于"不才",不得无别;"践形"之于"惟肖",不得无别;曰"述事"曰"继志"之不得无别者是也。盖"一直看"下,而理一之中分未尝不殊,"横截看"去,而分殊之中理未尝不一。通体看之,则通体如此;逐句看之,则逐句如此。(读书琐义)》)

卓录云:刘用之问:"《西铭》'理一而分殊',若大君宗子,大臣家相,与夫民、物等,皆是'理一分殊'否?"曰:"如此看,亦是。但未深,当截看。如《西铭》劈头来,便是'理一而分殊'。且'乾称父,坤称母',虽以乾坤为父母,然自家父母自有个亲疏,这是'理一而分殊'。等而下之,以至为大君,为宗子,为大臣家相,理虽则一,其分未尝不殊。'民,吾同胞;物,吾党与',皆是如此。龟山正疑此一着,便以'民,吾同胞;物,吾党与',近于墨氏之兼爱。不知他'同胞''同与'里面,便有个'理一分殊'。若如公所说,恁地分别,恐胜得他也不多。这处若不分别,直是与墨子兼爱一般。(《朱子语类》卷九十八)

●归曾祁曰:用之问答,叶贺孙录与黄卓录不同,当从《语类》,两存之参考。即从《语类》,附录卓录于贺孙录下。《大全》混而为一,不知从何处见来? 此从《语类》,不从《大全》。(《西铭汇纂》)

〇问:"《西铭》句句是'理一分殊',亦只就事天、事亲处分否?"曰:"是。'乾称父,坤称母',只下'称'字,便别。这个有直说底意思,有横说底意思。'理一而分殊',龟山说得又别。他只以'民,吾同胞;物,吾与'及'长长幼幼'为'理一分殊'。"曰:"龟山是直说底意思否?"曰:"是。然龟山只说得头一小截;伊川意则阔大,统一篇言之。"曰:"何谓横说底意思?"曰:"'乾称父,坤称母'是也。这不是即那事亲底,便是事天底。"曰:"横渠只是借那事亲底,来形容事天做个样子否?"曰:"是。"淳。(《朱子语类》卷九十八)

〇问:《西铭》分殊处。曰:"有父,有母,有宗子,有家相,此即分殊也。"节。(《朱子语类》卷九十八)

〇问:"去岁闻先生曰:'只是一个道理,其分不同。'所谓分者,莫只是理一而其用不同? 如君之仁,臣之敬,子之孝,父之慈,与国人交之信之类是也。"曰:"其体已略不同。君臣、父子、国人,是体;仁、敬、慈、孝与信,是用。"问:"体、用皆异?"曰:"如这片板,只是一个道理,这一路子恁地去,那一路子恁地去。如一所屋,只是一个道理,有厅,有堂。如草木,只是一个道理,有桃,有李。如这众人,只是一个道理,有张三,有李四;李四不可为张三,张三不可为李四。如阴阳,《西铭》言理一分殊,亦是如此。"节。(《朱子语类》卷六)

〇林子武问:"龟山《语录》曰:'《西铭》理一而分殊。知其理一,所以为仁;知其分殊,所以为义。'"先生曰:"仁,只是流出来底,便是仁;各自成一个物事的,便是义。仁,只是那流行处;义,是合当做处。仁,只是发出来底;及至发出来,有截然不可乱处,便是义。且如爱其亲,爱兄弟,爱亲戚,爱乡里,爱宗族,推而大之,以至于天下国家,只是这一个爱流出来;而爱之中,便有许多等差。且如敬,只是这一个敬,便有许多合当敬底,如敬长、敬贤,便有许多分别。"义刚。(《朱子语类》卷九十八)

〇问:"龟山说:'知其理一,所以为仁;知其分殊,所以为义。'仁便是体,义便是用否?"曰:"仁只是流出来底,义是合当做底。如水,流动处是仁,流为江河,汇为池沼,便是义。如恻隐之心便是仁,爱父母,爱兄弟,爱乡党,爱朋友故旧,有许多等差,便是义。且如敬,只是一个敬,到敬君、敬长、敬贤,便有许多般样。礼也是如此。如天子七庙,诸侯五庙,这个便是礼。其或七或五之不同,便是义。礼是理之节文,义便是事之所宜处。吕与叔说'天命之谓性'云:'自斩而缌,丧服异等,而九族之情无所憾。自王公至皂隶,仪章异制,而上下之分莫敢争。'自是天性合如此。且如一堂有十房父子,到得父各慈其子,子各孝其父,而人不嫌者,自是合如此也。其慈其孝,这便是仁;各亲其亲,各子其子,这便是义。这个物事分不得,流出来便是仁;仁打一动,义、礼、智便随在这里了。不是要仁使时,义却留在后面,少间放出来。其实只是一个道理,论著界分,便有许多分别。"(《朱子语类》卷一百一十六)

●王植曰:愚按:此发明龟山理一分殊之义,而以仁、义、礼、智之事为仁之体,以仁、义、礼、智之各当者为仁之用。盖以专言者明之,较前后仅言爱之理者,义更广矣。玩此则知《西铭》前半言万物一体者,非为用爱而设,乃举性量本然之全体;后半言圣贤尽性者,此专言成己之学,乃所以尽吾性体用之全量也。(《朱子注释濂关三书》之《西铭》)

柏麓按:上十四节,言《西铭》理一而分殊。

〇朱子曰:《西铭》,前一段如棋盘,后一段如人下棋。(《性理大全》卷四)

●罗泽南《西铭讲义》曰：泽南案：前一段自"乾称父"至"兄弟颠连而无告者"也，后一段自"于时保之"至篇终。○"前一段如棋盘"者，乾坤、父母、民物、胞与，以及夫大君、宗子、长幼、圣贤、疲癃、残疾、惸独、鳏寡，其亲疏之分、贵贱之等，各有位置，不相溷混者也。"后一段如人下棋"者，后一段是言事天工夫。其所以事天者，不过尽吾之性，全吾之体。凡所以待父母，待兄弟，待民物，待大君、大臣，待高年、孤弱，待圣贤，待疲癃、残疾、惸独、鳏寡，着着下得得当耳。畏天、乐天，是局中最妙秘诀。悖德、害仁、济恶，败着也；知化、穷神、存心、养性等，胜着也。知其胜负之所在，而小心以运之，斯可以不至于败矣。(《西铭讲义》)

○"《西铭》一篇，首三句却似人破义题。天地之'塞''帅'两句，恰似人做原题，乃一篇紧要处。'民，吾同胞'止'无告者也'，乃统论如此。'于时保之'以下，是做工夫处。"端蒙。(《朱子语类》卷九十八)

○"公更看横渠《西铭》。初看有许多节拍，却似狭；充其量，是甚么样大！合下便有个乾健坤顺意思。自家身己便如此，形体便是这个物事，性便是这个物事。'同胞'是如此，'吾与'是如此，主脑便是如此。'尊高年，所以长其长；慈孤弱，所以幼其幼'，又是做工夫处。后面节节如此。'于时保之，子之翼也；乐且不忧，纯乎孝者也'，其品节次第又如此。横渠这般说话，体用兼备，岂似他人只说得一边！"问："自其节目言之，便是'各正性命'；充其量而言之，便是'流行不息'？"曰："然。"贺孙。(《朱子语类》卷九十四)

○问《西铭》。"帅"，总心性言。"与"，如"与国""相与"之类。"于时保之"，畏天。"不忧"，乐天。"贼"，贼子。"济恶"，积恶。"化"，有迹。"神"，无迹。"旨酒"，欲也。"不弛劳"，横渠解"无施劳"亦作"弛"。"豫"，如《后汉书》言"天意未豫"。方。(《朱子语类》卷九十八)

柏麓按：上四节，言《西铭》品节次第与核心要义。

○"龟山有论《西铭》二书，皆非，终不识'理一'。至于'称物平施'，亦说不着。《易传》说是。大抵《西铭》前三句便是纲要，了得，即句句上自有'理一分殊'。"后来已有一篇说了。方云："指其名者，分之殊；推其同者，理之一。"方。(《朱子语类》卷九十八)

○"谢艮斋说《西铭》'理一分殊'：'在上之人当理会理一，在下之人当理会分殊'。如此，是分《西铭》做两节了。艮斋看得《西铭》错。"先生以为然。泳。(《朱子语类》卷九十八)

○又曰："谢昌国论《西铭》'理一而分殊'，尤错了。"去伪。(《朱子语类》卷一百一)

○《答刘公度》：所喻"世岂能人人同己，人人知己？在我者，明莹无瑕，所益多矣"，此等言语，殊不似圣贤意思。无乃近日亦为异论渐染，自私自利，作此见解耶？不知圣贤辨异论、辟邪说如此之严者，是为欲人人同己，人人知己而发耶？抑亦在我未能无瑕，而犹有待于言语辨说耶？今者纷纷，正为论《易》《西铭》而发。虽未免为失言之过，然未尝以此为悔也。临川近说愈肆，《荆舒祠记》曾见之否？此等议论，皆学问偏枯、见识昏昧之故，而私意又从而激之。若公度之说行，则此等事都无人管，恣意横流矣。试思之如何？衡州之去，为有邂逅，政不须深自惩创，便相学不说话也。(《朱子文集》卷五十三)

○《答杨子顺　履正》：殊不知学虽以躬行力践为极，然未有不由讲学穷理而后至。今恶人言仁、言恕、言《西铭》、言《太极》者之纷纷，而吾乃不能一出其思虑以致察焉，是恶人说河而甘自渴死也，岂不误哉？(《朱子文集》卷五十九)

○方伯谟以先生教人读《集注》为不然。蔡季通丈亦有此语，且谓"四方从学之士，稍自负者，皆不得其门而入，去者亦多。"某因从容侍坐，见先生举似与学者云："读书，须是自肯下工夫始得。某向得之甚难，故不敢轻说与人。至于不得已而为注释者，亦是博采诸先生及前辈之精微，写出与人看，极是简要，省了多少工夫。学者又自轻看了，依旧不得力。"盖是时，先生方独任斯道之责，如《西铭》《通书》《易象》诸书方出，四方辨诘纷然。而江西一种学问，又自善鼓扇学者，其于圣贤精义，皆不暇深考。学者乐于简易，甘于诡僻，和之者亦众，然终不可与入尧、舜之道。故先生教人，专以主敬穷理为主，欲使学者自去穷究，见得道理如此，便自能立，不待辨说而明。此引而不发之意，其为学者之心盖甚切，学者可不深味此意乎？炎。(《朱子语类》卷一百二十一)

柏麓按：上六节驳学者对《西铭》诸书之误。

○《集注》曰："仁者，心之德、爱之理也。"其言之不一，何耶？盖仁有偏言者，有专言者。专言者，心之德也。程子、《西铭》之意是也。偏言者，爱之理也。爱之所施，则亲亲、仁民、爱物是也。固是如此。然心之德即爱之理，非二物也，但所从言之异耳。(《朱子文集》卷五十一，《答万正淳》)

○或求先生拣《近思录》。先生披数板,云:"也拣不得。"久之,乃曰:"'无极而太极',不是说有个物事,光辉辉地在那里。只是说这里当初皆无一物,只有此理而已。既有此理,便有此气;既有此气,便分阴阳,以此生许多物事。惟其理有许多,故物亦有许多。以小而言之,则(此下疑有脱句)无非是天地之事;以大而言之,则君臣父子夫妇朋友,无非是天地之事。只是这一个道理,所以'君子修之吉,小人悖之凶'。而今看他说这物事,这机关一下拨转后,卒乍栏他不住。圣人所以'一日二日万几,兢兢业业','如临深渊,如履薄冰',只是大化恁地流行,随得是,便好;随得不是,便喝他不住。'存心养性,所以事天也;夭寿不贰,修身以俟之,所以立命也。'所以昨日说《西铭》都相穿透。所以《太极图》说'五行,一阴阳也;阴阳,一太极也',二气交感,所以化生万物,这便是'天地之塞,吾其体;天地之帅,吾其性',只是说得有详略,有急缓,只是这一个物事。所以万物到秋冬时,各自收敛闭藏,忽然一下春来,各自发越条畅。这只是一气,一个消,一个息。只如人相似,方其默时,便是静;及其语时,便是动。那个满山青黄碧绿,无非是这太极。所以'仁者见之谓之仁,智者见之谓之智,百姓日用而不知,故君子之道鲜矣',皆是那'一阴一阳之谓道,继之者善也,成之者性也'。"<u>义刚</u>。(《朱子语类》卷九十四)

○问:"君子学道则爱人,小人学道则易使。"曰:"君子学道,是晓得那'己欲立而立人,己欲达而达人',与'乾称父,坤称母'底道理,方能爱人。小人学道,不过晓得孝、弟、忠、信而已,故易使也。"<u>焘</u>。(《朱子语类》卷四十七)

○问:"公留意此道几年,何故向此?"某说:"先妣不幸,某忧痛,无所措身。因读《西铭》,见说'乾父坤母',终篇皆见说得是,遂自此弃科举。某十年愿见先生,缘家事为累。今家事尽付妻子,于世务绝无累,又无功名之念,正是侍教诲之时。"先生说:"公已得操心之要。"(《朱子语类》卷一百一十四)

○问:"鬼神便是精神魂魄,如何?"曰:"然。且就这一身看,自会笑语,有许多聪明知识,这是如何得恁地?虚空之中,忽然有风有雨,忽然有雷有电,这是如何得恁地?这都是阴阳相感,都是鬼神。看得到这里,见一身只是个躯壳在这里,内外无非天地阴阳之气。所以夜来说道:'"天地之塞,吾其体;天地之帅,吾其性",思量来,只是一个道理。'"<u>贺孙</u>。(《朱子语类》

卷三)

〇亚夫问"未知生,焉知死"。先生曰:"若曰气聚则生,气散则死,才说破,则人便都理会得。然须知道,人生有多少道理,自禀五常之性以来,所以'父子有亲,君臣有义'者,须要一一尽得这生底道理,则死底道理皆可知矣。张子所谓'存,吾顺事;没,吾宁也'是也。"时举。(《朱子语类》卷三十九)

柏麓按:上六节,因《西铭》而论孔孟大义。

〇《答郭希吕》:若于学问全体上切己处用得功夫,即气象自当深厚宏阔矣。《太极》《西铭》《通书》各往一本,试熟读而思之,亦求理之一端也。(《朱子文集》卷五十四)

〇《答王晋辅》:《太极》《西铭》切不须广,盖世间已自有本,为此冗长,无益于事,或徒能相累耳。(《朱子文集》卷六十二)

〇《答陈肤仲》:《大学》近修得益精密平实,恨未有别本可寄去。《易启蒙》《太极》《西铭》《通书解义》《学记》,各一本漫往。四明颇通问否?曾见其读《西铭》说否?全然不识文理,便敢妄议前辈,令人不平,然亦甚可笑也。(《朱子文集》卷四十九)

〇先生谓夔孙云:"公既久在此,可将一件文字与众人共理会,立个程限,使敏者不得而先,钝者不得而后。且如这一件事,或是甲思量不得,乙或思量得,这便是朋友切磋之义。"夔孙请所看底文字。曰:"且将《西铭》看。"及看毕,夔孙依先生解说过,先生曰:"而今解得分晓了,便易看,当初直是难说。"(《朱子语类》卷一百一十六)

〇《答潘立之》:所论《西铭》,大概亦只是如此看。不知近日更读何书?有商量处,便中可示及也。(《朱子文集》卷六十四)

〇《答郑子上》:《西铭》卒章两句,所释颇未安,试更思之,如何?(《朱子文集》卷五十六)

柏麓按:上六节,论学者当读《西铭》诸书。

〇问:"尹彦明见程子后,半年方得《大学》《西铭》看,此意如何?"曰:"也是教他自就切己处思量,自看平时个是不是,未欲便把那书与之读。"曰:"如此,则末后以此二书并授之,还是以尹子已得此意?还是以二书互相发故?"曰:"他好把《西铭》与学者看。他也是要教他知,天地间有个道理恁地开阔。"道夫。(《朱子语类》卷九十五)

○"昨夜说，尹彦明见伊川后，半年方得《大学》《西铭》看。此意思也好，也有病。盖且养他气质，淘漉去了那许多不好底意思。如《学记》所谓'未卜禘，不视学，游其志也'之意。此意思固好，然也有病者，盖天下有多少书，若半年间都不教他看一字，几时读得天下许多书？所以尹彦明终竟后来工夫少了。《易》曰'盛德大业，至矣哉''富有之谓大业'，须是如此，方得。天下事无所不当理会者，才工夫不到，业无由得大；少间措诸事业，便有欠缺，此便是病。"僴。(《朱子语类》卷九十五)

○"尹和靖从伊川半年后，方得见《西铭》《大学》，不知那半年是在做甚么？想见只是且教他听说话。"曾光祖云："也是初入其门，未知次第，骤将与他看未得。"先生曰："岂不是如此？"义刚。(《朱子语类》卷九十五)

○林问："不得于言，勿求于心。"曰："此章文义，节节相承，须逐节次第理会。此一节只言告子所以'先我不动心者'，皆是以义为外，故就告子所言，以辩其是非尔。"又问："浩然之气，便是《西铭》意思否？"曰："考论文义，且只据所读本文，逐句逐字理会教分明。不须旁引外说，枝蔓游衍，反为无益。如论浩然之气，便直看公孙丑所问意思如何，孟子所答如何，一径理会去。使当时问答之意，一一明白了，然后却更理会四旁余意未晚。今于孟子之意未能晓得，又却转从别处去，末梢都只恁休去。"又问："诐、淫、邪、遁之意，如何辨别？"曰："诐、淫、邪、遁，虽是四般，然才有一般，则其余牵连而生。大概多从诐上起。诐只是偏，才偏，便自是一边高，一边低，不得其正。如杨氏'为我'则蔽于仁，墨氏'兼爱'则蔽于义，由其蔽，故多为蔓衍，推之愈阔，如烂物相似，只管浸淫，陷在一处，都转动不得。如墨者夷之所谓'爱无差等，施由亲始'。'爱无差等'是其本说，又却假托'施由亲始'之言，裁接以文其说是也。淫辞如此，自不知其为邪。如《列子》达生之论，反以好色饮酒为善事，而不觉其离于道也。及其说不行，又走作逃遁，转从别处去。释氏毁人伦，去四大，人谓其不可行，则曰'虽不毁弃人伦，亦可以行吾说'，此其所以必穷也。"又问："性善之论与浩然之气，如何？"曰："性善自是性善，何与于此？方理会浩然之气，未有一些涯际，又却说性善，又如适来《西铭》之问也。譬如往一处所，在路留连濡滞，正所要往之地，愈不能达。何如且一径直截去，到此处了，却往他所，何害？此为学者之大病。"谟。(《朱子语类》卷五十二)

○问贺孙："读《大学》如何？"曰："稍通，方要读《论语》。"曰："且未要读《论语》。《大学》稍通，正好着心精读。前日读时，见得前未见得后面，见得后未接得前面。今识得大纲统体,正好熟看。如吃果实相似,初只恁地硬咬嚼。待嚼来嚼去,得滋味,如何便住却?读此书功深,则用博。昔和靖见伊川,半年方得《大学》《西铭》看。"贺孙。(《朱子语类》卷十四)

> 柏麓按:上五节,因"尹和靖从伊川半年后,方得见《大学》《西铭》"而论读书之道。

●张栻

○《答吴德夫》:《西铭》云:"'知化则善述其事,穷神则善继其志',其旨何如?""《西铭》发明仁孝,盖仁人之事亲也如事天,事天也如事亲,须臾不在焉,则失其理矣。神是心,化是用,然须默识,所谓神则化,可得而言矣。能继志,乃能述事也。"(《南轩集》卷三一)

> 柏麓按:据任仁仁、顾宏义《张栻师友门人往还书札汇编》,张栻此书约撰于乾道初(1165—1167)。

○《答朱元晦》:《西铭》近日常读。理一分殊之指,龟山后书,终未之得。盖斯铭之作,政为学者私胜之流,昧夫天理之本然,故推明理一以极其用,而其分之殊,自不可乱。盖如以民为同胞,谓尊高年为老其老,慈孤弱为幼其幼,是推其理一而其分固自在也。故曰:"分立而推理一,以止私胜之流,仁之方也。"龟山以"无事乎推"为理一,引圣人"老者安之,少者怀之"为说,恐未知《西铭》"推理一"之指也。(《南轩集》卷二二)

> 柏麓按:据任仁仁、顾宏义《张栻师友门人往还书札汇编》,张栻此书约撰于乾道六年(1170)八月间。

○《答朱元晦》:《西铭》所谓"理一而分殊",无一句不具此意。鄙意亦谓然,来示亦尽之矣。但其间论"分立而推理一",与"推理存义"之说,颇未相同。某意以为,"分立"者,天地位而万物散殊,其亲疏皆有一定之势;然不知"理一",则私意将胜,而其流弊将至于不相管摄,而害夫仁。故《西铭》因其分之立,而明其理之本一,所谓"以止私胜之流,仁之大方也"。虽推其理之一,而其分森然者,自不可乱,义盖所以存也。大抵儒者之道,为仁之至、义之尽者,仁立而存,义精而后仁之体为无蔽也,似不必于事亲、事天上分理与义,亦未知是否?(《南轩集》卷二二)

> 柏麓按:据任仁仁、顾宏义《张栻师友门人往还书札汇编》,张栻此书约撰于乾道六年(1170)九、十月间。

●归曾祁曰:曾祁案:薛氏《读书录》:"读《西铭》者,不得一毫私意。"又,"读《西铭》,则知小智自私,诚可耻矣。"(《西铭汇纂》)

○《跋西铭》:人之有是身也,则易以私,私则失其正理矣。《西铭》之作,唯患夫胜私之流也,故推明理之一以示人。理则一,而其分森然,自不可易。惟识夫理一,乃见其分之殊;明其分殊,则所谓理之一者,斯周流而无敝矣。此仁义之道,所以常相须也。学者存此意,涵泳体察,求仁之要也。辛卯孟秋寓姑苏,书以示学生潘友端。(《南轩集》卷三十三)

柏麓按:据末题,张栻此书在乾道七年(1171)秋。

○《跋西铭示宋伯潜》:人惟拘于形气私胜,而迷其所自生,故《西铭》之作,推明理之本一,公天下而无物之不体。然所谓分之殊者,盖森然具陈而不可乱,此仁义之道,所以立人之极也。学者深潜力体,而后知所以事天事亲者,其持循之道,莫越于敬而已。乾道八年七月己卯,敬书以遗宋刚仲伯潜父。(《南轩集》卷三十三)

柏麓按:据末题,张栻此书在乾道八年(1172)七月。

○《寄吕伯恭》:观二先生《遗书》中,与学者讲论多矣。若《西铭》,则再四言之;至于《太极图》,则未尝拈出此意。恐更当研究也。(《南轩集》卷二五)

柏麓按:据任仁仁、顾宏义《张栻师友门人往还书札汇编》,张栻此书在乾道八年(1172)五月末或六月间。

○《答戚德锐书》:垂谕心量偏狭,是己太重之病。伯恭相勉看《西铭》,美矣。弟某寻常窃谓《西铭》,须是全篇浑然体认涵泳之。所谓"理一而分殊"者,句句皆是也。人只被去躯壳上起意思,故有许多病痛,须是体认公共底道理,此所贵日用间实做工夫,却不可想象臆度也。(《南轩集》卷二七)

柏麓按:据任仁仁、顾宏义《张栻师友门人往还书札汇编》,张栻此书在乾道九年(1173)前后。

○《答陈平甫》:"未与物接时,仁如之何?""心无内外。心而有内外,是私心也,非天理也。故爱吾亲而人之亲亦所当爱,敬吾长而人之长亦所当敬。今吾有亲则爱焉而人之亲不爱,有长则敬焉而人之长不敬,是心有两也,是二本也。且天之生物,使之一本而二本,可乎?此紧要处,不可毫厘差,盖爱敬之心由一本而施有差等,此仁义之道所以未尝相离也。《易》所谓'称物平施',称物之轻重而吾施无不平焉。此吾儒所谓'理一而分殊'也。若墨氏爱无差等,即是二本。伊川先生答杨龟山论《西铭》书,当熟玩味。"(《南轩集》

卷三〇)

● **吕祖谦**

○《与朱侍讲元晦》：某黾勉复来供职已踰月，但少耦寡徒，为况殊索寞耳。示下《太极图》《西铭解》，当朝夕玩绎，若犹有所未达，当一一请教，亦不敢以示人也。(《东莱集·别集》卷七。)

  柏麓按：据顾宏义《朱熹师友门人往还书札汇编》，吕祖谦此书约撰于乾道七年(1171)十月、十一月之际。

○《与朱侍讲元晦》：某官下粗遣，第索居无讲论之益，恐日就湮废，殊自惧耳。向承示以改定《太极图论解》，比前本益觉精密。《西铭》义，前人所未发处益多，其间亦尚有所未达，恐思之未精，不敢轻往求教。当更假以岁月，平心玩索，若犹疑滞，不免烦提耳之诲也。所先欲请问者，如《易传序》"体用一源，显微无间"，先体后用、先显后微之说，恐当时未必有此意。又解剥图义太了了，恐不善学者，不复致思。《西铭》诸本皆作"体其爱而归全"，今批示本以"爱"为"受"，于"归全"之义甚协，但不知用何本改定？因便并望批教。(《东莱集·别集》卷七。)

  柏麓按：据顾宏义《朱熹师友门人往还书札汇编》，吕祖谦此书约撰于乾道七年(1171)末。

○吕祖谦曰：晦庵先生曰："天地之间，理一而已。然乾道成男，坤道成女，二气交感，化生万物，则其大小之分，亲疏之等，至于十百千万，而不能齐也。不有圣贤者出，孰能因其异而反其同哉？"《西铭》之作，意盖如此。(《东莱集注观澜文集》卷十五)

● **陈亮**

○《西铭说》：伊川先生曰："《西铭》之为书，推理以存义，扩前圣所未发，与孟子性善养气之论同功，岂墨氏之比哉！《西铭》明理一而分殊，墨氏则二本而无分。分殊之蔽，私胜而失仁；无分之罪，兼爱而无义。分立而推理一，以止私胜之流，仁之方也；无别而迷兼爱，至于无父之极，义之贼也。"又曰："《西铭》，仁孝之道备矣。须臾而不于此，是不仁不孝也。"《西铭》之书，先生之言，昭如日星，而世之学者，穷究其理，浅则失体，深则无用。是何也？是未尝以身体之也。

今之言曰："亲亲而仁民,仁民而爱物",彼以其分之次第自取尔,非吾心之异也,取之虽异,而吾心则一,故曰"理一而分殊"。以是为言,则<u>象</u>忧亦忧,<u>象</u>喜亦喜,直应之云尔,而吾心未始有忧喜也;能好人,能恶人,直应之云尔,而吾心未始有好恶也。如镜纳万象,过而不留者,盖止于此。而<u>释氏</u>以万法为幻化未为尽,不然也,将以一之,而终不免于二;将黜异端,而终流于异端,是未尝以身而体之也。尝试观诸其身,耳目鼻口,肢体脉络,森然有成列而不乱,定其分于一体也;一处有阙,岂惟失其用,而体固不完矣,是"理一而分殊"之说也,是"推理存义"之实也。

《<u>西铭</u>》之为书也,乾称父,坤称母,塞天地者,吾之体也;帅天地者,吾之性也。民为同胞,而物则吾与也。大君为宗子,而大臣则家相也。圣其合德,而贤则其秀也。老者视吾之亲,幼者视吾之子,鳏寡孤独者,视吾无告之兄弟,此之谓"定分",定其分于一体也。一物而有阙,岂惟不比乎义,而理固不完矣,故"理一"所以为"分殊"也,非"理一"而"分"则"殊"也。苟能使吾生之所固有者,各当其定分而不乱,是其所以为"理一"也。至于此,则剽剽危惧而已尔,心广体胖而已尔。"剽剽危惧",畏天也,敬亲也;"心广体胖",乐天也,宁亲也。"违"者,自绝也;"害仁"者,自丧也;"济恶"者,自暴也。惟"践形"者,为能尽其道也。察万化之所由往,能曲折以述事也;穷至神之所自来,能卓然以继志也。隐显如一,可以为"无忝"矣;自强不息,可以为"匪懈"矣。寡欲,所以敬身也;养善,所以广孝也。自尽而有所感通,则生足为法;不通而无所自尽,则死可无憾。完其固有而归,则不失其所受;顺其正命而行,则不失其所从。达以自遂,穷以自修,存以自尽,没以自安,是其心无造次之不存,无毫厘之不体,周流乎定分而完具乎一理,鸢飞鱼跃,卓然不可掩于勿亡、勿助长之间,而仁孝之道,平施于日用矣。极吾之力,至于无所用吾力,然后知《<u>西铭</u>》之书,先生之言,昭乎其如日星也。(《龙川集》卷十四)

● <u>黄榦</u>

○《西铭说》:尝记师说:《西铭》自"乾称父"以下至"颠连无告",如棋局,自"子之翼也"以下至篇末,如人下棋,未晓其说。丁卯夏,<u>三衢</u>舟中因思之,方知其然。"乾父""坤母""予……""混然中处",此四句是纲领,言天地,人之父母;人,天地之子也。天地之"帅"、"塞",为吾之"体"、"性",言吾所以为天地之子之实。"民,吾同胞"至"颠连无告",言民、物并生天地之间,则皆天地之子,而吾之兄弟党与,特有差等之殊,吾既为天地之子,则必当全吾之体,养吾之性,爱敬吾之兄弟党与,然后可以为孝;不然,则谓之背逆之子。"于时保之"以下,即言人子尽孝之道,以明人之所以事天之道,所以全吾体,养吾性,爱敬吾兄弟党与之道,尽于此矣。(《勉斋集》卷三十四)

●陈文蔚

○《答徐子融书》:伊川识量之说,盖谓能明事物之理,则天下事举无足以动其心,但味一"物"字自有眼目。若如来谕,谓识者为知仁体,而识《西铭》之义,则专说入"爱"上去,恐非伊川之意。……所谓"识"者,只是识得事物当然之理。识得此理,则此心超然于事物之外,无物足以动之,其量岂不洪哉!若见不破,则视外物为轻重,随物而盈,随物而减,浅陋不可言也。来教引入《西铭》,其次引入《孟子》"可欲之谓善",其次又引入《中庸》"致曲",只是枝蔓了,不干事。荷爱之厚,不敢隐情,直述鄙见如此,不识高明以为如何?(《克斋集》卷二)

○《再答徐子融书》:鄙意又谓:《西铭》所以谓之言仁之体者,如曰言圣道之全体也。盖穷理尽性至命之要,莫不在是。未可谓专说入"爱"上去,恐"爱"之一字,未足以尽《西铭》之义,此则固然。鄙意非以《西铭》为专说爱,实恐尊兄看《西铭》,因"民,同胞;物,吾与"与夫"尊高年""慈孤弱"等语,遂以《西铭》为说"爱",故因伊川识量之说,为识仁体而知《西铭》之义。若如此,非惟失伊川之意,并为《西铭》之义失之矣。区区之意,正恐尊兄错认《西铭》之意,非以《西铭》为专说"爱"也。当初伊川只说一个识量,甚明白平易,又何消如此引证?只是大率人既有识见,自是有量。尊兄不知鄙意,却引《西铭》后段(自"恶旨酒"以下),谓此等语非止乎爱而已,此与举子牵合文义,作策问何异?来教以知道为识仁体而知《西铭》之义,岂有不善?又曰"圣人之道,莫大乎仁",说得仁体分明者,莫如《西铭》,此则至当之论。专论《西铭》,则可施于伊川识量之说,实似枝蔓;又转入孟子"可欲之谓善""有诸己之谓信"与《中庸》"致曲",愈难晓矣。(《克斋集》卷二)

●陈淳

○《答李公晦二》:承喻。黄堂前日欲相延入学讲《西铭》,固已参商无及,然亦良感其不外。但此等文字,亦须稍识路脉者,方可与警发而起其向慕之心,有如污世流俗,举子素颠迷于利欲,而厌薄理义者,之前且得开示,以邪正大分,而明白其入德之门,然后徐徐进以圣贤精密之功,非可躐等骤与之语此,而强聒之恐,未必有丝毫之实益也。(《北溪大全集》卷二十三)

〇《答陈伯澡问西铭》:问:"《西铭》专言事天事亲之事?""《西铭》非将事亲、事天并言,乃是借事亲,以形容事天云耳。"〇问:"知化善述其事,穷神善继其志。""化者,天地之用,知化则如孝子之善述其事;神者,天地之心,穷神则如孝子之善继其志。"〇问:"'《订顽》,立心便达天德',是言人能以《订顽》立心,则廓然大公,便纯是天理。""《订顽》是说人之立心如此。天德,在天言,则天理流行,为人物所得者;在人言,则人所得于天之理也。"〇问:"《西铭》是《原道》之宗祖。""《原道》说无原头,《西铭》从原头说来,所以为《原道》之宗祖。"〇问:"游氏读《西铭》,曰:'此《中庸》之理也。'是言人物体性之所自来否?""不止是言'性''体'之所自来,须兼事天节目言之。皆是日用切己之实,无过无不及,所以谓《中庸》之理也。"〇问:"《西铭》有个直下底道理,有个横截底道理。""如'乾称父'至'颠连无告'是'直下底'道理,自'于时保之'以下,是'横截底'道理。"(《北溪大全集》卷四十二)

〇《答陈伯澡再问论语》:问:"《遗书》'仁者,浑然与物同体。义、礼者,皆仁。''物'字,是人物,是事物?若说人物,则恐连礼、智、信不来;若说事物,则与'《订顽》备言此体'之句不合,如何?""'仁者,与物同体',只是言其理之一尔。人物与事物,非判然绝异。细论之,事物只自人物而出。凡己与人物接,方有许多事物出来。若于己独立时,亦无甚多事。故此'物'字,皆可以包言。所谓'《订顽》备言此体'者,亦只是言其理之一尔。更详玩之。"〇问:"文公称许明道'须先识仁'一段,复叹其说太广,学者难入。学者于仁,合如何下工夫?""明道此一段说话,乃地位高者之事。学者取此甚远,在学者工夫,只从'克己复礼'入,为最要。此工夫彻上彻下,无所不宜。"〇问:"程子说'《订顽》意极完备,乃仁之体',此篇只发明'与万物为一'之意。如何见得仁体?""非指'与万物为一'处,为仁之体;乃言天理流行无间,为仁之体也。"〇问:"程子此下云:'实有诸己,其地位已高。到此地位,自别有见处,不可穷高极远。'""见得此理浑然无间,实有诸己后,日用酬酢,无往而非此理,更有何事?更何用穷高极远?"〇问:"'仁者之心,廓然大公,无所不爱,其体段自如此,非姑指其及物处为然,但不可偏靠此为言尔'是如何?""仁者之心,廓然大公,视天地万物,皆为一体,固无所不爱,但偏靠此为言,则穷大而

失其本,溺于情而不及性尔。"(《北溪大全集》卷四十)

○《张吕言仁之辨》:或曰:"吕氏《克己铭》,岂非张子《西铭》之意乎?"曰:"吕氏之说,盖本张子之意而差者也。《西铭》之书,明道以为'乃仁之体',此亦只是言其理之一而已矣。盖人物并生于天地之间,父乾母坤,同得天地之'塞'以为'体',同得天地之'帅'以为'性',此其理固一也。而君臣民物亲疏贵贱之有等,则其分未尝不殊也。故君子处乎中者,必遏人欲,循天理,存心养性,不愧屋漏,以立其本;然后流行是理而充之天下,推吾亲亲以仁民爱物,以吾之长长者及人之长,以吾之幼幼者及人之幼,使天下疲、癃、残、疾、惸、独、鳏、寡,皆莫不各有以遂其分焉。是虽天下一家,中国一人,而一统之中,自有万殊,而不流于兼爱之蔽;虽人各亲其亲,各子其子,而万殊之中,莫非一贯,而不梏于为我之私。此《西铭》之大旨也。是固所以为仁之体而义之用存焉,故伊川以为'明理一而分殊',可谓一言以蔽之矣。右吕氏者,以与物同体处为仁,必克去有己,不与物立敌,直以己与物实混同,作一个体,只于清夜一思省之间,便剖破藩篱,作一大家,洞然八荒,皆在我闷,混天下同归吾仁中,既无差等之辨,又无天理周流之实,其为仁工夫,盖甚疏阔,于我殊无主宰,是岂《西铭》之旨哉!吕氏亲炙张子,而其差若是,然则见理不可以不真,而立言不可以不谨也。"(《北溪大全集》卷三十九)

● **程珌**

○《书张子西铭解义后》:横渠《西铭》,其门人吕大临与叔解释甚明,其后杨时中立疑问亦切。伊川终以杨之疑为非,而以《西铭》为继孟子之绝学。要之,"泛爱"者,原道也;"亲仁"者,入德也。而《西铭》固曰:"民,吾同胞也;物,吾与也。"轻重剂量,一字天渊,不知杨氏固何所疑邪?惜乎年止五十八,官仅登朝,不一见之设施耳。然其志在经界,则恐在今,亦未易行也。(《洺水集》卷九《题跋》)

● **庹正**

○《书晦庵所释西铭后》:程子尝谓:"韩退之《原道》之文,非其胸中识见之高,安能于千百载之下,辨别是非,断然如此。然其言止及于治天下之道,而未及乎性命之蕴,其于本末,犹有未备。若张子之《西铭》,则《原道》之祖宗也。"自今观之,汉魏晋以来,溺于权谋功利之习,无有能言《大学》之道以觉当世者。独韩子于《原道》之篇,凌正心诚意以为说。是其所见,固已超出乎诸儒之等夷矣。然其所以为言,则断"自正心诚意"以下,而不及夫所谓"致知格物"者,何哉?夫欲明《大学》之道而不自"致知格物"以推之,岂惟天下国家之理有所未尽。反之吾身亦将有所不察,此张子《西铭》之书,所从以作也欤?先生尝谓正曰:"乾阳坤阴,此天地之气,塞乎两间,人物之所资以为体;乾健坤顺,此天地之志,为气之帅,而人物之所得以为性。某初读《西铭》时,便得此意,其后因补葺之,以释《西铭》云。"先生之于《西铭》,因张子之意而推明之,精粗本末,无不曲尽,然此二语者,盖先生释《西铭》之纲领,而学者之所当知也。览者更自求之。嘉定六年三月戊辰,门人庹正谨书。(《性善堂稿》卷十五)

●杨伯嵒

〇旧注:明道先生曰:"《订顽》之言,极醇无杂,秦汉以来学者所未到。"又曰:"《订顽》一篇,意极完备,乃仁之体也。学者其体此意,令有诸己,其地位已高。到此地位,自别有见处,不可穷高极远,恐于道无补也。"又曰:"《订顽》立心,便达得天德。"又曰:"游酢得《西铭》,读之即涣然不逆于心,曰:'此《中庸》之理也。'能求于言语之外者也。"杨中立问:"《西铭》言体而不及用,恐其流遂至于兼爱,何如?"伊川先生曰:"横渠立言,诚有过者,乃在《正蒙》。《西铭》之书,推理以存义,扩前圣所未发,与孟子'性善''养气'之论同功,岂墨氏之比哉!《西铭》明'理一而分殊',墨氏则二本而无分。分殊之蔽,私胜而失仁;无分之罪,兼爱而无义。分立而推理一,以止私胜之流,仁之方也;无别而迷兼爱,至于无父之极,义之贼也。子比而同之,过矣!且彼欲使人推而行之,本为用也。反谓不及,不亦异乎?"〇伯嵒据张无垢曰:"余观《西铭》大意,以谓人梏于形体,而不知我乃天地之子,下与动植同生,上与圣贤同气。要当穷神知化、不愧屋漏、存心养性以尽为子之道。又当恶旨酒、育英才,以为持己接物之方,以合天地之心。而遇困苦、遭患难当如舜、如申生、如曾参、如伯奇,以听天地之命。而富贵福泽,为天地之厚我;贫贱忧戚,为天地之成我。存则顺天地,没则安天地,乃为大孝之子尔。呜呼!岂浅学小识所能见此哉!学者当自重焉。"(《泳斋近思录衍注》卷二)

●真德秀

〇《余方与友人刘定甫论〈西铭〉,而岳相师来索诗,遂直书以赠》:平生惯读横渠铭,不读许负天纲书。穷通欢戚若有二,天之玉女元非殊。但应内省无所疚,何必从君问休咎! 北窗燕坐寂无言,时听幽禽哢晴昼。(《西山文集》卷一)

○《张子之学·西铭解》曰:张子之学,只在《西铭》一篇。(《西山读书记》卷一)

○《张子之学·西铭解》曰:《西铭》全文,见《传道篇》。今摘其首章论"体"、"性"之所自出者,载于此。昔游先生见《西铭》,即涣然不逆于心,曰:"此《中庸》之理也。"明道先生称其能求之语言之外。近世学者,或未喻其旨。愚谓:《中庸》纲领,在"性""道""教"三言,而终篇之义,无非教人以全天命之性。《西铭》纲领,亦止在"其体""其性"之二言也。而终篇反复推明,亦欲人不失乾父坤母之所赋予者,为天地克肖之子而已。故游先生以为即《中庸》之理也,岂不信哉!①(《西山读书记》卷一)

○学者有以此说为当理者,盖谓:"施仁而不以义,则兼爱无别,不足以为仁矣。"愚谓:"此不知仁之论也。盖仁、义虽曰对立,然仁未尝不兼义。仁者,体也;义者,用也,有体斯有用也。以其体而言之,则仁者之心,无不周遍,所谓'理一'也;至其施之,则亲亲与仁民不同,仁民与爱物不同,所谓'分殊'也,即所谓'义'也。程子之论《西铭》,尽之矣,必若荀子之言,则仁未足以为仁,必处之以义,然后仁也。如此则仁小于义,义大于仁矣。岂理也哉!"(《西山读书记》卷九"荀子曰:'处仁以义然后仁。'"句下)

○以上言事难事之亲。曾、闵以孝,并称于圣门。曾子之父晳,亦几难事者也。锄瓜误伤,而挞以大杖,盖可见矣。而曾子援琴而鼓,惟恐伤亲之心也。斯其所以为孝欤? 然孔子"小杖则受,大杖则走"之言,尤人子所当知也。伯奇亦类此。韩文公《履霜操》曰"儿罪当笞,逐儿何为",盖得伯奇之心者。张子《西铭》曰"勇于从而顺令者,伯奇也",其指尤深。为人子者,不幸而事难事之亲,则于大舜、曾、闵、伯奇之事,可不勉而师之乎?(《西山读书记》卷十一,《先进第十一》:"子曰:'孝哉,闵子骞! 人不间于其父母昆弟之言。'"句下。)

○仁人之事亲也如事天,事天如事亲。臣按:此与《孝经》明察之指略同。

---

① "而终篇反复推明,亦欲人不失乾父坤母之所赋予者,为天地克肖之子而已。故游先生以为即《中庸》之理也,岂不信哉!"底本无,据《性理大全》卷四"《西铭》总论"补。

先儒张载作《西铭》，即事亲以明事天之道。大略谓："天之予我，以是理也，莫非至善，而我悖之，即天之不才子也；具人之形，而能尽人之性，即天之克肖子也。祸福吉凶之来，当顺受其正。天之福泽我者，非私我也，予之以为善之资，乃所以厚其责，譬之事亲，则父母爱之，喜而不忘也；天之忧戚我者，非厄我也，将以拂乱其心志，而增其所不能，譬之事亲，则父母恶之，惧而不怨也。即此推之，亲即天也，天即亲也。其所以事之者，岂容有二哉！夫事亲如天，孝子事也，而孔子以为仁人，盖孝之至，则仁矣。张载之论，极其精微，臣姑举其概如此，必欲深穷其指，自当即全书而熟覆也。"（《大学衍义卷六》）

○《问父母惟疾之忧》：问："身体发肤，受之父母，不敢毁伤，孝之始也。自古忠臣义士，奋不顾身，视死如归，如此则是不孝矣？此又何也？"曰："此与其他毁伤不同。盖杀身所以成仁，既成仁，则孝在其中矣。因为说杀身成仁，则形虽亏其理不亏，身虽殒其性不失，乃所以为孝也。昔晋周处死于战阵，其母犹在，太常贺循谥之曰'孝'。以常情言之，母在而死于国，可以为忠，而不可以言孝矣。而晋人乃称周处为孝者，盖忠孝一理，能忠于君，乃所以为孝也。然捐身蹈难，乃处臣子之变，如曾子之战兢自守，乃处人子之常，要当参观可也。"又："《西铭》推事亲之心以事天。盖父母，生我者也；而所以生之者，天地也。天赋以气，地赋以形，父母固我之父母也，天地亦我之父母也。朱文公曰：'父母者，一身之父母也'；天地者，人与物、己与人，皆共以为父母也。父母之生我也，四肢百骸，无一不全，必能全其身之形，然后为不忝于父母；天地之生我也，五常百善，无一不备，必能全其性之理，然后为不负于天地。故仁人事亲如事天，事天如事亲，此又《西铭》之妙指，不可以不知也。"（《西山文集》卷三十）

○《问言志》：夫子令颜渊、子路言志，而子路只曰："愿车马衣轻裘，与朋友共，敝之而无憾。"自今人观之，子路之言，亦几于卑近矣。盖圣门学者，诚实端悫，言者即其所行，行者即其所言，苟躬行有一毫未至，断不敢轻以自许。若今人之好为欺者，必妄说一等高大话矣。子路为人，勇于为善，而笃于朋友，故所愿如此，不知者以为卑近，殊不知此乃人之所甚难。盖私之一字，乃人心之深害，私苟未忘，虽于骨肉亲戚之间，尚不能无彼此物我之分。且如父母，可谓至重，然今不知义理之人，亦未免分物我，饮食居处，惟己之便，而于亲有不恤者，况朋友乎？子路之言，虽只及朋友，然观其用心，则其至公无私，可见矣。推此以往，虽以天地万物为一体，可也。学者当深味子路之言，默自省察我之事亲已忘物我否？事亲已忘物我矣，又推之以事长；事长能忘物我矣，又推之以待朋友。久之私意尽忘，则其视天地之间，混然为一，不复有彼我之间，此即所谓天下归仁也，而《西铭》一篇之意，正是如此。(《西山文集》卷三十一)

●刘达可

○《道学五·横渠·以倡道关中立说》：策头："人于心上起经纶"，此康节之诗也，愚谓"天地之帅，吾其性"者亦然；"一身中有一乾坤"，此康节之诗也，愚谓"天地之塞，吾其体"者亦然。大抵道行于通而不行于窒，锢于其室，则无以知吾心之大；道运于广而不运于狭，溺于其狭，则无以知吾身之大。盖心之经纶，万化生焉；身之乾坤，万有藏焉。心之开拓得去，有贯通而无窒塞；身之充广得全，有弘大而无狭隘，则阳动阴静，吾敛舒也；天地高下，吾升降也；化之源源，生之职职，吾运用无停止也。感而必应，应复为感，吾机缄相终始也。先儒于此心而发其端，谓"心上起经纶"，意者不于其窒而于其通，则心有不胜穷之用；谓"身中有乾坤"，意者不于其狭而于其广，则身有不胜用之理。天下事，何莫非身心之所为也？正心而天下治矣，诚身而万物备矣，特患自窒而自狭之耳。此《西铭》所云"天地之帅，吾其性；天地之塞，吾其体"也。

策段：天寿斯文，大儒笃生。发不传之秘，于众听聩乱之余；指正大之归，于蹊径榛莽之际。迷者开而明也，塞者辟而坦也。千载之下，与圣经同功，舍《西铭》，奚观"民，吾同胞；物，吾与也"？味"同胞""吾与"之义，则一视之中，固有等夷矣，岂若韩子之直指"博爱为仁"乎？"理一分殊"，程子之言是也。审"理一分殊"之论，则会归之中，未尝不辨别矣，岂与孟子之"亲亲仁民，仁民爱物"异指乎？本此则为体，行此则为用。《西铭》之说，是体用之兼备也，谓其言体而不及用，非也；志者，气之帅；气者，体之充。《西铭》之说，由志气以为养地也，谓志气之无关于性，又不可也。其他一事之善，则取之为法；一念之发，则进之以为道。盖自秦、汉以下，先儒无此议论，非其用功到而知觉融，涵养深而见识彻，岂能强为此语哉？

噫！天地如此其大，身心如此其小。苟徒囿于形，而求之"予兹藐焉"，仰观于上，将何以参乾父之覆帱？俯察于下，将何以配坤母之持载？故自身心而观之，"天地之塞，吾其体"，则"天地之塞"在吾一身也；"天地之帅，吾其性",则"天地之帅"在吾一心也。民,吾胞;物,吾与,则若民若物,皆不出吾身心也。充其大而不梏于小,则何物非我,何我非物?吾见天地之为小,而吾向与心之为大矣。程明道有曰:"《订顽》立心,便达至天德。"又曰:"学者其体此意,令有诸己。"非以其身心而体道者欤?(《璧水群英待问会元》卷四十九)

○"立意发端,性同而理亦同。"观《正蒙》养性之论,则知人无异性;观《西铭》理一之旨,则知性无异理。惟人无异性,故贤愚之禀虽殊,而其本则一;惟性无异理,故君子之论虽殊,而其旨则同。知其所以同,必究其所以异;泥其所以异,而不求其所以同,只见其惑而已矣。(《璧水群英待问会元》卷五十)

○"仁,人心也。"无见于仁,则虽言之同,而乃所以异也;有见于仁,则虽言之异,而无害于同也。《太极》一图,动静互言,岂非静者?犹仁之体,而动者,犹仁之用欤?未可以倚静为言也。《订顽》一铭,议论角立,岂非指以为体者?有见于理之一,而欲究其用者,必辨夫分之殊欤?未可以兼爱为疑也。博施济众,固仁之功用,而极其全体,非优入圣域者能之乎?仁为天下之公,则公诚为仁之方,而推其极致,岂公即所以为仁欤?苟知情动于性,则《通书》《正蒙》与伊川之言不必拘,而爱之理明矣;苟知率性为道,则曰"觉"、曰"人"、曰"生"之言不必泥,而仁之理具矣。区区异同之论,尚奚疑哉?(《璧水群英待问会元》卷五十六)

● 曾由基

○《胡讲书赴张国录讲席之招良月也》:初日融霜泮水清,鹄袍翔集宿中庭。先生有道如阳月,太白占祥聚德星。安定重来阐湖学,横渠端坐讲《西铭》。自怜一唯无传久,避席何时觏典刑。(《江湖后集》卷十三)

● 程公许

○《寿宪使江寺簿八首以座右公廉勤谨忠信和缓八字为韵》:并生宇宙间,分殊理则同。《订顽》有明训,造化与同功。心腹与手足,疴痒均我躬。皇皇一"仁"字,天下皆为公。(《沧洲尘缶编》卷四)

○《观浩斋杨先生偕后溪刘先生白鹤魏校书潼川南楼唱酬三复叹仰驰介询问以古篆体书西铭为寿并和元韵》:一日不见如三秋,人如湘浦春风楼。

……悠悠底是归宿处,愿闻一语归而求。勇撤皋比谁复见?《订顽》之训万古留。篆书为公揭素壁,千里持寄宽离愁。元关道秘杳莫授,玉钥为我一启不?(《沧洲尘罐编》卷七)

●熊刚大

〇此篇论乾坤一大父母,人物皆已之兄弟侪辈,人当尽事亲之道以事天。(《性理群书句解》卷三)

〇文公曰:"《西铭》,理一分殊。"知其理一,所以为仁;知其分殊,所以为义。盖仁是泛然兼爱处,义是截然分别处。故天地化生万物,则为理一,然"乾称父,坤称母",其分未尝不殊;民、物并生天地之间,其理未尝不一,然民称同胞,物称吾与,则其分未尝不殊。与夫合天下之人,皆吾兄弟之亲,其理未尝不一,然至于大君家相长幼圣贤残疾,皆自有等差。又其后因事亲之诚,以明事天之道,盖无适而非,所谓分立而惟理一者,理一处便有兼爱之仁;分殊处便有截然之义。不然爱无差等,墨氏之仁耳,岂足以论张子《西铭》之大旨?学者其更绅绎之。(《性理群书句解》卷三)

●林駉

〇《西铭》:愚尝敬诵明道之训矣,曰:"《西铭》之书,仁孝之理备乎此。须臾而不于此,则不为仁,不为孝矣。"(《语录》)"吁精矣哉!横渠之道也。至矣哉!明道之训也。夫《西铭》一书,理义奥阃,发前圣未发之蕴,启人心未启之机。真可与天地同其体。浑浑乎无所名,恢恢乎无所不及。范围不可得而过,形器不可得而縶。"(《吕博士西铭赞》)故伊川一见,不以性善养气者称,则以《原道》宗祖者言;(杨中立问曰:"《西铭》言体不及用,恐其说遂至于兼爱,何如?"伊川曰:"《西铭》之书,推理以存义,与孟子性善养气之论同功,岂墨氏之比哉!《西铭》明理一而分殊,墨氏则无分殊之说,子比而同之,过矣!")明道一见,不以达得天德者语,则以极醇无杂者论。(明道曰:"《订顽》,立心便达得天德。"又:"《订顽》之言,极醇无杂,秦汉以来学者所未到。")然究其旨要,大抵切切于仁孝之道。且"乾称父,坤称母",此《西铭》之纯乎孝,(横渠《西铭》曰:"乾称父,坤称母,予兹藐焉,乃混然中处。故天地之塞,吾其体;天地之帅,吾其性。民,吾同胞;物,吾与也。大君者,吾父母宗子也;其大臣,宗子之家相也。")人而有见于此,则事天如事亲,事亲如事天,而孝子之职举矣。或谓申生恭,而未免陷父于恶,而乃取而俦诸大舜之底豫,而遂疑其驳,不知横渠之意,非谓舜之孝,果与申生同也;特以明事天者,夭寿不贰,而修身以俟命尔。夫何疑!(《西铭》曰:"育英才,颍封人之锡类。不弛劳而底豫,舜其功也;无所逃而待烹,申生其恭也。")"民,吾同胞;物,吾与也",此《西铭》之纯乎仁,(见上)人而有见于此,则天下为一家,中国为一人,而仁人之事毕矣。或谓孟子亲亲仁民,自有次第,而乃合而归诸大君之长幼,而遂惑其泛,不知横渠之意,非谓大君之心,果爱无差等也;特以示圣人之心,一视而同仁,而能称物以平施尔。夫何惑!(尊高年,所以长其长;慈孤弱,所以幼其幼。圣,其合德;贤,其秀也。凡天下疲、癃、残、疾、惸、独、鳏、寡,吾兄弟颠连而无告者也。)学者苟能志其所志,学其所学,澡身浴德之地,斋心克己之时,力于此焉而求之,则孔、孟之道可传,曾、颜之学可企,而横渠之望于后人者,亦无负矣!

呜呼!知《西铭》者,固以《西铭》之言为当;病《西铭》者,复以《西铭》之言为过。今观龟山之言,有曰言体而不及用,曰有平施而无称物,此犹可也。(见上)鲍若雨何人,而亦非之;刘安节何人,而亦议之。甲可乙否,互相矛盾。吁!横渠其果可疑乎?如其果尔,则二程何信之笃也?如彼,如曰不然,何二三子复疑之深也如此哉?疑之者是,则信之者非;信之者是,则疑之者非,二者必有一焉。曰:皆是也,信之者所以知之,疑之者亦所以求知之;信之者,固无疑矣;而疑之者,亦岂终于疑哉?吾亦见其不能不终归于信而已矣。鲍若雨向尝疑也,及闻伊川管窥天之喻,则幡然而改。(《语录》)刘安节向尝疑也,及闻伊川造道有得之言,则频然而觉。(同上)杨龟山向尝疑也,及闻伊川理一分殊一语,则条然风飞,判然冰释矣。又何疑焉!(见上)愚故曰:终归于信而已矣。嗟夫!人疑先天《易》为考数之书,得陈莹中之言而悟;世疑《太极图》加无极之妄,得晦翁之言而释。(见《太极图》条)然则《西铭》一书,所以信于人心,信于天下后世者,幸有二程先生遗训在。(《古今源流至论·前集》卷一)

○《太极论》:横渠《西铭》之书,伊川谓与孟子性善养气之论同功,而或者至疑其流于兼爱,(《伊川语录》:"《西铭》一书,与孟子性善养气之论同功。"龟山曰:"《西铭》言体而不及用,未免涉于兼爱。"后伊川以书告之,始信《西铭》之学。)无怪乎后学以无极议濂溪也,后之读者,诚能虚心一意,反复潜玩,而毋以先入之说乱焉,则庶几乎有得周子之心。(《古今源流至论·前

集》卷一)

●黄履翁

○《周子通书》：昧《西铭》之书，当知仁孝之至理；(程明道曰："《西铭》之书，仁孝之理备乎此。")究《通书》之旨，当知至诚之实体。(《古今源流至论·别集》卷一)

●饶鲁

○《鹤林精舍》：鹤林先生，晚岁欲作书堂，以理义之学，淑其寓乡之士友，志不果就而没。制干君于苦块茶苦之中，不暇他及，亟建堂于墓左，以绍先志。鲁区区远来，方溃絮以吊公墓，而制干君为设讲席，属友朋俾诵所闻于斯堂，以发其端。辞而不获，谨取《西铭》一篇，述其大旨，以塞嘉命云。

"乾称父，坤称母，予兹藐焉"至"存，吾顺事；没，吾宁也"。《西铭》一书，规模宏大而条理精密，有非片言之所能尽。然其大指，不过中分为两节。前一节，明人为天地之子；后一节，言人事天地，当如子之事父母。

何谓人为天地之子？盖人受天地之气以生而有是性，犹子受父母之气以生而有是身，父母之气，即天地之气也。分而言之，人各一父母也；合而言之，举天下同一父母也。人知父母之为父母，而不知天地之为大父母，故以人而视天地，常漠然与己如不相关。人于天地既漠然如不相关，则其所存所发，宜乎无适而非己私，而欲其顺天理、遏人欲，以全天地赋予之本然，亦难矣。此《西铭》之作，所以首因人之良知而推广之。

言天以至健而始万物，则父之道也；地以至顺而成万物，则母之道也；吾以藐然之身生于其间，禀天地之气以为形，而怀天地之理以为性，岂非子之道乎？其下继之以民，吾同胞；物，吾党与，而同胞之中，复推其大君者为宗子，大臣者为宗子之家相，高年者为兄，孤弱者为弟，圣者为兄弟之合德乎父母，贤者为兄弟之秀出乎等夷，疲、癃、残、疾、惸、独、鳏、寡者，为兄弟之颠连而无告者，则皆所以著夫并生天地之间而与我同类者，虽有贵贱、贫富、长幼、贤愚之不齐，而均之为天地之子也。知并生天地之间而与我同类者，均之为天地之子，则天地为吾之父母也，岂不昭昭矣乎？故曰：前一节明人为天地之子。

何谓人事天地当如子之事父母？盖子受父母之气以生，则子之身，即父母之身；人受天地之气以生，则人之性，亦即天地之性。子之身即父母之身，故事亲者不可不知所以保爱其身；人之性即天地之性，则事天者亦岂可不知所以保养其性邪？此《西铭》之作，所以既明人为天地之子，而复因事亲之孝以明事天之道也。

乐天者，不思不勉而顺行乎此性，犹人子爱亲之纯而能爱其身者也；畏天者，战战兢兢以保持乎此性，犹人子敬亲之至而能敬其身者也。若夫徇私以违乎理，纵欲以害其仁，无能改于气禀之恶而复增益之，则是反此性而为天地悖德贼亲不才之子矣。尽此性而能践其形者，其惟天地克肖之子乎！穷神知化，乐天践形者之事也；存心养性而不愧屋漏，畏天以求践乎形者之事也。以此修身，则为顾养；以此及人，则为锡类；以此处常而尽其道，则为底豫，为归全；以此处变而不失其道，则为待烹，为顺令。爱恶逆顺，处之若一，生顺死安，两无所憾。事亲而至于是，则可以为孝子；事天而至于是，岂不可以为仁人乎？故曰：后一节言人之事天地，当如子之事父母。

此篇之指①，大略如此。朱夫子所谓"推亲亲之厚以大无我之公，因事亲之诚以明事天之道"，亦此意也。呜呼！继志述事，孝子之所以事亲也；存心养性，君子之所以事天也。事亲事天，虽若两事，然事亲即所②以为事天之推，而善事天者，乃所以为善事其亲者也。制干君作堂以绍先志，而因取友以辅其仁，继志述事，存心养性，二者盖兼得之矣。故愚敢述此以为勉，而并以念同志云。（良淳按：鹤林先生，即前吴公冰，以蜀人寓居德清。制干君，名磐。）

> 柏麓按：此据《永乐大典》中华书局1986年6月第1版卷之八千二百六十八·铭录入点校。《性理大全》《西铭汇纂》亦有收录，然缺首段及末段。《西铭汇纂》文末有"双峰著《西铭一图》。《饶某双峰家先生传》。"据《宋史·列传第二百一十》，知良淳即赵良淳，为饶鲁学生。

●王柏

〇《四言古诗·畴依》：于时张子，崛起关中。虎皮端坐，多士景从。瞻彼洛矣，道淳所宗。《订顽》揭牖，表表《正蒙》。恭惟道统，一绝千载。何绝之

---

① "指"字底本缺，据《性理大全》补。
② "所"字底本缺，据《性理大全》补。

久,何续之易。师友之盛,东南洋洋。曰尹曰谢,曰游曰杨。迪予朱子,理一分殊。泛扫淫诐,煌煌四书。有析其精,一字万钧。有会于极,万古作程。流泽未远,口耳复迷。篆组断碎,倚托媚时。大本斁丧,扰扰胡为。渊源微矣,予将畴依。(《鲁斋集》卷一)

○《西铭图》

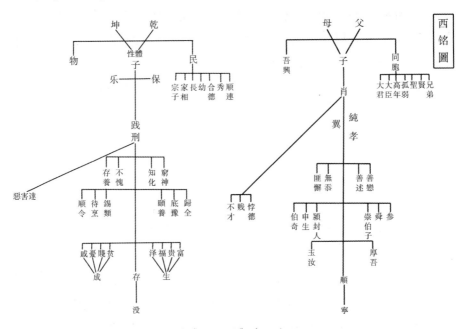

(《研几图》卷一)

○《泰誓》上篇非誓也,实诰也。……此篇当名曰《周诰》,不当名曰《泰誓》也。其辞曰:"惟天地万物父母,元后作民父母。"此是一大议论,即横渠《西铭》中"理一分殊"之祖。后面止有"残害于尔万姓"一句,失为民父母之心,其他更不称此语,非如《汤诰》缜密也。(《书疑》卷四)

● 萧立之

○《题黄立轩西湖百咏三首》:东南诗境有湖山,爱子敲成百咏看。历历眼中都过尽,一檠风雨客窗寒。欲雕好句老经行,读子清吟客梦醒。意象见前无笔力,一如前辈说《西铭》。王气随潮到海壖,出湖车马下湖船。可怜万事如春梦,艳舞清歌过百年。(《萧冰崖诗集拾遗》卷中)

●赵昀

○《挽祭张献公诗歌三章(其一)》：大儒张子，斯文之宗。皋比传《易》，《订顽》训蒙。典祀清庙，礼乐修隆。神来其临，道德攸崇。（乾隆《郿县志》卷十三）

●归曾祁曰：曾祁案：熊氏刚大：朱子《横渠先生像赞》："'订顽之训'，注：《西铭》之书，初名《订顽》，先生所作，以诲学者。订，正也。"又案：《张子全书·语录抄》："《订顽》之作，只为学者而言，是所以'订顽'。天地更分甚父母？只欲学者心于天道。若语道，则不须如是言。"（《西铭汇纂》）

●沈贵珤

○自贵贱尊卑之等而言之，则属于"天地之塞"，以气言也，而同一根源则未尝无理一者存，不可以其一，而不差其分之殊，此推行之仁也；自圣贤善恶之别而言之，则属于"天地之帅"，以理言也，而未尝无分殊者在，不可以其殊，而不归乎理之一，此存养之仁也。仁之存养者，同乎天而无别；则仁之推行者，施于人而有别矣。虽然气在性分，可得而变，厚薄清浊是也；气在命分，不可得而变，富贵修短是也。"恶旨酒"以克己，"育英才"以辅仁，所以求变其在性分者；劳佚生死，不二其所之；富贵贫贱，一安其所遇，所以不变其在命分者。惟其付命于天者轻，则其责成于己者重，所以存顺没宁，无忝于父母也。（《永乐大典》卷八二六八）

●刘炎

○《西铭》以天地为父母，圣人事也。人能以父母为天地，约而求之，仁亦不可胜用矣。孔子曰："事父孝，故事天明；事母孝，故事地察。"天地明察，神明彰矣。而况于人乎？而况于物乎？（《迩言》卷十）

●乐雷发

○《与复古叔读横渠正蒙书》：惆怅枯林与晬盘，云横太白梦魂安。半生骄吝如蜗缩，自把《西铭》反覆看。谁掘骊山起老师，竹林灯火共心期。年来后学轻前辈，看彻皋比罢讲时。（《两宋名贤小集》卷三百六十六）

● 薛嵎

○《为槐逕弟赋亦爱庐》:无私天地情,物我岂殊形?此事关方寸,何人立户庭。一琴调舜曲,半壁写《西铭》。万虑境常适,谁能羡独醒。(《两宋名贤小集》卷二百八十七)

● 黄震

○张子《西铭》,即事亲以明事天之道,说盖本此,无如后罪,何虑其不能行而诒罪也?(《《黄氏日抄》卷二十四)

○横渠谓"天体物而不遗,犹仁体事而无不在",此数句是从赤心片片说出来,如说"心统性情",说得的当。如伊川谓"鬼神者,造化之迹",却不如横渠所谓"二气之良能","良能"之义,是二气之自然者耳。云"天左旋,处其中者顺之,少迟则反右矣",此说好。"清虚一大"却是偏,独于《西铭》见得好,大底即事亲以明事天。(《黄氏日抄》卷三十七)

○《原人》谓:"命于两间,为夷狄禽兽之主。主而暴之,不得为主之道,故圣人一视而同仁,笃近而举远。"此说已见仁之全体大用,汉唐诸儒不及也。本朝《西铭》,又加精密。(《黄氏日抄》卷五十九)

● 王义山

○《泰誓》曰:"惟天地,万物父母;惟人,万物之灵,亶聪明,作元后。"斯言也,前乎《典谟》《训诰》,未发也。二千余年后,横渠得之,为《西铭》。《西铭》起语,全是总括此数句,"乾称父,坤称母",即"惟天地,万物父母"也;"民,吾同胞;物,吾与也",即"惟人,万物之灵"也;"大君者,吾父母宗子",即"亶聪明,作元后"也。读《西铭》者谁知?自武王发之,《中庸》子思所述,先儒《西铭》与濂溪《太极图》,伊川《易传序》《春秋传序》是四件大文字。二书之作,其原皆始于汤、武,不特此也。汤归自亳,作《汤诰》曰:"嗟尔万邦有众,明听予一人诰。"其在《汤诰》曰:"凡我造邦,无从匪彝,无即慆淫,各守尔典,以承天休。"武王访箕子,乃言曰:"我闻在昔,鲧堙洪水,汩陈其五行,帝乃震怒,不畀洪范九畴,彝伦攸斁。禹乃嗣兴,天乃锡禹洪范九畴,彝伦攸叙。""彝",常也,人受天地之中以生,均有此常也,即"民之秉彝,好是懿德"之"彝"也。二圣人于书,一则曰"彝典",一则曰"彝伦"。"彝"之一字,又前乎尧、舜、禹之所未发者,谓非上圣人大有功于斯道,可乎？今观惟皇上帝降衷于下民,若有"恒性,克绥厥猷惟后"等语,不特为子思《中庸》发端,且为千万世发出一个"性"字。孟子谓"尧、舜,性之；汤、武,身之",谓汤、武,身之可乎？"惟天地,万物父母；惟人,万物之灵,亶聪明,作元后",武王此语,不特为《西铭》一篇纲领；夫子作《易》,"乾父坤母"之说,亦自《泰誓》中来。二圣大有功于斯道也如此。(《稼村类稿》卷十八)

●潜说友

○王心有取先正《西铭》之旨,夫厚其同胞,以视其父母,宗子之懿,家相之良也。(《咸淳临安志》卷四十二)

●牟巘

○《俞好问摘〈西铭〉"玉成"二字,揭之座右,俾其子若孙,因名思义,克遂有成》：天地之心,生于万物。其生维何？凝冱摧剥。蒹葭苍苍,受变乃成。霜露皆杀,而况在人。贫贱忧戚,是为福泽。德慧术智,是为灾疾。增益不能,空乏其身,于维此意,未或不仁。父母于子,夫岂不爱？厥既爱之,曷骄以败。恩之过甚,如饱则伤。所以古人,教必义方。旨哉《西铭》,造化全体。维好问父,以训其子。他山之石,攻玉之工。物有相假,始就厥功。彼粗而厉,此温而密,宛其成矣,错落圭璧。如琢如磨,君子自修。既恂且慄,镌发孔周。匪玉其美,伊石其力。匪召其力,生成之德。(《陵阳集》卷七)

●王恽

○《西铭》似乎兼爱,其实理一而分殊。(《玉堂嘉话》卷五、《秋涧集》卷九十七)

柏麓按：此处《西铭》,底本作《东铭》。当为作者误记,径改。

●金履祥

○张子《西铭》,尽得此章(《尽心上》)之意而发明之。(《孟子集注考证》卷七)

●文天祥

○《赠莆阳卓大著顺宁精舍三十韵》：人生天地间,一死非细事。识破此条贯,八九分地位。赵岐图寿藏,杜牧拟墓志。祭文潜自撰,荷锸伶常醉。此等蜕浮生,见解已不易。《齐物》《逍遥游》,大抵蒙庄意。圣门有大法,学者必孔自。知生未了了,未到知死地。原始则返终,终始本一致。后来得《西铭》,精蕴发洙泗。吾体天地塞,吾气天地帅。一节非践形,终身莫继志。舜功禹顾养,参全颖锡类。伯奇令无违,申生恭不贰。圣贤当其生,无日不惴惴。彼岂不大观,何苦勤兴寐。吾顺苟不亏,吾宁始无愧。人而有所忝,旷达未足智。卓氏居士翁,方心不姿媚。蒙谗以去国,七年无怨怼。风雨三间茅,松楸接苍翠。斯丘亦乐哉,未老先位置。宇宙如许大,岂以为敝屣。当其归去来,致命聊自遂。天之生贤才,初意岂无为?民胞物同与,何莫非己累。君方仕于朝,名高贵所萃。乾坤父母身,方来日川至。《西铭》一篇书,顺事为大义。请君观我生,姑置末四字。(《文山集》卷一)

○《送卓大著知漳州》:蓬山隔风雨,芸观司阳秋。厌作承明直,出为漳浦游。问俗便桑梓,过家拜松楸。锦堂事相俪,棠舍阴易留。向来澜蠹间,何物辄负舟?翻覆十年事,行止随坎流。倘来岂不再,迟取终无尤。太守执此往,邦人庶其瘳。昔予援《西铭》,期子以前修。愿亲弘济学,四海放一舟。

《附初诗二首》:陆氏登三阁,源明出一麾。清声光漳浦,便道拜长基。赤子歌来暮,同寅赋去思。《西铭》功用大,伫验顺宁诗。大陆登三阁,源明出一麾。临轩亲策后,上冢过家时。秋色吴山外,春风漳水涯。斯文交独厚,羌赋送行诗。(此初诗也,不及用,今附见此)(《文山集》卷一)

○《六义堂诗》:吾爱张子厚,《西铭》识情性。四海且兄弟,矧我有同姓。吾宗蓬山翁,屏居乐闲静。三峰笔格横,一水冰壶莹。才华众所推,声名日以盛。六子俱明经,择师必端正。岿然六义堂,昕夕事吟咏。经以雅颂风,纬以赋比兴。埙唱而篪和,金声而玉振。讲论剧精详,初匪隔壁听。儿孙立阶庭,兰玉相辉映。谈笑既雍容,衣冠犹俨敬。雕盘错珍羞,芳罇酌嘉酝。坐客皆簪缨,劝酬总名胜。我为宗族来,升堂展家庆。因参谱系源,获睹文章印。深怀报主恩,无从接先进。忧国忘其家,老身况多病。朝野日疮痍,国是靡有定。临别泪纵横,闻风时问讯。(《文信国公集》卷十八《拾遗》)

● **陈普**

○《西铭大意》:《西铭》一篇,文公所论,大旨悉已得之。而愚犹以为首二句"理一之中,便寓分殊",不待思想讨寻而后见也。乾父坤母,尊卑之分粲然矣。乾父坤母,而人物为子民,为同胞,而物为党与。大君、宗子、家相、长长、高年所尊而孤弱所慈。圣合德,贤其秀,而疲、癃、残、疾、惸、独、鳏、寡,皆在颠连无告之列。此其大小、上下、亲疏、贵贱、先后、缓急、爱敬之施,各有攸当,一毫易位踰节,则所谓"痿痹不仁"者矣。圣贤所当尊也,癃疾所当恤也,"悖德""害仁""济恶",则尧、舜之所不容也。"知化则善述其事",万象森然,各一形体也;"穷神则善继其志",百志惟熙,各一途辙也。"理一而分则殊,分殊而理本一",观此二句,尤足以见之矣。篇中至精至要之语,则此二句与篇首"天地之塞,吾其体;天地之帅,吾其性",篇末"不弛劳而底豫,舜其功也;无所逃而待烹,申生其恭也",此六句最为切要精至,读者宜详玩而深察也。(《石堂先生遗集》卷十二)

●熊禾

○《题林氏药圃》:至人略形骸,一视等胞与。过之或忘情,我独刻肺腑。世人持狭见,一膜便尔汝。比邻立藩墙,边幅生龃龉,老矣多阅人,知君用心处。斯人匪斯今,意度一何溥。我尝读《西铭》,一身混中处。茫茫大化运,上下四方宇,当作一圃观,何物不储贮。(《勿轩集》卷七)

●吴澄

○天地者,吾之父母也;父母者,吾之天地也。天即父,父即天;地即母,母即地。人事天地,当如事父母;子事父母,当如事天地。"保"者,持守此理而不敢违,贤人也。"乐"者,从容顺理而自然中,圣人也。盖是理,即天地之理;而天地,即吾之父母也。持守而不敢违吾父母之理,非子之翼敬者乎!从容而自然顺吾父母之理,非孝之极纯者乎!不爱其亲而爱他人者,谓之"悖德"。天理者,父母所以与我者也,而乃违之,是不爱其亲也。贼仁者谓之"贼"。仁者,父母所以与我之心德也,而乃害之,是戕其亲也。世济其恶,增其恶名,则是父母之不才子矣。若能践其所以得五行秀为万物灵者之形,则是与天地相似,而克肖乎父母矣。

●林恕《西铭私考》曰:"从容顺理而自然中,圣人也":《中庸》曰:"从容中道,圣人也。"○《史记·留侯世家》曰:"尝闲从容。"注曰:"从容,闲暇也。"从容谓"从在其容止,不矜庄也。"(《西铭私考》)

"知"者,圣人践形惟肖,有以默契乎理,非但闻见之知也。"化",则天地化育之事,乾道变化,发育万物,各正性命者。知得天地化育之事,则吾亦能为天地之事,是善述吾父母所为之事矣。"穷"者,圣人穷理尽性,有以究极乎是理,而知之无不尽也。"神",则天地神妙之心,维天之命,至诚无息,于穆不已者。穷得天地神妙之心,则吾亦能心天地之心,是善继吾父母所存之志矣。此造圣之终事,践形惟肖者之盛德,所谓"乐且不忧,纯乎孝者也"。"不愧屋漏"者,己私克尽,心自然存,性得其养,虽于屋漏之奥,尚无愧怍之事。夫其无愧于天,则是无忝辱所生之父母也。"存心养性"者,用力克己,惕然惟恐有愧于天,操而不舍其主于身之心,顺而不害其具于心之理。存心养性,所以事天,夫其不懈怠于存养此天理,则是不懈怠于事父母也。此作圣之始事,学践形惟肖者之工夫,所谓"于时保之,子之翼也"。

●林恕曰:"维天之命,于穆不已":《诗·周颂·惟天之命》。○"至诚无息"。《中庸》第二十六章。(《西铭私考》)

然知化者,必能穷神;穷神,然后能知化。不愧屋漏者,必能存心养性;存心养性,然后能不愧屋漏。善述事者,必能继志;善继志者,然后能述事。无忝者,必能匪懈;匪懈然后能无忝。存心养性,然后有以不愧屋漏;不愧屋漏,然后可以至于穷神;穷神,然后有以知化。匪懈,然后有以无忝;无忝,然后可以至于善继志。善继志者,然后可以善述事也。(《性理大全》卷四《西铭》)

●李滉《西铭考证讲义》曰:此说结语,有反覆相因、由浅至深之义。盖其末"然"字以下为结语,就"知化"至"匪懈"两章,以"知化""穷神""不愧屋漏""存心养性"四者为上一对,以"善述事""善继志""无忝""匪懈"四者为下一对。自"知化"者止能"不愧屋漏",言上四者反覆相因;自"善述事"者止能"无忝",言下四者反覆相因也。自"存心养性"然后止有以"知化",言上四者由浅至深;自"匪懈"然后止"善述事"也,言下四者由浅至深也。须看得仔细,方知其味。(《西铭考证讲义》)○"然"字以下为结语。"总论""临川吴氏曰"云云,"然知化者,必能穷神,穷神然后能知化。不愧屋漏者,必能存心养性,存心养性然后能不愧屋漏。善述事者,必能继志,善继志者然后能述事。无忝者,必能匪懈。匪懈然后能无忝。存心养性然后有以不愧屋漏,不愧屋漏然后可以至于穷神,穷神然后有以知化。匪懈然后有以无忝,无忝然后有以善继志,善继志者然后可以善述事者也。"(《退溪先生文集考证》卷三)

○《四书言仁录序》：四书而后，惟张子《订顽》最为切实。(《吴文正集》卷十六)

● **程复心**

○《张子西铭图》

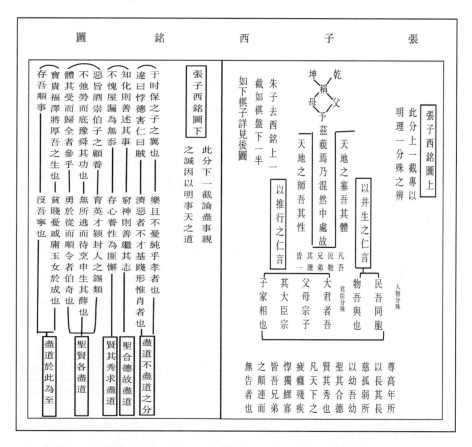

朱子曰："《西铭》理一分殊，知其理一，所以为仁；知其分殊，所以为义。盖仁是泛然兼爱处，义是截然分别处，故天地化生万物，则为理一，然乾称父，坤称母，其分未尝不殊；民物并生天地之间，其理未尝不一，然民称同胞，物称吾与，则其分未尝不殊。与夫合天下之人皆吾兄弟之亲，其理未当不一。然至于大君、家相、长幼、圣贤、残疾、皆自有等差，又其后因事亲之诚，以明事天之道，盖无适而非。所谓分立而推理一者，理一处便有兼爱之仁，分殊处便有截然之义。不然，爱无差等，墨氏之仁尔，岂足以论《西铭》之大旨哉！"

右所列《西铭》之图,专以"理一分殊"者言也。朱子又云:"《西铭》纲领,浑在'天地之塞,吾其体;天地之帅,吾其性'二句。"盖又主以理气为说者也。沈毅斋先生遂衍其义,有曰:"自贵贱尊卑之等而言之,则属于'天地之塞',以气言也,而同一根源,则未尝无理一者存,不可以其一而不差其分之殊,此推行之仁也;自圣贤善恶之别而言之,则属于'天地之帅',以理言也,而未尝无分殊者在,不可以其殊而不归乎理之一,此存养之仁也。仁之存养者,同乎天而无别;则仁之推行者,施于人而有别矣。虽然气在性分可得而变,厚薄清浊是也;气在命分不可得而变,富贵修短是也。'恶旨酒'以克己,'育英才'以辅仁,所以求变其在性分者;劳佚生死,不二其所之;富贵贫贱,一安其所遇,所以不变其在命分者,惟其付命于天者轻,则其责成于己者重。所以存顺没宁,无忝于父母也。"先生此说,发明备至,愚故因即朱子之意而图之,并述其说于左。初学之士,详玩其所以为理一分殊之旨,又参以理气差别之说,则《西铭》旨义,庶乎其尽得之矣。(《四书章图檃括总要》卷上)

●刘将孙

○《朱子成书序》曰:《正蒙》繇《易》以起,而《启蒙》又《本义》之所以本也。《西铭》则天地万物之同体,所以施之天下国家之道也。(《朱子成书》卷首)

●黄瑞节

○按:先生世大梁人,父涪州公卒于官,诸孤幼不克归。葬涪州公于凤翔郿县横渠镇,因家焉。嘉祐二年登进士第,调祁州司法,迁丹州云岩县令,为政以敦本善俗为先。迁著作郎渭州佥判,军府之政,小大咨焉。并塞之民,尝苦乏食,力言于帅,取军储数十万救之。熙宁二年,以吕晦叔荐,被召入对。上问治道,以渐复三代为对。除崇文院校书。既而与执政议新政不合。三年,移疾居横渠。著书订礼,与弟子讲行经界。十年,以吕微仲荐,复召还馆,除同知太常礼院。与礼官议礼不合。是冬,谒告西归,行次临潼卒,年五十八,葬涪州公墓南。门人欲谥为明诚中子,程纯公以问司马文正公,谓弟子谥师不合于礼。元祐四年,张舜民奏:"张某学际天人,诚通金石。著书万言,阴阳变化之端,仁义道德之理,死生性命之分,治乱国家之经,罔不究通,盖孟轲之流也。"嘉定十四年,魏了翁奏乞赐谥。拟谥"达",又拟"诚",拟"献",皆不果,定谥"明"云。○又按:《家语》:孔子曰:"仁人之事天也如事亲,事亲如事天。"《礼记·哀公问篇》亦云。《西铭》意与此合。明道程子曰:"张子厚闻生皇子,甚喜;见饿莩者,食便不美。"此即《西铭》之意,亦其养德之厚,故随所感遇,蹶然动于中而不可遏,初非拟议作意而为之也。○又按:《西铭》皆用韵语。(《朱子成书·西铭解》)

○又按:所举六圣贤事,虽只平说,而玩其语势辞意,似不无优劣。窃谓《西铭》自"于时保之"以下,皆开两端说,朱子解亦然。舜、禹、参,"乐且不忧"之孝,乐天者也。颍封人、申生、伯奇,"于时保之"之孝,畏天者也。(《朱子成书·西铭解》)

●揭祐民

○《哭胡石塘》:颜乐斋修文史终,更千年后有胡公。名存宁海生祠里,神达青莲死榻中。饥赈公规著盱右,私居丧制过辽东。圣门三省工夫在,意合《西铭》是则同。(蒋易《皇元风雅》卷十)

●侯克中

○《明理》:道德沦空寂,纲常堕杳冥。占天怀舜政,对月忆尧蓂。洙泗通三古,濂伊达四溟。百家与诸子,敛手愧《西铭》。(《艮斋诗集》卷八)

●郑玉

○《跋太极图西铭解后》:为学之道,用心于枝流余裔,而不知大本大原之所在者,吾见其能造道者,鲜矣!周子《太极图说》,张子《西铭》,其斯道之本原欤!然《太极》之说,是即理以明气;《西铭》之作,是即气以明理。太极之生阴阳,阴阳之生五行,岂有理外之气?"天地之塞,吾其体;天地之帅,吾其性",岂有气外之理?然则天地之大,人物之繁,孰能出于理、气之外哉?二书之言虽约,而天地万物无不备矣。婺源胡季时,因朱子所注诸书,表二书而出之,且发明朱子之意而为之解,其亦知为学之本原者欤!尝出以示予,属予题其后。今五年矣,未有以复其命也。因阅家中故书,复见季时所著,伏读之余,因书所见如此,将以质于季时。(《师山遗文》卷三)

●王毅

○《跋潘景贤顺宁庵》:孝心本从仁心出,孝行修时仁道成。请君细把

《西铭》读,仁孝两全方顺宁。(《木讷斋集》卷五)

●侯有造

○《张子西铭说》:侯氏曰:唐虞三代,圣人道统正派,至孔孟没,不得其传。濂溪周子、二程夫子,实接不传之统。二程之后,便到横渠张载,盖以《西铭》垂训于世。明道曰:"《西铭》,原道之宗祖,须得子厚如此笔力,他人无缘做得。孟子以后,未见此书,省多言语。"朱子曰:"自读张子书四十余年,但觉义之深,指之远,信乎孟子以来,一人而已。然非用力之深者,无以信其必然也。"夫朱子,命世之大儒也,注解《西铭》,止书喜学,其尊信此书之微意可知。愚伏读之始,实先尊缙山先生之手泽,宋儒吕大临、张九成、朱熹氏之解。比岁先师李舟轩昌道,复以西山后人蔡模《衍说》,命愚录诵已上诸儒总为一篇,似涉易览。今拨冗之暇,纂附成书,合而玩之,发明奥微,庶几方寸之中,融会洞达,而有一得之说,其去先生任道之本指未远也。

元儒王奎文曰:"是宜冠四书之上。"先读《西铭》,方读《大学》,次及《语》《孟》《中庸》,即胡宏所谓"《周子通书》直与《易》《书》《诗》《春秋》《语》《孟》,流行乎天下"之论同也。奂然谓:"东西'二铭',与曾子合。《西铭》主宏,《东铭》主毅,至于克己复礼,一也。"洽谓:"《西铭》主爱,根乎仁;《东铭》主敬,根乎礼。至于动静交相养,一也。"(侯氏静一《泛言》)①

●王逢

○《奉题清碧杜隐君为先子隶古西铭太极图说后》:武夷仙櫂泊溪云,曾写《西铭》《太极》文。参政(谓周公伯温)留题犹六载,草堂新对一炉熏。(《梧溪集》卷三)

●程本立

○《敬思斋记》:道以出治,学以明道,静以成学,其黔宁乎!何以知之?以简重沈默,而知其静也;以尊信夫《太极图》《西铭》,而知其学也……愚窃惟续孔孟之传于千载之下者,宋周元公也;于元公见而知之者,张献公也。微

---

① 此据《永乐大典》中华书局1986年6月第1版卷之八千二百六十八·铭录入点校。文中末段,似不属于侯有造《泛言》内容,而为元代学者王奎文、杨奂等评述《西铭》之语。然其文集已失,难以核查,兹存以待考。

斯人,天理不几于熄乎!《太极图》,万化之一原也;《西铭》,万殊之一贯也。"圣人定之以中正仁义而主静",《太极图》之要也;"天地之塞,吾其体;天地之帅,吾其性",《西铭》之要也。斯为先王出治之本矣!《太极》曰"君子修之吉,则敬胜怠"者,吉之谓也;《西铭》曰"于时保之,子之翼也",则"君子修之吉"之谓也。(《巽隐集》卷三)

●朴兴生

○《用前韵漫吟》:饥餐渴饮任吾生,肯向人间议辱荣。秋月春花聊遣兴,酒樽诗句更忘情。休将尺度拟长短,敢与权衡论重轻。日用从何为懿范?半边书榻有《西铭》。(《菊堂先生遗稿》卷一)

●曹端

○《西铭述解》篇首云:大意明理一而分殊。文公注之,明且备矣。然初学者或未得其说,端为分经布注以解之,或者便之。而请书焉,辞不获已,于是乎书。(《西铭述解》)

●黎尧卿

○于曹端《西铭述解》后曰:《太极》,濂溪图也,微妙无穷,读之使人见理精到;《西铭》,横渠作也,规模广大,读之使人眼界空阔。虽然横议纷起,不有考亭力辩而争之,抑孰从而窥其际邪?渑池曹氏子,以先民绪论,多涉简奥,乃复条分缕析,思以发其所未发。余索而读之,见其可阶初学也,乃为之补缀以梓之。噫!有志者自此寻向上去,庶乎三子旨趣,了了目睫矣。正德辛未长至,忠州黎尧卿书。(《西铭述解》)

●薛瑄

○《读西铭笔录》:朱子解"天地之帅,吾其性"曰:"乾健坤顺,此天地之志,为气之帅,而人物之所得以为性也。"盖乾坤之健顺,即元亨利贞之德,赋于人物,为仁义礼智之性也。人物皆同此性,民曰"同胞",以能推明乎此性也;"物,吾与也",以不能推明乎此性也。大君宗子,大臣家相,高年长长,孤弱幼幼,圣人贤者,以至兄弟无告,凡天下之人,皆天地之子,而同此性也。惟圣人能全其性,与天地合德也;贤者能不失其性,而秀出于等夷也。"于时保之",保此性也。"乐且不忧",乐天,即乐此性也。"违曰悖德,害仁曰贼,济恶者不才",皆逆此性、戕此性、稔恶而沦灭此性者也。"践形""惟肖"者,能充形色之性,而克肖乎乾坤父母者也。"知化""善述其事"者,知阴阳变化之道而所行者,皆天地之事,即此性见于日用事为之间者也。"穷神""善继其志"者,通天地元亨利贞神明之德,而所存者皆天地之心,即此性蕴于寂然不动者也。"不愧屋漏为无忝",存此性于幽隐之中,无忝于乾坤父母也。"存心养性为匪懈",存其心,养其性,不怠于事天者也。遏人欲而"恶旨酒",又所以顾天之养而存此性也;"育英才"而永锡类,乃所以广万物之一原而推此性也。"不弛劳"而尽底豫之恭,非存此性以事天乎?"无所逃而待烹",非尽此性以顺天乎?"体其孝而归全者",全归乎此性而已;顺乎天而惟命是从者,不咈乎此性而已。或富贵而厚吾生,吾惟尽其性而不敢骄;或贫贱而玉吾成,吾惟顺其性而不敢怨。以至存则存吾性以事天,没则全吾性以乐天。此"性"之一字,皆自"天地之帅,吾其性"之"性"来。《西铭》始终之意,因事亲之诚,以明事天之道。而事天之道,惟在吾养性而已。先儒以"理一分殊"明此篇之大旨,然"理一"所以为仁,"分殊"所以为义,举仁义而言,则性之全体,在其中矣。窃以"性"之一字贯之,如此未知是否?以俟后之君子。薛瑄识。(《读书续录》卷五)

　　柏麓按:上条统说《西铭》,即一篇《西铭解》。

○五经之后,《大学》《论》《孟》《中庸》,程、朱《易传义》、《诗传》,《四书集注》,周子《太极图说》《通书》,张子《西铭》。(《读书续录》卷二)

○五经、四书之外,义理之精妙者,无过《太极图》;切要者,无过《西铭》。(《读书录》卷五)

○朱子《太极》《西铭》解,至矣,尽矣!(《读书续录》卷五)

　　柏麓按:以上三条盛赞《太极图》《西铭》及朱子解。

○周子"无极而太极",指性命之全体而言;张子《西铭》"理一分殊",指仁义而言。《西铭》示人以求仁之体,"专言之仁"也,于《太极图》"中正仁义",亦无不包矣。(《读书续录》卷五)

○《太极图》言一理、二气、五行化生万物,《西铭》言乾坤为万物之父母,则一理、二气、五行化生万物在其中矣。(《读书续录》卷五)

○"《西铭》,明理一而分殊。"《太极图》自一理、二气、五行,成男成女而化生万物,亦无往而非理一分殊也。(《读书录》卷八)

柏麓按：以上三条，统论《西铭》与《太极图》旨趣。

○《西铭》，天德、王道备焉。（《读书录》卷一）

○《西铭》立心，可以语王道。（《读书录》卷一）

○《西铭》，只是欲人存天理。（《读书录》卷十）

○《西铭》大旨，即孟子"存心养性所以事天"之意。（《读书续录》卷三）

○《西铭》大旨，欲人克己为仁。（《读书续录》卷五）

○程子曰："《西铭》乃《原道》之宗祖。"盖《原道》但言率性之道，《西铭》言道所从出，即天命之性也。（《读书续录》卷五）

○《周书》曰："惟天地，万物父母；惟人，万物之灵。亶聪明作元后，元后作民父母。"此言理一分殊，《西铭》之原，疑出于此。（《读书录》卷一）

○"顽"，不仁也，有以订之，则仁矣。《西铭》一篇，皆勉人为仁之意。（《读书续录》卷三）

柏麓按：以上八条，言《西铭》大旨及其渊源。

○读《西铭》，不敢慢一人、轻一物。（《读书录》卷一）

○读《西铭》，著不得一毫私意。（《读书录》卷一）

○读《西铭》，有"天下为一家，中国为一人"之气象。（《读书录》卷一）

○读《西铭》，知天地万物为一体。（《读书录》卷一）

○读《西铭》，则知小智自私，诚可耻也。（《读书录》卷一）

○读《西铭》，理明而心广。（《读书录》卷十）

○读《西铭》，如见天之大。（《读书录》卷九）

柏麓按：以上七条，言读《西铭》之所得。

○《西铭》自"乾父坤母"至"兄弟颠连而无告者"一节，皆状仁之体；自"于时保之"至"没，吾宁也"，皆求仁之方。（《读书录》卷九）

○"知化穷神"者，乐天而能践形尽性也；"无愧无怍"者，畏天而求践形尽性也。（《读书录》卷十）

柏麓按：上二条略说《西铭》之主题与结构。

●黄俊

○《易》有太极及道器、阴阳。继善成性者，天地之间只有动静，两端循环不已，更无余事，此之谓"易"。"易"者，阴阳之变，而其动其静，必有所以动静之理焉，是则所谓"太极"。"太极"者，其理也。（详见《心法会要》），卦爻阴阳,皆形而下者,其理则道也。……张子《西铭》亦曰"知化穷神"者,确然在上而称父者,天也;隤然在下而称母者,地也。人以藐然之身,混然中处者,非子乎? 得其气以为体,得其理以为性。其理则一,其分则殊。求其能尽事天者,鲜矣。惟圣人践形惟肖,故能知化穷神。"知"者,圣人践形惟肖,有以默契乎是理,非但闻见之知也。"化"则天地化育之事,乾道变化,发育万物,各正性命者。"知"得天地化育之事,则吾亦能为天地之事,是善述吾父母所为之事矣。"穷"者,圣人穷理尽性,有以究极乎是理,而知之无不尽也。"神"则天地神妙之心,维天之命,至诚无息,于穆不已者。穷得天地神妙之心,则吾亦能心天地之心,是善继吾父母所存之心矣。然知化者必能穷神,穷神然后能知化,善继志者,然后可以善述事也,此造圣之终事,践形惟肖之盛德也,与《易》"穷神知化"同。(《周易通略》一卷)

● 陈献章

○《游心楼为丁县尹作》:城外青山楼外城,城头山势与楼平。坐来白日心能静,看到浮云世亦轻。高阁祗宜封断简,半年方许读《西铭》。乾坤一点龙门意,分付当年尹彦诚。(《陈白沙集》卷七)

○《叠前韵寄乃子咨(其一)》:少年谁授访之书,父子元来共广居。无极浑沦亲茂叔,《西铭》特达见横渠。各驹独步空凡马,一鹗高飞失众雏。想得趋庭诗礼罢,愕然木榻对盆蒲。(《陈白沙集》卷八)

○《读近思录(其三)》:《大学》《西铭》迤逦摊,从前只假半年闲。谁家绣得鸳鸯谱,不惜金针度世间。(《陈白沙集》卷九)

○《追和刘文靖偶得韵(其二)》:三复遗诗有《订顽》,月中颜色见松关。头颅本自成三极,嘘吸犹堪塞两间。老至不知何岁月,古来无恙此江山。莫轻语默论前代,天与闲人剩与闲。(《陈白沙集》卷八)

● 薛敬之

○《西铭》一篇,一舜之事耳。(《思庵野录》卷上)
○《西铭》一章,张子分明写出个万物一体形状。(《思庵野录》卷下)
○《太极》本说理,却有气;《西铭》本说气,却有理。(《思庵野录》卷中)
○《太极图》,明此性之全体;《西铭》,状此性之大用。(《思庵野录》卷上)

○读《西铭》"理一分殊"句,放而言之,则天地万物浑融,是分殊而理一也;逐物思之,则逐物上各自有个理一分殊。(《思庵野录》卷下)

○<u>薛思庵</u>曰:"张子以礼为教,不言理而言礼,理虚而礼实也。儒道宗旨,就世间纲纪伦物上着脚,故由礼入,最为切要,即约礼、复礼的传也。《西铭》言仁,大而非夸。盖《太极》明此性之全体,《西铭》状此性之大用,体虚而微,用弘而实焉。"(<u>朱轼</u>《张子全书序》引)

●周琦

○《张子西铭正蒙》:《西铭》一篇,充其说,可以尽性践形。(《东溪日谈录》卷十二)

○<u>横渠</u>《西铭》,无一字不纯于理,若<u>韩子</u>《原道》《原性》,便不能纯。(《东溪日谈录》卷十二)

○<u>横渠</u>《正蒙》成书之后,以书质之<u>程子</u>。答书曰:"所论大概有苦心极力之象,而无宽裕温柔之气,非明睿所照,而考索至此。"末又曰:"更望完养思虑,涵泳义理,他日自当条畅。"又尝曰:"<u>子厚</u>谨严。才谨严,便有迫切之象,无宽舒之意。"观此,可见《正蒙》之作,比之《西铭》远矣。(《东溪日谈录》卷十二)

○《张横渠之学》:<u>横渠</u>文章,只《西铭》一篇理醇,而辞亦醇。《正蒙》十七章,论理固当,而辞却太厉。(《东溪日谈录》卷十五)

●王鏊

○《太极图》《西铭》,未论义理,其文亦高出前古。(《震泽长语》卷下)

●杨廉

○《西铭》:分殊不是《西铭》意,细读《西铭》分自殊。我爱<u>横渠</u>夫子笔,尽成天下一家图。(《杨文恪公文集》卷三)

○《赠王进士玺假令海盐》:牛刀何处却烦公,洗耳弦歌见古风。莫逞催科嘉郡最,要看图圄海盐空。作官志操穷居定,宰邑经纶执政同。赫赫恐非循吏事,《西铭》深意在疲癃。(《杨文恪公文集》卷五)

○《西铭讲义》:天地乃人之父母,人乃天地之子,人在两间,虽眇然一身,然与天地实混合而无间也。人之生也,得天地之气以成形,故曰"天地之塞,吾其体","塞"字,犹孟子言"塞乎天地"之"塞",谓气也。得天地之理以为性,故曰"天地之帅,吾其性","帅",犹孟子所谓"志者,气之帅"之"帅",谓理也。人资乎乾坤之理、气如此,则乾岂不有父之道,坤岂不有母之道,人岂不有子之道？朱子谓:"《西铭》紧要是这两句,若不是这两句,则天自是天,地自是地,我自是我,有何干涉？"正谓此也。以此观之,则吾之与民,均禀同赋,共此父母,非同胞乎？吾之与物,亦均禀同赋,但偏全有异,非党与乎？

民,惟同胞也。在大君,虽尊,乃吾父母之宗子耳；宗子,亦有君道也,大君之大臣,则宗子之家相也。尊天下之高年,慈天下之幼弱,所以长吾长,幼吾幼也。圣人者,吾兄弟之合德乎天地者也；贤人者,吾兄弟之秀出乎等夷者也。至若疲、癃、残、疾、惸、寡、惸、独,吾兄弟之颠连而无告者也,何也？民,吾同胞也。故大君、大臣、高年、孤弱,若圣与贤,及疲、癃、残、疾、惸、寡、惸、独,皆天之子而吾之兄弟也。《西铭》言仁,自"乾称父,坤称母"至此,是仁之体；自"于时保之"以下,是做工夫处。然不言"博施济众"者,须下求仁之功乃可。盖能为仁人,则不患乎无仁之功矣。

"于时保之",畏天者也,非天之子,而能敬天者乎？"乐且不忧",乐天者也,非天之子,能尽纯孝者乎？"违曰悖德,害仁曰贼,济恶者不才",此则不能事天,为天悖德之子,为天之贼子,为天不才之子者也,能践形者,乃天之克肖子也。"化",乃阴阳之化,即上文所谓"天地之塞"者也。人能知化,是为天之子,而善述其事者矣。"神",乃阴阳之妙,即上文所谓"天地之帅"者也。人能穷神,是为天之子,而善继其志者矣。"不愧屋漏",则于天也,可以称无忝之子矣；"存心养性",则于天也,可以称匪懈之子矣。

旨酒而恶之,即天之大禹而能顾养者也；英才而育之,即天之考叔而能锡类者也。能使天心之悦豫,则天之大舜矣,修天亦听乎天,则天之申生矣。(《吕氏童蒙训》谓:"《檀弓》与《左氏》纪太子申生事,详略不同。读《左氏》,然后知《檀弓》之高远也。") 天之与我者,无一不全,即天之曾参也；天之处我者,无一不受,即天之伯奇也。盖六圣贤者,皆所谓孝子也。人能事天之至,又何以异于六圣贤之事亲也哉？

"富贵福泽,将厚吾之生",则吾之为善也轻,所谓父母爱之,喜而不忘也；"贫贱忧戚,庸玉汝于成",则吾之为善也力,所谓父母恶之,劳而不怨也。吾身之存,则事天以终身也。吾身之没,则无愧而安宁也。夫然则体仁之功至矣,使为大君、大臣,则自能亲亲、仁民、爱物,举一世之同胞吾与,皆纳于仁爱之中,又岂有一人一物之不被其泽哉?其无其位者,亦必如昔之人,所谓万间之厦、千丈之裘,以为心矣。此《西铭》之旨也。

按:《西铭》初名《订顽》。"顽"者,手足痿痹不知痛痒之谓,盖人之不仁者也。不仁而欲其为仁,故曰"订顽"也。常人之情,自一膜之外,即分尔我,由其不知此理之大本、大原处,故横渠指以为言,欲人知同胞、党与之义,视天下犹一家,中国犹一人耳。然不加求仁之功,虽有"博施济众"之心,亦终蔽于私意而有不能矣,故自"于时保之"以下,皆言求仁之功者,以此。(《杨文恪公文集》卷四十二)

○《答叶时勉》:近日连得二书,并所作诗文,甚慰。《西铭》理一分殊,非不切要,但因贤推得甚细,已无疏漏。故区区又折转来说,谓《西铭》主意原不在此。盖张子见人动,辄便分汝我,故说乾坤、父母、同胞、物与,以见此。理本大公无我,至于理一分殊,正不消说,逮程子因龟山疑其兼爱,却说出这一句来。朱子不云:"《西铭》不曾说理一分殊,因人疑,方说出。"贤以为何如?不妨往复,乃为有益。(《杨文恪公文集》卷四十五)

●张旭

○《同庚会为查廷弼等题》:看到《西铭》眼共青,少年德业要相成。忍将一体分邻比,择取同庚作弟兄。自许汝南评月旦,谁从洛下会耆英。大家寿域天开处,沧海移来当酒觥。(《梅岩小稿》卷九)

●刘春

○《题茅山书屋》:数椽茅屋绩溪湾,松竹森森映碧山。地在百年遗胜概,卜当此日远尘寰。心存夜气归希圣,坐拥图书总《订顽》。养黙高风应未泯,新题犹是旧时删。(《东川刘文简公集》卷二十二)

○《挽卧庐刘先生吉水人》:风节岩岩耸太山,此心真透利名关。养中有道多成德,律己能严切《订顽》。文字只看留汗简,声名尚见满尘寰。宫墙数仞青霄上,几似先生俎豆间。(《东川刘文简公集》卷二十三)

●杨旦

○《夜坐》:睡鸭香销月满庭,夜深相对一灯青,惊风槭槭辞柯叶,缀露垂

垂入户萤。孤榻雅宜安警枕,素屏刚好写《西铭》。静中点简吾身事,世路悠悠任醉醒。(《石仓历代诗选》卷四百五十一)

●邵宝

○《答浦文玉》:恒旸之后,继以恒雨。且当禾成之秋,所谓惟岁而不惟月与日者也。鄙人闲居,不敢与知国,抑不能知吾身乎?某,病人也,元气之耗久矣。虽忧且劳,将何损焉?是故忧徒忧也,劳徒劳也,君子弗贵也。所谕《西铭》之疑,其将广吾意欤?否邪?盖尝观之,《西铭》之指,以事亲而明事天之道者也。天下之无所逃者二,天也,亲也,二者盖等焉。昔者申生之被谗,而将见杀也,或谓之行,申生曰:"天下岂有无父之国哉?吾何行如之?"此则所谓"无所逃"者。当是时,辨不辨,皆不害于"无所逃"也。虽然,死辨与死不辨,则有间矣,是故谓之"共"。以事亲言之,共非纯孝,而孝者必共;以事天言之,共非纯仁,而仁者必共。申生之共,在无所逃,不在辨不辨也。《西铭》之意,盖得之《春秋》,世之责申生者,曰"箠之从,不知谏也",曰"玦之佩,不知让也",曰"胙之进,不知尝也",至于被谗而后图,小则伤亲心,大则亏亲德,无一可者,独其无所逃之共,则质之天地而无愧耳。夫知亲之无所逃,则知天之无所逃矣。由是修身以俟之,自有不能已者,此固仁人孝子之变也,盖至于申生而极焉,而或者犹备责于申生,亦《春秋》之法也,非《西铭》之指也。(《容春堂集·后集》卷十四)

●钱福

○《恩荣赐燕·其二》:紫禁烟花正耐春,喜遭文运与时新。跪亲北阙摅衷悃,制问《西铭》识至仁。许国以身真尽命,感恩镂肺岂书绅。一朝元老皆伊傅,笑捧刍荛献玉宸。(《鹤滩稿》卷一)

●罗钦顺

○"理一分殊"四字,本程子论《西铭》之言,其言至简,而推之天下之理,无所不尽。在天固然,在人亦然,在物亦然;在一身则然,在一家亦然,在天下亦然;在一岁则然,在一日亦然,在万古亦然。持此以论性,自不须立"天命""气质"之两名,粲然其如视诸掌矣。但伊川既有此言,又以为才禀于气,岂其所谓"分之殊"者,专指气而言之乎?朱子尝因学者问理与气,亦称伊川此语说

得好,却终以理、气为二物。愚所疑未定于一者,正指此也。(《困知记》卷上)

○仁至难言。孔子之答问,仁皆止言其用力之方。孟子亦未尝明言其义,其曰:"仁,人心也。"盖即此以明彼,见其甚切于人而不可失尔,与下文"人路"之义同。故李延平谓"孟子不是将心训仁",其见卓矣。然学者类莫之察,往往遂失其旨,历选诸儒先之训,惟程伯子所谓"浑然与物同体",似为尽之。且以为"义、礼、智、信皆仁",则粲然之分,无一不具;惟其无一不具,故彻头彻尾,莫非是物,此其所以为"浑然"也。张子《西铭》,其大意皆与此合。他如曰"公"、曰"爱"之类,自同体而推之,皆可见矣。(《困知记》卷上)

○《答欧阳少司成(甲午秋)》:明道"学者须先识仁"一章,首尾甚是分明,未尝指良知为实体也。首云:"仁者,浑然与物同体。义、礼、智、信,皆仁也。识得此理,以诚敬存之而已。"中间又云:"《订顽》意思,乃备言此体,以此意存之,更有何事?"初未尝语及良知,已自分明指出实体了。不然则所谓"存之"者,果何物邪?且《订顽》之书具存,并无一言与良知略相似者,此理殆不难见也。其"良知良能"以下数语,乃申言"存得",便合"有得"之意。盖虽识得此理,若欠却存养工夫,则犹是二物有对,以己合彼,终未有之。惟是存养深厚,自然良知日明,良能日充,旧习日消,此理与心,渐次打成一片,便为己有,夫是之谓"有得"。其语脉一一可寻也。此章之言,陈白沙尝吃紧拈出,近时有志于学者,率喜谈之,然非虚心潜玩,毫厘之差,或未能免,无乃上累先贤,已乎!又来书力辨"置之度外"一言,仆固知此言之逆耳,然窃有所见,非敢厚诬君子也。(《困知记》附录)

●湛若水

○《西铭》者,《原道》之宗祖;《中庸》《大学》者,《西铭》之宗祖。《西铭》者,其克肖者也;《原道》者,其一肢者也。(《湛甘泉先生文集》卷四《知新后语》)

●王阳明

○《诸门人送至龙里道中二首》:蹊路高低入乱山,诸贤相送愧间关。溪云压帽兼愁重,峰雪吹衣着鬓斑。花烛夜堂还共语,桂枝秋殿听跻攀。(跻攀之说甚陋,聊取其对偶耳)相思不用勤书札,别后吾言在《订顽》。(《王文成公全书》卷十二)

● 马理

○《送贺先生考绩》：铎声九载振秦关，文物一时尽豹斑。虎座进鱼今日别，龙墀迁爵几时还。清谷饱听蕉叶雨，漆河愁度蓼花湾。东斋明日尘生几，泪湿青衫看《订顽》。(《谿田文集》卷十一)

● 孙绪

○《西铭》，《原道》之宗祖。先儒以其笔力弘大，学有原委，而推右之，其实出于《原道》。其所谓"穷神知化，继志述事"，则出于《孟子》"存心养性以事天"之言，《孟子》出于孔子所谓"仁人之事天如事亲，事亲如事天"。(《沙溪集》卷十三杂著)

● 崔铣

○《述言中》：问曰："周子之《太极》，可得闻乎？"答曰："诚。""请行之。"答曰："温公云：'自不妄语始。'"问："张子之《西铭》，可得闻乎？"答曰："公。""请行之。"答曰："师子路。其言曰'愿车马衣轻裘，与朋友共，敝之而无憾'是也。"问曰："游氏谓：'《西铭》犹《中庸也》'，然乎？"答曰："同。夫人无须臾无道，道出于天，人育乎两间者，其分殊。同生于乾坤，人能修道，乃协天也。人能尽分，斯肖乾坤矣。"(《士翼》卷二)

● 吕柟

○《西铭》本文后释：此舜欲并生之心，孟子立命之意也。(《张子抄释》卷一)

○《西铭》之意，教在养中，圣君贤相之业也。(《二程子抄释》卷一)

○《西铭》是大心之方。(《二程子抄释》卷一)

○《西铭》亦庶乎，有德者之言矣。(《二程子抄释》卷四)

○先生曰："如《西铭》，便具为仁的道理。"象先曰："然则《西铭》可以尽仁乎？"曰："程子谓'《西铭》言弘仁之道'，为仁之方也；而孝弟，则所以行仁之本也。是故君子务本，不可专靠《西铭》。不然，则墙屋上贴仁，与身体上贴得仁，岂能相干耶？"(《四书因问》卷三)

○天下之道皆尽于仁，仁之性尽于孝弟。故曰："尧、舜之道，孝弟而已"，

《西铭》具言此理。"(《四书因问》卷三)

○《西铭》言仁之理,甚广大。若非至公,安肯以别人之长如己之长,以别人之幼如己之幼?(《四书因问》卷三)

○己之与人,均受天地之气以生,其血脉本相通也。人惟私意一生,是以人自为人,己自为己,元初之相通者,始判然二之矣。是以君子贵克己,则一人已,平物我,直以天地万物,举而属之一身,是故志定于此,气通于彼,而天下归仁。尧、舜一民饥,曰我饥之也;一民寒,曰我寒之也;一民有罪,曰我陷溺之也。其能'克己复礼'者乎!《西铭》一篇,全是发明此意。(《四书因问》卷四)

○《易》所谓'君子体仁,足以长人'的心,就是那《西铭》所云的模样一般,故能以'天下为一家,视中国犹一人'。(《四书因问》卷四)

○《尽心上》:东郭子曰:"'万物皆备于我',朱注解得好。"先生曰:"此章当《西铭》并看。"东郭子曰:"然。我亦尝谓当相并看。'于时保之,子之翼也',乃贤者之事,即'强恕而行,求仁莫近焉'意。'乐且不忧,纯乎孝者也',乃圣人之事,即'反身而诚,乐莫大焉'意。"先生曰:"然。但人做工夫,要寻路途,使不迷耳。孟子谓宋句践既言'人知''人不知',下何以又言'穷''达'?盖宋句践志于出者也,正是以'穷''达'介意,故孟子说穷也,只尊德乐义,何嚣嚣如之。"(《四书因问》卷六)

○《太常南所语》:象先问:"曾子临终而启手足,见得他平日未尝失手失足于人,若止是形体,则世之得保首领以没者,亦多矣。"先生曰:"然。曾子一出言未尝忘父母,一举足而不敢忘孝,自云战战兢兢,不知用了多少工夫来。故孟子谓守身事亲,今之为宦者,无见于此,而伤人害物,无所不至,故人至痛詈,有伤及祖父者,皆是辱亲不孝之大者。故孝子必敬其身者,惧辱亲也。"问:"任重何以要弘道远?何以要毅?"先生曰:"天下之老,皆为吾老,天下之幼,皆为吾幼。心胸何等大著!故程子谓'《西铭》言弘之道',心便如此弘了。而私意少有间息,便是不毅。观曾子临终,他人救死不暇,心中不安,虽一箦之微,亦必易之。看他是何等毅!'仁以为己任,死而后已',此曾子所以能'践形惟肖'乎!"(《泾野子内篇》卷二十)

○圣门之教,只是一个"仁"。惟颜子能克己复礼,方许三月不违仁。如《西铭》言仁,言天下之长皆吾之长,天下之幼皆吾之幼,是以古今圣贤,欲并生哉!(《泾野子内篇》卷八)

○《鹫峰东所语》：诏问："程子尝言'学者须大其心，辟如为九层之台，须大做脚，方得。'先生于《抄释》曰：'人须思如何能大其心。'诏以为欲大其心，莫先于克己。"先生问："如何为克己？"诏曰："人之心，本自广大，但为私意蔽之，则狭小矣。故学者之心，一有偏私，即务克去，庶以复其广大之体，如何？"先生曰："固是。必如曾子之弘毅，《西铭》所谓'民胞物与'，始得。且如'尊高年，所以长其长；慈孤弱，所以幼其幼'，人虽或力量不逮，却不可无是心，如张子见皇子生则喜，见饿莩则戚的心，方好。然此心安从生？"诏未及对。他日又问。曰："只是预养仁心，自无己之可克矣。"（《泾野子内篇》卷十）

○《鹫峰东所语》：章诏问："程子所谓大其心胸，其工夫是克己否？"先生曰："克己亦是。更看《西铭》好。《西铭》言弘之道，如人心不大，虽一家兄弟、长幼、宗族、邻里，亦分一个彼此，何况于天下！惟大其心，则圣贤与鳏寡，皆吾兄弟，何有一毫之间！故曰：'仁者以天地万物为一体。'"（《泾野子内篇》卷十三）

○《太常南所语》：象先问："圣人无我，人便有我者，何故？"先生曰："只是不仁，不仁故有我，人一有我，则人便得与我为敌。虽近日兄弟、朋友、数人中间，亦便许多町畦藩篱隔断了，是以《西铭》言乾坤便是吾父母，物便是吾与，他把己身放在天地万物中，作一样看。故曰：'仁者，以天地万物为一体。'"（《泾野子内篇》卷二十）

○《太常南所语》：徐绅言："一家之中，父子弟兄，犹可推之；到他人，便不相干。"先生曰："这还要相干。"椿问："此处却甚难。"曰："体《西铭》意思，尝存'乾父坤母'之心，则推之一家如此，一乡如此，大之一国与天下亦如此，这便相干了，患人不立志耳。"（《泾野子内篇》卷二十一）

○《太常南所语》：延祀问："《西铭》《定性》，大指如何？"先生曰："《西铭》是仁孝，《定性》是知止有定。"（《泾野子内篇》卷二十一）

● **胡缵宗**

○读《太极图说》，则知《易》矣；读《西铭》，则知仁矣。（《愿学编》卷上）

● **徐问**

○《西铭》自"乾称父"至"颠连无告者"也，见人与天地万物为一体的道理。自"于时保之"至"匪懈",言人所以事天的道理。中引舜、禹、申生诸事以实之。后言圣贤所以如此者,盖知天所以成就乎我,而我当尽事天之意。(《读书劄记》卷三)

● **何景明**

○《正蒙会稿序》:余读张子《正蒙》,知其详说之功。至于《西铭》,乃识其反约之指。(《大复集》卷三十四)

● **魏校**

○《复余子积论性书》:天之生人,气聚成形,各有个躯壳,盛载此理。聚必有散,其散有迟速,则为寿夭。这躯壳必有养,所养有厚薄,与所处地位有崇卑,则为富贵贫贱。大抵天之生人,譬如朝廷除官,人之有此性,便如官之有此职,寿夭、富贵、贫贱,便如历任久近。禄位有崇卑、厚薄,居官者但当尽职,不负朝廷,更不问禄位与历任,何如一听朝廷如何待我。君子之学,惟求尽其在我之性,不失乎天之所命而已。彼寿夭、富贵、贫贱,自是我躯壳上,一听于天,岂可以此而动其心哉!人事得失与气化盛衰常相因,天地间一个大和元气,久之渐渐会漓。人者,天地之心。正要你来赞化育,连不好底气运,也要变将起来,今却只管去坏。且道开辟以来,自古至今,不知被多少不好人坏了;人之一生,自幼至老,不知作多少不好事坏了;一日之内,自朝至暮,不知起多少不好念坏了。安得不伤天地之和!故君子不但不敢为恶,而实不忍为恶,以逆乎天也。《西铭》发明此理甚切。(《庄渠遗书》卷十三)

● **王一槐**

○《儒家说》:伊川曰:"《西铭》,《原道》之宗祖。"朱子亦曰:"韩退之只道得第二层。"愚谓:《西铭》止言乾坤,不言太极,亦有一层未到。今若曰"乾称父,坤称母,太极称祖。予兹藐焉,乃混然中处",未知可不可也。(《玉唾壶》卷下)

● **申光汉**

○《张子》:把烛探思理益明,古来无此《订顽》铭。莫言气质终难变,须

看先生化得成。(《企斋别集》卷一)

●季本

○《张横渠之学》:张横渠作《西铭》,以事亲言事天,明仁孝合一之理,所谓"理一而分殊"也,与《中庸》称舜大孝意同。但《中庸》工夫本于诚,而以谨独为要;《西铭》旁引尽道之事,以著事天之实,则若泛举耳。杨龟山言:"知其理一,所以为仁;知其分殊,所以为义。"李延平揭出"知"字,欲人著力,此亦知要之言也。然理只是仁、义、礼、智,仁智合德,所谓"行之者,一也",是为"理一";而其散于万事,则"达道"也,是为分殊。道从德出,其体本明,奚必于"理一"上加一"知"字哉? 其欲于"知"字上著力者,盖亦以工夫言耳。(《说理会编》卷十六《诸儒》)

●林大辂

○《赠四园卢先生耆寿序》曰:《中庸》言孝,先于有德,而备极诸福;《西铭》言孝,恶旨酒,育英才。盖圣者,考之大也;贤者,考之述也;君子者,不失乎孝也。(《愧瘖集》卷十八)

●邹守益

○《油田隆堂彭氏族谱序》曰:吾尝闻诸《西铭》矣,人人夙夜匪懈,以无忝所生,尊其高年,慈其孤弱,隆其贤能,而抚绥其颠连无告者,慈爱恻怛之情,洞然四达,而不使害仁济恶者奸于其间,此联属天下、联属宗族之"附子汤"也。(《东廓邹先生文集》卷一)

●叶良佩

○君子以自强不息,法天也。法天者,所以事天也,故君子不动而敬,以存性也;内省不疚,以察几也;精义致用,以尽道也;变通趣时,以尽神也;穷理尽性,以至命也。具兹五者,可以谓自强不息矣。张献公作《西铭》,而曰:"存,吾顺事;没,吾宁也。"须识得此义,然后可与言事天耳。(《周易义丛》卷一)

○吾人以直养为善,至于和顺积中而英华外也,则充塞乎天地之间,为位育之功,罔不由乎善乎! 张献公之言曰:"天地之帅,吾其性;天地之塞,吾其体。"又曰:"穷神则善继其志,知化则善述其事。"可谓善于说《易》者矣。

(《周易义丛》卷一)

●杨爵

○《春兴八首次韵》:认得《西铭》如下棋,茫茫宇内尽堪悲。顾予颠沛真无似,空惜盈虚自有时。燕羽轻风还翻翻,春晖惊眼又迟迟。艰难惆怅怀千古,采采榛苓是所思。(《杨忠介集》卷十)

●骆文盛

○熟读《太极图说》,可达性命之源;熟读《西铭》,可忘吝骄封闭之私;熟读《渔樵问答》,可会天人合一之妙。(《骆两溪集》卷十四)

●薛应旂

○《原祖图说》:《说卦传》曰:"乾,天也,故称乎父;坤,地也,故称乎母;震为长男,巽为长女;坎为中男,离为中女;艮为少男,兑为少女。"是男女之生也,皆本之乎父母者也。而父母安从生哉?夫亦有所祖也。祖者,何也?太极是也。故曰:"易有太极,是生两仪,两仪生四象,四象生八卦,八卦定吉凶,吉凶生大业。"而天地人物,皆于是乎统宗矣。故曰"天下之动,贞夫一者也。"自其一者而观之,则至易至简,而所以范围天地。曲成万物者,亦不过率乃祖之攸行耳。子厚作《西铭》,言父母而不及其祖,唯曰"天地之帅,吾其性",盖引而不发之义也。学者不反求自得,遂以藐然之身,与天地不相似而自分,不能为父母克肖之子。噫!其亦弗念厥祖矣。(《方山先生文录》卷五书二)

○薛子曰:《订顽》以乾坤为父母,以明人之合德于天地。可谓罕譬而谕矣。然必推两仪之所以生,斯得其一本之义也。(《薛子庸语》卷八)

●李滉

○《以事当还都,至荣川病发。辍行,留草谷田舍》:少日书绅服《订顽》,至今憒学但惭颜。狂奔幸脱千重险,静退才尝一味闲。羁鸟有时依树木,野僧随处著云山。后园花萼犹争笑,何必区区病始还。(《退溪先生文集》卷一)

○《玉成堂》:昆珍虽是禀精英,不琢而磨器不成。更把邹书苦心训,乾乾终日服《西铭》。(《退溪先生文集》卷五)

○《病愭》：我素抱痾长坎坎，民今思食政喁喁。《订顽》不奈怜同体，尊性还须警已慵。(《退溪先生文集》卷二)

○第二《西铭》图

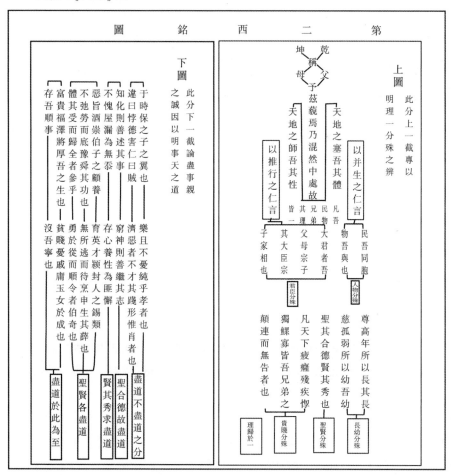

右《铭》，横渠张子所作。初名《订顽》，程子改之为《西铭》。林隐程氏作此图，盖圣学在于求仁。须深体此意，方见得与天地万物一体，真实如此处。为仁之功，始亲切有味，免于莽荡无交涉之患。又无认物为己之病，而心德全矣。故程子曰："《西铭》，意极完备，乃仁之体也。"又曰："充得尽时，圣人也。"(《退溪先生文集》卷七)

○"订，平议也。"("平"，去声。平其不平曰"平"，故凡疑议商量，处置得宜，谓之"平议"。)亦有订正讹舛之义。"顽"者，不仁之名，不仁之人，私欲蔽锢，不知通物我、推恻隐，心顽如石，故谓之"顽"。盖横渠此铭，反覆推明吾与天地万物,其理本一之故,状出仁体,因以破有我之私,廓无我之公,使其顽然如石之心,融化洞彻,物我无间,一毫私意,无所容于其间,可以见天地为一家,中国为一人,痒疴疾痛,真切吾身,而仁道得矣,故名之曰"订顽",谓订其顽而为人也。(《西铭考证讲义》)

○《答李叔献》:《西铭》"颍封人""申生"等,当初张子意,非谓此人等尽道,特借其事,以就事天人分上而言,则当作尽其道说,不应与舜、禹等分别人品,以不尽道之义,和泥带水说了。使事天人遇此等事,亦和泥带水,不尽其道也。林隐识得此意,故并谓之尽道耳。来说"张子但取其一事"云云,固亦知张子本意之所在,如此则于林图,亦当以此意看了,何必独议林隐过许人耶?……《心学图》所论诸说,尤未敢闻命。……其心圈上下左右六个心,只谓圣贤说心,各有所指有如此者。以其本然之善,谓之"良心"。本有之善,谓之"本心"。纯一无伪而已,谓之"赤子心"。纯一无伪,而能通达万变,谓之"大人心"。生于形气,谓之"人心"。原于性命,谓之"道心"。于是,以"良心""本心"其义类相近,故对置诸上左右。"赤子心""大人心""人心""道心",以其本语之相对,故对置诸中下左右。此六者,正如朱子以《西铭》前一段为棋盘者,同焉。当其说棋盘时,安有工夫之可分先后耶?故程氏自说止如此,未尝及于工夫功效先后之说。今来谕云云,岂不为程氏所笑耶。……自"惟精惟一"以下,方说做工夫底。亦犹《西铭》后一段下棋子处一般也。其以遏人欲存天理,为相对工夫。叔献亦非之,然此之相对,匪今斯今,其来尚矣。(《退溪先生文集》卷十四)

○《答万正淳书》:切脉观鸡,按脉之流动相续,而见仁之愤盈融泄、生生不息意思。观鸡之稚嫩可怜,而识仁之生理蔼然、恻怛慈爱意思,大概如此,晦庵论之详矣。然此等须于性情上加工,而体验于日用之间,至于积久纯熟而后,庶几实见其亲切受用处。不然,徒以言语形似想象思惟而得之,则终无可得之理也。"状仁以愤盈融泄",语见《性理大全》《西铭》小注,朱子问仁于延平书也。"切",谓以指按物而知之也。《书》"璿玑"注云"一面加银钉,夜候天晦。不可目察,则以手切之也",即此。"切脉"之"切",同义也。(《退溪先生文集》卷二十一)

○《瘦字是》:《心经》末篇临川吴氏尊德性道问学之论,深中末世学者之病,固为大有益于后,然于其间,有不能无疑者。陈北溪在朱门中,最精于穷理。而乃以口耳之学诮之,至比于穿凿破碎之双峰,无乃误乎?且下面云:

"观于《中庸》首章,《订顽》终篇而自悟,可也。"此言亦为深切,但自悟恐有禅学之弊,何如? 来说善矣。但吴公意,惟在救口耳之弊,则朱子之意,固亦如此。只是吴意专欲以禅学率天下,故其言之偏主一边,已不可掩。且如吴公以四十年穷理之余,犹不能无问于人。若使人人不事穷理,而径欲有味于《中庸》首章,《订顽》终篇而得之,宁可有得,又岂有不误入者乎? 是则其言之弊病,不但"自悟"二字而已耳。(《退溪先生文集》卷三十三)

○《答郑子中讲目》:花潭所见,殊未精密,观其所著诸说,无一篇无病痛,不但如来喻所举者为然也。而其诸门人推尊,太不近情。去年,得南时甫书,云:"许太辉谓花潭可比白沙,此言何如?"滉所答,今不记其详,大概谓"白沙虽溺禅,其人品实高;花潭之学,诞而杂,恐不及白沙"云云。时甫得书,以示太辉。太辉有一书来相诘,反讳其向日比白沙之说,而盛言其学。其末有"与横渠何异"之云。又太辉所识宗室有钟城令者,亦尝学于徐,亦极推其师晚年造诣之高,以斥滉说。滉度此二人,难以口舌争,姑答之曰:"花潭,公所亲炙,滉则得于传闻。似当以传闻者为妄。然花潭著述,滉皆得见之,不知其可比《西铭》者何书? 可比《正蒙》者何书"云云。未知渠后日用何说见报来也。末世向学者鲜矣,其间仅得一二,而见识议论,疏而且诳,如此安得不为世俗骇怪笑骂耶? 太辉虽好人,固多有病痛,不谓和叔之论亦如此也。他日若与和叔论及此,亦须以滉所问于太辉者问之,而采其说以见谕。幸甚。(《退溪先生文集》卷二十五)

○《答金惇叙(丁巳)》:所引朱子及乐正子春两语,所疑甚当,(朱子曰:"圣人视天下犹一家,中国犹一人,不能一日忘也。"乐正子春曰:"君子一举手、一举足而不敢忘父母,若每以不忘为意,则便害于心,如何?")此难以言喻,需熟玩《西铭》之旨,识得仁体,则自知此两语之味。盖仁者之心本自如此,非以不忘为意,然后不忘也。然亦须于自家心得其正时,亲切体验,实见得乾父坤母,同胞物与,涵泳恻怛无内外远近之间,事亲事天真是一理,举目莫非此事,靡容一息之停,意思分明,方知此非强设之言也。不然假使真能如子春之言,要止是笃于孝,行之人尔,若于朱子之言,则又莽莽荡荡,无交涉,不近情,而流于墨子之兼爱矣。(《退溪先生文集》卷二十八)

○《与金而精》:昨虽终日讲论,知其疲。夜来寝寐间,自觉神魂怔营,想为劳心所致。因思两君所读太多,非但于病人力所难堪;在两君为学之方,亦非所宜。尹彦明在程门半年,方得《大学》《西铭》看。朱门教人看书,极是迟钝,日课不过一二章。每云"学者之于书,不患不进前,患不能退步",所以然者,此学专在于沈潜反覆,精思熟玩,久而后渐得其门路。其贪多务得,匆匆趁逐,自不干学问事故也。今者虽不能尽如两夫子门法,亦当量力裁省为佳。不当期以旬月之间了得几件书为心,而自作倥偬,终无一得也。今日欲预晓两君以不能如昨之多,故令儿口报云云,非谓勿来也,乃竟不来。无乃误传而然乎,余在明日。(《退溪先生文集》卷二十八)

○《与金道盛(隆,庚午)》:晦翁先生尝曰:"看文字,不可过于疏,亦不可过于密。"陈德本有过于疏之病,杨志仁有过于密之病。盖太谨密,则少间看道理。从那穷处去,更插不入。不若且放下,放开阔看。其他亦有论太密,病处非一,今不暇枚举。晦翁必不欺人,幸须留意算法,比他法甚似简径。但在此诸人,皆不能知其下算。恨不及君在时,得此法而究得之。然会当因便,更请教也。《西铭考证》有添补三条,别纸写去,并详之。(《退溪先生文集》卷三十八)

● 刘僴

○此即所谓《西铭》,张子取以名篇者。后人因文公先生为之注释,遂自另为一书,不复之《正蒙》,如《大学》《中庸》之不系于《礼记》,可谓示人以约矣,然非作书者之本意。今取而归之于此,庶学者得观其全焉。微辞奥义,朱注已悉,不敢别为之说,姑就其通篇论之。"乾称"三句,乃一篇之大指;"天地之帅"二句,申首三句之义;"其大君"者以下至"无告也"者数句,又自"同胞"中别其等而言之,引伸触类,而"民胞物与"之义可尽矣;"于时保之"至末,皆言事天之功,即孝子之事,明仁人之学,所谓因人以推天,即近而言远者也。学者深察乎此,而有得焉,求仁之方,思过半矣。(《新刊正蒙解》《乾称篇第十七》篇首《西铭》文后)

● 谭大初

○《正蒙解后跋》:《正蒙》十七卷,作于横渠张子,与东西"二铭"并传。《西铭》极纯无疵,发前圣所未发,先儒盖亟称之。至于是书,则谓其有偏驳处。夫言一也,而纯驳迥殊,岂立言之难?以子载之妙契广书,固不免欤?抑训诂之烦,失作者之意也?龙峰先生潜心理学,间尝博采诸家,参以自得而折衷之,其曰"理气不相假借、不相陵夺"以释"大和",盖深得乎《西铭》"塞体帅性"之蕴;其曰"大心"即孟子之"尽心",又深合乎《西铭》言弘之道。然则《正蒙》果偏驳乎？否也。其他是者因之,不害为同,否者正之,不□于异。盖将剖拆群疑,嘉惠来学,匪直横渠之忠臣而已。初不敏,干浚举业,盖亦有年,沿习应闻,间或不能以句读,是偏重有发焉。敬书末旨,以俟同志。先生刘氏,名僡,字伯高。龙峰,其别号云。举明经,筮仕吾雄司理,听断明恕,囹圄常□,君子固知其政之有本也。时嘉靖丙午夏,凌江后学谭大初顿首书。(刘僡《正蒙解》卷首)

●罗洪先

○《屠竹墟有贻次答》:中年学道负心期,始信杨朱亦泣歧。扰扰渐忘聊自遣,空空仅似有何知。倘逢南郭堪相偶,解读《西铭》不恨迟。底事别来如对面,问君可是破群疑。(《念庵文集》卷二十二)

○《邃夫弟初入南雍》:频收家问为兄慰,初试乡心觉汝难。资遣聊同从外传,纵观况已到长安。半年曾读《西铭》未,一饭谁将国士看。留得父书相待久,几多勋业在儒冠。(《念庵文集》卷二十二)

○《寄尹道舆》:近来见得吾之一身,当以天下为任,不论出与处,莫不皆然。真以天下为任者,即分毫躲闪不得,亦分毫牵系不得。古人立志之初,便分蹊径。入此蹊径,乃是圣学;不入此蹊径,乃是异端。阳明公万物一体之论,亦是此胚胎。此方是天地同流;此方是为天地立心,生民立命;此方是天下皆吾度内;此方是仁体。孔门开口教人,从此立跟脚。后儒失之,只作得必信必果,硁硁小人之事,而圣学亡矣。《西铭》一篇,稍尽此体段,所谓大丈夫事,小根器不足以当之,识得此理,更觉目前别长一格。(《念庵文集》卷三)

○《夏游记》:初七日,自玉峡趋石莲。酷暑中,入石室,毛骨洒洒,不禁偃伏。怀濂阁下,余以近岁所学相质,且述逃世之乐。龙溪曰:"吾儒之学,本以经世。此心与物相为流通,人有弗善,而不能委曲成就,即于己心有碍。故此心与万物,析离不得,见稍有偏,便落无情。此二氏见解,吾儒之所不道者。"因指洞石,笑曰:"若与物无干,只如此石,奇则奇矣,何补于有无哉?"予诘曰:"酷暑得之,何谓无补?"龙溪笑曰:"终是受用不久矣。"辩析二日,始觉其说本之《西铭》,《西铭》本之孔门之仁,自孟子没,未有能究其用者。因之有省。(《念庵文集》卷五)

○《跋阳明先生〈与双江公书〉》:阳明先生《与双江公书》,在嘉靖丙戌。

又二年,先生遂有南康之变。是时公犹未执弟子礼,而先生尽以近日所独得者,切切语之,惟恐不尽吐露,斯其付托责望之重,可知矣。夫万物一体之义,自孔门"仁"字发之,至宋明道,始为敷绎。其后《西铭》一篇,程门极其称羡,自是止以文义视之。微先生,则孔门一脉,几于绝矣。故尝以为先生一体之说,虽谓之发千古之秘,亦可也。公珍重是书,既勒诸石,乃以原稿付谢生经,以其责望,岂无意乎?(《念庵文集》卷十)

● 金麟厚

○《图说》义理精深,《西铭》规模广大,总之不可偏废。(《河西先生全集附录》卷一)

○濂溪《图说》,道理精明,文简意足。张子之铭,规模广阔,不泛不漏。若天资大段高明,则先从《太极》上用功;不然,则且理会《西铭》,以及乎《太极》。《太极》,德性之本领。《西铭》,问学之纲纪。要之,终不可偏废。(《河西先生全集附录》卷二)

● 李桢

○《示学者》:风霜雨露天之教,万物生成自不停。此理昭昭非恍惚,晴窗盥手读《西铭》。(《龟岩先生文集》卷一)

● 柳希春

○《问中秋月·其三》:为问中秋月,曾经伴五星。濂溪图《太极》,关右揭《西铭》。龙德辉千古,琴弦续六经。大儒不可见,空对尔晶荧。(《眉岩先生集》卷一)

● 金富弼

○《尊德性斋铭章附》:《订顽》终篇:"订",丁定切,审症而治之之谓。"顽",谓顽冥不仁。"订顽"云者,审治不仁之病也。终篇谓"存,吾顺事;没,吾宁也"之句,"事",谓事天也。尊德性,所以事天也。朱子释之曰"仁人之身存,则其事天也,不逆其理;没,则安而无所愧于天也。所谓'朝闻夕死',吾得正而毙焉者。"(《后彫堂先生文集》卷四)

●方弘静

○《太极图》《通书》《西铭》《定性书》,醇乎醇者也,信而好之,日不足矣,恶暇空玄以炫俗。(《千一录》卷二十三)

○孟子所谓空乏拂乱,所以增益人者,不既多乎?然则子美之穷,非徒益工于诗也。君子观于此,可以固穷矣,可以读《西铭》矣。(《千一录》卷二十四)

●徐渭

○《正义堂书(自家庄后)》:魄葬此魂无不之,吴札样传今越冢。民同胞物吾与也,北邙意合古《西铭》。(《徐文长逸稿》卷二十四)

●吴健

○《请改正林晋赏加·启》:盖天地间血气,皆吾之同胞相与者也。非有猾乱横犯,如周之猃狁,晋之五胡,则莫不羁縻而抚绥之。此《西铭》之所以作也。(《德溪先生文集》卷四)

●邓球

○《西铭客对》篇首曰:有客至,自南岳,叩其姓名,不答。再叩之,第曰:"关中族氏也。"与款语,皆当理,因留宿,客亦亮余志,不亟去,居数日。饮梅洞,微醺,朗诵《西铭》,荡然横乎天地万物为量。而谓余曰:"汝能为说乎?"余欲对,似不能。俯思久之,忽悟先贤"理一分殊"四字,抽绎去,可立说也。遂将两铭文揭条析义,是为《客对》。

○篇末曰:对毕,客离席,揖余曰:"汝亦知言矣。"复饮,余不觉月白,登楼望焉。四际一目,乾坤万物,豁然于襟。张子曰"混然中处",岂虚语哉!(《闲适剧谈》卷一《西铭客对》)

●董传策

○《尚友吟三首·其三》:宋家老儒慕圣殿,绳趋尺步鸣人群。周官法度元非本,夫子文章可得闻。范量韩猷司马行,名臣辈出光世勋。有伟茂叔图《太极》,伯淳《定性》良大醇。民吾同胞物吾与,关中文字有《西铭》。弄丸半泄先天秘,谁云数学非道真。诸儒竞谈理性妙,胶瑟恐异皇王坟。从此善类立门户,同道为朋还自分。波流又落禅下乘,或啜糠秕作至珍。朱陆持论虽异派,陆虚朱实自相成。大道元无二体观,人品还从一念分。猗嗟道学陋功利,却移功利垂空文。鄙哉传统贾虚誉,雕龙刻鹜徒纷纭。躬行君子我未得,妙机不测乐我云。世态翻然换伎俩,数子安在我心慇。(《董传策集·采薇集利册》一卷)

●权好文

○《自警》:一体虽分有本支,周流血脉贯毛皮。安排若昧《西铭》训,物我根跟岂实知。(《松岩先生续集》卷四)

●李珥

○《西铭》,是学者为仁功夫,非专指人君之事。而载于此章者,人君,父事天,母事地,以斯民为兄弟,以万物为侪辈,以充仁心,然后可尽其职。故此篇,于人君为尤切。夫天地生物,而无所作为,民物受命,不能自立。上代天工,下理万物,使天地得其位,万物得其所者,其不在元后乎!(《栗谷先生全书》卷二十四)

●方学渐

○《西铭》前一截,仁之体也;后一截,求仁之学也。天地万物,本吾一体,人能以事亲者事天,则能一体乎天地万物,而仁在是矣。(《心学宗》卷二)

○"性者,万物之一原,非有我之得私也,惟大人为能尽其道。"《西铭》论之备矣。(《心学宗》卷二)

●温纯

○《宜川谢刘伯明年兄赙吊晤其弟叔贞》:不忘高义臭如兰,跋涉那知行路难。座对《西铭》堪论道,尊开北海且加餐。知君有意抟鹏翮,老我何妨戴鹖冠。他日看花游上苑,伫逢春色满长安。(《温恭毅集》卷二十二)

○《乙丑世讲录后序》曰:余故喜横渠张先生《西铭》"父母胞与、宗子家相,及兄弟颠连无告"之说,而又有味乎"践形尽性,顾养锡类,体受归全"诸语为顶门一针,盖人一身外,虽骨肉亦分期功袒免,曷论乾坤?兹于"乾""坤"曰"父""母","民""物"曰"胞""与","大君""大臣"曰"宗子""家相",

"疲、癃、残、疾、茕、独、鳏、寡"曰"兄弟颠连无告",岂非以凡有形性皆一体,凡寓乾坤皆一家?而况合四百人,同对公车,听鹿鸣,称兄弟,业历四丑,合则目成,离则神交,见其子若弟、若孙,与子若弟、若孙之见吾侪兄弟,蔼然父子兄弟祖孙,而不谓之一体一家耶?夫尽乾坤内,为一体一家,是于其泛且涣者,而合之也难;以四百人,为一体一家,是于其亲且群者,而合之也易。总之,非强合也,吾践吾形,吾尽吾性焉耳。谁其间之?(脱文)人自为体,人自为家,不亲亦泛,群亦涣,易亦难耶!奚其肖?今乾坤内之颠连无告,宁独疲癃残疾茕独鳏寡,吾侪兄弟,生平沐三朝恩宠,待罪岩廊,亦宗子之家相也,又何诼焉!期所为长长幼幼,继志述事,如子之翼,以无忝匪亏,存顺没宁,庶几哉!(《温恭毅集》卷七)

●李德弘

○《西铭说》:《西铭》与《中庸》,有相同处。"于时保之"以上,乃理一分殊之体,即《中庸》"天命之谓性,率性之谓道"也。"于时保之"以下,乃理一分殊之用,乃事天如事亲,此孝之大者也。《中庸》十六章,始发端天道鬼神之道,以见诚之不可掩也。至于十八九章,极言孝之极功,以明事亲如事天。此亦《西铭》之义。二书之相为表里,可见也。(《艮斋先生文集》卷七)

●李廷机

○做官做家要知足,做道德功业要不知足。《西铭》胸襟极大,认天为父,认地为母。天地间所充塞者,气也,吾以为体;"帅"者,主宰之谓,天地之主宰,吾以为性。"民",至泛矣,认为吾同胞;"物",异类矣,认为吾同群。天下高年,即吾家之长尊,之所以长吾长;天下孤弱,即吾家之幼慈,之所以幼吾幼。"大君",认为吾父母之长子;"大臣"认为相助长子之人。"圣""贤",乃吾兄弟中之合德于父母而秀者;天下疲、癃、残、疾、鳏、寡、孤、独,皆吾兄弟之颠连无告者。人乃天地之子,《诗》曰"畏天之威,于时保之",子之小心翼翼者也。《易》曰"乐天知命,故不忧",子之纯乎孝者也。违□□,悖德之子也;"害仁"者,贼子也;"济恶"者,不才子也;"践形"者,肖子也。"穷神"者,子之能继志者也;"知化"者,子之能述事者也。"不愧屋漏"者,子之无忝所生孝也;"存心养性"者,子之事亲匪懈者也。遏绝人欲,恶远旨酒,则非所谓"好饮酒而不顾父母之养"者,如崇伯子之顾养矣;教育英才,以善及人,则正所谓"孝子不匮,永锡尔类"者,如颖封人之锡类矣。勤修以格天心,是则不弛其劳,致亲于豫,与舜同功矣;委心以听天命,是则不敢逃避,待命于亲,与申世子同恭矣。天地所赋受不敢失堕,如人子奉父母之遗体全而归之,与曾参之启手足同是,吾为天地之参也;天地所陶铸不敢拣择,如人子于父母,东西、南北,惟令之从,与伯奇之以死从令同是,吾为天地之伯奇也。天地或与我以"富贵福泽",是吾父母所以"厚吾之生也",当因而加修,以报之天地;或与我以"贫贱忧戚",是吾父母所以"玉汝于成也",当因而加励,以副之吾身;苟存,尽吾事亲之道而顺吾身;即没,亦可以无遗憾而宁矣。通篇认天地为父母,认其身为天地之子,认天下人为同父母之兄弟,认事天地为事父母,父天母地,家天下,体万物,故曰"胸襟极大"。朱子曰:"吾读《西铭》,不敢慢一人,轻一物。"夫鳏寡孤独,既是兄弟,则岂得而慢之?嗟乎!世有视人饥寒疾苦,漠然不动其心,甚至视至亲如路人者,人之度量相越,岂不远哉?(《燕居录》卷一)

●姚舜牧

○《西铭》推人以之天,即近以明远,于学者日用,最为亲切。非若此书详于性命之原,而略于进为之目,有不可以骤而语者。问:"濂溪作《太极图》,发明造化之原;横渠作《西铭》,揭示进为之方。然二先生之学,不知所造为孰深?"曰:"此未易窥测,然亦非学者所当轻议也。"(《性理指归》卷四)

●曹好益

○《西铭》小注"右书《订顽》":程子曰:"《订顽》立心,则便达得天德"。○小注"人之一身"止"某所论《西铭》之意,正为长者":"长者"指陆子美,自"人之一身"以下,答陆书语也。○小注"吾身便是天地之性":"性","塞"字。○小注"继天地之志":"志",疑"事"字。○小注"伯奇采楟花而食":"楟",《韵书》:"音徒丁反,柰果名也。"○注"熹既为此解"止"此论所疑":"此"字,疑指《西铭》。○小注"以正私胜之流":"正","止"字之误。○小注"延平李氏答朱子书"云云:论仁之体段工夫,此段为详。○小注朱子问"昨谓仁之一字"云云:此段论理一分殊、已发未发极细。○小注:问龟山说"知其理一"云云:四端体用,此段为详。○《总论》小注"有宗祖家相":"祖",疑

"子"字。○小注"善继之志":"之","其"字之误。○小注"勉斋黄氏曰'全篇中,断而观之':"篇",疑"句"字。(《芝山先生文集》卷六)

●杨起元

○《刘子诚春元》曰:横渠先生,豪杰之士也。《西铭》,极其大矣;《正蒙》,极其精矣。彼何以大且精哉?知人之即天,知众人之即圣人故也。其言曰:"知人而不知天,求为贤人而不求为圣人,此秦汉以来,学者大蔽也。"横渠之学至此,则其立言安得不大且精也!(《证学编》卷二)

●郭再谦

○横渠先生西铭图

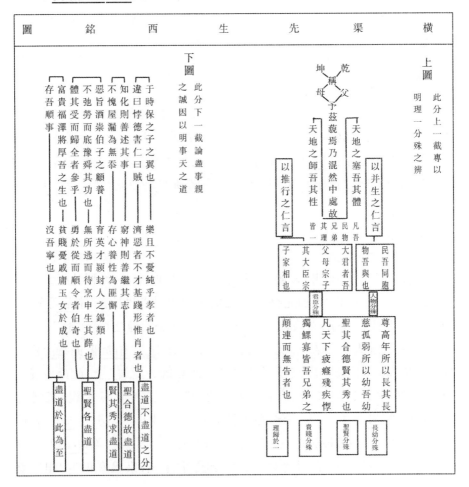

●李安仁

○《太极》之书,濂溪以上接于圣,而括精一至善之指,下开来学。而洛阳《定性》,即动静俱定之意;关中《西铭》,即太极万物之原,可谓择焉而精语焉。(《石鼓书院志·上部》)

●顾宪成

○伊川先生言:"《西铭》,《原道》之宗祖。"愚窃以为《太极图说》又《西铭》之宗祖也。盖《西铭》止推到生万物之父母,《太极图说》直推到生天生地之父母。学者须于此立脚,方有个究竟处。(《顾端文公遗书》之《小心斋札记》卷一)

○《西铭》理一而分殊。"伊川此一语,乃因龟山兼爱之疑而发。若执此说《西铭》,却又泥了。(《顾端文公遗书》之《小心斋札记》卷五)

○《河图》《洛书》,是造化两篇大文字,八卦、九畴、《大学》《中庸》首篇、《太极图说》《西铭》,是千古来圣贤六篇大文字。有起头、有结局、有次第、有本体、有作用、有纲领、有条目、有工夫、有效验。才提起种种色色,都在面前,何等易简而明白;反贴实理会,自天开地辟,生出无限英豪,凭他如何做,也做不能了;凭他如何说,也说不能了,又何等广大而精微。呜呼,至哉!(《顾端文公遗书》之《小心斋札记》卷八)

○《河图》《洛书》,是为造化传神的;八卦、九畴,是为《河图》《洛书》传神的。《大学》,是就人生以后说起的;《中庸》,是就人生以上说起的。《西铭》,是就既有天地说起的;《太极图说》,是就未有天地说起的。分看来,不相依仿,不相假借,不相凌越,各各自开一局;合看来,实是互相阐明,互相助发,互相摄持,恰好完却天地间一个公共的大勾当也。(《顾端文公遗书》之《小心斋札记》卷八)

○朱子之辟象山,自今日看来,委似乎过当。自当时看来,周子之"无极",直透庖犧作《易》之原;张子之《西铭》,大阐孔门言仁之指,这都是大头脑所在。象山兄弟都不以为然,公言排之,宜其重不满于朱子也。(《顾端文公遗书》之《小心斋札记》卷八)

○象山兄弟不肯濂溪之"无极",又不肯横渠之《西铭》。伊川不肯康节之《易》,独朱子一一信而好之,且为考订厘正,推明其说,以遗来学。至以此

取讥蒙讪,不容于世,曾不为悔。试看此老,是何等心胸,何等眼界,何等手段!(《顾端文公遗书》之《小心斋札记》卷十)

○门人宛陵萧思似请曰:"昨承老师述'学者须先识仁'一段公案,看来'先识仁'三字最好。曰先在此,则余皆后矣。今之学者,有二项:一则谓仁未能遽识,我且防检,我且穷索,然防检穷索,皆求识仁之功。仁终无由而识,如宋黄勉斋以下诸公是也,或非程朱原旨。一则谓我既已识仁,不须防检穷索,又少了以诚敬存之一段功夫,便至于放纵无忌,如颜山农以下诸公是也,恐并非姚江原旨矣。此须用一个譬喻。师冕是个瞽者,及阶及席,皆须一一诏告,惟恐跌失,此即防检穷索之说也。若遇明眼人,则阶席皆赘语矣。然恃其眼明,便至于跳跃谑浪,骂坐乱席,可乎?此以诚敬存之一段功夫,又不可少也。然则防检穷索,何以曰非求识仁之功?盖曰阶曰席,非无裨于瞽者,不是医瞽的方子。若欲瞽者复明,必须金针拨转瞳人,故窃谓学者未能识仁,须如盲者不忘视,汲汲皇皇,求良医,问良方,苟遇良医一拨便转,开眼以后,自无待一一诏告矣。老师,今之良医也,敢问其方。""师冕一喻甚佳,伯谷更欲觅金针乎!此是伯谷怀中物,何假于仆!无已,则有一焉,《西铭》是已。明道极推《西铭》,以为这一篇文字,言仁已备,不必再添蛇足。识仁数语,只是点化他,若还天自天,地自地,人自人,我自我,与《西铭》对印不来。这话亦没处安顿,故《西铭》者,识仁之指南也。孔子与颜子论仁,特提'克己'二字,正是此意。颜子闻之,遂直任曰:'回虽不敏,请事斯语。'仿佛便有喟然一叹光景,盖金针到手矣。"(《顾端文公遗书》之《东林商语》卷下)

○又请《西铭》。"'仁者,以天地万物为一体',只一句,已道尽。老师谓:'今日吃紧处,只是要识仁,则一切闲言语,可置勿辨。'诚然,诚然。但仁从何识?岂独从《西铭》可入?即如《中庸》'道洋洋乎,发育万物,峻极于天',此是何物?非仁体耶?如此看来,仁决非躯壳中物,明矣。奈何世人泥方寸之窍为心,于此防检,于此穷索,止欲拘囚于此窍之中,令人不得活泼泼地,安能与物同体?譬之月映万川,川中所见皆月之影,非真月也,人心亦是。如此,今人各藏一心者,乃心之影,非真心也。程子又言:'人须自识其真心。识真心,即识仁也。'但此仁不泥躯,亦不离躯壳。医家以手足痿痹为不仁,程子谓此言最善名状。尝见世人,自号'识仁',而形容枯槁,肢体痿痹,与常人无异,则仁尚不能贯吾身,又安能贯万物?如此则识仁亦不中用矣。至于识仁之功,无往非是。岂独学书,因舞剑而悟?如张横渠闻驴鸣,赵清献闻雷鸣,庭草盆鱼、风吹草动,凡目之所见,耳之所闻,孰非悟门？老师所谓'精神到处所见,无非是物'者,是也。《原宪章》'吾不知'三字,看得甚妙,不肖于《克己章》,近亦有窥测。夫子不曰'胜',而曰'克'者何？盖五行有相生相克之义,生者此物,克者亦此物。己未克,则为私己;己一克,即为公己,故又曰'为仁由己',非别有一己也。譬如冰与水非二物,凝之即冰,融之即水,蠡测如此,老师以为何？"

"愚谓《识仁》自《西铭》入,是说源头。既是说源头,即《大学》首一章,便是曾子之《西铭》。《中庸》首一章,便是子思之《西铭》。推类言之,不可胜穷,而独举横渠之《西铭》,何故？此则又以血脉言也。于稽是时,明道、横渠两先生相与绍明绝学,共以孔门言仁之指为第一义。及《西铭》一出,明道见之,不胜契合,一则曰:'《订顽》之言,极纯无杂,秦汉以来所未见',一则曰:'《订顽》立心,便可达天德',一则曰:'《西铭》,颢得此意,只是须得子厚如此笔力,他人无缘做得。孟子以后,未有及此,得此文字省多少言语。要之,仁孝之理备于此,须臾不于此,便是不仁不孝也',一则曰:'充得尽便是圣人。'一言之不足而再言之,再言之不足而反覆言之,深嘉乐道,津津无已,真如所谓若己有之,不啻若自其口出者。故曰:'天地之用,皆我之用。'可见明道、横渠两先生,分明是一个人也。愚向读《识仁篇》,大约只忆到'不须防检,不须穷索'而止,顷因商及,复取原文读之。至曰:'《订顽》意思,乃备言此体,以此意存之,更有何事！"必有事焉而勿正,心勿忘,勿助长"也,未尝致纤毫之力,此其存之之道。'不觉跃然,喜曰:'原来明道此篇,实承《西铭》而言,为《西铭》作结局,予特偶合耳。'可见《西铭》《识仁》,分明是一篇文字也,此愚所谓'血脉'也。向使横渠无《西铭》之作,明道自应有说定不舍修而专言悟;又使横渠有《西铭》之作,明道辄援一说以覆之,则亦不足以为明道矣。欲识仁,不可不于此著眼也。今曰:'《西铭》只"仁者以天地万物为一体",一语已道尽。'又曰:《识仁》岂独从《西铭》可入,即如《中庸》"道洋洋乎,发育万物,峻极于天",此是何物？'若然者,将引而伸之,展转发明耶？"抑亦曰:'是不过古人成说,泛而视之耶。如其展转发明,似不应如此。下语如其"泛而视之",是岂惟孤负横渠,亦且孤负明道,是岂惟两先生一片吃紧,为人之心一笔抹过,无处更开得口。亦且自家于此,不免草草混过,孤负了伯谷矣。'愚故特推本两先生当年一力担负,与其后先倡和之意,表而出之,以俟高明裁焉。"
(《顾端文公遗书》之《东林商语》卷下)

○鸣皋东林归，再请。略曰："仲夏一会，以俗冗促还，至今恨缘法之浅，不肖向时恶尚通者之裂绳坏检，而斤斤守紫阳法程；既又疑其拘而固也。稍欲以圆活济之，迨久而知恶其通、疑其拘者，皆妄也。间尝为之说，曰：'士诚希圣，始依乎方，究归于圆。方而渐圆之，圆而方出之，如是而身心才有安放，学问才有头脑。不肖虽工力未至，窃望而趋之，更顶礼而冀垂弘诲焉。"

"溽暑之中再烦问，即此一念，启我实多。窃以为，今日既拈识仁，只须求识仁便是。诸方圆、体用、诚敬、防检、穷索之推，似宜暂置，而仁未易识也。程门每教人读《西铭》，意在斯乎？夫何故一体之谓仁？《西铭》分明是个一体图。'天地之帅，吾其性；天地之塞，吾其体'二语，又分明将一体源头拈出也。试看世人，尚有不识此身是何物者，谁能识得此身之所自来乎？尚有不识父是父、母是母者，谁能识得乾坤之为吾父母乎？尚有识不得兄是兄、弟是弟者，谁能识得四海九州之皆吾兄弟乎？非惟世人，吾辈试就自家反而观之，果能内捐躯壳，外剖籓篱，有以异于彼乎？抑亦分尔分汝，自私自利，无以异于彼乎？将来一一参取明白，其于识仁，思过半矣。夫如是，自能诚敬，自能防检。不落防检，相自能穷索。不落穷索，相自能时方时圆，不落方圆相矣。"

○又请。"十日而再承札教，如获两珠。此珠原来在我，幸师指示其处，乃知所从掬取耳。师既以求识仁，为今日吃紧，又拈出《西铭》仁体，而参之'克己'及《克伐章》'吾不知'三字，遂令盲瞽，眼目顿豁。伯谷所云'金针拨转'，师之谓耶？抑尚有说。孟夫子曰：'行之而不著焉，习矣而不察焉。'程子亦曰：'人有笃学力行，而不知道者。'夫曰'行'，曰'习'，曰'笃学'，曰'力行'，不可谓非躬修实践矣。而犹曰：'不著不察，不知道。'然则若何而谓之著且察，若何而为道，又若何而为知耶？不知道，无论霍光之忠，王祥之孝，虽才如诸葛武侯，行如司马温公，先儒犹以为特资器之超，而未可语于圣学也。然则道之不可不知也，倘亦与'先须识仁'之旨互发欤？抑识仁知道别无两项欤？幸明教之。"

"只是一个珠，行而著，著此习而察，察此识仁，识此知道。知此仁字亲切，道字弘大，其实一耳。有一语欲问：'自孟子有是终身由之而不知道之说，而吴草庐遂将百代殊绝人物，如诸葛武侯、司马温公，槩而夷诸不著不察之中，至于今，且谓人之于道，但有不知，更无不行矣。此其说非不，亦自有见。及考孔子特不任生知，未尝不任学知也。独于行之一字，恒若歉歉然，曰：'躬行君子，吾未之有得也'，曰：'所求乎子臣弟友之未能也'，曰'德之不修，学之不讲,闻义不能徙,不善不能改,是吾忧也',曰:'出则事公卿,入则事父兄,丧事不敢不勉,不为酒困,何有于我也?'"岂圣人反有不行落庸众之后欤?将圣人之所谓行,与世之所谓行,尚有辨欤?然则所谓但有不知更无不行者,或亦非定论欤?高明以为何如?"(《顾端文公遗书》之《东林商语》卷下)

●徐思远

○《工夫劄录》:无极而太极者,万象森列,不可谓之无矣。太极本无极者,冲漠无朕,不可谓之有矣。《太极图》发造化之源,《西铭图》揭示进为之方。论其格局,则《太极》不如《先天》之大而详;论其义理,则《先天》不如《太极》之精而约。(《乐斋先生文集》卷六)

●邹元标

○《杨如石任仁堂》:巨海浮沤浪得身,还谁一窍见天真。东风吹动江门树,一夜寒花遍地新。萧条陋巷可希颜,今古何人解《订顽》?为语故人杨伯子,工夫只在舞雩间。(《愿学集》卷一)

●虞淳熙

○张子,名载。《西铭》一书,明事亲、事天之孝,此《孝经》之正传,即"天明""地察"语也。(《宗传图》)

●顾允成

○朱子平心巨眼真未易,及如明道先生最所尊信。然《定性书》《识仁说》,却不将来与《太极图说》《西铭》一例表章,此便是裁成辅相手段。(《小辨斋偶存》卷三)

●黄汝一

○《天地之帅吾其性赋》:冯冯无极,混混至理。大哉至哉,其天其地。在彼为帅,于吾赋性。万姓之衷,一天之命。厥初孰玄而孰黄,此理无始而无终。先疑独而磅礴,首五行而流通。谅玄玄兮莫究,载苍苍兮何声。分清浊而化机,肇方圆兮随形。在上者高也明也,无是则颓然而已。在下者博兮厚兮,非此则亦一块耳。天得天而地得地兮,何莫非此帅之所为。是以志在于天,固知资始之机。理在于地,亦为资生之德。天地大乎,一理中之细物;至理小乎,实为帅于两间。体奚二于万古,用归一于千般。天覆地载,覆载虽隔;乾动坤静,动静殊迹。中天地父母乾坤,曰惟人兮,虽混然藐然之蚩蚩,亦良知良能之禀均。天既性我,而性之具四德于本然,夺天地之所帅,为自家之一天。天行健兮,以之而自强不息;坤道静兮,以之而敬守勿失。根虚灵而无内,受于穆而罔像。莫谓天高,在我性上;莫谓地厚,在吾一己。天有此帅,必与赤子;民有此性,必使存养。非上天降才尔殊,类莠麦之种长。肆君子之率性,合天地于腔里。苟丧性,亦丧其帅,天自天兮地自地;宜惺惺,而直内,恒忞忞而秉彝。保一身之乾坤,致万物之未备。仁义弸彋,面背晬盎。德兮有邻,道兮日章。同胞兮万民,门庭兮六合。吾然后知天地之所帅兮,与吾人之所禀,理虽异而本一,一俯仰于千古。几存性而明德,尧舜性兮汤武身;固太上性性而次习,学不厌兮教不倦。圣矣夫子,持其志兮养其气;醇乎孟氏,五百年而必有。吾于濂洛有取,夫何暴弃之辈;甘不仁而不义,昧相近而日相远。纷或混而或恶彼,圣人与我同类;矢复初而矻矻,服《订顽》之格训。原所帅之同得,知其性则知其天,与天地合其德也。(《海月先生文集》卷五)

●冯从吾

○《太华书院会语附录·太华书院·阳城崔时芳(右四)》:乾坤为父母,胞与忍屯膏。未满一人望,即分五内劳。《订顽》开大觉,克己借钧陶。俯仰天无际,宁称华岳高。(《少墟集》卷十)

○《池阳语录卷下·庆善寺讲语》曰:张子《西铭》,正是解"仁者以天地万物为一体"一句。开口说"乾称父,坤称母","民,吾同胞;物,吾与也。"何等痛快!学者果能知乾坤原是我的父母,自然知万物原是我的同胞,虽欲痛痒不相关,不可得也。(《少墟集》卷十一)

●吴允谦

○《上世子书》:伏以道在日用平常之间,……顷年,伏闻邸下令宫官进讲《夙兴夜寐箴》,且令写《西铭》,悬吐以入,足以见邸下向学之盛意也。《夙兴夜寐箴》于学者工夫,最有据依。……至于《西铭》有大焉,以明夫天地万物,本吾一气,其分虽殊,而理则一。惟当深玩此义,然后方见人为天地之子,而人之事天犹子事父母。民为同胞,物为吾与,而恻隐之心,同流遍普。天地之间,无一物不在所爱之中矣。凡人例为私意所梏,至于父子兄弟,显有物我。一读此铭,便觉胸次豁然公大,私意脱落,其于学者为仁之功,实有所益。(《楸滩先生集》卷三)

●薛冈

○《评延笃仁孝论》:后世惟张载《西铭》,大得圣人之指,以乾坤为大父母,以宇宙内事为家事,是真能明仁孝之道者也。(《天爵堂文集》卷十七)

●藤原惺窝

○学问之道,分别义理,以理一分殊为本。万物一理,物我无间,则必入于理一,流于释氏平等利益、墨子兼爱而已。专以分殊见之,则必流于杨子为我矣。两未得其善,故读圣贤之书,晓圣贤之心,则可专以理一分殊为宗,则无弊矣。(《杏阴稿》卷四)

●高攀龙

○呜呼!《订顽》其至矣哉,盖为天下万世而谱其祖也。(《高子遗书》卷十)

●李光胤

○《次郑伯俞(允谐)韵(三首)》:露泫畦蔬晚雨余,生憎狂潦乱鸣渠。多情最是南山色,依旧青青不负余。啼鸟声中午梦余,灌花聊复决村渠。孤吟忽起故园思,天末白云愁杀余。静阅《西铭》俯仰余,明窗宛尔对横渠。欲知理一分殊处,不可他求只在余。(《瀼西先生文集》卷二)

●申钦

○《汇言》:羲《易》是皇书,……《西铭》,广大而悉备,具仁之体用。《西铭》文体,亦作者也,无于古。《正蒙》,独得之论也,其说亦无于古。(《象村稿》卷四十二《外稿第一》)

●戴君恩

○周子《太极图》,原天以之人,故其言广大而精微;张子《西铭》,推人以

之天,故其言切近而笃实。学者宜各写一通,置之几案,时时玩味。(《剩言》卷二)

〇《西铭》,二百四十余字,其大旨,只是与天地万物同其体而已;《太极说》,二百四十余字,其大旨,只是原始以要终而已。(《剩言》卷二)

〇《太极图说》,自"五性感动而善恶分万事出矣"以前,是说本体;自"圣人定之以中正仁义而主静"以后,是说工夫。《西铭》亦然,自"凡天下疲、癃、残、疾、惸、独、鳏、寡,皆吾之兄弟之颠连,而无告者也"以前,是说本体;自"于时保之,子之翼也"以后,是说工夫。完完全全,彻上彻下,真是宇宙间两篇大文字。(《剩言》卷二)

〇古今言道者,有五篇大文字,子思《天命篇》,曾子《明德篇》,颜子《喟然篇》,周子《太极图》,张子《西铭》也。(《剩言》卷三)

●权得己

〇《天地人(并题)》:问:人有恒言,皆曰"天、地、人",天自天,地自地,人自人,而其所以并称者,何欤?《西铭》曰"乾称父,坤称母",邵子曰"一身还有一乾坤",可得闻其详欤?在天地曰"五行",在人曰"五性",五行、五性之相为表里,亦可闻其详欤?"天视自我民视,天听自我民听",地之于人,亦有所视听欤?万物资始,天之造化;万物资生,地之造化。人于其间,亦有造化欤?天地之生久矣,亘万古而不变,人之道,亦有配天地而不变者欤?如欲参天地赞化育,其道何由?若以明问,逐条言之,则天施地成,天地之生育也。父生母育,父母之生育也;人之于天地,犹子之于父母,则民,吾同胞,而物皆吾与,知此理也,而能推己之心以及于人,不使一物失所,乃所以敬事父母也。天地以是理赋于人,万物皆备于我,故人之心未发之中而主宰不昧者,天地之本体也;已发之和而中节不差者,天地之功用也。三才之道,其用固莫先于仁也,是故《西铭》之说,直以天地为大父母,万民为大同胞,皆所以推明是仁之理也。愚见如是,不识执事以为如何。谨对。(《晚悔集策》卷二)

●朴知诫

〇《赵参奉(相禹)疏辨》:张子《西铭》曰:"凡天下之疲癃残疾,皆吾兄弟之颠连而无告者也。"张子岂以天下之疲癃,真为吾兄弟,而于其死丧也,皆为之期年服乎?呜呼!规矩,方圆之至也。圣人,人伦之至也。舜之事尧,则受重之义尽矣;其事瞽叟,则父子之伦至矣。当今之礼,惟以事尧事宣庙,以事瞽叟事大院君,然后吾东方之为父子者定矣。赵疏之说,出于时相之意,乃举世之论也,故辨之详耳。(《潜冶先生集》卷九)

○是以天地之间,所谓鬼神虽多,无非天地之心一以贯之者。而万物之生生,皆是鬼神之所为也。故尽费之大小,以至于发育万物。盖所以奉承鬼神以事天也,人之事天如子事亲。奉承鬼神,即继志之类也。尽费之大小,即述事之类也。张子《西铭》之旨,亦此意也。(《潜冶先生集》卷十)

● **顾大韶**

○张横渠有意为文而拙于文,如《西铭》"恶旨酒"一联,疵病非一,以崇伯子称神禹,近于狎大人,一失也;《孟子》所称"不顾养",非止好饮一端,今专以"恶旨酒"为"顾养",二失也;"恶旨酒"是禹故事,"育英才"与"颖封人"何与?而扯以为对,三失也。如此作法,即人之律赋时文中,人且讥其不工,而况于垂世立言乎?二程极赞此铭,称为秦汉以来所未到,又推其笔力过人,然不共为讥弹润色,亦未尽朋友忠告之道也。(《炳烛斋随笔》)

○横渠之《西铭》,其意甚莽,其词甚卤,以覆瓿可也。(《炳烛斋随笔》)

● **刘宗周**

○此篇旧名《订顽》,程子谓起争端,故易之。"订顽"云者,医书以手足痿痹为不仁,(曾祁案:程子曰:"医书言'手足痿痹为不仁',此言最善名状。")视人之但知有己,而不知有人,其病亦犹是,则此篇乃求仁之学也。仁者以天地万物为一体,真如一头两足,合之百体然。盖原其付畀之初,吾体吾性,即是天地;吾胞吾与,本同父母;而君相任家督之责,圣贤表合德之选,皆吾一体中人也。然则当是时而苟有一夫不得其所,其能自已于一体之痛乎?于时保之,畏天以保国也;乐且不忧,乐天以保天下也。反是而违天,则自贼其仁;甚焉济恶,亦天之戮民而已。然则君子宜何如以求其所为一体之脉而通于民物乎?必也反求诸身,即天地之所以与我者,一一而践之。践之心,即是穷神;践之事,即是知化,而工夫则在不愧屋漏。始于是,有存养之功焉,继之有省察之要焉,进之有推己及人以及天下万世者焉。(曾祁案:吕氏《呻吟语》:"无屋漏工夫,做不得宇宙事业。")天之生斯民也,使先知觉后知,使先觉觉后觉,如是而已矣,庶几以之,称天地之肖子,不虚耳!若夫所遇之穷通顺逆,君子有弗暇问者。功足以格天地,赞化育,尚矣,其或际之屯,亦无所逃焉。道足以守身而令终,幸也,其或濒之辱,亦惟所命焉。凡以善承天心之仁爱,而死生两无所憾焉,斯已矣!此之谓立命之学。至此,而君子真能通天地万物以为一体矣。此求仁之极则也。历引崇伯子以下言之,皆以孝子例仁人云。明道先生云:"《订顽》之言,极醇无杂,秦汉以来学者所未到。"又曰:"《订顽》一篇,意极完备,乃仁之体也。"愚按:终篇之意,本体、工夫都无漏义,读者知之。○谨按:此篇之意,大抵从周先生《图说》来,但周先生自先天说起,由造化而人事,其义精;此篇从后天说起,由本体而工夫,其事实。至《西铭》之所谓"仁",即《图说》之所谓"极";《西铭》之所谓"屋漏",即《图说》所谓"主静立极"之地与!(《刘子遗书》卷一,《西铭》文下)

○《性理》中,如《太极图说》《通书》《定性》《识仁》东、西《铭》,不可不读。(《刘氏家塾规》"弟子"条)

●安世凤

○《景西铭》:张子之《西铭》,独见天人之契于人物,几希之表,其有功于造化甚大。自周孔之《易》,子思《中庸》之外,惟此一章耳。世儒读之,不知其解,盖自正叔以来,莫不皆然。更以《东铭》混之,令张子吃紧心肠,隐于俗目;加以紫阳之注,而谬戾埋物,扫地尽矣。余尝稍出数言,俾役生少见天地之大,方秘在一友人家,不可得。此宫允景公所书,以小篆庄严,俨恪霭映,与铭文相发,一披览,古色古心,悚然欲拜,真得所以托其艺者。景行草亦佳,而尤长此,又不可多得者,敬沐蠲为表章之,尚当理旧稿,而存之也。天启丙寅正月八日。(《墨林快事》卷十)

●戴澳

○《覆世袭五经博士张文运(十四日)》:看得先贤张载,并周、程、朱,称四大儒,合濂、洛、闽成一正统。《西铭》共华岳不朽,《正蒙》与金天为昭。传家空有五经,延世独无一命。同德殊报,即三贤,亦恫于厥心;异世均褒,庶千秋,不泯其遗业。幸转徙,犹存华胄;岂文明,尚郁熙朝。固宜录以世官,于以彰夫往喆。(《杜曲集》卷五)

●林罗山

○《西铭讲解》:《西铭》既有考亭之注说,而深切著明孰加焉!刳肤谢末学乎？然略而言之："惟天地、万物、父母"，是武王之格言也；"乾为父，坤为母"，是《易传》之圣训也。儒先以为，以主宰谓之帝，以形体谓之天地，以性情谓之乾坤，以气谓之阴阳，凡主乎两间者，无不出自此焉。我藐焉，渺小之形，混成处于其中。此气充塞于天地之际，即是我体也；此性宰帅于天地之际，即是我理也，所以孟子"志者，气之帅也"，"浩气塞天地之间"云者，以此也。大凡为民者，对我而言之，是人人也。皆以天地为父母，则人人悉为天伦，为连枝。故曰"同胞"，皆是同父同母之谓也。己受此气而出，则物亦我侣伴也。有正偏塞之异，虽不同类，然其本于天地，则不可谓不同气也。大君者，天地之嫡长也。若干伯叔兄弟至于九族，皆崇之、敬之、君之、主之，故曰"宗子"。宗子之辅佐，谓之"大臣"，大臣者，君家之宰相也，所生所出，必有后先。先生，则高年也，以"老我老"之次第而尊，以"长我长"之典叙而敬之，亦是"贵者贵之"之理一也。幼而无亲者曰"孤"，年几及十者曰"幼"，以"幼我幼"之慈爱而怜之，以"子我子"之保养而恤之，亦是"贱者卑之"之理一也。所谓"如保赤子"，所谓"子庶民也"，奚二理哉？其为人之间与天地同其德者，曰"圣"，若尧、舜、禹、汤、文、武、周、孔是也。禀五行之秀而生者，人人均矣；秀而又秀者，曰"贤"，若咎繇、益、稷、契、伊尹、傅说、太公、三仁、孤竹君之子是也。人皆为兄弟，兄弟之中合德于父母者，秀生挺出者，乃圣贤也。兄弟之际，或疾病，或亲族离散，亦是颠连衰疲而无所愬告者也，我何不恻隐之乎？"畏天之威，于时保之"，乃子之翼翼，善敬亲也；乐天而不忧，乃子之纯一，善爱亲也，惟孝哉！人之能事天，犹如舜之顺于父母乎？若其违天理，曰"悖德"，不爱己之亲，爱人之亲，不亦悖乎？害天理曰"贼"，贼者，残贼之谓也，若夏癸、殷辛之辈是也。益恶者，曰"不才"，若四凶、少正卯之徒是也。呜呼！践形者，惟相似也，我形所具之理，不有相悖，有物有则，心与形相似，而做四勿之工夫而纯熟，则不背父母而惟肖于天地。圣人知变化之道，而述天地之事，如孝子之善述父事也。又穷神明之德而通之，心所存即是天地之心也，如孝子之善继父志也，圣人乐天践形，其如是而已。"不愧屋漏"者，慎独之谓也，内省不疚之谓也，如是何忝父母哉？可谓畏天。"存其心，养其性"，是孟子之语也。存养不懈于夙夜，何背所生？所生者，近之父母；天地者，远之父母。远近虽异，其理一也。"恶旨酒""拜善言"者，禹之顾父母之养也。天下之英才，如颍封人之以孝谏庄公，则有不匮锡类之忧，不弛爱慕之劳，而底瞽顽之豫，即是舜之大功也。献公之命，无所逃避，而雉经于新城，申生之恭也，故谥曰"恭世子"。身体发肤，受于父母，父母全而生之，子全而还之，是**参**乎启手足而易箦也。不怨谗于掇蜂，不堪悲于履霜，从**尹吉甫**之令而勇于死者，**伯奇**也。皆是以父之命，为无所逃天地之间，所谓天下之大戒也。天地是父母，父母是天地，故人之不达天理而善顺之，如孝子慈孙之善事父祖也。"富贵福泽"，若**尧**、**舜**、**禹**之揖让，**周公旦**之富，可谓吾生，故**孔子**曰"富而好礼"。"贫贱忧戚"，譬诸它山之石，可以攻玉，故曰"**玉汝**"，是以天欲授大任于此人，则必苦其虑，饿其身，而动心忍性，然后玉成显。且《中庸》所谓"素行之学"，虽富贵，虽贫贱，莫不自得焉。**伯夷**之薇蕨，**颜子**之箪瓢，不亦玉乎？不屑彼玉食矣。又**孔子**曰："朝闻道，夕死可也。"故曰："存顺没也。"知生则知死，若不然，醉生梦死，可悲焉。于是人之一生，为不徒而已。夫太极生阴阳，阴阳生五行，变化生化生万物。太极，理也；阴阳，气也。所以阴阳者，道也。五行一阴阳，阴阳一太极也。人物之出自天地，本是理一也。为子，为民，为物，为兄弟，为圣贤，为不才，为孝子，为悖贼，为富贵，为贫贱，是分殊也。故儒先评《西铭》，以为"理一分殊"，亦是圣门广仁之义乎？男靖依人请而讲古文有日矣。迩日当讲《西铭》云云，于是任笔以授之。(《罗山文集》卷三十)

●孙奇逢

○《曹月川太极图西铭述解序》：泾阳有言："《河图》《洛书》，为造化传神；八卦、九畴，为《河图》《洛书》传神。《西铭》，就既有天地说起；《太极图说》，就未有天地说起。"其言明肃简严，于诸书本末大旨，各开一局，不相假借，而要之未尝不互为阐明摄持以统归于一，是濂溪之《太极》，横渠之《西铭》，实三代以下庖牺也。然后世知元公者鲜，绍兴、乾道间，屡以二程请配孔子之庙而祀于学宫，皆不及元公，至有疑"无极"之说出自老子，讼言排之，噫！可谓文厄矣。若《订顽》《砭愚》，上推极于乾父坤母，下推极于戏言戏动，语大天下莫能载，语小天下莫能破，深哉！谁其知之？月川子于《太极图说》暨《西铭》，大都以朱子为依归，独辩"庚一"，则所以效忠于考亭者，良工心独苦。谓朱子之解《太极》，既云："有太极，则一动一静而两仪分；有阴阳，则一变一合而五行见"，及读《语录》，又谓："太极不自会动静，乘阴阳之动静为动静"，信此则疑彼，信彼则疑此，此所谓一人之说而自相龃龉者也。不知者谓与紫阳为难，岂知大道无我之公哉！不戾于周，何戾于朱？故月川效忠于考亭者，其心独苦耳。孔子观天道于获麟，始表章《易》《诗》《书》《礼》《乐》《春秋》,以宪万世。此两者,终天地而始天地,其功如是其大,而一字一辞之戾,后儒正不妨平情定气而商订之,岂可以一字舛忤,便成罪案耶!月川之训述二子也,当议论纷纭之日,独标中正之观,以立隆于后世,非承洙泗洛闽之传而窥其奥,孰能至此?其训述之功,且与朱子表章之功并矣。(《夏峰先生集》卷四)

● **黄道周**

○《榕坛问业》曰:翼日,诸贤又说:"圣门只是论仁,他无要义,格致之义可是仁不?"某云:"为有此个,才看得万物皆备。古今来,只有《西铭》极透此意,勿说'万物一体'是腐生之陋谈。"(《榕坛问业》卷一)

○郑孟储乃问:"向来说人不是天,性不是道。此语得毋捏怪。且如'太和''保合',则本来有完成之义;'合德''合明',则神圣有作为之功。合内外,成物我,费多少镕炼陶汰,仍不落'博施济众'局面。不入摩顶,放踵空门,仅仅以性体了之,未知'性''道'两字,作何下落?"某云:"自开口来,万语千言,只为此事,如何又疑将起来?同是此物,自天为命,自人为率,自圣为修,修之与为,为之与学,同是此事。看是文章便作文章,看是性道便作性道,只不要突鹘扯来,将祢作祖耳。如此寻求吾辈谈话,不如《西铭》《订顽》包举得实也。"(《榕坛问业》卷三)

○谢有怀、谢尔载都与《西铭》同意,然疑此处与二氏同旨。谢有怀云:"性合外内,则无边际,无见相,与佛家所说'无人我等相',及老氏所云'心无其心,物无其物',有何差别?"谢尔载云:"子瞻亦云:'骨节皆发,毛孔皆身',真实到此,才扶得世,教醒得人心。"某云:"吕而德、罗期生亦是此意。"(《榕坛问业》卷三)

○杨玉宸问:"阴阳变化,离不得多;二五絪缊,说不得一。生初既不须说,复命又不容谈,何苦于一多上,往反辨折?譬如《西铭》数行,该括许大,晓得此意,亦省多少言语!岂有圣门诸贤,当日未解《西铭》意思也?"某云:"《西铭》极好,然如一《诗》六义,《春秋》三微,《礼》《乐》五起,中间变现,千亿无涯,如何包裹得住?丰功亦云:'笼统话再勿说,姑且学识看他。后来终是缓绠穿石,如要把柄,体会诗书,终是傀儡线子也。'某亦瞿然,自觉多谈。"(《榕坛问业》卷四)

○陈非鱼云:"如此则是人自为鬼神也。如何说是使天下之人?"某云:

"人自为鬼神,只是使却一人。天下共一鬼神,便使却天下之人了。"非鱼又云:"人身具精气神,精气既以为物,则神何所丽?离了精气,变为游魂,则鬼神且无精气,何以使人?"某云:"此则未解。且问唐君璋、杨玉宸去也。"非鱼向问君璋。君璋云:"夫子前日答蒋仲旭,云:'山川不变,云雨时兴,人与鬼神同是一物',言下了然,何须复疑!《中庸》两篇,三说微显,首以天命,终以天载,此以鬼神,外此无有也。天人相接,只是一路,性命之际,听睹玄微。《通书》以'诚通''诚复'为'知几',《西铭》以'不愧屋漏'为'无忝',庄周以'虚室生白'为'吉祥',武公以'洒扫庭内'为'奏格',如此鬼神岂关魂气间事!"又问玉宸。玉宸云:"鬼神即天命,体物不可遗,即'须臾不可离','不见''不闻'即不睹闻,'齐明盛服'即是'戒慎恐惧'工夫。《中庸》要说'诚者,天之道;诚之者,人之道',恐人忒离了。中间指出鬼神浅浅在人心目,使隐怪收其伎俩,小人吐其精诚。所以下章说如神无疑,都是此日用道理,饮食知味。说非礼勿动,先敬先信都是此。齐明盛服,指掌渊源,如说鬼神繇齐明而生,齐明与鬼神映现,犹是取灯写影,得人物意,不尽精微也。"(《榕坛问业》卷五)

○黄共尔问:"《西铭》极是至理,然亦有可疑者。"某问:"云何?"共尔云:"'恶旨酒'分四事之余,'育英才'仅三乐之一,大舜、曾子,古来绝德,申生、伯奇,有何绝诣?贫贱困穷,知是玉成;富贵福泽,宁无去处。只此数言,杂引仁孝,以为精义,能无商量?"某云:"共尔且勿易看过。横渠以孝子事亲为仁人事天,头段说出一体大意,随后说出'继志''述事','无忝''匪懈','顾养''锡类','底豫''归全','从命''顺令','厚生''玉成','存顺''没宁',此十四事者,仁孝之义,纤毫毕罄矣。程伯淳云:'虽有此意思,无此笔力发不出来',今看唯笔力小让耳,如意思者,直与天地日月同光,奈何指此以为疑贰?"(《榕坛问业》卷七)

○王丰功亦问:"伯奇、申生,智不足以全身,德不足以化亲,蒙谗至死,予其父以杀子之名,终志不白。繇斯道以死者,不孝之过,过于迂也。张子厚取之,以谓事天,谓恭且劳,莫大乎是,将使世人,信生信死,听天推排。孟夫子曰:'夭寿不贰,修身以俟之。'著一修身,便觉许大担子,上肩难放。子厚如何教人学申生、伯奇之道耶?"某云:"丰功如何亦作此说?亲之杀子,尚著许多低回;天之夺人,岂容贤者持挽?子厚以'不愧屋漏为无忝,存心养性为匪懈',此于'修身'两字,已说得分明。申生、伯奇,只说得'俟之'两字耳。极有英贤临场悲叹,岂独猾者卖履分香。此处看不分明,必为瞿昙派下所笑。"

丰功云:"如何不说到挽回玄感一路?"某云:"'不弛劳而底豫',便是倾否大端,然此舜功,匪夷所就,遇无奈何。只合申生、伯奇,使人贞胜耳。文王之于芑臣,申、奇之于贞子,颜回之于贞命,皆与曾参启视,一样精神。"(《榕坛问业》卷七)

○侯晋水曰:"'敬'字是千古传心之法,舍却'敬'字,无论做不得尧舜,做人百姓亦不得。吾门说明善求仁,若无'敬'字,何处讨工夫?《中庸》怕人看'敬'字太易,才说出'戒慎恐惧',与《论语》'畏'字相发。《书》曰'君子所其无逸',又曰'皇自敬德,安人,安百姓',已包在'敬'字内。夫子再拓出'安人,安百姓',不知安人,安百姓是敬之作用,抑修己分量至安人,安百姓始完耶?"某云:"向才说是本体,己本体上有人,有百姓。己修得安,人亦安,百姓亦安。所差者只是人安,百姓安,己还未安耳。"晋水云:"如此则是百姓安,尧舜犹病未安也,想只是修己难。修己要到安人、安百姓,虽尧舜犹难耳。《西铭》诸书,为世儒翻剥已尽,今对人说本体,便是套了。向说出'敬'字,生出许多礼乐经济,便是安人安百姓为敬之作用。不知此敬安分量,亦曾到不言、不动、不赏、不怒,笃恭去处不?"某云:"自然是如此。才说尧舜犹病,凡就己身看出,天下痌瘝不获,皆是己身罪过。就天下看出己身,营窟为巢,皆是己身病痛。尧舜授受之际,无端说出'四海困穷,天禄永终'此八字,便是古今君臣所断舌才知它。看'敬'字极精,看'己'字极一,虽说风动时雍,圣人实亦未能如此。"(《榕坛问业》卷十五)

○沈若木因问:"人生而静,天之性也。人都为朋从往来,思虑日纷。贤者因之,务外逐末;不肖者因之,纵欲败度。所以圣贤左铭右箴,都说'敬'字,如认得初体分明,只一主静便了,如何又著'敬'字?"某云:"纯公亦言:'静坐独处不难,居广居应天下为难。'人都于静处著动,天都于动处见静。除是木石,才得以静为体。"若木云:"若要看'诚'字,直于静中,看得分明。"某云:"不是敬了,那看得出上下、鸟兽、虫鱼、草木个个是诚,个个与鬼神同体?要就静中,看他根胎只有百分之一。"若木云:"如是敬者,却把上下、鸟兽、虫鱼、草木,都作天地鬼神看耶?"某云:"自然是如此。"若木云:"释家可有此意思不?"某云:"他看作石火电光,那得有此意思!"若木又云:"东西《铭》可有此意思不?"某云:"他亦说得二三分,从此修持,悟得一半。"(《榕坛问业》卷十五)

○于时,刘河间、建樾、余玉斧、光宸皆新下问。刘河间云:"'至善'之'至'与'中庸其至'之'至'、天载无声臭之'至',三'至'字同源。《中庸》以获上治民,归于明善;《大学》称小人为国家,虽有善者,亦末如何矣。似都浅浅在义利路头、君子小人分界处,看到精微所在。今如作入定主静工夫,才有思虑,便说走作,不知何时得到清净宁一所在?想是外道,绝虑禁欲,不见源头,如拨浮云,不睹天日。知止的人,只就源头,安心定虑,如闻鸡啼,自知日出,不关风雨,拨雾排云也。"某云说:"则是如此要做者,才一登场,手脚自乱,中夜无鸡啼,乱山无定针,多少圣贤,迷时失路!若要源头,且把《订顽》《西铭》,陆续翻看。"余玉斧云:"《大学》一部,皆言明德。知是明德,发现人有此知此明,所以穷照十方之际,曰'极'曰'本'。总是这些子运用,可见一明足以尽学。岂明处尚有未善?明明尚有未至,必以至善足之至此方完耶?如云'至善为明德之本',则明德岂犹未是本耶?"某云:"圣贤言语,再勿径寻,某于此道,谈之血出,无人晓会,自是微贱,学问不尊。日月是日月上事,辰极是辰极上事。'贞观''贞明''贞一',三者体用哑杀;'圣贤''明新',两义东起西落,'至善'一条,通天彻地。'至善'高低,有寒有暑,'明新'出入,有昼有夜。信得过者,不思不虑,包裹一世。信不过者,千思万虑,是十行书。"(《榕坛问业》卷十六)

○《洪尊光箴(凡三章)》:《订顽》之戒戏妄,与四勿同规;《西铭》之阐爱敬,与《孝经》同旨。学者于"明""诚"两字,未有入处,但看《订顽》《西铭》十百遍,便见孔、颜关键。(《黄石斋先生文集》卷十三赋颂赞箴铭)

柏麓按:此节中之"《订顽》",当为"《砭愚》",即指《东铭》也。

●权克中

○《题伊洛渊源录后》(六首):缅思诚明子,正路初迷蒙。听《易》从程氏,先礼变秦风。《订顽》廓仁术,并气论性功。鼎峙开儒化,濂洛与关中。(《青霞集诗集》卷一)

○《读书录》:问:"《近思录》极功在何篇?"曰:"《西铭》与《定性书》也。孟子谓'知天然后可以尽心',《西铭》,乃知天事也;《定性书》,尽心知性也。有《西铭》之量,然后可造《定性书》之大。"(《青霞集文集》卷一)

●林真恁

○《偶吟》:兀坐穷檐下,潜心看笋萌。天行无间断,地道任生成。物物非雕刻,形形有性情。沉吟还感慨,长跪读《西铭》。(《林谷先生文集》卷一)

○《勖洪君》:名利须先透得关,更寻强辅力相板。细从静里绌无极,稳向源头玩《订顽》。学海伫看终至海,为山谁叹未成山。圣如大禹犹兢惕,莫把光阴付等闲。(《林谷先生文集》卷三)

● **吕维祺**

○张载著《西铭》,以天地为大父母,明大孝之理。(《孝经大全》卷首)

● **张维**

○《西铭来历》:《泰誓》曰:"惟天地万物父母,惟人万物之灵。亶聪明作元后,元后作民父母"。横渠《西铭》,出于此。(《溪谷先生漫笔》卷一)

● **雷于霖**

○《西铭续生篇序》曰:"天地之大德曰生",《西铭》者,横渠夫子续大生之德而作也。总六经之要,会千圣之心,通万物为一体,从来言仁,未有如斯之亲且尽者。真西山曰:"张子为天地立心,为生民立命,为前圣继绝学,为万世开天平,其神理有外于斯铭欤?"余自志学之时,一见是篇,若获固有。每日之间,或立而诵之,或坐而诵之,或夜卧而诵之,至月朔、月望,则跪而诵之。每诵一句,即现一境,即生一心,俨若乾父坤母之在上,宗子家相之在侧。圣德贤秀者,继其志而述其事,老幼茕疾者,企其养而告其苦。令我生尊敬心,生哀矜心,生一切密修实证心,惟恐为悖贼,为不才,以忝吾所生。至于富贵福泽、贫贱忧戚,无非至教,从吾父母之命,何敢生侥幸心也。尝觉生气生理,盈映吾四体间,及今七十二岁,造物者将息我也,卧床一载,思吾生有尽,吾生生之心无尽,遂于伏枕饮药之中,勉作诠释五千二百余字,期于天下万世仁人孝子,共续此大生之德于永永不穷也。嘻!事天如事亲,事亲如事天,展世君子,吾能无再属欤?顺治庚子中秋,西京雷于霖序。

○《西铭孝经合解本意》曰:《孝经》者,孝子之事亲也;《西铭》者,仁人之事天也。天地以成形成性者,予父母之生;父母以自形自性者,续天地之生。孝子事亲,在立身行道;仁人事天,在践形尽性。如是则事亲即事天,事天即事亲,道无二道,事无二事,道本于诚,事修以敬。吾人一日之间,何处非亲,何处非天,何处非事亲事天之时?道尽则诚之至也,事尽则敬之至也。世间万过万罪,皆属欺慢,诚至则无欺,敬至则无慢,欺慢消而百顺从之,百福集

之,此之谓至德要道,此予合解之本意也。请以质之仁孝君子。(《西铭续生篇》,李元春《青照堂丛书续编》本)

●许穆

○《又答(学者)》:濂溪论"太极",明道论"性",伊川论"学",皆发圣人之奥。横渠作《订顽》,明理一而分殊。(《眉叟记言》卷十上篇)

●尹舜举

○《公最近仁说》:横渠《订顽》,语极醇备,其曰"父乾母坤,体塞性帅;民胞物与,慈弱尊年"等语,尽仁之体而公之用也。于此,足见天地万物,与我同体,而便达得天德。呜呼!上天之载无私,而元以之大。体元之道惟公,而斯仁至焉。则后之君子欲求仁为己任者,盍于是公勉之哉!(《童土先生文集》卷五)

●陈确

○《老实说》曰:"宋儒之学,出入二氏,病亦只在夸也。观《通书》《正蒙》《西铭》《皇极经世》等书可见矣。象山、阳明,孜孜反求,庶几近实,犹皆惑于《大学》之夸文。(《陈确集》卷十一)

●权愬

○《答尹仁卿(四)》:人之行身处事,……曾闻潜老说"乾称父,坤称母,以善及人,信从者众,是兄弟欲孝吾亲者众。"岂非可乐,闻诸先训。(《炭翁先生集》卷七)

○《答愭儿》(二):象欲杀舜,舜欲诛之,则是亦象而已。乾坤父母,民吾同胞,人搆陷我,我诛杀人,舜、象将无同耶?汝见两情之一般,不耐愤嫉,不觉冲口而发,两速左右之怒。汝实率尔,失兹忠厚之义。"《诗》可以言"者,正不当如是耳。(《炭翁先生集》卷七)

○《答洪公叙(锡)别纸》:谕及理气性命之说。……愚闻诸师:"乾称父,坤称母",事天者众,是欲孝吾亲者众,岂非可乐?盖念孝子养志,故孝者善继人之志,善述人之事。夫欲养志,不知亲之志可乎?"穷神则善继其志,知化则善述其事",是知欲事天者,不可不以穷神知化。欲穷神知化,则不可不探

理气之原也。此<u>金泰叔</u>、<u>尹希仲</u>诸人,所以开口便说理气也耶?(《炭翁先生集》卷八)

●高尔俨

○《西铭演义序》曰:圣人之道,所以万古不可废者,以其切于吾身,切于天地民物,举凡人伦日用常变大小之间,无一事一物之可离,奈何舍之而不讲也!《西铭》一书,广大精微,某自弱冠,业举子时,每五鼓起,即朗诵数过,辄深信为性命切要之言。乃近有慨于性理日湮,人心渐下平灭,无论亲疏贵贱上等交接之际,相戕相贼以为常,损人利己以为能,一膜隔绝,忍心害理,若此辈者,愦愦而生,愦愦而死,生理既绝,沦于禽兽,厉气所钟,上干天和。诸所见闻,深可悲悯。某不揣愚陋,佩服《西铭》一书,谓可以救世,谬为演说,使文义详明易晓,读者或有感于万物同体之义,无论穷达,皆存利人济物之心,上下相劝,亲爱成俗,其于世风,或有小补。<u>孟子</u>曰:"强恕而行,求仁莫近。"愿善学者加之意而已。(《古处堂集》卷一《西铭演义》)

○《西铭演义后序》曰:《西铭》诸儒论说已详,某何人,斯敢以管窥滋赘?盖窃悯民物之彫伤,日甚一日,人心之刻薄,亦日甚一日,迷而不复,长此安穷?读是篇者,因文悟义,庶几挽一念之残苛,即救一分之疾苦,转相劝导,流泽无穷,且义凛对越,兴起善心,学问之功,倍为严切,以之自治,即以之及人;以之存心,即以之应物。德功交积,事理互融,天人感通,其应如响。愿与天下学人,共勉之己。(《古处堂集》卷一《西铭演义》)

○《圣人之德无以加于孝》曰:乾,父也;坤,母也。大君者,天地之宗子;大臣者,宗子之家相也。此其说莫备于《西铭》。夫天地,与人一气也,万物一类也,千圣一心也,天地与人不一气,则天处于上,地处于下,人居于中,天地与人,邈乎绝矣。而何以人有疾痛,天或临之?匹夫怀诚,星辰变色。万物不一类,则有智相倾,有力相轧,相戕相贼,亦已久矣,而何以道有饿夫,心为之恻?沟中有瘠,尚或瘗之?千圣不一心,则三王异礼,五帝异乐,千古以来,圣人各以其意为治,而何以禘<u>黄</u>郊<u>喾</u>,代有考详?圜丘方泽,帝王勤事?吾故曰:"其说莫备于《西铭》。"《西铭》曰:"民,吾同胞;物,吾与也。凡天下之老癃残疾,皆吾兄弟之颠连而无告者也。"又曰:"知化则善述其事,穷神则善继其志。"其言广大高深,无所不备,而不知其旨之原于《孝经》也。(《古处堂集》卷一)

●宋时烈

○《戊午十月,送畴孙归怀德,既归。以沿道作百六韵,见寄,聊步还示之》:我送畴锡归,冬十月初六。……自谓此身微,虽两仪一物。能与天地参,谅在勉吾学。日取周孔书,仰思而俯读。岂愿秭稗熟,自喜此嘉谷。最于利义交,分别如缕刻。就中张《订顽》,与周翁《太极》。其事著日用,其理本亭毒。体用元浩浩,孰云由外铄。(《宋子大全》卷一)

○《次后云翁焕章庵七十一韵》:生民有此身,仁义即固有。兼兹"塞"与"帅",天地大父母。匪懈无所忝,可肖其高厚。(《宋子大全》卷一)

○《次李同甫所示文谷相公韵》(丁巳正月):常思芝洞静村墟,俛仰那堪夜壑虚。幸有佳儿寻旧学,沈潜《太极》《订顽》书。(《宋子大全》卷二)

○《次康节首尾吟韵(己未八月初九日,第七十二)》:尤翁非是爱吟诗,夷考中诚明子时。一大清虚诚妙耳,孙吴佛老尽奴之。《订顽》既是清("清",恐当作"圣"。)人事,明道尝非龙女衣。孟与伊夷论未定,尤翁非是爱吟诗。(《宋子大全》卷四)

○崇伯子之顾养,颖考叔之锡类,舜之底豫,申生之待烹,曾子之归全,伯奇之顺令,无非事亲尽孝之道也,故引之而以明事天之常。此天地之所以为父母,而即事天如事亲者是也,故终之以存顺没宁。盖孝子仁人之事亲事天者,存则不违其志,不逆其理;没则无愧于亲,亦无愧于天。此所谓"朝闻道夕死,而吾得正毙者"也。朱子作庵,揭号"顺宁",盖取此义。己亥大丧时,故相臣郑太和在首台,相议以"宁"字定陵号,亦此意也。(《宋子大全拾遗》卷九《经筵讲义》)

○《答李同甫(丙辰九月三日)》:愚意窃以为《西铭》之道,无一个不在所爱之中,彼贪利肆恶者,固无如之何。而如康熙公者,溯其先德,则亦岂可弃之人耶?(《宋子大全》卷九十四)

○《别纸》:朱先生脚下,何敢以及不及之云者著语乎?然朱夫子不止如此云者,则诚确论也。胡不观于斥苏、斥陆、斥林栗乎?林只论《易》《西铭》而失其意,因而执迷不回而已。然朱子驳正极其严峻,至于被劾而不悔。(《宋子大全》卷九十六)

○《答陆子美书(伏承示谕)》:此书所论"无极""太极",实圣学大头脑处。至论《西铭》,则真可以破有我之私,而万物皆在所爱之中矣。(《宋子大

全》卷一百二十)

○《看书杂录》：人知禀父母之精气而生，而不知此精气皆从天地而来。苟知从天地而来，则当知所谓"天地为一大父母"者，非虚语也。人皆知不顺父母之命为不孝，而不知不顺天地之理者为大不孝，惑之甚也。(张子《西铭》之意盖如此。)(《宋子大全》卷一百三十一)

●陆世仪

○《西铭讲义》：《西铭》一书，乃有宋横渠张子所作。有宋之世，大儒迭起，为周、程、张、朱五先生。予尝遍读五先生之书，周子至矣，尽矣，孔子而后，蔑以加矣。朱子，其集诸儒之大成者乎！大程纯，而次程正。惟张子之书，则文义多艰深，如《正蒙》《易说》《经学理窟》之类，间有未尽合者于四先生，似稍逊。然后世卒与四先生并称，此非过情之誉，原有个实落处。

伊川先生曰："《订顽》之书，(曾祁案：'书'当作'言')极纯无杂，秦汉以来，学者所未到。"又曰："自孟子以后，未见此书。"(曾祁案：《订顽》云云，朱子《近思录》原注为明道语。李氏《道学名臣言行录》为伊川语，然伊川既改《订顽》为《西铭》，当不复道《订顽》，宜依朱子作明道语，为是"自孟子"云云，则伊川语也。)朱子亦云："《西铭》，合下便有乾健坤顺意思。"至注释训解，与《太极图说》同，此却为何？只为横渠作《西铭》，其开辟力量，实有与他人不同处。其不同处如何？

《西铭》一书，只是善于言"仁"。"仁"之一字，自孔门以来，无人识得。韩昌黎，唐之大儒，其作《原道》，乃云"博爱之谓仁"。夫仁者，以天地万物为一体，岂仅仅"博爱"二字可以当之？即云"博爱"矣，然其所以博爱之故，原有个源头；而一总"博爱"之中，又有个差等，此却从无人知道，从无人说过。

张子说"乾称父，坤称母①，予兹藐焉，乃②混然中处。故③天地之塞，吾其体；天地之帅，吾其性。"这便是博爱的源头，"民，吾同胞；物，吾同与"至"颠连无告者也"，便是博爱的差等。盖源头不明，虽有博爱之心，终不亲切，尔为尔，我为我，何处见得必当博爱？稍一退转，便渐渐走入杨氏"为我"一边去。惟见得乾真是我大父，坤真是我大母；吾之体，即天地之气；吾之性，即天地之

---

① "乾称父，坤称母"，底本作"乾吾父，坤吾母"，据《西铭》改。
② "乃"字底本无，据《西铭》补。
③ "故"字底本无，据《西铭》补。

理,则凡天下之人,皆是父天母地,皆是得天地之气以为形、天地之理以为性者,然后对天下之人,觉得亲亲切切,真真实实,虽欲不博爱,而自然不能不博爱也。差等不分,则一闻博爱之说,便无主意,此亦当爱,彼亦当爱,何处见得有分别？略一认真,便浸浸陷入墨氏"兼爱"一边去。惟见得民乃是我同胞,物仅为我同与;而同胞之中,大君又为宗子,大臣又为家相,高年为吾老,孤弱为吾幼,圣贤为合德、秀出之子孙;疲癃残疾、惸独鳏寡为颠连之兄弟,然后对天下之人觉得有条、有理、有伦、有脊,虽未尝博爱,而实未尝不博爱也。合而观之,岂不是个天地万物为一体么？

既知天地万物为一体,则畏天、乐天,如人子之于父母,自有不容已者,故曰"于时保之,子之翼也。乐且不忧,纯乎孝者也"。其有不知天地万物为一体,而违仁、害仁、济恶,是谓悖德之子、贼亲之子、不才之子,其能践形尽性,不虚天地之赋畀者,惟天之肖子。天之肖子如何？有穷神知化之圣人,此即天善继善述之孝子也;有不愧屋漏、存心养性之贤人,此即天无忝所生、夙夜匪懈之孝子也。试以征之古人,有以善自治者,如恶旨酒,此崇伯子之顾养也;有以善及人者,如育英才,此颍封人之锡类也;有先天而天弗违者,如舜能得亲而使亲厎豫,此舜之功也;有后天而奉天时者,如申生不能违亲而坐以待烹,此申生之恭也;有处常者,此体其受而全归之参乎;有处变者,此勇于从而顺令之伯奇也。总之,识得此意,则处顺境而富贵福泽,固是天之厚吾之生;处逆境而贫贱忧戚,亦是天之玉女于成,而生则顺而不悖于天,死亦宁而无愧于天矣。果能如此,岂非浑然是仁,而与天地万物为一体乎！

然《西铭》不但是善于言仁,兼亦善于言义。程子曰:"《西铭》,明理一而分殊。"龟山杨子曰:"知其理一,所以为仁;知其分殊,所以为义",义即是仁也。仁是义之统体处,义是仁之条理处,而合。学者要识得仁义,须是如何？亦曰:"居敬以穷理而已。"居敬,则仁之体存,塞为吾体,帅为吾志,恍然与天地同其量也;穷理,则义之用见,民吾同胞,物吾同与,油然使万物各得其所也。故居敬穷理,为千圣千贤入手之关键。学者读《西铭》,识仁体不可不讲求仁之功,欲讲求仁之功,不可不于'居敬穷理'四字加之意也。(《桴亭先生文钞》卷一)

○《西铭》不可不读。不读《西铭》,不能识万物一体气象,学者心胸终不得开拓。有语之以大学之道者,乃反以为分外也。(《思辨录辑要》卷一)

○天地间无一事一物非理,即无一事一物非天。先儒有言:"天即理也",

予曰:"理即天也。"识得此意,"敬"字工夫方透。能读《西铭》,方识得敬天分量;能践《西铭》,方尽得敬天分量。人能有所畏,便是敬天根脚。小人只是不畏天命,不畏天命,便无忌惮,便终身无入道之望。(《思辨录辑要》卷二)

○记诵之功,读史不必用。若《五经》《四书》《太极》《西铭》之类,必不可不成诵。不成诵,则义理不出也。(《思辨录辑要》卷四)

○古之学圣贤易,今之学圣贤难。只如读书一节,书籍之多,千倍于古,学者苟欲学为圣贤,非博学不可。然苟欲博学,则此汗牛充栋者,将何如耶?偶思得一读书法,欲将所读之书,分为三节。自五岁至十五为一节,十年诵读;自十五岁至二十五为一节,十年讲贯;自二十五至三十五为一节,十年涉猎。使学有渐次,书分缓急,则庶几学者可由此而程功,朝廷亦可因之而试士矣。所当读之书,约略开后。十年诵读:《小学》(文公《小学》颇繁,愚欲另编《节韵幼仪》,语见前卷)、《四书》(先读正文,后读注)、《五经》(先读正文)、《周礼》(柯尚迁者佳)、《太极通书》《西铭》。(《思辨录辑要》卷四)

○天人一也。然未知天命,则天与人,犹是岐而二之。惟一知天命,则此际天人浑是合一,天即我,我即天,心性形骸,都无间隔。然此非研究《易》理,《太极》《西铭》,烂熟胸中,实实见得道理现前,纵有些微省悟,亦是电光石火。(《思辨录辑要》卷二十三)

○朱子初年见李延平,将谦开善话头来说。延平曰:"公于何处悬空,会得许多道理?"朱子憬然,乃循序渐进,后来渐渐升堂入室,究极精微。至今读其注《易》,注《太极》《通书》《西铭》,无一语不透露,亦无一语不平稳切实,盖功夫得其次第也。今之学者,若天资高妙,便要说顶上话头,下截工夫便不肯做;其笃信谨守之士,则又死煞,按定腔拍,不能开展尺寸;乃知狂狷犹可寻求中行,真正难得。(《思辨录辑要》卷二十三)

○"理一分殊"四字,古圣贤教人,只在此处说来说去,但未曾明明指出,学者终无把握。自张子《西铭》发其意,程子遂提出此四字示人,真是千圣千贤,扬心要诀。凡看道理,到疑难隔碍处,只提起此四字,便如利刃在胸,迎风辄解,直是受用不尽。(《思辨录辑要》卷二十八)

○横渠之学,于体用处,俱见大本大源。如《西铭》,万物一体之学也;井田封建,万世治平之要也。(《思辨录辑要》卷三十)

○或有言:"横渠文难读者",诚然。然自是人不肯读耳。昔朱子与蔡季通诸人登云谷山,半涂大雨,通身皆湿,到得地头,因思"天地之塞,吾其体;天地之帅,吾其性",遂命季通诸人,各解此二句,已亦作二句解。后来遂作《西铭注》。又,朱子常曰:"人读易书难,季通读难书易。"如朱子、季通,则天下自无难书矣。己不肯读,而谓古人书难读,恐为古人所笑也。(《思辨录辑要》卷三十)

○朱子一生学问,守定"述而不作"一句。当时周有《通书》,张有《西铭》,二程亦有《定性书》《易传》,朱子则专为注释。盖三代以后,《诗》《书》《礼》《乐》,散亡已极,孔子不得不以删定为功;汉唐以后,经书虽有笺疏,而芜秽尤甚,朱子不得不以注释为功。此卓有定见,非漫学孔子,述而不作也。(《思辨录辑要》卷三十)

○《通书》《西铭》,当列于四书五经之亚,使学者熟读。(《思辨录辑要》卷三十三)

○《西铭》文字,便有做作,不似《太极》《通书》,自然纯粹,又精微,又易简。(《思辨录辑要》卷三十五)

● **张履祥**

○志存《西铭》,行准《中庸》。(《杨园全书》《初学备忘》第七)

● **朴长远**

○《阁夜值雨》:惺惺要法问天君,意必初萌似捲云。窃味横渠《订顽》训,肯为司马类俳文。操存随处丹青著,善恶从来黑白分。闲检古书烧烛短,泻檐鸣雨夜深闻。(《久堂先生集》卷三)

○《劄录》:《西铭》"不弛劳而底豫","舜其功"之"功",是"瞽瞍底豫,而天下之为父子者定"之谓也欤!横渠云:"不知疑者,只是不便实作。"此言真有警发人处,心不忘乎学,亦岂易事。(《久堂先生集》卷十八)

● **顾炎武**

○《太极图书》《通书》《西铭》《正蒙》,亦羽翼六经之作也。(《日知录》卷十四)

● **谢文洊**

愚读《论语》,于"畏天命"一语,深有所契。故每论学,举以为宗。然畅发斯旨,无如《西铭》一篇。篇首便以乾坤为父母,夫以人视乾坤,邈然辽阔,一以父母称之,则于此身亲切,无二体矣。又推原其所以然,以见吾身之气,即天地之气分来;吾身之理,即天地之理散见。此理、此气,充塞两间,混沦一本。以万殊视之,则有人我形躯之异,以一本视之,则无彼此毫发之差。争奈人世间,只认自己私小之形躯,不识原本公共之理、气。以故起心发念,喜怒爱憎,只知自己;痾疗疾痛,不顾他人,真有如所谓一膜之外,皆为胡越者也。曷不反顾此形躯之所从来,则知分别炽然,祗成迷妄。如人之于身,肢体发肤,均此气血,爱此恶彼,岂非太痴?故张子提出"父母"二字,直推而下,自"民,吾同胞"至"颠连无告"一段,将天下尊卑、老幼、圣凡、苦乐等辈,联为一家之人,一姓之亲,使人复还公心,破除私见。自"于时①保之"至"锡类"一段,则谓人之事天当如子之事父母,故分别修身行己工夫,贤否智愚人品,见子职中有如是等级,使人知所从违,不至误用心力,做坏人品,陷为不孝之子。其挈要,尤在"于时保之,子之翼也"二语。与《中庸》"戒慎不睹,恐惧不闻",《论语》"造次颠沛必于是",同一谨严细密。自"不弛劳而底豫"至"伯奇也"一段,又将古人四个孝子事亲之事,以比人之事天,随境遇常变,皆当以古之孝子为法。自"富贵福泽"至"宁也"一段,又见人生有顺有逆,皆天之爱我犹父母之爱子,有喜有怒,无非至教。喜则当严竭力克家之圆,怒则当怀自怨自艾之愤。此身存则承顺父母之爱,而自尽子职。此身没则子职已竭,而于心无憾。事天之学,如是而已。斯道原委,吾儒学业,阐发透露,学者但能日日讽诵,事事体勘,则孔门之求仁,程门之识仁,了然如指掌矣。篇名原曰《订顽》,程子易为《西铭》,愚谓:此篇立意,精深宏大,允为学者,究竟旨归。篇名不可不尊,因易之曰《事天谟》,以示崇信之意。(《学庸切己录》卷二)

●王建常

○《祭雷午天》:呜呼!先生为世儒宗。忘年我友,韩与孟同。《西铭》《太极》,反覆析衷。《孝经》是注,资善无穷。游从既久,如坐春风。山斗忽颓,使我心忡。爰奠生刍,告言一通。先生知我,昭鉴予中。呜呼,尚飨!(《复斋余稿》卷一)

---

① "时"字底本缺,据《西铭》原文补。

○《报文学雷苍伯见存七言古》：朝坂尽头势嵬峩，南临华原东带河。岳祠奕奕坐其上，旁有柏林先生窝。先生晚年曾我友，他山之石谓我磨。我后结契先生子，其人嗜古见文多。《西铭》《太极》重来订，语语言言敬且和。道气相投非一世，愿言如切复如磋。（《复斋余稿》卷二）

○《西铭》状仁之体，极其广大；至说做工夫处，却是细密切实。故学者求仁，莫要于此。（《复斋录》卷二）

○仁人事天，远而难知；孝子事亲，近而易见。《西铭》是以其易者明其难者。朱子曰："事亲底道理，便是事天底样子。"（《复斋录》卷二）

○《西铭》中分为两段：前一段说人是天地之子，以明万物与我为同体；后一段方才说事天实在底道理。所谓"事天"者，只是个顺天理而已。如"知化则善述其事，穷神则善继其志"，此是自然顺乎天理者。所谓"乐天"之事，圣而践形惟肖者也。如"不愧屋漏为无忝，存心养性为匪懈"，此是不敢违乎天理者。所谓"畏天"之事，贤而求践夫形者也。自是以至终篇，反覆发明，无非此意。（《复斋录》卷二）

○程子言："《西铭》明理一而分殊。"朱子谓："通体是一个理一分殊，一句是一个理一分殊。"依此看来，信乎"一言以蔽之"矣！杨龟山疑《西铭》近于兼爱，及闻程子"理一分殊"之说，方才豁然。（《复斋录》卷二）

○《西铭》有个直劈下底道理，谓逐句直下看，便见得理一；又有个横截断底道理，谓当中截断看，便见得分殊。（《复斋录》卷二）

○《西铭》前一节，是推亲亲之厚，以大无我之公；后一节，是因事亲之诚，以明事天之道。（《复斋录》卷二）

○"分殊而推理一，以止私胜之流，仁之方也"，是《西铭》一篇之本旨。（《复斋录》卷二）

○不知理一，则自私而害仁；不知分殊，则无别而妨义。《西铭》乃合仁义体用而言之者。分之殊，固未尝不具于理一之内；而理之一，亦未尝不贯乎分殊之中也。（《复斋录》卷二）

○《西铭》本不是言孝，只是借孝，譬喻出仁来。然仁孝之理，原未尝有异。故曰"名虚而理实"。（《复斋录》卷二）

○尹和靖言"《西铭》备载人与天地同体，颜子'克己'，便是能尽此道。""克己"二字，盖《西铭》一篇之要也。朱子言："《西铭》教人做工夫处，只在敬而恐惧。能常如是，则这个道理自在。"看来"敬"之一字，尤为紧要。盖敬久

则无己可克,不敬则虽欲克己,而亦不可得也。(《复斋录》卷二)

○《西铭》备言仁体,只是此理,浑然无间。学者识得这个意思,以诚敬存之,而常常涵泳体验,斯日用之间,莫非天理之流行矣。(《复斋录》卷二)

○横渠持身谨严,教人以礼。思既有得,虽中夜必取烛以书。《像赞》曰:"精思(以通其微)力践(以造其极),妙契疾书,(中夜妙合于心,取烛速记所得。)《订顽》之训,示我广居。"《订顽》后改《西铭》,其状仁之体昭著。开示学者,最为深切。熊氏曰:"此篇赞咏横渠力学精思之功,入道进德之勇。"(《复斋录》卷四)

○程子于《西铭》,谓:"得此文字,省多少言语!"愚潜玩朱子仁图,谓:"得此图象,又胜似《西铭》一篇文字。"(《复斋录》卷六)

●魏裔介

○《西铭理一分殊解》:《龟山先生上程子书》曰:"《西铭》发明圣人之微意至深,然而言体而不及用,恐其流遂至于兼爱。"而程子答之曰:"《西铭》明理一而分殊,墨氏则二本而无殊。"《龟山第二书》曰:"前书所论《西铭》之书,以民为同胞,长其长,幼其幼,以鳏寡孤独为兄弟之无告,盖所谓明理一也。然其辞无亲亲之杀,非明者默识于言意之表,乌知所谓理一而分殊哉?"伊川先生读之曰:"杨时也未释然。"朱子谓:"《龟山语录》有曰:'《西铭》理一而分殊,知其理一所以为仁,知其分殊所以为义。'犹孟子言:'亲亲而仁民,仁民而爱物。'其分不同,故所施不能无差等耳。此论大非答书之比,岂其年高德盛,而所见始益精欤!"余观《西铭》大意,大抵以天地为父母,以民物为胞与,以大君为嫡宗,以大臣为家相,乃直指仁体,发明人生之初,同出于天地之意,初非以生我之父母言之,谓天下之百姓与己之兄弟同胞无异也。其曰:"凡天下疲、癃、残、疾、惸、独、鳏、寡,皆吾兄弟之颠连而无告者也",则亦承上文而言之耳,程子言理一而分殊,正是此意。所以朱子曰:"'乾称父,坤称母',道是父母,固是天气而地质;然与自家父母,自是有个亲疏,从这处便'理一分殊'了。"等而下之,以至为大君、为宗子、为大臣、为家相,其理虽一,其分未尝不殊。"民,吾同胞","同胞"里面,便有理一分殊的意;"物,吾与也","吾与"里面,也有理一分殊底意。又曰:"乾坤者,天下之父母也;父母者,一身之父母也,则其分不得而不殊矣。故以民为同胞、物为吾与者,自其天下之父母者言之,所谓理一者也。然谓之民,则非真以为吾之同胞;谓之物,则非真以为我之同类矣。此自其一身之父母者言之,所谓分殊者也。"详味朱子此言,又何有兼爱之疑哉? 至于纲领,在其体、其性之言,总令人求仁不失乾父坤母之所赋予,为天地克肖之子而已。(《兼济堂文集》卷十六)

●张能鳞

○《张子序》曰:读《西铭》"乾父坤母""民胞物与",善于言仁,使学者晓然知万物一体之学,吕晦叔曰"学有本原",亶其然乎! (《儒宗理要·张子》卷首)

●林恕

○张子学堂双牖,左书《砭愚》,右书《订顽》。伊川先生曰:"是启争端。"改曰《东铭》《西铭》。详见《性理大全》《西铭》小注。今按:《订顽》则《西铭》也。《左传·文公十八年》曰:"颛顼氏有不才子,不可教训,不知话言。"告之则顽。杜注曰:"德义不入心。"《韵会》曰:"《说文》:'订',平议也。"朝鲜李滉《西铭考证》曰:"平其不平曰'平',故凡拟议、商量、处置得宜,谓之'平议'。亦有证正讹舛之义。'顽',不仁之名,不仁之人,私欲蔽固,不知通物我,推恻隐,心顽如石,故谓之'顽'。"(《西铭私考》)

○《宋史》《道学传》《伊洛渊源录》《名臣言行录》共有《张子传》。《近思录》曰:"《礼记》:'仁人之事亲也如事天,事天如事亲。此谓孝子成身。'即《西铭》之原也。"(《礼记》文见《哀公问篇》。)(《西铭私考》)

○《西铭私考》篇末曰:《西铭》者,二程叹赏之,其高弟崇信之,朱子作注解发挥之,诸儒论评备矣。《性理大全》低字小注甚详,则其理义无深蕴。然不言文字之所出。朝鲜李氏着意发此,粗援引之,犹有漏脱。今开讲筵之次,聊补益之,以为童蒙之便。延宝己未八日,鹅峰林恕识。(《西铭私考》)

●王夫之

○于《西铭》篇首曰:此篇张子书于西牖示学者,题曰《订顽》。伊川程子以启争为疑,改曰《西铭》。龟山杨氏疑其有体无用,近于墨氏,程子为辨明其理一分殊之义,论之详矣。抑考君子之道,自汉以后,皆涉猎故迹,而不知圣学为人道之本。然濂溪周子,首为《太极图说》,以究天人合一之原,所以明夫人之生也,皆天命流行之实,而以其神化之粹精为性,乃以为日用事物当然之理,无非阴阳变化自然之秩叙,有不可违。然所疑者,自太极分为两仪,运为五行,而乾道成男,坤道成女,皆乾、坤之大德,资生资始;则人皆天地之生,而父母特其所禅之几;则人可以不父其父而父天,不母其母而母地,与六经、《语》《孟》之言相为跖盭,而与释氏真如缘起之说虽异而同,则濂溪之旨,必有为推本天亲合一者,而后可以合乎人心、顺乎天理而无敝。故张子此篇,不容不作,而程子一本之说,诚得其立言之奥而释学者之疑。窃尝沈潜体玩,而见其立义之精。其曰"乾称父,坤称母",初不曰"天吾父,地吾母"也,从其大者而言之,则乾坤为父母,人物之胥生,生于天地之德也,固然矣。从其切者而言之,则别无所谓乾,父即生我之乾;别无所谓坤,母即成我之坤。惟生我者,其德统天以流形,故称之曰"父";惟成我者,其德顺天而厚载,故称之曰"母",故《书》曰"唯天地万物父母",统万物而言之也;《诗》曰"欲报之德,昊天罔极","德"者,健顺之德,则就人之生而切言之也。尽敬以事父,则可以事天者在是;尽爱以事母,则可以事地者在是;守身以事亲,则所以存心养性而事天者在是;推仁孝而有兄弟之恩、夫妇之义、君臣之道、朋友之交,则所以体天地而仁民爱物者在是。人之与天,理气一也;而继之以善,成之以性者,父母之生我,使我有形色以具天性者也。理在气之中,而气为父母之所自分,则即父母而溯之,其德通于天地也,无有间矣。若舍父母而亲天地,虽极其心以扩大而企及之,而非有恻怛不容己之心动于所不可昧。是故于父而知乾元之大也,于母而知坤元之至也,此其诚之必几,禽兽且有觉焉,而况于人乎!故曰"一阴一阳之谓道",乾、坤之谓也;又曰"继之者善,成之者性",谁继天而善吾生?谁成我而使有性?则父母之谓矣。继之成之,即一阴一阳之道,则父母之外,天地之高明博厚,非可躐等而与之亲,而父之为乾、母之为坤,不能离此以求天地之德,亦昭然矣。张子此篇,补周子天人相继之理,以孝道尽穷神知化之致,使学者不舍闱庭之爱敬,而尽致中和以位天地、育万物之大用,诚本理之至一者以立言,而辟佛、老之邪迷,挽人心之横流,真孟子以后,所未有也。惜乎程、朱二子引而不发,未能洞示来兹也!此篇朱子摘出别行,而张子门人原合于全书,今仍附之篇中,以明张子学之全体。

　　○于《西铭》篇末曰:此章切言君子修身立命、存心养性之功,皆吾生所不容已之事,而即心以体之,则莫切于事亲,故曰仁之实,事亲是也;事亲之中,天德存焉,则精义以存诚,诚有不容自诳者。若其负父母之生我,即负天地之大德。学者诚服膺焉,非徒扩其量之弘,而日乾夕惕之心,常有父母以临之,惟恐或敝于私,以悖德而贼仁,则成身之功,不待警而自笃矣。程、朱二子发明其体之至大,而未极其用之至切,盖欲使学者自求之,而非可以论说穷其蕴也。(《张子正蒙注》)

○张子《西铭》一篇,显得理一分殊,才与天道圣性,相为合符。终不可说会万物为一己者,其唯圣人也。(《读四书大全说》卷四)

○《或问》中"语子贡一贯之理"一段,中间驳杂特甚。朱子曰"此说亦善",取其"不躐等"数语,为学有津涘耳。乃其曰"一体该摄乎万殊",则固然矣;抑曰"万殊还归乎一原",则圣贤之道,从无此颠倒也。《周易》及《太极图说》《西铭》等篇,一件大界限,正在此分别。此语一倒,纵复尽心力而为之,愈陷异端。愚于此辨之详矣。(《读四书大全说》卷六)

○"推"字不可添入亲疏远近立义。《集注》揽入张子《西铭》一本万殊意,大非所安。君子之爱物,止远庖厨便休;齐王之全牛,亦止舍之便休,何曾不有等杀!所以到此,更不须疑虑。爱物之心,为顺为逆,所云"推"者,扩充也;所云"扩充"者,则以不忍人之心,行不忍人之政也。不忍牛之心,以羊易而舍之,则推矣。老老幼幼之心,发政施仁,而使民得仰事俯畜,则推矣。夫老吾老幼吾幼者,岂徒有心哉!必有以老之幼之矣,则及人之老,及人之幼,亦岂徒心恤之哉,必实有以及之矣。此所谓举此心而加诸彼也。(《读四书大全说》卷八)

○圣人之道,从"太极"顺下,至于"乾道成男,坤道成女"。亦说"人受天地之中以生",然曰"乾道成男,坤道成女",则形而上之道与形而下之器,莫非乾坤之道所成也。天之乾与父之乾,地之坤与母之坤,其理一也。唯其为天之乾、地之坤,所成则固不得以吾形之所自生者非天。然天之乾,一父之乾;地之坤,一母之坤,则固不得以吾性之所自成者非父母,故《西铭》之言,先儒于其顺序而不逆、相合而一贯者,有以知夫横渠之深,有得于一本之旨。(《读四书大全说》卷八)

○甚矣,程氏复心之不思而叛道也!其曰"万物之生,同乎一本",此固然矣;乃其为之一本者,何也? 天也。此则张子《西铭》之旨也。然同之于天者,自其未有万物者言也;抑自夫万物之各为一物,而理之一,能为分之殊者言也。非同之于天,则一而不能殊也。夫天,未有命而固有天矣。理者,天之所自出;命者,天之所与。天有命,而非命即天矣,故万物之同乎一本者,以天言也,天则"不贰"以为"不测",可云"同"也。而程氏乃曰"其所以生此一物者,

即其所以生万物之理",则甚矣其舛也！(《读四书大全说》卷十)

● 山崎闇斋

○真西山曰："仁人事亲如事天,事天如事亲,此《西铭》之妙指,不可不知也。"(《小注》)叶平岩曰："按《礼记》：'仁人之事亲也如事天,事天也如事亲。'此谓孝子成身,即《西铭》之原也。"(《近思录解》)薛敬轩曰："《周书》曰：'惟天地,万物父母；惟人,万物之灵。亶聪明,作元后。元后,作民父母。'此言理一分殊,《西铭》之原,疑出于此。"(《读书录》)三氏之说,皆合于朱解之旨。(《文集笔录》卷十二)

○《读书续录五·读〈西铭〉笔录》,是敬轩见得透处。其他言及此铭者,间有之,皆实见得者也。(《文集笔录》卷十二)

○朱子所云"此篇皆古人说话集来",皆张子用字妙处。李退溪得此指意,著《考证讲义》,其题注下云："予"字及铭中九"吾"字云云,极好,诸儒所未见得出处。但"己立"之"己"训我,"克己"之"己"训私,字同而训异,此李氏未辩尽耳。程子曰："仁者,以天地万物为一体,莫非己也。认得为己,何所不至！若不有诸己,自不与己相干。"嘉谓：此与《西铭》同意,四"己"字与"予""吾"字同。(《文会笔录》卷十二)(曾祁案：查氏铎《阐道集》："'克己复礼'多以'己'训'私'字,'己'即我也,'己'无非私也。"先□思公□□□□□克己复礼为仁,'己'者,我也。)

● 董说

○《儿辈过丰草庵呈诗复次前韵示之》：共听屋角竹萧疏,漫理清言摺旧书。十九道中人世换,三千年内梦乡如。青松霜剥龙鳞老,水藻风吹石发梳。新写《西铭》装素轴,从教举眼见横渠。(《董说集·诗集卷六》)

● 王嗣槐

○《太极图说·辨仁论十九》：或曰："敢问《西铭》言仁,程朱谓其'极纯无杂',吾子乃谓与孔孟有参差者,岂以龟山第一书论其言体不言用,其流入于墨氏兼爱而云然耶？"余曰："此固诸儒遵孔孟之教者,人能言之,不独龟山为然也。伊川向论《西铭》,止谓其言'仁体完备'。答龟山书,始言'理一而分殊'。然'理一分殊',亦是伊川自为立解,以明天下无有体无用之理,而

《西铭》大旨,言体不及用,亦止谓其体之气象,扩充如是其大耳。使必以用之分殊入之,又安见气象扩充如是其大哉?(此是《西铭》言仁铁案。)其言曰:'乾称父,坤称母','予兹藐焉''中处',明予为天所生之人,即如天所生之子也。'天地之塞,吾其体;天地之帅,吾其性',明予为天所生之人,即以天地之气为吾气,天地之理为吾理,吾不视民如同胞,视物如吾与,是吾以天地之气为气,天地之理为理,而不能尽天地之仁量,犹得为天所生之人,天所生之子,以无负吾事天之道耶?故'于时保之'以下,言孝子之事亲必如是,而可谓亲之肖子;仁人之事天必如是,而可谓天之肖子。虽天下至诚,能尽己性以尽人性、物性,参天地,赞化育,不是过也。(若云分殊,则《西铭》早已及之,何容伊川注脚)止言理一而不及分殊,此《西铭》之大旨也。嗟乎!古昔圣人之立言也,有言其行之所能及者,有言其行之所不能及者,有言其行之所能及如不及者,有言其行之所未及而实能及之者,其言之首尾本末,莫不令人晓然。于意言之表而自喻之,使必于其言之首尾加一二言,而始明其首尾如是;于其言之本末增一二语,而始明其本末如是,此五经四子篇章论说所未有也。《论语》一书,其言至为要约,凡一事一理,首尾本末,无不该备于中。若曾子《大学》、子思《中庸》,一卷如一篇;《孟子》书,一篇如一卷,七卷如一篇,首尾本末,尤为彰明较著者也。后之人从所已言而发挥之者有矣,未有从所不言及所已言而不言者补益之也。今《西铭》言父天母地,自必言民胞物与,以为此天地之仁体,即圣帝明王之仁体也,即吾儒法天学圣之仁体也,此伊川所谓'扩前圣所未发'而立言者也。如言理一而分殊,则前古圣人,言仁之体即言仁之用,言仁之理一即言仁之分殊,无不如合一辙,又何扩前圣所未发之有哉!(谈言微中)且前古大圣贤人,其言仁也,广矣,大矣,至矣,精矣,如《尚书》之所记载,莫非仁政,仁之用也;如《大易》之所发挥,莫非仁德,仁之体也。四子之书,或言德,或方政,或言存诸心,或言根诸性,或言求仁之方,或言为仁之效,无非从仁之体用而言者也。总而论之,其德至于天地之体用,莫有过焉者矣,故曰:'天地之大德曰生。'生者,仁也,天之本也。又曰:'大哉乾元,资始统天。''元'者,仁也,天德之本也。孔门专言谈言微中求仁,其要莫如克己复礼,见宾承祭;至其于一事一理而尽之者,要以去私主敬为本,此从仁之体言者也;其要又莫如'不欲''勿施''己立''己达',至其于一人一物,一家一邦而推之者,要以尽己及物为功,此从仁之用言者也。孟门兼言仁义,其言'仁,人心也','强恕而行','扩充恻隐','善推所为',与孔门言仁,其体用亦复如是。然而孔门弟子,人人求仁,以仁许者,惟颜子三月不违,其他皆谓不知其仁。甚矣,仁之克全其体之难也!至若仁之见于一事一理而称之者,如殷有三仁,伯夷求仁得仁,下至管仲伯功称仁,志士杀身成仁,此但从仁之见于用者许之,较仁之克全其体而许之者,未可比而论之也。盖仁之体量至大,而仁之功用,其大亦如之。孔子曰:'若圣与仁,则吾岂敢',以有圣人之德,斯有仁人之功;尽仁人之极功,斯全圣人之至德。子贡言'博施济众,夫子以尧舜犹病难之',非以尧舜圣犹未至,其施济犹未及也。(圣人复起,不易斯言)自古圣帝明王,能造圣之极,而不能满仁之量,其功用原自如此,故唐虞之'咨嗟',夏商之'罪己',周文、武之'视民如伤,过在一人',以天生大圣人之至德,命以有天下之大权,旱潦灾伤,救援水火,养之育之如不足,教之化之如不足,始于家邦,被于四海,究其功效,亦不过曰:'老吾老以及人之老,幼吾幼以及人之幼'而已,亦不过曰'制田里,教树畜,老者衣帛食肉,黎民不饥不寒,鳏寡孤独皆有养'而已,故尧、舜、禹、汤、文、武,当其在位不能无咨警之忧,必世百年不能保久长之效。(圣贤言仁,发一念,推一人,犹尚难之)甚矣,仁之功用难穷,仁之体量难尽,亦大可见矣!横渠读书学道,求仁者有年,一旦有见于天地之大德,帝王之至仁,人之有生,必体备若此,而后可谓仁,遂以父天母地,民胞物与为吾分量所有,非身体而力行之,不可谓天所生之人,天所生之子,而践形惟肖以事天。(徒以言论见仁,安得不大)伊川、紫阳闻其说而大之者,以其能推仁之体量,必如是而始无遗憾,以故信服而叹美之也。不知此其言似古圣人自求体仁之言,而非古圣人自求体仁之言也;似古圣人教人以体仁之言,而非古圣人教人以体仁之言也;似古圣人有德无位者所能任之言,而非古圣人有德无位者所能任之言也;似古圣人有德有位所能尽之言,而非古圣人有德有位所能尽之言也。然而龟山致书,谆谆辨之,疑其有体无用者,犹谓横渠能如此胞与民物,吾虑其徒知理一,而不知其用时,能分殊与不能分殊否耳,故伊川答以理一而分殊。龟山第二书谓'自此释然无惑',夫龟山以为释然无惑,自必释然无惑矣,乃伊川何以反谓'杨时也未释然',是明以龟山释然于伊川之说,而未释然于横渠之说可知矣。(其识力如镜照胆)盖民胞物与之言,无论其能分殊与不能分殊,其于圣门论仁之大根大本,已失之矣,又何论其末流乎?今吾姑舍所谓物与,即所谓民胞者论之。所谓民者,一乡一国,天下之民也;所为同胞者,吾一父一母所生之兄弟也。夫既合乡国天下之民,皆吾一父一母同胞之兄弟矣,有不以乡国天下之老如吾老,乡国天下之幼如吾幼者乎？自必视民之父一如吾父，视民之子一如吾子而后可，无愧吾同胞之义而后可，谓之至仁，苟视民之父不必如吾父，视民之子不必如吾子，其视乡国天下之兄弟，自必有不能如吾兄弟者矣，亦不得谓无愧于同胞之义，即不得谓之至仁。夫民同胞者，<u>横渠</u>之所已言也；视民父如吾父，视民子如吾子，<u>横渠</u>之所不言也。（人所藏诸暗室者，此独揭诸日中）由所已言推所不言，使所已言者，是一理；所不言者，又一理，是一理而二之矣。不必推而论之而已，知其非矣。如所言者，此理也；所不言者，亦此理也，则无不可推而论之，何以不先言民父如吾父，民子如吾子，而止言民与吾如兄弟乎？今横渠既言民与吾如兄弟矣，不得不及民父、民子，乃仅以'尊高年所以长其长，慈孤弱所以幼其幼'，举而系之宗子家相之后，一若与天下人，无贵无贱共之，不过以天下疲癃残疾惸寡孤独引为兄弟，以足吾言同胞之义，而吾之视民父如吾父，视民子如吾子，与视民父不必如吾父，视民子不必如吾子，初未尝一言及之也。（非不及，不可及也）今即所谓理一而分殊者解之，是必截老吾老而言亲民父不必同于亲吾之父；截幼吾幼而言亲民子不必同于亲吾之子，其理已与民吾同胞有殊矣，此可谓仁之分殊矣，而可谓仁之理一乎？（无不曲折以析之）苟民父民子必不得比于吾父吾子，如吾与民为兄弟，是有同胞之名，不必有同胞之实，其亏吾至仁之体量，先从吾私吾父、吾私吾子始矣，又安取乎分殊之说为哉？如谓即同胞之民而分殊之，乡国天下，同一民也，以远近而分殊之乎？以贵贱而分殊之，亲疏而分殊之乎？苟不免于远近贵贱亲疏而分之殊之，又何取乎同胞之说？与乡国天下如足如手之情，究不能一体以致之乎！由此而推之，吾父吾子欲有所及而又有所不敢，及推之吾兄吾弟，又若有所及，又必有所不能及，又不得不言理一，不得不言分殊，是曾不若<u>孟子</u>所为'亲亲而仁民，仁民而爱物'，<u>孔子</u>所为'仁者，人也。亲亲为大。亲亲之杀，礼所生。'（圣贤之言，颠扑不破如此）其言有条而不紊，而仁之理有何不一，仁之分有何不殊，仁之体量有何不足，仁之功用有何不全也哉？"

  圣贤言道，直捷了当，无不通晓，如行通衢。惟异端说理，本无幽深，藏头露尾，通此塞彼，作者既多破绽，述者便费补凑，皆因道一两字未曾透彻耳。《西铭》言仁，是圣学第一大本，然止就仁论仁，自不免先将<u>孔孟</u>铁案掀翻，以求超出千古论仁所未发，<u>伊川</u>、<u>紫阳</u>虽力为补凑，其缺陷岂可得哉！<u>桂山</u>字字通彻，语语痛快，一以<u>孔孟</u>为宗主，然其藏头露尾，通此塞彼处，无不曲折洗发之，<u>朱子</u>赞"《西铭》笔力，何人及得他"，移赞此

篇,可以不愧。(《太极图说论》卷四)

○《太极图说·辨仁论二十》:然此犹为"理一分殊"之言,欲为"民胞物与"解,而不能为"民胞物与"解者言之也。至"民胞物与"之言,不惟古圣贤言理必不言之理,言仁亦必不言之仁也。(论圣人大道,一字依违不得,一字回获不得)今夫人之为人也,有圣贤大小之不同矣,有贵贱势分之不齐矣,一家之中,吾同胞者,二三兄弟耳。无论圣人、贤人、大人、小人、贵者、贱者、有势分者、无势分者,必推吾父母之一本,衣食甘苦、休戚死生如吾一身焉,吾高曾而下,其族属吾不得比而同之矣,况乡国天下之人乎?长一乡者,始得问一乡之疾苦;令一邑者,始得问一邑之疾苦,犹必请恩泽于吾君吾相,而后有以及之,至有国有天下者,始得引国与天下之疾苦,如痛瘵乃身而计所以安全之。天之生人,有圣有贤,有大有小,有贵贱势分,非吾存诸心有是仁,施诸事即有是仁,可以吾之仁即天地之仁,而天地之仁即为吾之仁也。颜子在陋巷,视禹稷之已饥已溺,如乡邻有斗闭户,而不以为恝然者,颜子视天下之民犹天下之民,未尝敢引为同胞之兄弟也。如颜子引如同胞之兄弟,必且鳃鳃然如同室之人,忧之计之,而引为已饥已溺矣。孔子周流列国,以救安天下为志,其言志也,亦止曰"老者安之,朋友信之,少者怀之",必不敢曰"老者吾安之,朋友吾信之,少者吾怀之",岂孔子之至德,犹有所不及哉?不敢以吾之志遂,谓吾之事也。(大《西铭》者,止知大《西铭》之志,不知止大《西铭》之言耳)夫圣如孔子,贤如颜子,吾犹得以有其志、有其事而信之者且然,而况其他乎?故听其言,信其行,虽细行小节犹难之,况其言天地帝王大德至仁之事乎?伊尹之言曰:"予视天下匹夫匹妇,有不被尧舜之泽者,若已推而纳之沟中",此伊尹三聘后,相汤伐桀,救民水火之言,非耕莘野时一介不与、一介不取之言也。故任伊尹之任,其救民也,虽过于同胞之迫切而止言救民,不得以吾同胞之义分属之者,不以仁民之仁同吾亲亲之仁也。且圣人言仁之功,必以所成之大小论其功,故管仲亦得称仁;圣人言仁之志,不必以所愿之大小论其志,故子贡不许其能及。况视天下之民如兄弟而未必当于仁,即视天下之老如吾老,视天下之子如吾子,而未必即当于仁。不视天下之民如兄弟,而未必不当于仁;不视天下之老如吾老,视天下之子如吾子,而未必不当于仁也。(推勘至此,圣人之仁还一丝去而千里)孔子教弟子求仁,子贡博施济众,力固不及,何妨勉以及之?乃必归诸尧舜,且谓尧舜犹病仁之为体,求之一心,至微至隐,终其身,能存诸心者几人?仁之为用,推之天下,至广至大,施诸事,能尽其量者几人？非可以知及之遂谓仁亦能及之，能知帝王之仁即可以及帝王；能知天地之仁即可以及天地也。子贡不欲无加，夫子以为非所及，他日间一言终身行，亦止不欲勿施，为仁为恕一理而已，孔子教之，勉以及也；子贡言之，警以所不及，况民吾同胞之语为何语，假令横渠以斯言质于圣门，孔子肯以不轻许子贡者，以其言尤大而意尤切，叹为从古圣人所不能及而轻许之乎？（看得"仁民爱物"四字浅近，自看得"民胞物与"四字高深）此其理，余谓古圣贤人必不言之理者，是也。至所为必不言之仁者，有子以孝弟为仁之本，孟子谓孩提亲长，为仁为义，盖人于父母兄弟，属毛离里，分形同气以来，其恩勤爱恋之情，根于至性而不能已，推而上之至高曾始祖，推而下之至伯叔兄弟，其用情必有降杀焉，非有所强而为之也。至于乡国天下之人，其老其长，推爱敬以及之，其降杀自必有在矣。然此犹合仁与义礼而分殊之也，至怵惕恻隐，发于自然，莫如拯人于溺，救赤子入井，使遇吾父兄溺于水，吾赤子将入于井，其迫切号呼，虽忘其身以拯救之而有所不暇，顾以视他人之父兄赤子，迫切号呼，忘身以拯救之，必有间矣。（精析至此，皆从孟子已言推所未言而言之）此可知仁之分殊，原本自然，非必仁无分殊，而必以义为分殊，礼为分殊，亦可以晓然而喻矣。今横渠父天母地，民胞物与，原以天地万物一体为仁，无所分殊而始大也；以无所分殊为大，自必以有所分殊为小矣；以有所分殊为小，自必以各亲其亲、各长其长、各子其子为小矣；以各亲其亲、各长其长、各子其子为小，自必以圣人之老吾老以及人老，长吾长以及人长，幼吾幼以及人幼有分殊，而若无所分殊为大矣；以有所分殊而若无所分殊为大，自必以天地之视万民如一民，视万物如一物无所为，人亲人长人幼无所为吾亲吾长吾幼分殊于其间者为尤大矣。推横渠之意，以仁之为方公也。至公者莫如天地，反而言之为无私，无私者莫如天地，人苟一理而不以大公尽之，则非天地之仁矣。苟一事而不以无私推之，则非天地之仁矣；非天地之仁，即非吾体天地之仁以为仁矣。使横渠必如是而言仁，辟犹人不能以四海兄弟言仁，吾独能以四海兄弟言仁；人不能以吾翁即若翁，若母即吾母言仁，吾独能以吾翁即若翁、若母即吾母言仁。不问其言之以何而有是言，有不以其言非仁之言；不问其理以何而有是理，有不以其理非仁之理者乎？且以其言为仁之至，其理为仁之至者乎？而不知必如是而言仁不可以言仁，如是而言仁之至，不可以言至也。前之人言之者，墨氏之言仁也；后之人言之者，释氏之言仁也。不可言之仁，言不可行之仁理也，不特非仁，非仁之至也。由其所能及之仁，推其所不能及之仁,是塞吾仁者也;从其所不能及之仁,舍其所能及之仁,是贼吾仁者也;(昌黎、眉山,似应□□而叹)盖以前之墨氏,后之释氏,其言仁也,不知仁之理者也。其言仁不知仁之理者,由其不知公之所以为公,而无私之所以为无私也。不知公之所以为公者,不知至公之如不公也;不知私之所为无私者,不知至无私之如至私也。尧之传贤,公也;禹之传子,私也,亦公也。虞不郊瞍,公也;夏后郊鲧,私也,亦公也。周公诛管,公也;舜封有庳,私也,亦公也。卫伋与寿俱死,公也;伍员不与尚俱死,私也,亦公也。由是言之,公者固公,其公而似私者,非公矣,而孰知其私之为公也;似私而公者,固公矣,而孰知私之至之为公之至,且为大公而至无私也。("公""私"二字,看得透彻。异端知此,不独"公""私"二字,即"有""无"二字,亦知之矣)故人至于父子兄弟之间,不患其私,患其不私耳;不患私之至,患其私之不至耳。夫私而至于父子兄弟,不谓之私而反谓之公者,以父子兄弟之私乃天性之私耳,犹天地无私而私善人。天地私善人,尤私孝子悌弟之为善人也。夫天地且为善人、为孝子悌弟之为善人,易其无私之大德而独私之,而况于人乎?况于鬼神乎?今夫人之为仁,发而为爱之理,施而为爱之事,以无所不爱为公,尤以有所爱、有所不爱为公,此惟仁者能爱人能恶人之说也。以兼所爱为无私,尤以专所爱为无私,此'仁者,人也。亲亲为大'之说也。今墨氏、释家之徒,以爱吾亲不同于他人,遂若爱之有私,是止知仁之为仁,不过爱之为爱,本吾爱之理以行吾爱之事,非极乎爱之量者,即不足以尽仁之量,岂惟人为天所生之人,以无差等,无人我相者爱之,即物亦为天所生之物,不以爱人亲如爱吾亲,无差等,无人我相者爱之,亦不得谓极乎爱之量,即不得谓尽乎仁之量者也。是止知爱之为仁,不爱之为非仁,无不爱之为公而无私,有爱有不爱之为私而非公,又安知有好有恶之为仁,有等有杀之仁为至公无私之仁哉!

  从古圣贤,教人为仁之方,至详至悉,未尝不合仁之体用。而统论之,孟夫子辟墨氏最严,然其时未至如今日佛教大行,圣人之仁道几于泯灭不存若是之甚也。桂山本四子已言、不言之精蕴而贯彻论之,孔子之道著而杨、墨之道不熄,有是理乎?(《太极图说论》卷四)

  〇《太极图说辨仁论二十一》:或曰:"伊川有取乎《西铭》仁体之大,答龟山书既曰'理一而分殊',又曰'分殊之弊,私胜而失仁',又曰'分立而推理一,以止私胜之流',其说可得而闻欤?"余曰:"此其说亦若不能强为之解也。伊川既以《西铭》不言分殊而言分殊,明以圣人'亲亲而仁民,仁民而爱物',

为不易之理矣。今又曰'分殊之敝,以人之宜分殊,而不能分殊为敝,可也。若宜分殊而能分殊,又何敝之有哉!（每出一语,必据其巅）苟以圣人之分殊有敝,是圣人分殊之敝,即圣人为仁之敝矣。如以圣人之分殊本无敝,从圣人而分殊之人,其流入于有敝,此其敝当于其人之仁不仁求之,不当于分殊求之也。苟于分殊求之,岂以天下之人,必有能亲亲不能仁民,能仁民不能爱物者,为有敝耶?（以千百言□其一言,好□如是,岂得已哉）不知人患不能亲亲耳,不患不能仁民；患不能仁民耳,不患不能爱物。尧舜之道,孝弟而已,老老幼幼,推以及物,运天下如反掌,况在邦在家,而有不足乎？若以天下之人,又必有能爱物不能仁民,能仁民不能亲亲,所厚者薄,所薄者厚为有敝,必无所不爱,以胜其私,此其人世亦庸有之,然此皆不仁之人,失其本心之过,非分殊之过也。今既以分殊为仁,又虑分殊之私胜而失仁,亦不过谓各亲其亲、各子其子,其流必至视民如路人,视物如异类,苟以是而为私,必求其无私；以是为失仁,而必求其无失,自必从墨、释二家无差等、无人我相,以求免于私胜失仁而后可,势必视人父如己父,视人兄如己兄,情有所不及,必强吾情以致之；力有所不逮,必殚吾力以赴之,势必谓他人父,不得不忘吾父,虽父母在,许人死可也。谓他人昆,不得不舍吾昆,视兄弟如路人,视行道如同气可也。（文情文理,岂徒入木三分）夫圣人,止教人以各亲其亲、各子其子,以存吾天性之仁,而推及于人,犹有不爱其亲而爱他人,不敬其兄而敬他人,以行其悖德悖礼之事,况教以民胞物与,举天地间有知有觉、同类异类一如吾,以天性行于一家者,然此虽大圣人与天地同体者,有所不能尽也。《西铭》必以是为无忝吾仁,以无忝吾事天,不亦过乎！今天下有求仁之人,当其观仁于静,一切平等,如在我和气中,此即万物一体气象也。谢氏谓其'静时心虚气平,自是如此,必应事时,有此气象,始为得之',此亦指徒为仁言,不能有仁理者言之耳。（总不使墨释二家,一隙可以投足）以语圣人,则不然。静时所见如此,动时应事自必如此,故圣人静时见万物一体,一民一物,不在所爱中。吾之仁,虽放之四海,极之天覆地载,以一民一物,故如日月之蚀而亏其全体者,然此即所为静时春意,一切平等之气象也。及其应事,而推之亲吾亲爱吾子,自本吾静时所见一体之仁而为之,亲吾亲以及人,爱吾子以及人,亦本吾静时所见一体之仁而为之,亲吾亲,不必亲人亲如吾亲；爱吾子,不必爱人子如吾子,亦本吾静时所见一体之仁而为之。（如此缕析言之,犹未见圣人仁体,犹得为儒哉）夫亲吾亲以及人,爱吾子以及人,于吾静时所见一体之仁,非有所加也。亲吾亲不必亲人亲如吾亲,爱吾子不必爱人子如吾子,于吾静时所见一体之仁非有所损也。盖圣人之视一民一物,无不在所爱之中,犹天地之视一民一物,无不在所爱之中也。(不惟至天地,则异端之仁,大于天地,不足析之)天地之爱物,未尝不欲,如爱民者爱之,然物则犹是物也,不可强而为民者也,亦惟以爱物者爱之而已,天地爱愚不肖之民,未尝不欲如爱贤知者爱之,然愚不肖则犹是愚不肖也,亦惟以爱愚不肖者爱之而已,是天之于人与物、贤、知、愚、不肖,何尝一体爱之?而吾谓其一体爱之者,以人与物、贤、知、愚、不肖不一体爱之者,乃人与物、贤、智、愚、不肖之本不可一体而爱之,非吾一体之仁,分其为人,为物,为贤智愚不肖,不可一体而爱之也。故吾以人与物贤智与愚不肖,无不在吾所爱之中,而爱人者自在人,爱物者自在物,爱贤智者自在贤智,爱愚不肖者自在愚不肖,以吾本然一体之仁,行吾一体之爱,非以吾本然一体之仁,行吾二体之爱,此其为天地之大德大仁也,圣人之于民物,何独不然?今横渠必言民胞,必言物与,是犹天地必引物之蠢愚,皆得比民之秀灵,而后谓之无不爱之仁;圣人必引物之微贱,皆得比于人之贵重,人之疏远皆得比于人之亲近,而后谓之无不爱之仁,此天地所不能为,圣人所必不为者也。(使二家得闻此说,何辞以对?有代为对者,吾顺洗耳而听之)宜乎!墨氏之无差等,自谓其仁过于圣人;释氏之无人我相,自谓其仁大于天地也。然则横渠以胞与言仁,徒以静时无所为而为之心论仁。(案□如山,于定国之折狱,必无□民,亦犹是也)不可以应事时有所为而为之事论仁也,徒以仁所及广狭厚薄之事论仁,不以仁所及广狭厚薄之理论仁也。故民胞物与之言。似可言而不可言也,有所着之言。民胞物与之理,似有其理而不可为理也,有所着之理也。有所着之言,通诸此而可言,通诸彼而不可言也;有所着之理,施诸此而为理,施诸彼而不为理也。苟虑人之视民如路人言仁民不足,必言民胞视物如异类言爱物不足,必言物与而天下之视民如同胞者,莫不有加于仁民;天下之视物如吾与者,莫不有加于爱物。(圣人亦与人同情,何处可容不情之论)圣人亦何惜,而不以视民父一如吾父,视民子一如吾子,以是而率天下之人?其为天下一家,中国一人,不更大于天地而为之,亦何不可之有哉!嗟乎!圣如尧舜,如天好生,四海之养,止及其亲,有庳之封,止及其弟,其于九族亲之而已,其于百姓平章而已,其于万邦协和而已,犹不能使逆命之三苗,同于于变不才之八子,化于昭明?岂惟尧舜!即天无私覆,地无私载,能生贤智,不能不生愚不肖之人;能生秀灵,不能不生蠢顽之物;能以声名文物及中国,不能及薄海以外之人。所谓天地之大，人犹有憾，(百折千回，必以大海为归宿)从事圣人之徒，徒知万物一体之言，不察万物一体之理，又何暇谕其能体而行之？不能体而行之，岂圣人教门弟子以求仁之方乎？嗟乎！余之推论及此，亦以《西铭》好仁之过，即孔子所为好仁之蔽之过也，使非从事佛氏之教，又安得有是言乎？盖佛氏之为佛氏，其教本无与于仁者也，舍色身，空人世，以生为幻，以死为真，彼乌知仁为何物者耶？今释氏之徒，日以慈悲为仁矣，吾谓其不知仁为何物者，以其于仁之大本，茫然一无所知者也。所谓大本者，乃天地大德帝王至仁之大本，非彼异域之人所能通贯而默喻之也，其所为慈悲度世，以人不知色身之幻，度之出世而证无生，与天地生物帝王育物之至仁，相背而驰者也。其言放生，亦所谓不揣其本而求其末耳。彼以一切含灵，皆有佛性，放之生之，自一二以至十百自千万，以至亿万，亦与天地生人等耳。(愚鲁之人，岂无至性，所见止于如此)放一物，则一物生；放百千万亿物，则百千万亿之物生，遂以物之不殊于人，至百千万亿，吾能如天地生物而生之，虽天地亦孰有过于吾仁者乎？《西铭》言物与，其言尤缪于民胞，不足论也。然非本佛氏割己肉以喂饥鹰，及四生轮回食吾父母之说，安得有是言耶？尝试与子罕譬而喻之，天下无贤智愚不肖之人，猝然而见鸟之饥而待毙，兽之觳觫而就刑，未有不怵惕、恻隐思所以救之者，使闻佛氏割己肉悲轮回之说，彼贤智之君子，自必嗤其说而不为；彼愚不肖之小人，莫不踊跃赞叹忘其身以徇之。然未有不始信之而终疑之者也，以世之饥鹰无穷，而己之肌肉有尽，一割再割而已，鹰未饱而身已亡矣。吾止一父母也，吾能知轮回中，此二物是吾父母，吾哀而舍之可也，吾又安知百千万亿物，日在轮回中，何者是吾父母，何者非吾父母，而皆如吾父母，哀而舍之耶？夫推释氏之言仁，不过摩顶放踵，利天下为之之说耳，其言岂不加于君子远庖厨之仁哉？(晓人如此，心良苦矣)然究不免于君子之嗤而小人之疑者，亦以其徒言不可言之仁、言不可行之仁理而已矣。乃世之儒者，犹以民胞物与是从万物一体言仁而曲为解之，殊不知万物一体可言，而民胞物与不可言者。其言万物者，物也；其言一体者，己也。以万物之体与一己之体而一之者，以己与物相对而言之也。人之不仁莫大于有己，尤莫大于止知有己不知有物。己所不欲，勿施于人，去己私斯能公万物。所谓万物者不论其物之为亲、为疏、为贵、为贱，苟不能去己私，必不能公万物而一体之也。苟能去己私、公万物，而无不推己之一体而体之，其所体之亲者，自以亲体之疏者，自以疏体之贵者贱者，自各以贵贱体之者自若也。

故对己而言,以其有己也,可言一体。一体者,己之一体也,舍己而言以其皆物也,不可言一体者也。以己之一体推以与万物,是万物之一体,非我之一体也。以一□万物为万物一体,是不以万物与一体分己与物而言之也。我视兄弟,兄弟一物也,民亦一物也;我视朋友,朋友一物也,物亦一物也;我视父母,父母亦物也,犹天地亦可言物,父母亦万物之一物也。(缕析至此,理岂有间!而二氏贸贸然入之儒者,好言佛氏者,亦应如梦而觉)苟舍己而言物,皆以万物一体视之,无非吾父母、兄弟、朋友矣。虽欲推以及之,必有不能及之者矣,此墨、释二氏之言仁,止知理一而不知分殊,止知言分殊之敝,不足以尽仁,而不知其言理一之敝,虽求为分殊之仁,而不可得者哉!惟圣人以我对万物言之,则我亦一物也,物亦一我也。我之体,犹物之体也;物之体,犹我之体也。我所不可加于物,犹物所不可加于我也;物所不能受于我,犹我所不能受于物也。克己而物一体矣,推己而物一体矣,至能克之而能推之,又何有民之父母、兄弟、朋友而不能由一己而推以及之哉?若徒以物视物,不言仁民则已,苟言仁民,必视如同胞始足以仁民;不言爱物则已,苟言爱物,必视如吾与始足以爱物。是止知有物而不知有己,止知有同胞吾与之物,吾胞与之而有当于仁,不知有同胞吾与之己,吾不胞与之,而非无当于仁胞与之,而非有当于仁,虽子贡博施为仁,宰我从井为仁,夫子犹弗许之。而况《西铭》之言,尤与孔孟参差,安能不引贤知之过,为横渠之过也哉!

  看得圣人仁道,如宝珠光明,四面澄彻,虽纤尘扫净,况翳蔽如泥滓而能容之耶?至言"止知分殊之敝不知理一之敝,求为分殊而不可得",虽使伊川见之,亦应心折。(《太极图说论》卷四)

  ○《太极图说·辨性论二十六》:余曰:"子于受光之辨,可谓明且晢矣。此正张、程分性而二之之本旨也。"或人问:"勉斋辨析纯正,而勉斋所答,绝非张、程本旨,张、程本分性为二而论之,勉斋仍归性于一而解之,是以己之可解解张、程之不可解,犹紫阳无形有理为《图说》解,伊川理一分殊为《西铭》解也。盖自有天地生人、生物以来,气与质为类者也。然从未有不识气之为气,而可以质为气;不识质之为质,而可以气为质,……或人自必以气质之不正,此时天命之性复何在乎?以子思未发之中诘之,勉斋不得已,而止就已发、未发论之,夫子思之所为,已发未发,是君子戒惧慎独,为中为和,存心养性后验之者也。勉斋乃就凡人,言其未发,此心湛然,气正而性自正,及其已发,听命于气,气偏而性亦随之。且谓先师所云"未发已前,气不用事,所以有善而无恶"为解,不知此特孟子所谓平旦之气,好恶近人,且书所为牿亡已尽,论气而已,与子思言修道君子,已发未发,为中为和,了无干涉。余谓勉斋解二性之说,以一性解之,犹紫阳之解《图说》,伊川之解《西铭》,不解其近二氏之说,而徒以孔孟之解解之者也。(《太极图说论》卷五)

○《太极图说·论儒论五十四》:呜呼!圣人往矣,不得而见之矣,皆由不从圣人所已言求之,反从圣人所不言求之之过也。故"胞与"言仁,何尝非言仁,而不得为圣人之言仁;"气质"言性,"无善无不善"言性,何尝非言性,而不得为圣人之言性;"皇极"言数,何尝非言数,而不得为圣人之言数。且"胞与"言仁,何必以释氏言仁,而不知其入于释氏之仁;"气质"言性,"无善无不善"言性,何必以告子、释氏言性,而不知其入于告子、释氏之性;"皇极"言数,何必本道家言数,而不知其入于道家言数。岂真以释氏、告子、陈抟之徒所授受,有加于圣人之言耶?惟其生平学识所到,见圣人理一分殊为是,又见民胞物与为是,遂若墨氏兼爱、释氏平等,其论仁未尽非也,于是《西铭》言圣人所不言,发圣人所未发,而谓吾自论其仁,见圣人言人性本善为是;又见气质之性为是,遂若告子生之谓"性无善无不善",释氏"心无其心,性无其性",其论性未尽非也,于是《遗书》言圣人所不言,发圣人所未发,而谓自论其性;见圣人《大易》言数为是,又见天地阴阳万物变化,一一有数为是,遂若希夷之所指授李、种之所递传,其数未尽非也,于是《皇极经世》言圣人所不言,发圣人所未发,而谓自论其数。故凡四子所论说,而著为成书,非谓知其道,为曲学异端而必有取乎尔也;亦非谓知其道,为曲学异端而必无取乎尔也,亦若以吾于曲学异端,弃其粗而择其精,斥其非而存其近是,以补古圣所未全,昔贤所未备,自以为见道之至而立言者也,而不知道一而已矣。(《太极图说论》卷十)

○凡异端曲学之徒,立一义,创一说,莫不自以为知之明、见之彻而言之,其自为立说弥高,而不知去道弥远;自为充义弥尽,而不知背道尤极。释氏平等言仁,即墨子兼爱之说也,其言仁岂不过于圣人哉?《西铭》胞与民物,以理一言仁,不必本二氏之说以为说,亦自以其意见所到,必如是而始为仁,必如是而极仁之量如天,安得不以分殊为小,安得不以分殊为有敝哉?惟不知圣人言仁,以理之生者言仁,生之为言,无所不通之为言也,仁固是仁,不仁亦是仁,以其理之如生,而无所不通,而有其仁者也。异端曲学之言仁,以其理之死者言仁,死之为言,无所不塞之为言也,无一非仁,无一是仁,以其理之如死,而无所不塞,斯不复有仁矣。此墨子摩顶利天下而无其父,释氏割肉饲鹰而弃其亲,而犹自为其仁无量者也。此不独言仁为然也。言心、言性、言道、言德、言天、言人、言死、言生,由其说而推极之不死不塞不止。《西铭》之言仁,虽曰不本之,吾不能谓其不本之也,不能不谓其不本之者,不本之圣人,虽欲不本墨、释而不可得也,作《辨仁论三》。(《太极图说论·后序》卷上)

〇《淮阴杨六餐先生传序》:先生成童,于《性理》一书,即能立志愿学,此与陆子静儿时问天地穷际,覃思废寝,亦复何殊!况年益高,学日进,其研究所得,又何可量耶!余少读是书,以《太极》不主敬而主静,《西铭》不言仁爱而言胞与,及张、程不本天命止一性而又别立一性为性,以孔孟四子书折衷之,推本大《易》天人性命阳阴鬼神生死一致之理,累七十篇,数十万余言。先生所著书,余未之见,不知其有合与否?而先生特立独行,遁世无闷,读其传而反复思之,亦叹世之儒者,能如先生读书穷理,庶亦无愧真儒也夫!(《桂山堂诗文选》卷一)

●杨球

〇濂洛接遥绪,光辉发残编。时则有关学,周程共联翩。《西铭》明理一,仁量称如天。风气自此开,血脉今独延。(李颙:《二曲集》卷十《南行述》)

●陈世祉

〇《赋赠关中李二曲先生并叙》:太华峰高高插天,巨灵掌劈莲华悬。月岩龙岭倒空碧,谁能独立挥云烟?遐哉横渠古张子,《西铭》透辟乾坤理。后起冯公曰少墟,渊源直接闽江水。(李颙:《二曲集》卷十一)

●朱显祖

〇《张横渠》曰:先生之学,全从刻苦中得手,其于理一分殊,所见之到,具见《西铭》一篇,其谈道论学,妙义微言,不一而足,真后起之曾子也。至其居家之道、教失之法、为台之方,无一不帅诚实一路,学者能师先生,亦可以为全人矣。(《希贤录》卷三)

●陆陇其

〇"'暮春'数语,直是民胞物与气象,具一部《西铭》在内。比三子,有大小之别,不止是有待、无待之分。"(《四书讲义困勉录》卷十四)

○《西铭》本是《正蒙》中之一篇,特以其切于学者,故抽出另自为一书也。(《松阳讲义》卷二)

○朱子答陆子寿论《太极》《西铭》云:"不言无极,则太极同于一物,而不足为万化之根;不言太极,则无极沦于空寂,而不能为万化之根。"此二语后来与子静反覆辨论,此却是根。(《读朱随笔》卷一)

○《记林黄中辨易西铭》谓:"太极是生两仪,不是包两仪。包如人之怀子,子在母中;生如人之生子,子在母外。"愚按:"'包'与'生'二字,学者当理会。"(《读朱随笔》卷四)

○阅徐鸿洲《信古论》,见其论《西铭》是仁体,因悟与万物流通者,仁体也;无物不有者,仁体也;无时不然者,仁体也。故《中庸》"费隐"章、《论语》"子在川上"章,与《西铭》,皆是言仁体。(《三鱼堂剩言》卷八)

○刁蒙吉《辨道录》载罗文庄之言,曰:"'理一分殊'四字,本程子论《西铭》之言。其言至简,而推之天下之理,无所不尽。持此以论性,自不须立天命、气质之两名。"按:整庵尊"理一分殊"之语,可也。而便欲以此破除天命、气质之名,则非矣。但知理气之合,而不知理气之分,可乎!(《三鱼堂剩言》卷八)

○《潘泗庵先生寿序》:"《西铭》《正蒙》,吾温清之具也。《定性书》《颜子好学论》,吾甘旨之奉也;《经学理窟》,颖考叔之羹也;《易传》《春秋传》《遗书》《外书》,老莱之斑衣也。绎之于心而体之于身,所谓"不愧屋漏"者,弗能弗措也;所谓"扩然而大公,物来而顺应"者,弗能弗措也;日就月将焉,真积力久焉,义精仁熟,天下将翕然曰:'关洛之学,复见于梁溪二泉间。'"(《三鱼堂文集》卷九)

○陆桴亭谓:"'一本万殊',犹言有一本,然后有万殊,是一串说下。'理一分殊',犹言理则一,而分则殊,是分别说开。譬之于水,'一本万殊'者,如黄河之水,出于一源,而分出千条万派,皆河水也。'理一分殊'者,如止是一水,而江河湖海,自不同也。"其说极明。但桴亭以"理一分殊"解"一贯",愚却未敢以为然。"一贯"是一本万殊,不是理一分殊。(原第二十九条。○桴亭,名世仪,字道咸,嘉定人。明季诸生,研精理学,著有《思辨录》诸书。基按:先生《日记》云:"罗文庄曰'理一分殊',本程子论《西铭》之言,推之天下之理,无所不尽。持此以论性,自不须立天命、气质之两名。文庄尊理一分殊之语,可也;而便欲以此破除天命、气质之名,则非矣。但知理气之合,而不知理气之分,可乎!"此条亦学者所当知,故附于此。○按文庄《困知记》内论理一分殊,津津乎言之,然却与朱子不合,当辨。)(《松阳钞存》卷上)

○张子《西铭》,从《孟子》"尽心"一章来。(原增第二条。基按:先贤谓"《西铭》理一而分殊",是发明前半篇。先生此语,是发明后半篇。盖穷神知化,便是尽心、知性、知天;无忝匪懈,便是存心、养性;而厚生、玉成,以至存顺、殁宁,并夭寿、修身以俟,俱在里。)(《松阳钞存》卷上)

柏麓按:《松阳钞存》卷上第一条下注文,上两条中按语为杨开基所加。据《四库总目·松阳钞存提要》,《松阳钞存》为乾隆辛未,乃金山杨开基所重编,并有杨氏序、小注及陇其孙申宪跋,兹并录如下,以见其版本流变源流。

● 屈大均

○《有怀富平李孔德·其五》:讲授多新说,无双是五经。先王存梦寐,后进有仪型。紫阁横天翠,黄山映水青。当年同几席,相勉复《西铭》。(《翁山诗外·五律》卷四)

○《送李天生归陕西序》:夫子称:"文王既没,文不在兹。""兹"者,何也?吾思之,圣人有圣人之兹焉,吾亦有吾之兹焉。文王未没,是兹在西;文王已没,是兹在东。兹以西始,始于伏羲之一画;兹以东终,终于夫子之六经。然子舆氏七篇,其犹东之复起者也。西则自周至宋,千有余年,始有横渠先生者,以《易》为用,以《中庸》为体,以复与于圣人之文。今观《西铭》一书,穷神以继天之志,知化以述天之事,践形以肖之,不愧屋漏以无忝之,欲天下人,皆尽夫事天之道,而为天之孝子。其见极高明,其言极醇至,不谓圣人之兹在焉,不可也。昔有问乎伊川者,曰:"《西铭》何如?"曰:"此横渠文之粹者也。孟氏后未之见也。"嗟夫!天地之文,以圣人而显;圣人之文,以贤人而明。横渠之《西铭》,非所谓贤人之文乎!吾人有志,欲求夫圣人之文,而未有得;而先从事于贤人之文,充之至尽,亦何不可以为圣人!天生李子,西人也。有志于文,盖自其幼龄已然。今且繇横渠之《西铭》,以求文王、周公之文;繇文王、周公之文,以求伏羲之文。譬之升太华者,必始青柯之坪;溯黄河者,必自风陵之口。安见五千仞莲花之峰,一万里星宿之海,不可以从容而至乎?且夫太华为五岳之宗,黄河为四渎之首,卦画为斯文之原,《西铭》则济川之舟楫,而陟巘之钩梯也。李子方以《编定九经大全》《续修朱子纲目》为事,吾虑其工大而力劳,荒废时日,未得斯文之渊源,而徒泛滥于其流,其学将为无本,故尝以《西铭》进之。盖欲其先得是兹于易简,而后可以直接斯文之统绪也云尔。《易》曰"易简而天下之理得",于其西归,遂书之以为赠。(《翁山文外》卷二)

●贝原益轩

○《西铭》以天地为父母,以万物为一体,而发明于事天地之道为亲切。学者须先知此理,终身服膺而无失也。(《慎思录》卷一)

○张子之言,气象雄伟,语意谆厚,其学亦可谓正大光明也。如《西铭》一篇,前人之所未发,大有功于圣门。(《慎思录》卷二)

○天地万物之与我为一体,本是自然之理;然众人有私意之障碍,而不能为一体。唯仁者,无物我之私,以为间隔,故依旧为一体,非勉强为一体尔。《西铭》以乾坤称父母,"民为同胞,物为吾与";此亦本有斯理,非强名之也。(《慎思录》卷二)

○《西铭》前半截言天地为父母,万物为一体,此言其道理也。"于时保之"以下后半截,言人之事天地之道当如事父母,此言其工夫也。终二句是主意。夫昊天有罔极之德,而人生不知事之之道,可谓虚生也,是《西铭》之所以作也。(《慎思录》卷二)

○仁者以天地万物为一体,此理本自如此,非勉强为一体而已。盖吾身自天地而生来,天地为万物之父母,故天地万物与吾身本自为一气。仁者至公无私,故无物我之间隔,不能不以天地万物为一体尔。《西铭》特言此意尔。(《慎思录》卷五)

○"一日"者,犹言一旦也,盖以其用功之时言而已,非官一日之间也。克己复礼,至难之事,故其用功也,非积日之久则不能矣,岂一日之功所能也乎哉。"归"者,如孟子所谓"民之归仁也"之归,谓归宿也。克己复礼则无私欲之障碍,无物我之间隔,天下虽大也,人物虽多也,我心之量,无处而不至,无物而不体,苟若是则皆归宿于我仁心之度内,而无所不爱怛。譬如人之身体无病病,而气血贯通,则四肢百体,无非己有;是为归仁也。苟气血有滞塞而不贯通,则手足痿痹,肌肤痛痒亦不知矣;四肢百骸虽是我身体,为不属己,医书谓为不仁。盖仁者以天地万物为一体,无非己之意。……天下为仁言惟公则无己私之间隔,虽天下广阔,无所不受也,此亦《西铭》之意。(《大疑录》

卷下)

○《事天地说·上》:大哉乾元,万物资始;至哉坤元,万物资生。是以人之生也,资始于天,资生于地。故曰:"乾称父,坤称母。"且其有生之后,终身覆载爱育之功,亦至矣,大矣。犹父母生我之后,复受其鞠育教诲而长成也。呜呼!人生乎天地之中,受天地之养,而寓身于天地之间矣。以天地为大父母而为怙恃,且天之宠异于人,比之万物为最厚,是以人之于天地也,受罔极之恩,欲报之德,其广大深厚,不可限量。为人者,可无欲报其万一之志乎哉?须终身奉事之以其道,不可须臾忘也。事之之道如何?曰:在于奉若天地之心,而不乖戾而已矣。是乃孝子奉顺乎父母之道,仁人之事,天亦须如此也。天地之心如何?曰:生而已矣。《易》曰:"天地之大德曰生。""生"者,何也?朱子所谓"天地以生物为心",又曰"天地一无所为,只以生万物为事"是也。奉若之,而不乖戾之道如何?曰:"仁而已矣。"盖天地生物之心,人受之以为心,所谓仁也。生与仁虽有在天在人之别,其理则不异。故为仁,乃所以奉若于天地之大德也。为仁之方如何?孟子曰:"亲亲而仁民,仁民而爱物。"是为仁之序也。而为仁之方,其所重在爱人伦而已矣。盖天地生物而爱其所生,譬如父母之于子也。天地所生,乃是万物而已矣。其所生万物之中,爱人类最重。此由人为万物之灵也。是以吾厚吾人伦者,岂啻惇同胞而已乎哉?抑所以顺天地爱人之心,而事之也。故事天地之道,在率所禀五常之性而爱人伦已矣。爱人伦之中,以厚父母为最重。盖父母人伦之本也,不可不厚亲亲仁民之余,又在爱物而已。爱物亦有序,爱禽兽为先,爱草木为次。且君子之于物也,用之有礼,取之有时,不可残忍之暴殄之。爱物亦是所以奉若天地之心而事之之一事也。总论之,《中庸》所谓"率性之谓道"是也。盖率五常之性,则五伦之道由此而行焉。率仁之性,则父子有亲矣。率义之性,则君臣有义矣。率礼之性,则长幼有序矣。率智之性,则夫妇有别矣。率信之性,则朋友有信矣。是人之有道也,天性之中所固有也。(《自娱集》卷一)

○《事天地说·下》:惟天地,万物父母;惟人,万物之灵。故为人之道,终身之职业,唯在事天地而已矣。此所以为天地之子而不悖,灵于万物而不耻也。事天地之道奈何?曰:"在奉若畏敬而不敢违而已矣。"奉若而不违之道如何?曰:"在存养天之所赋,爱育天之所生而已矣。"盖天之所赋为心性,如仁义礼智是也,宜保持而存养之也。天之所生,为人物,如人伦与禽兽草木是也,宜亲厚而仁爱之也。此存养于心性与爱育于人物,乃所以事天地而奉若畏敬之道也。此二者，固虽有体用之别，合而谓之，则仁而已矣。人伦与品物，其贵贱甚殊。故亲亲、仁民、爱物之厚薄，其差等虽不同，然而其为仁则一而已矣。(《自娱集》卷一)

〇《初学训》：大体为人者，虽父母生之，寻其本，受天地之生理所生也。故天下之人，皆天地所生之子，以天地为大父母。《尚书》亦言天地为万物之父母。父母诚为吾父母也，天地为天下万民之大父母也。生而后得父母之养而生长，受君恩而养身。寻其本，皆用天地所生之物为食，为衣，为家，为器而养生。故大体为人者，非只受天地生理而生，生之后而至身之终，受天地之养而保其身。然人优于万物，受天地无极大恩。以此为人之务必之所为，事我父母尽其力，自不待言。一生之间，当常事天地，思报其大恩也。此乃为人，常当存于心中也。

为人者，常事天地，思报其大恩，如事父母以行孝，于天地尽仁，不可忘。所谓仁，言心有所哀，惠人物，是遵受天之惠也。事天地，道也，是人之道之本意，一生之间当务之业也，不可怠，不可忘。仕于天为仁与事父母为孝，同也。仁孝一理也。为人者，必当知而行之理，无有大于此也，又无急于此者也。人居于父母之家，专尽孝于父母。仕君，专尽忠于君。于天地之中，事天地，当尽仁。为人者，若不知此大事，荒以度日而过世，空其一生，则无为人之价值。为人者，不知此乎？此即人道所为也。此外若言有道，非真道也。

所谓仕天不可怠，为人者，只朝夕天道在眼前，思其不远。常恐天道而生，不可侮也。即使背天道，不可为无道之事。顺天道而不背，谦己身，不侮人，不夸耀于人，忍欲不恣意。生于天地而怜爱，深哀人伦，不侮人，不损人，为天地之人尽出。不为一人之欲，浪费五谷与万千宝物。不乱杀鸟兽虫鱼等生物，不违时而乱砍草木。是皆生于天地，而养也。为物，怜之养之，顺天地之心而不违背，如此哀万物而为仁。所谓仁者，哀之心也。是顺天地御心，事天地之道也。人伦之内，亲亲，次怜万民，次鸟兽，凡生物不损，是顺天地御心，行仁之序也。不爱亲，而爱他人。不爱人，而爱鸟兽，不仁也。

人皆受天地之惠而生，受天地之心为心，得天地之养养身。受此天地之大恩，居天地之内，舍天地予我之心德而不保之，背天地之道而不行之，且作为天地之子，损人伦，害鸟兽，不仁也。背天地之心，罪孽深，是天地之所憎也。当畏天道，不可侮之背之矣。

为人，不惧天，不怜人，无有大于此之恶也。行恶，天之所恨，难逃天之责也。虽有马上有灾和后患之别,却无为恶而无祸之理。又顺天地之心而不背者,有天地之惠,必有福也。虽其福未早来,后必有福而无祸。若我身无福,必至子孙有福,是必然之理也。古圣人之教,明矣。圣人之言,当敬畏而不可疑也。不及引古,近世亦多此例也。

天地所生,以人为贵,是受仁义礼智五常之性。人之道有伦,是人优于万物之处,不可失此五常矣。失之,则背天地而非人,且人食天地所生五谷之良味,鸟兽鱼介之旨肉而养身。暖布帛,居家,防风寒暑湿而安身,衣食家居之养,虽仰父母主君之恩,其本皆天地之生也。因此,人受天地无极之惠而优于万物。受如此之大恩而不知者,愚之极也。忘天恩,无视人及生身之贵理,实不足取。

凡人当知恩,以知恩而为人。若不知恩,则与鸟兽同。忠君孝亲,亦报君父之恩之道也。故此知恩之人,必孝于亲,忠于君。不知恩者,无忠孝。无忠孝,则失为人之道。何况为人而忘天地之大恩,为天地不孝之子,失人道之本意。

凡天地所生之万物,虽皆是受天地之气,就中无有贵于人者。人有仁义礼智信五常之性,是受天地之心为本性也。此身交五伦,顺天生五常之本性,行五伦之道,此首先为人之所贵大本也。且目分五色,耳辨五音,口知五味,鼻嗅五臭,读书学古,悟天地人之道,通万物之理,知古今天下之事,是人优于万物,更贵之处也。故《尚书》有言人为万物之灵。所谓灵,有优且明之魂也。人完全受天地之心而为心,故此其心为灵也。

所谓天地之心,生养人与万物,恩惠之道也。其理自天地开,后至万世而未变。就一年而言,年年春生夏长,秋收冬藏。受惠于四时而行道,为天道也。是天地生万物恩惠之生理也。此行于四时道之名目为元亨利贞,是四时之理也。此为天地之道。天兼地之故,凡言此为天道。所谓仁,天地生养万物,怜之惠之之理,受于人心,所谓天生也。行仁之道,首先作为天地所生之子,厚爱人伦。厚人伦之道,首先以尽孝于父母为本。事主君而尽忠,亲亲戚,怜家人,惠民,朋友相信,次怜万民,是厚人伦也。次爱鸟兽虫鱼,次爱草木。人伦,我同类也,天地所更当厚爱者也,故我亦顺天地之心,当厚爱人伦。次鸟兽虫鱼草木,皆天地所生之物,虽非我同类,爱人伦,后怜之,亦顺天地之惠,事天地之道也。如此,人伦与万物以情深为仁。所谓仁,怜爱人与物之善心也。事天地,以人之道为理,不出于仁之外。仁,兼义礼智在其内。

凡事天地之道,在于爱人伦与万物。其故何哉?天地爱其所生,如人之亲怜其子,人伦与万物若为天地所生而当爱之处,爱之,即顺天地之心,事天地之道也。故欲报天地之恩,首先当保有我心受于天地之仁,顺其心,厚爱五伦,次爱万物。是即事天地,报其恩之道也。人之道之本意,此外当无其他也。为人者,务知之而行,云云。(《益轩十训》:《初学训》)

● **阿波集堂元成**

○《刻西铭详义序》曰:《西铭详义》一卷,吾鸠巢室子所著也。先生之学,由伊洛而溯洙泗,诸子百家,探索无遗。道德文章之纯,蔚著于当时。既没,而尊信者益多,至今使人想慕不能忘焉。所著《大学新疏》及《文集》,既刊行于世,《诗》《易》《语》《孟》《中庸》,皆有广义。惜哉!尝罹于灾,其艸本蠹残,收拾之余,仅存十一于千百,唯《太极图述》及此篇,幸得全焉。盖皆晚年之作也,元成向因伊东澹斋,见加藩臣吉田执礼,始获此篇。实系大地氏考订,后又就先生之孙某,得见其草本,校对数过,藏之久矣,顾先生之于斯文,所关系岂浅浅乎!虽片言只字,宜实以传之,况于其全者乎!乃与《图述》锓梓,以广其传,庶乎先生之志不朽于世。但此书方成绪,未及脱稿,文意之间,犹或有烦再定者,读者察焉,至其微辞精义,所以有功于前修者,则元成何敢言。天明甲辰仲春,门人阿波集堂元成谨撰。(室鸠巢《西铭详义》)

● **熊赐履**

○《喜高节培过访叙旧(其二)》:东林会上道南厅,喜听诸生讲六经。派本延平真法指,人依元祐旧碑亭。(悼党祸也)箪瓢不改寻颜乐,丝竹如闻陟孔庭。见说武彝风未邈,与君皓首读《西铭》。(《经义斋集》卷十八)

○横渠之书,《正蒙》得失参半,《西铭》纯粹以精。前贤固论之详矣。(《学统》卷十八)

○《太极图》是个"诚"字,《西铭》是个"仁"字,其实一也。(《下学堂剳记》卷一)

○理一而分殊,分殊而理一。天地间道理,本来如是。《先天图》《太极图》《西铭》《皇极经世》,皆分明画出这体段来。证之圣贤经传,无有不合,知道者自能嘿而通之也。(《下学堂剳记》卷一)

● 施璜

○此篇（柏麓按：指《西铭》）乃横渠先生得统于濂溪先生处，濂溪谓"无极之真，二五之精妙，合而凝"。故张子以乾坤为大父母，而人物同得天地之气以为体，同得天地之理以为性，则皆天地之子也。但人得其全，而物得其偏耳。人虽有贵贱、贫富、老幼、贤愚之不奇，然均为天地之子，则当视天下为一家，而以天下之人犹兄弟也。如此，则心胸弘广，大公无我，何处容得纤毫私意耶？世人各私其身，昧于公理，如人有顽痹之疾，血气不相贯彻。故张子作《订顽》以示人，推原一本，详示工夫，真求仁之要旨也。此篇最紧要处是"天地之塞"两句，而两句中一"性"字又是最紧要处。前半截自乾父坤母说起，而以"天下之颠连无告"终之，则于人不可有纤毫之间隔，有纤毫私意便间隔矣。后半截自"于时保之"说起，而以存顺没宁终之，则于我不可有纤毫之间断，有纤毫私意便间断矣。故后半因孝子事亲之诚以明仁人事天之道，总是要克去己私，以复还天理也。盖吾之体性皆得于天地父母，皆可以为圣贤。彼汨于私欲者，自为悖子耳，自为贼子耳，自为不才子耳。天地父母之心，岂欲其至是哉！必要为圣为贤，方能尽天地之性，充天地之体，而为肖子也。静思天地父母之仁，无毫发之不到，无须臾之不然。而吾事亲之孝，为事天之仁者，亦当无毫发之或差，又当无须臾之或间。充得尽时，便是圣人，推而行之，便是王道。立志求仁者，常存此意于心而不忘，则心广理明，以为自别也。（《五子近思录发明》卷二）

　　柏麓按：此段载于《五子近思录发明》卷二朱熹《西铭解》后。

○此总记程子评论《西铭》之语，教人切己体察也。张子学堂双牖，左书《砭愚》，右书《订顽》。伊川先生曰："是启争端"，改曰《东铭》《西铭》。《订顽》即《西铭》也，程子尝以此篇教学者，谓："我有此意，而无子厚笔力之妙，说得醇粹完备，状仁之体，莫切于此。学者当体认此意，实为我有则地位自高以此立心，便可以达天德，言语外便能道得《中庸》之理也。"至于与杨子论"理一分殊"四字，尤见《西铭》之妙。论仁而义在其中，知其理一，所以为仁；知其分殊，所以为义，且直看、横看，俱有一个"理一分殊"。学者必灼然有见乎一致之妙，了无彼此之殊，而其分之殊者，又森然其不可乱，方得《西铭》之真也。（《五子近思录发明》卷二）

　　柏麓按：此段载于《五子近思录发明》卷二二程、杨时《西铭》评说数语后。

●张习孔

○《西铭当用韵》:张横渠著论,本曰《订顽》,程子改称《西铭》。既曰铭,当从韵。今易其名而不从其实,似犹未安。吾为正之,本张子之语而使之从韵,未尝有所变易也。铭曰:

乾称父,坤称母;予兹藐焉,乃混然中处。(一韵)故天地之塞,吾其体;天地之帅,吾其性。民,吾同胞;物,吾感应也。(一韵)大君者,吾父母宗子;其大臣,宗子之辅佐也。尊高年,所以长其长;慈孤弱,所以幼其幼也。师圣师,其合德;友贤友,其秀也。凡天下疲癃残疾惸独鳏寡,皆兄弟之颠连,吾当承其告也。(一韵)于时保之,子之敬也;乐且不忧,顺乎命也。(一韵)违曰悖德,害仁曰贼,济恶者不才,其践形生之直也。(一韵)知化则善述其事,穷神则善继其志。存心养性者,夙夜匪懈;不愧屋漏者,无忝厥世也。(一韵)不弛劳而厎豫,舜之将享(叶欣羊反)也;恶旨酒而好善,禹之遏扬也。(一韵)体其受而归全者,参乎!格君心而锡类者,颍封人乎!(一韵)无所逃而待烹,申生其恭也;弃中野而鸣琴,伯奇之从也。(一韵)富贵福泽,将厚吾之生也;贫贱拂乱,亦玉我于成也。夫是以存吾顺,没吾宁也。(一韵)○"享"字,叶平声。本于《诗》:"吉蠲为饎,是用孝享。禴祠烝尝,于公先王。"又前汉《郊祀诗》:"声气远条凤鸟翔,神夕掩虞盖孔享。"又韩愈《祭田横文》:夫子至今有耿光,跽陈辞而荐酒,魂彷彿而来享。"皆叶平声也。(《云谷卧余》卷十三)

●张英

○《经》曰:"圣人之德,无以加于孝。"《西铭》之作,惟以孝子之事亲,明仁人之事天,亦言乎无可加也;但以事亲为事天之样子,而无余事矣。先儒谓"《通书》(周敦颐著)言诚,《西铭》言仁",臣以为《西铭》一书,乃经文"事父孝,故事天明;事母孝,故事地察"之敷言耳。圣人致公心,尽天地万物之理,各当其分,乃明察之工夫也。(《御定孝经衍义》卷二)

○"仁人之事亲"二句,先儒以为非圣人不能言。或问朱子《西铭》(宋儒张载著)仁孝之理,朱子曰:"是将孝形容仁。事亲之道理,即事天之样子也。"臣以为《西铭》一书,原于乾坤二卦。其作用则在此二语。方、马二说,

又推究得精切,深合《孝经》爱敬交尽之旨。(《御定孝经衍义》卷一)

○浑然同体者,万殊之所以一本也。然而自父母二人而推之有九族,自九族而百姓,自百姓而万邦,至于泽及草木,仁及禽兽,则截然不紊者,固在浑然同体之中,一本之所以万殊也,此亦《西铭》之意也。(《御定孝经衍义》卷二)

○"因物付物",义也,《西铭》以之言仁矣。"圣,其合德;贤,其秀也。"故元凯十六族,谓之才子。凡天下疲、癃、残、疾、惸、独、鳏、寡,皆吾兄弟之颠连而无告者也。而否德败类,亦不得而不诛殛也,故四凶谓之不才子,为天之宗子者,何所庸心于其间哉!知因物付物之为义,则知《西铭》之不专言仁矣。(《御定孝经衍义》卷三)

○《西铭》发端"乾称父,坤称母"六字,本此。然由乾父坤母而生六子,则夫妇兄弟之伦具矣。乾坤之策,当万物之数,则各亲其亲,各子其子,以至不独亲其亲,不独子其子,而仁民爱物之序见矣。此所以"民,吾同胞;物,吾与"者也。然非广心浩大,而求诸天地之间,万物之纷赜也,亦尽吾心于事亲而已。经曰:"夫孝,天之经也,地之义也,民之行也,是故事亲如事天。"又曰:"事父孝,故事天明;事母孝,故事地察。是故事天如事亲。"(《御定孝经衍义》卷七)

○此本谓天至尊也,父至尊也,事父当如事天。而此句直曰:"父者,子之天也",则仁人事天,孝子事亲,其理一也。《西铭》所为作也,善乎!明儒薛瑄之言曰:"天地者,吾之父母。凡有所行知,顺吾父母之命而已,遑恤其他!"此又得《西铭》之微旨者矣。(《御定孝经衍义》卷八)

○薛瑄因曾子所谓守身之难,而以事亲事天发明《西铭》之理,盖事亲之心有未尽,则事天之心亦未尽;事天之道有未至,则事亲之道亦未至也。孰尽之而孰至之,则责备于其身者也,故以体其全而归之为难。(《御定孝经衍义》卷八)

○此曹氏《家规辑略》之一。诸儒或言事父母如事天地,或言事天地如事父母,皆《西铭》之通解而《孝经》之敷言也。(《御定孝经衍义》卷八)

○天有四时而统于一元,人有四德而具于一仁。仁者,天地生物之心,而人独得其全焉者也。既得天地生物之心为心,自有恻怛慈爱之意。而父母,其身之所以生者也。于其生生之本,故爱悉呈焉。《西铭》状仁之体极备,其言君臣民物以至于茕独鳏寡残疾无告,莫非吾性吾体之分内事,而皆自父母推之。若者为同胞,若者为吾与,若者为宗子家相,若者为长幼兄弟,极仁之全体大用,不过成其为孝子之身而止。而人欲求尽乎孝子之分量,苟不至于足以仁天下,则亦不得为仁人,即不得为孝子可知也。自夫人或挟可致之具无得为之时,则诎于力之所无如何,然欲立欲达之心固在,而特施之济之之未果也。若夫圣人既有其德矣,而又乘其位而遇其时,其身固为万物之父母,而吾亲尤万物之大父母也。其身则诚宗子也,其臣则诚家相也,其民物,诚胞与也,其贤圣,诚兄弟之合德而秀者,其孤穷残疾,诚兄弟之颠连无告者也,其老幼,诚即吾老幼也。藉使有一事之未当,一夫之不获,即非所称践形惟肖而有愧于继志述事者也。故《经》云:"爱亲者不敢恶于人。"夫不验其爱于亲而验其爱于人,爱人者,爱亲之实也。且夫恶于人则不独恶人而已,岂岂乎人恶之将及焉以累吾亲也。故一则曰不敢,再则曰不敢,可畏之甚也。夫不敢恶于人斯为能爱人,爱人斯为能爱亲。天子之孝,固与其下者不同也。(《御定孝经衍义》卷二十一)

○《经》言:"德教加于百姓",盖天子之孝,与凡人不同。凡人之孝,或限于分,或诎于力,所谓小孝用力,中孝用劳也。天子之孝,广博充周,务使天下之大,无一民一物不得其所,所谓大孝不匮也。但其事非一端可竟,而其理亦非一言可毕,臣故以爱百姓为目中之纲,凡推己及物、兴利除害之事,皆为爱百姓而设也。有天下者以爱天下之人为爱亲之尽,《西铭》之所谓"乾父坤母,民吾同胞,物吾与也",故述爱百姓,而又以爱物附焉。(《御定孝经衍义》卷二十八)

○晋师旷之言曰:"良君养民如子,盖之如天,容之如地。民奉其君,爱之如父母。"又曰:"天子爱民甚矣。"圣人之心,即天地之心;天地之心,惟以生物为事。天地生之,而圣人养之,《易》曰:"天地养万物",虽宗子不尸父母之功也,让德于天也。《西铭》曰:"圣,其合德;贤,其秀也。"夫以民吾同胞,而吾于中养其秀者,天下必无有颠连而无告者矣。故推吾爱亲之心,以尽爱人之道,非必家至而户给之也。忧在得人,而仁在百姓,故曰"及"。(《御定孝经衍义》卷二十八)

○载平生之精蕴,在《西铭》一书。以《西铭》之理举而措之,则参军县令虽小官,岂无所可施!其尊高年,慈孤幼,民胞物与之度量乎!使事君者率是心,其必能与人为善矣。载弟戬常为阌乡主簿,知金堂县,诚心爱人,养老慈幼,与云岩之政相似。盖以兄为师法也。(《御定孝经衍义》卷九十三)

○《泰誓(凡七条)》：<u>汤武</u>当革命之初，……"惟天地万物父母"一节，分明是《太极图说》一篇骨子，"妙合而凝"以上一段，便是"惟天地万物父母"。"惟人也，得其秀而最灵"一段，便是惟人万物之灵。"圣人定之以中正仁义，而主静以立人极"一段便是"亶聪明，作元后，元后作民父母"。圣贤立言，皆非无所本，特在扩而充之耳。《西铭》一篇，全从此数语衍出，故言虽宽而不觉其泛也。(《书经衷论》卷三)

● <u>冉觐祖</u>

○《西铭解》曰：讲：夫仁、孝，一理也，即孝可以识仁焉。孝子为能事父母，仁人为能事天地，所以然者，盖天地乃大父母，而人为之子，不可不溯厥生初，推及同气，以尽事之之道也。乾为天，万物资始，有父道焉，故称父。坤为地，万物资生，有母道焉，故称母。子兹一身，藐焉弱小，乃与乾坤混合而处其中，以为之子焉。○盖天地之充塞者，气也，吾其资天地之气以为体；天地之主宰者，理也，吾其得天地之理以为性，此所以父乾母坤，而混然中处也。○然岂独吾资天地之气以为体，得天地之理以为性哉？人物皆然也，人同类相亲，犹吾同胞之兄弟也，物异类稍疏，犹吾相与之朋友也。○同胞之中，又不一其等。大君者，天之元子，拟之家，则吾父母之宗子也。大臣者，君之卿相，拟之家，则吾宗子之家相也。尊礼天下之高年，即所以敬其兄，慈爱天下之孤弱，即所以友其弟。天下有圣人者，乃兄弟中之合德于天地者也；有贤人者，乃兄弟中之秀出乎伦类者也。以及凡天下之疲、癃、残、疾、惸、独、鳏、寡，皆吾兄弟中之颠连而无所控告者也，而何非吾同胞哉！物之为吾与者，可推矣。○夫体、性，原出于天地，譬如父母委以重任，而不可或旷也。胞、与，并生于天地，譬如父母付以同气，而不可或伤也。则其于体能全，于性能尽，于民、物能推广体性之量，以行仁爱，皆理之当然，而功之不可已者也。若能于是畏天而保之，敬谨不失，即如子之敬其亲也，能乐天而不忧，自然尽道，即如子之纯乎孝者也。○天予人以理，而人得之为德，不可违也。徇人欲而违天理，是曰悖德，犹子之悖逆其亲也。天理之纯而无私欲以杂之，为仁，不可害也。纵人欲而灭天理，是曰贼，犹人之有贼子也。天理为善，人欲为恶，恶不可济也。济其恶而日甚，是曰不才，犹人之有不才子也，是皆不能践形者也。形生于天地而理附焉，循理而行，即以践形。其能然者，克肖于天地，犹人之有肖子也。而非能保之与能乐之，岂能践形哉？○知变化之道，则天地之用在我，如子之善述父事；通神明之德，则天地之心在我，如子之善继父志。此乐天者之所以能践形也。○尔室致谨，而能不愧于屋漏，是为无忝于天地，犹子之无忝所生也。动静皆敬，而能存其心，养其性，是为不懈于事天，犹子之夙夜匪懈以事亲也。此畏天者之所以能践形也，如是则可以称肖子矣。○古所谓肖子者，合人己，兼常变，而无不尽其道也。能遏人欲以恶旨酒，则天理可合，即是顾天之养，一如大禹之顾养也。能广教思以育英才，则善类兼成，即是体天地以锡类，一如颍考叔之锡类也。顾养者，在己之孝；锡类者，及人之孝；实一理也。○随分自尽，而上得天心，是有功于天，一如舜之不弛其劳，而瞽瞍厎豫，大有功也。无所觊觎，而俟夭寿之自至，是恭顺于天，一如申生之无所逃而待烹，□为恭也。○全上天之所赋，不敢失坠，一如曾子之爱身，体所受之全而以全归也。随上天之所命，而安于所遇，一如伯奇之履霜，勇于从而顺亲之令也。舜、曾处常而尽孝，申生、伯奇处变而尽孝，无二致也。○即此推之，可见处富贵而享福泽，天非故厚也，将以厚吾之生，而予以为善之资也。处贫贱而怀忧戚，天非故薄也，用以玉女于成，而坚其为善之志也。天地之心，真父母之心也。○知天地之心，则益知所以事之，故自少而壮，壮而老，生存于世，不敢逆天之理，尽吾所以为顺事而已。及其没身，亦获安宁而无愧于天也。是诚能尽体、性之实，扩胞、与之量，父天母地而为肖子矣。此孝道也，而于此可以识仁也。

○按：《西铭》自是两截文字，于"颠连而无告者也"分，朱子谓"上统始，下是做工夫。"又云："推亲之爱，以大无我之公；因事亲之诚，以明事天之道。"饶氏又谓："前一节，明人为天地之子；后一节，言人之事天地，当如子之事父母。"皆是作两截看，愚谓不难于分截，而难于联贯。讲"于时保之"，于上文承接，颇费安顿耳。若"于时保之""乐且不忧"，泛就理说则上面"体""性""胞""与"，许多说话都无统合；若谓"保"与"乐"，承"体""性"说，则"胞""与"一段，亦恐抛荒。愚尝疑饶氏"前一节，明人为天地之子"之说，似当于"吾之性"下，直接"于时保之"，□于"胞与"一段大道理，竟成剩语矣。既而反覆勉斋黄氏所云："吾既为天地之子，必当全吾体，养吾性，爱敬吾兄弟党与，然后可以为孝子。'于时保之'以下，即言人子尽孝之道，以明人所以事天之道，以全吾体，养吾性。爱敬吾兄弟党与之道，尽于此矣。"收拾"体""性""胞""与"，方见下段即是上段做工夫处。虽分两截，而意仍一贯，愚为之豁然。○程子谓"《订顽》乃仁之体"，盖天地为大父母，民胞物与，皆如一父母之子,及其尽自己道理,便是事天,可见天地万物,皆为一体,故可以识仁,非仅于胞与博爱处言仁也。此亦须辨。○程子又谓"《西铭》明理一而分殊",盖自天、地原本处见理一,自民、物差等处见分殊,及其尽事天之道,则理一分殊,无不知之明而处之当矣。大意不过如此,朱子直说横说云云,是极推道理到头处,难以尽用。(《性理纂要附训》卷四)

● 陈廷敬

○《困学绪言若干则》:古人读书,直是要将圣贤说话实体于身心,如尹彦明见伊川后,半年方得《大学》《西铭》看,其郑重如此,今童蒙初学读书,未有不取《大学》熟烂诵习者,其后果能行得一言一字否?○《西铭》"天地之塞,吾其体;天地之帅,吾其性。"自子思、孟子以来,无人见及此,惟程子云"天人本无间",断语义约而能尽此,皆学者切要入德功夫。极其至,虽圣人莫能外焉。《西铭》"天地之塞","塞"字尤难下,与《孟子》"塞乎天地之间""塞"字别。《孟子》言"直养之气",横渠言"天地之气",故此"塞"字尤是奇妙。学者明得此一字,其于入德之功,亦思过半矣。"鸢飞戾天,鱼跃于渊",言其上下察也,《西铭》从此义得来。○气,一也,而有直养之气,有助长之气。与天地相似,所谓直养也;毫发不与天地相似,则助长而已矣。故《西铭》"天地之塞,吾其体",此义最当熟玩。(《午亭文编》卷二十四)

● 李光地

○天以诚为道,人亦以诚事天,故程子目《西铭》为仁孝之理备。(《注解正蒙》卷上《诚明篇第六》)

○周子《太极图说》《通书》,张子《西铭》,乃有宋理学之宗祖,诚为《学》《庸》《语》《孟》以后仅见之书。(《性理精义·凡例》)

○横渠张子《西铭》下半章,全用《孟子》此章(柏麓按:《孟子·尽心篇》"夭寿不贰,修身以俟之,所以立命也。")之意。"知化""穷神"者,"知天"也;"无忝""匪懈"者,事天也;"待烹""顺令""底豫""归全"者,立命也,其云"将厚吾之生""庸玉汝于成"者,言命之理尤深切。二气交运,五行顺施,幸而值其通也,则为富贵福泽之遇,然天心于此,欲吾之有所资藉,以及于物,非欲其坐享之也。不幸而值其穷也,则为贫贱忧戚之遭,然天心于此,欲吾之有所磨砺,以成其身,非欲其苟安之也,此所谓行乎气数之中,而其理自在,是正命也。知所谓正命者,而顺事于生,故"底豫""全归"而无愧,由是以宁于死,故待烹顺命而不疑也,以此章之意读《西铭》,则文义皆得。(《榕村四书说》卷下)

○《论语》不说出根来,《大学》撮总说,《中庸》兜底,便说出。至《孟子》"尽其心者"一章,说得透彻精到,发挥无矣。周子《太极图说》,张子《西铭》,皆不过详细说一番,非至周、张始发此论也。(《榕村语录》卷六)

○孔子于乾坤两卦,总不说天地神化功用,只说天地之德,所以妙。《四书》《五经》《太极》《西铭》,无一语不是从天心摘出来的,被人囫囵看过,便不觉。(《榕村语录》卷九)

○程朱极推《西铭》,不知却从《孝经》脱出。如云"事父孝,故事天明;事母孝,故事地察",是乾坤大父母也,通于神明,即穷神达化,以继志述事也。光于四海,即民胞物与也。(《榕村语录》卷十七)

○前儒谓《西铭》乃《原道》宗祖,吾谓《孝经》又《西铭》宗祖。《西铭》言人皆知孝父母,而不知孝天地,其实如此等去孝天地,就如此等去孝父母,还是比例相同的意思。若《孝经》,则即此便是事父孝故事天明,事母孝故事地察,直上直下,一以贯之。(《榕村语录》卷十七)

○《太极图说》《西铭》《定性书》《好学论》四篇,相连看去,太极图最下两圈,与太极一样圆满,此理未曾畅发,却得《西铭》一滚说出;《西铭》事天功夫,实际即是《定性书》中"大公""顺应"二义,然必细分知行始密,又得《好学论》发之。四篇相足,圣学备矣。清植。(《榕村语录》卷十八)

○数可图,理不可图也,而周子以圆圈图之。凡四方、三尖、六角、匾长之形,同其尺寸,实之以物,皆不能满,惟圆则满,充实无欠。及至阴阳之中小圈、五行之下小圈,皆即上大圈,如水中之月,即天上之月,本无有二。此下又将气化、形化,作二圆圈,与太极等,直是大手段。人告以身从父母生,即性亦从父母赋,须当守身尽性以为孝,人都信得。及若告以天地为吾大父母,必笑为迂远矣。惟使他由父母而推之于父母之父母,累进而直上,溯至厥初生民,非天地之气化而何?《西铭》即是此二圈图说,故曰"乾称父,坤称母"。不谓之"祖妣"者,"祖妣"年远为鬼,鬼者,归也,归则不及抚摩恩勤矣。乾坤却百千万年难老之父母,故曰"日监在兹,及尔出往,及尔游衍"。至周子,虽言君子修之,未尝言如何修也,试思天地开一大世界,日月升沉,山川融结,却是为何?无非为生人之地,即万物皆陪客。如果树然,枝干花叶,虽然无数,其归只是要结实。天地生人,非是要你美衣丰食,驱役万类,暴殄天物也,要你赞助天地耳。《西铭》自"知化""穷神",直说到"厚生""玉成",所谓"穷理尽性以至于命",工夫皆备;又定之以"中正仁义而主静",何以定?何以静?亦未明言。却得明道《定性书》阐之,"所谓定者,动亦定,静亦定",然"廓然大公"者,仁之所以为体;"物来顺应"者,义之所以为用。体在于大公,即所谓主静也。但工夫节次,尚未详密。又得伊川《好学论》补之,其曰"真而静",静即主静之静,真即无极之真,实本《太极图说》以立言,至下文"明诸心,知所养,然后力行以求至",指出"知行"二字,而涂辙具矣。四书合而首尾完备,代造化而为言,非偶然也。(《榕村语录》卷十八)

○伊川于《明道墓表》,既以之接孟氏之传;于横渠,则曰:"自孟子后,只有《原道》一篇。《西铭》,则《原道》之宗祖也。"又曰:"自孟子后,儒者都无他见识。"或疑程子所以尊濂溪者,反横渠之不如。然其所以表章《西铭》而不及《太极》,原有深指,朱子言之悉矣。其评论语次,虽未闻以孟氏以后之统归之,然孔、颜之乐,乃程子自言授受之要,非其实到仲尼、颜子乐处,岂能开端指示,使学者寻之哉?夫得孔、颜之心,而不得孔孟之道,未之有也。濂溪之心,得者深;明道、横渠之友,教者广。亦犹颜子潜德于孔子之门,孟子修业于战国之世,故推尊之论,各有攸当,未可执一以疑其二也。如后世多称"孔孟",未闻有以是掩颜子者。推是,可以论伊、洛渊源之际矣。自记。(《榕村语录》卷十八)

○《太极图》直发千古所未发。从来人不敢图理而周子图之。天下惟圆者方满,凡圆物中间,积实便饱满如其大,而方之便少,又三角之更少,此上圈之妙,天下道理俱包在太极内,十分满足也。若动静不相生,则有息时,而太极亦破,虽分动静,而中圈自若此第二圈之妙,至下二圈,一是气化,一是形化。人只知到父母生身,当全而受、全而归,不知一步步推上去,其初生者为谁?非气化而何?既为气而生,则乾坤非吾大父母而何?亦当全受全归。论父母之生,即天地之气化,此必读书明理者方知。若其初之为气化,虽愚人而知之也。《西铭》却好发明下两圈之理。周是顺流下来,张是逆推上去,某尝说:几部书相接得妙。张子不知有《太极图》,做一篇《西铭》,恰好接《太极图》。大禹未必知有《易经》,作一篇《洪范》,恰好接《易经》。周公做一部《周礼》,恰好是《洪范衍义》。(《榕村语录》卷十八)

○《太极图说》所引"立天之道""立地之道",是应动静变合、五行四时等句;引"立人之道",是应男女善恶、中正仁义等句。又引"原始反终"二句,却与上意不相粘合。盖阴阳刚柔,不外仁义。人之道,即天地之道,原见在人道之始,反见在人道之终,便知死生之说,即《西铭》存顺没宁之意。至此方是全受、全归,不为虚生浪死。死生信是大事。夫子所云"朝闻道,夕死可矣",是大要必说到此,才成全个人。"宁"字最妙,只是心中帖然,吾事都毕。(《榕村语录》卷十八)

〇某以《定性书》继《西铭》后,就其文章观之,浑浑沦沦,似无下手处。其实包得许多物事。"廓然大公""物来顺应",凡中和、忠恕、诚明、敬义,都是此段话头;"敬以直内,义以方外",便是下手处。朱子解只顺文义诠释,倒是他自己《语录》内有一条说得亲切,只是不曾分剖得"知行"明白。故某又以伊川《颜子好学论》继之。其言:"知之明则信之笃,信之笃则行之果,行之果则守之固,守之固则居之安。动容周旋中礼,而邪僻之心无自生。"仍归到敬上,直是有源有委。(《榕村语录》卷十八)

〇经书后,果然《太极》《西铭》两篇极好。《西铭》是一部《孝经》缩本,缩得好;《太极》是一部《易经》缩本,亦缩得好。《孝经》是就孝上说全了为人的道理,《西铭》是从孝上指点出一个仁,来知乾坤一大父母,则天下一家生意流通矣。(《榕村语录》卷十九)

〇《太极图解》美矣,善矣,尚何敢议?略有疑者,"君子修之吉",似当兼直内方外说。朱子只提"敬"字,想是对上"主静"来。惟圣人始可言主静,故提"敬"字,使学者有可把捉。但细思,"主静"乃成功,非用功也。用功却在"无欲"二字。至注"原始反终"处,疑非周子本意。周子引此,或以开一篇《西铭》之理。乾父坤母,物之始也;存顺没宁,物之终也。不足以父乾母坤者,没必不宁。意极恳到,理极深切。朱子以仁义诠释,乃是从静悟中来。朱子见得塞天地间,皆是仁,仁则盎然万物皆生,遇事截然处便是义,义则止而不动,其说至精,虽未必是周子本意,但此等处,殊不可轻议。至《西铭解》,以"知化"节为乐天事,"不愧屋漏"节为畏天事,恶旨酒以下,遂都散去。恐未必然。某意欲照《孟子》"尽心章"分之,"知化"节,知天也;"不愧屋漏"节,事天也。下数节,立命也。天生人,人承天,所以践形尽性,莫明切于此,故张子用为节次。"志""事"两字,是从"天地之塞""天地之帅"分顶下来,一为形,一为性,形应乎物,故有事;性统于心,故曰志。"不愧屋漏"是事,"存心养性"是志。至"富贵福泽"四句,不善读者,错会"将"字"庸"字及注中"所以"字,便以富贵福泽是天故意予我,以使吾之为善也轻;贫贱忧戚亦是天故意予我,以使吾之为志也笃。果尔?天何不尽予人以富贵福泽,却又予人以贫贱忧戚?谁是该当为善轻的,谁是该当为志笃的?大抵天有正命,因有真心。天将自己至精至妙处,尽数付畀与人,无一些留,这是正命。刻刻望人成就一个人,全受全归,完他生这人的本意。这是真心。但天以正命予人,不能不假阴阳五行以成形,既有阴阳五行,他便混乱拉杂搀和,以致贫富苦乐,万有不齐,天亦无可奈何,只是你既富贵福泽,天之所喜也,却不是喜你得以恒舞酣歌、穷侈极欲,将厚吾之生,而使之为善也轻;你既贫贱忧戚,天之所矜也,却不是因你穷相就不望你成就,乃望你安贫乐道、动心忍性、刻厉独立,如利刃淬锋,愈磨愈光。庸玉成于汝,而使为志也笃。"富贵福泽""贫贱忧戚"四字,须读断,不可将下句连读,便似天故意以此予人也。问:"若是天故意以此予人,天便不似父母。父母岂有要儿子贫贱忧戚者?如此看天地,真个与父母一般。"曰:"然。"(《榕村语录》卷十九)

　　〇柳子厚记韩文公论天一段,甚翻跌,虽是偶然戏语,亦可见其不知天。天地万古不歇,止是生物。而生物之中,又是以人为主。凡禽兽草木,无不爱其子者,至人一生经营,无非为子。生子又要克家,天地之意,犹是也。若凶残贪恶之人,乃是种子,自生蠹,与天地无干。所以有《太极》《西铭》诸书,此理始明白。(《榕村语录》卷二十九)

　　〇夭寿不贰者知天意,修身以俟者顺天心,莫非命也。则虽桎梏死,亦命也。天讨有罪,何以谓非正命?曰:"命无不善,桎梏者因有罪而加焉,而非天意也。故曰非正命。若尽其道而死者,则吉凶祸福,皆有天意存焉。虽申生、伯奇,不得谓非正命也。"(《榕村语录》卷二十九)

　　〇《西铭》,合《孝经》《孟子》以成文。天地之性,人为贵。人之行,莫先于孝。为其能推父母以及天地,尽其性而至于命也。是故事父孝则事天明矣,事母孝则事地察矣,敬爱其亲则不敢恶慢于人矣。体、性之所自,胞、与之所同,其本如是也。穷神知化则知天矣,无忝匪懈所以事天也,服劳以归全,勇从而俟命,宠为下则大患贵矣;生闻道则死宁安矣,所以立命也。(《榕村集》卷二)

　　〇周子之图既首尾之于一极矣,然于人极而两之者,抑以人自生于父母之后,而其视天地也,则阔乎与我其不相续,是故于气化、形生而两之。明乎受之于天地者,此也;受之于父母者,亦此也。受之天地父母,同乎一性;其全而归之天地父母也,同乎一道。呜呼!此《西铭》之指之根本也。二人不相见,二书之作不相谋,以其义之至者论之,则《西铭》之作,所以终太极之意。惟其不期而同,此乃所谓同也。(《榕村集》卷七)

○《西铭》有一直一横之理。直上,父母也;横出者,兄弟也。直上,天地也;横出者,民物也。人能孝于父母者,未有不能爱其兄弟者也;人能善事天地者,未有不能仁及民物者也。爱兄弟者,父母之心也,故能心父母之心,则不患于无爱矣;生民物者,天地之心也,故能心天地之心,则不患于无仁矣。《西铭》言"民,吾同胞;物,吾与也",而后所言者,畏天、乐天之学,不及乎博爱兼仁之事,盖全乎其心之德,则爱之理固在其中矣。故程子以为仁体,朱子以为示我广居也,穷神知化,知天之事也;无忝匪懈,事天之事也。底豫归全、待烹顺令、富贵贫贱,处之若一,生顺死安,浩乎无愧,立命之事也;以理言之,谓之天,兼气数言之,谓之命;而要之"性天德,命天理",非有二也。故曰:"德不胜气,性命于气。德胜于气,性命于德。"又曰:"人一己百,人十己千,犹难语性,可以言气;行同而报异,犹难语命,可以言遇。"自孟子言性与命后,未有《西铭》《正蒙》之深切著明者。(《榕村集》卷七)

○自周子,始抑太极之本体,固天地之所以为大,而超然于阴阳之上矣;而其下之在人物之身者,则亦与天地同其大,而曾无毫末之亏也。虽受于二五错综之,而亦超然非形气所得拘,而曾无毫末之杂也。呜呼!非见道之明,知性而知天者,其孰能与于此!夫图人物之性,一之不足而加两焉,似乎费矣;然天地以性赋之人者也,父母以性传之子者也,父母近而天地远,故事父母人所知也,事天地人所不知也。若由气形化之说,推而上之,生民之初,孰父母是则?其与乾坤混合无间,有不必圣者而后知者矣。此又周子指示最亲切处,张子《西铭》,盖专发此指。然周、张终身未尝相见,书亦未始相闻也,盖心理之契,所谓若合符节者。呜呼!此所以为书不尽言,图不尽意者哉?(《榕村集》卷九)

○《张子西铭》:"塞"者,天地之气也,化也;"帅"者,天地之心也,神也。化以迹言,故曰事;神以心言,故曰志。所以述之、继之,亦曰践道于身,体道于心,而于体、性之本然者,肖焉。至于穷神知化,则德之盛焉尔未能;知化,则不愧屋漏,行合神明,践道之事也。诗曰"夙兴夜寐,无忝尔所生",共为子职者,以之未能穷神,则存心养性,事我天君体道之事也。诗曰"夙夜匪懈,以事一人,永言孝思"者以之。(《榕村集》卷二十四)

○《记张子西铭》:辛未会试发策,问及《西铭》。张长史答云:"《西铭》之义,非专为明理一分殊也。要之,教人尽性而已。谓人生受形性于天地,犹其受之父母,必其能守身,而后为能事亲;必能尽性,而后为善事天地。故言'民,吾同胞;物,吾与也',总以见吾身实为天地之子,而要归于存心养性、不愧屋漏乃尽所以事天之道。是则谓'《西铭》乃仁之体'者,固言体以该用,言心之德以该乎爱之理也。程子理一分殊之语,亦因龟山兼爱之疑而答之;朱子又因而析其义焉尔,非语张子作书之意,专在是也。"及长史登第后,养疾余寓中,复言及此。长史言:"此有一直一横之理。直上是父母,横去便是兄弟;直上是祖宗,横去便是族姓;直上是天地,横去便是民胞物与。因其横出两旁者,皆与我自直上生来,故须穷到上头,方才管得两边住也。"因其论精切,今记于此。(《榕村集》卷十九)

○《原人》:问:"人曰《西铭》备矣,退之《原人》所谓语焉而不详者与,未达。"曰:"《原人》,一则知三才之各有主,而未知人之所以继天地而参天地者也;二则知人之宜兼爱乎人物,而未知人之所以尽其性而尽人物之性者也。此其语之而不详也。"曰:"《西铭》之言人则备矣,其终以存顺没宁,何也?"曰:"人道于是乎至也。周子《图说》引死生之说以终篇,亦此意也。"曰:"知死生之说如何?"曰:"非苟知之而已。存顺没宁,然后可以言知矣。"或者疑曰:"既没矣,又孰从而知之哉?"曰:"夫子不云乎!'原始反终,故知死生之说。''原''反'者,非特'原''反'之于身而已,万事万物,莫不有始焉,莫不有终焉,推事物之何以始,何以终,何以有始而无终,何以使终而无失其始,何以方始而知终,何以既终而无憾于其始,此即一行一事验之,所谓顺且宁者,昭然也;所谓死生之说,莫著于是也。岂曰推阴阳期数,如管辂、郭璞之云乎?又岂曰存顺吾所知,没宁非吾所意乎?是故一行之慊,而觉梦安矣;一事之适,而尤悔去矣。至哉!朱子之以仁义言之也,欲知人之何以生,则仁是已,仁存而后其生也顺;欲知人之何以死,则义是已,义尽而后其没也宁。推之万事万物,其始也皆仁,其终也皆义,《中庸》所谓'诚者,物之终始。不诚无物',仁义之谓也。'原''反',事物之终始,则知吾身死生之说矣。故又曰:'未知生,焉知死?'"(《榕村集》卷十九)

○周子曰:"乾道成男,坤道成女,二气交感,化生万物",此生生之原也。知人知天者,亦知之于此而已。《西铭》亦以天地父母推究,然后有以明体、性之所自来,则智之为知人、知天,而分属乎夫妇者,其道大矣,又岂容以居室之

近,屑屑言之乎?(《榕村集》卷二十四)

○《进性理精义表》:爰及周、程,首寻圣绪,辅以张、邵,悉阐天机,《太极》建图,依然易卦之指;《皇极经世》,盖取《洪范》之书;体仁孝者,莫如《西铭》乃《孝经》之要义;发性情者,莫如《定性》,本艮象之微言。以故朱子之生,得因五子之师承,上溯六经之圣制,一倡群和,无愧当日邹鲁之风,盖有开必先实启于今唐虞之运也。(《榕村集》卷二十五)

○《覆发示朱子全书目录及首卷剳子》:臣李光地谨奏:臣伏读诸臣所进《御纂朱子全书》目录及首卷,窃惟朱子平生著述,除注释诸经诸子,如《四书》《集注》《或问》,《易经》《本义》《启蒙》,《诗传》《仪礼》《经传通解》《太极通书》《西铭注》以至《韩文考异》《楚辞辨证》《参同契考异》诸成书外,其门人所编《文集》及《语类》,又不下数百卷。弘深奥衍,与诸成书相为发明。明永乐间,所采入《性理全书》者,殊为未备。恭遇皇上,特命儒臣依仿门目,逐类增入,自此朱子谭经论道,以及讲世务评人物之言,披卷粲然,无复遗憾,诚圣代表章之盛规,儒林折衷之要典也。(《榕村集》卷二十八)

○《进性理精义学类剳子》:臣李光地谨奏:"《御纂性理精义》,除前面《太极》《通书》《西铭》《正蒙》《观物》《启蒙》《家礼》《新书》八种为诸子成书,此外应分门类编辑。谨遵旨,以学居首,次以性命理气之说,而以治道终焉。"(《榕村集》卷二十九)

○《凡例》:张子《西铭》乃有宋理学之宗祖,诚为《学》《庸》《语》《孟》以后仅见之书,盖悉载全文,附以朱子解说,使学者知道理之根源、学问之枢要。(《御制性理精义》卷一四)

●李世龟

○《答李太素近思问目(戊寅正月)》:问:"《近思录》第一册末段,有曰:'须放心、宽快、公平',又曰:'心要洪放'。未知'宽快''洪放',则其大无外,而与天心相似耶?敬义既立,其德盛矣,则不期大而自大,无所用而不周,是宽快、洪放,而将穷神知化耶?横渠《西铭》立心,普万物而无私,是亦宽快、公平、洪放之道耶?未知'放'字即'用'字之义耶?"

"《近思录》两条,所询谨悉之。'放心''洪放'两'放'字,俱是'放开'之义,非'用'字之义也。横渠之义,盖谓学者立心,当如此也,是从工夫上说,非工效之谓也。其大无外,而与天相似,到圣人地位,方可说此,何可一时立心,而遽论至此耶？若立心如此，而工夫造极，则可以语此矣。至如'敬义既立'，直方大至于穷神知化，则圣人之极功也。'普万物而无私者'，圣人之心也，若措心于宽快、公平、洪放之地，而敬义挟持，循序用工，孳孳不已，上达天德，则庶可以循致也。来教所问，皆倒言之，此是未及精思之致。而亦缘不能实下工夫，步步跻实之故也。《易》曰：'知崇礼卑。崇效天，卑法地。''法地'，步步跻实之谓也。（《养窝集》册六）

〇《答李太素近思问目（戊寅正月）》：问："《近思录》所禀，非但辞不达意，必有落字处，故以倒言为教。更书以呈前纸，使坐隅秀才考准如何？〇'须放心、宽快、公平，心要洪放'云云。未知'宽快''洪放'，则将其大无外，而与天心相似耶？敬义既立，其德盛矣，则不期大而自大，无所用而不周，是宽快洪放之效，而将至穷神知化耶？《西铭》立心，普万物而无私，无非宽快、公平、洪放之效耶？"如是云云之意也。〇两条既有'须'字'要'字，则谓'学者立心，当如此'之意可知，所禀之意则不倒，而必有落字，未免言倒欤？〇第'放'字之义未详，以'放开'之意示之，所谓'须是大其心，使开阔'之意欤？""盖执事前言，是'宽快、洪放'下，落'之效'二字，无非'宽快、公平、洪放'之下，'效'字误为'道'字，故疑其倒言矣。今承来示，始审有落误而然也。然立心宽洪后，必着工夫，如可论诸项事也。'放'字，是放开豁达之意。叶采注：'不洪放则狭滞。''狭'者，'洪'之反；'滞'者，'放'之反也。详味则可知也。古人注释甚精矣。鄙前书'驯致'之'驯'，误书以'循'，幸改之。"（《养窝集》册六）

〇《答李太素小学问目（戊寅二月）》：问："范文正公告诸子云云，横渠《订顽》之意，盖原于此欤？""横渠《西铭》，以天地为父母，以万物为吾与，其立言益大，扩充仁者之心，与天地同流矣。横渠虽是范公门下人，所自得者多；《西铭》则自是圣人之立心，不可谓原于希文之此言也。"（《养窝集》册七）

● 姚际恒

〇《古文尚书通论辑本》："博施济众，尧舜犹病"，此吾儒之旨也。以"天下为一家，中国为一人"，此老子之旨，而流为墨子之兼爱也。宋儒装大冒头，作《西铭》全本此。（《姚际恒著作集》第二册）

● 陈梦雷

〇《读性理应令（其二）》：理学程朱正，渊源洙泗传。图推无极体，卦阐

启蒙篇。《经世》知观物,《西铭》识事天。表章逢圣主,道法万斯年。(《松鹤山房诗文集》卷三)

●李光坡

○程朱发《太极》《西铭》之理,尊《大学》为入德之门,不过欲天子至于庶人,明于天性,知其不容已,与不可易而安处,善乐循理耳。(《周礼述注》卷五)

○《哀公问第二十七》:"孔子蹴然避席而对曰:'仁人不过乎物,孝子不过乎物,是故仁人之事亲也如事天,事天如事亲,是故孝子成身。'"……坡谓:"此圣人遗言也,观其下手工夫,言行不过而已。不过者,不过乎物也,何以能不过?纯其仁孝之心而已,此《西铭》之宗祖。"(《礼记述注》卷二十二)

●张伯行

○《濂洛关闽书·西铭解》曰:此篇大指,尽于"理一分殊"之一言,而因以见事亲、事天,无二道也。(《濂洛关闽书》卷二)

○至于"理一分殊"之旨,横看直看,俱是可以尽仁,可以精义,广大精微,程子论之已详。抑愚尝思之,自乾父坤母推至兄弟无告,乃言尽心知性而知天之事。自"于时保之"至"颖封人之锡类",乃言存心养性以事天之事。自"不弛劳而底豫"以至末,乃言修身俟死以立命之事。天人性命之理,先贤先儒言之,同条共贯。若合符节,亦可知斯过道之四达而不悖也已。(《近思录集解》卷二)

○《西铭》以天地为父母,万物为同体,是理一也。然而贵贱、亲疏、上下各有品节之宜,是分殊也。若墨氏惑于兼爱,则泛然并施而无差等,施之父母者犹施之路人,是亲疏并立而为二本矣。(《近思录集解》卷二)

○《正蒙》:张子曰:"性者,万物之一原,非有我之得私也。惟大人为能尽其道,是故立必俱立,知必周知,爱必兼爱,成不独成。彼自蔽塞而不知顺吾理者,则亦末如之何矣。""大人"者,大德之人也。"立",谓处之当,以礼言;"知",谓察之精,以智言。"爱",谓恩意之周,以仁言;"成",谓区划之遂,以义言。四者皆尽性之道也。言性也者,天之所以赋予万物,同出于一原,非有我之所得私也。惟大人为能全其仁义礼智之性,以尽其道,是故己有所立,必欲人之俱立,不自私其立也;己有所知,必欲人之周知,不自私其知也;己有所爱,必欲人兼而有爱,不自私其爱也;己有所成,必欲人各有所成,不自私其成也。盖以此性,人所同得,必如是而道始尽。此大人所为,尽己之性以尽人物之性也。若彼尚有气禀偏驳,自安于蔽塞,为吾之立、知、爱、成所不得施者,则亦末如之何,而大人之心,固已尽矣。此即《大学》明德新民之事,《中庸》成己成物之道,而张子作《西铭》之本旨欤!(《濂洛关闽书》卷二之《正蒙》)

○"性者,万物之一原,非有我之得私也。"此《西铭》之所由作也。(《张横渠集》卷二《正蒙·诚明篇第六》)

○《张子序》:张子作《西铭》《正蒙》及《理窟》《语类》诸书,皆言性、言道之书也。而所以为修道之教,亦于斯乎具焉。盖横渠少时喜谈兵,尝以功名自许,上书谒范文正,文正知其为远器,责之曰:"儒者自有名教可乐,何事于兵!"因劝读《中庸》。自是翻然向往,则其生平之所得力,有自来矣。二程子倡道伊洛,张子倡学关中,同时异地,而程子乃取其《西铭》,以示门人。至朱子,旷代相接,又于《西铭》《正蒙》,皆为之注解行世,大道之传,真不以地相去、世相后而有异旨也。或者曰:"《西铭》一篇,言理一分殊,即'天命'一章'大本''达道'之旨;至《正蒙》《理窟》诸篇,凡天地圣人幽明礼乐与夫天道人道之说,无不条贯,又可与二十九章互为发明。子之辑是书也,其以是乎?"余曰:"固也,而无事规规模拟也。特是此心此理之同,张子乐有子思子为之启钥于前,乌知子思子不乐有张子为之辅翼于后也?"噫!子思子奋乎百世之上,张子兴起乎百世之下,又岂以地异世殊,而不为符节之合乎哉!用是不揣固陋,谬为编次注释,且弁数语于端。仪封张伯行书。(《濂洛关闽书》卷二)

○《张横渠先生集序》:横渠先生著《西铭》《正蒙》《经学》诸书,吕与叔撰《行状》,以为"穷神化,一天人,立大本,斥异学,自孟子以来,未之有也",明道亦言:"《西铭》道理,孟子以后,无人及此",是岂虚称哉!其学当时盛传于关中,虽自成一家之言,然与二程昆弟首推气质之说,以明性善之本然,而汉唐以下诸儒纷议之惑泯焉。其有功性教,夫岂浅小哉!间尝窃读先生之书,其高极乎乾父坤母之大,而实不离乎吾体吾性之常;其诣必造于穷神知化之妙,而实不外乎存心养性以为功;其旨归在乎有无合一以为常,而动静虚实之机,灼然不爽;其致用务为化裁推行以尽利,而隐微幽独之际,防亦不懈。大中至正之道,毕具乎此,而巨细精粗,亦莫不贯,其正且大,为何如哉!……康熙四十七年戊子孟秋月,仪封后学张伯行书于榕城之正谊堂。(《张横渠

集》卷首)

●金昌协

○《答李显益(庚辰)》:"《大学》读法,见'伊川半年'云云,此与《近思录》皆谓:'见伊川半年后,读《大学》《西铭》'。而沙溪释《近思录》曰:'此与读法不同。读法则读《大学》《西铭》,至于半年之久',未知如何?""详此本为学者读《大学》稍通,遽欲读《论语》,故引此以戒之。则其意似以为和靖读《大学》《西铭》,至于半年之久,故沙溪说如此也。然朱子之意,或只以见伊川半年后,始受《大学》,亦可为恩恩凌躐者之戒,故引以为说耶? 然则此与《近思录》,果无不同也。"(《农岩集》卷十)

○《语录(吴大浚录)》:《答陆子美第一书》曰:"其所可疑者,乃在此而不在彼也"云云。先生曰:"'此',谓自家见得,未曾分明。'彼',谓《太极图说》也。○"至于《西铭》之说,犹更分明"云云。先生曰:"'犹'字,似是'尤'字。盖比上《太极图说》,尤更分明也。○"父母之所以为父母者,即是乾坤"云云。先生曰:"盖人固是父母精血之所生,而亦必须天地之理气而后成。若无天地生成之理气,则虽有父母精血,而亦不能生子矣。此所谓父母之所以为父母者,即是乾坤也。"(《农岩别集》卷三)

●徐宗泰

○《咏史·张横渠》:谈兵奇气慕纵横,一变醇如进圣程。刻苦功深多力索,诚明业盛尽躬行。千秋蔚启关中学,一世能齐洛下名。最是大原论阐处,《订顽》嘉训极深宏。(《晚静堂集》卷一)

●窦克勤

○《西铭》一篇,虽号"宏大精密",不过畅言仁人事天之道,不过尽乎当然之理,而已虽孝子之事亲,何以异于此哉? 故即孝子事亲,以明仁人事天之实,亦可知天之赋于我者,不容不尽性以践形矣。能尽性以践形,则为天之完人,不然失其性、朽其形,人道不立矣,犹之人子尽孝以事其亲,则为亲之令子,不然无以尽乎孝,或未极乎孝,子道不成矣,是《西铭》之意,在即事亲以明事天。愚谓非熟于事亲之道,则事天之道,固不可得而知也;非得乎事天之道,则事亲之道,亦固不可得而尽也。分而言之,可即此以明彼;合而言之,亦即此即彼,更不容歧而视之者矣。○天与亲,极天下之至尊者也,事天与事亲,极仁人孝子之所有事,而无以复加者也。惟此两事,差堪对较,若外事亲,他事便对事天不过。○《西铭》之旨,不过曰仁而已,其所以为仁者,有等焉,既不至为我之失乎仁,亦不至流于兼爱之无义,是之谓理一而分殊也。○从乾坤溯来,极天下之贵贱老少、贫富灵蠢,无一不在大造所生之中,是谓天地生物之仁人,尽得之者也。杂举"时保"以下之功,尽生人之智愚安勉,合境遇之常变险易,以各极乎为仁不齐之大致,是谓得天下以后而能仰答天地之生成者也,天以理赋人,人以理合天,天之道,人之事,毕于此矣。○《西铭》之作,盖言事天之道,当如事父母之道也。首原天地生人,一如人之父母,下遂指言人之事天,一如子之事父母。因举一二节以例之,如乾坤,天地也,人物皆由此而生,俨然如父母者也,故曰"乾称父,坤称母","于时保之",则敬天矣,即如子之祗翼乎父母者也。"乐且不忧",则乐天矣,即如子之纯乎孝者也。知天地之化,一如子之善述父母之事者也;穷天地之神,一如子之善继父母之志者也。自"乾称"至"无告",言天地一大父母,己与人皆同为天地之所生,则似同为父母之子也。自"于时保之"以下,皆言事天之道,即以事父母之道明之,其中有合言事天事父母者,有专言事天而事父母已见者,大约言事天地无异于事父母,必如事父母乃其所以为事天地也。直说横说,无非与天下深明事天之道也。(《事亲庸言》卷一《事亲如事天,事天如事亲第一》)

○《张子西铭衍义》:按:张子《西铭》,指示仁体,可谓深切著明矣。薛文清先生为学者明其旨,曰:"朱子解《西铭》'天地之帅,吾其性',曰:'乾健坤顺,此天地之志,为气之帅,而人物之所得以为性者也。'盖乾坤之健顺,即元亨利贞之德,赋于人物,为仁义礼智之性也。人物皆同此性,'民曰,同胞',以能推明乎此性也;'物,吾与也',以不能推明乎此性也。大君宗子,大臣家相,高年长长,孤弱幼幼,圣人贤者以至兄弟无告,凡天下之人,皆天地之子,而同此理也。惟圣人能全其性,与天地合德也,贤者能不失其性而秀出于等夷也。'于时保之',保此性也。'乐且不忧',乐天即乐此性也。'违曰悖德,害仁曰贼,济恶者不才',此逆此性、戕此性,稔恶而论灭此性者也。践形惟肖者,能充形色之性,而克肖乎乾坤父母者也。知化善述其事者,知阴阳变化之道,而所行者皆天地之事,即此性见于日用事为之间者。穷神善继其志者,通天地元亨利贞神明之德,而所存者皆天地之心,即此性蕴于寂然不动者也。不愧屋漏为无忝,存此性于幽隐之中,无忝于乾坤父母也。存心养性为匪懈,存其心养其性,不怠于事天者也。遏人欲而恶旨酒,又所以顾天之养而存此性也。育英才而永锡类,乃所以广万物之一原而推此性也。不弛劳而尽底豫之功,非存此性以事天乎？无所逃而待烹,非尽此性以顺天乎？体其受而全归者,全归乎此性而已。顺乎天而惟命是从者,不怫乎此性而已。或富贵而厚吾生,吾惟尽其性而不敢骄;或贫贱而玉吾成,吾惟顺其性而不敢怨。以至存则存吾性以事天,没则全吾性以乐天。此'性'之一字,皆自'天地之帅,吾其性'之'性'来。《西铭》始终之意,因事亲之诚以明事天之道,惟在乎养其性而已。先儒以'理一分殊'明此篇之大旨,然理一所以为仁,分殊所以为义,举仁义而言,则性之全体在其中矣。"呜呼！《西铭》之旨,经程朱诸大儒阐其蕴与发其指趣,理一分殊之说已极广大精微矣。又得文清先生絜其领要以发挥之,特地拈一"性"字以贯全旨,学者读之当晓然,知吾性之皆善而孜孜焉学之,以求复此性,圣贤之道当不于我乎远矣！(《洛贤讲义》卷下)

●胡煦

○《礼记》:"万物本乎天,人本乎祖。"仁人之事天如事亲,孝子之事亲如事天,圣人郊禘制义,实由此出。《西铭》有见于此,故合仁孝而一之,是诚有见于天人妙契之微与体用一原之合矣。(《周易函书约存》卷三)

○天之契乎圣人,与圣人之契乎天,一而已矣。惟圣人体天而合撰,惟贤智不敢违天,故能趋吉避凶,转祸为福,此经纶参赞,范围曲成所由,独归其能于圣贤,而不必胥定于天。煦言天与《西铭》之仁孝无异,第《西铭》之仁孝,是自下说向上;煦之言天,是自上说向下。《西铭》自作用说入源头,煦自源头说出作用。顺逆不同,其旨一也。(《周易函书别集》卷七)

○颜渊问仁,子曰"克己复礼",所复何礼？皆性中之事,故于其下即曰"天下归仁",谓大用之涵蕴,其大无外者,皆在此中耳。"叔孙武叔"章所谓"美""富",《西铭》之仁孝,皆此义也。(《周易函书别集》卷七)

○汉唐以后,孔孟之道衰而弗振者,凡二千年。至宋儒起而振之,然观周、程之政事,司马之《通鉴》,邵子之"内圣外王",张子之《西铭》,莫不各有达而可行之道。(《周易函书别集》卷七)

○成己之仁,成物之知,俱以为一性之所涵,故一成己便能兼之。张子之《西铭》及孔子《问禘章》,与《中庸》"郊社之礼"节,皆是此旨。知此则可知性量之广大,不可限量,而孔子"天下归仁"及子思"位""育"之极功,非虚语

也。(《周易函书别集》卷九)

○"天下归仁"与子贡之"美""富",孟子之"万物皆备",子思之"致中和,天地位焉,万物育焉"同义,即《乾象》"万国咸宁",《文言》"美利天下"之旨也。张子《西铭》皆由此出。(《周易函书别集》卷十)

○明道答横渠《定性书》,是二十二三时所作。"大公",即《西铭》所言也,"顺应",即《中庸》"率性"之"率"字。(《周易函书别集》卷十一)

○张子《西铭》是言理一,不是言分殊,但解分殊中之理一,方能一以贯之。(《周易函书别集》卷十一)

○张子《西铭》从《论语》"问禘章"与《中庸》"郊社之礼节"及《礼记》"万物本天,人本乎祖"并《哀公问》理会出来,观其气概,横塞天地,与孟子浩然同矣。其《正蒙》诸篇,则全从孔子《系辞》与《说卦》理会出来。然细观宋儒之书要,唯张子一人之论,全是理会《易》词而出。(《周易函书别集》卷十一)

○《西铭》不止言体,全是言用,其必从大原说出,是要人不可遽作分别耳。各正性命以后,天下之分殊,原不待言,张子本意,只是由其分之殊,推明理之一,使知生身之原,胥原于生物之大原而已。煦按:"知化则善述其事,穷神则善继其志",志在事先,述在继后。何谓继?便是继之者善。何谓述?便是"体仁""长人"四句。其下承之以"君子行此四德"句,而曰"乾,元亨利贞",则述可知矣。张子本领,只是得力于《周易》,遂令人骇其入理之深。(《周易函书别集》卷十一)

● 朴光一

○《匪懈斋记》:锦城吴士彬,开一小斋于居第之侧,扁以"匪懈"。士彬其不懈于事天者乎!《诗·烝民》曰:"夙夜匪懈",《孝经》引之以言尽忠之为孝。孟子曰:"存心养性,所以事天。"张子厚先生于《订顽》之篇,取二义而兼备之,曰:"存心养性为匪懈。"大哉,《订顽》之训!首言"乾称父,坤称母",明其体性之所自来;次言"民,同胞","物,吾与",以及"穷神""知化"之为"继述",然后方言存养之为匪懈,盖推亲亲之厚,以大无我之公;因事亲之诚,以明事天之道。而其紧要处,正在于"存心养性"四字上。诚能存其心,养其性,不懈于事天,则生顺死安,而吾仁之体段,与天地同大矣。今士彬拈出"匪懈"二字,揭之楣间。吾知士彬盖有存养之功,而亦将无负于《订顽》之大训欤!(《逊斋集》卷八)

●蔡衍鎤

○《告先师文》:窃取朱子之意,续成《西铭》一解。盖因衍鎤见《孝经》言孝,《西铭》亦言孝;《孝经》言仁,《西铭》亦言仁,是《西铭》可为《孝经》外传。而《孝经》之有《西铭》,犹《仪礼》之有《礼记》,《春秋》之有《左丘子》《公羊子》《穀梁子》等传,衍鎤不揣,欲以所著《西铭续解》,附诸《孝经》疑问之末,故又敢以告夫子并告张子焉,衍鎤曷胜惶悚罪之至,谨告。(《操斋集》卷十四文部)

○《居官庸言》:民物理一分殊,观《西铭》可悟;天帝居高听卑,读《洪范》可知。(《操斋集》卷十六文部)

○《庸言补遗(不分门类)》:读《楚辞》,便觉有牢骚不平处;读《西铭》,便觉无人不自得处。(《操斋集》卷十六文部)

○《赠莆田郑皆山》:博极群书,立志在《西铭》《太极》;仰观万彙,游神于月窟天根。(《操斋集》卷十一骈部)

○《合题太极西铭》:理一分殊,惟《西铭》彻上彻下;阴阳动静,若《太极》何始何终。(《操斋集》卷二十二)

●王心敬

○《读西铭》:焚香危坐课日程,厌饫优游神倍倾。宋代文章推四大,区区最契在《西铭》。(《丰川诗集》卷五)

○《张子》曰:横渠先生气质刚果,学力苦坚,前无所依,旁无与辅,超然入孔孟之门,而见宗庙之美,百宫之富。呜呼!卓矣。至如《西铭》,大旨渊乎!通古天人之学,知礼成性,粹乎!会吾夫子之心,大化虽未敢遽许,而在吾道宗传中,则"弘毅"二字,自不愧言。(《丰川全集》正编,卷十三《传道诸儒评》)

○《横渠先生》:《西铭》直达天德,彻底无渣,直是举仁道之源流终始,而发明无复余蕴。后世祇以朱子、南轩因程子答龟山兼爱之问,而概之以"理一分殊",遂至今缘为口实,无复洞澈其障蔀耳。吾愿吾党究竟《西铭》,先须参求其如何是"直达天德",又须知"理一分殊"只篇中"老老幼幼"一段中,余者无,概以此,尽通篇失横渠立言命意本旨也。……总之,括横渠生平学宗,如《西铭》,如志切圣人之学,如撤皋比之勇,此等处不谓之秦汉未有不可。至如

"为天地立心,为生民立命,为往圣继绝学,为来世开太平"四语,则尤为若代天而语,即孔孟立言,亦当不过如是,尤足为二千年间清夜之鸣钟。奈以天生如此奇伟豪杰,而锻炼亦尚未莹。以此见寿不可不老,尤以见学力纯熟之难。吾辈中材下士,遵道而行,而邀天及老,安容半途而废,粗略苟安?(《丰川续集》卷五《论濂洛诸儒》)

○《西铭》一篇,原非为《大学》下脚注,然于大人立体达用,以还其本性之量为功。(《丰川全集》,《丰川语录》卷一)

○金子理请问:"闻先生尝言:'濂溪《太极图说》、横渠《西铭》一书,亦皆渊源于《中庸》',有之乎?"家君曰:"有之。《太极图》前半自'无极'推到'化生人物'处,只发得'天命之性'来历;中间'主静立极',只发得'戒惧慎独'之旨;而结篇'与天地合德'一段,亦只发得'中和位天地、至诚配天地'之旨。于《中庸》中原本二三语,遂衍作一段'范围三才'的大道理,创作一篇'范围三才'的大文章。《西铭》前半篇只推这'天命之性'原是'合天地人物为一体'的意旨;后半篇只推得这'修道之教'须是'明善诚身,实尽其性,以完天命'的意旨,而却藉意于武周继述之孝,以为尽人答天实事,则亦只于《中庸》中探取二三语,遂衍作一段'天地万物,和为一体'的大道理,创作一篇'天地万物,合为一体'的大文章。四子书真如渊海,取之不禁,用之不竭,同于造物之无尽藏也,只视人能取用与否耳。"(《丰川全集》卷六《江汉书院讲义》)

○吾身父天母地,与万物并生,而独为万物之灵,五行之秀。这一点性,原无内外表里,亦无人我古今。徇外既成失内,徇人既成遗己。而专内遗外,知己忘人,亦土木鹿豕。不惟自私自利,亏生人万物一体全量,亦辜负造物赋以独灵独秀,资以参赞之本意,所以《大学》言明德必归本修身,修身必兼新民;《中庸》言尽性归于成己,而成己即统成物。尽内外、人己,原吾性之同体共贯,偏之即属亏欠,分之即成支离也。故古之圣贤,视听言貌、起居食息之地,无一敢以少疏;君臣僚友、宗族民物之交,无一敢以恝置。修其身而肃义,哲谋之咸凛。齐其家,而一本九族之胥睦;治其国,平其天下,而平章协和,霭然如一家,父子兄弟妻妾奴仆之仰事俯育□□□,盖见得吾生性分之不容自已,固如是耳。故吾辈须实体《西铭》之旨,乃克副生人之分。(《丰川全集》,《丰川语录》卷一)

○《西铭》是从《中庸》中悟出。(《丰川全集》,《丰川语录》卷二)

○《西铭》前明人道之本量,后明做人之实事。这是张子实见得人道原是如此,做人虽欲不如此,而不可得。这是此老一片婆心。吃紧为人处,真与孟子性善养气诸论同功。若读前半篇,而存一我未必如是心,是为自弃;读后半篇,而存疑可以不必如是心,是为自贼。(《丰川全集》,《丰川语录》卷三)

○张子"为天地立心,为生民立命,为往圣继绝学,为万世开太平"四语,表里《西铭》。说来人道始圆满无欠,每一展读,平日自暴自弃之心立奋,若有人监余者。(《丰川全集》,《丰川语录》卷三)

○天地万物,皆吾一体,有一毫自私自利之意,便是于一身自生支离。(曾祁案:"原书眉有宥函评曰:'二十余字,扩尽《西铭》一篇。'宥函不详姓名,道光二十一年四月,读《全集》而加墨也。")《西铭》备发此义,学者能熟味而默体之,到得能见其大意时,自然不忍度外漠视万物。(《丰川全集》,《丰川语录》卷三)

○文章华国之言,是特谓"春华"耳。贤才黼黻经猷,有条有理,有□有□,斯真国华乎?必也语文则道德积中,英华发外,可以明道术,训斯世,垂千秋而光吾道,如孔、孟之《论》《孟》,周子之《太极》,张子之《西铭》,程子之《定性》《十疏》,朱子、王子诸论学、论治之篇乎?(《丰川全集》正编卷七,《侍侧纪闻》卷三)

○"存心养性以事天",此《西铭》发脉之祖山,而张子原始要终,推阐其义,遂若独开此堂皇弘局。这才是辨九州岛于指掌的识力。(《丰川全集》正编卷十,《侍侧纪闻》卷五)

○家君又言:"《太极图说》,周子不独为人明太极之体用,正是从太极之体用,推出所以生人者。只此'无极之真,二五之精',本来粹精至善人,既禀此理以生,则是性中具太极之全理矣,便当'主静立极',乃无负所生之本来耳。故终之以圣人之立极,勉之以君子之修吉,惕之以小人之悖凶。犹《西铭》,不独明理一分殊之旨,而归本于尽性至命,为事天之道也。"(《丰川全集》正编卷十,《侍侧纪闻》卷六)

○家君又尝语及《太极图》《西铭》,谓功曰:"濂溪先生,胸中真是包络三才;横渠先生,壮志直欲柱地撑天。学者苟非枯木死灰,展读一过,褊狭急经弛之习,未有不豁然解脱,奋然振起者。"(《丰川全集》正编卷十,《侍侧纪闻》卷六)

○读《西铭》前半篇,虽欲自私而不可得;读《西铭》后半篇,虽欲自恣而不可得。"(《丰川全集》正编卷十,《侍侧纪闻》卷六)

○又曰："(《西铭》)将天地间俯仰不愧的道理,穷源探本、倾廪倒仓而发之,真是开拓万古之心胸。"(《丰川全集》正编卷十,《侍侧纪闻》卷六)

○《西铭》之理,是天地间合有的道理;其文字,自是天地间断不可无的文字。但从前无人说的如此恺切,而张子遂穷搜其底蕴,而畅发之开关启奥,中兴圣道之功,宜乎与周、程并推也。然二程受学濂溪,兼有父教,张子不闻有提掖开导之资,而特地自立如是,真无待而与之豪杰也。(《丰川全集》正编卷十,《侍侧纪闻》卷六)

●归曾祁曰:曾祁案:"朱子曰:'横渠之学,实亦自成一家,但其源自二程先生发之。'又,宋熊氏《性理群书句解》卷一,遗像并传道支派,亦承二程子下。观于此,则张子未必无提掖开导之资,况年二十一谒范文正公,公劝之读《中庸》也。"(《西铭汇纂》)

○《西铭》道理,柱地撑天,无开天的识见,无辟地的胸襟,如何道得只字!这才是天地间大文字,可以羽翼六经。(《丰川全集》正编卷十,《侍侧纪闻》卷六)

○《西铭》好见识,被他将仁之本量,与仁以为己任的意思,一齐掀出。天开日明,真是千百世无人见得及。(《丰川全集》正编卷十,《侍侧纪闻》卷六)

○《西铭》道理大,功夫却切实细腻。看他前边是甚么局量,后面是甚么心行,孔、曾、思、孟之后,何人到得这里。(《丰川全集》正编卷十,《侍侧纪闻》卷六)

○《西铭》道理,范文正公略得几分躯壳,王文中有几分志力,二程兄弟觉只得几分精神,朱文正公觉只得几分规模,王文成觉只得几分聪明,未见有克副全量者。尽其量,真是到圣人天地。(《丰川全集》正编卷十,《侍侧纪闻》卷六)

○《太极图》《西铭》真是万象心生,乾坤在手,小丈夫如何梦想得及?(《丰川全集》正编卷十,《侍侧纪闻》卷六)

○读《西铭》时,不生感愤弘毅之志,其人必精神死却甘心暴弃。(《丰川全集》正编卷十,《侍侧纪闻》卷六)

○《西铭》是吾辈做人正当样子,须读时生愧悔之心,读后下实践之功,则读时不为口耳之学,即做人亦当不至苟且,庶几有以自立,而将来不愧戴天履地之身耳。若读时亦只当好议论,读过无思齐则效的意思,过后亦并无刻励遵循的功夫,不特辜负天地生成之意,并辜负此老一片婆心矣。(《丰川全

集》正编卷十,《侍侧纪闻》卷六)

●归曾祁曰:曾祁案:"读《西铭》只当好议论,读过不特辜负此老一片婆心,并辜负此堂堂白日。吾辈处此上下交乱之时代,正宜熟读《西铭》,刻勉遵循,为戴天履地之人,世俗悠悠,何足论哉!"(《西铭汇纂》)

○程子谓:"《订顽》立心,可达天德。"读《订顽》者,须窥见从上圣人践形尽性的精神命脉,庶几可望知德。(《丰川全集》正编卷十,《侍侧纪闻》卷六)

○每读《西铭》,辄觉平日褊浅因循之罪,无以自解。(《丰川全集》正编卷十,《侍侧纪闻》卷六)

○《西铭》与《太极图说》《程子易传序》《春秋传》,推宋朝四大篇文字。(曾祁案:"黄氏瑞节曰:'朱子掇取周子、程子之书为《近思录》,凡六百一十二条,自《正蒙》来者取二十六条,又于《正蒙》中表章《西铭》,自为一书。"尝述静春刘氏之说曰:'宋有四篇文字,《太极图》《西铭》《易传序》《春秋传序》是也。二序,伊川、程子之笔云尔。'")余则妄谓:《春秋传序》当让《易传序》,《易传序》尤当让《太极图说》《西铭》,而《太极图说》尚当让《西铭》也。盖《春秋传序》虽道理正当,然亦尚觉廓落,不及《易传序》之简切;而《易传序》则虽简洁切当,亦尚有郁而未畅之意,不如《太极图说》《西铭》道理圆满、文字精卓也。然《太极图说》中间,亦尚有不无一二语病,犹须推原解说,又其于造化生成原委,圣人所存而未敢直论者,一一刻画言之,虽为言精妙,发千古之未发,亦未免□火捕风之嫌,不似《西铭》大而实,精而切,高深宏远。造其域,直至圣人,而却无不切于下学,遵闻知行,以此留传天地,直可作经也。(《丰川全集》正编卷十,《侍侧纪闻》卷六)

●归曾祁曰:曾祁案:"读丰川此言,知其尊崇《西铭》至矣,然细案之,非过言也。丰川为二曲李氏之门人,二曲之学,超然特立,不立异同,洵为大儒。而丰川从之游,今读其书,一宗五子将与二曲齐驱矣。或谓:'二曲精陆王之学,丰川宗程朱,未免南辕北马。'曰:'是未读二曲、丰川之书之说也,夫二曲,不尝以程门授受之法教人乎。'"(《西铭汇纂》)

○《记》之"惟仁人为能飨帝,惟孝子为能事天",《孝经》之"事父孝故事天明,事母孝故事地察",《孟子》之"存心养性以事天",皆与《西铭》之旨互相发明,亦《西铭》渊源所从来。而《西铭》,则独会得这事天地当如子之事父母的道理,曲畅旁通,圆满周匝,遂卓然自称一段经天纬地的大道理。(《丰川全集》正编卷十,《侍侧纪闻》卷六)

○《西铭》道理,吾自从学二曲夫子时,便欣然有会于心,每一展读,一迴惶愧,一迴激昂,迄今三十余年,若即若离,若存若亡。无论全量未副辜负天地生成之意,即其违负初心,每一循省,辄若天地之大,无以自容为之愧,汗流浃背者久之。(《丰川全集》正编卷十,《侍侧纪闻》卷六)

○又曰:"程子谓'《订顽》立心,便可达天德',然则学不至于达天,必于《西铭》不能深信无疑,又如学不至于达天,于《西铭》不能深信不疑,却须实,下苦心体认《西铭》是甚么局量,是甚么工夫,真知而实践,亦庶几有知德之日。"(《丰川全集》正编卷十,《侍侧纪闻》卷六)

○《西铭》实理煌煌,如日月经天,兼诸儒发挥详悉,似无难晓。乃竟有博文见能,文章知名,当世称名,儒者信不能及。不知横渠之前,从无古人说到这里,如何便辟空撰出此理?朱子赞康节"天挺人豪,英迈盖世",余谓横渠亦足当此而无愧也。(《丰川全集》正编卷十,《侍侧纪闻》卷六)

○《西铭》是言大人之道,尽得这道理,方成得个堂堂的大人物,不愧天地生成之意。(《丰川全集》正编卷十,《侍侧纪闻》卷六)

○《孝经》一书以及六经、四子中间,言孝亦极详矣。读《西铭》,而更可悟大孝万物一体、立身尽性之义。孝之量到这里,始圆满无漏耳。惜无大君子统括经书,本此意依次第作一书,以尽孝之全量也。(《丰川全集》正编卷十,《侍侧纪闻》卷六)

○《西铭》真是经天纬地、万古颠扑不破的道理,圣人复起,必谓知言。(《丰川全集》正编卷十,《侍侧纪闻》卷六)

○学者但信得及《西铭》,便可与言做人之道。(《丰川全集》正编卷十,《侍侧纪闻》卷六)

○《书》言"惟天地万物父母,惟人万物之灵",此《西铭》前一节之所自来;孟子谓"存心养性以事天",此《西铭》后一节之所自来。然《西铭》说来,却成彻首彻尾、圆满中正的道理。如皇帝采金铸鼎,鼎成而但见宝鼎成象,却无从指其为何处之金,真有洪钧陶铸之奇。此老胸中,真是融天冶地矣。崇效卑法,不足言也。(《丰川全集》正编卷十,《侍侧纪闻》卷六)

●归曾祁曰:曾祁案:引《书》以证《西铭》前一节,前人未曾道过。(《西铭汇纂》)

○《西铭》言事天之道当如事亲之道,然里边却包一部《孝经》在内。为人不以此事天,便辜负天地生成之恩;为人子而不以此事亲,岂不负父母顾复

之恩。故《西铭》一书，虽非教孝之书，而即谓之教孝之书也，亦无不可。（《丰川全集》正编卷十，《侍侧纪闻》卷六）

〇《司牧宝鉴序》：盖先生之心，万物一体之心；先生之学，万物一体之学。尝自言曰："离人无所为我，此心一毫不与斯世斯民相关，便非天地之心，便非大人之学，便是自私自利之小人儒，便是异端枯寂无用之学。吾辈须为天地立心，为生民立命。穷则阐往圣之绝诣，以正人心；达则开万世之太平，以泽斯世。岂可自私自利，自隘其襟期。"噫！由斯言也，《西铭》一体之仁，《礼记》大道之公，《大学》明新至善之道，举该于是矣。当途之士，实充此意而见之猷为，以不忍人之心行不忍人之政，盛古郅隆熙皞之休，真不难再见，宁仅区区邦国郡邑之小康小效已哉！（《李颙集》：《司牧宝鉴》卷首）

●室鸠巢

〇《西铭详义》篇首曰：此篇程子以为自孟子后，未有此议论。<u>尹彦明</u>见<u>伊川</u>，半年方得《大学》《西铭》看。《大学》说为学次第，固为切要之书。若《西铭》，如何与《大学》并授看，此必有说。人与天地万物，本为一理，只为自私，其见道理，皆从自家躯壳上起意。所以一生读书，未免俗习，不可以入圣人之道，是大患也。《西铭》发明此理甚尽，此在学者，亦为切要之义。但其为书，始终借父母事亲名目以明之。<u>朱子</u>所谓"名虚而理实"者，谓此也。人不善读，则迷其名之虚，不察其理之实，谓<u>张子</u>徒为比喻而形容仁体而已，则其亲切之意安在哉？往复之书，学者当考究其言而详察之。窃谓此篇大指，不过分为两截：前一截，明天地为天下之大父母，己与天下之人为一体，自"乾称父"，至"颠连无告者也"，乃统论如此；后一截，明事天之道与事亲一理，自"于时保之"以下，是说工夫节目如此。至于论一篇之体要，则<u>程子</u>以为仁之体，又以为理一而分殊者，可谓言简意尽，当深味之乃得。<u>程子</u>所以为仁之体，要者，仁者以天地万物为一理，是仁者之心，非仁之体，此当见得天地万物，本自一体，不待仁者之为，是仁之体也。但《西铭》言体而用在其中，体则理一，用则分殊也。自"乾父坤母"，"天下民物"，皆为同气同性，是理一也。然同气中，自有父母民物，大臣长幼，圣贤无告，多少等差，吾待之从而不同，是分殊也。其"于时保之"以下，合而言之，不过事天之意，此理一也。然曰"畏天"，曰"乐天"，曰"知化"，曰"穷神"，凡此类皆自理一中分别来，是通篇理一而分殊也。"乾称父，坤称母"以下，句句直下而观之。乾坤与父母一理，民与同胞一理,物与吾与一理,大君与宗子一理。又"于时保之"与"子之翼也"一理,"乐且不忧"与"纯乎孝"一理,余皆仿此。然句句截断而观之,上说天,下说亲,上说事天,下说事亲,自有彼此亲疏之别,亦自理一中分别来,是句句理一而分殊也,读者详之。

　　○又按:程子以为"《西铭》充得尽时,圣人也。"又游定夫读《西铭》曰:"此《中庸》之理也。"明道称其"能求之言语之外",真西山、陈北溪诸子,或谓《西铭》论事天之道,皆是日用实理,无过不及者,或以为天命之性论之,皆似未论程子之旨者,窃谓此分殊而理一者也。程子充得尽,是就分殊上,充而尽之。盖虽一理,自有浅深次第,若徒谓一理而已,则何充尽之有,充得尽是圣人,是《西铭》工夫。疑若极高远不可企及者,游氏以为《中庸》之理,是就理一处,看破如此。盖自"乾父坤母"观之,天下一家,中国一人,自是正当道理如此,天明当奉而守之,天理当循而行之,不过共为子职而已,亦是本分正当道理,亦见个个吻合,无往不定,何高远之有?圣人但尽其本分尔,此所谓天下之正道定理者,故曰:"此《中庸》之理也。"真可谓求之言语之外者。(《西铭详义》)

　　○《西铭》前半篇之言,莫非以父母视天地,以兄弟视海内,所谓推人以之天也。后半篇之言,莫非以事亲之事为事天之道,所谓即近以明远也。(室鸠巢:《太极图述》卷上)

● 廖志灏

　　○《订顽一气赋》曰:乾,天也,故称乎父;坤,地也,故称乎母。予藐藐兮一躯,乃混然而中处。二气洋洋而充塞者,吾体之于形骸,一真宰物而帅,是气焉,吾性之以赋予。民,同类兮吾包;物,异体兮吾与。既父母乎乾坤,惟出震兮宗主;立大君而承嫡,嗣令硕德之为家辅。老者安,尊天下之高年;少者恤,慈天下之幼孤。圣,全体乎造化兮,二老目之以似吾;贤,则特出乎等伦兮,众子推之曰绳武。至物生之同族,或疲癃而悍独,其出父母之怀来,宁非兄弟之无告。凛帝鉴而临汝兮,大配天于严父;乐天理之流行兮,快吾亲之保鞠。彼仓予我以至善也,知悖而贼之为戮。惟尽性者践形兮,乃参赞而位育。知阴阳之气化,得考妣之规模;通于穆之神明,体二人之悃愊,必不愧而不怍兮,无忝汝所生;存其心而养其性兮,乃能事无臭而无声。猛绝欲若恶酒兮,矢敬亲以独慎;尽物理而育英材兮,赖锡类之尔成。尽天道以豫天心兮,天无劳乎帝舜;全天躬而俟天命兮,天独何厚于申生？吉凶祸福,天所畀兮；惟伯奇之顺正;性情形体,天所与也,宜曾子之归明。天厚我以所奉兮,固喜之而不忘;然若拂乱其所为兮,岂爱之能勿劳焉。盖仁人之敬谨,与孝子之惓惓,存无艾于一息,没何愧乎百年。终其身于忧患兮,乃至死而后已焉。(《燕日堂录·梦余草》卷一)

〇《西铭论(上)》:今夫于太虚一统之中,先万古而分阴分阳者,为天地;后天地而立则者,为天地所生之人。于天地之中,先数十年而分男分女者,曰父母;由父母而得生者,为父母所生之子。不有天地,其何以人？不有父母,其何以子？是以遂古以来,乾称父,坤称母;有生而后,父称乾,母称坤。以乾坤生生不已之气化,交之父母生生不已之形骸,积数千百万载,而种种色色,无数生灵,从以出焉。此其本原,乌可诬耶？

人乎天地,则共父共天,共母共地。子乎父母,又皆各天其父,各地其母。以父母为天地,则大域中,一人一父母,不知几千亿万之天地,安所谓一体之量乎？以天地为父母,则万物共一天地,安所谓亲亲之杀乎？《西铭》所谓"理一而分殊"者,盖大道之权衡,中庸之功用也。顾予以藐然一身,躯不过七尺,形不满百年,与两仪参,与两尊人对,以道德仁义为己任,与灵灵蠢蠢、亲疏贵贱、刚柔纯杂之庶类相周旋时,则庶几乎至当不易之则,不愧于为人,不忝乎为子,使措置予施不爽其宜也哉！

盖以理则一,以伦则五,以分则万有不齐,而其事则在乎有伦而无我,是故溯而上之,太极为一理之本也;等而下之,予固为参两之基也。自理而数,立而为两,父母之分也;列而为四,行而为五,老稚生成之象也。位而为八,至于六十四;时而为九,至于八十一,其中有男女少长之分,有上中下之别,则范象之宗也。自数而之伦,配则为夫妇,爱则为父子,分则为君臣,以及叙而兄弟,缔而朋友,此天下之达道也。然其中杂然不齐,实有条然而各正者。

夫妇,为造端之始。天子有后,有妃,有嫔,有夫人、才人、各宫娥之别;诸侯以下,有命妇,有姬妾;士与庶人,有正有偏,其位乎内者,有若是类焉。父子,天性也。父于子,有嫡,有庶;子于父,为严君;其于继父,则有三父,有八母。父以上,有祖,有祖妣,至于高、曾祖妣,以及千百世不祧;子以下,有孙,孙之下,为曾、为玄,以下逮夫亲尽而无服者。父母而外,有伯父母、叔父母;叔伯之上,有叔伯祖父母,有叔伯高、曾。子而外,有侄,有侄孙,有曾、玄侄孙;自期功以暨于无服不等,从父而亲。又有从母而亲、从妻而亲者,为外祖父母,为外子孙,为舅甥,为翁婿,为姨父母。以妇道言之,为舅姑,为妯娌,为女氏,亲疏内外,本一体而上下之不等者,言有等也。

君臣者,天泽之分,其义肃然。大君为父母之宗子,以位而子乎天者;其大臣,宗子之家相,以德而臣乎君者。朝宇有大小之分,宫庭有内外之别,贵为贵戚,近为亲臣。有同姓,有异姓;有大臣,即有群臣;有大僚,即有属吏。师阃之中,大将主焉,有偏裨,有士卒;郡邑有司临之,役为府胥,众为庶人;家则有主,有仆,有少而僮、女而婢者,无非尊卑之义。虽曰君臣同德,君民一体,有分焉不容紊也。

兄弟,天伦之谊。同父同母者,无论已;父同母异者,为异兄弟,庭帏中至难处者,母同父异者,不及焉。父母之女曰姊妹,伯叔之子曰从兄弟,外戚同行曰表兄弟。姊妹之夫曰某丈,妻之兄弟曰舅,妻之姊妹曰姨。亲尽而降,同姓者皆一支也;异姓而降,同类者皆一气也。

至于朋友,有非可以一而尽者。心性友,文章友,道德友,诗友,酒友,玄禅友,先正典型师而友,刍荛一得俯而友。五伦之中,独父子非友。士农工商,渔樵圃猎,同类之友;鸢飞鱼跃,猿啸鹤啼,木石居而鹿豕游,以及爱莲赏菊,宅柳妻梅,动则飞潜,植而咸若者,皆异类之友。故父子而外,君臣、兄弟、夫妇,无非友耳。

自伦而推之,有职业之不齐。四民之首惟士,士有气节,有中行,有狂狷,有举子,有骚人,皆士之俦,而非今之所谓佻达专门武断自喜者。以有易无曰商,商有行居水陆之不同;以功谋食曰工,工有精粗巧拙之互异。至于民之所重曰食,国之所重在农,或百亩,或五十亩,或二十五亩,农有上中下次之殊,而总以谋生而务本焉。四者皆本业,本业而外,有游手冶容挟娼斗博者,又宗子所必教而杀之者也。

自职业而推之,有方土之不齐。秦高气谊,鲁尚诗书;齐晋尚质而寡文,吴越多文而习雅;中州三楚,性近中和;闽粤滇黔,未离边俗。或俭朴,或浮夸,或好礼仪,或竞勇力,此风俗以方土而异者。他如汉以节义而杂霸不除,唐以纪纲而靡靡相袭,宋有仁厚之风而至诚不得其道,明有文明之象而章程未尽其实,此风俗以世运而迁者。中华数千里,秦汉至今数千年,有能外体性而越包与者欤!

自方土而推之,有禀赋之不齐。"圣,其合德;贤,其秀也。"以德性言之,有清任和之目;以事业观之,有揖让、征诛、君相、师儒之各别。从容中道而至性自然,曰"克明峻德,以睦九族",曰"夔夔斋栗",曰"恶旨酒",曰"圣敬日跻",曰"善继善述",曰"至德要道,以顺天下",要皆体天德,行王道,与天为一,所谓"合德"者也。次则为忠良,为志士,为义夫,为节烈,为果敢直前之士,为休休彦,为智,为勇,为宽弘长厚,为敌忾壮士。其于家也,为孝子,为友恭,为恂恂谨信。于世为达观,为任侠,为劳臣,为廉吏,为文章华国,为铁面官,为一乡一国之善士,为直谅友,为仁人,为隐君子,如是等,明体而达用者,皆所云"贤,其秀也"。下则为机械,为狂且,为巧令孔壬,为放旷不羁,为贪,为顽,为忿懥,他若闲惰四支为游身,寡廉鲜耻为倡优,为佞人谄士,为铜臭官,翊翊为骄人,佻兮达兮为轻薄子,放言佹行为佚士。为僻慕高唐,嘲风弄月为淫人;为野心浪子,专财网利为啬子;为贱丈夫,沉湎因果为空门秃。多言为躁士,外金玉中败絮为无赖人。如是等,无量无边,皆曰"悖德"。至若逆父母不孝,悖君主不忠,犯长凌尊,狂肆无礼,惨刻不仁,谓之欺天。大逆者无论已,他如疏定省,荒寝膳,违教令,毁发肤,私货财,匿劳怨,违心傲色,辱身贱行,举为不孝。篡弑而外,长君邪,逢君恶,巧容媚,擅威福,轻名器,植私门,蔽贤防国,持禄养身,举为不忠。犯长上,侮高年,轻有道,诋先儒,悖周行,越道义,躁妄其说,横逆其行,侈嗜荒淫,纵欲无度者,举为无礼。若是者,伦理大残,皆害仁之贼耳。曷谓之"济恶"?知过不改,饰非不悛,人从其类,世济其凶,由小恶以至于大恶,由一恶以倡夫群恶,为朋奸,为敝党,为<u>汉之王梁</u>,为<u>唐之武韦</u>,已为巨憨,人为鹰犬,家为敛室,国为乱邦,若是者,举谓之"不才"。

　　四民而外,固属游徒,然其中亦多以流术而附于本业者,未可一概抹杀也。长法曰官,事官曰胥,官吏之余,尽士农工贾矣。生理不齐,资秉不一,固有与士农工贾杂然而并营者。晨采桑,夜分茧,曰蚕妇;寒灯机杼,曰织女;操斧斤,利揉凿,经营匠心,曰技;丁丁伐木,曰樵;短笛骑牛,曰牧;戴笠垂竿,曰钓;扁舟夜月,甘老烟涛,曰渔翁;决休咎,曰卜;疗人之肺腑,而起人之膏肓,曰医;辨人声,察人形,曰日者;袖青囊而挹山川灵秀,曰风水客;揖让升降,正鹄求身,曰射;挟雕弓,驰走狗,曰猎家;奚囊驴背,动风雨鬼神,曰诗伯;高山流水,奏古人雅乐,曰琴;精神笔力,夺化工巧,曰画;外则裂帛飘云,离鸿鸣凤,曰笙;曰箜篌,曰琵琶子;击坎坎之鸣,抑扬和绥,曰鼓吏;迎风挹露,洒润添神,曰花史;禅心映月,野梵含云,曰诗僧;体黄庭,鐶白玉,往还离坎,曰羽客;转莺声,轻莲步,而诱人入梦者,曰歌姬;厌尘牢,而锁禅定,曰尼姊;揽辔扶鞋,执鞭而从人后者,曰仆御;曳踵垂绅,叩阍投刺,曰门客;穿木人而神机巧,曰傀儡子;以及于谈坐隐,纵横河洛之棋,窥豹亡羊,成梁垫海之博,是皆无本逐末,以遣岁月而营身口者,较游民,稍有间焉耳。以彼波波咤咤,孰不欲富贵哉!

然而有气数之不齐。世之红青竞绣,丹毂朱轮,为缙绅,为公子,以及由窦屈膝,投火触□,烂额焦头,鸡鸣犬吠,以求富贵利达者,不必列已。群生猬集中,偶举可矜可骇之人,有终生鳏旷者,有裯裸失怙恃号称孤子者;寒灯夜啼,有所谓寡妇者;远征况瘁,有边戍劳人者;履霜为逐子,畏妬心酸为逐妇,而与郁郁然无告者;囹圄罗织,误失入人罪,有遭滞狱幽囚者;发蟠蟠而形槁槁,有老而无子者;重围绝食,有深入孤军、转盼坑堑者;凶年饥岁,有冻者、馁者、饿莩而沟壑者;长安大道之中,有四体支离、五官破碎、歪头裂项而蟹行虾曲者;有风疾猖狂、如马嘶者;有理屈词穷,而自溅颈血、图赖人者;有抛砖自击,乞人怜者;有刺臂穿胸者;有挑猴弄弥、蛇缠而犬相者;有持钵当门,昼夜疾呼,曰瞽者,曰跛者,曰拖行而臃肿者;又其秽毒之气、稜鬼之形、有触心而捧鼻者;困羁踪、缺资斧、有病而无医者;有妖风怪曲而人莫敢前者;结蒲茅、委沟壑、有死无棺椁者。

合而观之,自我而外之人,自人而外之人,自人而外之物,自物而外不常之物,齐谐志怪、鲲鱼而鹏鸟者,若而俦;禹鼎象形、鬼首而蛇身者,若而类;吾目所不及见,吾耳所不及闻,不知其几百千而万亿也。形形状状,总总林林,万有皆天地所有,天地为之父母,则万有不齐,又各自有一子在焉。故夫自物而外,吾皆人之;彼殊乡绝域、蓬头垢面、文身裸袒之徒,皆与吾同大父母而为兄弟之颠连而无告者矣。内则衣冠言语,共我中华礼乐,车书同兹,历日并居大一统之内,而衣冠我族者,其胞与,又何如也!烟火连村,井里接壤,居其地,熟其人,出入守望相友,而聚首于一乡者,其亲仁,更何如也!至于同怀同抱,同食同衣,同诗书几案,既同性生,复同形生,而遂天伦之乐于一室者,斯其性情切至,尚可以好恶情欲间之哉?

夫自无始以来,形气精神,俱属阴阳五行中,絪缊化醇之物。于是时,雅同兄弟之谊,特法象糟粕,散而不伦耳。今何幸!自阴阳之散千万顷者,一旦复从我父母,聚之于数十年之中;至于数十年后,又且伤一离之不可再合也矣,彼此云乎哉!故所谓殊乡绝域、疲癃残疾谓之兄弟者,是一元十二会二百六十运中,一气之人也。我之祖宗,并生亲疏而有杀,其本支原未尝离,而曰兄弟者,是近而或千年或百年,一气之人也。至于同父同母,比肩并出,而爱敬同□者,是则□前一气之人也。何也?太极两仪,见在此间耳。于是知造化之不可睹、不可闻者,宜时而事之于睹闻之中,而处□之可睹可闻者,又默而省之于不睹不闻之内,予故于兹貌焉,尽吾性,贱吾形,存吾几微,以复其帅之原;养吾刚大,以完其塞之量。无愧于性生之父母,斯无愧于形生之父母矣。

事性生之父母,遡而上之,理之一也;事形生之父母,等而推之,分之殊也。若者为父母之所生,为吾同胞者,则长吾长以及人之长,幼吾幼以及人之幼;若者是为父母之所生,为吾与者,则尽吾性以尽人之性,尽人性以尽物之性;若者是为父母之宗子,则为一家之长,代父母以君我者,吾君之而已矣;若者为父母之合德,则为一家之师,代父母以教我者,吾师之而已矣;若者为家相,则兄弟中之赞理者;若者为贤才,兄弟中之杰出者;若者为悖德、为贼、为不才,则是逆亲不道、坏乱家法之人,教不及,则宗子之法以绳之;法不及,则父母之命殛之矣。若者为颠连无告,原父母之心,何尝不爱之恤之,但亲恩不遍及,惟宗子施济之;或宗子不能周知,惟众兄弟哀矜之而已矣。盖"天地之大德曰生",生者,父母之谓也;"圣人之大宝曰位",位者,宗子之谓也。圣人承天体物,溯观其本始,而大公无我之量以昭;疏观其晰然,而等威条理之序以出,则尽物皆我而无有物,尽我皆物而不见我,尽物尽我,皆天而浑然一天。然其道由天出而其事则自亲亲始,是故三才一道,万物一体,天下一家,中国一人,不出户庭而得之矣。(《燕日堂录·梦余草》卷三)

○《西铭论(下)》:惟天地,万物父母;惟人,万物之灵。惟灵也,斯能配德于两仪,而作则于庶类,故守身以事亲,祗全此父母本生之身,以告无愧于俯仰;而存心以事天,亦不过还天地固然健顺中和之性,以求无忝于所生。天与人无二事,而事天事人无二心,其权衡存乎宗子合德之人,其功用在乎践形而尽性,其负荷有民胞物与、体性志事之名,而其道,则仁孝而已矣。

孟子曰:"塞乎天地之间",是《西铭》所谓"塞"也;又曰:"夫志,气之帅",是《西铭》所谓"帅"也。塞之已然而无迹,曰化,即天地之分殊也。磅礴万变,聚散千端,盈实空中,无瞬息之停,无毫发之可间者也。帅之自然而有宰,曰神,即天地之理一也。主持造化,枢纽万物,无声无臭,而为一元三极之贯者也。彼其在天而未赋于人,则德藏业静,味淡声希,黄钟潜悬之宫,大和保合之候。气之方始,数之方升,藏之无元亨利贞之迹,而赋之为仁义礼智之端,涵变化而行鬼神者,上帝之载也。及其在人而禀之于天,则浑一无滓,清灵未琢,任真率顺,爱慕天然,不必来复之机而纯然至诚之体者,赤子之心也。大空无倚之中,其虚隙处,皆气机之充盈;其不睹不闻处,尽良能之主宰。赤子之体,寓于空隙之中,是一塞焉而已;赤子之性,得乎至善之原,是一帅焉而已。

吾所受于父母之体,载天地之性以行;吾所受于天地之性,寄父母之体以立,而无极二五,因人赋足,无不于是心焉。寓之纯乾至健之理,有物有则,帝心在焉。犹堂上两尊人之昭察,孩提而日望其长,而继吾体也,是以女正内,男正外,是清宁之较然者也;阳主生而阴主杀,是严慈之肃然者也,和气致祥而乖气异,犹父母之爱顺而恶逆也。盖父母爱之,犹尔赐寒燠之适其宜;父母恶之,如雷霆雷霹灾异谴责之加,而无所逃焉。父母之劳子也,毋过欲其子为肖子,为贤人;天之谴责人也,亦无过作善降祥、作不善降殃,无异致耳。

然父母之情可见,而天地之情不可见。其可见者,人之志事;其不可见者,天之化神。四时错行,七曜代明,鼓之运之一周还,与夫二十八舍之悬球示象,是化也,而天地之事焉;见诸施行,推诸事理训诲之堪型,动容周旋之作则,是事也,而父母之化焉。大皇纤渺,冲融一掬,三辰系命,群动为宗,是天地之志,而本谓之神。严君有道,正谊存心,意绪几微,天怀蕴藉,是父母之神,而本谓之志。以事亲之道事天,则知化以述事,穷神以继志;以事天之道事亲,则述事以知化,继志以穷神,其实一而已矣。

子也禀夫一神两化之原,而荷兹参三之责,与天地合德,而仁同乎父母焉;与日月合明,而智同乎父母焉;与四时合序,而义与礼同焉;与鬼神合吉凶,而信同焉。维时主静以立人极,因其自然者而利导之,以协夫天理之同原;因其当然者而品节之,以得夫人情之至当,故定之以五常之性,以见秉彝之实。于仁,则亲亲、仁民、爱物,以次而推;于义,则尊贤、敬长、慈幼、恤孤,各裁其所允洽;礼则于亲、仁、爱之中,尊、敬、慈、恤之内,又各有隆杀差等之别;智则确见夫仁之实、义之宜、礼之节文条理,井井而不可紊;信于四者,以实心行之而已。于是属之以君臣、父子、兄弟、夫妇五品之伦,两者天属而体之以人,三者人属而出之以天。阴阳上下,二老六子,错综造化,皆人伦也。

于是以五常之德,而行之于五纪之中。仁以恻隐发端,自仁而体之,事亲曰孝;□于幼为慈,以之惠众曰宽,以睦九族而敦戚谊曰睦姻,排纷解难曰公,尽心而行之曰忠,以己推人、不欲勿施曰恕。仁自门内以及朝廷以容保天下,无非元善之体周之,刚毅近仁,克复为仁。**汤**、**武**行仁之权,**夷**、**齐**得仁之正,惟杀身者成之而已矣。

利者,义之和。由义而推之,事君上以贞,老老以敬,弟于长而衹悌。慷慨敢言为直,中立不倚、人不敢干以私者为正,不恶以待小人为严,一介不取为廉,处五伦之变、无乖无戾为和,不以三公易者为和而介,致身取义为烈,见利思义为有耻,见义即为为勇,处朋友为谅。若是,皆义属。

自其处伦善世之间,雍雍之谓恭,有节有制之谓度,微小必端、枢机必慎之谓谨。尊而能下人者之谓谦,进退周旋无所争焉之谓让,无大过不及谓中,于时保之、常惺惺之谓敬。若者,皆礼属。而敬,犹礼之本也。

伦常日用,行欲方而智欲圆,故贞为事之干。知几曰神,见几而作曰明,知进退存亡而不失其正曰哲,经纶精密曰理,烛事于未然曰睿,决疑断事为通而敏。仁、礼、义,行天之常;智达理之变,乾道飞曜潜亢,大圣人仕止久速,非大知不能信,为贞一,为笃挚,为中孚,而无适无莫,不逆不亿,庶几四德信而后成。

五者之达道,信而后行也。节之以亲疏之等,上下之分,而制之为礼之仪。朝庙庭帏有其序,婚丧葬祭有其文,拜跪坐立、揖让升降有其节,三百三千,所以见天地之则,而为子之翼也。和之以五音六律而为乐。六变八变,天地人鬼所攸分;八佾六佾,天子诸侯所攸降。金石丝竹,宣而扬之,所以鼓天地之和,而为纯乎孝者也。

宗子不能独治,而设家相。家相亦不能兼摄,于是考政务之繁简,随材德之偏全,而列之为庶官。六职九卿,牧伯郡邑,权虽殊,其为辅宗子而爱无告以治不才,则一也。民志纷杂,于是因礼乐之所不能一者,而一之以五刑。大而大辟,小而鞭扑,审其情实,以为杀宥,法虽殊,总以矫民物之不正而归于正也。日用错综,无定于是,因物之不能自齐,而齐之以五器。权而轻重,度而长短,量而多寡,一皆称物平施之宜,器虽殊,总以衡民物之不平,而使之得其平也。虑民之无食,乃为别五土之宜,而制为稻黍稷麦之五谷以稼穑之,使吾兄弟公得父母之产地之五谷,则亦圣人之五谷矣。虑民之无道,乃为之表五行、五事、五性、五伦之大义,而作为《易》《诗》《书》《春秋》之经以诱掖之,使吾兄弟金得与闻父母之教,圣人之六经,则亦天之六经矣。

若是者,岂宗子居其劳而众兄弟享其逸,合德者尽其忧而不肖者食其利耶？盖其尽裁成辅相之道，为民物给欲，无非为两大宣猷；而克家之子为兄弟筹生，无非为二人体德，独是天之爱众兄弟甚于爱宗子，其爱不肖甚于贤秀之人，犹父母之爱不才甚于能克家。而父母之爱吾之子也，甚于其爱吾也，苟能目睹吾孙更甚于爱己之孙也。然而三年之制，变而一期，一期降而数月，其势将有不得不然者。天性所钟，诚恐其日远而日违耳。

《大学》由格、致以及治、平，远近递臻其序，而罔不统于一身。《中庸》由尽人以至尽物，同类异类，各适其量，而罔不统于一性。要而约之，实在乎体天之仁，以尽事亲之孝也云尔。《孝经》有云："礼莫大于严父，严父莫大于配天"，《豫·大象》云："殷荐之上帝，以配祖考"，盖王者郊天禘祖则天与祖考以位事而并尊；庶人父乾母坤，而考与天以心事而均重。尽其制，则极典礼之崇；尽其心，无非仁义之至。分以势焉而殊，而理以心焉则一也。

《诗》曰："陟降左右"，是文王之能乐亲，《书》曰："底见瞽瞍，而夔夔斋栗"，是帝舜之能格天。圣人，固人伦之至，而无五伦全顺之事。浚井焚廪，方命圮族，谓之非父，可乎？攙抢彗孛，水雹日食，谓之非天，可乎？朱之不肖，均之不肖，谓之非子，可乎？疲癃残疾，惸独鳏寡，谓之非人，可乎？

舜以尧为君，以禹为相，君臣之道合，其如父子兄弟，何也？有舜焉，而后子兄之道尽矣。父子虽揆而理一也。文以季为父，以武为子，父子之道得，其如君臣，何也？有文焉，而后臣道尽矣。君臣虽揆，而理一也。姬公之管蔡，柳下之盗跖，其如兄弟，何也？有周公、柳下，而后天伦之道，用法用恩，皆理之一也。夫顽嚚之变，羑里之明，东山之殂，大师之剖，人伦世运之间，在圣人真有不能言者。然其委婉曲致，甘自居于不肖之子臣，而吾君吾父，何尝不巍然一天也。

且夫舜、文，上世之宗子；宣尼，末季之合德，然舜、文之时，不知有宣尼；宣尼怀舜、文而不见，此其分以时而殊也，祖述宪章，是固其理之一也。宣尼之于定、哀，固有难焉者矣，而定、哀知之而不知用之，此其分以势而殊也，望鲁典周，是盖其理之一也。三家之僭妄，与道殊矣，堕三都、诛两观，则理又恃权而一也。七十子，齐鲁之儒，其习尚殊矣，然设杏坛，闻性道，则理又恃教而一也。陈蔡之厄，庭人桓魋之围，与夫沮桀、楚狂、微生、荷蒉之相轧，其所如亦不合矣，然鸟兽不可同群，而斯人之徒在吾包与中，亦甚颠连而无告者耳。

春秋二百四十二年之中，功利权术，其例殊矣，然以布衣而假南面，理不能申而申之以天子之法，法不能尽而尽之以素王之心，若曰："鲁，吾父母之邦,天子之事,在吾鲁矣。"《周易》六十四卦三百八十四爻,体乾用九,体坤用六,其变动不拘矣,然体不一而一之以天地之心,用不同而同之于三圣人忧患之旨,是犹若曰:"是吾周天子之书,以言乎天地,则备于我周矣。"舜之大孝,在于号泣旻天,且幸天之闻之,无异于吾父之闻之也;文之大孝,曰昭事上帝,谓帝可昭事,岂吾殷而不能服事也？孔子之大孝,自信为天之生德,与天之未丧斯文,既曰"知天命",又曰"知我其天",吾不能行于七十二君者,幸得之于七十二子,使天下万世之老友少戚,保合于安信怀之中而浑不如意焉云尔。

曾子启手足,全亲之体即全天之体;伯奇履霜援琴,顺天之令即顺亲之令;颍封人锡类于庄,斯锡类于万世;闵子骞无间于父母昆弟,是无间于天人。圣人纯乎天,故时时纯乎孝;贤人勉乎天,而事事勉夫仁。岂必见天地而为父母,见父母而始称天地耶？故天之赋予一人,非真正仅于空隙中,作机血形躯之塞,如一木一石,无所关系于天地间,盖其含真养和,必实有浩然者,以与造物为表里,而旷观俯仰,内省几微,俾堂上之尊尊如北极,而维皇上帝,近在庭帏,廓然大无我之心,森然操有物之则,斯不亦穷神知化,而称德之盛,继志述事而为孝之达者哉！

呜呼！千古之道,法千古之心法为之也。人心不明,则两大所赋、两尊人所生之原本,自我而耗丧之于不可穷极,而鼓谣邪侈流而入于盗贼,放而与禽兽不远,其亦可伤也欤！故孟子辟杨、墨以正人心,昌黎诋佛、老在于明先王之道。嗟嗟！特先王之道未明耳。彼杨氏为我,吾不知其何以为也！彼不知父母所生之身,原与化而同体,而万物生生之易,究与我而同原;彼不知民物分量之大,与夫宗子家相纪法之宗,以为天地间但有我而已,将以天下之大经大本,置之何地？而天地化育,独为我一人而设欤？《西铭》万殊而一贯,虽亲疏异情,贵贱异等,昭然于天子庶人之义,而不至于藐其君。墨氏兼爱,吾不知其何以爱也！

吾父母吾爱之,吾兄长吾敬之,而秦人之父母兄长,吾亦如是,以爱之敬之耶？彼周知天造,无非仁爱之区,而不知仁爱实有推行之序;不知有序,则不知有当然之义,条然之礼;不知礼与义,又乌知所谓仁耶？《西铭》则一统而万殊,虽天下一家,中国一人,秩然于父子兄弟之亲,而不至于概视其父。虽然战国时之杨、墨,东汉以来之佛、老,已各立门户,与圣人之道,已不相谋矣。独怪夫吾儒之中,阳隶冠裳,阴趋异学,受形于天地而不知万物之皆备于我,酬酢于人伦而不知君父之有独尊,卑者视之为空言,高者务求之于幽渺,其为害道也孰甚！是故先君子实见《西铭》一书,为圣门求仁之大旨,为万古道脉人心所维系,向为行蕴三十八章,援古证事,返求谛观,而为异学旁门,淫词新语,所不能摇曳者也。因蠹触豕讹未克,蹴为校理,明备之义,当在指顾间耳。余既为赋以飏之,又先述其大略而论之如此。(《燕日堂录·梦余草》卷三)

●杨名时

○《西铭》一书,至为精粹,始原天人之一致,继明事天之实功,朱子以理一分殊概之,谓其绝远于异端兼爱之说,学者所宜究心。(《杨氏全书》十九《宋六子策》)

●朱轼

○"予自幼读《西铭》《正蒙》,每一展卷,恍如有会,既得读全书,益叹张子之学之纯,而其为功于圣道不少也。"(《朱文端公集》一《张子》)

○儒道宗旨,就世间纲纪伦物上着脚,故由礼入最为切要,即约礼复礼的传也。《西铭》言仁,大而非夸。盖《太极》明此性之全体,《西铭》状此性之大用,体虚而微,用弘而实焉。《正蒙》论天地太和絪缊,风雨霜雪,万品之流形,山川之融结,即器即道,皆前人之所未发,朱子所谓"亲切严密"是也。(《张子全书》卷首)

○《中庸》"妻子好合"二节,先言妻子兄弟,而后及于父母,特以明卑迩高远之意,非划定一家之中,必先妻子,而次兄弟,而后父母也。人惟以父母之心为心,则处一家之妻子兄弟,各得其所,亦犹以天地之心为心,则处天下之民物,各得其所,此《西铭》之大旨也。乌有孝于父母,必以夫妇为先之理。(《驳吕留良四书讲义》一卷)

●萩生徂徕

○统一万民以事天,仁也,人君之道也,《西铭》得焉。(《萱园十笔》卷二《萱园二笔》)

●久代宽

○《心境西铭序》:《订顽》之一篇也,明道曰:"极醇无杂,秦汉以来,学者所未到。"伊川曰:"扩前圣所未发,与孟子性善养气之论同功。"二程所论,其既如此,则其文之高妙,又可胜言也哉!想夫先儒亦未穷其说者,盖有之矣。况乎不逮之资,鲁莽之学,安能知其微意之所在焉?然而善言之于知愚,皆获其益,譬如群饮于江河,而各充其量也。宽尝受读之而略知其名义,□然之顷,仿佛似昏夜得一点之萤爝矣。而谩谓天地之为一体,万物之为一原,推移之于心境,则亦是一般道理而已矣。仍窃以其所亿度,而试模仿《西铭》,乃缀一篇文字。顾其所龃龉者,岂特一二而已哉?岂特三四而已哉?嗟夫!咎以僭逾,则其罪虽极大,而其亦何所以责吾辈耶?他日同志之论心者,或有考焉。而因我非以求其是,则亦未必不以为小据径云。享保戊戌春二月甲申,播州饰东郡姬山下敲亭主翁久代宽自序。(《心境西铭》卷首)

●方苞

○父母全而生之,子全而归之孝,子之志也。尽其所受于天而无缺,非仁人不能,此小大之辨也。张子《西铭》,盖本此记而推广言之。(《礼记析疑》卷二十八)

●金春泽

○《刘因四贤之论》:刘因就胡元之征召,虽即辞归,不免失身。然观其论四贤之言,因之学,亦可谓不差矣。其言曰:"邵至大也,周至精也,程至正也,朱子极其大,尽其精,而贯之以正也。"其论固皙矣,然其以邵为大,未见其得。而又遗张子,则岂因未见《西铭》欤?孟子之后,道学不明,濂溪奋起,首加"无极"二字于"太极"之上,如其精,如其精!至于《西铭》,其言可以范围天地而不穷,孰与争其大也!《西铭》有曰:"民吾同胞,物吾与也。"仁人之心,其于物,尚有相爱之心,况于同胞者乎!予不能自保其民,而发此哀痛之辞,尚宜哀予而动念也。(《北轩集》卷九)

●李文炤

○《订顽(西铭)》:毫发系当躬,痿痹体失充。达人无岸畔,造物与和同。纯一机缄协,旦明呼吸通。游鳞偶脱水,立毙浊淤中。(《恒斋文集》卷十)

○《西铭外传自叙》:有天地,然后有万物,曰乾坤,曰君相,曰长幼,曰圣贤,曰困穷,皆所谓"棋之局"也。善事天地者,曰畏,曰乐,曰肖;不善事天地者,曰悖德,曰贼,曰不才,皆所谓"棋之着"也。乐之至,则述事而继志矣;畏之切,则无忝而匪懈矣;践之完,则生成而顺宁矣。程叔子谓"《西铭》言道,如以管窥天,止见北斗",夫北斗,为天之纲;则《西铭》,亦圣学之纲也。得其纲,而万目将次举焉。故程伯子谓其可以"达天德",薛敬轩谓其可以"语王道",岂虚语哉!(《恒斋文集》卷一)

●华希闵

○全旨○集考曰:此篇论乾坤一大父母,人物皆己之兄弟一辈,人当尽事亲之道以事天也。○通篇明理一而分殊,总是要学者求仁。○勉斋黄氏曰:"'乾父坤母'四句是纲领,言天地,人之父母;人,天地之子也。'天地之塞'二句,言人所以为天地之子之实。'民吾同胞'至'颠连无告',言民、物皆天地之子,而有差等之殊。'于时保之'以下,总是言人之事天,宜如子之事亲也。"○河汾薛氏曰:"《西铭》大旨,欲人克己为仁。"○《西铭》自"乾父坤母"至"颠连无告者"一节,皆状仁之体;自"于时保之"至"没吾宁也",皆求仁之方。(《性理四书注释》之《西铭辑释》)

●申益愰

○《性理汇言·理》:《太极图》,明理一分殊之体,而用在其中;《西铭》,明理一分殊之用,而体在其中。(《克斋集》卷八)

●鱼有凤

○《与汝翼看梅,讲〈西铭〉书示》:粲粲阁中梅,岁寒伴幽独。不须费浪吟,好把《西铭》读。(《杞园集》卷七)

●权德秀

○《漫录》:《西铭》盖自"乾称父"以下,疑如序文。自"于时保之"以下,方是铭体。其所下字,皆于古书语句中摘来借用。乍见如危动未安,而熟玩详味,便见句句生活,字字稳贴。《原道》见道之大用,在日用流行处。如《太极图说》《定性书》《好学论》《西铭》《庸》《学》序,士子不可不常常讽诵。(《逋轩集》卷三)

●丁时翰

○《答李敬叔》:是以古昔圣贤,于天地未判之前,已论一本万殊之理;万物既生之后,亦论万殊一本之理。盖自孔子而有"《易》有太极""继善成性"之言。濂溪《太极图说》,首言"太极动而生阳,静而生阴",而承之以"真精妙合,化生万物,惟人也得其秀而最灵";横渠《订顽》,首言"天地之塞,吾其体;天地之帅,吾其性",而继之以"民,吾同胞;物,吾与也"者,皆所以明其太极阴阳之化生万物,而万物之中,人性最贵底意。固未尝言一本为体,万殊为用之中,又有合一万为体,合一万为用之大体用也。如孔子之论"一贯",盖言以一人之心,而贯万物之理。(《愚潭集》卷五)

○《书李敬叔日记抄后》:孝悌之德,通于神明。观于《西铭》,验之矣。《西铭》之书,推事亲之道,以明事天之道;明事天之道,以尽事亲之道。天人合一,事事无间。可见孝悌之德,通于神明矣。(《愚潭集》卷九)

● 李夏坤

○《感怀(其九)》:农岩门下早抠衣,志学初心转觉违。硬脊不担吾道去,终身难免小人归。《鲁论》曾传研精未,《太极》《西铭》着眼稀。他日九原如有识,恐无颜面拜吾师。(《头陀草》册四)

● 李绂

○《除夜》:茫然五十一周星,霜雪邱原独抱经。孤露即今谁为孝?此生犹恐负《西铭》。(《陶庵集》卷二)

○《因病自箴》:半世求仁心似丹,《西铭》一读复三叹。医门此疾真名状,莫是天教体认观。(《陶庵集》卷三)

○《和韩兄(配性)韵》:不妨白首守山扃,无辱元来胜有荣。贫病如君何日起,醉生于世几人醒。穷居已分耕当禄,老学休嫌善近名。默诵《西铭》愿相勖,要须存没顺仍宁。(《陶庵集》卷四)

○《旱极得雨,其喜可知》:田家无麦易成饥,好雨连宵慰怨咨。降泽初无择高下,将田非敢较公私。极知喜怒皆中际,正是天人合一时。卧念《西铭》两句语,通身融贯却堪思。(《陶庵集》卷四)

○《答尹叙五》:愚尝读《西铭》,其不曰"天地",而曰"乾坤"者,天地,形体也;乾坤,性情也。于是乎益知孝子养志之为大矣。哀苟能善继父母之志,无辱父母之体,则虽失于前,而亦可追于来也。哀果有志于斯乎?其果有志焉,则愿以乐正子春答门人之语,服膺而终身也。(《陶庵集》卷十七)

○《答尹叙五》：所示领悉。精诚固发于宵寐，而程子释"梦见周公"之义，不分明说梦而如或见之者，此意可深思也。且慨然有志于横渠遗矩者，其志诚大矣。学不及横渠，而先有此作用，恐徒为自用自专之归，不若大读此翁《西铭》之书，以为本根田地之计也。（《陶庵集》卷十七）

○《郑梓字说》：孔子曰："身也者，亲之枝也。不能敬其身，是伤其亲；伤其亲，是伤其本；伤其本，枝从而亡。"呜呼，可畏也已。夫《诗》所以感发善心，苟因是而培于《小学》，达于《西铭》，以求所谓受而归全者，则庶几不负父母、大父母生我育我之仁也欤！敬之敬之。（《陶庵集》卷二十五）

● 金德五

○《西铭对策》：对。昔朱夫子《答汪尚书》问，曰："《西铭》一书，前此看得卤莽。近始仔细玩味，方知此书无一字无下落，无一语无次序。与程叔子《易序》'体用一源，显微无间'之语，如合符契。"朱子之意，既以为自道理上求之，则即体而用在其中，所谓"一源"也；自事物上推之，则即显而微不能外，所谓"无间"也。故曰："其文理密察，有如此者，若于此看得分明，则所谓'一源''无间'之实，瞭然于心目之间矣。"愚尝因是而推之，天下无无对之物，而惟理无对者，何也？理一而无二故也。然而化生万物，则其理虽一而其分即殊。然则有是理即有是气，有是气即有是物，其大小之分，亲疏之等，至有百千万亿而不能齐也。不有圣贤者出而表揭要的，开示愚蒙，则孰能合其异而反其同哉？《西铭》之作，意盖如此。而程子以为明理一而分殊者，可谓一言以蔽之矣。是以仁人君子之心，体一元流行之理而立仁之体，究万化散殊之分而达义之用，一统而万殊，则虽天下一家，中国一人，而不流于兼爱之蔽；万殊而一贯，则虽亲疏异情，贵贱殊等，而不梏于为我之私。此《西铭》之大旨，而历观古今无人识此意者。以《西铭》宗子之尊，而居《西铭》大君之位，体《西铭》理一之仁，而行《西铭》分殊之义者，其惟我圣后乎！

越自即阼以来，十余年间，恫朝著之不靖，闷生灵之多瘠，屡降哀痛之诏，冀图荡平之化者，盖欲推覆载生成之仁，而使万殊者归之于一本也。以至老老幼幼之政，省刑蠲租之教，相随续而史不绝书者，何莫非体天地生物之心，而使我赤子涵囿于一包大化之中哉！原其立心处事，发政施仁，莫不吻合于《西铭》理一分殊之义，流出于《西铭》仁体义用之心。而今我主司承纶策士，体圣上同胞吾与之仁，承圣上一视同仁之化，首举《西铭》发为问目者，其意盖不偶然，而亦有得于承流宣化之道矣。昔在宋理宗朝，湖广乡试策士，以横渠《东铭》为问，福宁人徐容对，以为《砭愚》虽切于学者警省工夫，而不若《订顽》一篇包括仁义大旨，有切于体用之学。遂反问而对以《西铭》。如愚肤浅，虽不及古人，而主司见识，有不可与宋儒同日语者矣。请以所得于徐容者，为执事扬扢焉。遂为之说曰：

先儒谓《西铭》一篇，到古人所未到，盖其为书，首言混一之理，中道散殊之分，而末乃结之以存顺殁宁。奚哉？均得是理，人与物同，而气化所赋，人与物异，有厚薄偏全之殊，有亲疏贵贱之异。所以同者，理之一也；所以异者，分之殊也。是以仁者以天地万物为一体，而浑然之中，有灿然者存焉，固不可析而二之，亦不可混而一之。此所以先之以理一，而后之以分殊也。虽然，徒知一本之理，而不知万殊之分，则是有体而无用也；徒知万殊之分，而不知一本之理，则是有用而无体也。此《西铭》所以横说竖说，彻头彻尾，体无不该，而用无不周者也。诚使世之学者，体仁以存之，精义以达之，则虽造语精深，措意广大，而岂有龃龉难解之理乎？请逐明问，敢竭愚见。

噫！天，吾覆也；地，吾载也；而盈两间，林林总总者，莫不受乾坤之理以为性情，莫不禀乾坤之气以为形体，则生我育我者，非我父母乎？与我同气者，非我同胞乎？然而气类有偏全通塞之殊，则通而全者为同胞，塞而偏者为吾与，所以有同胞、吾与之异也。地位有尊卑上下之分，则上而君者为宗子，下而臣者为家相，所以有宗子、家相之别也。先儒不云乎！天地者，乾坤之皮壳；乾坤者，天地之性情。则不曰天地而谓之乾坤者，盖取诸《易》；而宗子为子之义，愚于《周颂》"昊天其子之"之义，得之矣。朱子所谓"以藐然之身，混合无间而位乎中，便是子道也"者，其不以是欤？阴阳之气，塞乎两间，而人物之所资以为体，则此其塞之体也，而周子所谓"二五之精"也；健顺之理，为气之帅，而人物之所得以为性，则此其帅之性也，而周子所谓"无极之真"也。然而其中有智愚才不肖之别，有贤秀圣合德之异者，岂不以气禀之清浊，而分剂之不一乎？执事必欲闻所以为子翼、为纯孝，所以为悖德、为贼仁，所以为无忝、为匪懈之说，则愚请推本而极言之。

盖人受天地之气以生而有是性，犹子受父母之气以生而有是身。然则人之性虽受天地，而实则禀气于父母也；子之身虽体父母，而实则赋形于天地也。天地为人之父母，则事亲者，其可不保养天地之性乎？父母为子之天地，则事天者，其可不保爱父母之身乎？是以常存兢畏而保守天命者，犹人子敬亲之至而能敬其身者也,是非"子之翼也"乎?不待思勉而顺保天性者,犹人子爱亲之纯而能爱其身者也,是非"纯乎孝者"乎?此则所谓"践形"者之事,而天地克肖之子也。德者,父母所以与我之心。而今乃违之、悖之,则是不爱其亲也。不爱其亲者,非绝天之理乎?仁者,父母所以与我之性,而今乃害之、贼之,则是自戕其亲也。自戕其亲者,非逆天之性乎?此则所谓"济恶"之事,而天地不才之子也。知天地发育之化,则吾亦能为天地之事,而可以善述吾父母之事矣;通天地神明之德,则吾亦能存天地之心,而可以善继吾父母之志矣。此非所谓"乐且不忧"而"圣其合德"之事乎?俨若对越乎天,而不愧于幽独之际者,是则天地父母,无忝无辱之子也。惕然存省乎心,而无息于造次之间者,是则事天事亲,不怠不懈之子也。此非所谓"于时保之"而"贤其秀者"之事乎?故曰:前一节,明人为天地之子,而天地为人之父母;后一节,言人之事天地,当如子之事父母。事亲事天,虽若两事,然事亲者,即所以为事天之推;而善事天者,乃所以为善事其亲者也。知天之不可不事,而以此修身,如崇伯子之恶旨酒,则为"顾养";知亲之不可不事,而以此推人,如颍封人之食舍肉,则为"锡类"。以此处常而尽其道,则为底豫,为归全;以此处变,而尽吾心,则为待烹,为顺令。死生顺逆,处之如一,子道人道,两无所憾,则岂不为仁人之极则而孝子之顺节乎?何执事疑于不当辨而策其不当问,该于所可泛而略其所可详乎?无乃引而不发,以待自言而欲试平日讲磨之力耶?

今夫钟大叩则大鸣,小叩则小鸣,此钟之常也。若夫不撞而自鸣,则鞈人未尝不以为异。今愚之自言,无乃近不撞之鸣而得不为鞈人之所异耶?姑就主司所问者而评之。申生之待烹,伯奇之顺令,虽似未尽于底豫、归全之孝,而原其承顺亲意,则一也;穷神之妙,知化之大,虽若有间于善继、善述之事,而论其奉若天心,则一也。君臣长幼,首举提纲,而下面论说,俱是张目,则所谓保之、翼之、无忝而匪懈者,何莫非宗子尊高慈幼之事;体天事天,固非一端,而全篇旨诀,自有归宿,则所谓体受、勇从厚生而玉成者,何莫非孝子乐天顺命之事也?

上一截,统合为论,则所以为仁之全体;下一截,分开说破,则所以为达用之工夫。说到义精仁熟,而名以《订顽》,则有招拳惹踢之虑,故程先生之改称《西铭》;防俗儒之争竞,撰得微辞奥旨,而训解造深,则有凿空驾诡之戒,故朱夫子之不示门人;恐后学之传疑,此明道所以有"惟子厚笔力,可以及此,他人无缘做得"之语,而孟子以后,未有人造此极之称者也,是岂濂洛诸老先生,果不及其阃域,而子厚之透知邃见,果有优于伯叔两程耶？辞达理通,见高识精,则比之于观窥北斗者,无足怪也；穷神知化,任重道远,则拟之于曾子弘毅,有何疑乎！伊川设教必以是书者,欲示学者求仁之方,而棕山偏见,反致诋毁,则是犹僬侥之议千匀耳。云谷解释,只是"气""塞""理""帅"之语；图上通晓,不过仁体义用之学。而总而言之,"同胞吾与"以上,为是书之头面；"大君宗子"以下,为是书之要领。分而言之,"知化穷神"以上,为是书之纲纪；"不愧屋漏"以下,为是书之条目。欲道其详,语长难竟,寸晷之下,何必缕陈！

万物虽为一体,而疏戚异等,不流于无父,则可谓墨氏之兼爱乎？太极便在吾心,而直养无害,充塞乎两间,则有似孟氏之浩然矣。一读是书,涣然冰释,而便称《中庸》之理者,游定夫也；半年讲磨,透得精深,而并得《大学》而归者,尹和靖也。噫！斯二先生者,其知见虽有迟速,而其造诣则固无精粗矣。然而和靖门人祭文曰:"丕哉！圣谟六经之编,耳顺心得,如诵己言。"又安知讲明之际,锐者之为疏,而钝者之为密乎？吾夫子忠恕一贯,虽是借学者尽己推己之目,以明圣人大本达道之用,而其所以一以贯之者,乃是天道之纯亦不已,则其大而化之之妙,奚但子厚之得之于言意之表者哉？是可谓计较其父祖年甲矣！颜子克复之工,能合天地之道,则其于《西铭》之理,已是几非在我,而曾氏风咏,不过狂狷之偶见；茂叔《太极》之图,挑出造化之妙,则其于《西铭》之义,可谓见得全体,而邵子《经世》,亦是偏霸之手段。然而"点也之尧舜气象",尧夫之腑肺收春者,亦岂非体认仁体义用之学,妙契理一分殊之义者乎？圣经贤传说破此理者何限,而若言其最紧处,《大学》之"明德""至善",《中庸》之"天命""率性",《论语》之说仁,《孟子》之尽心,是其劈析说也。往古来今,全体此理者几人？而若论其上达者,达而施之者,有尧、舜、禹、汤、文、武、周公焉；穷而养之者,有颜、曾、思、孟、周、邵、程、朱焉,是其合德者也。如欲极评而殚论,则有似绘天而酌海,请举是书大旨而论之。

昔有人问于杨龟山曰:"《论语》一篇,何者为要切？"龟山曰:"皆要切。"朱子于门人答书中,称其为名言。愚亦曰:"《西铭》一书,皆要切。而求其最要,则不过曰'气''塞''帅''性''同胞''吾与''穷神''知化'数个语耳。"诚使体验而认其理,充养而尽是理,则工夫极处,其气象何如？气象好时,其神化何如？直劈横截,自有界限之分明；棋盘下子,可见比拟之丁宁。理会古人之心,作为文字之妙,正如杜循之法界,愚闻于杨龟山说矣；提得三句义理,打开一篇纲领,正似义题之说破,愚得于朱紫阳论矣。横说父乾母坤之理,而同胞吾与之仁,皆从此出,则即一本而万殊也,譬之《先天易图》,则邵子所谓"乾坤纵而六子横,《易》之本也";竖说体天事亲之道,而尊高慈幼之义,皆由是行,则即分殊而理一也,譬之《后天易图》,则邵子所谓"震兑横而六卦纵,《易》之用也"。南轩所谓"《西铭》易理"者,不以是欤?《东铭》虽是一时之作,而旨意之深浅,有不可同日语者;《正蒙》虽出一人之手,而辞义之微奥,又或有过高之弊,岂若是书之为仁之至而义之尽,体之立而用之宏乎?春坊载诞,而便动颜色之喜者,可见同胞之仁;翳桑见饿,而即失馔膳之美者,可知一视之义。推此心也,乾坤岂不为我之父母,民物岂不为我之兄弟乎?斯可谓能尽《西铭》之道矣。

大抵《西铭》一篇,推亲亲之厚,以大无我之公;因事亲之诚,以明事天之道,名虚而理实,语圆而意周。穷天人之本源,则无往而非一本之理;破物我之私累,则无适而非分殊之义。知其理一,所以为仁;知其分殊,所以为义。则浑然涵育处,是仁之体;截然分别处,是义之用。其理未尝不一,故合天下之人,而皆视吾兄弟;其分未尝不殊,故在同胞之中,而已分其尊卑,则信所谓"称物平施"而"体用兼全"之道也。其立言微奥而规谟广博,造义通畅而条理精邃,仁者见之而以为仁者,以其仁足以体此理也;智者见之而以为智者,以其智足以知此理也。知虽未至而行犹及之,则贤者之所勉而行也;知无不周而行无不至,则圣人之所安而行也。生知学知者之为仁为智,皆在于此;安行勉行者之为圣为贤,亦由乎此。则秦、汉以降,固未有透得此义理,而亦未有做到此地位者,兹岂非道学文字之祖宗,而学者入德之门户耶?然而世之知此理者鲜矣,局于偏浅者,以为迂阔而无补于实用;拘于卑近者,以为高远而不切于下学。习不察,行不著,而终身不达其义者有之;出乎口,入乎耳,而全然不体其理者有之。前贤吃紧为人之意,止于空虚之谈。若是者何哉?

至妙之理,非粗心大胆之所可覰得;至邃之义,非浅见薄识之所可理会。必也措心于义理之源,游意于高明之域。字求其训,而以至字字融会;句究其义,而以至句句烂熟。知之尽矣,而不曰吾知之已尽;见之明矣,而不曰吾见之已明。益尽在我之心,而察夫是书之义;益明在我之理,而验夫是书之训,则裘领既挈矣,毛焉有不顺乎?大纲既提矣,目焉有不张乎?其所会极而归极者,若统之有宗,而会之有元,其所精义而致用者,若根畅叶茂而水到船浮,以至于豁然贯通而无所留碍,则太极浑沦之理,便在吾胸中;而天地万物之生,便作吾一体。凡厥戴圆而履方者,皆我之同胞;凡厥飞潜而动植者,皆我之同类。夫岂有与己不相干涉之理乎?于是乎子谅之心,春嘘而物茁;仁爱之理,火燃而泉达。洞然八荒,皆在我门闼,而大包群皆生丁乙,作吾眷累矣。由是焉推长长之义,而知高年之可尊;推幼幼之义,而知孤弱之当慈。则举天下疲、癃、残、疾、鳏、寡、孤、独之颠连者,孰不涵囿乐育于大化一视之中哉!于以保天而尽子翼之道,于以乐天而尽纯孝之诚,以至于知化穷神,而有参赞位育之妙,则斯可谓善继善述,而其所以上达天德者,都不在明理而尽心乎?请抽余蕴,更演而为之说曰:

《西铭》一书,虽推理一分殊之义,而其归每在"理"字上。虽明仁体义用之学,而其要每在"仁"字上。何也?以其无一本之理、全体之仁,则虽有万殊之分,适用之义,而无所主也。虽然专言理一,而不言其分之有殊,则政似木之有干而无条;专言仁体,而不言其义之为用,则政似水之有源而无派。且恐世之驰心空妙者,喜合恶离,喜同恶异,末流将至于旷荡阔远、想像恍惚而无着模之地,则其弊不但无星之秤,无寸之尺而已。故张子之著此书也,裁度义理,极费区处,而其体用本末、内外宾主、相资相须之妙,有非后学之所可轻易议者。是以虽以朱门高弟知旧,如吕子约、张定叟之见,犹有所疑而不能无往复分疏之辨。而独杨中立《答伊川先生》论《西铭》之书,有"释然无憾"之语,则先生读之曰:"杨时也未释然。"噫!以龟山学问之精,见识之高,而程夫子犹未之许,则况下于龟山者哉!夫以俗儒胶固之见而妄加讥评者,固是杨氏之罪人;而徒事诵说,不知义理者,亦非程门之罪人乎!窃观今日学者,以太极性命之理,为自家常茶;以《西铭》天人之说,为日用恒谈。而究其归,则非但失一视同胞之义,天与人了无交涉,物与我邈不相与;尽心知性者,已矣难见;而伤伦害理者,或多有之。居庙堂而共寅协者,色目异门,则至亲寻戈戟;处乡党而修姻睦者,论议殊涂,则天显成仇敌。以至老老幼幼之反,而尊高慈弱之化熄矣;体仁用义之反,而畔道悖德之风起矣。向所谓"知化而善述,穷神而善继"者,只归无实之空谈,则其可望保天而尽子翼之道,体圣而合贤秀之美乎?若是者,非独拘儒俗士口耳学术之过,亦由国家取士之方,专以文字之工,而不贵夫平日讲究之力也。诚使今日有如朱子者,修贡举之议,而道以明理尽性之学,则其于正人心、革士风何有?谨对。(《痴轩集》卷四)

● **尹凤朝**

〇《新凉》:南方易炎蒸,地势多溽陋。老屋汗频挥,短椽额才覆。庭心一团天,檐角数点宿。今宵忽凭户,枕簟生凉候。菊蕊欲横篱,桐露已盈袖。天清淡河流,野迥轻阴逗。烦襟一萧散,舒啸心不疚。灯火耿近床,图史罗左右。《西铭》一理原,《大易》群言首。意快翻澜诵,味长寻根究。神情惬清泠,病体忘消瘦。孤琴独寄赏,古钟谁应扣。金丹冀九转,紫芝感三秀。岁序看流转,志业恐荒谬。愿如炎暑虋,却驱心魔走。夜气存复存,新工在朝昼。(李甥址健自嘉林来过,留五日而归,别后独坐志感。)(《圖岩集》卷三)

○《夜读感怀(其二)》:梅香逼酒岁将阑,夜意方收耳目官。北陆寒威低斗帐,《西铭》妙谛玩棋盘。事天须是生无忝,为子元知殁亦安。白屋颠连谁更念,即看人世足疲残。(《圖岩集》卷四)

○《答堂侄心纬》:便中得奉手疏,细审孝履支胜,是可为慰。俺春间苦少宁日,看书几至全废。老大无闻,只自悲伤而已。读书之暇,兼看切己文字,是诚今日第一工夫。见读寒泉之编,今至几编,而渐有开益者耶?书贵潜心玩绎,必到疑剥而后已。涉猎诵读,终无所得,此意想已讲闻于春座也。所要书示事,俺自己本无所得,诚不知以何语相浼也。况今所读四先生言语,无非可以着意奉行者也。如《太极图》之玄深,《西铭》之宏大,《定性书》之精微,尤不可不极力研钻,以究其旨归之微,亦无庸优游间断,以了可惜日月也。非言之艰,行之惟艰,此须加意践行,勉之勉之。(《圖岩集》卷十一)

○《祭侄子参判文》:余知君平日素守《西铭》末句之义,以之自勉,想今已超然脱去,世情无所入,俗累无所牵,赫曦洋洋,无忝乎顺宁之孝,余亦一循君意,安命若固有,不欲更以忉怛相加矣。(《圖岩集》卷十六)

● 王植

○《西铭解》曰:李厚庵氏《榕村讲授》一条云:辛未会试发策,问及《西铭》,张长史昺答云:"《西铭》之义,非专明理一分殊也。要之,教人尽性而已。谓人生受形、性于天地,犹其受之父母,必其能守身而后为能事亲,必其能尽性而后为善事天地。故言'民胞物与',继以见吾身为天地之子,而要归于存心养性,不愧屋漏,乃尽可以事天之道。程子'理一分殊'之语,亦因龟山兼爱之疑而答之。朱子又因而析其义为耳,非谓张子作书之意,专在是也。"后长史又言:"此有一直一横之理,直上是父母,横去便是兄弟;直上是祖宗,横去便是族姓;直上是天地,横去便是民物。因其横出两旁者,皆与我自直生来,故须穷到上头,方才管得两边住也。"愚谓人能以父母之心为心,未有不

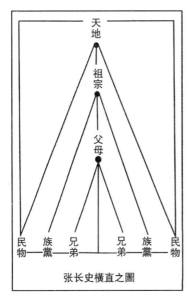

能爱其兄弟者也；能以祖宗之心为心，未有不能收其族姓者也；能以天地之心为心，未有不能仁及民物者也。如树之根深则其叶必大，如水之源远则其汇必多。缘是枝叶流派，皆与我同其原本故也。《西铭》先言"乾坤父母""民胞物与"，而自后但言事天之道，不及兼爱民物之事，盖全乎其心之德，则爱之理在其中矣。故程子以为"意极完备，乃仁之体"。朱子又谓"《订顽》之言，示我广居。"○张长史横直之图如左。

愚按：朱子解此篇，分十三节。分二段看，则前四节为一段，后九节为一段，所谓如棋局、如下棋者也。细分之，则首节提起，次节承说，三、四节总说，五节以下分说。所谓破义，如原题统论及做工夫处也。大略看则于通体见理一，于"民物同胞"二节见分之殊。细分之，则逐句皆见理一分殊之义。所谓"有直说底意思，有横说底意思"是也。要其大指，则不出一"仁"字。前半言天地万物与我一体之理，"于时保之"以下言事天以尽仁之事。所谓理一分殊者，盖以其推行之用言之，以见仁之为道，异于为己之私，而亦不同于兼爱之滥耳，固非又为一义也。（《朱子注释濂关三书·西铭》）

●江永

○《西铭论》：记礼者之言曰："仁人不过乎物，孝子不过乎物。仁人之事亲也如事天，事天如事亲，是故孝子成身。"此数言者，《西铭》之根柢也。从身上看来，父母生我之身，由父母而分者为兄弟，上推之有同祖之亲，下推之有子孙之亲，以及于族人外亲，皆与吾身相关。事亲者，战战兢兢，敬其身，乃能事其亲；隆于其亲，而后能及于诸亲。此孝子一边道理。从性上看来，吾性为天地之理，吾体为天地之气，则天地是大父母。凡为天地所生之人，皆犹吾兄弟。其中分之，有君，有臣，有老，有幼，有圣，有贤，有颠连无告，即至昆虫草木，亦并生于天地，犹吾侪辈之人，皆与吾性相关。事天者必孜孜矻矻，能全吾性，乃能无愧于天；既尽其性，而后能及于民物。此仁人一边道理。《西铭》从此推出。前半篇推亲亲之厚以大无我之公,天地民物与父母兄弟,一理也;后半篇因事亲之诚以明事天之道,仁人事天与孝子事亲,一理也。不知前半篇道理,则一膜之外犹胡越,安知更有乾坤?若无后半篇功夫,则一身之理多缺陷,何能及于民物?记礼之言引而未发,张子为之阐明,其有功于来学大矣!林栗之徒,肆口而讥,何损于《西铭》哉!(《善余堂文集》)

●蔡世远

○尝闻之安溪李文贞曰:"以父母之心为心者,天下无不友之兄弟;以祖宗之心为心者,天下无不和之族人;以天地之心为心者,天下无不爱之民物。"是心何心也?即元善之长、资始统天之心也。张子《西铭》,备言此理,亲切而著名。龟山犹疑其涉于兼爱,程子非之。余谓:今之人不患其兼爱,但患其私利之心。一起自至亲,以及民物,鲜不秦越视之矣。惟由分殊而推理一,事天必如事亲,然后元善之心常洽,而亲亲仁民爱物,胥是赖也。(《二希堂文集》卷五《鹤山祖祠碑记》)

●韩元震

○《答姜甥(丁未十月)》:信夫所疑儒者之论时事者,既因时事而进言,则不言时事,更言何事耶?若曰儒者元不当言时事,则儒者之义,只可以世外之人自居,而张子《西铭》为虚设之训耶?朱子所焚之稿,以行状中语观之,则可见其所言,亦皆当时事也。(《南塘集》卷二十二)

○《书明道先生赞游定夫读〈西铭〉后》:广平游定夫先生读《西铭》,即涣然不逆乎心,曰:"此《中庸》之理也。"明道程先生称其"能得之言语之外",自是诸儒多释其意,而第未见其能有得乎游氏之意,与程子所以称之者也。陈北溪以为事天节目,皆是日用切己之实,无过不及者,所以为《中庸》者,则凡事之无过不及而合乎《中庸》。六经以下义理之书皆然也,何独于《西铭》而后可言也?真西山以为《西铭》之欲,人不失乾父坤母之所赋与者,为合乎《中庸》教人以全天命之性者,则又未及乎《西铭》及物之仁也。愚窃思之,《西铭》大意,以天地为父母,而生民为兄弟,万物为侪辈者,以其体性之同得乎天也,此《中庸》命性之说也。若其事天如事亲,爱民如兄弟,视物如侪辈者,仁之所以能与天地万物为一体。而充其至,为圣神功化之极也,即《中庸》

位育之事也。如此推之，或庶几乎游氏之意程子之指也耶！壬辰三月二十五日书。(《南塘集》卷三十一)

〇《杂识·内篇(上)》：孟子曰："亲亲而仁民，仁民而爱物。"吾人生世间，职所当为者。不过此三事，三事皆仁之事，而义礼智信皆行乎其中。则此仁之所以包四事，而其所以包之者，又不外于爱之一事矣。观孟子此言，然后知仁为统体之德，而不可不求也；读《西铭》，然后方知人物之为同胞吾与，而皆所当爱也；读《太极图说》，然后方知人物之所以生，而真是同胞吾与者矣。(《南塘集》卷三十五)

〇《退溪集劄疑·〈圣学十图〉取程林隐〈西铭图〉》：按"以上一截，为明理一分殊之义；下一截，为论事亲事天之道"误矣。朱子论《西铭》曰："推亲亲之厚，以大无我之公；因事亲之诚，以明事天之道。盖无适而非，所谓分立而推理一也。所谓推亲亲之厚，以大无我之公者，指上一截而言也；所谓因事亲之诚，以明事天之道者，指下一截而言也。"所谓"无适而非""分立而推理一"者，通指上下截而言也。盖程子本以"理一分殊"四字，通论《西铭》一篇之旨，故朱子之论如是。今中分一篇，以"理一分殊"，专属上一节；则下一截，将非"理一分殊"耶？(《南塘集·拾遗》卷四)

●陈梓

〇《渡江哀肩舆者》：皮破双肩小竹兜，泥涂没胫接潮头。平生读得《西铭》熟，犹使同胞作马牛。(《删后诗存》卷七)

●尹凤九

〇《山居感兴(得朱夫子诗"独抱瑶琴向玉溪"一句，七字排韵)》：颜勿曾三省，思诚孟直养，授受真不爽。区区董韩辈，不能继前往。千载得濂翁，奥学重指掌。《西铭》明理一，斯文振要领。河南始主敬，嘉惠最深广。集成朱夫子，久为大宗匠。丝微复海廓，道大难为状。煌煌继开业，百代定趋向。(《屏溪集》卷二十三)

〇《屏溪述怀(丁卯)》(其八十三，《读张子书》)：《西铭》明理一，笔力服正公。虽欠一大论，何书当《正蒙》。小子钦礼教，夫子称关中。(《屏溪集》卷三)

〇《宋圣休(龟相)经月相守而归，题诗以别》：《大学》《西铭》才月更，体仁能复反身诚。半年和靖辛勤业,瞥瞥地过恐不精。濂溪图说静为先,康节当年坐百源。闭户穷经惟己分,清心能制少多烦。(《屏溪集》卷三)

○《考岩书院大学讲说·〈西铭〉》:先生曰:"此与《太极图》同其大。盖就此理全体中,抽出仁说来。仁道,充天塞地。其大无外,故此以天地为一个大父母。就此大父母中。尽举穷天地许多物事,把作父母之所生,却将此身处其中,使仰为父而俯为母,亿万人民,为吾兄弟;亿万动植,为吾侪类;使六合八纮,都管在一身分上,以为吾随处用力之地。凡理之可为,事之当行者,视为父母之志、之事而继之、述之;凡人物之颠连失所者,视为兄弟朋类之失所而忧之、恤之。如是而后,仁之全体,得以尽其大,与天地无间隔矣。"章海曰:"教意恐有可疑。盖天之理,各在当人之身,万善自足,人或视以为远,不知反求,故此假父母之名以儆之,使知少违于吾身所禀之天理,则便是获罪于天,不得为肖子,无以事天也。盖其主意,似在于事天不贰也。愚意常以'践形惟肖'一节,看作脊梁处矣。若以大父母同兄弟之意为主说,则恐涉太澜翻。"先生曰:"既以天地为大父母,则日用云为,皆当视天为则矣。父母所爱,己必爱之,则四海兄弟,固所同爱,而顺亲之道,尤在诚身,则善继善述,实为孝之本矣。"益光问:"只以大父母同兄弟之义为心,则似涉于爱无差等之嫌。"先生曰:"此下节节推说。以见差等,如宗子与家相,已是有差矣。"章海问:"既言'合德''秀'也,则其下宜有对说。如见恶于父母,不齿于兄弟之意。而此无之,何也?"先生曰:"此非就天地爱恶而言也。只就人分上说也。"闵百当问:"'育英材',何着于颍考叔之事也?"先生曰:"考叔孝其亲,以及人之亲。此特引之,言善其己以及人之意。既自善,又能善人,则其于顺天之理,奉天之心,可谓至矣。伯奇、申生,固非孝也。此特取其恭于命、勇于从之意,以为譬也。盖伯奇、申生之父是人,故不能无不是。申生之恭、伯奇之勇,适以成父之恶也。此所谓父即天理也。天理至善,未尝有不是,是以人之遇事势迫阨,义不可苟者。只当顺受而不避,恭如申生、勇如伯奇也,然后方谓天之孝子也。非谓申生伯奇之事,真可为天之孝子也。"李英仁问:"孝有天人之分,志物忠养,立扬显体,是人之孝子;全体天理,动静无违,是天之孝子。此以天之孝子言之否?"先生曰:"然。既为天之孝子,则人之孝子自在其中。盖必如是,而后方为所谓大孝也。"(《屏溪集》卷四十一)

○《答李士亮"观〈西铭〉可以知仁"》:程子谓"《西铭》明理一分殊",盖理一,仁也;分殊,义也。只知《西铭》之为仁,则偏矣。第以乾坤为大父母处,

大公无我，真是仁也。而其贵贱亲疏，长长幼幼，煞有分数者，莫非义也，不可不知也。(《屏溪集》卷二十三)

● 郑重器

○《对〈近思录〉策》：《西铭》之言，发明仁体，极言理一分殊之意，恰得《中庸》之理，则扩前圣之未发，与孟子性善养气之论同功者，诚如程叔子之言矣。笃学力行，辞必出于诚悫，则涑水之言，宜若可收而无一句见收。(《梅山集》卷八)

● 沈錥

○《听敬伦读〈西铭〉》：儿孙却解读《西铭》，聋剧犹能侧耳听。不识书中真意思，盲人枉欲说丹青。(《樗村遗稿》卷二十)

○《答玄生(季进)》：《太极图》《西铭》等说，不但为宏阔广大之言，而只是古人之赤心，片片说与人者。则后之学者，不此之信，而更谁之信耶？然缓急先后之序，有不可差者，来喻诚得之。苟求其下学务实之道，则舍小学何以哉！(《樗村遗稿》卷三十二)

● 庄亨阳

○《杂说十四条》：张长史"一直一横图"谓自本身而上溯之为父母，由父母而祖宗而天地，自本身而旁推之为兄弟，由兄弟而族姓而民物。上高一层则下阔一步，以明《西铭》之义。王交河谓《西铭》尤为"引而近之"，故即以天地为父母，与《太极图》合。盖吾人饮食服用，无事不赖天地以长养，呼吸动静无时不与天地相流通，则生于天地，实与生于父母者，无以异。能以天地为父母，自能以民物为胞与矣。案：长史说以解"知禘之说"及《中庸》"明乎郊社之礼"，意甚为亲切。交河谓《西铭》"引而近之"，尤直捷了当，故尽性至命，直与天地呼吸相通，"对越在天"，特寝门内事耳，此义正与长史相发也。(《秋水堂遗集》卷三)

● 姜再恒

○《圣人不忘天下》：圣人之心，不能忘天下。只是圣人，是天之才子，其德与天相合，天便教他率养他诸子得成就了。譬如人家父母生得许多子，其中有一人贤者,父母却教他贤者率养许多子,使之教养成就了。其贤者,承父母志,教得他不为不义,养得他不至失所,然后方可谓承顺父母之志。圣人固天之才子也,天之付畀之重,不啻父母之于贤子。圣人岂敢违天而恝然无思,不为教养之术乎?是故古昔圣王,孜孜为治,不敢遑宁。若禹、稷之胼胝,汤、武之征诛,孔、孟之辙环,皆是道也。为人子者,苟不能体父母之旨,遗弃厥兄弟,视若路人而不教不养,其父母其肯曰:"吾有子乎?"杨氏为我,拔一毛利天下不为,得罪于圣人之门。自古圣人,合下便说此个道理,如《大学》文字,才说"明德",便说"新民"。至如横渠作《西铭》,推此道理,尤极分明。(《立斋遗稿》卷十七)

● 李清植

○《孝经》一书,乃《西铭》理一分殊之说所自本。盖孝于父母者,必心父母之心,而友爱于兄弟;孝于天地者,必心天地之心,而胞与乎民物。故此经曰:"父事天明,母事地察。"又曰:"爱敬尽于事亲,而德教加于百姓,刑于四海也。"注疏出于关洛之前,此理未及讲明,是以义谛阙尔。至禘为王者之大祭,而注家于诸侯之祭,言之其于分义所关尤大。(《孝经注疏》卷九《考证》)

● 陈法

○圣人推本言之,所谓"道之大原,出于天";子思述之,由"天命之性""率性之道",推之至于"中和""位""育"。《太极》《西铭》,皆原于此。(《易笺》卷五)

● 郑板桥

○《焦山别峰庵雨中无事书寄舍弟墨》曰:张横渠《西铭》一篇,巍然接六经而作,呜呼休哉!(《板桥集》:《与舍弟书十六通》)

● 范尔梅

○《语录》:《西铭》,《原道》之祖宗。○只读《西铭》,字字打入心坎里,则纯纯也。(《雪庵文集》不分卷)

● 杨方达

○《西铭》体段宏阔,所言极于知化穷神,其本领要在透彻虚空、神化之

事,方能一有无、合内外,而尽性以至命也。(《正蒙集说》卷首《正蒙集说序》)

●刘绍攽

○《读张子〈西铭〉书后》:是篇包天地,该人物,大无外矣。而程子以为"仁体",朱子以为"示我广居"者何?盖其始推原一本而自近及远,其后归于畏天乐天而反躬实践,岂若汉唐诸儒,第言博施兼爱者之举用遗体乎?斯为全其心之德,而爱之理固不外是哉!○继信曰:"李厚庵论《西铭》极精切。言曰:'《西铭》有一直一横之理。直上是父母,横上去便是兄弟;直上是祖宗,横去便是族姓;直上是天地,横去便是民物。因其横出两旁者,皆与我自直上生来,故须穷到上头,方才管得两边住。'此先生所谓"推原一本"也,然非自近及远与夫反躬实践,几何不同博施兼爱乎!寥寥数言,而理蕴精确,包括靡遗。"(《九畹古文》卷九)

●郑玉

○《次钟令李伯宗(齐华)韵,回寄行中》:分忧共值岁饥时,大义《西铭》宿讲知。千载孟阳真可戒,且停游乐并休诗。(《牛川集》卷二)

●闵遇洙

○《谨和陶庵因病自警诗(其五)》:《西铭》独保本心良,四海同胞不忍伤。静寿自征先圣训,节宣何待上医方。(《贞庵集》卷一)

●申暻

○《上厚斋先生》:《西铭》:"天地之塞,吾其体;天地之帅,吾其性。"此两句语意,朱子以为本于《孟子》"浩然章""气体之充也,志气之帅也"之说,是诚然矣。若言其功效极致,则《中庸》"致中和",吾之心正,天地之心亦正,吾之气顺,天地之气亦顺者,即亦其事也。然"帅"字有主宰之意,而何以不曰"心"而曰"性"也?此为不能无疑也。(《直庵集》卷七)

●徐宗华

○《药轩謦咳》:公曰:"《西铭》大旨,要人克己。克己,仁在斯矣。仁者

眼中,天地间万物,莫匪己也,是以博施济众。"(《药轩遗集》卷八)

●崔兴远

○《平居讲语》:某读《西铭》久后,于事亲事天一理处,颇觉亲切。事天事亲,虽是一理,然能尽事亲之道,然后方知此书意味。《西铭》道"事天当如事亲",然则人能事亲,亦如事天,方可谓孝悌。(《百弗庵集》卷十四)

●蔡新

○《文以载道赋》:若夫寻坠绪于濂洛,渐推行于关闽。纂言必钩其奥,守道则极其纯。《太极》阐先天之秘,《西铭》著理一之真,《好学论》为入德之始,《定性书》则造道之醇。继以考亭之厘订,实为洙泗之功臣。不摘华而掞藻,自炳炳而麟麟。彼夫操觚之士,慕古之英。非圣贤之书不读,非圣贤之行不行,尝怀买椟之讥,岂玩物而丧志。不作虚车之饰,务修词以立诚。亦何文之不日进,而道之不日明哉!(《缉斋文集》卷三)

●赵普阳

○《〈西铭〉是〈中庸〉之理辨》:《西铭》之意完而备,《中庸》之意精而微;《西铭》之辞约而寡,《中庸》之辞博而长;《西铭》之工,向"称物平施"上说去,《中庸》之工,自"戒惧谨独"中做来。《西铭》不过分两节看,《中庸》分作三十三章。如是,而曰《西铭》是《中庸》之理,可乎?曰:何为不可哉!《西铭》《中庸》,均是明理之书也,其所同者,理也,故《西铭》明理一分殊;《中庸》首言一理,中散为万事,末复合为一理。其理一者,即《中庸》之一理也;其分殊者,即《中庸》之万事也。今以《西铭》而考之,"父乾母坤"而"体塞性帅"者,非首言一理之意乎?"长长幼幼""继志述事"者,非中散为万事之意乎?至于"存吾顺事,没吾宁"之句,亦可以见上天之载无声无臭底意思,亦岂非复合为一之意乎?观其推亲亲之仁以大无我之公,即《中庸》之"忠恕"也;因事亲之诚以明事天之道,即《中庸》之"诚明"也。故熟读《西铭》,得其意味,则自然见天地万物与我为一,上下同流,无处不在,"鸢鱼飞跃"之理,昭然朗然于目前矣。然则《西铭》即《中庸》之理也,《中庸》即《西铭》之理也。

呜呼!天下之万事万物,皆本于一理,圣贤之千言万语,皆主于明理。夫《六经》《语》《孟》之书,皆莫不有《西铭》之理。而其终始言理,明一本万殊之意者，未有大于《中庸》，意者《西铭》之作，本于《中庸》乎？横渠子尝驰骛孙吴，悟范文正之言，始知读《中庸》。及其暮年，天理烂熟然后，乃妙契而疾书焉。《西铭》，乃其文之粹者也，故指意体段，无一不合于《中庸》，而其理，则元是《中庸》之理也。游定夫游于程门，得《西铭》看，涣然不逆于心，乃以为《西铭》即《中庸》之理者，岂无所见而然耶？曰：然则《近思录》注，何以曰"有差等"云云也？曰："《中庸》推本天命之性而致中致和，以至于位天地育万物之功。"《西铭》言人物之生，同禀是气，同具是理，而推一本讨万殊去。若不能深究而泛加平量，则虽不无差等，然原其理，则亦一也。人、物同禀之性，岂非天命之性，而天地位、万物育者，岂非明理一分殊之效乎？然《西铭》，是《中庸》工夫之大概也，其细微工夫，则全在于《中庸》。学者必先读《西铭》，略知其大意，然后熟读《中庸》，以俟其工夫之熟，而更讨《西铭》看，则始涣然不逆，而如游定夫之胸次矣。彼后世之妄加讥议于《西铭》，如鲍若雨、林黄中之徒，虽不一而足，然亦何足轻重于《西铭》哉！（《八友轩先生文集》卷五）

●爱新觉罗·弘历

○《自题太上皇宝》：由古来云太上皇，徽称懿号谓非当。即斯六帙庆犹幸，加以双文愧莫遑。自问生平奚立德，永言绳继祝丕昌。窗明几净《西铭》读，恰合随时爱景光。（《御制诗余集》卷二）

○《元旦试笔·其二》：日干恰与月同居，任养新春万汇舒。大宝箴仍怀蕴古，《西铭》语亦忆横渠。邪平苗靖虽完彼，尽剿多诛究愧予。此后惟祈永戢武，十赢一矣那重胥。（《御制诗余集》卷九）

○《乐寿堂作》：向曾计日拟居旃，兹却养心座未迁。归政依然此训政，已便兼亦欲人便。忽教改观今乎昔，信弗让时岁与年。张子《西铭》语诚达，懒重摘藻纪吟笺。（《御制诗余集》卷十七）

○《元旦试笔二首·其二》：屡绥两载幸逢年，中外安和民晏然。养则有资教难说，子诚无过我多惩。居诸盈昃洵速矣，覆载照临实鉴焉。八十八龄望九二，《西铭》惟默会前贤。（《御制诗余集》卷十七）

○《虚白室》：石缝五丁开，假山具真理。夤缘步仄径，虚室壶天里。谁谓既狭间，旷望莫可揣。读我《西铭》篇，颜彼南华子。底须辨异同，吉祥受止止。（《御制诗二集》卷七十三）

●李象靖

○《与金退甫》：朱子之意，两平放下，真切该遍，恐不如是之落在一边也。《语类》一段，盖问者以均理同气、无所不爱为仁，故朱子答之如此。盖爱吾所固有之理，不为与物同体而后有也，以与物同体为仁则不可。而吾所固有之理，不害与物同体，只此毫厘之间，便有虚实真妄之分，不可以不察也。区区所引《西铭》，未必其衬贴，然夫仁体一而已矣。《西铭》推亲亲之厚，以大无我之公。而此《仁说》，以廓然大公，皇皇四达，而爱之之理，流行而无蔽，则引而为证。

盛意若以《西铭》之旨，与《语类》问者之意同，则恐是看《西铭》不著。朱子曰："紧要血脉，尽在'天地之塞，吾其体''天地之帅，吾其性'两句上。若不是此二句为之关纽，则下文同胞兄弟等句，在他人中，物与我，初何干涉"云云。盖首言"予兹藐焉，混然中处"，得天地之"塞""帅"以为"体""性"，然后方说"同胞""吾与"，故免于莽荡无交涉之患，又无认物为己之病。《语类》所问，以均气均理为言，则是物我并立，与"吾其体""吾其性"以我为主者，异矣。以均此理气而无不爱为仁，则是爱为均理均气而得，而与先言体、性为关纽而方言"同胞""吾与"者不同矣，是故程朱以下，皆以《西铭》为备言仁体。若尽如问者之意，则当为朱子所斥矣。区区所谓"毫厘之间，便有真妄虚实之分"正指此等。幸暂置前见，权以鄙说，反覆思量，若终有未安，更许驳示，如何？来谕《西铭》谓"直指仁之名义"则不可，今朱子书乃直论名义者也。夫《西铭》备言仁体，固不专言名义。然仁底道理，固具于性中，而为一篇之关纽，则所谓不言不为少也。朱子书"爱之之理便是仁"一句，专说仁之名义，而下著"若无天地万物，此理亦有亏欠"两句，然后以于此识得仁体承之，则何得谓专言名义邪？（《大山集》卷十二）

○《答李学甫问目》：爱之之理，是仁体之真；浑然与物同体，是仁体之大。《西铭》以"体""性"二字为关纽，而并说"乾父坤母""民胞物与"，此浑同是一体。若指"乾坤""民物"而谓仁体在是，则固无交涉。然以"体""性"为主而浑然同体，亦岂有夹杂之病哉！南轩盖不以爱之理为主，而泛说万物一体，则指其量而认为真，曰"血脉贯通"，则指夫用而认为体。故朱子非之，然嫌南轩夹杂之失而废本来浑融之妙，亦岂全体之真哉！故先言爱之之理为主宰原料，而并及其普博周遍之体，及其随感而应，触处流行，则血脉贯通之妙，始可得而言矣。《大全》元书上文有曰:"己私既克,则廓然大公,皇皇四达,而仁之体无所蔽矣。天理无蔽,则血脉贯通,而仁之用无不周矣"云云,(《节要》删去)试将上下文玩味,可以得其指矣。(《大山集》卷二十二)

○《答金道彦兄弟·别纸》:第五条天地万物同体,《西铭》说得此意,龟山"与我为一"之言云云。横渠、龟山为说略同,而朱子或取而或病者,必有意义,要须辨别。盖《西铭》以混然中处而得天地之"塞""帅"以为"体""性",则所谓仁者,固浑全于吾心,而其体段之大,以"同胞""吾与"为一体。龟山之说,初不就自家身上见得本然所受之理,而直见万物与我为一,便认以为仁,广荡而无交涉。来说以龟山之说出于《西铭》,或恐看未出耳。其下所论,大概亦是。恐语言之间,不能无带得病败耳。(《大山集》卷二十五)

○《答赵圣绍》:盖恻怛慈爱之理,即是仁之本相。而涵育浑全,与物同体,乃其体段之大,如《西铭》之以"塞""体""帅""性"为关纽,而乾坤民物,浑然为一体,即此便是仁之体段。岂忧其有夹杂鹘突之病邪?惟不知爱之之理为仁之真体,而徒见其浑然与物同体之,遂执认以为仁体,则夹杂而无辨别,鹘突而欠分明耳。(《大山集》卷二十八)

○《答金直甫问目》:"天地之塞,吾其体"(《西铭》):"形质者得于地而气则本乎天耳。"○"恶旨酒"以下至"归全者,参乎",此以下,专用事亲上文字者,上已极对举发明。故此下专言事亲之道。而事天之义包在其中"。"看得甚仔细"。○"《西铭》大义,人、物并生于天地之间,惟人得形气之正,保性命之全,与天地并立为参,故天地间,四海八荒,皆其境界。毋论人物动植,有情无情,吾恻怛慈爱之理,自然流通普遍,无所隔碍。但其所施,则亲疏异情,贵贱殊等,亲亲而仁民,仁民而爱物云云。""大义固然。但说得上一半底道理。工夫紧要,只在下一半。"○游先生读《西铭》,曰'《中庸》之理也',程夫子称其得于言语之外。盖《中庸》首论性道教,中言知仁勇、达道、达德、九经。终之立本知化,无声无臭;《西铭》首论乾坤体性,中言同胞吾与、事天事亲;卒之以厚生玉成、存顺没宁。此其言语文字之不相似也。然就其中而究其理,则《中庸》纲领,"性""道""教"三者而原于天。凡人物日用之间,莫不各有自然当行,无小过不及之理;《西铭》纲领,"体""性"二者而原于天地。凡天地之间人物动植,莫不自有恻怛慈爱、节文等差之理。《中庸》所以教人全天命之性,而《西铭》亦只是教人不失乾坤赋予之厚。此其理之一也"。"看得尽有意思。但少涵蓄,无滋味,更熟玩之。"(《大山集》卷三十)

○《答金子野(丙戌)》:《西铭》疑义,不易思索,及此随臆条对,未知不大悖否? 所论多是零文碎义,须将本铭讽咏反复,文字之外,别有会心处,方是实,见得有下手处耳。

别纸

○"予兹藐焉,乃混然中处":人禀气于天,赋形于地,则其曰"混然"者,以其禀受之初,本同一气而言欤? 抑以人生两间,上天下地,一气逼塞,无有空隙处言邪?"予兹藐焉"此"予"字,盖指吾人而言,而物亦受天地之气,则似不可专以人言,如何?

上蟠下际,逼拶充满,无非天地之气。人物生生其间,呼吸动息,皆是这气。如鱼之涵淹卵育于水中,不但禀受之初为然也,(理气元不相离。气一,理亦非二。然气易见,而理难知。故于气言之耳。)人物虽同出一源,然物偏而人全,物昏浊而人清明,故言仁之体,必就人而言之也。

○"乾阳坤阴"止"所资以为体","乾健坤顺"止"所得以为性":上文训乾坤,只以健顺资始资生为言。而至此又以阴阳、健顺、理气、体性合而言之者,何也? 盖乾坤,天地之性情,而有是理,便有是气。以理言则乾健而坤顺,以气言则乾阳而坤阴。上文之只言健顺者,以正文但言乾坤而无理气之分,故章句亦言其乾坤二字名义而已。然其曰资始资生者,气亦似在其中。盖乾为始物之本,而方其流行之际,必乘是气而行焉,是则所谓"继之者善也"。其所谓"继"者,即气之方出者也;其所谓"善"者,即理之方行者也,此则资始之兼理气者然也。坤为生物之本,而方其定性之际,必有是形而后具是理,是则所谓"成之者性也"。其所谓"成"者,即气之成形者也,其所谓"性"者,即理之已立者也,此则资生之兼理气者然也。而下文之兼言阴阳者,亦以正文分言理气,故章句亦分言之。以明其乾阳坤阴之气为吾之体,乾健坤顺之理为吾之性。然其为体为性者,亦各有资始资生之分。方其气之未形也,则是所谓继之者而体之所以资始也;及其气之已形也,则是所谓成之者而体之所以资生也。方其理之未定也,则是所谓善也,而性之所以资始也;及其理之已定也,则是所谓性也,而性之所以资生也云云。

说得有条理。

○第三节既言"同胞""吾与",其下文但言推吾同胞之意,而不及于吾与者,何欤?

天地之性人为贵,故于人详而于物略。果能尽仁民之道,则自然爱及于物。所谓本立而道生也。

○"天心豫焉"："天之与人，其所以为心之理，则一也。君子之事天也，果能乐天践形，穷神知化，不愧屋漏，存心养性，生顺死安，无一事之或歉，则吾之事天者，能尽其道，无所乖戾，而天理亦得其宜。此可见天心之悦豫"云云。

天人一理，能尽事天之道，则天心便豫。如《洪范》庶徵之应，可见也。来谕天理亦得其宜，亦无违拂，非所以解"天心豫"之义也。不愧屋漏，存心养性，方是畏天时保之事，不可以语于事天之极功也。

○后论："合其异，反其同"：上句以分殊而理一者言，下句以理一而分殊者言。其所谓同者，非外其异而别有所谓同也；其所谓异者，非外其同而别有所谓异也。特以其同中而有异，异中而有同耳。然则其所以合之者，亦于其异者而知其理之未尝不同也，非谓其徒务其合而无所差等也；其所以反之者，亦于其同者而知其分之未尝不异也，非谓其一切反是而不相干涉也。

看得好。

○"分立而推理一"：《西铭》本言理一而分殊，必须先知其理之一，而后察其分之殊。今曰"分立而推理一"，则似是先知其分殊，而后推其理一也。盖以天地生物之初言之，则同出一原而分自尔殊，故曰"理一而分殊"。若以人物既生之后言之，则亲疏异等，贵贱殊势，而其理则同，故曰"分立而推理一"云云。

亦是。

○龟山语"知其理一"云云：延平曰"知其理一，所以为仁；知其分殊，所以为义。全在'知'字上用著力"云云，而因举谢上蔡不仁不识痛痒之说，以为"仁"字只是知觉了了之体段，此则恐是知觉训仁之说。而朱子又曰："气有清浊，故禀有偏正，惟人得其正，故能知其本。具此理而存之，而见其为仁。物得其偏，故虽具此理，而不自知，而无以见其为仁。"朱子之意，似与延平说有不同云云。朱子又曰："此二句乃是于发用处，该摄本体而言。因此端绪而下工夫"云云。其曰"发用处"者，以为仁为义言之；而"该摄本体"者，指其理一分殊而言之乎？其曰"因此端绪"者，因其知理一分殊之端绪，言之而下工夫，以推寻者下为仁为义之工夫，以推寻其实然处否？

仁包智，故仁者必有知觉。然专以知觉言仁，则非仁之本体。延平说恐近于上蔡，今且当以朱子说为定耳。"发用处"止"以推寻"此数句，来谕恐错。盖"知其理一分殊"此"知"字,就此心知觉发用处言,即所谓"端绪",当就此下工夫。仁与义,即其本体而所推寻者也。

○总论:"《订顽》一篇"止"乃仁之体":盖仁者,生生之理,浑全贯彻。合人已,通物我,无有一毫之隔断偏私者也。《西铭》之意,盖以天地为父母,以民物为同胞。其于天人物我之间,一理流通,无有偏系欠阙底意思。则此其所以为仁之体者然欤?且《西铭》之书,体用兼备,似不可专以"体"言,此"体"字。即体段之体而非体用之体欤?

来谕说仁体处,亦有意思。然须识得此理温粹冲和、恻怛孑良之意。愤盈流动,方是仁之本相。今谩说浑全贯彻无欠阙,则其实不知所浑贯无欠阙者,毕竟甚物事耳。仁体之体,乃体段之体。

○"到此地位"止"穷高极远":所谓"高远"者,言其玄妙莽荡,如老佛者之为而言耳。非谓吾儒之道,真有高远可好者,而姑从事于此云云。

道理自有高下远迩之异,步步著实,到此地位,则当自见其高远。若实无所得,而悬空妄揣,则徒长其想象臆度之私耳。若是老佛之所谓"高远",则其弊恐,不但止于无补于道而已。

○"学者须先识仁":求仁,固学者之当务。然仁道至大,有非初学所可骤而知者。今曰先"须识仁"。欲识夫仁,则又何从而入也?

仁道固至大,然不可以不求。虽不可骤而知,然亦不可诿以不知。《大学》之格致。《中庸》之择善,皆所以识夫仁也。

○"识得此理"止"不须穷索":学者欲识此理,须先穷索;欲存诚敬,须先防检。既识矣,而益穷其所未识;既存矣,而愈惧其或有失者。此正学者之当务。而今曰"不须防检""不须穷索"者,何欤?

识得此理,胸次洒然,则不须穷索而理自明。存以诚敬,无欺慢怠忽,则不须防检而心自存。明道此说,是道理明、地位高底事。初学如何遽及!当如来谕,用工夫耳。

○"若存得,便合有得":"存"是用工夫字,"有"是不用力而自在底意思否?

上句重在"存"字。("得",语辞)下句重在"得"字。("有"是虚字)

○"儒者气象":儒者之学,非如墨氏之兼爱,故延平以为"理会分殊,毫厘不可失,方是儒者气象"。然若徒知分殊而不知理一,则流于杨氏之为我,亦非儒者气象矣。如何?

来谕固好。然理之一者易知，而分之殊处难识。千差万别，差毫厘而缪千里，故延平之说如此。非谓偏于分殊上用工，而舍却理一一边也。

○"便能道《中庸》"：北溪、西山，二说不一，何所的从？

北溪、西山，各据已见解释。须合数说观之，其义方备。

○"一直看横截看"："一直看"者，如乾父之与坤母，同胞之与吾与。"横截看"者，如乾固是父，而其中又有分别；坤固是母，而其中又有分别。至于下一截，则如时保子翼之于乐天纯孝，济恶不才之于践形惟肖，是一直看下者也。如时保固是子翼，其中又有分别？乐天固是纯孝，其中又有分别？其下节节推去，莫不如此，则其所以横截看者，亦然否？朱子尝写作旁通图子而不曾得见，并以指教。伏望。

看得大概是。更须体玩久熟，使此体段了了于胸中，方有受用处。不可说了便休也。旁通图子，不知当时如何排布。然今就本文上，潜究默玩。见得横直底道理，曲畅旁通，庶几得当日本旨耳。

○程子云："观子厚《西铭》，能养浩然之气。"《西铭》之所以能养浩然之气者，何欤？

事事集义，自反常直。仰不愧，俯不怍，则此气浩然而不穷。《西铭》一书，言与物同体以大无我之公，时保践形以尽事天之道。天人合一，俯仰无愧，非能养浩气者而能与此哉！

○龟山云："《西铭》为文，如杜顺法界观样。"所谓"法界观"，果何如也？

"杜顺"，当是作观之人。"法界"，是寺观之名。盖其规制宏大，结构精妙，故引而为譬。

○朱子曰："《西铭》有直劈下底道理，又有横截断底道理。"此则上文所谓"直看""横看"者，而勉斋曰云云。上专是事天，下专是事亲云云。似是专说"于时保之"以下，而不及上一截者，何欤？

与上所谓"直看""横看"同。勉斋偶就"于时保之"以下以明之。非谓上一截无此理也。

○朱子曰："《西铭》为学者而设。《西铭》之言，体用兼备，规模宏阔，故明道曰：'充得尽时，便是圣人。'"今曰只"为学者设"，何欤？

如许多医书，全为治病设。若气血充完，全无病底人，亦何须医书邪？"充得尽时，便是圣人"，亦谓学做此工夫，充扩到极处。若圣人，生下完具此理，生知安行，不待思勉，何俯首读此而后方能识得行得邪？

○南轩曰:"识夫理一,乃见其分之殊;明其分殊,则所谓理一者,斯周流而无蔽。理一分殊,固非二物。然其用功,则虽知其理一,而其分殊者,亦必审察而可见;虽明其分殊,而其理一者,亦必推广而后周流。"如何?

南轩是发明交须互用之妙,来谕乃是精察推广之工。二说各殊,不可以此而疑彼也。

○朱子以舜、伯奇为变而以曾子为常。饶氏以舜、曾为常而伯奇为变。二说不同云云。

以舜之本事言之,当如朱子说。只就"不弛劳而底豫"言,则乃是事亲之常事,故饶说又如此说。(《大山集》卷三十三)

●任圣周

○《答四兄》:事亲非独当于事关亲身上用力也。曾子云:"父母全而生之,子全而归之。"呜呼!惟"全而归之"一句,可尽孝之道矣。《西铭》以事亲明事天,此非引譬之辞也。事天事亲,只是一道。故苟于性分上有一毫未尽处,则便非孝也,此身非我之私物,乃亲之遗体也,岂可以亲之遗体,一刻安于苟且之地耶?此伯奇孝己者流之所以只称以一行,而惟大舜乃为大孝者也。(《鹿门集》卷十)

○《答四兄(十月)》:知仁体之实备于己,求仁之实可得仁。又有以见孝亲之道,无过乎归全;归全之道,又在于勉学。奋然自作,以舜为期,一言有失,辄悔其忘亲,一念外驰。辄恐其辱亲,战战兢兢,鞠躬尽瘁,以至一朝得豁然之效,而尽《西铭》之妙,则人欲尽,天理复,孝之道于是乎至矣,仁之量于是乎充矣。若以小为大,视偏为全,不思所以扩而充之,则一事一节,虽或有慰怀之术,而安足与议于仁孝之大道哉!勉旃勉旃。(《鹿门集》卷十)

○《寒泉语录》:圣周曰:"游定夫读《西铭》,涣然不逆于心,曰:'此《中庸》之理也。'《西铭》《中庸》所以同者,愿闻其说。"先生曰:"此只以首节看,已自分明。'天命之谓性,率性之谓道,修道之谓教',天人上下,只是一理。《西铭》所谓'天地之塞,吾其体;天地之帅,吾其性',亦是此意。推此以往,无不皆然。若游氏者,可谓善读书矣。"(《鹿门集》卷十七)

○《孟子不动心章说》:《西铭》云"天地之帅,吾其性",则直以道义为志也。始焉静而存道,动而集义,以养其气者,志也;终焉静而配道,动而配义,以行其志者,气也。此所谓器亦道,道亦器,而合内外之道也。(《鹿门集》卷

二十一)

● **安鼎福**

○《次思仲读心经韵》:胸中一部有《西铭》,到底工夫岂小成。循性自然遵此道,体仁足以总群情。修身当审危微际,着力须从格致明。安宅整治心无怍,如砥大路任吾行。(《顺庵集》卷一)

○《与丁思仲(志永)别纸(庚戌)》:天地之大德曰生,天地专以生物为心,即所谓仁也。程子曰:"《西铭》,仁孝之理备乎此,须臾而不于此,则不为仁不为孝矣。"盖仁为万善之本,孝为百行之源。苟知此义而力行,则事天如事亲,事亲如事天,天人一理,混合无间,私欲自祛矣。所谓理一分殊者,理一,仁也。仁之裁制处,便是义,即所谓分殊也。人之行,不过仁义而已。宇宙间,岂知有此文字乎?朝昼诵习,参前倚衡,不可少须臾离也。但人心不固,不能吃紧用工,岂不愧闷哉!(《顺庵集》卷七)

● **李光靖**

○《答地主尹侯(光绍)问目》:是以《中庸》以"戒惧慎独"为致中和之本,《西铭》以"存心养性""不愧屋漏"为事天体仁之功。学者苟能从事于下学而以致乎上达,则朱子所谓"形骸虽是人,其实都是天理"者,庶几于吾身亲见之矣,盍亦勉力乎哉!(《小山集》卷二)

○《答李学甫·别纸》:熟玩《西铭》"乾坤父母""民胞物与",同体气象,才一不相贯,便非乐天包含遍覆浑全底意思。盖超乎忧乐之外,而实未尝无忧乐也。此荷蒉者之超乎子产、平仲之上者也。(《小山集》卷四)

● **金砥行**

○《杂识》:人物性同之义,仲思以为性则同,而五常不均。虽不均,亦皆不出于五常;不但性一,心亦一;不但心一,气亦一,此即程子之言《西铭》"理一分殊"。朱子之言"天地万物合为一体"之意,其为同者,如三瓣之为一瓜,八棱之为一瓠,四肢百胲之为一身,此以分一气而为众体者言,即气质之性也,非所以论本然天命之性之义也。(《密庵集》卷十)

● **李宗洙**

○《答李公实·别纸》《西铭》:"单提仁字"止"知其分殊所以为义"止

"先生附解不及义"止"并生之仁""推行之仁"。《西铭》本为发明仁体而作,所谓"推亲亲之仁,以大无我之公"是也。龟山疑其近于兼爱,故伊川拈出"理一分殊"四字。理则一而其分自殊,不流于兼爱之失矣。龟山所谓"知其理一所以为仁,知其分殊所以为义"云者,又所以发明伊川"理一分殊"之义也。苟知为仁而不流于兼爱之失,不必节节说及于义,而义自在其中矣。龟山说,亦不可草草看。盖理一分殊,本然之仁义。知其理一,则所以为仁也;知其分殊,则所以为义也。此推行之仁义也。"为"字,如"为道远人"之"为"。若鹘囵看,则又失本文之义矣。然则"并生之仁",即所谓本然之仁也。"推行之仁",即所谓为仁之仁也。亦一直说去不得也。如何?(《后山先生文集》卷十)

〇《记闻(壬戌以前说,知底意多)》:《西铭》,言上达。且读《敬斋箴》。读此二书,切己将来涵养。大有事,在以此二书为根本,穷究体行。他书不辛苦看破了。〇"天地之塞,吾其体;天地之帅,吾其性。"是《西铭》之大头脑;"不愧屋漏""存心养性",是《西铭》之针扎处。(《后山先生文集》卷十二)

●权炳

〇《〈西铭〉是〈中庸〉之理辨》:《中庸》论中和位育,而必以"天命""率性"为头脑。《西铭》言理一分殊,而必以"塞""体""帅""性"为要领。同一"塞""帅",故虽以天下为一家,中国为一人,而不出吾性分之内;同一"天命",故虽至于参天地、赞化育,而皆所以尽吾之性。"帅"与"天命",固同实异名,而二书之理,所以泯然无间者也。曰:"然则其所谓即《中庸》之理者,可得以卒闻其详欤?"曰:"吾尝因朱夫子之所以解二书者推之矣。"

凡天地之所以为造化者,理与气而已。人物之生,必得是气,然后有以为魂魄五脏百骸之身;必得是理,然后有以为健顺仁义礼智之性焉。《西铭解》所谓"同得此天地之理",《中庸注》所谓"各得其所赋之理者",可谓一以贯之矣。上下并言气而主性,言故此不及气,然其气之流行于造化之际者,不能无偏正之殊,故理之具于是者,亦随而或偏或正。物得其偏,而不能通乎性命之全,故自人而视物,则为同类而异胞也;人得其正,而不能无血脉之分,故自我而视人,则为同胞而异形也。同类而异胞也,故不能无贵贱之别;同胞而异形也,故不能无亲疏之分。《中庸注》所谓"所赋形气不同而有异",《西铭解》所谓"十百千万之不齐"者,可谓若合符节矣。且就论其下段用功处,则又未尝不与子思所论修道之教者而吻合焉！《西铭》之所谓"于时保之"，即戒惧谨独之事也；"乐且不忧"，即遁世不悔之事也。生知安行，故能践形而惟肖；学知勉行者，在于存心而养性。其他若"顾养""厎豫""归全"，圣人之能尽其道者，而为天道也；"锡类""待烹""顺令"，贤人之求尽其道者，而为人道也；"顺事"而"没宁"，则又所以为《西铭》之终事，而与《中庸》所谓"笃恭而天下平"同其极功，则《西铭》中一言一句，何莫非《中庸》中流出来者耶？

大抵古者圣人之言，不止于《中庸》。而或只论为学次第，或只记师弟问答，求其直指全体，开示蕴奥，以为千万古道学之头脑者，则无逾于《中庸》一篇。张子之作《西铭》也，初非发为操笔，句句比较，而惟其此理之外，更无他理，故立言之或殊，而理未尝不同；命意之或异，而理未尝不一。此游氏所以读之而涣然知其为一理者也。昔尹和靖在伊川门下半年，始得《西铭》读之，盖其规模之大、义理之深，有非粗心浮气，之所可掠而得故也。程夫子又尝曰："《订顽》一篇，乃仁之体，学者其体此意，令有诸己。"学者于前言者，可以知《西铭》之不可易而读；于后言者，可以知《西铭》之不可不读。读之而能知与《中庸》为一理，则于道亦思过半矣。（《约斋集》卷八）

○《思问录·论语·公冶长》"老者安之"止"怀之"：《语类》："或疑安、信、怀不分亲疏，恐近兼爱。此大不然。只于老少朋友分殊处可推。"三者既分殊，则这老上岂独无分殊，少上亦岂无分殊？此即《西铭》之旨也。（《约斋集》卷五）

○《思问录·孟子·梁惠王上》："保民而王"："保民"二字，为一章纲领，自"曰若寡人"以下，至"君子远庖厨也"，为保民之本；自"曰有复于王"，至"王请度之"，保民之序；自"抑王兴甲兵"以下，不保民之害；"今王发政"以下，保民之效；自"王曰吾惛"以下至终篇，又是保民之政。○此章与《西铭》相出入。本是言仁，而义行乎其中。（《约斋集》卷七）

● **金宗德**

○《答郑明应·别纸》："《答汪尚书》：'体用一原，显微无间。'《西铭》一本万殊之义，正与所谓'一原无间'，有所衬贴否？""朱子有两段说。一曰：'自理而观，则理为体，象为用。'而理中有象，是'一原'也。自象而观，则象为显，理为微，而象中有理，是'无间'也。一曰：'言理则先体而后用。'盖举体而用之理已具，所以为'一原'；言事则先显而后微，盖即事而理之体可见，所以为无间也。合此两段,已无可疑。而来谕推说,亦得大概矣。《西铭》之旨,其所以彻上彻下、一以贯之者,即是一原无间之妙,何必字字相配,以求衬贴耶？反涉破碎渗淡,而无益于会通也。"(《川沙集》卷十)

○《仁说疑禀(附先生答)》:《西铭》曰:"乾称父,坤称母,予兹藐焉,乃混然中处。故天地之塞,吾其体;天地之帅,吾其性。民,吾同胞;物,吾与也。大君者,吾父母宗子;其大臣,宗子之家相也。尊高年,所以长其长;慈孤弱,所以幼其幼。圣,其合德;贤,其秀也。凡天下疲、癃、残、疾、惸、独、鳏、寡,皆吾兄弟之颠连而无告者也。于时保之,子之翼也;乐且不忧,纯乎孝者也。违曰悖德,害仁曰贼,济恶者不才,其践形惟肖者也。知化则善述其事,穷神则善继其志。不愧屋漏为无忝,存心养性为匪懈。恶旨酒,崇伯子之顾养;育英材,颍封人之锡类。不施劳而底豫,舜其功也;无所逃而待烹,申生其恭也。体其受而归全者,参乎！勇于从而顺令者,伯奇也。富贵福泽,将厚吾之生也;贫贱忧戚,庸玉汝于成也。存,吾顺事;没,吾宁也。"○退陶先生曰:"学在于求仁,须深体此意,方见得与天地万物为一体。真实如此处,为仁之功,始亲切有味,免于莽荡无交涉之患。又无认物为己之病,而心德全矣。故程子曰:'《西铭》意极完备,乃仁之体也。'又曰:'充得尽时圣人也。'"○按:此条亦兼体用说,当与下文"周流贯彻"章通看。(《川沙集》卷十四)

○《仁说疑禀(附先生答)》:问:"万物与我,均受天地之气以生,而同得天地之理焉。由是言之,则天地万物,同体而已矣。张子《西铭》,说得此义。而龟山'与我为一'之言,亦出于此也。斯可以见得仁之体段,而朱子乃病其夹杂,天地万物之说。转无涉,必欲以爱之理状其仁。今亦有以言其意义之详与？"

曰:"朱子不是言天地万物之不与我同体也。天地万物同体上,不可以见仁也。盖天地万物,均得生生之理以为性。而初无彼此尔我之别,则我之具于中而浑然为全体者,只是一也。是以方其未发也,是仁之体,无一物之不统;方其已发也,是仁之用,无一物之不贯。于此可见其与天地万物同体而无间也。然若只以物物皆具、同一其体者,谓之是仁,则是仁在于天地万物之中,各自具足,不相假借而已。实无所以主本涵包而周流贯彻,推广普遍,使之无阻阂间隔之患也。盖仁者,天地生物之心,而人得以为心者也。其理为生活生育之理,其德为慈爱温和之德。未发而其理充满,如木之有根;已发而其理著见,如木之生苗。孺子入井,便生恻隐,至于天下亲疏贵贱禽兽草木之微,莫不随分流通,是所谓爱也,情也,用也。而其所自出,则仁也,性也,体也。其所以于天地万物无所不爱者,由其与之同体也;其所以与之同体者,由其同出于一原也。若使天地万物不与我同体,则我之爱有不得周流矣。初岂有不与天地同体之理?孤单独立,而虽使万物都无无所欠缺也哉?然其所谓理者,即是爱之理。而爱之理中,有包涵万物之妙,不是待了克尽己私,廓然大公,与天地万物贯通了。方讨得爱之理,体乃立而用乃行也。南轩仁说:'却言己私既克,廓然大公,与天地万物通贯,爱之理得于内,而其用形于外。'朱子辨之,明其夹杂天地万物之不可,非以天地万物无所与于此理也。盖言爱之之理,为自家心之德,仁之体。而有以统贯乎天地万物。湖湘学者,离绝'爱'字,只从天地万物上说。朱子多少分说,乌得已耶!未知如何?"

答:"横渠、龟山,为说略同。而朱子或取而或病者,必有意义,要须辨别。盖《西铭》以'混然中处',而得天地之'塞''帅'以为'体''性',则所谓仁者,固浑全于吾心,而其体段之大,以同胞吾与为一体。龟山之说,初不就自家身上见得本然所受之理,而直见万物与我为一,便认以为仁广荡而无交涉。来说以龟山之说出于《西铭》,或恐看未出耳。其下所论,大概亦是。但恐语言之间,不能无带得病败耳。"(《川沙集》卷十四)

〇《答赵恭甫学仲(友虑〇辛亥)》:须知家间凡常之行,来历本之于天道;心里操持之约,体段该遍于天下。知得透时,行处纯固,《西铭》规模,宛在方寸之间;而太极妙用,洋洋于孝悌之事。所谓通神明,光四海,杰然为大丈夫矣。惟真实著心,真实勉行,真实克己,真实展拓,而欲真实行之,则要必知之;欲真实知之,则要当格物。真实知行之本,不得不敬以为主。敬非别事也,只是上项数事。不少放过也。(《川沙集》卷八)

●柳长源

〇《答金定之·别纸》:盖爱之之理便是仁,此言仁体之真,若无天地万物,此理亦有亏欠。此言仁体之大,如《西铭》所谓"塞""体""帅""性",即上一截意思。"同胞""吾与",即下一截意思。合并普说,方是直截该遍,绝渗漏无病败耳。然必如朱子之训,先说爱之之理,次说天地万物,而血脉相贯通而用无不周者,可得而言矣。若如南轩说,先言天地万物,而后方言爱之理,则宾主倒置,本末错陈,是所谓夹杂也,是所谓鹘突也,旧日所闻于师门者,大略如此,幸以此意更加究玩,有所不合,复以见教如何?

伊川《答龟山书》,是通指《西铭》一篇而言。而来谕以为不及下截,心窃惑焉。盖"于时保之"以下,是言做工夫处,使人推而行之,以致夫用,恐不可遽以是专属之用也。如《论语》立人达人,岂不是用?而先儒以为状仁之体,莫切于此。又如"节用爱人,使民以时",岂不是政?而龟山以为只论所存,不及为政。详味此等处,可以知《西铭》下截之未便是用也。(《东岩集》卷四)

○《答族侄訔休》:大抵物我之分太过,故却与万物不相关,亲疏之分不明,故有认物为己之病,此《西铭》之所以作也。是以天地为大父母,万物为同兄弟,其力量间架,至为宏阔。而物我亲疏之分,又不能专无,则吾之父母,毕竟与他人之父母有别;吾之兄弟,毕竟与越人之兄弟不同。故称父称母,而有大小父母之别;民胞物与,而有物我亲疏之分。此一本之所以万殊,而万殊之所以一本也。(《东岩集》卷八)

● 赵荣顺

○《复用前韵,与康生及郑进士共赋》:小酒樽浮缘,奇香篆绕青。名高悬北斗,志大讲《西铭》。(《退轩集》卷三)

● 金镇东

○《答柳叔远》:《仁说》所教精切,何感如之!《西铭说》亦诚然。然圣人教人,多于用处言之。今此立人达人,能近取譬,圣人以为仁之方也,则似是取用处言之。而《集注》以为状仁之体,莫切于此。"敬事而信,节用爱人,使民以时",未必非政教号令之为,而《或问》乃曰:"夫子之所言者,心也,非事也。"龟山以为只论所存,未及为政,盖其所论,专属之体,而用不与焉。以《西铭》言之,"于时保之"以下,既是言做功夫处,则似是就用处言之。而龟山以为言体不言用,程子以推行之用言之,则亦似专属之用。此愚之所惑也。体用本是一源,今曰"即其用而可见其体"云尔,则可矣,而今乃专以体言之,则不几于有体而无用乎?(《素岩集》卷一)

● 毕沅

○《武功访孙西峰前辈书堂赋赠》:虎皮坐拥作经师,想象《西铭》讲《易》时。关右灵光公望重,城西陶穴我情移。名山自有传人在,远道长萦落月思。撰杖春风谈笑洽,绣球花照鬓边丝。(《灵岩山人诗集》卷三十二)

●南基万

○《陈时弊,勉君德,仍辞乞归疏》:夫天下之理,一本而已;彻上彻下,无非是理。故从古圣贤千言万语,莫非发明吾人一心之理。而其关聚收杀,直指仁体;最为精切者,则臣愚以为莫切于《西铭》一书。盖其为书约数百言,而体用俱备,本末兼该。自"乾称父"至"颠连无告",如棋盘,是其体也。自"于时保之"至"没吾宁"也,如下子,是其用也。今夫人之生也,父乾而母坤,体塞而性帅,其本则一源也,其仁则并生也。虽其人物有异,贵贱有分,长幼有别,圣贤有等,而血脉之所贯通,恩义之所流行,分明是天下而一家,中国而一人。痒疴疾痛,举切吾身,而针扎刀割,随处皆觉;则《铭》中"予"字及九"吾"字,尽是我去担当之意。而大君宗子,所以建立中间,参赞造化者,又岂非要得天地万物一体看者耶?然则一部《西铭》,为殿下世传家法,臣无庸赘陈,而愚衷耿耿,实出于加勉之意。伏惟殿下试垂察焉,臣受恩罔极,无路图报,岂不欲趋走使令,以效涓涯之万一。

批曰:省疏具悉,尔牍数十行,言简而意尽。首言许多弊端之救弊,而其要归之于本源,此固理到。且况敷说《西铭》之微旨,证之以先正《图说》者,尔必有所存,故言之乃能如彼,极庸可嘉。此图予所钦诵,付之壁间,昕夕常目者,益当体察而监省焉。尔其勿辞,在京察职。(《默山集》卷二)

●赵有善

○《答李善长·别纸》:"《西铭》所引六圣贤事":"恶旨酒""不弛劳""体其受"此三事,似略有次序,下段只取协韵,恐无深意也。(《萝山集》卷二)

○"西铭六圣贤事":其序不以时代,不以道德,以事言之,似略有浅深矣,其叶韵之法,见于《濂洛风雅》。今录去,然异于行用常规,有不可详矣。(《萝山集》卷二)

○《西铭叶韵》:"吾与也","毋""处""与"叶;"长其长","相""长"隔句协;"惟肖者也","幼""秀""告""孝""肖"协;"锡类","事""志""懈""类"协;"伯奇也","奇"与"参"协,关西人读如"并";"吾宁也","参""奇""生""成""宁"协。见《濂洛风雅》。(《萝山集》卷二)

●李种徽

○《漫笔》:《西铭》,有盖世之气,使人见之,喜怒哀乐暴慢忿厉等意,霎时之间,自然止灭。如片云残雾,不能碍日月之光而干天地之大也。盖其所包者广,所志者高,无我无物,浩浩荡荡,灵台开朗,无所间隔故也。(《修山集》卷十四)

● **申体仁**

○《答金道彦论致曲书(丙午)》:窃惟道之全体,广大悉备,无物不包,无物不统,而全体之分,是各为一曲,譬如山水一曲,龙蛇一曲之曲。观太极之分而为两仪四象八卦六十四卦,是为两底四底八底六十四底曲也;《西铭》理一之分,而为人物君臣长幼贤圣贵贱等殊,是为人物君臣长幼贤圣贵贱等各一曲也;《大学》之三纲领,是为三曲,而又分而为八条目,则各为八曲也。《中庸》之"经礼三百",是为三百曲,而又分而为"三千曲礼",则各为三千曲也。故曲有大底曲,有小底曲,大底曲里,有无限小底曲;小底曲里。又有无限细底曲。曲中有曲,其曲无数,大小异形,各自为曲。何尝以其大者为曲而小者不为曲哉?(《晦屏集》卷二)

● **朴胤源**

○《俞汝成赠余以诗,用其韵和之》:文与道不离,道存文不亡。同归竟烂漫,相期一何长。不愿人锦绣,不愿人膏粱。但愿明万理,洞如见垣脏。《西铭》会一源,太极具五常。尧夫大铺舒,王霸与帝皇。紫阳析微奥,巨细无不彰。(《近斋集》卷一)

○《易系剳疑》:《西铭》,自"崇伯子"至"伯奇"六段,虽若无次序条理之可言者。而细看之,则亦不无次序条理之可言者。盖孝有大小,不好酒而养亲,是孝之小者;推吾孝而及人,是孝之大者,故先言崇伯子、颖考叔,以见孝道之由小而至大也。人子事亲,所遇有常变,故"顾养""锡类",既语其常;次举舜、申生事,以言孝道之善处其变也。孝是人子终身事,至死而后始定其孝节之能完无亏,故继又举曾子启手足事而言之;人子事亲以顺为主,顺是孝之全体,故末又举"伯奇顺令"而言之。盖归全之语,与下文"殁,吾宁"之意相应;"顺令"之"顺",与下文"存,吾顺事"之"顺"相应。篇将终,故于此唤起,欲收结之也。以此论之,所引先后,亦略可分矣。然崇伯子、颖考叔特借用,以见孝之大小耳,非谓禹之孝,不及颖考叔;舜、申生事,亦言其所遇之变同耳,非谓申生之孝,能如舜也。穷神知化,是极层地位,其气象意思,可得以形容欤!"穷神"之"神",与上文"入神"之"神",同欤异欤!上文精义利用,分言知行,而至此则神化是行,穷知是知欤!精义利用,当用工夫,而穷神知化,着不得工夫。故曰:"过此以往,未之或知也。"此是颜子虽欲从之,末由也已之境界欤!前章神而化之,即黄帝、尧、舜之穷神知化之事欤!《西铭》以穷神知化为继述,惟践形之圣人为能,而中人以下,不能与焉欤!(《近斋集》卷二十六)

〇《答李善长》:《西铭》自"崇伯子"至"伯奇"六段,虽若无次序条理之可言者,而细看之,则亦不无次序条理之可言者。盖孝有大小,不好酒而养亲,是孝之小者;推吾孝而及人,是孝之大者。故先言崇伯子、颍考叔,以见孝道之由小而至大也。人子事亲,所遇有常变,故"顾养""锡类"。既语其常,次举舜、申生事。以言孝道之善处其变也。孝是人子终身事,至死而后始定其孝节之能完无亏,故继又举曾子"启手足事"而言之。人子事亲,以顺为主。顺是孝之全体,故末又举伯奇"顺令"而言之。盖"归全"之语,与下文"殁,吾宁"之意相应。"顺令"之"顺",与下文"存,吾顺事"之"顺"相应。篇将终,故于此唤起,欲收结之也。以此论之,所引先后,亦略可分矣。然崇伯子、颍考叔特借用,以见孝之大小耳,非谓禹之孝,不及颍考叔。舜、申生事,亦言其所遇之变同耳,非谓申生之孝能如舜也。(《近斋集》卷九)

〇《答李善长》:闻有营婚之扰,未免恼神。此固常事,学不必终日读书,应事接物,即此是学,何可有厌烦底意耶?《西铭》中六个圣贤事,"恶旨酒""育英才",两句之一句有两义,盖自分明。其下四句,固难如上例分属,而其兼得事天事亲之意,则宜无异于上二句也。朱子所谓"推类可见"者,似以此也。然恐亦是大纲说,不必以"恶旨""育英"之例,强为牵合,以涉安排铺置之嫌。未知如何?近日邪学愈炽,可胜忧叹。释佛之害,甚于杨墨。洋学之害,甚于释佛。狂澜不障,则人将胥溺,何由辟之廓如也?拔本塞源,必有其道。兄试思之。(《近斋集》卷九)

● **金相进**

〇《杂著·近思录》:《西铭》通篇,句句是理一分殊。程朱之说虽多,要不出横、直看。通全篇直下看,则乾坤民物、父母胞与,其理则一;而乾与坤殊,民与物殊,父与母殊,胞与与殊,此所谓分殊也。逐一句横截看,则"乾父坤母""民胞物与",其理则一。而乾与父殊,坤与母殊,民与胞殊,物与与殊,

此所谓分殊也。虽以"于时保之"以下，做工夫处言，亦皆可用此例看。(《濯溪集》卷四)

○《五伦解》：周礼自冢宰六卿，至府史胥徒，非君臣。以天地为父母，以四海为兄弟，以大君为宗子，此《西铭》之义也。愚故以为《西铭》是宇宙间万物大族谱。(《濯溪集》卷六)

● 李东汲

○《谨次清台集中〈圣学十图〉韵》：《西铭图》：藐我混中处，俯仰天地广。塞帅虽一理，等分殊万象。不梏为我私，不流兼爱荡。仁体纯无杂，圣训如指掌。(《晚觉斋集》卷一)

○《斥邪问答》：我国素称礼义之邦，礼乐文物，比隆于三代。近年以来，邪学渐炽，名门士大夫，间有浸溺，死而不悔。余尝以是为忧，思所以斥邪术而救其弊。日客有问于余曰："邪正之分，自不难辨，而陷入者众。其故何也？"余答曰："吾虽未见其书，因流传之言，闻其大概。则以天地为大父母，以父母为逆旅。父母死而不服其丧，不祭其神，以四海为兄弟而通其货，以阴阳无正配而通其色，其他天堂天狱，荒怪诞妄之说，直欲掩耳而不忍闻。噫！人之所以异于禽兽者，以其有人伦也。而无父子之亲，君臣之义，夫妇之别，三纲斁矣，是禽兽也，禽兽又何难焉。"曰："《西铭》曰：'乾称父，坤称母'，朱子以为是仁之体。彼大父母之说，不与《西铭》之旨相合耶？"曰："《西铭》一篇，皆'理一分殊'之意也。何者？天以至健而始万物，则有父道焉；地以至顺而生万物，则有母道焉。以乾为父、以坤为母者，有生之物，莫不同然。此所谓'理一'也。人物之生，混然中处，血脉之属，同胞之义，不得无远近亲疏之等，此所谓'分殊'也。然则乾坤者，万物之父母也；父母者，一己之父母也。远近有序，亲疏有分，亲亲之施，自有差等而不可乱。故张子因其分之立而明其理之一，特借此而喻彼而已。徒知理一而不知分殊，则将至于墨氏之兼爱，而卒陷于无父无君之域矣。噫！父兮生我，母兮育我，欲报之德，天地罔极，故生而致其养，殁而服其丧，祭而报其本。孟子曰：'生，事之以礼；死，葬之以礼，祭之以礼，可谓孝矣。'人之孝于亲者，报其生育之恩，而彼以生育之父母，归之于逆旅，遽谓之致孝于万物之同父母者，岂非悖理之甚者乎？"(《晚觉斋集》卷三)

○《遗事》：观《太极图》，则理为气主，不杂不离，乃造化之枢纽，而人得此理,则天又在人,而可以参三才,而致位育之效矣。观《西铭》,则知天人一理,一本万殊,而人可以事天而尽其道也。(《晚觉斋集》卷六)

●郑宗鲁

○《答李周胤〈近思录劄疑〉问目》:"《西铭》:'尊高年,所以长其长;慈孤弱,所以幼其幼。'《语类》云:'"大君"以上,凡言一体;"于时保之"以下,方是下手处,此棋盘、着棋之别也。'然则曰'尊',曰'慈',曰'长其',曰'幼吾'者,于一体中已有下工意,何也?岂以长幼分殊处,尤不可以不严,故特寓亲仁差等之意耶?""此二句,只是论其理当如是而已,然必于长幼上而云然者,如来说看无妨耶。且不独于棋盘处有此二句,于着棋处亦有。只论其理者,如'富贵福泽,将厚吾之生''贫贱忧戚,庸玉汝于成'二句是也。盖一体与下工,元自相贯,故各有此等句于其中。要在人领会将去耳。"(《立斋集》卷二十二)

●李树仁

○《述怀》:平生空作蠹书鱼,神舍荆榛苦未锄。一部《西铭》真实理,击蒙千古有横渠。(《惧庵集》卷一)

●李堣

○《答从侄》:"程子曰'仁之体',《西铭》言'民''物''同胞',见仁之用广也,而程子以为仁之体。盖《西铭》大旨,见得万物真实一体处,以大无我之公。未便说到博施济众,施为运用之方。盖其体之有同胞吾与之理,所以用之有仁民爱物之施。看得此意真切,便可以由体达用,不必兼说用而后为备也。""有体必有用,言体而用在其中。说得是。然此言仁之体者,微与体用之体不同,如曰'体段之体',言仁之体段,广大如此。又与天地万物一体之体,不必局以体用之体也。当共为详之。"(《俛庵集》卷八)

○《答从侄》:"万物与我为一,为仁之体,固不可以与物为一,为仁之体。而仁体之大,亦须与物为一。此《西铭》之所以为仁之体,正如天地之为方圆,而不可以方圆为天地者欤?""万物与我为一,为仁之体,作《西铭》仁之体之体,看则似不妨。而若仁之所以为体之真,则不过曰爱之理耳,说得大概得之。"(《俛庵集》卷八)

● 金垓

○《答李善镕(銄)问目》:"天地万物,本吾一体。然则山川草木夷狄禽兽,与吾人无别耶。""此义《西铭》已备言之。盖天以一理,昭赋万物,则凡盈天地之间者,人与物无异也。苟能体认此义,天下一人。四海一家,宁有限量耶? 惟其不能认得为己,故自不相干,而仁之理息矣。○"'不愧屋漏'与'暗室不欺'何别?""不愧屋漏,是不动而敬,不言而信,当属戒惧。暗室不欺,是念虑已发,而有善无恶。当属谨独。"(《龟窝集续集》卷二)

● 郑炜

○《挽李向之》:为吾曾说《西铭》旨,吾顺吾宁子已知。精义课程多隐处,治心工效著平时。乡无善士人谁式,世有公言我岂私。埋却青山何日返,蒹葭秋色不胜悲。(《芝厓集》卷二)

○《心经发挥考异》卷四(附录):《西铭》注:"学者须先识仁"条,"大不足以明之","明"字,《性理大全》作"名"字。"以此意□之","意"下阙一字,草本及印本皆然。"和靖尹氏"条,"备在"之"在",《性理大全》作"载"。"朱子仁说""上蔡谢氏小注""以四体不仁"条,草本标识曰"以",疑"与"字。《性理大全》作"与"。"予尚安得","予",《性理大全》作"子",下同。(《芝厓集》卷四)

● 李德懋

○《林龙村》:云端疏磬唤人醒,晓起开门月满庭。雉者往焉山雪白,鸡之鸣矣寺烟青。朋俦散落依孤佛,事业萧条守一经。诵罢《西铭》还独笑,天边相照两三星。(《青庄馆全书》卷三十五)

● 南汉朝

○《答赵子希·别纸》:恻隐说,鄙意亦不谓己子与他人子无亲疏厚薄也。盖于此处,不可分亲疏厚薄云耳。盖以理一言之,则无人己之间;以分殊言之,则有亲疏厚薄之分。孟子此章,专以理一言,则不可参入分殊之义也,何者? 天地以生物为心,而人得之而为不忍人之心。恻隐孺子之心,即不忍心之发于情也。这个心虽有天人性情之分,而其理则直是一串贯来也。故天之于万物,虽有贵贱之分,而生物之心,则无亲疏厚薄;人之于人,虽有亲疏之分,而具于心而为不忍,则亦无亲疏厚薄之分者,无他,理一故也。孟子既专取理一处,从头说下来,则读者只当认取合下立言本意,看得浑然一理,随感便发。恻然有隐,本来体面,何必牵拽下来,参入分殊一段事耶。若推广此心,则固不遗分殊一事。然亦非此章本意,盖孟子此章,从头直下,说理一处,则是直说。如《西铭》,说分殊处,则是横说。圣贤之言,各有攸当,不可混而一之也。(《损斋集》卷七)

○《答权循如(道相○戊辰)·别纸(节要)》:"即《西铭》而一原无间之实,瞭然心目之间,自理而言,则'塞''体''帅''性',而乾父坤母,民胞物与,长长幼幼,许多森然于其中,所谓'一原'也。自象而言,则乾父坤母,民胞物与,长长幼幼,千差万别之中,理无不在,所谓'无间'也。此说或无大悖否?"(《损斋集》卷十一)

●柳范休

○《湖上记闻》:问:"《西铭图》上一截,'民,吾同胞;物,吾与也'两句,以并生之仁言之。'大君者'以下,以推行之仁言之。"曰:"民物并生,是自然底,故以并生之仁言之。以大君为父母之宗子,以大臣为宗子之家相等,是稍涉人手分世界,故以推行之仁言之。恐当如此看。"

问:"分殊各圈有可商者,如以民物分殊言之。所谓分殊者,非但谓民与物有分也。盖民虽谓之同胞而亦不能无分别,物虽谓之同类而亦不能无分别,此所谓分殊也。余皆仿此。"曰:"图中分排,是大纲底。"又曰:"于《西铭》别无说话,只当反求扩充,尽其道理,其下手处则在'存心养性'四字。"

问:"存心养性,固是下手处。然盖人之所以害仁,而天地万物都不属己,顽如木石者,惟是私欲作崇耳。然则克己复礼,是《西铭》紧要工夫。"曰:"存心养性则克己复礼,便在其中。"(《壶谷集》卷八)

●李元培

○《读书管窥》:横渠《西铭》,兰溪《心箴》,其首一节大旨略同,而其下则绝异。盖《西铭》论仁体之大,《心箴》言一心之妙;《西铭》乃求仁之门户,《心箴》即治心之良剂,皆学者之切观,而似不无高下大小之差,故朱子皆取之,而尤重《西铭》。孟子才高志大,以继往圣,开后学,卫正道,辟异端,兴王道,济生民为己任,其所以见重于后世者,以此;所以被诋于折衷常语者,亦以此。

(《龟岩集》卷十一)

●徐滢修

○《明皋杂咏(其十九)》:学煮糁羹岂足夸,宁煨僧饭亦堪嗟。人穷要识《西铭》义,忧戚玉成晚节夸。(《明皋全集》卷二)

○《学道关·万物》:君者,天下之大心也。人者,天下之大气质也。物者,天下之大血肉也。故曰:"吾之心正,则天地之心亦正;吾之气顺,则天地之气亦顺。"同胞则非一身,吾与则非一身。吾于《西铭》,取二三策而已矣。(《明皋全集》卷十九)

●夏时赞

○《熊岘值雨》:银竹随风密复徐,淡烟浓雾画图如。满身沾湿何须恨,欲解《西铭》愧学疏。(《悦庵集》卷一)

●黄德吉

○《理谷精舍十二咏(丁未移寓理谷)》之一《理谷》:山中看出云,山下听流水。尝见《订顽》书,万殊原一理。(《下庐集》卷一)

●何纶锦

○《横渠西铭》:乾为父,坤为母,对震巽六子而言也,惟王者有天子之称,故父天母地,以天下为重也。而《礼》则曰:"天子必有父",下此则人各父其父,母其母。而《西铭》曰"乾,吾父也","坤,吾母也",如其父母何?圣人"亲亲而仁民,仁民而爱物",又曰"鸟兽不可与同群",吾非斯人之徒,与而谁与?而《西铭》曰:"民,吾同胞;物,吾与也",显背圣道如此,此真墨氏之教兼爱而至于无父者哉!(《古三疾斋杂著》卷二)

●李祘

○《经史讲义二·孝经》:张子《西铭》,盖出《孝经》。《西铭》之"乾父坤母",即《孝经》之"事父孝故事天明,事母孝故事地察也";《西铭》之"穷神知化",即《孝经》之"通于神明也";《西铭》之"民胞物与",即《孝经》之"光于四海也"。朱子尝登云谷遇雨,通身尽湿,因悟《西铭》之义,须将此义,推类比伦,极论一篇之旨。○师辙对:《西铭》之义,出于《孝经》。真德秀尝推演其说,而圣问中事天事地、穷神知化之教,已尽其义。若《西铭》大旨,不过明天理之一原,合物我之睽异。试以《睽》之一卦言之,当其未雨,物我乖隔,至于张弧而起疑;及其上九之遇雨。阴阳和而物我合,通融灌注,无所拂戾,此朱子所以感悟《西铭》之理于遇雨之际者。而《孝经》之义,可以推类而知。(《弘斋全书》卷百七)

○《经史讲义四·论语》:"曾点浴沂之对,程子许之以尧、舜气象。盖以物各付物,有放这身一例看之意也。然必脚踏实地,见行成德。如夫子之老安少怀,然后乃可以此称之。苟以一言高论,而辄许其尧、舜气象,则老、庄玄虚,嵇、阮清谈,亦岂无此等说话耶? 于此具一部《西铭》,有古人之善譬。《西铭》之分得上下半,将何以较看于此耶? 虽以程子前说言之,以三子之对为实事,而曰'后之学者好高'。如人游心千里之外,然自身却只在此,此正行有不掩之病痛也。在曾点,则许之如此;在后学,则戒之如彼,其说可得闻欤?"

英祚对:"曾点所对,不过即其所居之位,乐其日用之常,非过高蹈远之论,则岂可与玄虚之谈较看哉? 观其所乐,虽止于一身,推及其量,则'天地之塞,吾其体''民,吾同胞;物,吾与'之意,而一理浑然。物各付物,真个吻合于理一分殊之旨矣。然后之学者无曾点之志,而慕曾点之高,则反不如三子之实事,此程子所以许曾点之气象,戒后学之病痛也。"德弘对:"古人以《西铭》譬之棋盘下子,盖'无告者也'以上属之盘,'于时保之'以下属之下子。今以此较看乎此章,则天地上下,人己彼此,各得其所。如《西铭》之上一半,一视同仁,物我无间;如《西铭》之下一半,吻合之妙,自可见矣。"(《弘斋全书》卷百九)

●李书九

○《尚书讲义(四)》:《康诰》曰:"如保赤子"。《孝经》曰:"以孝事君则忠。"君之仁,臣之忠,皆是天理当然之则,非容一毫人为于其间也。人莫不爱其子,故其所以鞠育而顾复之者,不待勉强;人莫不敬其亲,故其所以服勤而奉养之者,无有虚伪。君臣父子,义恩虽或不同,秉彝皆所固有,故君父之一视同仁,臣子之移孝为忠,诚有所不能自已者,是所谓真实无妄之理也。张子《西铭》一篇,实本于武王此言而推阐之。洵可为六经之统摄,万世之法程。呜呼至矣!(《惕斋集》卷十三)

○《尚书讲义（六）》："天子"二字，即《西铭》一篇之宗旨。盖天地，大父母也；人主者，大父母之宗子也。是故人主之事天地，如孝子之事其亲，听于无声，视于无形，洞洞属属，罔敢少懈。凡于一言一动，一号一令，犹恐不顺于大父母之志，然后方尽丕子之责。而天心底豫，休命日申矣，况贤材大父母之所笃生，而使之辅相宗子，共理庶物者也。安敢不至诚明扬，与之恭事乎！周公以求贤为事天之实，而首呼天子以告之，使成王知上帝付托之重；又以文子文孙孺子王，谆复勉戒，其旨深矣。（《惕斋集》卷十五）

●李野淳

○《感集先祖退溪先生集中诗句》：沧波白鸟共闲情，自喜无人知姓名。莫道山居无一事，乾乾终日体《西铭》。（《广濑集》卷一）

●纪大奎

○《读西铭》：程子谓："《西铭》理一而分殊。"盖《西铭》之书，重在理一。言理一，便有个分殊在里面，自然见得。如以大父母之理言"吾与"，人皆得天地之体，皆得天地之性，便莫非天地之子，此理之一也。然乾必称父，坤必称母，便可见人人皆知有父母之最亲，而当本其亲父母之心，以亲吾之大父母也；民必曰"同胞"，便可见人人皆知有同胞之亲，而当推其亲同胞之心，以及于亲民；物必曰"吾与"，便可见人人皆知有同类之爱，而当推其爱同类之心，以及于爱物。非谓民即兄弟，物即友朋，非谓兄弟无以异于民，爱同类无以异于物也。故言民，而推之以"吾同胞"则可，言"同胞"，而谓之曰"吾民"则不可；言物，而推之以"吾与"则可，言"与"而谓之曰"吾物"则不可，此推恩之分之截然者也。大君曰宗子，大臣曰家相，便可见人人皆知有亲亲敬长之义，而愈以见尊君亲上之定分也。长其长，幼其幼，则推恩之显然者，而圣德贤秀、颠连无告，则又亲仁爱众之显然者也。凡此，皆就理一之中，确然自有个分殊之义，故朱子云"句句有个理一分殊"，盖不待民物、君臣、长幼、圣贤等义合看，方有差等之殊已也。然众人只看得分殊，则所谓"殊处流于私"；仁人看得理一而分殊，则所谓"殊处都蔼然，是至公之心"。故《西铭》之旨，重在理一，仁人所以异于众人之私者，在理一；仁人所以异于异端之兼爱者，在理一中之分殊，故兼爱便不可谓之理一。

延平先生谓："吾儒异于异端，在理一而分殊。然理不患其不一，所难者，分殊耳。"此又重分殊一边。盖《西铭》对众人之不知仁者言,延平先生又对异端之似仁而非仁者言故也。"理不患不一",此已在存心纯至后言,非众人所能,至于立法裁制,自然分殊处作用繁多,所谓难,亦政难于至当恰好耳。

爱亲爱兄弟之心,良知良能,受于天地,本达天下之理,人不能全其心以达之天下,便失其天地付与之性。仁人孝子推吾爱兄弟之心,以爱吾之大兄弟,则"民胞物与"之道得矣;本吾爱父母之心,以爱吾之大父母,则"践形惟肖"之道得矣。能事大父母,即能保大兄弟,故先儒谓"工夫在下一段",看来《西铭》只是一个孝友的大根原,所谓仁也。可见人道,无非天理。

恶旨酒,育英才,富贵福泽之子也;底豫归全,待烹顺令,贫贱忧戚之子也。贫贱而不慕富贵,忧戚而不敢宴安者,申生之恭、伯奇之顺也。贫贱忧戚而能得其至贵至乐,以尽乎天理。达则参赞化育,穷则尊德乐道者,舜之底豫、曾子之归全也。底豫归全,方是知化穷神之孝;知化穷神之孝,方是成。顺令归全,其恭其功之所成,虽有至有不至,要其为顺事之子则一。

神化是天地生人、生物大本领,《易·系》赞"咸九四"一章,是圣人学《易》,效天法地大本领。《西铭》以穷神知化为善继善述,此张子一生真精神,得圣人学《易》真血脉,可谓精于言事天者矣。

张子一生,看得人道与天道,血脉贯通处亲切。故尝言:"'经礼三百,曲礼三千',无一事而非仁;《昊天》曰:'昊天曰旦',无一物之不体。"朱子谓"此语从赤心片片说出来",张子一生,只是一个天而已。(《双桂堂稿》卷九)

● **裴相说**

○《第三天地万物造化之图》:横渠张子尝作《西铭》曰:"乾称父,坤称母,予兹藐焉,乃浑然中处。故天地之塞,吾其体;天地之帅,吾其性。民,吾同胞;物,吾与也。"程夫子推而明之曰:"《西铭》明理一而分殊。"今按图而观之,尤可见其旨之实而不诬矣,何者?凡天地间有生之类,同禀是气而为体,亦同具是理而为性,无不有以乾坤为父母焉,人为兄弟焉,物为侪类焉,是非理一之故欤?然又人各有父母焉,有兄弟焉,亲疏异情,贵贱异等,则是又非分殊之验欤?徒知理一而不知分殊,则必流于墨子之兼爱,徒知分殊而不知理一,则必梏于杨氏之为我,必也一视同仁而体夫理之一,不流兼爱而亦知分之殊。因事亲之诚以事天,推亲亲之心以仁民,推仁民之心以爱物焉,则天下一家,中国一人,而凡天地间,若动若植,有情无情,无不有以若其性遂其宜

焉。吁！吾儒事业,于斯尽矣,先儒所谓与天地万物为一体者,尽不虚矣。(《槐潭遗稿》卷三)

●南汉皓

○《与赵子希·别纸》:"合其异而反其同",尝举而问再从兄。从兄曰:"合其异,以分殊言;反其同,以理一言。分殊之弊,为杨氏之为我,为我则私胜,故合之以救分殊之弊。理一之弊,为墨氏之兼爱,兼爱则二本,故反之以救理一之弊。"愚意如此看,则似齐整。而详玩本文,则起头只以"理一"二字,略提于上而旋反其言,累累说分殊之意,其下文势轻重,语意向背,容或有分殊之弊,而不似遽有理一之弊。从兄之言,或涉过推,愚意此是推明理一之意。盖分殊易私,理一难明,故圣贤者出,合其不能齐者,而反其一理之同耳。此《西铭》之意,程子以为明理一而分殊。又曰:"分立而推理一。"其曰"分立而推理一"者,非合其异而反其同之谓耶？南轩张氏曰:"人之有是身也,则易以私,私则失其正理矣。《西铭》之作,惟患夫私胜之流也,故推明理之一以示人。"又曰:"天地位而万物散殊,其亲疏皆有一定之势。然不知理一,则私意将胜,而其流弊将至于不相管摄而害夫仁,故《西铭》因其分之立,而明其理之本一。所谓以止私胜之流,仁之方也。"皆似发明合异反同之意也,未知如何？(《诚斋集》卷四)

○《与赵子希·别纸》:《西铭后论》:程子曰:"《订顽》一篇,意极完备,乃仁之体也。"陈北溪解此曰:"非指与万物为一处为仁之体,乃言天理流行无间,为仁之体也。"叶氏注之,则曰:"仁者本以天地万物为一体。"详此语意,非以天地万物一体为仁者乎！(《诚斋集》卷四)

○《近思录叶注记疑》:《订顽·总论》又曰:"游酢得《西铭》,读之",注"《西铭》以人物之生"止"《中庸》之理也。"按:北溪陈氏论此曰:"不只是言人物体性之所自来,须兼事天节目言之,皆是日用切己之实,无过无不及。所以谓'《中庸》之理也'。"西山真氏曰:"《中庸》纲领,在'性''道''教'三言,而终篇之意,无非教人全天命之性。《西铭》纲领,亦只在'其体''其性'之二言,而终篇反复推明,亦欲人不失乾父坤母之所赋予者,为天地克肖之子而已。游先生以为即《中庸》之理也。"据此,则叶氏之言,恐涉广荡泛而不切之弊也。(《诚斋集》卷八)

○《太极图》《西铭》,是圣学之大方,而终之以死生存没之说。死生之于人,大矣。人能于原始反终之道,朝闻夕可之义。不以死生存没,一动其心,而能修身俟命,观化顺理,则可谓得其正,而人之能事毕矣。(《诚斋集》卷十)

●柳寻春

○《朱书劄疑》:《答汪尚书》:"意味有穷"止"未尽者":只就"戏言""戏动",而未是该包许多道理,故曰"意味有穷耶";"分别长傲遂非之失",而未说下工处。故曰"犹有未尽耶"。○"即《西铭》"止"之间矣":即仁之理而孝在其中,是一原也;即孝之事而仁不能外,是无间也。○"亦何俟于《东铭》而后足":尚书之意,以《西铭》为体,以《东铭》为用,二者相待而为体用之全,故云耶。(《江皋集》卷八)

○《青武讲义》:讲《西铭》,因问:"'民,吾同胞,物吾与'注'其于性也,不无明暗之异','不无'二字如何?"(彖)"此问善矣。观其上文语势,则'不无'字稳贴,而胜于著'有'字也。"(时)"'不无'字,不得不讲解处也。"(彖)"《西铭》发明仁道,而仁民爱物,俱是仁发用处。则仁民说,尽无复余蕴;而爱物处,略不推说,何也?"(彖)"'吾与'二字,已尽矣,至矣。仁民处已到,则次第推去,自然及物,此是人物分殊处耳。"(时)"'同类''侪辈'何别?"(彖)"人与人类也,故曰'同类'。人与物虽非同类,而本性所自,未尝不同,故曰'吾与',则其视之,亦如己之侪辈矣。'同类',如云同姓兄弟也。'侪辈',如云异姓侪辈也。"(时)"'于时保之'以上属棋盘,以下属著棋。然棋盘之内。如尊高年、慈孤弱、圣合德、贤其秀等条目,已有著棋之意。观朱子云:'事天工夫,自"于时保之"以下,方极亲切',上可知矣。"(彖)(《江皋集》卷九)

●丁若镛

○《梅氏书平》:林黄中难《西铭》"乾父坤母",朱子斥其他说,不斥乾坤之说。盖古人所事,即无形无声之上帝,非有形有质之天地也。伪者撰伪经,其有干于道之大原如此。(《与犹堂全书》第二集经集第三十一卷)

●柳台佐

○《玉渊三峡,讲乾坤二卦,十八韵。(亲试应制)》:遇雨云谷《西铭》解,临水溪堂《极图》挂。况复沧洲云水隩,俯仰妙契胸襟洒。大哉乾坤易之门,羲文劈破阴阳界。忠信进德与直方,君子以之履道夬。(《鹤栖集》卷三)

○《安边府应旨陈民隐疏》:《西铭》一篇,圣学之大方。而大君以乾坤大父母之宗子,继承乎天地,统理乎民物,孤弱则慈之,疲癃茕独则兄弟之,推以至于福泽厚生之仁。我殿下典学之功,允矣,深造于斯,而体认出来。(《鹤栖集》卷三)

● **吴熙常**

○《读书随记·太极图说》:朱子于《西铭解》,发明与物同体之义者,盖有所受于延平,细考答问论仁诸说,可知也。○《西铭》之旨,程子以为明理一而分殊,盖理一,仁也;分殊,义也。混然之谓仁,截然之谓义。仁体义用,实未尝相离。混然之中,截然者,包焉;截然之中,混然者,存焉。举一篇而看之,则统体为理一而分殊;句句而求之,则各自为分殊而理一。横竖错综,无往非此理之妙也。○《西铭》与《太极图》,参互以究,则其立言造意,多有相发者。三渊所谓"未可差殊观"者,诚然矣。○程子又谓:"《西铭》之书,推理以存义",窃详推理,理,一也,理一,仁之体也;存义,分殊也,分殊,义之用也。上一截,推理也,推理,知之事也;下一截,存义也,存义,行之事也。(《老洲集》卷二十二)

○《杂识(二)》:鹿门曰:"人性之善,乃其气质善耳。非气质之外,别有善底性也。溯论理气合一之妙,诚亦有然者。"但立言窃恐太偏矣,苟如是推去,则性善之旨,气乃为主,而理反为客,与《西铭》"塞""体""帅""性"之意,大故不侔矣。盖气之本,虽未始不善。若其游气之纷扰,则又有不可一切谓善者。其逼塞两间,流动活泼,开眼都是这个物事也,故从古异端,各随其见之有悟处,建立宗旨,作为门户。更不求自有亭亭当当,直上直下之正理,贯彻三极,为不宰之宰,是以终不可与入于圣人之大道也。而若乃释氏见是气之善,可谓最为精妙,毕竟以气之作用为性,其近理乱真,贻祸愈酷矣。是故有宋诸贤之剔出"理"字,以之发明道妙者,岂无精义于其间哉!气则易见,而理实难明,故盖欲分别道器,微显阐幽,示人以典要,俾不迷所向也。其曰"决是二物",曰"气强理弱"者,非昧理气之原,多随人而矫偏救弊。宁或寻个是理而分为二物,不欲其沦为一物而偏重于气,盖亦不得已也。若不能体究此意,而径疑其未尽合一之妙。则其可谓疏矣。○从"一原"而言,则理之一,即气之一也;从"分殊"而言,则气之分,即理之分也。然这里自有形而上下之别。形上者,固无二也;形下者,不能无精粗彼此。○气有本末。本则一而已矣,末则万殊矣。一者,其神乎;万殊者,其形气乎!○对"一原"而有分殊之名,对"本然"而有气质之称。然其性之为理,则一也。只从人见,随地推度也。○鹿门之以气质之性,属之发后者,见处卓然,可谓得程朱之旨。而但不能以看气质者,反隅于分殊,所以有晚年改见也。盖分殊之性,亦由气而见焉,故多涉发后言之。特以名言之旨,有不同耳。气质以善恶言,分殊以偏全言。偏全、善恶,一也。苟知发后善恶之无伤于本然之善,则可以知发处偏全之无伤于一原之全也。(《老洲集》卷二十四)

○《杂识(二)》:整庵曰:"'理一分殊',本程子论《西铭》之言,其言至简,而推之天下之理,无所不尽。"又曰:"持此论性,自不须立天命、气质之两名,而粲然其如示诸掌矣。伊川既有此言,又以为才禀于气,岂其所谓分之殊者,专指气而言之乎?"窃详整庵喜主气说理,以理为其气之理,要见合一之妙,故恶其分别。凡于先贤理气对说处,辄加疵论,一例归之于未定于一也。然理之所以一,分之所以殊,必有其故。今不明言其故,而欲如示掌,其可得乎?夫受气之初,其理惟一,天命之所以立也。成形之后,其分万殊,气质之所由名也。而理之一,虽未尝离于分之殊;然其所以殊者,气也。若不指出气,则何以明其故也。(受气成形,非截然有先后也。所就而言者,特有主理主气之异。要见分合之妙耳。)此张、程所以两立其名,错综而尽妙也。盖理与气,究极其原,虽不容为二,而自有道器之别。道一而器殊,故天下之殊,皆出于气,而一理贯乎其中,混辟随地异指,岂可偏主而硬说,有混而无辟耶?○程子以"理一分殊"论《西铭》,只是教人推理而知其一。存义而立其分,初非为论理气发也。然苟欲以此推说,发明理气本末,则分殊自属于气耳。○宇宙间物事,莫不本于理而形于气也。故理之分殊,非气不可得以见矣。○《西铭》"理一分殊",当于首节求之,其曰"乾坤父母",分殊也;"称父称母",理一也。盖乾不得为坤,坤不得为乾,父不得为母,母不得为父,父母不得为乾坤,乾坤不得为父母,岂非分殊乎?事父母之道,可以事天地,岂非理一乎?故不能相踰者,器也;可以相推者,道也。以此究之,一篇"理一分殊"之旨,莫不相说而解矣。(《老洲集》卷二十四)

● 姜必孝

○《四游录(下)》:又将《西铭》,如前各一读,问一篇大义。答:"《西铭》一篇,所以明天人一理。前一段,言人为天地之子;后一段,言人事天地。当如子之事父母也。其中说'天下一家,中国一人',理之一也;'亲疏异情,贵贱异等',分之殊也。前一段言,仁之体段;后一段,包仁之名义。程子所谓'理一分殊',朱子所谓'名虚理实',皆真名状语也。"又问:"'知化则善述其事,穷神则善继其志',《易》《庸》本文之义,各有所指,而此引之,合而为一,何也?"答:"化者,天地之用;神者,天地之心。化底是气,故唤做'事';神底是理,故唤做'志'。继、述天地之志、事,如继、述父母之志、事,此其归宿也。"李士温曰:"朱子尝到云谷,道中蒙大雨,通身皆湿,因作《西铭解》,此义如何看耶?"余曰:"遇雨沾湿,体认得天地与我一体者,一说也;通身皆湿,沛然融会得一篇旨义者,一说也。然考之《语类》,则遇雨通湿,因思'天地之塞,吾其体;天地之帅,吾其性',迤逦作一篇解。据此,则前说似长矣。"(《海隐先生遗稿》卷十四)

〇《补遗》:朱子在同安时,看子夏"先传后倦"一章,凡三四夜穷究,彻夜闻子规声。又尝登云谷遇雨,通身皆湿,因思"天地之塞,吾其体;天地之帅,吾其性",极论一篇之旨,作《西铭解》。先贤讲学,随处自得,有如此者。(《海隐先生遗稿》附录卷二)

●刘沅

〇《西铭解》篇首曰:理,一而已,天地人同此理,即同此气,尽人道以合天,亦止尽其为人之理,非有奇异也。但天理散著于万物,至赜至变,难以言尽,必如圣人全天之理,然后体天之心,成己以成人,无施不可。圣人而下,所得浅深不同,则或穷或达,功业不能尽如圣人,然能为君子,为志士,亦必受天眷佑,要之人人可为圣贤,孔孟已屡言之。张子袭孔孟意,别为此篇,而语无端委,杂举经义,古人零星凑合,转令学者茫然不知所以。是为求新反怪,求深反浅。自程朱教人,盛称此篇,后世学者,遂谓必从此人手,而孔孟明白简易之道,反置为后图,安可勿辨哉!(《正讹·西铭解》)

〇篇末曰:右一篇,张子盖发明圣人事天之义,而惜乎所得不深,故其言求深反浅。夫人之所以必事天者,何哉?天地一大父母,父母小天地也,圣人事亲如事天,事天如事亲,以天地父母本无二焉耳。一念之动,必合乎天理,推之于念念皆然;一事之微,不欺乎天亲,推之于事事皆然,而邪妄之心、非义之行,可以销矣。再能力行大学之道,由格而致而诚,以至于心正身修,则表里精粗,纯乎天理,此为诚身可以事亲,即为立命可以事天。人人皆有心性,人人可以存心养性,岂有神奇哉!全天理之人,不愧天地,何不可以事亲?夫子下学而上达,不过尽心性伦常之理耳。而曰知我其天,孟子曰存心养性所以事天,孟子之言,即孔子之事。人能行之,便是尽人合天之学。孔孟教人,语甚浅近,义实精微,横渠此篇,说得纷纷杂杂,初学观之,觉语义甚精,而实故为深奥,大逊于孔孟也。故正之使人知事天至易,不必视为畏途。(《正讹·西铭解》)

●姜浚钦

○《酬李景学(其二)》:苍苍山馆暮,巾屦步虚庭。涧道峥嵘雪,松林的历星。寸心悬北阙,旧学有《西铭》。江海三年别,何时两眼青。(《三溟诗集》二编)

●李羲发

○《纯祖大王挽词》:宵旰憧憧宝座临,浃肌仁泽入人深。配天功化文王圣,泣罪慈恩夏后心。万汇陶甄归寿域,八荒庭陛洞宸襟。恭惟三纪雍熙烈,须向《西铭》一部寻。(《云谷集》卷二)

●李载毅

○《棣华堂记》:吾尝读张子《西铭》,有曰:"民,吾同胞;物,吾与也。"天地大父母也,自天地而观之,盈天地之间之物,形形色色,林林葱葱者,莫非父母之子也。自人而观之,凡在圆颅方趾之列者,莫不皆有'同胞'之义。而至于物,亦皆有'吾与'之义。在物犹曰'吾与',则况于在人乎!在人犹曰'同胞',则又况己之兄弟乎!父母之于子,同一骨肉者也。己之于兄弟,分形连气者也。其亲爱而友恭者,岂出于其性之自然,则举天下之乐而无以易此矣。故孟子言人之三乐,而以兄弟无故为一乐。《斯干》诗云:"兄及弟矣,式相好矣,无相犹矣。"兄弟之重且大者,有如是矣。(《文山集》卷十)

●李秉远

○《上从叔父圣学十图疑义(批诲并附)》:"《西铭》'恶旨酒'注:'遏人欲,如恶旨酒';此义未莹,愚意不好饮酒,所以顾养,则禹之恶旨酒,所以顾养于天也,如此看,如何?"批云:"禹之恶旨酒,固可谓顾养于天。然若只将'恶旨酒'一事,便可做顾养于天,则岂不浅且狭哉?'遏人欲'三字,所以所包者广也。"〇"无所逃而待烹":"以事天言之,则夭寿不贰,修身以俟,固为至矣。而以事亲言之则申生之恭,不能无议,引此为说。或无事天事亲殊道之嫌否?"批云:"事天事亲,固是一个道理,然天人之间,不能不异。则所以事之者,乌得无少异处耶?申生之事亲,虽不能无议,而以之事天则无不尽矣。"〇"存顺没宁":"寻常以存者理之常,没者命之安之义看。今解中以顺事为顺于事亲,然则以前义看,大悖本义否?"批云:"通编以事天事亲为言。则于其末也。不应以存者理之常歇后语以结之。此义甚明。不须疑也。"〇程子曰"仁之体":"《西铭》言民物同胞之义,见仁之用广也。而程子以为仁之体,盖《西铭》大旨,见得天地万物真实一体处,以大无我之公,而未便说到博施济众施为运用之方,盖其体之有同胞吾与之理,所以用之有仁民爱物之施,则看得此义真切,便可以由体达用,不必兼说用而后为备也。"批云:"有体必有用。言体而用在其中。说得是。然此言'仁之体'者,微与'体用'之'体'不同。如曰'体段'之'体',言仁之体段广大如此。又如'与天地万物一体'之'体',不必局以'体用'之'体'也。当共为详之。"(柏麓按:此处略去论《白鹿洞规图》《心统性情图》数节)〇"万物与我为一,为仁之体。固不可以与物为一,为仁之体。而仁体之大,亦须与物为一。此《西铭》之所以为仁之体耶?"批云:"'万物与我为一,为仁之体',作《西铭》'仁之体'之'体'看,则似不妨。而若仁之所以为体之真,则不过曰爱之理耳。说得大概得之。"(《所庵集》卷十一)

〇《答柳子强》:《西铭》一书,所以大无我之公者,而程子曰:"乃仁之体也。"此"体"字,与"体认"之"体",体用之"体",有些不同。而只是"体干"之"体",所谓生之性、爱之理者,非不盎然自足,而若非无私之理,撑起作骨子,则亦不可以发达四通矣。然则所谓"惟公为能体之",所谓"公"者,所以体仁等"体"字,皆作此义看。然后上下"体"字,方无牴牾,未知此意如何。(《所庵集》卷五)

〇《答崔儒瑞(廷镇)中庸疑目》:"天地万物"止"气亦顺矣"。"'本吾一体',此'体'字,是身体之体欤?《西铭》曰:'天地之塞,吾其体;天地之帅,吾其性',言理必言气,方可谓明且备也。况'致中'属性,'致和'属情。性是理,情是气。包性情,兼理气,非心乎?然则此言'致中',不曰'吾性''吾理',而曰'吾心',何也?既曰心,则理气包在,而下又抽出'气'字,此'心'字专指理欤?""一体之体,即'吾其体'之体。天地万物,同一理气,故谓之本吾一体也。以存主处言,故谓之心;以流通处言,故谓之气。盛论分理分气,属性属情,皆涉破碎。未知如何?'情是气'三字。亦未安。"(《所庵集》卷七)

〇《答金贞伯(丁酉)》:《西铭》仁体之说,既作体段之体,则不须与用对说。此体段上,自有体有用故也。但《东岩说》及《素庵集》皆如此,则区区谬见,必有差误,从当更思。然贤者钻研之暇,更加剖覈而指示之望也。(《所庵集》卷十)

〇《答族叔景观(垧)》:伏承有《西铭》工夫,甚善。圣贤千言万语,何者非切身之训,而其为吾辈对症之剂,当以此铭为要。吾辈不及古人,病源何在?只为私意隔断,田地局少,以致些少工夫,无凑泊处。今此铭大旨,在于推亲亲之厚,以大无我之公;因事亲之诚,以明事天之道。则今日受用,在于扩无我之公,尽事天之诚而已。来教所谓"大间架,细节目,规模条理,头脑力量",犹是就本铭文字上赞叹之语,恐非所以鞭辟,向自家病痛上勘合体贴之意。更如此用意看,往往不能无补也。"塞""帅"二字之不作"理""气"字,此正张子作文妙处。盖"理""气"自是无情意之物,今方自乾坤父母以至民物同胞,其精神血脉,专在此二句,故借《孟子》"浩然章"语,"塞"取其充体,"帅"取其志,以明其有主宰,无亏欠之意。而先儒谓下文"善继其志"从此"帅"字来,则此岂可泛以悬空之名下得耶?"恶旨""育英"一段,凡人之尽其己分,即所以尽其事天也。此二句文字出处,虽不从事天中来,而亦岂非尽分之道耶?"不弛劳"以下四句之只言事亲,乃是天人合一处,言事亲而以明事天也。申生之恭,固见讥于圣贤,然事亲之无所逃,固有彰父之过,而事天之修身以俟死,岂可谓之失于恭乎?故朱子以为天必不如献公之妄,此可见矣。富贵贫贱,以天之子视于我而言;存顺没宁,以我之顺事于天而言。则亦不可谓无事天事亲之义也。然此等文句,不必一一衬合牵连,只领其大义而益体当于求仁之工。方是实事。未知如何。(《所庵集》卷十一)

〇《答忠立(其一)》:夫《西铭》,言理而象在其中,若析理、象而分之,则固不可。朱子所谓"即《西铭》之书,而所谓一原无间之实已瞭然"者,正所以发明主言体用而显微在其中,何尝曰"说一原则偏",而必对举说无间,然后全耶?夫全言者,无所不包之称;而偏言者,只指一事之名。则愚之所谓全体大用者,方能包显微在其中。而若如高论,嫌体用字之

偏而不全,不可不对举说无间,则是真所谓体用显微,判然二物者。(《所庵集》卷十一)

○《答忠立(其二)》:若恻隐之理,初无障蔽,则亦何待于公?而惟其为气质物欲之所蔽,是以必撑起这公作骨子,然后仁之道无所蔽矣。故此"体"字,如"体物不可遗",如"天体物""仁体事"之"体",如言《西铭》"仁之体"者,亦是此意。区区前日不能就此理会,只从"体"字上模索,致得如此差舛,一字不明而众理之误如此,甚可惧也。(《所庵集》卷十一)

●金迈淳

○《寄景守》:区区皮膜限亲疏,谁把《西铭》示广居。忠孝宁殊天下性,聪明不乏腹中书。崇兰总化繁霜后,乔木犹征故国余。一命存心应有济,劝君三复鹿鸣初。(《台山集》卷二)

●邓显鹤

○《岳麓山房东壁新开一窗,诗以记之》:伊昔张横渠,《愚》《顽》判双牖。程子为易之,东西《铭》不朽。兹室故生白,颇嫌东旸蔀。呼匠凿堧垣,南棂映成偶。(《沅湘耆旧集》卷一百二十二)

○《与复古叔读横渠正蒙书》:惆怅枯株无晬盘,云横太白梦魂寒。半生骄吝如蜗缩,自把《西铭》反复看。谁掘骊山起老师,竹林镫火共心期。年来后学轻前辈,看彻皋比罢讲时。(《沅湘耆旧集前编》卷二十五)

●柳致明

○《答南诚斋别纸》:天之生物,其本即一。故其施之,必由亲而及疏,自近而逮远,是固仁之方而义之所由生也,此《西铭》理一分殊之旨也。学者诚能尽其大而极其精,知理之一,则知不忍人之训为恻怛周通,而有不必寻讨己字,然后为快也;知分之殊,则知此理之本自如此,而有不待参添补剩,然后为得免于无本可据也。未知执事以为如何?(《定斋集》卷二)

○《答金子翼问目》:"《西铭》理一分殊,盖以乾为父,以坤为母,吾之体性,即受之乾坤父母者也。凡天地间,有生之类,无不皆然,是则所谓'理一'也。曰'乾坤',曰'父母',则已有分别底意。而君臣、同胞、吾与、宗子、家相,莫不各有亲疏之分,是则所谓'分殊'也。""所论是。"○"'天地之帅',

'帅'字妙。理之不离乎气,气之听命于理。斯可见矣。""虽可见此意,铭本非为理气离合而言。"(《定斋集》卷六)

○《答金子翼别纸》:《西铭》,理一何以为仁,分殊何以为义。仁是那天理流行底,物物同体,各具生理,无不贯彻;义是那天理合宜底,物物散殊,各有条理,不相错杂,此则本然之仁义也。以推用言之,则知其理一,而爱之无不周遍,知其分殊,而施之各当其宜,此其所以为仁义之方也。此铭主言理一,则谓之仁之体可也。然自其分立处观之,虽谓之义之体,亦未为不可也。(《定斋集》续卷二)

○《答金继孟(戊午)》:《西铭》一书,盖举天下之人物,作同胞吾与看。夫岂有彼此畦畛而慈良之意,或不贯也。然又有穷理居敬之目,皆去私意,立大本之道。所示能近取譬,强恕而行,又其下手最切近处。寻常谓:恕如把火逐物而照;仁如大明普照,开眼便见。此其大小生熟,迥然不同。而苟非圣人之许大心量,须先从"恕"字上著力,亦不可不知也。子夏鞭辟太近里,致令田地窄狭。恐未然。凡人下手,患不近里耳。若果近里,安有田地狭隘之理乎?(《定斋集》卷十四)

● 郑在龚

○《读书劄录》:游定夫读《西铭》,曰:"此《中庸》之理。"明道曰:"能求言外者也。"《西铭》之为"中庸"之理者,何欤?窃尝思之,《西铭》所谓天地之"塞""帅",即《中庸》"命""性"之说。《西铭》所谓事天如事父,爱民如兄弟,视物如侪辈,仁道之及物,而即《中庸》"率性""修道""位天""育物"之事也欤!(《慎窝集》卷八)

○《读书劄录》:《近思录》云:"满腔子是恻隐之心。"注:"腔子犹躯壳,下心要在腔子里。"注:"腔子犹神明之舍也。"上下注不同,而躯壳恐是。或问:"腔子外是甚底?"退溪曰:"这亦是恻隐之心。"因此而窃尝思之,天地万物,本吾一体,故不但躯壳之内,凡盈天地间,无非此心。此《西铭》之所以作也。然草木始生,纯粹妍嫩,生生之意最好爱看。若枝叶繁茂,则生意难看。孺子之入井,见牛觳觫,怵惕恻隐之心最易发出。若博施济众则仁意难施。茂叔窗前草不除者,其亦爱见于草始生之时也欤!"(《慎窝集》卷八)

● 李恒老

○《西铭记疑(戊戌)》:退溪《讲义》:"乾称父,坤称母"。《易·说卦》

曰:"乾天也,故称乎父。坤地也,故称乎母。"又《书》曰:"天地万物父母。"横渠一篇大义,本此"乾父坤母"一句而推演为说。退溪《讲义》备载文字来处而不及此段,似是缺文,恐当补入。

谨按:《西铭》之义,程子以"理一分殊"明之,朱子又以"直看""横看"辨别。"理一分殊"之说,可谓无余蕴矣。退溪所著《林隐程氏图》,又明朱子"直看"之义,而不及于"横看"之义,盖以天地为父母,而人物并生之中,民与物、君臣、长幼、圣贤、贵贱无分殊。朱子所谓"直看"者,然也。天地是万物父母,父母是一人之父母,民与同胞、物与吾与、大君与宗子、大臣与家相、高年与兄、孤弱与弟,固有分别,此则朱子所谓"横看"之分殊也。二义皆明,始为完备。

《西铭》一篇,从首至末,枝枝相对,叶叶相当,盖乾与坤、父与母相对说。"塞""帅""体""性",以理气相对说。"同胞""吾与",以人物相对说。"大君""大臣",以君臣相对说。"尊高年""慈孤弱",以老幼相对说。"合德"与"秀",以圣贤相对说。"疲、癃、残、疾、惸、寡、惸、独",单提一边,而实与"康、宁、强、盛"相对说。"于时保之,乐且不忧",以"畏天""乐天"相对说。"违曰悖德,害仁曰贼,济恶者不才",皆不肖者也,"践形肖者也",此以"肖""不肖"相对说。"继志述事",以"志"与"事"相对。"志"是无迹底,"事"是有迹底。"不愧屋漏",静时工夫,所以戒慎恐惧而立其体也。"存心养性",动时工夫,所以操存省察而达其用也。"恶旨酒""舍肉",一则遏人欲于己,一则推天理于人。"舜与申生",亲心之悦不悦不同,而所以不私其身则同。"曾子与伯奇",身体之全不全不同,而所以全其所受则同。"富贵贫贱",禀赋丰薄不同,而天亲所以眷爱责教之心则同。末以"存""没"对说,而总结一篇之意。(《华西集》卷二十)

○《答金稚章(乙巳八月)》:《孟子》曰:"志,气之帅也;气,体之充也。"横渠引用此训,于《西铭》曰:"天地之帅,吾其性;天地之塞,吾其体。"所谓"帅"者,《孟子》所谓"志"也。所谓"塞"者,孟子所谓"气"也。依旧是理与气相对说,何尝唤心为气,而反觅心于气禀之外也耶?(《华西集》卷七)

○《龙门杂识》:朱子读书,得其全篇体势,视缓急上下,然后方始下字,是故如造化施物,物物不同,而无疏略复叠之语。《西铭》"天地之塞,吾其体;天地之帅,吾其性",此一句全用《孟子》语。孟子曰:"志,气之帅也;气,体之充也。"又曰:"浩然之气,塞于天地之间。"今变心为性,性即理也。唤心为

理,已自横渠而然。《西铭》,程子、朱子之所尊信而无疑者也,后学当以此为准。(《华西集》卷十七)

○《语录(宋来根录)》:来根诵程子论《西铭》明理一而分殊。先生曰:"此亦同异之说也。若乾亦父,父亦父;坤亦母,母亦母;宗子亦兄,兄亦兄,则是父母兄弟,不已多乎!若乾亦称父,坤亦称父,则又作何状耶?故须是同而异,异而同。"……一日侍坐。先生曰:"……天下之物皆有对,无对则不成物。曾见偏夫独妇,能生子乎?须是有夫有妇,乃能生子。然又须有天而后生此,见天人相对,推此以观枝枝相对,叶叶相当,无物不然。《西铭》理一分殊相对《论语》开卷,学习相对,学取于人,习熟于己。学习与悦相对。学习以事言,悦以心言。"(《华西集》附录卷六)

○《溪上随录一》:明乎郊社之礼,禘尝之义,治国其如示诸掌乎! 三代以后文字,横渠张先生《西铭》,得其意思。晦翁朱夫子纂辑《仪礼经传通解》得其范围。(《华西集》卷十四)

●奇正镇

○《答闵仲浩问目》:"《太极》竖说,《西铭》横说,《敬斋箴》并横竖规模。""'横竖'二字,用于《太极》《西铭》,极有滋味。且创见而开眼,但定之以'中正仁义而主静',《太极》未尝无横也;'塞,吾其体','帅,吾其性',《西铭》未尝无竖也。概以一字为占,或非意圆而语滞乎?《敬斋箴》且还他《敬斋箴》,不必连《太极》《西铭》作一贯。苟欲一贯,圣贤千言,何言不可一贯乎?大抵《太极》从头劈下来,《斋箴》自下进步去,《西铭》兼上下在其中。若就其本文得意味,斯可矣,汲汲一贯,何用乎!"(《芦沙集》卷九)

●李钟祥

○《答崇伯·问目》:盖《西铭》《中庸》虽皆不出仁孝之理,而《西铭》则事天为主,而事亲为宾;《中庸》则事亲为主,而事天为宾。(《定轩集》卷七)

○《育英斋讲义·近思录》:"游定夫读《西铭》,而不逆于心,曰:'此中庸之理也。'《西铭》之合于《中庸》,依叶注观之,则虽依俙看得,而其一一吻合,则有未能窥测者。"(在懿)"叶注只以《中庸》首章'性情体用'之说而论《西铭》,《中庸》相为表里之意者,恐似局杀了。愚意则两书全篇大意,皆以事天事亲为主,而要不出仁孝之理,游氏之意,恐似主此而言。"○"《中庸》中散为万事处多说孝,而《西铭》则专以事天事亲为主而言。则谓两书大旨,不出于仁孝之理者,果似然矣,而犹未晓然。""两书大旨,虽皆以事天事亲为主,而所从言之,则微有不同。《西铭》则以事亲之道事天,而事天为之主;《中庸》则以事天之心事亲,而事亲为之主。然事天事亲,初无二道,语其极功则可以肖天地而赞化育,此《西铭》《中庸》之所以互相表里者。而但程子既以游氏之言谓'得于言语之外',则只当以意会之,若节节求合,则错矣。"○"如是则两书之以仁孝为主者,意自晓然,而程子何以谓得之言语之外?""《西铭》则体天事天之事,固自晓然。而若《中庸》,则于事天享帝等事,只有一二带说,而不似《西铭》之专主是意。然其实则自'天命之性'以下,至于终篇,无非所以敬天体天之事,而意在言外,故程子之言如此。"(《定轩集》卷十三)

●金岱镇

○《性理大全记疑·西铭》:"仁者浑然""与物同体。"小注:问:"'物'字是人物是事物?"北溪曰:"'仁者与物同体',只是言其理之一耳。人物与事物,非判然绝异。事物只自人物而出,此'物'字,皆可以包言。"按:"与物同体",即所谓与天地万物为一体者,则此"物"字,直训为人物之物,恐当。

朱子曰:"《西铭》,有直劈下底道理,又有个横截断底道理。"勉斋解云:"每句直下而观之,则事天事亲之理皆在;全篇中断而观之,则上专是事天,下专是事亲,各有攸属。"按:朱子横直之说非一,如曰《西铭》,逐句浑沦看,便见理一;当中横截看,便见分殊。又曰:"宗子、家相、民物,固是分殊处,但这是一直看下底,更须横截看。"又曰:"乾父坤母,只下'称'字,便别这个有直说底意思,有横说底意思。"又谓龟山以"'民,吾同胞,物,吾与'及'长长幼幼'等为理一分殊。只为直说底意思,说得头一小截皆是也。"合数说而观之,其意盖以'乾坤民物'至于'长长幼幼'等之理一而分殊者,为直下底道理;以'乾坤之与父母''民物之与胞与',以至'高年与长长''孤弱与幼幼'等之理一而分殊者,为横断底道理。不但以事天事亲之理一者为直说,分殊者为横说,如勉斋所释也。且其直观处言每句,横观处言全篇,似亦差互耳。

徐子融曰:"先生曰:'事亲是事天底样子。'只此一句,说尽《西铭》之意。"按:先生此句,只就《西铭》中明其义,若单行此句,则未必尽见得《西铭》之意。"

"尊高年,所以长其长;慈孤弱,所以幼其幼",又是做工夫处。按:自"大君宗子",至"兄弟无告",皆论其理如此而已。"于时保之"以下,方是做工夫处。所谓前一段如棋盘,后一段如下棋者此也。今以"尊高年""慈孤弱",便作做工夫说,与棋盘下棋之说不同。(《订窝集》卷九)

○《答李慕亭(壬寅)·别纸》:"《订顽》篇只言人物皆为侪类,而未尝言其贵贱之别。""同胞,兄弟也;吾与,侪类也。其分别人物,极为分晓,而今谓未尝言贵贱之别,恐亦失照管。"(《订窝集》卷四)

○《年谱》:十四年癸亥(先生六十四岁)……秋以训长。会讲《西铭》于虎溪书院。先生命诸生各质所疑,因解说其义。自"乾父坤母"至"没吾宁也",洞释一过。声音弘畅,训教明白,满座为之竦然倾听。既讫,复进诸生,告之曰:"诸君知今日讲论《西铭》之意乎?私意一块头,充塞天地。上自朝廷,下至闾巷,朋党之习,忌克之私,渐成痼弊,原其所由,莫非《西铭》理一分殊之义不明故耳。诸君无以今日讲解只做一场说话,各退归,讲明习服。读《西铭》上一截,体认得吾之躯壳心性,元自天地塞帅中出来,而吾之所以际接乎民物者,皆有兄弟胞与之义,则已思过半矣。读下一截,又据以为自家用工节度,兢兢业业,罔敢怠忽,则事天事亲,各得其当矣。夫如是,则其理虽一而不流于兼爱之弊,其分虽殊而不牿于为我之私。诸君其念哉!"(《订窝集》附录卷一)

●韩运圣

○《瞻望轩记》:知乾坤之为大父母,则必能事天如事亲。以不愧屋漏为无忝,以存心养性为匪懈。述事于知化之地,继志于穷神之域。要尽《西铭》义谛,驯致乎践形惟肖。夫然后立扬以显,孝有始终,而乃可充今日瞻望之心。(《立轩集》卷十四)

●罗泽南

○《分立而推理一图赞》曰:不知理一,其仁乃亡。不知分殊,于义有伤。由分之立,而推理一。中国一人,天下一室。大哉《西铭》,体用兼举。父母天地,民胞物与。其分虽异,其理无二。一本万殊。万实一致。杨墨并起,仁义充塞。无父无君,宇宙昏黑。不有圣贤,谁立其极。何以事天,小心翼翼。(《西铭讲义》)

○《分立而推理一图》及说解曰:

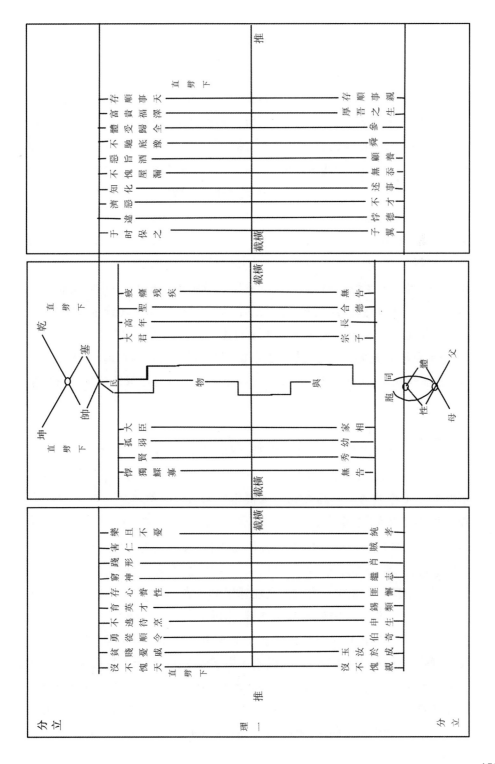

右图分上下两截。

上截自上而下。首一：○两仪也，中合为一。○天地氤氲，万物化醇也。下二：○天地之塞，天地之帅也。塞以气言，帅以理言，二者不相杂者也。不相杂亦不相离，会为一。○真精之妙合也。横列：于时保之、乐且不忧，至存顺没安者，人得天地之塞、之帅，必有以尽事天之道也，下一：○民也。横列：大君、大臣，至疲癃残疾、惸独鳏寡者，民中之分殊也。又下一：○物也，民得天地之正气，其理通，故其丝自中而下。物得天地之偏气，其理塞，故丝偏注之，所禀有不同也。物下于民者，贵贱之等也。此皆以天下之公者言也。

下截自下而上。下二：○父母也，中合为一。○男女构精，万物化生也。上二：○吾其体，吾其性也，复合为一。○性即具于体之中也。横列：子翼纯孝，至存顺事亲、没不愧于亲者，子必有所以尽事亲之道也。上一：○同胞也。横列：宗子家相，至颠连而无告者，同胞中之分殊也。最上一：○吾与也。同胞为吾父母所自出，故其丝属之。与非同胞，不属也，亲疏之分也，此以一家之私者言也。上下分布者，<u>朱子</u>横截断看法也。

横截断，则乾坤自乾坤，父母自父母，民物自民物，胞与自胞与，不相淆混者也，分之殊也。乾垂一丝，下属于父；坤垂一丝，下属于母。此<u>朱子</u>直劈下看法也。

其丝自下而上，由一家之父母推到天地上去也。自上而直劈下，则乾坤即吾之父母也。以类而推，莫不皆然。理之一也，横截断；分立也，直劈下。分立而推理一也，天地塞，帅妙合一。○万物一太极也。父母、胞与、民物及所以事亲事天，各系一。○物物一太极也。无不可以见理之一而分之殊也。观于此，则《西铭》之旨了如矣。

○<u>《西铭讲义叙》</u>曰：《西铭》，言仁之体也，义已见于其中。<u>程子</u>以理一分殊赞之，其理无余蕴矣。朱子惧后人之难知也，为之作解义，使天下学者，知句句有个理一分殊在。然而世之能遽悟其旨者，亦鲜已。西夏，<u>泽南</u>为诸生讲《西铭》，用<u>伊川</u>分立而推理一之旨，作讲义示之，每句始言一家之父母兄弟，继乃推到天地民物。因其分之立者，以明其理之本一。又绘一图，上下推布，于理一之中分之森然者益明，以附于<u>朱子</u>解义之后，为初学设也。夫《西铭》之理一，不难知也，分殊难知；分殊，不难知也，分殊之中各有其处之之道难知。然而岂知之而遂已哉？人禀二五之精以生，理即从而赋之。天地万物皆吾一体，虽其中亲疏殊情，贵贱异等，而其天理之流行，实未尝有一毫之稍间。如一身然,冠则以之尊其首,服则以之章其身,黈纩以之塞其耳,履舄以之重其足。随形付物,各有所当,而疾痛疴痒要皆息息之相关。其气稍有不贯,则手足痿痹为之不仁,有不可间隔故也。是以古之君子亲亲而仁民,仁民而爱物,必皆有以尽其当然之则。向使于分殊之处,一毫有所未善,则此一理之浑然者,遂有所亏而莫周。义之不尽,又何以为仁之至哉?《西铭》所以言仁者,至矣;所以言义者,亦明矣。读是书者,必即其理一分殊之旨。知之明,复处之当,俾吾之所得诸天地之塞、天地之帅者,为不失,则亦庶乎其克肖矣。程子曰:"充得尽时,圣人也。"孟子曰:"人皆可以为尧舜。"道光廿九年己酉闰四月廿一日,罗泽南谨识。(《西铭讲义》)

○《横渠西铭注》:"《西铭》一篇,其文之最粹者。"(《小学韵语》)

○《陈氏墨谱序》:"闲尝读《西铭》一篇,乾父坤母,两大覆载,民物之生其中者,莫不得天地之气已成形,得天地之理以成性。古之人,民胞物与,一视同仁,身膺阿衡之责,一夫不获,则为引为予之辜,诚以为一体之相关也。"(《罗氏遗书·罗忠节公遗集》卷四)

●唐鉴

○《罗山西铭讲义序》曰:湘乡罗罗山兄,学道为己之古君子也。余于丁未年,见之于会垣,往来过从,蔼然其可亲,肃然其可敬,知其内蕴深也。及其以所著见示,造诣精纯,识量宏大,知不离乎物,则独不欺于意,心无袭取于外,无幻托于空。斥阳明之顿悟,探伊洛之渊源,孜孜焉以崇正学、辟异端、正人心、明圣教为己任。余爱之、敬之,切磋而严惮之,心藏而众誉之,在近在远,无日忘夫罗山矣。前年从江南避寇归来,满拟与罗山复修旧会,以资助益。而罗山师领乡间义勇,为国杀贼,二三年间,转战数千里,收复城池二十处。同辈惊喜,以为古今不世出之奇才,亦古今所罕见之奇胜。残蜂溃蚁,不日即可扫荡无遗矣。罗山书来亦云:"俟贼平后,当乞假还乡里,讲道论德,以竟生平未了之功。"而余亦思天下望治之殷、友朋聚学之乐,未尝不企予望之也。而今已矣,不可得而见矣! 斯人也,论学术则不让能于薛、胡,纪勋庸则几媲美于郭、李。古有几人乎? 今有几人乎? 才难不其然乎? 然而惜之者未尝不倚剑而长嗟,慕之者未尝不投笔而争奋。是故纶巾羽扇非重其物也,重其勋名也,而贤豪因之而兴;鹅湖、白鹿非尊其地也,尊其德化也,而道学因之而立。余不能呼罗山而使之复起也,愿世之有志者学罗山而已矣。

《西铭讲义》,罗山之所以教后学也。罗山取法《西铭》,故其尽性至命若是。《西铭》,性命之理也,举乾坤为人生之大父母,揭之曰:"天地之塞,吾其体;天地之帅,吾其性。"藐焉于兹,居然体天地之体,性天地之性也。其当何以为民立心,为物立命,为统立君,为辅立相,为秩叙立长幼,为道德立圣贤,为疲癃、残疾、惸独、鳏寡立吾兄弟之颠连无告,斯数者,是吾大父母之至仁、至诚,亦即事大父母者之孝思、孝行之至,不容已者也。其孝维何?则翼其敬也,乐其纯也,德其不违也,仁其不害也,才其合德也,肖其践形也。知化则善述,穷神则善继也。不愧则无忝,存养则匪懈也。此子之事亲如是也,事天何独不然?顾养、锡类、厎豫、待烹、归全、顺令、厚生、玉成,皆人子存顺没安之往迹也,事天何独不然?罗山知而讲之,以为乾坤之事即吾父母之事也,安得而辞之?吾性之理即吾天地之理也,安得而昧之?保吾性者,所以翼吾父母也;乐吾性者,所以安吾父母也。其肖也在赋畀,其继述也在神明,其无忝也在仁义,其匪懈也在敬诚。罗山固完其为《西铭》矣。学者读其书,不可想见其人乎?咸丰六年岁次丙辰夏四月,镜海愚弟唐鉴顿首拜撰于红叶山房。时年七十有九。(罗泽南《西铭讲义》卷首)

●吴敏树

○《书西铭讲义后》曰:横渠张子《西铭》之书,言乾坤称父母,而推明事天如事亲之义,其言至大。当时程子即取之以教学者,其后朱子又尊信之,《西铭》书几与孔、孟之言等。余谓张子之作,所以明儒者之学异于老、杨而又不同于墨、佛者,而其语即不能无少过。夫所谓"民,吾同胞;物,吾与"者,不过极言其理耳。民果吾同胞乎?物果吾与乎?同胞者,父母天性之爱,不可假也。圣人所以一视同仁者,人皆天地之生,形体性情与吾同,推类以及之,而忧乐必与之偕耳。又以知觉之先者,有或属之吾身而吾不得辞耳,其实固不能代兄弟者待之也。至于物,则吾之所裁制以为人用,爱而长之、节之,所以尽物之性也。鸟兽不可与同群,而可谓斯人吾与之比乎?子贡问"施济众",孔子以为尧舜犹病,而断其可行于恕之一言,其答子路修己,而至于安百姓则难之。圣人不欲与人为广,以为其诚之必不至也。而《孟子》曰:"君子于物,爱之弗仁,于民,仁之亲。"弗仁弗亲,等级甚为明白。而又有精言之者,论禹、稷、颜子,而有同室乡邻之喻。盖之斯世之人,自禹、稷视之,则为同室,自颜子视之,则为乡邻,以其身所处之地,则情亦异焉。今皆不问而一言之,得无过乎？窃详张子之意，将以救学者自小自私之敝，而扩其偏而不普之心。程子、朱子意亦如是，而明理一分殊之旨，以防其所流。独龟山杨氏有爱之疑，实亦未为不达也。今世有天主邪教者，直称天为父，而凡人无贵贱老幼，皆为兄弟，无父无君，而足以倡合庸人，以阶祸乱，究其说类窃《西铭》之似而背其本者。湘乡罗罗山氏乃申程朱之意，为《西铭讲义》。罗山讲学而用世，为书之旨盖远，未屑一言及于今之邪，而余窥其意亦在是，并妄议张子之言之过，世之君子，其无遽罪我，而试察之。（《桦湖文录》卷二）

○《又书西铭讲义后》：或曰：今之邪教，不足道也。愚民惑之，学士笑焉，是乌足与辨？余谓：不然。圣人之所以立教者，使天下贤、智、愚、不肖，共由其中，若言不足以惑愚而不辨，是弃人也。且惑之甚而贤、智又恐有不免者，余有所见之。往时，有村人佣于余家，至愚之人也，并未尝识一字。一日，与舍中诸童私语曰："人莫止说有父母，天实生汝，地实长汝，日月以照汝，水火田谷百物以养汝，风以吹汝，雨以润汝，是天地之恩至重，不可不报。"余于隔房闻其语，大惊怪之，察其所居屋中，则壁间皆画为舟船旌旗戈甲之状，而其人又尝背人口中唱诵有词，知其必为斋匪所惑。斥之则怒，而以言相反，乃呼其家人，令以归约禁之，遂发狂以死。夫是人者所言，微特僮奴耸听之，即令读书粗识道理者，以一言折其非是，其将能乎？否乎？而又将有妄人自奇，反信用之者。天地之恩之于生人，不待言也，而不可报也。惟王者一人为天之所主，天下人之所听命，故称为天子。而有父事天、母事地之礼，所以为天下报也，然犹尊之而不敢亲也，郊社之事，与宗庙固异矣。之于圣人君子之教，则以存心存性为事天，而他无事焉。天生人而不失其所以为人之理，即曰报之，无出于此。《西铭》之书，亦不过发明此理，而父母兄弟之言为邪者，容得借口大儒，以相欺诱，故窃论及之。呜呼！邪说之生，而足以惑人，有由矣！世教衰，父母、兄弟、宗族、乡党之恩薄，民穷而散，而邪者诱之，此真学士大夫之罪也。故圣人之道，主于亲亲而渐推之，天下皆得自尽，而无散叛之民，其道亦无俟多言矣夫！（《桦湖文录》卷二）

● 陈澧

○《庄子》云："自其同者视之，万物皆一也。"（《德充符》）此托为孔子语。又曰："知天子之与己，皆天之所子。"（《人间世》）此托为颜子语。张横渠《西铭》即此意。（《东塾读书记·卷十二》）

● **曾国藩**

○后世论求仁者,莫精于张子之《西铭》,彼其视民胞物与,宏济群伦,皆事天者性分当然之事,必如此,乃可谓之人,不如此,则曰"悖德",曰"贼"。诚如其说,则虽尽立天下之人,尽达天下之人,而曾无善劳之足言,人有不悦而归之者乎?(《曾文正公家训》卷下)

○《问学》:处逆境之道,惟《西铭》"无所逃而待烹,申生其恭也。勇于从而顺令者,伯奇也"等句,最为亲切!壬子。(《求阙斋日记类钞》卷上)

● **苏辉冕**

○《看书剳录》:《西铭》第一节,悬吐甚戛戛,既曰"乾坤父母"而"予兹中处",则吾已生之。既生之,则第二节"体""塞""性""帅"者,语似重复,故常觥觥。近因讲论此书而忽思之,则此由于舍却本题《订顽》,只以寻常《西铭》而思之故也。若以本题究之,则第一节"予兹""中处",统人物言之也。其意盖曰:人之不仁,靡他,只知各身父母,而不知天地统人物之父母也。若知此而父母乎乾坤,则凡我人物之中处,其非子道乎?理既如此,故天地之塞,吾亦免不得体矣;天地之帅,吾亦免不得性矣。既如是,则民非吾同胞,物非吾所与乎?故第三节云尔。而既同胞,则第四节大君即吾之宗兄,大臣即吾兄弟中能干家,而辅佐宗子者也;高年,即年卲之兄也;孤弱,即幼少之弟也;圣贤,即其兄弟中能绍父母者也;凡疲癃鳏寡,兄弟或姊妹中残劣命奇而无能为者也。所以第五、第六节,始举似为仁之端曰云云。第七节述事继志,兼包吾与之物而言之。第八、第九、十、十一,始历举仁而不顽之端。至第十二节,统而论之曰:以上如文武之善继述,而如崇伯子,虽贵为天子,富有四海,而兼厚禄,自不过命分之好,而天地为之富贵福泽已矣。舜初年,虽无限困厄,晚暮富贵自极;曾子虽未及富贵,体完性全,而福泽则优优之义,而总结者也。申生,伯奇,不免误死而贫贱忧戚,性命犹保,天地之所授,而令闻长世,则亦天地之玉成之义,而并总结之义也。末一节,又总而重结曰:然则凡我为天地所生之子,勿论所遇之顺逆,生则只顺所受之气数,所承之性命而已;没则体归于地,神上于天,而无愧而已之谓也。而至于理一分殊,逐节逐句,无非是也。凡所云逆者、顺者、异者,皆分殊也。纯者、不违者、保之者之类,皆理一也。呜呼!其为书也,可谓略而尽而有数底文字也。宜乎与《太极图》并称于无穷

乎!(《仁山集》卷十三)

○《答李尚甫(来应○甲戌)》:《西铭》不曰"理"而曰"帅"云云。"帅",军帅也,主张之谓也。今夫天地所以主宰万化者,无往非理也,而其象有如军中之所以主张万事者,无往非将帅之为矣。此《西铭》所以取喻主宰万化之理,必以"帅"字当之也。斯义也,观于《河洛图》中五点,而可知其主宰之义也。(《仁山集》卷四)

○《答李士仁(道用○乙丑)》:"《中庸注》曰:'天以阴阳五行,化生万物,气以成形。'《西铭注》曰:'人禀气于天,赋形于地。'一则单言天,而形须气成;一则并言天地,而形气分属。何也?""《中庸》主理而言,故不必屑屑于气与形之分属天地,则天以阴阳之天,理字义较多,而气以成形之气,便包含天地之义焉。《西铭》主父母乎天地,而语其禀赋,则气与形,不得不分属天地,故自然如此。然则《中庸》《西铭》,各自一义,复何疑焉?"(《仁山集》卷三)

○《答郑云卿》:《西铭》之理一分殊及《中庸》之理云云。愚则谓理一分殊,不须如此说,假令乾称父,坤称母,而乾坤自乾坤,父母自父母,此非分殊也。以乾而犹称父,以坤而犹称母,此非理一耶?余皆仿此。若夫《中庸》理,亦理一分殊为言也。假令命性道教,而命一也,性殊也,道一也,教殊也。假令鸢鱼飞跃,而飞跃,殊也,所以飞,所以跃,一也。此所云《中庸》理也。未知如何?(《仁山集》卷五)

○《答崔秉寿》:《易》及《西铭》《洪范》《太极图》云云。蔽一曰:"此皆论理之书也。"理,万非为多也,一不为少也,故只言其一而万在其中,虽及其万而一各其中也。然则各据其立言本意,以究其义谛已矣,何须《易》而疑其六十四卦之多也。《西铭》而止言理一分殊之孤也,《洪范》而只及五行也,太极之一而二,二而五,五而及万者,为极繁而致疑乎?若善观,则《太极说》未始不《西铭》,《西铭》未始非《洪范》也,《洪范》亦自为表里,《大易》而一实万分,万复为一,庶有周全而无偏,幸加另商,如何?(《仁山集》卷九)

●朴永鲁

○《林隐程氏图》曰:程氏名复心,字子见,新安人。退溪先生上十图中,程氏所著有二,为《西铭图》及《心学图》也。□子曰:"子见隐居不仕,行义甚备,白首穷经,深有所得。元仁宗朝,以荐召至,将用之,子见不愿,即以为乡郡博士致仕而归。"

张载《西铭》《东铭》诠评汇纂

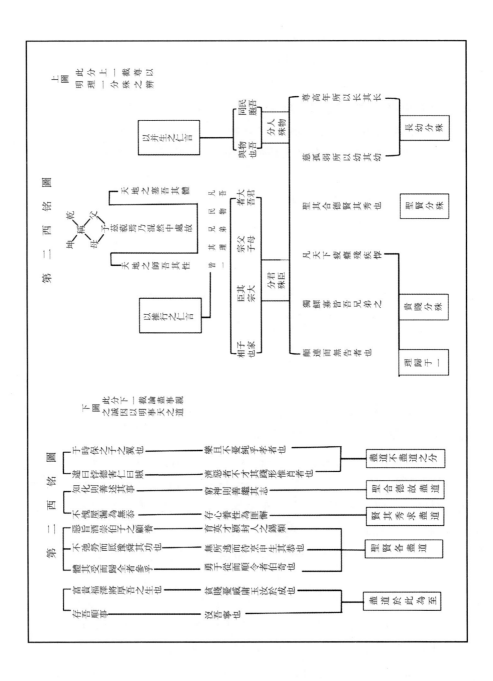

462

退溪先生曰:"林隐程氏作此图,盖圣学在于求仁。须深体此意,方见得与天地万物一体,真实如此处。为仁之功,始亲切有味,免于莽荡无交涉之患。又无认物为己之病,而心德全矣。故程子曰:'《西铭》意极完备,乃仁之体也。'又曰:'充得尽时,圣人也。'"

谨按:《西铭》文谨仅二百五十三字,而所包甚广。盖仁之体段,本然全具,而又欲推而行之,窃恐孔、颜、曾、思、孟传授心法切要之旨,尧、舜、禹、汤、文、武、周公治天下之大经大法,皆在此书,所谓约而尽矣,真无愧于"为天地立心,为生民立道,为去圣继绝学,为万世开太平"者也。然而寒乡晚进,旁无师友之可靠者,将何能由辞以得意也?无已,则只将程、朱两夫子《西铭》大训浇灌脑中,使之积久涵养,以至于欲罢不能,则或庶几乎!

大山(姓李,名象靖,字景文,韩山人)《答九思堂书》(姓金名乐行,字退甫,义城人):心无限量之说,盖人得天地之理以为性,受天地之气以为形。理与气合则为虚灵之体,以主于一身,盖通天地,只是一个理气而心为总脑以司其主宰运用之权。形骸躯壳,虽有内外之分,而即此本然之体。彻显微一人已,贯上下通远近。语其大则无外,语其远则莫之御。故程子曰:"心无远近。"又曰:"一人之心,即天地之心。"而朱子亦曰:"此心廓然。初岂有中外之分。"盖皆谓此也,所谓腔子外是满腔子物事者。盖盈天地间,只是一个生生之理流动充满,愤盈发泄,无分段无间隔。夫人混然中处,得夫是理而为之心。故其隐恻伤怛之意,盎然充塞于一身躯壳之内,疾痛疴痒,触之而觉,不待思虑拟议而后知也。然此是无内外可分,无方体可言,初不可以躯壳而限之也。故即此满腔子者,便是无限量无际岸。天地虽大,万物虽伙,而浑流周遍,逼拶充塞,血气灌注而无毫发之空阙,脉息关通而无顷刻之停歇。(从程子"莫非己也,认得为己,何所不至上。"体认意思出来)此仁者所以浑然与天地万物为一体而无一物不在,所爱之中,岂若病风患痹之人一膜之外便成胡越哉!心无出入,盖谓心体至大。初无限量,凡酬酢万变。虽无所不至,而皆其度内不可以出入言也。故《语类》有一处说心大无外固无出入。退陶先生亦曰:"一人之心,即天地之心。充满天地之间,安有出入之处。"据此则心之无出入者,其义可知也。故孟子"出入"二字,当作操舍意看。如顺理而动则虽远薄四海,高人千古而亦只是入,才涉昏放,则虽阖眼兀坐,不接事物,亦不害其为出也,大抵此心。语其体则为主宰总脑于一身,而语其用则贯事物而通天地,以其主宰总脑于一身也。故虽中国一人,天下一家而不落于认物为己之病,以其贯事物而通天地也。故虽穷居陋巷,闭门自守而不流于自私为我之蔽,此儒者之学所以卓然不沦于墨子、杨氏之学而得体用之全者也。(此书深得《西铭》之旨而仁之体用发明无余蕴,故程书附后。)

近日止庵金文瑞(名健寿)以《西铭图辨》问于永鲁,永鲁蔑学贱品,何敢容喙于其间!但细推节拍,今姑置之,大体之有所未安,不得不辨。大君位置恐当如"五皇极"之居中而统摄"九畴",方是体势宏尊、分义截严焉。圣贤恐当继大君而位乎下方,见得扶植纲常之大本。朱子作《西铭旁通图子》,而未见其传于世为可恨,然"旁通"二字,可见其大中至正之义。在大君,则舜之明四目、达四德、辟四门是也,在圣贤则《大学》"絜矩之道"上下四方、均齐方正而天下平是也,此之谓一贯之妙与恨不及奉质于陇云门下也。密阳朴永鲁谨识。(《西铭集解》)

●李晚煮

○《西铭集解序》曰:龟山朴文丈永鲁氏,以其所撰《西铭集解》一册遗弃门人,请序于余。余固非其人,然闻公之风,而愿为之执鞭者,雅矣。乃就考其编第,则悉取《性理大全》所载注论,及《语类》诸说而谨录之。终之以吾先祖之训,条理节目,井井不差,尽斯学之指南也,其逐目之下,合有采入之义及篇末附见之言,容或有商量者,故己敢作书禀之,特蒙赐可。于此,又不无一脉相感之情,复作而言曰:

噫!今世之立言著书者甚多,其本分心地之事,倚靠一边之得,揽取前言之蚕丝牛毛,枝上生枝,节上生节。率舛错破碎,自纳于自欺欺人之域者,是诚何益乎?今是解则不然,专取先儒之说而立其门户,启其路脉而其说之,或涉支蔓而世之稍下者,皆已不采,务欲简洁,便于省览,则奚暇己意之参错于其间,而专以撰述为功也哉!所以鲁莽如晚煮者,犹爱其篇,目之惯习,而凡例之详严也。况自知言者见之,为有罅隙之可指,而意味之不长乎!大抵《西铭》一书,自《孟子》以后,无此议论,而举《中庸》同其理,《太极》同其妙,先儒已言之矣。然《庸》与《极》之深奥,初学之士,或有厌于穷索之弊。《西铭》则不然,其大意之为仁者与天地万物为一体,推亲亲之厚以大无我之公,因事亲之诚以明事天之道,于大小亲疏之分,无适而非理一分殊之妙也。夫人能言之,夫人能说之,然徒知言之、说之而不能反之吾心,实下一日之功,何哉?或曰:"《太极》有主静而为据依之地,《中庸》有至诚而为入头之处。《西铭》统

卷四 《西铭》评述

上圖

下圖

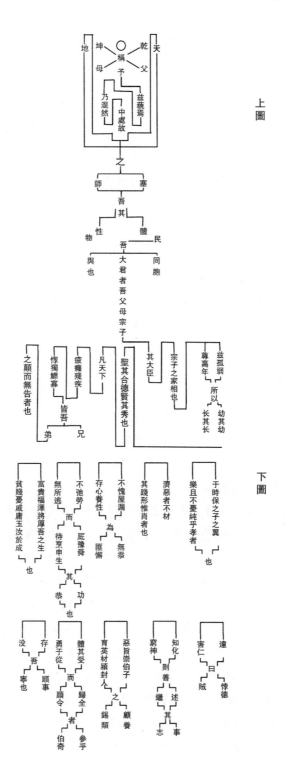

465

论仁体之廓然大公,而无据依入头处,故人易阔者,不知其亲切也。"曰:"是则不然。《西铭》上段言'乾称父,坤称母',《乾》之《文言》,不曰"修辞立其诚"乎?《坤》之《文言》,不曰"敬以直内"乎?下段又曰"于时保之,子之翼也。","翼"之义,非敬而何?推类旁通,"诚""敬"固在其间。宁不学,学之不无依据入头地也,以故试拈出"诚""敬"二字,于此解之中为存心求仁之方,无或大得罪于造道之书乎!愿裁择而幸教之,因有以卒惠吾党之士焉。庚子阳月上瀚真城李晚焘谨序。(朴永鲁《西铭集解》)

●张福枢

○《答宋舜佐朱书问目》:天地万物,固与我同体。然须将自己为主宰,见得物我一理,无有间隔,方是仁之实体。此夫子所以答子贡之问,必曰:"己立立人,己达达人。"而张子《西铭》,必以"吾"字为原本者也。此书须以此意看破,不可泛以天地万物同体为仁,反涉莽荡之病也。(《四未轩集》卷五)

●李震相

○《挽李监役谨休(晚愈)》:溪头立马听书声,蒿目初开玉树明。岩屋昼长论太极,陶山夜静讲《西铭》。理气竖横虽异见,正邪扶辟本同情。心旌不觉川梁隔,梦罢依然月满楹。(《寒洲集》卷一)

○《上崔海庵·别纸》:或问理一分殊。朱子曰:"此是一直看下,更须横截看。天地父母,固是一理。然吾之父母与天地,自是有个亲疏;同胞里面,便有理一分殊;吾与里面,亦有理一分殊。(《近思》注)或问:"既曰理一,又曰分殊,是理与分二也?"曰:"以理推之,则并生于天地之间者,同体同性,不容以异观也。然是理也,则有品节之殊,轻重之等。所谓分也者,特理之等差耳,非二端也。"又曰:"分者,天理当然之则。"窃按:理者,分之一者也。分者,理之殊者也。以天地言,则天地为父母;以父母言,则父母为天地,理之一也;天地则远而疏,父母则迩而亲,分之殊也。以性分言,则浑然太极,理之一也;而粲然五常,理一中之分殊也。发为万善,分之殊也,而同出一路,分殊中之理一也。以职分言,则事天以仁,事父以孝,分之殊也;而孝者仁之用,仁者孝之体,则又其理之一者也。朱子曰:"《西铭》,是将孝来形容这仁。"以此观之,则理一之中,分未尝不殊;分殊之处,理未尝不一也。今详来诲,以性分言理一,以职分言分殊,微有分作二端之嫌。而挽入"气"字,恐非本旨。盖全体太极,理之一也;各具太极,分之殊也。理一则气亦一,气殊则分亦殊。然此言理一,不杂乎贮之之气;此言分殊,不杂乎发之之气也。(《寒洲集》卷五)

○《答张舜华·别纸》:"《西铭》'同胞''吾与'里面横截看处,更难见分殊底意。""里面横截看处,又须知'民'与'吾'、'物'与'吾',皆分殊;而曰'同胞',曰'与',则理一矣,'民'与'物'皆曰"吾",则是理一。而民曰'胞','物'曰'与',则是分殊。"(《寒洲集》卷二十三)

● 金平默

○《辟邪辨证记疑》:孔子赞《易》曰:"天尊地卑,乾坤定矣,卑高以陈,贵贱位矣。"《履之象》曰:"上天下泽,履;君子以辨上下,定民志。"礼曰:"天高地下,万物散殊,而礼制行也。"墨氏之陷于无父,而归于禽兽。以其但知理一,而不知分殊也。横渠之《西铭》,程、朱班之子思、孟子之书者,以其理一之中,致严于分殊,而不容有毫发之乱也。此实天经地义,民彝物则,亘宇宙而不易者也。此理明则君臣父子兄弟夫妇尊卑贵贱,各定其位,各安其分而秩然有序,有序故礼作,礼作故和生,和生故乐兴。(《重庵集》别集卷五)

● 李象秀

○《杂问》:程门以《大学》《西铭》并称,父子兄弟,已推为身外物。昏愚难医,诚可叹矣,故试作此篇,以乾坤为父母,四海之人为同胞已。却干其家事,尽心教育,使皆得所。所以破众人自私自利之障,命之曰《订顽》,叔程子改以《西铭》。盖言仁之体量本如是,如是而后,始为尽性而无憾云尔。初非为《大学》作注脚也,又非依傍而有蹈袭也。然其旨自与《大学》一串,故程门与《大学》并称也。朱子谓《西铭》:"前一段如棋盘,后一段如下棋。"其文如今场屋文,贴题比类,逐段排纂而出,是宋人文也。(《峿堂集》卷十七)

● 贺瑞麟

○《季诚将别留诗即用原韵答之(戊辰)》:远来误汝鹿原行,岂有斯文共讲明。不畏妖氛方梗路,独知吾道不干名。《西铭》尚溯横渠学,三聘须安莘野耕。归去好寻尧、舜乐,相期勿负岁寒盟。(《清麓文集》卷十九)

○《宿北峰有感》:我为名山几次游,相迎都是羽人流。中宵读得《西铭》意,翻重同胞陷溺忧。(《清麓文集》卷十九)

○圣人老安少怀之志,便是《中庸》天地位、万物育气象。一篇《西铭》,道理即从此出。(《清麓遗语》卷一)

○程子说:"认得为己,何所不至。"看《西铭》下几个"吾"字,何等亲切!吾父、吾母、吾胞、吾与、吾体、吾性、吾父母宗子、吾兄弟无告,只是认得此处"己"字。(《清麓遗语》卷一)

○《近思录》中《太极图说》《西铭》《定性书》《好学论》,此四篇文字最紧要。《太极》由天说到人,《西铭》由人说到天,言孝子之事亲,以明仁人之事天,以天地比父母更亲切,然要有《西铭》底规模,非《定性》不可。性定则能扩然大公,物来顺应,然要如此,又离不了《好学》。学只是知行,故又要知所往,然后力行以求,至此是顺说下来。《太极》是说道体,《西铭》是立志的事,《好学》《定性》是为学的事。论工夫,则当先《好学》,能好学口才能定,才是事天的工夫。《西铭》是尽人以合天,方全得乾坤的道理,方能完得一个太极,此又是逆说上去。(《清麓遗语》卷三)

○此四篇文字,猝乍看如《太极》《西铭》似涉高远,若不甚关切,不知人要为学,先不可不有此间架。此是周、张、二程四先生,各发平生所蕴而成,直是掇取《五经》《四书》之精华。无此四篇时,当求之《四书》《五经》,有此四篇,且先熟读此四篇,自当胸有把握。此四篇极有功于天下,后世人要着实为学,须是胸中常有此四篇文字,当时只是各作各的文字,全不相蒙,各有各的道理,各有各的工夫,各自完备,不须假借。但就一篇工夫做到好处,诸篇道理莫不相通。如今辑在一处,前二篇言道理,后二篇言工夫,原是一段事。何等亲切,何等完密,直与《大学》《中庸》一般,真是天地间不朽文字。(《清麓遗语》卷三)

○伊川改《订顽》曰《西铭》,《砭愚》曰《东铭》,即此便见张子气象严厉,伊川气象温纯。《西铭》工夫,只是克己,《西铭》言仁之道,克己方可为仁。今学者要有《西铭》规模,须是克己。每日留心点检自己私心所在,去得一分私欲,便长得一分见识,久久便识《西铭》底气象。(《清麓遗语》卷三)

○伊川《易传》《春秋传序》二篇文字甚好,朱子诸书序,大概法程得力于此。如《大学》《中庸》两序,前后安排次第,全似此二篇,可见是从这里来。旧时说宋四大篇文字,谓《太极图说》《西铭》并此二篇,后以《定性书》《好学论》切于为学工夫,故易之。若以文字论,却当先此二序。(《清麓遗语》卷三)

○"天地万物,本吾一体",朱子此语,从《西铭》来。《西铭》大概本之《中庸》。故朱子章句,又本《西铭》,缘《中庸》《西铭》,只是一个道理。如"天地之塞,吾其体;天地之帅,吾其性",此二句是《西铭》紧要处。此云"致中和,天地位,万物育",后面云"能尽其性,则参天地,赞化育",岂不是一个道理!(《清麓遗语》卷三)

○"克己复礼"是《西铭》下手底工夫,人之所以顽而不仁者,以其私也,去其私,则仁矣,故"克己"是《西铭》最要切处。(《清麓遗语》卷四)

○"惟仁人为能享帝,惟孝子为能享亲",《西铭》之谓也。(《清麓遗语》卷四《经说三》)

○《中庸》之书,尽人合天之道也,《西铭》亦然。(《清麓遗语》卷三)

○《西铭》即事亲以明事天,《中庸》"大孝"诸章,以至"郊社""禘尝",便是此意。(《清麓遗语》卷四)

○范文正公劝横渠读《中庸》,后来横渠作《西铭》,全是《中庸》之理想。其读之久、人之深,故形之笔墨,不□□盘托出来。(《清麓遗语》卷三)

○《大学》圣经与《中庸》首章是一个规模,《太极图说》与《西铭》是一个规模,然此四篇,又止是一个规模。(《清麓日记》卷一)

○《太极》因理以明气,《西铭》由气以推理。(《清麓日记》卷一)

○《大学》圣经,《中庸》首章及《太极图说》《西铭》,都是为人说个规模了,即说个工夫填补他,所谓本体、工夫都到。(《清麓日记》卷一)

○《西铭》明理一而分殊。理一,天下无性外之物;分殊,性无不在。(《清麓日记》卷一)

○太极圈,大德敦化也;阴阳五行圈,小德川流也。《太极》由理以及气,而气仍在于理之中;《西铭》由气以推理,而理即行乎气之内。(《清麓日记》卷一)

○张子《西铭》道理,与墨氏"兼爱"绝不同。惟明辨深察,而本乎天理之公,无一毫人欲之私,则天德王道全矣。(《清麓日记》卷二)

○《西铭》以仁为主,而义行乎其间。(《清麓日记》卷二)

〇《太极图说》,立人之道,曰仁与义;《西铭》一篇,尽为人底道理。(《清麓日记》卷二)

〇一篇《西铭》,道理无非说性,无非要人尽性。(《清麓日记》卷三)

〇游定夫谓《西铭》为《中庸》之理。愚谓《太极》《通书》,亦《中庸》之理。《太极》即天命之性,《通书》首言诚,而诚者,《中庸》之枢纽,岂有二哉!(《清麓日记》卷三)

〇《西铭》有欲明明德于天下底意思,亦是《大学》之理。明明德,新民,分殊也;止至善,理一也。中,理一也,和,分殊也。仁是理一,义是分殊;忠是理一,恕是分殊。(《清麓日记》卷三)

〇朋来而乐,便是《大学》欲明明德于天下底心,便是一篇《西铭》道理。(《清麓日记》卷三)

〇《答任道甫》:问:"志存《西铭》,行准《中庸》"云云。"上句是个立规模处,下句是做工夫处。无《西铭》之志,则所谓《中庸》,恐流于曲谨。无《中庸》之行,则虽有《西铭》之志,恐亦不免穷大失居之弊。"(《清麓答问》卷一)

〇《答王潜士》:问:"孔子'老安、友信、少怀'三言,犹《西铭》'民胞物与'之旨。"云云。"老、友、少,世上这三等人尽之。安、信、怀,便是这三等当然底道理。圣人安之、信之、怀之,亦只是要无一人不得其所底意思。即此便是明明德于天下。天地位万物、育气象,便是天地时行,物生气象。"(《清麓答问》卷二)

〇《答王潜士》:问:"程子以《西铭》开示学者,特欲除其己私,扩其德量,先立个标准耳。而尽性至命,必本于孝弟"云云。"《西铭》正谓人都说自己与天无干,只借事亲底道理,以明事天底样子。其实本是一理,不是欲事天,先事亲底说话。"(《清麓答问》卷二)

〇《答王潜士》:问:"《西铭》从上做下来,以天地之心为心者,天下无不爱之民物。《孝经》从下做上去,事父孝,故事天明;事母孝,故事地察。若乃曾子之守身以事亲,孟子之存心养性以事天,又从己身做到两边。盖道理无大无小、无上无下,一节通则节节通矣,由于其本一也。请诲。""看得通。"(《清麓答问》卷二)

〇《答柏厚甫》:问:"天无心而成化。《西铭》云'富贵厚生,贫贱玉成',孟子言'天将降大任'云云。天岂真若是之安排乎?圣贤殆以此而勉人耶?"

"天无心而有心，如《西铭》'玉女'，《孟子》'降大任'章意；有心而无心，如《中庸》因材而笃意。孟子、张子，真可谓知天心者，非故为勉人语也。"（《清麓答问》卷三）

○《答孙仲玉》：问："泾野云'工夫只在积累，如今在旅次，处得主人停当，惟恐伤了主人。接朋友，务尽恭敬，惟恐伤了朋友。处家不消说，随事皆存此心，数年后自觉得天地万物为一体气象，不审其说如何？'""泾野此意最好。能处处之得宜，自无一物不得其所，岂不有万物一体气象？夫子所谓'泛爱亲仁'即此意，《西铭》一片道理在是也。"（《清麓答问》卷四）

○《朱子五书序》：《太极图》，道学之纲领也。《通书》四十章，又以发《图》之所未尽。然《太极》详于性命之原而略于进为之目，而《西铭》则因事亲之诚以明事天之道。《太极》天人一理，《西铭》尽人合天，义虽有异，功实相资。此三书者，朱子注之，其于周、张精微严密之旨，固已阐无余蕴。学者由是而熟玩焉，亦庶几圣学之渊源矣。然其所以入德之要，莫切于《定性》；致力之端，莫详于《好学》，朱子亦尝为之说，而并谓其可以终身者，斯又三书之门庭户牖也。暇尝缮辑三书并注而继以二篇，颜以《朱子五书》，以为朝夕诵习之。编四书而后如五书者，未尝有也。朱子既注四书以幸万世，是五书者，亦自朱子发之，即以为朱子之书也可。瑞麟不敏，窃愿服膺弗失，死而后已，未知终能有闻焉否也。同治壬申仲冬，贺瑞麟谨识。（《清麓文集》卷一）

○《朱子五书又序》：天以性命于人，而无一之非实，即无一之不周。人当尽性以事天，而无一之可遗，实无一之或闲。然尽性之要，必先定性，性不定则凿其性、梏其性而已。性者何？太极也，诚也，仁义也，中正也，天地之帅也，理也，真而静也，一也；而仁义，其大纲也。苟非致明诚之功，则不能养性；而仁义不失，扩然而大公者，仁之所以为体，物来而顺应者，义之所以为用，理一而分殊。仁立而义行焉。中者，仁之著；正者，义之藏。故曰"立人之道，曰仁与义。"仁义得而阴阳刚柔统之矣，性不于是而全乎？然则《太极图说》也，《通书》也，《西铭》也，《定性书》也，《好学论》也，分之则各足，合之则相成，理一源而并包，功递说而益切。入德之门，造道之域，又何俟乎他求哉？朱子之注解者，至矣，尽矣。其未注解者，亦可得而推矣。学者欲复性，其不由此乎？诸生取以锓木，公诸同志，而复为之说如此。光绪乙酉春二月庚辰，麟又

识。(《清麓文集》卷二)

○《杨母李太孺人八十寿序》：吾友玫囲杨君秀芝，好古能诗，尝以气节自厉，顾独以贫。母年八十，犹远游授徒，藉脩脯资奉菽水，往馆幽，迎母就养。近又馆山西运城道署，顷以书抵余，云："今四月某日，为吾母诞辰，将归幽，拜膝下，吾子不可以无言。"且用杨龟山《此日不再得》韵，作古诗长篇，有曰："藉以垂不朽，岂在工文章。"余读之，惭惶甚，然君之谊不敢辞，又尝登堂问太孺人安庆，则固欲略述太孺人所寿之由，并告吾友益勖以古人孝养其亲之实，宽其忧而达其志。余惟太孺人与太翁，生平茹苦食贫，极所不堪，太翁尝屈身公门，独好观古人书，不妄取一钱，太孺人能同心，且谓太翁曰："愿以善贫，不愿以恶富。"及秀芝为诸生，文行卓然，雅无意进取，太孺人亦不之问也。夫厌薄贫贱而贪慕荣利，妇女之常情。太孺人顾守寒素，甘淡泊，不教其子以富贵利达之求，夫岂世俗所易有，故所以卒成秀芝之贤。而秀芝艰苦万状，每岁辄奔走数千里，为亲负米，无几微怨尤，而常以母之未极滋味自歉焉。且其弟痴，固无所于执业，太孺人亦不忍其离。妹嫁而贫，恒善视之，又时有赠给。此非独秀芝之厚，抑以体太孺人之志，而所爱亦爱如此也。秀芝于是年，亦六十矣，尝生子六岁而殇；去岁复举子，自谓母年高，此可娱老怀，太孺人甚爱之，未周岁而又殇。秀芝虽内痛，然恐伤太孺人心，转和颜以慰解之。尝与余言："幸吾母跻耋，寿福莫厚焉，尚何无子之忧乎！"然则秀芝固安义命，以太孺人之高识，亦当不以此为秀芝悲。而秀芝爱日之诚，果何以博亲欢，亦惟诗书之乐，融融一堂。秀芝工歌咏，《南陔》《白华》而外，必益以大舜之克谐为立志，以曾子之渊冰为居敬，以公明宣之学而未能为穷理，以子春之忧、伯俞之泣、老莱子之戏为反身。《小学》《近思录》，吾之问寝视膳之资也；《四书》《五经》，吾之服劳奉养之具也；《太极》《通书》《西铭》《正蒙》《二程遗书》，吾之所以干蛊也。朱子《大全》《语类》《仪礼经传》《通鉴纲目》，真西山《大学衍义》，吾之所以锡类也。姜嫄、简狄，稷、契之母也。仉氏，孟子之母也。特以稷、契、孟子为之子，而母之名遂万古矣！至其子之有无显晦，曾不足为稷、契、孟子重轻，而又何有于稷、契、孟子之母？然则自古圣贤，所以致力于亲，亦自立身行道之为可恃，而显扬之必可久。若子嗣，则听之适然之数而已。昔朱子寿母有曰："家贫儿痴但深藏，五年不出门庭荒。竈陉十日九不炀，岂办甘脆陈壶觞？低头包羞汗如浆，老人此心久已忘。一笑谓汝庸何伤？人间荣耀岂可常！惟有道义思无疆，勉励汝节弥坚刚。"夫秀芝今日所以寿太孺人者,其意岂异此乎？余故道其寿之之实,而并为诵朱子之诗如此,匪惟太孺人闻之而喜,秀芝必曰"是吾志也",即以吾子之言,终身祝之矣！(《清麓文集》卷三)

○《仇寿轩先生七十序》：昔吕泾野为人寿其亲,有曰："子欲子之亲,为鄜人张殿中丞乎！张生于景祐、天禧间,今已数百年矣！其寿犹与太华、终南争高,未艾也。子欲子之亲,为汴人程大中乎！程生于乾兴、景祐间,今已数百年矣！其寿犹与嵩山、黄河争长,未已也。"盖殿中丞为横渠先生之父,而大中则以明道、伊川为之子也。孝愉旧从余游,自余不为世俗学,孝愉未尝数数来讲论,今孝愉欲寿亲,泾野之言可思也,亦勉于程、张之学而已矣！张之学,《西铭》为大；二程则《好学》《定性》为要,孝愉取而读之,身体力行,则知为学之本,而所以寿亲者,在是矣！不然,是仍以文而不以实也,亦岂寿轩先生之意哉！吾固因南山之游得所以寿先生者,而并以横渠、明道寿亲之意告孝愉,盖亦不以文焉尔。(《清麓文集》卷三)

○《兴平张氏族谱序(庚寅)》：吾尤愿元际,由酉峰之学以上追横渠家传,横渠《西铭》一篇,父乾母坤、胞民与物,即一大族谱。(《清麓文集》卷四)

○《为瞿敬庵书西铭跋(戊辰)》：《西铭》道理甚大,为学不可不存此心,为治不可不存此心,天德王道,胥是乎！在程子每以此教学者,而朱子又为之解,无余蕴矣！儒者若无此胸襟,无此功夫,则无益于人。即有愧于己,无补于世,即有悖于天、古人欲举一世而甄陶之,使万物各得其所,皆有此道理在胸中,不容自已。故或出或处,自不肯苟。孔门所以教人汲汲于求仁,亦以此也。然其要,则在克其有我之私而已。敬庵大令,佐运秦中,适岁荒,尝筹赈粥之法,必使实惠及民,间述其事,蔼然恻怛之意,溢于言词。盖有胞与之怀,久积于中,而其德性,宽裕和厚,不间人我,知用力于克私之学者,深矣！为书《西铭》,并僭论如此,字之工拙,不暇计也。(《清麓文集》卷五)

○《赠某生》：《西铭》一篇,道理极大。道理原来大,我如何小了他底？人只为自私,故小了这道理。颜子克己复礼,便天下归仁,只为天下与我一理。小心翼翼,昭事上帝,只为天地与我,亦是一理。天人本不是两样,然却隔蔽了,只为己私,所以《西铭》工夫,亦只是去私。(《清麓文集》卷十二)

○《重修横渠镇张子祠记(癸未)》：张明公先生崛起关中,当赵宋时,唱明绝学,与周、程、朱子,左右后先,星应奎聚,发经言之蕴奥,接孔孟之渊源,使斯道大明,昭垂天壤,伟哉! 古未有也! 淳祐间,从飨庙庭,固已通祀天下,矧其乡邑者乎! 关中若蒲城、临潼、武功、凤翔及郿,凡先生过化之地,皆有祠。近省城亦创新祠,而郿之横渠镇祠为最先。盖先生旧宅,在其镇南大振峪口,而先生之墓,亦去此不远。元延祐、明成化中,皆有重修碑,国朝圣祖皇帝又赐额曰"学达性天",典礼极重,故籍可考。光绪己卯春,麟游凤翔,谒先生祠,见其规模宏厰,堂皇严整。并从博士敬观谱系,而得其凤翔所以建祠之故。将复游郿,拜先生之墓与横渠镇祠,以事未果。迨癸未,前邑君兰山赵侯假郿篆方谓西行,以遂前志,又不果。而侯适屡书来,告以重葺先生祠成,谓麟宜记其事。麟惶愧,不知所以为文,然既读先生之书有年。兹祠也,虽未获升堂,一伸瞻仰之诚,乃因文字,托名其间,亦所深幸,且重以侯命,而不忍辞也。夫侯,岂徒以祠之颓废为地方羞,而故为是观美己哉? 将敬其人,尊其道,欲以作兴云尔。今先生之书具在,为吾儒者所当熟讲实体,虚心切己。于《西铭》,知克己为仁,而不敢怀锢蔽自私之见;于勇撤皋比,知取人从善,而不敢存虚憍自大之心;于四为,知立志不可苟安于近小;于六有,知存心不可顷刻之间断。"以礼为教,变化气质,学必如圣人而后已",则放荡流俗之为,有不屑也。"孰能少置意科举,相从入尧舜之道",则词章利禄之习,有必慎也。至于为治法三代,语道除二氏,理明义精,识圣人之大用,穷神知化,达天命之本原,亦未有不可深造自得者。且如横渠,尤可想见先生当日危坐一室,俯读仰思时,及自言"某闲居横渠,说此义理,自有横渠未尝如此。今倡此道,亦有与闻者,其已乎? 其有遇乎?"则先生以道自任之意,益将感发于不容已。关学自先生后,代不乏人,近稍衰歇。然士果有志,闻风且兴,况生长先生故里,近居若此,能无高山景行之思。苟或不然,非惟自外于先生,即于侯今日葺祠之意,所负亦不少矣。郿之人,其尚念之哉! 吾关中之人,其尚念之哉!(《清麓文集》卷十三)

○《谒横渠先生祠文(己卯)》:麟少读书,不得其方。汩没于举业者几十年。年二十四,始得周、程、朱及先生书读之。虽爱慕殊深,而志犹未坚。越数年,乃屏词章,绝进取,又得先生"置意科举,相从入尧、舜之道"及"绝利一源"之说,益涣然无疑。先生之道,以《西铭》为宏纲大旨,三十年来,非不诵习之勤,究未贯彻了悟,实有诸己,无以仰对先生。盖立心之刚勇,用功之亲切,精思力践,无先生万一。关学日衰,自为不力,殊愧不能扶持振兴,以缵先生之绪,每自忧惧为先生所斥。今者专谒祠下,非徒想慕仪容,亦冀在天之灵,启发默牖,俾迟暮不终颓惰无成。或于斯学,少有发明,礼教兴行,关学一脉,不致叹于中断,皆先生之惠也。麟怀此忱积有年,所欲又由此。至郿以拜先生之墓,寻当时所谓井田遗迹而观焉。以事东归,不克如愿,敢并以告。惟先生鉴之。谨告!(《清麓文集》卷二十)

〇《张子全书序》:横渠先生书,世或多有,而《全书》惟关中有数本:有郿县本、有凤翔本、有临潼本。至高安朱氏本,亦文端公轼视学关中时所刊者也。此本较诸本为善,惜公载板以去,而关中亦不见是本。余旧从高安十三种中得见此书,购而藏之久矣。因命诸生详加雠校,使传经堂重锓诸木,讹字悉已改正,其中重复颇多,不能尽去。盖此书惟《正蒙》成书,余皆非先生手定,门人记录或各据所见,且有程子语而误入者,不知何故?然以此犹得见张子之全。刻既讫,诸生请序,余曰:余始知学,即读是书。今老矣,卒无所得,抚衷自省,事亲事天之诚,有如《西铭》所云乎!慎言慎动之切,有如《东铭》所云乎!其立志,有如"为天地立心,为生民立道,为去圣继绝学,为万世开太平"者乎!其居敬,有如"言有教,动有法;昼有为,宵有得;息有养,瞬有存"者乎!穷理,能"精义入神"乎!反身,能"正己感人"乎!出而仕,果有"为治必法三代之意"乎!处而教,果有"使之知礼成性,变化气质,学必如圣人而后已"乎!任道之力,守礼之严,辨学之精,服善之决,以至穷神化之奥,达性天之微,有能一一自信于己者乎!愧何如也!又何以序先生之书!虽然已未能而勉人,非信也;己未能而以先生之书勉人,不可谓非公也。秉彝之好,千古攸同,即以吾关中论,先生而后,理学益昌,笃信先生之书,如吕泾野之《张子抄释》、韩苑洛之《正蒙解》、刘近山之《正蒙会稿》、李桐阁之《张子释要》,安在兴起无人?惟先生尝言:"人又要得刚,太柔则入于不立。某则比他人自是勇处多。"朱子曰:"此道理,须是刚,方立得脚住。曾子、子思、孟子,皆如此刚果决烈,乃能传道。""天资不及明道,则且学伊川、横渠。""学者少有能如横渠辈用功者,近看横渠用功最亲切,直是可畏。"然则士果奋然直前,不甘以流俗自待,得先生之书而读之,敬其人、尊其道,使关学重振,岂独泾野、苑洛诸先生专美于前?麟又感先生志道精思,未始须臾息,亦未尝须臾忘,一刻尚存,不敢自弃,炳烛余明,窃愿与诸生共勉焉,与关中学者共勉焉,与天下志士共勉焉!先生旧无年谱,道光中凤翔本武孝廉澄始为之,兹不欲没其勤,使门下王逊卿守恭颇为整顿附焉,庶读者有以知人论世云。光绪庚寅六月朔旦,三原贺瑞麟谨识。(《清麓文集》卷二)

○《重刻西铭讲义序》：横渠张先生，为吾关中讲学之祖；而《西铭》一篇，又先生一生讲学之第一义也。当时程子称之，至矣！至朱子时，人犹有不知者，故朱子于陆氏、林氏，极力辨之；平日与门人所以讲论及之者，又可谓精详而无遗矣！后之儒者，于是皆知《西铭》之道之大、功之切，天德王道，一以贯之矣！然不能常存于心，时体之身，则亦朱子所谓"徒取宏阔广大之言，以形容道体，破有我之私而已，而实不能有诸己也"。近世湖湘间，罗罗山先生忠节公出，自少究心濂、洛、关、闽之旨，躬行实践，其于异学，辨之尤严，生平所著，有《读孟子札记》《人极衍义》《西铭讲义》《小学韵语》《姚江学辨》以及《诗文集》。而《西铭讲义》一书，致力最深，说理极透，盖真能实有之者，以故主敬致知、存理遏欲，无非《西铭》工夫；而视天地万物为一体，又其素志之所存。当其奉命剿贼，屡破强寇，直任以天下之事为性分之固有，职分之当为，卒之殒身全节，仁至义尽，要一《西铭》顺事没宁之理，忠孝一理，国之忠臣，家之孝子，亦即天下之仁人也。泾阳柏子余中翰，既刻先生《小学韵语》，又以《西铭》为吾关学之奥，先生《讲义》亦本之身心，所谓言之亲切而有味，益当刻之，以公同志，而先吾关中学者，知其非徒托空言，其所以感发而兴起者，必有深焉者矣！光绪辛卯九月辛巳，三原贺瑞麟谨识。（《清麓文集》卷二）

●金道和

○《答崔纯夫》："体用一原，显微无间。"《西铭》"一本万殊"之义，正与所谓一原无间，有所衬贴否？

朱子有两段说。一曰："自理而观，则理为体，象为用，而理中有象，是一原也。自象而观，则象为显，理为微，而象中有理，是无间也。"一曰："言理则先体而后用，盖举体而用之理已具，所以为一原。言事则先显而后微，盖即事而理之体可见，所以为无间也。"合此两段，已无可疑，而来谕推说，亦得大概矣。《西铭》之旨，其所以彻上彻下，一以贯之者，即是一原无间之妙，何必字字相配，以求衬贴耶。反涉破碎渗淡，而无益于会通也。（《拓庵集》续卷四）

●柳重教

○《西铭句节次第》篇末曰：《西铭》之义，朱先生解说，已尽之矣。顾不屑屑于章句训诂之闻,盖文体然尔,非有阙也。书社新进,例以此书先受之。往往病其文句错落,无以领其脉络之所接,条纲之所分,以求通其至义。于是窃取本解,参以《语类》诸书,据其所已言,而例其所未言,略叙句节次第如此。以示其所谓错落者,未始不整齐云尔。至于句语来历及故事出处,详具明儒所撰《辑览》及退溪先生《讲义》。今不重释也。(《省斋集》卷三十《西铭句节次第》)

○《上重庵先生(壬申七月)》:前禀《西铭》说,伏蒙下教。辨析严明,警责深切,三复以还,不觉汗流浃背也。谨就原稿,已依教意,一一镌改,复此奉禀,伏乞再赐一览焉。盖以钝滞之质,考索过苦,所以不能无穿凿之失。然其为说则要皆于朱子范围内,周旋铺排而已,非敢强讨其未尽之蕴而欲为之补苴,如下教之所戒也。特中间协韵排章一节,少犯手势,致骇崇览,遂疑其立意之出于此也,皇恐皇恐。若乃所谓"朱子范围"者,朱子尝言"《西铭》通篇是一个理一分殊,一句是一个理一分殊"。有人问"如所以事天,所以长长幼幼,皆是推事亲从兄之心以及之,此是分殊处否",答之曰:"这是一直看下,更须横截看。民吾同胞,同胞里便有理一分殊。物吾与也,吾与里便有理一分殊。如公所说殊得也。不大段。(恐缺)这处若不子细分别,直是与墨氏兼爱一般。"此为学者读《西铭》者说一副当凡例也。凡例既立,则只当举此而推广之,以实其言而已。何必句句有成训而后,为可据也?此区区所以过不自量,强排力推,直要到得枝枝相当,叶叶相对,无一字无间架处。以为不如是,无缘见得真个分殊者。而不自知其或堕于驱率牵合之科也。今所改定,亦未保其尽祛前累。然其立意所在,亦不至全无所据矣。伏乞原察。○《西铭句节次第》《西铭训蒙》题目,已有自占稍高之嫌,故删降如此。其余面势,亦略变改,而又有一二增衍说处,并加检教。○"天地之塞""民吾同胞",此两节,妄加手势,连合为一节矣,因下教再检之,果涉难慎,今复分段如故矣。然其协韵之说,亦不能终弃。盖此篇上一半逐节协韵,下一半逐句协韵,自是齐整。而独"处"与"与"之间,一"性"字违格。以故疑"民""物"两句,横渠作时,自连上为一节,而朱子注解时,从便就语意间断处分段,略如《周颂》之一章而分数节也。至若下文"乎""奇"("参乎"是夫子所称成语,故"乎"字与他虚字不同,而可以押韵)之通韵,濂洛铭、箴之属,协韵极疏阔,取声相近,而破例通韵处往往有之。以横渠文字言之,如"大顺城铭","备"与"恃"之类是也。然谓之疏阔则可矣,而谓之全不谐音,如"性"与"处"之不相近则未也。

然此非文义所系,亦不足多费辞说也。○"大君者,吾父母宗子",此节所解,窃详下教。只谓其无所发明而已,非以为全然不是,故姑存之。盖朱子本注,叙列"贵贵""长长""贤贤"之目,井井有间架。今就以"爵""齿""德"三者名之者,虽若无甚发明,而既以解释句节次第为题,则只得如此铺排矣。○至若"疲癃残疾""惸独鳏寡"二句,分之以身体人伦之不幸。则虽本注之所未言,然以先生句句"理一分殊"之训推之,则只此二者于同一可矜之中,又须见其情地之各自不同然后,吾之所以推仁者,或为之制医药以济其死,或为之续伦属以植其生,随处曲尽而不失其本然之权度矣,是则未必无少补也。未知如何。○"违曰悖德",此节二处,谨皆修改之。但"济恶"一句,谓与"上二句无浅深之分",此恐下教有照检不到处,故不敢遽从。盖所谓"恶",即指上文"违"与"害仁"而言,固无差别。但"济"字是积此以传世之谓,故有始终积累之序。试就本注将"不循天理""戕灭天理""长恶不悛"三句,相比并看,又将"不爱其亲""贼杀其亲""世济其凶"三句,相比并看,则可见其渐次之了然矣。○"体其受而归全"此节一处,亦依下教修改之矣。(《省斋集》卷六)

○《燕居漫识》:《太极图》首言"太极动而生阳,静而生阴"。《西铭》首云"天地之塞,吾其体;天地之帅,吾其性",只此两言,理气帅役之分,明尽无余矣。(《省斋集》卷三十六)

○《燕居漫识》:《西铭》与《大学》,政相表里。《大学》书上列三纲领,下布八条目,以明修己治人之法。《西铭》先言天地民物许多名位,后言所以推仁行义之目,以明立身事天之道。要之皆为始学者立大间架,令终身勉勉下工夫,填教佗实,所以程门教人。必以此二书先之也。(《省斋集》卷三十六)

● 许愈

○《答金致受(辛丑)》:《西铭解》于人则曰"全体",于物则言"全"而不言"体",盛说得之。然自"一原"处言,则物亦可以曰"全体",庸或是也。自异体处言,则物不可以言全体,《铭解》是也。不审如此看,如何?(《后山集》卷五)

○《答河叔亨》:"理一分殊",出于《西铭》,而遂为论理之大头段。以心性言,则心为理一,性为分殊;以性情言,则性为理一,情为分殊。君五所谓

"理一之中,各有间架,各有条理"者,得之;而若曰"一草一尘之理,各各有位",则失之破碎。来说所谓"一原之中,初未尝有万分各定之位"者,得之;而若曰"因其气质之异,而其分得定,则有若理一之中,不可言条理间架",恐亦失之昆仑。愚闻之:理者,分之一者也;分者;理之殊者也。理一之中,分未尝不殊;分殊之处,理未尝不一。以此更加细思,如何?然明道论《西铭》,必曰"仁之体",学者于"仁之体"三字,求见理一分殊之意方得。张子曰"经礼三百,曲礼三千。无一事之非仁"。仁之为体,于此可见。孔门以求仁为先,皆此意也。如今勿徒说了理一分殊之妙,只就日用酬酢处,体验得"仁"字意思,最是亲切工夫。不审盛意,以为如何?(《后山集》卷九)

○《读原人》:《原人》,《孟子》之文也。《西铭》,《中庸》之旨也。学者欲识《西铭》之义,须先读《原人》。《原人》,其《西铭》之宗祖乎!(《后山集》卷十二)

○《圣学十图附录统论》:论曰:愚既为十图附录,众论纷然,或谓不当以有形之极,训无极太极之极;或谓动静者,所乘之机,此动静当属之于气;或谓理一分殊,《西铭》之大义,而理一固是理,分殊是气之所为。或谓《大学或问》中论"明德",必以理与气对言之。"明德"便是心,当兼理气说。(《后山集》卷十二)

○《圣学十图附录序》:愚闻之师吾退陶李先生,平生用功之实,备载于圣学十图。……今年冬,病卧后山之室。与一二学者,依心经附注例。附录若干条于图说之后,名之曰《圣学十图附录》,非敢求多于图说之外也,窃要窥见其大意之如何耳。《太极图》《西铭图》,只用图解本说;《小大学图》,本书至矣尽矣,无容更赘;《白鹿洞规图》,录本文出处;《心统性情图》,略论心性情本义,而并及于中下图浑沦分开之意,发明互发之旨;《仁说图》,取程朱论仁大意以附之;《心学图》,历录本文出处;《敬斋箴图》,先儒《敬斋箴集》说详之,不必更加收录。《夙兴夜寐箴图》,用先天图十二辟卦大象,以示学者时分工夫,其中肯綮处略用退陶说,又引师说以折衷之,余无及焉。非敢取舍于群言,窃自附于致一之意,以与同志,勉焉云尔。(《后山集》卷十三)

○《谨书圣学十图附录后》:愈谨按:此十图,圣学之标准,王道之极致,为人君为人臣,苟能从事于此图,则君何不为尧为舜,臣何不为夔为皋!盖《太极图》,天命之头脑,道术之渊源;《西铭图》,理一而分殊,仁之至,义之尽;《小学图》,大学之基本;《大学图》,小学之成功,而敬其圣学之成始成终者也。《白鹿洞规图》,教者事也,《中庸》所谓修道之教是也;《心统性情图》,心为太极者是也。《仁说图》,《西铭》之旨也,包四德而贯四端;《心学图》,《小学》《大学》之经纬也;《敬斋箴图》《夙兴夜寐箴图》,地头时分底工夫,工夫到此,无一席无理之地,无一息无理之时。上下五图,表里相应,体用俱备,帝王求端出治之要,学者成己成物之功,尽在此图。(《后山集》卷十四)

○答宋晦叔(元求○庚子):《西铭疑问》,可见用意之密,略注来纸以去,照察如何。初学,亦当先开眼于《太极图说解》《西铭解》,习熟贯通,于进道似省力,勿曰:"非先务。"早早精熟,似好。

别纸

乾称父,坤称母。(朱子以为厉声言一"称"字。)○乾坤,父母也。父母尊,故曰"称"。震、巽、坎、离、艮、兑,子女也。子女卑,故曰"谓"。"称谓"二字,微有尊卑之意。朱子所谓"厉声言一'称'字是也。"

"志"是心之所;"帅"是主宰之义,皆以心言。而直曰"吾其性",则心与性,若是无分别。○"塞"以"气"言,"帅"以"理"言,以理言,则心与性无分别。

考叔之争旗,申生之待烹,伯奇之投河,皆未尽君子之道。故居禹、舜、曾子之下。○铭中所举圣贤,其所处常变不同。先常而后变,非有他意。

"富贵福德"下"生"字,"贫贱忧戚"下"成"字。○与天地生成无异。

周子《图说》、张子《西铭》,皆以死生存亡之说,结之。○皆死而后已之意也。

或以"没吾宁"之"宁"字,作"归宁"之"宁"。○"宁",《谥法》:"善继善述曰宁。"(《后山集》卷十)

● **金允植**

○《甲寅八十生朝吟》:多事儿孙设寿樽,纷纷祝贺满堂喧。尔曹岂识《西铭》意,存顺没宁是格论。(《云养续集》卷一)

● **许薰**

○《次韵士咸》:岩洞云迷一线天,前游回忆却茫然。楼头明月同今夜,窗

外寒梅似去年。春意忽生先验树,道心不息好观川。一灯炯炯尘喧息,共读《西铭》《太极》篇。(《舫山集》卷一)

○《挽进庵郑丈》:云晴岩户月澄明,澹紫深灯似水亭。囱被雪花另生白,山如瓦色顿无青。风声喧若开先瀑,洞气幽于大隐屏。诗酒留情今始悔,一床遥夜讲《西铭》。(《舫山集》卷三)

○《答权学尹西铭疑问》:古人说"才"字不一,此所谓"才",可与"恶"相对耳。○"屋漏",《郑笺》云:"屋,小帐也。漏,隐也。"朱子云:"深密之地。"《曾子问》:"当室之白。"注谓"西北隅,得户明者也。"孙炎云:"日光所漏入。"许氏云:"室西北,为圆窍以通明。"诸说不同,未知孰是。然盖室之西北,人迹罕到,借日光为明,则本地幽昧矣。抑篇所谓"不愧屋漏者",非谓其不愧于明光之照,入人之居室易忽于幽昧之地。故君子常谨之于此,方能无愧怍。《西铭》之引用此句,亦此义也。既不愧于幽昧之中,则明显处之无所愧怍,不言而可推矣。○朱子曰:"舜之底豫,赞化育也。故曰'功'。"又曰《西铭》:"本不是说孝,只是说事天,但推事亲之心以事天耳。盖乾道变化,发育万物,各正性情者,是天地化育之事。而吾能为天地之事,是善述吾父母所为之事,此非赞化育者耶。"常以此义为主,然后乃得《西铭》本旨耳,如何?○以言有生之后,则人与物之性不同;以言有生之初,则人与物之性相同。孟子、朱子之为训,所以相殊也。人与人同,物与物同之示。南塘韩氏尝为此说,然愚不能无疑。盖朱子所言,即一原之性,而天未尝于人丰其赋予,于物薄其赋予,此是大化至公之心。无间于人物,然随形气而所禀各异,不但人物不同,人人不同,物物不同。然其不同之中,亦有相同者,此理之不犯形气者,是也。向所谓人与人同,物与物同者,人物已分,而反欲证一原之性,无乃有差乎。(《舫山集》卷八)

● 李种杞

○《答金瑞九(永蓍)问目》:《西铭》,横看,分殊之意较多;直看,理一之意较多。(《晚求集》卷七)

○《答金再华(在植)问目》:《西铭》,直看是如此,横看是如此。从"乾父坤母"至"兄弟颠连",自上说下来,是直看。其平铺而随处下工者,是横看也。孟子曰:"必先苦其心志,劳其筋骨。"《西铭》曰:"贫贱忧戚,庸玉汝于成。"所望者此耳,未知圣宗能办得这般工夫否。此纸谩及之如何,杞痿证尚未快,从此遂为杜门一老物,还觉不妨也。斋室自昨日始役,而基谷石役何以为之。此事则专靠久之,试问之如何?(《晚求集》卷七)

○《答宋致车(晋翼)问目》:克去己私,以复乎礼者。非行而何,然对下四勿而言。则克复为仁,是言其理如此,非礼勿视听言动以下,方是说行处。如《西铭》前一段如棋盘,自"于时保之"以下,如人下棋。又如《中庸》"天命之谓性(止)可离非道也。"是就道理上说,是故以下方是就行上说,以此意看,未知如何。(《晚求集》续卷三)

○《答李秉元(昌洙)问目》:子夏"何患乎无兄弟"之云,特以广司马牛之意,意圆而语滞者也,与《西铭》推"理一"之旨而言"皆兄弟"者不同。(《晚求集》续卷五)

●田愚

○《答朴秉镇(丙辰)》:横渠先生气禀刚劲,精思力践,毅然以圣人自期,以礼律身。尝自言:"某始持期丧,恐人非笑,己亦自若羞耻,自后虽服大小功,人亦以为熟,己亦熟矣。"其教学者,亦必以礼为先,使之除去世习,便自脱洒也。凡所议论,皆超卓,至于"为学大益,在变化气质之性",此尤自昔圣贤之所未发,而有功于后学者也。又如"四为""六有"之教,亦可以见其立志之远大,用功之严密,而包括天地,维持万世,以至于造次颠沛,必于是之仁术也。若夫《西铭》一篇,明道先生称其"孟子后所未见,充得尽时,是圣人也"。于乎至哉!今卿衔尊丈之命,求教于余,余于躬行之实,全然卤莽,未有可以告人者,且举平昔所愿学之志,以与卿共勉之。(《艮斋先生文集》后编卷八)

○《劝读西铭》:梁启超曰:"中国儒者,动曰'平天下,治天下',其尤高尚者,如横渠《西铭》之作,视国家为渺小之一物,而不屑厝意。究其极也,所谓国家以上之一大团体,岂尝因此等微妙之空言而有所补益?而国家则滋益衰矣。若是乎吾中国人之果无国家思想也。危乎痛哉!"《西铭》大指,在使人去私欲而存公理也。人人去私欲而存公理,天下国家不难治平矣。自大君宗子,至兄弟无告者,皆当随佗本分,而敬之爱之,且扶救之耳。"视国家为眇小之物,而不屑厝意。"原非《西铭》之指也。如欲成天下之大团体,须是天子以下至于庶人,皆用《西铭》而后始得。若舍《西铭》之仁,而人各怀利,决做不成。梁氏以国家之滋衰,归咎于《西铭》,吾未知横渠后至今七百年,大国小国之君,谁能实体《西铭》者。天下之乱,正缘《西铭》之道,不行而尔。梁氏未曾细读此篇,只凭粗豪之气,把笔胡乱写出。吁!可畏可畏!我愿从余游者,咸宜敬循天理,勇克己私,期以入乎张先生门下。(梁氏看得天下国家太重,君臣父子太轻。苟利于国,君可以不敬,父可以无孝。此《西铭》所谓悖德害仁之乱贼,罪不容于法义之诛也。孔子称夷、齐求仁得仁,孟子论虞帝窃父而逃,皆是重父子兄弟,而轻天下国家者。此乃为圣人之道也。)(《艮斋先生文集私劄》卷一)

○《答金秉九(丁巳)》:所示先丈遗嘱"就正有道,无为小儒"之云,真可谓"教诲""谷似"之道矣。足下之不忘,而必欲奉行,亦可谓继志述事之孝也。圣人言:"仁人之事天,如孝子之事亲。"此意张子《西铭》,发挥殆尽矣。欲望足下晓暮诵习,终其身而不已焉。(人是心,天是理,事是敬也。此为千圣正宗,奈何又有指心为理而异于是者,此余之所未晓,而欲质于明者也。)程子谓:"《西铭》,孟子以后,未有人及此。充得尽时,是圣人也。"又谓《西铭》是养浩然之气者,游察院谓此是中庸之理也。尹和靖谓:"人以天地之心为心,便与天地同体。《西铭》备载此意。颜子克己,是能尽此道。"龟山谓:"《西铭》只是要学者求仁而已。"朱子谓:"程门将《西铭》与《大学》并尊。(未记本语,大意如此)观此,可以见《西铭》所包之广矣。(《艮斋先生文集》后编续卷三)

○《观李赵二说》:尊性而师之者,为君子;违仁而自肆者,为悖德。凡百士流,盍惕念乎哉!(《中庸》云:"君子尊德性。"《西铭》云:"违曰悖德。")(《艮斋先生文集》后编卷十三)

○《浩然章问目(乙卯)》:"'志气之帅','帅'者,有运用,有筋骨者。可言于志,为身主处。若理为气主处,不亲切。盖理无情意,无觉识底,不可直以'志'字体贴说。《西铭》'天地之帅',无乃只借为主之意而用之于理欤?"○"'志'字,尤翁以对气,故欲作'理'字看。而巍岩不以为然。"(《艮斋先生文集》后编卷十二)

○《答白南斗(丁巳)》:天以正理赋于人,人当守正以合天。(《中庸》《西铭》之意如此。天,以上帝言;人,以心君言。)(《艮斋先生文集》后编卷六)

○《纳凉私议疑目(壬寅)》:伊川"理一分殊"四字,赖此公而一脉不坠于东方欤!恨不得其全书而考阅也。"理一分殊",伊川何尝以之论性?只因

《西铭》使人推理而知其一，存义而立其分而已。杨、李、朱子所论，亦皆如此。至罗整庵，始揭此四字，以为性命之妙，无出于此。(《艮斋先生文集》前编卷十四)

○《答某(庚寅)·别纸》：所论《西铭》，意亦近厚，而义似未精。盖言理一，则君为继祢宗子；若论分殊，则君臣又与兄弟不同。故孔孟有"韫玉待贾"之谕，"踰墙钻穴"之讥也。至若伊川之上仁宗书，朱子之应进士科，则皆在弱冠前后。后来定论，则《易传》有贤者自进必不信用之戒。《语类》有第一等人定不应举之说矣。向年有一士流，不待其招而自献其身也。亦据《西铭》"宗子"之说。当时识者，颇讥其择义之不精，不谓来谕之偶同也。孔孟之辙环，程子以为只答其聘而已，则何尝以君为兄而自往见也。大抵圣贤之于君民，诚有一视同仁之心，而至于出处去就之际，则一步不曾放过。此义不难知也。今若未信，俟异时更考鲁、邹、洛、闽之书可也。(《艮斋先生文集》前编卷六)

● 柳麟锡

○《书赠李景范(锡夏，丙午)》：《中庸》"性""道""教"三字，真实见道源委。《大学》"明""新""止"三字，真实定学规模。《西铭》一书，必要体得。非体此，小底人，冷底人，不足言。(《毅庵集》卷四十)

○《书赠朴子敬(治翼，癸卯三月)》：不实准《大学》《西铭》。学不成样，人不做得大。(《毅庵集》卷三十九)

○《雅岘学契序》：终始贯彻，动天循理，有得于《大易》之《无妄》。恻怛广大，存心处物，碍障尽撤，门关洞辟，博爱一视，有合乎《西铭》之"同""与"。如此然后，事无大小，皆能有济，而如尊攘黜奉之为，为大故实，为天下公，而其致功效终有可观也。(《毅庵集》卷四十一)

○《书赠边景学》：孟子以"居天下之广居"，谓之大丈夫。张子作《西铭》，示我以广居。学者深体《西铭》大意，以识夫广居。深会广居，而思其居之以作大丈夫。(《毅庵集》卷三十八)

○《兴道书社约束(甲辰七月二日)》：持心体，得《大学》《西铭》意，可做大人。下代人物，每患偏小狭窄。此宜深加理会。(《毅庵集》卷三十七)

○《擎天书社示同讲士友(辛丑八月)》：学者须深体张子《西铭》之意，真知天地为父母，真知人物为同胞，思尽事天之道，思广济物之仁，方是不忘性

分,不弃职分。(《毅庵集》卷三十四)

〇《天人感应之理》:《大学》之教,通乎上下;《西铭》之旨,先明乎理一。则此实吾人分内之事,况圣人不云乎:"如或知尔则何以哉?"此不可不早讲而豫明之也。(《毅庵集》卷三十四)

〇《答金仲希》:贵乡士友及东南士友之获交贤者者,无不称贤者造诣甚高志行甚笃,则已藏之中心矣,今有不面之书,愚贱者实荷德意之盛,间有奖与远实失言处。虽则不面,既以德相爱,则宜无为此,使人愧悚也。垂问立心处世之道,此亦非于所问,然相爱之地,有不敢虚辱。立心须体张子《西铭》意,处世则以孟子距杨、墨徒圣,人之意自励。盖学道而不体《西铭》意,则是弃吾性分。何以学道?学者例皆读《西铭》而亦言体其意。观其立心用情,鲜于皮膜外有所干涉,下梢成甚貌样,此正吾辈警省处。孟子以能距杨墨,许为圣人之徒,此盖大义也。今日夷狄禽兽之祸,尤不可言说。不距为夷兽徒,距之则圣人徒也。此不难知而世皆放过,此而放过,徒兽背圣,如是而曰"从事学问",曰"不害世道",吾不知其何说也。吾辈之明目,正宜在此。然《西铭》包得大,距淫邪别得甚。似相牴牾,然淫邪息后正道著,而视民同胞,事天尽职之义,得以大行,此不可不知也。(《毅庵集》卷二十一)

〇《纳凉私议疑目讲辨》:碎纸中得鹿门任氏一段议论:"苟言异,则非但性异,命亦异也;苟言同,则非但性同,道亦同也。"此言骤看外面。殆若鹿边者獐,獐边者鹿,而其实说得道理源头,无有渗漏。伊川"理一分殊"四字,赖此公而一脉不坠于东方欤!恨不得其全书而考阅也。"理一分殊",伊川何尝以之论性?只因《西铭》使人推理而知其一,存义而立其分而已。杨、李、朱子所论,亦皆如此。至罗整庵,揭此四字。以为性命之妙,无出于此。其言曰:"受气之初,其理惟一。成形之后,其分则殊。"此与芦沙之意远矣。罗氏又曰:"以理一分殊论性,则自不须立天命、气质之两名",则其说更乖矣。又其说:"理气为一物",而深病乎朱子理气二物之训,则愈不可说矣。

任鹿门文集,不曾得观。惟此"苟言异,则非但性异,命亦异也;苟言同,则非但性同,道亦同也"一语却好。言其异,则万物之所以为性者,不得不曰各具一理,性之原天命也。天命内,固已有万象森具者。及化生万物也,气以成形而理赋焉。成形必各有异,所赋之理,安得无异也?言其同,则万物之性,同出于天命,所谓太极之全体,无不各具于一物之中。道出于性,万物当行之路,莫非太极全体之用也。○《西铭》理一分殊,与性命理一分殊,便是一理,岂有不相通! ○罗整庵以此四字,为性命之妙,而曰"受气之初,其理惟一。成形之后,其分则殊"。与芦沙主意有异,然二说各有做当,可以互相发明。若其不须立天命、气质之两名,及理气一物之说,诚乖刺矣。(《毅庵集》卷三十四)

●郑载圭

○《答权舜卿(甲申)》:○"藐然"云云:《西铭》"藐然"以形言,"浑然"以理言,"中处"以位言。○"圣贤之分殊"云云:以本分言,则性无不同,奚独圣贤?虽愚亦无分殊,而却不知理一而已。同受此理,而缘何有不同?必曰:"气质使然。"却不知气质,亦不得无根自生,而缘何有不同?究思得之。则圣贤之分殊,可以晓得。○"事亲事天分殊"云云:大父母、自家父母,合下有别。事亲事天,岂得无分殊乎?认事亲为事天,固没分殊。而外事亲而别讨个事天又不可,须知事亲事天之有分殊。而又知事亲事天之为一理,乃可与语于《西铭》之旨矣。○游定夫读《西铭》曰:"此乃中庸之理。"此说当渊然深思,体察有得,方是读《西铭》人,方是读《中庸》人。今看所论,令人闷闷。《中庸》首言"天命之性",而中间却说舜、文、武、周尽孝等事。《西铭》首言"天地之帅",而其中却说事亲等事。《中庸》言"天命之性",而其指示工夫处。则不过曰"戒慎恐惧"、曰"慎独"而已。《西铭》言"天地之帅"。而其著实下工夫处。不过曰"于时保之""不愧屋漏"等数句,于此著眼另看,服膺另读,则庶可见矣。(《老柏轩集》卷九)

○《答柳子中(稚均)问目》:"《西铭》看来看去,尽觉与庄子所谓'父母于子,东西南北,惟命之从。阴阳于人,不翅于父母'一段大意略同。""先儒以《西铭》为测管窥天,得见北斗一点。今来示云云,亦可谓侧管窥《西铭》。得其一句语,若其一篇大意,则岂庄生之所能梦到耶?今汝欲比而同之,无乃有侧窥之劳耶?"(《老柏轩集》卷十四)

○《答赵敬之西铭问目》:○"称"字,朱子曰:"厉声言一'称'字。"然则'称'字上有分殊。云焕曰:"称字上有分殊。"可谓见得精。凡'称'字必有彼此而无彼此处用之,言'称'字,则可以见乾坤之为父母,人所同也,而又人各有血属之父母也。""若曰'乾为父,坤为母',则是柔声以言也,答说中必于有彼此而无彼此处用之者得之。○"忠君、敬大臣、长长、幼幼、尊圣、敬贤,此分之殊,是皆推吾亲亲之诚,则是理之一处。""'皆推吾亲亲之诚'一语,语意卓然,可敬服。"○"先儒言《西铭》句句有分殊,然则'悖'与'贼'与'不才'三句上,亦各有分殊欤?"曰:"'悖'曰'贼'曰'不才',亦自有分殊。'悖'是不爱其亲,'贼'害其爱亲之本根也,'不才'则害仁之甚而世济其恶者也。恶之中,自有三者之殊。"○"'性'是自然之理,'志'是必然之谓。乾健坤顺,是自然之性也。而注以'志'言,何也?"云焕曰:"自然、必然非二致,言理之初无强假,则曰'自然'。言理之终无颠错,则曰'必然'。盖其初无强假,故必终无颠错。""'自然、必然非二致'以下数句,甚好甚好。理之自然而必然,是心之主宰处。"(《老柏轩集》卷十六)

○《答权君五问目》:○"《西铭》皆下"吾"字,而首初特下'予'字,何也?""窃意'吾'是泛称,'予'是直指其身。盖起头处,特下"予"字,以立主宰。然后下文许多说话,方有依归凑泊处。《西铭》正合吾意,然吾每说与人如此,而人或未之信,更详之。"○"'吾其体','其'字有禀受之意。'其体'云者,犹受而为体之意。""甚是。《西铭》一书,许多'吾'字。个个回应起头'予'字,'吾'字愈多愈有味,盖步步唤惺了,真是唤惺处。"(《老柏轩集》卷十八)

○《纳凉私议记疑辨》:朱子言:"理与气,伊川说得好。曰:'理一分殊。'"《凉议》引而为之说。今曰:伊川只论《西铭》,何尝以之论性,而讥《凉议》之表章。然《凉议》实承朱子旨诀,朱子不可讥也,奈《凉议》何?朱子解《通书》,又曰:"一实万分,万一各正,便是理一分殊。"问:"既曰:'理一',又曰'分殊',是理与分二也。"朱子曰:"理有品节之殊,轻重之等。分,特是理之等差耳。"又曰:"分者,天理当然之则,此皆不可以之论性乎?且以《西铭》言之,'塞,吾体''帅,吾性',是《西铭》骨子,谓之不论性,可乎?"(《老柏轩集》卷二十八)

●朱一新

○钟凌汉(字履崖,嘉应州人)问:"《西铭》之旨不同于兼爱,其殊别安在?"曰:《西铭》发端,即言乾父坤母,以下语语本此立说。盖谓人物皆受形于天地,天下人同出于父天母地,非同胞而何? 大君为宗子,践形者为肖子,害仁济恶者为逆子,天生民而作之君、作之师,有裁成辅相之道,宗子、肖子,皆不得辞其责者也。惟其心中胹然有民胞物与之仁,故欲使之老安少怀,各得其所,即欲立立人、欲达达人之意,所谓能近取譬也。均是人也,同受形于天地,犹之众子同受形于父母,故尊高年即此长吾长之心,慈孤弱即此幼吾幼之心,犹《孟子》"老吾老以及人之老,幼吾幼以及人之幼也"。然《西铭》但以其心言,而非以其事言,心则无穷,可以万物为一体,中国为一人,不如是,则生机窒而仁之量隘,人必具此胸襟,而后能任重致远。自私自利,皆一念龌龊误之也。事则有穷,博施济众,尧、舜犹病,故儒者必明理一分殊之旨,亲亲而仁民,仁民而爱物,各有等差,正所以善全吾仁。否则执途人而爱之与吾亲等,势必不能遍给,终且视吾亲与途人等而生理于是绝,天地之心或几乎息矣。故理一者,仁之体也;分殊者,仁之用也。理一即乾父坤母、民胞物与之同出一源也;分殊即亲亲长长、惸独鳏寡之各准其量也。盖《论语》言仁,合体用而言之也;《孟子》多言用,其言明白易解。《西铭》专言体,则易混于兼爱,故程子亟以理一分殊明之。然有体斯有用,必有民胞物与之量,乃有立人达人之思。大而至于参天地、赞化育,亦只此一念充之。惟其民物同出乾父坤母之一源,故尽人物之性,可以参天地。所谓恻隐,仁之端,扩充而仁不可胜用也。此仁之端,则受之乾父坤母,而凡民吾同胞者,莫不有之。故人可以亲其亲、长其长,而惟肖子为能践形,惟宗子可以任家相,故其责必有攸归。知化穷神,则达天德之事;不愧屋漏以下,则克己复礼之事;皆所以扩充此仁也,(谓充此仁念也,尚未及推行之事。长长慈幼等语,则推行之事。然亦但言其理,谓仁中自有此秩然之则也。此篇皆举仁之理言之。)但其用有等,其施有序,专为博施济众之举,而不知尊高年、慈孤弱之差,则从井救人,势且立蹶。墨氏之兼爱,释氏之慈悲,摩西氏之救世主,皆是物也。彼惟误认体为用,故其流弊不可胜穷,孟子与宋儒所以辟之不遗余力,不然墨氏、释氏皆间世一出之人,其意亦无恶于天下,方将进之不暇,而忍距之如此其严哉!(六朝之时,南北诸儒治经异派,释教亦然,而禅宗衣钵之传,六祖相嬗,徒侣弥盛,五季专尚诈力,士多失职,遁于空门,临济等五宗之派,遂遍天下。北宋士大夫不参禅者甚少,宗杲教无垢以改头换面,而六经率以禅学解之。横浦、眉山,固不待言,即程门诸贤,亦多阴染其旨。程、朱辟之,不得已也。元、明以来,禅学日衰,而其徒并不能举其说,辟之何为?后儒疑程朱立言之过峻者,未设身处地以观之也。)昌黎言"博爱之谓仁",合下文读之,其言固自无弊。但此言仁之事,与夫子言立、达,《西铭》言胞、与,其旨略同,而昌黎未析言之,宋儒恐人误认博爱之义,而以施济为仁将入于墨氏、释氏也,故屡辨之。盖豫防流弊之

言,非谓昌黎真不知仁也。谓昌黎不知仁者,特其纵论之隅过,非其本旨之所在也。"(《无邪堂答问》卷三)

○汪鸾翔(字翚苍,临桂人)问《西铭》。曰:《西铭》举仁之全量言之,不善体会,则易流于兼爱。故程子特言《西铭》明理一而分殊,欲人之善会其意也。圣门言仁于颜子曰:"克己复礼",宋儒"去私"之说本之。曰:"见实承祭宋儒主敬之说,本之其他。"曰"先难后获。"曰"为难言讱。"曰:"居处恭,执事敬。"曰:"恭、宽、信、敏、惠。"多言番端致力之事。而于子贡之博施济众,则告以能近取譬,此意惟孟子阐发最详。其言四端扩充操存舍亡,人可谓尧、舜之类,皆求仁之方也。亲亲仁民,仁民爱物,差等秩然与孔子"近譬"之言。若合符节能知此义,则人人亲亲、长长而天下平,各亲其亲,各长其长,天下之至私,即天下之至公也。若但以博爱为仁而不明理一分殊之旨,则其势必有所穷,而煦煦之仁起矣。孟子推兼爱之弊至于无父,言似过激。今观释氏之书,摩西之教,而其言验矣,择术可不慎欤!(《无邪堂答问》卷四,《丛书集成续编》册十九)

●郭钟锡

○《次赵泰克(镐来)连斋原韵》:世孰无兄无弟家,连斋独占出人佳。南方百里甘棠社,小雅八章常棣华。爱至(至爱)推看由父始,良能有受自天多。请君熟读《西铭》字,一理条通体验过。(《俛宇集》卷二)

○《答寒洲先生(癸酉)·别纸(中庸问目)》:始觉《西铭》一篇,皆从《中庸》推出。(《俛宇集》卷十)

○《答许后山》:事天事亲之谕,尤有以见平日之不寻常度也,却于《中庸》里面见得一部《西铭》出来了。非大心肠活眼目真实手段,岂易到得此!(《俛宇集》卷十七)

○《答李舜闻》:"《太极图》自一而二,自二而五,以至万物。《易》则自一而二,自二而四而八,以至六十四。《西铭》则止言阴阳,《洪范》则只说五行,理一而已,何立论之各异也?""《太极图》则主此理流行之妙,而以及于万物之始终,故自大原而顺推下来,理生气,气生质,气质交运,以生万物,而莫不有太极之妙。《易》则主阴阳变易之用,故才生阴阳,便用加倍之法,以立对待之体,而引伸触长,亦只如此。《西铭》则主理一分殊,以明仁道之大,故首称"乾坤父母",以起"同胞吾与"之旨而已,初非有意于论阴论阳也。今谓止言

阴阳者,已是错了。《洪范》则主理五行而叙彝伦,故先言五行,言五事,以协天人之用。"(《俛宇集》卷二十四)

○《答李仁老(丁巳)·别纸》:"《西铭图》如舜、禹、曾子,可谓尽道之至,而必以末二节,谓'于此为至',何也?""舜、禹、曾子之事,各举一端言之,则为一端之尽道。末二节之富贵贫贱忧福存没,无所不尽者,统全体言之。故曰'尽道于此为至。'"(《俛宇集》卷三十八)

○《戊辰六条疏》:"《西铭讲义》:'同胞'之'胞',以小弁注证之。然乃朱子自下说,不足为证;恐不若以庄子'胞有重阆'之'胞'为证。""以朱子之说而解张子之铭,何不足之有?"(《俛宇集》卷四十六)

○《答宋德中》:《西铭》"同胞"之"胞",未必是根据乎前人成说。如"乾称""坤称""帅""塞"等字,故谓只用朱子说解"胞"字义而已。庄子所谓"胞有重阆",未见其衬贴于同胞之意,而为张子之援取也。苟以此而已,则《说文》所谓"儿生裹也",《后汉书》所谓"善藏儿胞"者,皆足以当之矣。何必庄子云乎哉?(《俛宇集》卷四十六)

○《答郑文显(丁酉)》:"洲上说《西铭》,曰'"悖德"曰"贼"以下,是恶之分殊。曰"惟肖"曰"善继"以下,是善之分殊。'尽道不尽道,岂非其殊?然则这数段,去恶为善以尽道,是理一否?""道为理一,而尽不尽,其分殊也,则能去恶为善,到得尽道时,便是致殊,而会于一。"(《俛宇集》卷五十八)

○"'泛爱众',恶者犹有可爱之理乎?恐与善善恶恶之意相反。""'泛爱'之云,只看《西铭》所谓"民,吾同胞"之意,则可见非必谓就他恶人上一并爱了。然而众人之安于暴弃,犹在圣人之所恻,则学圣人者,亦当以天地生物之心为心,苟非元恶大憝不可告语者,则须存哀矜之意,勿遽加愤疾之绝。于人有益,而在我者亦无所辱矣。况此'而亲仁'三字,乃是泛爱中紧要眼目。岂可曰漫无分别而善恶齐平者乎?"(《俛宇集》卷六十五)

○《答河采五·别纸》:"《西铭》一'予'字九'吾'字,不可一例训作自我之义乎?""大概是自我之称,然'予'字有公共自在底意,'吾'字有亲切着己底意。"(《俛宇集》卷六十七)

○《答郭圣绪(壬寅)》:"'形而后有气质之性',此'形'字以形见意看,文义则似顺。然不下'发'字,特下'形'字,似有微意。盖气质之性,缘是形气之私而流于一边,故必下'形而'字乎?""'形而'之云,原于《易大传》,而这已是动而可见之谓,则张子因此而只换'下'字为'后'字,此《西铭》手段也。如下'发'字,岂张子文章耶?况形气之欲而只下得'形'字,果成说否?况上文曰:'性于人无不善,系其善反不善反。过天地之化,不善反者也。'如此则其反之善不善,皆从发见处施功。天地之化,亦指其可见处,而初非反其形体、化其形体之谓乎?无不善者,本体之未形见者也。形而后者,其流之有善不善者也,交互为文,意脉相承,潜玩而细究之,则可验鄙说之非妄也。"(《俛宇集》卷八十三)

○《答郑敬鲁(奎○戊戌)别纸》:"《西铭》不以人时世先后,如先禹后舜,各有至意否?""顾养而后方可以锡类,而不弛劳及待烹,又其处变之次序也。归全则事之终也,而顺令又统结上数事。此以义意为先后,不拘其人之时世。"(《俛宇集》卷八十六)

○《答李汝材(寅梓○己丑)》:"《西铭》。杨中立云:'《西铭》言体而不及用',以愚观之,似有体而有用矣。朱子云:'首论天地万物与我同体之意;而论事天工夫,则自'于时保之'以下,方极亲切。然则万物之同体为体,事天之工夫为用矣,未审如何?""龟山说已经程子勘正,所论大概得之。"(《俛宇集》卷七十七)

○《答姜叔权书》:"所论《西铭》名虚而理实,何谓?""《刊补》曰:'天地非真父母,而假父母之名',故曰'名虚'。然吾体之所以为体者,莫非天地之体,吾性之所以为性者,莫非天地之性,故曰'理实'。"(《俛宇集》卷五十五)

○《答河圣权》:人道则心而非情,四七则情而非心。看得精细,尽不易到,此《西铭》横直之义,亦自说出。但不必谓看其所以然,盖于所能然所当然处,莫不有横直故耳。(《俛宇集》卷九十三)

○《答朴殷弼》:"言继天立极而只举五圣,何也?此与《中庸序》"继天立极",其义同欤?此"继"字以《西铭》"善继其志"之"继"同看,如何?""上古圣神之设教,始于此五圣而略可见,故首举之。三代则教法详备,故别言于下,而其继天立极之义,未尝不该贯,余皆得之。"(《俛宇集》卷一百)

○《答裴汝鸾(炳翰○己亥)》:"'舜其功',子于父,下'功'字,恐未安。'存吾'、'没吾','存'、'没'字,指身而言欤?""《左传》曰:'舜有大功二十而为天子。'《西铭》'功'字本乎此。'存'、'没',只是以生死言。"(《俛宇集》卷百十二)

○《吾斋记》:凡有生不能无吾,吾者,对彼之称也。彼与吾,相形而私生焉,是以役于吾,则私胜而流于人欲;忘于吾,则无物而沦于空寂。然则为吾者,当如之何而可也? 惟公天下之所吾,而为之吾,则斯善矣。故孔子之于道,孟子之于浩然之气,皆曰之为吾。《西铭》之论仁也,吾之称不一二矣,使圣贤而不此之,吾将何据而立于天地之间哉!(《俛宇集》卷百三十八)

●张锡英

○《林黄中易西铭辨》:按:黄中至以《西铭》为名教之大贼,则其悖理极矣,本不足为辨。而既辨之地,先生只举"父母宗子"一句,以其已甚也。今以愚见演之。张子曰:"乾称父,坤称母。"张子之指乾坤,正如《易》之称乾元坤元。林谓之非《易》之本义,则顾未之察也。"混然中处",乃吾藐然之身,位乎天地之中而为子道也,张子何尝谓与天父地母而中处乎?"天地之塞,吾其体"者,盖阴阳之气,充塞两间,而人物得之而为体也。张子若谓"吾之体,塞天地",则殆与浮屠所谓佛身充满法界似之。而今其引彼而证此,不亦妄乎?"天地之帅,吾其性",盖健顺,天地之志,而天地之志,理也,人物得之而为性焉。黄中但知心之所之之谓志,而不知天地之理为气帅,而命人物者,又其所谓父天母地,而吾为"帅"云者,非但悖理已甚,初未尝解看文字者也。但先生于此不必辨,而与之争辨如此,又与张无垢而失笑,毕竟作祸胎于此,此等恐非待小人之道也。(《晦堂集》卷二十)

○《答李舜钦(基宪)别纸》:天地万物,本吾一体,此就本原而言之,《西铭》所谓"民胞物与",亦此意。盖理则一,而其分殊。以言其分殊者,则人有人之理,物有物之理,便自不同;而以其一原者而言之,则只是一理,而人之理是物之理,物之理是人之理也。人之一心,所以具此理而行此理,浑然而为冲漠之体,粲然而万象之森然者已具,此心即天地之心也,此气即天地之气也。心正气顺,则有足以感召天地之应者矣。究其本,则理一故也。致中和之切近工夫,各须一个地位去做,已有朱子之训,而一身一家,各有天地万物。东阳说亦好。吾辈既无其位,只自一身一家而推将去,他日苟得治平之地,则亦将举此而措之而已。(《晦堂集》卷八)

○《与康广夏(有为○丙午)》:天下无理外之物。亦无理外之事。不明乎理,无以语夫道也。理,固一也,而其分自殊;分虽殊,而本则一也。父乾母坤,体塞而志帅,所谓理一也。人物之生,各亲其亲,各子其子,所谓分殊也。

一统而万殊,则虽天下一家,中国一人,而不流于兼爱之弊;万殊而一贯,则虽亲疏异情,贵贱异等,而不梏于为我之私。此《西铭》之大旨,而程、朱夫子所以眷眷于理一分殊之论也。足下以宋儒之只得孔氏修己之学,管归俗学而排斥之已甚,幸足下更思之。尧、舜之治,即六君子之治也;宋儒之心,即孔氏之心也。足下之学,或有得于理一地头而遗却分殊之说,所以推尊尧、舜之公天下而轻觑三代之少康,发明孔氏之救世而讥侮程、朱之修己,竟使天下之人,不报其所生之恩,而牟尼、基督之说,比隆于孔圣,是不亦孔、孟氏之罪人耶?(《晦堂集》卷五)

● 金泽荣

○《杂言四》:《西铭》一篇大旨尽好,而文体却卑,其杂引典故,有似乎偶俪功令之文,使生于颖考叔、申生以前,则不能作此文乎!横渠文字甚劲,朱子尝自叹无其笔力,而此文乃如此,亦世级使之然尔,使汉儒以横渠之意而为此文,岂不醇然古乎!(《韶濩堂集》定本卷八)

● 严复

○外人常疑中国真教之所在,以为道非道,以为释非释,以为儒教乎,则孔子不语神,不答子路事鬼之问,不若耶稣自称救主,默罕穆德自称天使之种种炫耀灵怪也。须知目下所用"教"字,固与本意大异。名为教者,必有事天、事神及生前死后幽杳难知之事,非如其字本义所谓,文行忠信,授受传习已也。故中国儒术,其必不得与道、释、回、景并称为教,甚明。盖凡今之教,皆教其所教,而非吾之所谓教也。然则中国固无教乎?曰:"有。"孝则中国之真教也。百行皆原于此,远之以事君则为忠,迩之以事长则为悌,充类至义,至于享帝配天,原始要终,至于没宁存顺。盖读《西铭》一篇,而知中国真教;舍孝之一言,固无所属矣。西人谓学之事在知,而教之事在信。唯信之笃,故能趋死不顾利害,而唯义之归,此非教莫之使然也。然中国孝子不以天下忘其亲,方正学移孝作忠,至于湛十族不反顾,使西人见此,其诧为大奇者,又当如何?惜乎世风日微,致西人徒见末流,而不识中国真教之所在也。(《支那教案论》卷三《教事篇》)

● 张元勋

○《西铭图》

张载《西铭》《东铭》诠评汇纂

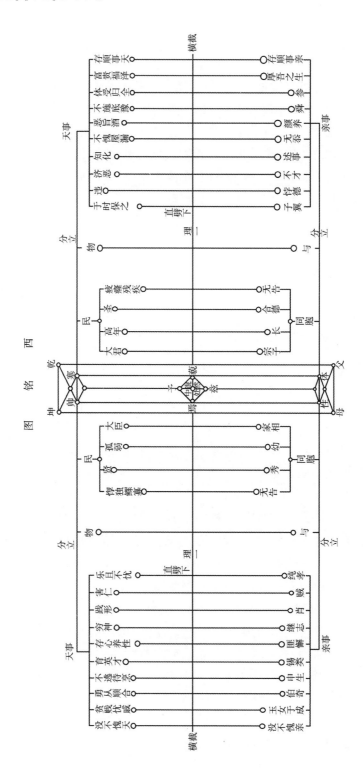

494

● 曾习经

○《书横渠〈西铭〉挂田舍》：圣其合德贤其秀，存吾顺事殁吾宁。半年始学《西铭》看，只今此意常惺惺。(《蛰庵诗存》)

● 何璋

○上主从天诞降下救普世，万万非人类之比，而其灵异有不超乎人类之上者乎？世人疑之，名与以管窥天者何异？他若耶稣之教所以可大可久者，意其大意旨与张子《西铭》同。能人观书，当求大义微言，不可寻数行墨。(《论教》,《中西教会报》1892 年第 2 卷第 16 期)

● 刘师培

○"乾称父，坤称母，子兹藐焉，乃混然中处，故天地之塞，吾其体；天地之帅，吾其性。民，吾同胞；物，吾同与也。大君者，吾父母宗子；其大臣，宗子之家相也。尊高年，所以长其长；慈孤弱，所以幼其幼。圣，其合德；贤，其秀也。凡天下疲癃残疾、惸独鳏寡，皆吾兄弟之颠连而无告者也。于时保之。(《西铭》)

案：横渠此语虽与民约无关，然即其说推之，可以得民约之意。《民约论》谓："天然之世，利己为首。究其终也，相援之心必较利己为尤甚。"(卷三第二章)诚以非相援不能合群、非合群无以立民约，民约不立，国于何有？故横渠此语虽出于孟子之推恩，然与卢氏相援之说若出一辙。居中国而谋合群，其惟发明横渠之旨乎？(《中国民约精义》卷二第二编中古，"张载"条目下，见《刘申叔遗书》上册)

● 梁启超

○嗟夫！嗟夫！晋宋以来之汉儿，其丰功伟烈与张宏范后先辉映者，何啻千百？白沙先生，无乃所见不广乎？国家思想之销亡，至是而极。以言乎第四义，则中国儒者，动曰"平天下""治天下"，其尤高尚者，如江都《繁露》之篇，横渠《西铭》之作，视国家为眇小之一物，而不屑厝意。究其极也，所谓国家以上之一大团体，岂尝因此等微妙之空言而有所补益？而国家则滋益衰矣。若是乎，吾中国人之果无国家思想也，危乎痛哉！吾中国人之无国家思

想,竟如是其甚也!(梁任公著《新民说》第六节《论国家思想》。载《饮冰室文集》,上海文化进步社 2001 年 8 月版)

●归曾祁

〇《西铭汇纂序》曰:张子于嘉、治、熙之际,阐道明理,为关中倡,著书曰《正蒙》东西《铭》。程门单提《西铭》以示学者,朱子为之解,自后诸儒论说,互相发明,《宋史》列传特载,全文有旨哉!明永乐中,胡氏等编《性理大全》,汇录诸说,已①非专书所能完备;且后于《大全》者,其说又不知凡几。罗山罗氏《西铭讲义》(《罗山遗集》)首列《分立而推理一图说》,次总论,次讲义。讲义中分原文、朱子解义、讲义集说、泽南案等名,惟大概依《大全》例,未尝增补,仅加入图说、讲义、考案而已。至《大全》误处,亦未更暇校勘。正如"弘而不毅则难立,毅而不弘则无以居之",程子之言也;"《西铭》言弘之道",朱子《近思录》原注也,《大全》连书之,《讲义》仍其旧。"观张子厚"一条,当提行另录一行,《大全》《讲义》皆连"言弘之道"录,未知何意。《朱子文集·答陆子美书》曰"熹所论《西铭》之意",《大全》因避朱子讳改作"某",梓人误刊其字,几至费解,《讲义》承其旧误,亦未改正。刘用之问《西铭》理一分殊案语类,黄卓录与叶贺孙录不同,当两存之,《大全》混而为一,不知从何本,《讲义》亦未之订正。凡此虽小疵,无关宏旨,然亦不可忽之不辨也。杨氏昌濬跋《讲义》曰:"夫《西铭》之书,体大而义精,词高而旨远,虽朱子有解义,而蕴奥要未能尽晰,学者不无疑焉。自有先生《讲义》,《西铭》乃无余蕴矣。"读之洵然。然朱子谓"《西铭》皆古人说话集来",又曰"横渠不妄下字,各有来处",则《西铭》有《解义》、有《讲义》而无注释,仍非完备之书也。日本安正氏《西铭参考》(《甘雨亭丛书》)则大异,是句注字释,并注朱子《解义》,然又惜其不列原文,诸论亦少。因是不揣沟瞀,以《大全》《参考》为基本,旁及他书,补其未备,增其不及,并正其误采者,汇录一编,分为二卷。第《讲义》甚多,不胜分纂,且罗氏宗旨在《讲义》,而此书在注出处、广总论,微有不同。学者今观之,庶乎有获焉。至王氏之《西铭注解》(《船山遗书》《正蒙》《乾称篇上》),张氏之《西铭集解》(《正谊堂全书》),一则自立说以解义注之每句下;一则融会朱解及诸儒说而以己意贯通之,与此更不同也。虽然子中王氏之言曰"言语多

---

① "已",底本作"以",当误,径改。

而转杂,援引广而非真,《西铭》大旨,程子以理一而分殊赞之,至矣,尽矣!"此书摭采群言,难免杂而非真之诮,愿有道者进而教之。宣统二年十一月二十二日冬至,常熟后学归曾祁谨识于盉山藏书楼之宋斋。

○《纂例》曰:一、是书汇录《性理大全》《西铭参考》以及他书之有关于《西铭》者,故名曰《西铭汇纂》。一、是书体例,悉依《大全》,而以《参考》注之,至增其未及、正其误采者,则施名于上,以示区别。一、是书分上下卷。上卷注释,下卷总论。第总论补入者多,下注明出处①;其未注出处者,《大全》所原有也。或《大全》所原有而下亦注出处者,据此以正其误耳。一、曾祁有志于宋学,而学力未及,兹先从《西铭》入手。《西铭》为有宋国粹之一,窃愿保存之,故著斯篇。(《西铭汇纂》)

● 吴承烜

○《西铭赞》:孔孟之言,《中庸》之道,《砭愚》《订顽》,改称独早。东西"二铭",圣贤襟抱。惟此《西铭》,儒林墨宝。(《小说新报》1916年第2卷第11期)

● 金夕阳

○《宋张横渠有民胞物与之说申而论之》:旷观宇宙之间,万象森罗。道生之,德畜之,物形之,势成之,是以万物一体也,天地一家也,而其秀出者为人。人之心,澄然清明,开朗无翳,本灵,本神,本明,本广大,本变化无方。天下万世之人心,如出一辙,随处能发,不必求诸幽深!以羊易牛之心,孟子称之以王。故圣人之学,心学也。尧、舜、禹之相授曰:"人心惟危,道心惟微,惟精惟一,允执厥中。"此心学之源也。道心精一之谓仁,故子贡致疑于多学而识,而以博施济众为仁。夫子告之以"一贯"而教,以能进取譬,盖使之求诸其心也。迨墨子之言仁,至于摩顶放踵,而告子之徒,又有"仁内义外"之说,心学于是乎之大坏。孟子辟之曰:"仁,人心也。学问之道无他,求其放心而已矣。"

宋张横渠先生有"民胞物与"之说,要亦求夫心之仁,异其言而同其旨欤!夫载以郿县侠客,少喜谈兵,至欲结客取洮西。后屏居终南山,志道精思,世之重仰其人者,以其德不以其术,故其传不广,而著又不多。怠观夫彝伦攸

---

① "出处",底本作"处出",误倒,乙正。

戫,豺狼食人,河决鱼烂,不可收拾,发为此有激之言欤！吾夫子尝曰："道二,仁与不仁而已矣。"如是则为仁,反是则为不仁,即此心也。求则得之,得此心也;先知者,知此心也;先觉者,觉此心也。爱其亲者,此心也;敬其兄者,此心也;见孺子将入井而有怵惕恻隐之心者,此心也;羞恶辞让者,此心也。敬,此心也;义,亦此心也;内,此心也;外,亦此心也。心含万象,融会精粗。张子创为"民同胞,物吾与"之说,充其量将智周乎万物,德侔天地,是心学也,亦即仁学也。杜正献公曰："士君子做事行己,当履中道,不宜矫饰。"此求诸心之真诠也。嗟乎！人心已死,天理将亡,而假仁假义之名词,目不绝见,耳不绝闻。人禽之界,相去几何？此民、此物,孰胞与之哉,嘻！(《同南》1917 年第 6 期)

● **周维新**

○《书张子〈西铭〉后》:予读张子《西铭》"民胞物与"之说,至谓"凡天下疲癃、残疾、惸独、鳏寡,皆吾兄弟之颠连而无告者也",心未尝不怦怦而动焉。夫常人之情,莫不爱其兄弟也。惟其爱之,故见兄弟之痛苦犹己之痛苦而思所以救助之,见兄弟之陷溺犹己之陷溺而思所以拯救之。所谓骨肉之情,出乎天性者也。使人能知凡圆颅方趾含灵赋气之俦皆属天帝之赤子,即皆为吾之兄弟而推其爱骨肉兄弟之情,以爱属天之兄弟,乐与同乐,忧与同忧,和衷共济,以图人群之幸福,则大同和乐之世界何难即现乎哉！无如人类堕落以来,物欲滋生,惟知利己自营,而仁爱之心遂日以为剥丧。于是见他人之痛苦陷溺,漠然不动者有之;甚或幸灾乐祸,坠井下石者有之;更甚至骨肉之亲视如秦越,起萧墙操戈同室者,不可胜数也。乃知吾人自私自利之劣根性弗除,则慈爱之心弗生。既无慈爱之心,则虽见骨肉兄弟之颠连无告,亦将漠然不顾,何能恤及乎天下疲癃、残疾、惸独、鳏寡之人哉！然则自私自利之劣根性,将奚自而除之乎？恃人力之克修欤？则滔滔皆是,而谁与易之？故吾敢断言曰:徒恃人力自克,其不失败灰心者几希！必也归心基督,以其情欲故能磔诸十架,赖圣灵之重生,恒厥心交乎上帝,则劣根性去,慈爱之心自生,而种种慈善事业亦必乐为之矣。爰即张子之说以进之。(《青年进步》1919 年第 19 期)

● **刘伯明**

○中国人不是没有平等的思想,《礼运·大同》、张载《西铭》都很有德谟

克拉西的精神。(《申报》1920年6月3日第10版,《刘伯明博士在职业学校讲演:东西洋人生观之比较》)

● **武淑**

○《西铭解》:《西铭》言虽约而理无余,彻上彻下,文理密察,有条不紊。程门专以此开示后学,盖深有味乎其言之也。验其间文意高浑,词旨奥衍,当时如陆□定、郭冲晦、陆子美、林黄中诸人,颇多置疑于其际。即贤如龟山杨子,犹不能无流于兼爱之说。迨朱文公出而解注之,而后《订顽》一书,涣然冰释,怡然理顺。夫《西铭》之旨,理虽一而分则殊,知其理一,所以为仁;知其分殊,所以为义。仁尽而义至,则与《孟子》性善养气同功。夫何至流于墨氏之徒哉!若刘安节谓"申生过乎《中庸》,不当俦诸大舜",则程子固已解之矣。读者由辞以得意,则其言虽阔略,要无不可反求诸身而自得。然而见道尽高,所言虽无弊,恐非初学猝能领悟也。(《仪光阁杂著》卷一)

● **李佳白**

○《李路得先生演说》:基督所说天上来的智慧,和佛经所载的大智慧,名同意同。基督升天,坐在上帝的右边,和《诗经》上"在帝左右",确是一样。论到基督的伦理,基督的爱,比较孔子的"仁",释迦的"慈悲",只有轻重广狭的不同,没有是非的差别。基督平生的毅力和奋图精神,正像孔子所说的"勇","当仁不让""见义勇为"(大丈夫,好汉子)。基督的施医施财,才配当得孔子"博施济众"的话("尧舜其犹病诸",济以基督的主义毅力权能,就不病了)。基督看普天下人民如同弟兄姊妹,(看《马太福音》十二章五十节)和儒经上"民吾同胞,物吾同与",也差不多。(《尚贤堂纪事》1922年第13期)

● **张绍价**

○顽者,私欲锢蔽,冥顽不灵,与天人不相关,犹痿痹之人,痛痒不觉。作此订之,推论本原,详示工夫,使知求仁之方,庶无私己之失也。(《近思录解义》卷二)

○《大学》入德,知行并进。《西铭》论仁,弘毅兼备。以此二书,循循不已,自有所至,勿求之过高也。(《近思录解义》卷二)

●孙迺琨

○《醴泉韩生宗铭字说》：自有宋张子横渠，立说著书，大振关学。而《西铭》一篇，尤开示后学于无穷。尔名法张，字尔宗铭，可乎？先儒称《西铭》"推亲亲之仁，以大无我之公；因事亲之诚，以明事天之道。"推类旁通，无非理一分殊之旨。理一，仁也；分殊，义也。是书之所以为该备也。谨按：《西铭》前半篇发明道体，是以理一言之，然曰"君"曰"相"，曰"圣"曰"贤"，曰"民"曰"物"，曰"鳏寡孤独"，种种品类不同，分殊之义，在其中矣；后半篇发明工夫，是以分殊言之，然曰"穷神知化"，是自然而合天者也。自"不愧屋漏"以下，是用力以合天者也。悖德济恶之不才，是戕灭仁义，以贼天者也。人虽有万殊，而所禀之天不殊。理一之义，在其中矣。知其理一所以为仁；知其分殊所以为义。仁则不锢于为我之私，义则不流于兼爱之弊，即此见圣贤之学。仁之至，义之尽，大中至正，传之万世而无弊，于《西铭》见之矣。先儒又谓：《西铭》是"言仁之体"，窃谓仁则能遏欲，如禹之恶旨酒；仁则能育才，如颍封之锡类，舜之底豫，申生之恭，曾子之全受全归，伯奇之勇于从而顺令，虽有安勉之不同，而能厚于伦，常植名教，皆仁为之也，此《西铭》之大义也。（《灵泉文集·下》卷七）

○《西铭辑说讲义》：盖闻《西铭》一篇，张子所以发明仁义，示人以尽人合天之学也，故先儒以理一分殊解之。知其理一，所以为仁；知其分殊，所以为义。仁体而义用也。通篇分两段看。前四节合为一段，是说道体；细推之，固是理一分殊。后九节合为一段，是说工夫；细推之，亦是理一分殊。首节言乾坤与吾混然一体，理之一也。然乾有父象，坤有母象，吾之中处，有子象，非分殊乎？次节承"混然中处"来，子处天地之中，有体有性。体只一般，性只一般，理之一也。然"塞吾体"者，有阴阳之不同；"帅吾性"者，有健顺之不同。且阳一也，而有老阳少阳，阴一也，而有老阴少阴。健一也，健之分数则不同顺一也，顺之分数亦多般，非分殊乎？三节言民物，承"塞""体""帅""性"来。"体"皆天地所塞，"性"皆天地所帅，理之一也。然人得气之正而理亦正，物得气之偏而理亦偏。且同是正也，而夷清惠和，正亦有多般样；同是偏也，而为我兼爱，偏亦有多般样，非分殊乎？故先儒谓"民吾同胞"，同胞中有理一分殊。"物吾与也"，物与中有理一分殊，是其证也。第四节承"民吾同胞"来，民即人也，人之理一也。然以爵言，则有君有臣；以齿言，则有长有幼；

以德言,则有圣有贤;以遇言,或值身体之不幸,而为疲癃残疾。或值伦常之不幸,而为惸独鳏寡。是同此伦类,却相去悬绝,此又非分之殊乎?自"乾称父"至此为一段,以道之体言固见理一分殊之旨。自"于时保之"至末段以事天工夫言,所谓理一分殊者更显然矣。柳省斋谓五节六节,言事天有善不善之等,畏天乐天皆善也,理之一也。然畏天惧其理之或失,是诚之者事,人道也。乐天则心与理一,是诚者事天道也,分则殊矣。违害济恶,皆不善也,理之一也。然违是不循天理而徇物欲,不孝之始也。害仁则灭其本心之理,不孝之大也。济恶则肆为不善,本心之理戕灭无余,不孝之极也,是同为不善而分则殊也。末则顾上节而反结之,形则合体性而言之也。践形则于道理无所亏,而与天地相似矣,故为天之肖子,上节所谓"合其德"者也。以下七节,皆言践形惟肖之事,顾践形一也。有纯孝之践形,知化与穷神是也。有翼子之践形,不愧屋漏,与存心养性是也,分之殊也。下三节则引古之践形者证之,"崇伯子之顾养",是遏人欲,自尽其道以践形也;"颖封人之锡类"是存天理,推理以及人,使人得以践形也,皆孝之处常而尽道者,然分则殊矣。"不弛劳而底豫",舜卒得亲之心;"无所逃而待烹",申生卒不得亲之心。一则变中之常,一则变中之变,皆处变而得其正者,细推之分则殊也。曾子全其亲之所遗,而无一毫之亏焉;伯奇顺其亲之所令,而无一息之懈焉。此二人者,一则处常,一则处变,然皆能践其形者也,但分则殊耳。富贵福泽,天之处我者厚,犹父母之爱我也。贫贱忧戚,天之处我者薄,犹父母之恶我也。圣人善体亲心,穷与达无二致,犹孝子善体亲心,爱与恶无两意,但心虽一而分则殊也。孝子之亲存,不逆亲志,殁而无所愧于亲,犹仁人之身存,不逆天理,殁而无所愧于天。即此见常变死生,天与亲之待我。虽参差不齐,而圣贤仁孝之心,所以事亲事天者,则无毫发之有异其分虽殊。而理则一也。理一仁也,分殊义也。知其理一,所以会通此理者无不贯;知其分殊,所以立乎其分者无不烛。先儒谓"理一不难知,难在分殊;分殊亦不难知,难在分殊之中。"尽其处之之道,若于分殊处有一毫之不善,而所谓一理浑然者,便有所亏义之不尽,又何以为仁之至矣?《大学》之格致,《中庸》之学问思辨,皆是做分殊工夫,皆是明分殊道理。由分之殊而推理一,则吾所得于天地之塞天地之帅为不失焉庶乎为天地之肖子也。按:安溪记张长史之言,谓:"《西铭》之义,非专为明理一分殊也,要之是教人尽性。人受形性于天地,犹之身体发肤,受于父母。必能守身,而后为能事亲;必能尽性,而后能为善事天地。自'民胞物与'以下,总以见身为天地之子,要归于存心养性,不愧屋漏,乃尽所以事天之道。"然则《西铭》一篇,所以发明仁义示人,以尽人合天之学,证以张长史之言,不益信哉!(《灵泉文集·下》卷)

●褚应章

○《张子〈西铭〉书后》:夫天地者,万物之父母;人类者,均我之同胞也。父母之于子女,则当教之、育之、爱之、护之,而子女之于父母,则宜尊之、敬之、顺之、从之。至若同胞手足,更当相规、相助、相友、相爱,方不失为子之道。故天地之循环运行,无一息之停者,是教万物体天行之健而自强不息也;天地之有日月而成昼夜者,教万物之休作有节而勿失其度也;天地之有寒暑晴晦者,教万物知阴阳刚柔相济之义也;天地之不择木而雨、不择草而风者,是教万物普博爱之怀而一视同仁也。是以物之生也,天地无不教之、育之,父母之于子女,可告无愧矣,而子女之于父母,其当何如耶?仲尼、孟轲,何异于常人哉?从其学、领其教,圣贤之流矣;违其教、逆其令,奸妄之徒矣。同为子女,何为乎庸庸者多,而圣贤少也?若非五洲人民,孰非天地之子哉?何为乎各具私见而以权利相竞争,强食弱肉屡以势力而侵占凭陵,视为天之骄子,手足之互助具失,同胞之意义何存?噫!此岂父母所乐闻耶?虽然,同胞同胞之声洋洋盈耳矣,救我同胞同胞努力之字样,亦照人眼目矣,我所怪者,彼蹂躏我、侮辱我者,非我同胞耶?彼强非夺我、蚕食我,非亦天之子民耶?呜呼!同胞相蹂何甚,天地负民乎,民负天地乎!(《金陵女子大学校刊》1926年第8期)

●谢扶雅

○如张横渠谓:"天地之塞,吾其体;天地之帅,吾其性;民吾同胞,物吾与也。"……此等"天地一体""民胞物与""包含万有""脱差别界而入平等界"之经验,岂非皆宗教精神之最深奥处?(《宗教哲学》,上海青年协会书局,1950年版)

●刘仲山

○《基督教与中国文化的关系》曰:"乾称父,坤称母,民,吾同胞;物,吾与也。大君者,吾父母宗子;其大臣,宗子之家相也。尊高年,所以长其长;慈孤弱,所以幼其幼;凡天下疲、癃、残、疾、惸、独、鳏、寡,皆吾兄弟之颠连而无告者也。"(《性理·西铭篇》)这段是甚么意思呢?就是说人以上帝为父母,宇宙的人类为弟兄,就是那些年高的老人,我也尊敬他,年幼的小孩,和那残疾鳏寡孤独受困苦的人,都是我的同胞,我也爱怜他;故以天下为一家,中国为一人,即如那些动物植物,有灵无灵的,虽与我不同类,原其之所自来,亦由上帝之所生,故说"吾与"。张子虽本孟子"亲亲而仁民,仁民而爱物"之旨而作《西铭》,即是宗孔子博爱之爱的微言,阐明人伦的哲理,并且由人事方面说到宗教方面;而政治,实由伦理与宗教两方面所产出,故中国的政治,不离人伦与宗教。若不知此,安知西方各国以基督立国么?近来有些人统以宗教为迷信,又何能见及此?至于基督教的博爱,已经成了一种口头禅,大约人人皆知,都在说基督教是爱堂,是慈善机关。因为办学堂,设医院及孤儿院,并且施米施钱,所以就认基督教为慈善堂。不知基督教所办这些事,是"仁民爱物"的事,是以天下为一家的大同主义,视全球上十五万万人,如一家的弟兄。敬高年,即"老老"义;办学校与幼稚园,即"幼幼"之义。设医院与盲哑学校,即爱"疲癃残疾"之义;设孤儿院与妇女学校,即"哀此独"之义;皆是体贴耶稣博爱之心而为。以此观之,可见基督教与中国文化,丝丝入扣。(《希望月刊》1928 第 5 卷 12 期)

●徐宝谦

○张载的《西铭》虽有乾父坤母、民胞物与的说法,与基督教的有神论,意味究不相同。(《大公报》1933 年 12 月 14 日第 13 版《基督教与中国文化》)

●江谦

○《广张子〈西铭〉》:宋张横渠先生《西铭》,阐性一分殊之义,示天下一家之情,千古大文也。惟准之不生不灭无量无边之心性,则犹未尽。谨本张子之文而广之曰:乾称父,坤称母,予心之廓然,实与之遍在而常住,故天地之性为吾性,天地之体为吾体,民吾同胞,物吾眷属也。大君者,克家之长子;先圣先贤者,学校之宗师也。尊高年,所以老吾老;慈孤弱,所以幼吾幼;圣,其合德;贤,其秀也。凡天下疲、癃、残、疾、惸、独、鳏、寡,乃至畜生饿鬼地狱,皆吾兄弟亲属之颠沛流离而无告者也。于时保之,子之职也;同乐同忧,纯乎孝弟者也。违曰悖德,害仁曰贼,济恶者不才,其践形惟肖者也。穷神则善继其志，知化则善述其事。不愧屋漏，为无忝所生；存心养性，为夙夜匪懈。恶旨酒，庶明哲以保身；去残杀，则孝子之锡类。忘一身以奉天下，伏羲、神农、黄帝、尧、舜、禹、汤、文、武、伊尹、周公其公乎！传先德以诫后来，释迦、老聃、仲尼其文乎！体全受而全归者，参乎；能不矜而不伐者，颜渊也。富贵福泽，聪明睿智，以广吾之施也；贫贱忧戚，夷狄患难，庸玉女于成也。存，吾顺事；没，吾归休也，西方极乐世界，阿弥陀佛者，使吾同胞亲属，脱苦得乐，超凡入圣之大导师也。若夫极而言之，则皆吾头脑肺腑，精神气血，眼耳鼻舌，手足骨肉，痛痒相关之一身也。实而言之，则唯吾清净周遍，无量无边，不生不减，神通变化，不可思议之一心也。心之为德也，其至矣乎！民鲜知之久矣！（《佛学半月刊》1934年第78期）

● 缪篆

○《砭愚》之文，为"仁覆天下"主义之文也。若《订顽》之文则又何说？曰"孝治天下"主义之文也。今欲申说《西铭》，当有二简语如下：一曰，本儒家《孝经》，参以《易》理；二曰，辟佛说"无我"，故称《订顽》。○横渠尝于其书室之两牖作两铭，铭于西牖者曰《订顽》，是此文第一次张氏自题之名称。程伊川见之，曰铭名《订顽》，是起争端，不若改称《西铭》。依程氏说：《西铭》乃铭之在西牖者，《西铭》两字，等于一"铭"字耳。此铭，程明道嘉之曰："极醇无杂，秦汉以来学者所未到。"又曰："《订顽》，立心便达得天德。"又曰："《订顽》一篇，意极完备，乃仁之体也。学者其体此意，令有诸已，其地位已高；到此地位，自别有见处，不可穷高极远，恐于道无补也。"又曰："游酢得《西铭》读之，即涣然不逆于心，曰：'此中庸之理也，能求于言语之外者也'"。程伊川答杨中立问曰："《西铭》之文，推理以存义，扩前圣所未发，与孟子性善养气之论同功。"朱晦翁曰："程门专以《西铭》开示学者。"

○注解此铭文者有三家：（一）张横浦氏（张九成，字子韶）；（二）朱晦翁氏；（三）刘蕺山氏（刘宗周，字念台）。张注、刘注，录在《横渠学案》本文下；朱注，录在《近思录》卷二本文下。按：此铭有整个之系统，盖二百五十三字中，包括一千八百余字之《孝经》在内。若能察其旨要，知其根据，则字字均有着落矣。且细阅诸家注文，乃有岐异。如"长其长，幼其幼"二"其"字，横浦说"其"字指天地，晦翁说"其"字指自己，一不同也。"于时保之，子之翼也"，横浦属上"疲癃"句讲，晦翁、蕺山属下与"乐且不忧，纯乎孝者也"两句为对偶,二不同也。今从《孝经》对照,则能判定晦翁、蕺山不误,而横浦注误矣。又"存,吾顺事;没,吾宁也"两句,横浦、晦翁都以为属自己说,显然与舜之厎豫、参之全归重复。今依《孝经》对照,乃知属亲之存灭说。(《朱子语录》说"《孝经》疑非圣人之言",且作刊误,其轻视《孝经》如彼。而《宋史·朱熹传》云"尝与林栗论《西铭》",其重视《西铭》又如此。惟其疑《孝经》,所以不能知《西铭》乃摄一千八百余字之《孝经》在内也。)今将《西铭》与《孝经》比勘之,则知《西铭》不独出于《孝经》,并且参有《易》理。

○兹再将《西铭》辟佛之大旨,及所以称为"订顽"之故,申述如下:篇中用九"吾"字,一"予"字。张、朱、刘三家注解,大半望文生义,敷衍附会,似乎"吾"字是广义说"吾人",又似乎"吾"字是"张载"两字之代名词。"天地与我并生,万物与我为一"已见于《庄子》,"老者安之,少者怀之"已见于《论语》,何待横渠作更为亲密之言,谓天地为"本生亲",谓民物为"自家人"乎?然而事有大奇,横渠文真义所在,是乾为天,为"吾"父,为"吾"君。坤为地,为"吾"母,等等。泰山可移,"吾"字不可变,东海可涸,"吾"字不可改。阅者搔不着"吾"字之痒处,浮浮浅浅从文句上求,似乎有几"吾"字用得异常生硬,不解是何缘故矣。今郑重告知阅者曰:横渠此文,是辟佛,是辟佛说"无我"。何以知之?从历史上观察,忠孝者大都辟佛。昔唐高祖时,傅奕与萧瑀辩论。瑀曰:"佛,圣人也。"奕曰:"礼本于事亲,终于奉上,则忠孝之理著,臣子之行成。而佛踰城出家,逃背其父,以匹夫抗天子,以继体悖所亲,瑀非出于空桑,乃遵无父之教,非孝者无亲,瑀之谓矣。"又梁时有皇侃(《北史》作侃)者,性至孝,常日诵《孝经》二十遍,以拟《观世音经》。今谓《西铭》辟佛说"无我",盖非突然之论矣。○此文题目,横渠原用《订顽》。程伊川曰,是起争端,不若改曰《西铭》。阅者须知"争端"二字中,含蓄有"儒释之争"意义在内。此文完全说"大孝者,孝天地。"夫不孝谓之"逆",题目应作"去逆"。《书经》称舜父顽,然则顽是不慈,于"大孝者,孝天地"无涉,于不孝亦无涉。缪篆曰:"顽"字来历,我知之矣。原来佛说有大乘、小乘两种,小乘自利,但知"无我"。大乘自利利他,先破"人我执""法我执"之"我",后证"常乐我净"之"我"。又小乘但知"无我",往往执空,大乘佛法亦斥小乘为"顽空"。其实大乘佛法,如人人能读之《大乘起信论》,明明说"如实空",接说"如实不空",大乘佛法并非"顽空"。此如中国《老子》书,说"无为",接说"无不为",《道德经》并非"消极",其理论之精密颇有相同。(罗大经《鹤林玉露》云:"贵真空,不贵顽空。顽空,木石是也,惟真空不坏。")原夫佛分三时说教,窥基《法苑义林章》云:(一)佛初说四谛法轮,令知"我"空,惟有其"法",四阿笈摩(《四阿含经》)等,是初时教。(二)以闻"法有"者证"我皆空",封着小果,不求大位。(纂按:顽空即指此等人)故于二时教说《般若经》等。(三)说非空非有,称中道教者,讲《唯实》之经典,乃在第三时也。明乎三时说教之次第,则泥法为实有,斥曰"执有",泥我为实空,斥曰"顽空"者,专指第二时教导小乘人言也。其实佛书说"无我",并说"有我"。兹分甲、乙二则说之如下也:(甲)佛法破诸外道执我。(印度九十五种外道,佛斥小乘亦为外道,故称九十六种外道)遂说"无我",如《大般涅盘经》十四卷佛说"诸行无我"云:(一)色法非我也;(二)非色之法,亦复非我;(三)斥诸外道以专念,故知有我;(四)斥诸外道以忆想,故知有我;(五)斥诸外道以有遮,故知有我;(六)斥诸外道以伴非伴,故知有我;(七)斥诸外道以名字,故知有我;(八)斥诸外道以生己求乳,故知有我;(九)斥诸外道以相貌,故知有我;(十)斥诸外道以见他食果口中生涎,故知有我。所以《莉汉微言》云:"印度《数论》执我是思;《胜论》执'实''德'句义是实有性,多堕'常见'。故佛唱言无我,双破二执,以显真常。"(乙)佛法大乘以常乐我净为四德。如《大般涅槃经·寿命品》说"我德"云:"比丘白佛言:'譬如有人,叹芭蕉树以为坚实,无有是处。众生亦尔。若叹我、人、众生、寿命、养育、知见、作者、受者是真实者,亦无是处。我等如是修无我想。如佛所说一切诸法无我、我所,汝诸比丘应当修习,如是修已,则除我慢,离我慢,已便入涅盘。'佛答:'欲伏外道故唱是言,无我、人、众生、寿命、养育、知见、作者、受者。如来于佛法中唱言无我,为调众生故,为知时故,说是无我。有因缘故,亦说有我。是故说言诸法无我,实非无我。何者是我?若法是实,是真,是常,是主,是依,性不变易,是名为我。如来为众生故,说诸法中真实有我。"所以《成唯识论·科简》二卷云:"佛说无我",但无外道"即蕴""离蕴"。我即不可说,亦不可言形量大小等有受者,乃至成佛。此我非无。无著《大乘庄严经论·菩提品》说"法界大我相",云:"此无漏法界,由'第一无我'为自性故。""第一无我"谓清净如,彼清净如即是"诸佛我"自性。由佛此我最得清净,是故号佛以为"大我"。由此义思,诸佛于无漏界建立"第一我"。所以《莉汉微言》云:"佛法虽称无我,祇就藏识生灭说耳。其如来藏自性不变,即是佛性,即是真我,是实是遍是常。今应说言:依"真我"(如来藏是实遍常)起"幻我",(阿赖耶非实遍常)依'幻我'说"无我",依'无我'现'真我'。"宋儒以辟佛为卫道,而其所辟者是"小乘偏见"语,或所辟者是"禅宗机锋"语,宋世各理学家,在其范围内,对于佛教观念往往如此。(此种门户之见,历宋、元、明、清,诸理学家、文学家一派相传不改,所辟之语都是错误。直至咸、同年间,石埭杨文会仁山、宜黄欧阳渐竟无,翻刻大乘经论,著书立说,佛是思想家,非宗教家,读儒书者观念始从此放大。又因欧洲哲学入中国,一般人士始确知佛书大部分是哲学书。)横渠辟佛家"无我"之说,以"无我"为"顽空",故此文命名为"订顽",订之云者,指彼说未为圆满,未为准确,校订之,订正之。"订顽"之"订"字,比辟佛之"辟"字,自谦多矣。盖"顽空"字,本来为印度大乘斥小乘之语,横渠意谓彼教,既自知其"顽",予不妨以中国之正道校准而订正之也。佛家说"地水火风"四大皆空,同时"我"也无。《西铭》订之,说"天地民物"混然一体,同时"吾"也有。所以"订顽"是订"无我"之"顽空",篇中用几"吾"字、一"予"字,乃是不许说"无我"之意义也。后来朱晦翁亦尝云:"读书要处处有我在。"其实《论语》记孔子说"无我",如云:"子绝四:毋意、毋必、毋固、毋我。"孔子何尝与佛无相同之点?然宋儒见《论语》则不加惊奇,见佛说则大为骇怪,此一蔽也。犹之乎《论语》说颜渊是"虚无",如曾子云:"昔者吾友,有若无,实若虚。"颜渊何尝与老子无相同之点?然宋儒见《论语》则以为平常,见《老子》则斥为异端,此又一蔽也。(此种谬惑,自韩愈起,历宋、元、明、清不改,而其所不议处,都是错误)篆最后将"东海西海此心同、此理同"之精旨,正襟危坐告知阅者曰:佛说"大我",与横渠《西铭》说"吾"本来同义。宋儒不愿多阅大乘经典,以为玩物丧志,不无固闭之处,然凭其卫道之精神,天才之发越,订小乘"无我"之顽,而适与大乘"大我"之德隐合。横渠诚应传千古矣。可敬哉!可敬哉!彼欧洲哲学家之说"真我"(英国文 Ego),岂能专美哉!况且宋世诸大儒,师弟授受,皆有口口相传之真解,而精神并不全赖纸上写明,可想程伊川对于横渠《订顽》,必有相视而笑、莫逆于心之致趣。所以朱子云:"程门专以《西铭》开示学者。"后人去古已远,徒钻研几篇《列传》、几卷《学案》之故纸,虽曰得之,识者乃嗟失之矣。昔者孔门四科,颜子未宰一邑而以德行著,子游未著一书而以文学显。读《西铭》者,不能不假途于文字,然真实了解《西铭》后,所谓"民胞""物与""尊老""慈幼""希圣""希贤"诸节目,又岂文字遂毕乃事哉?又岂文字遂毕乃事哉?(《读张横渠〈东铭〉〈西铭〉》,《新民》1935 年第 1 卷第 2 期)

●赵紫宸

○《学仁》曰：人的大觉悟，都是宗教的觉悟。在这宗教的觉悟之中，人恍然澈见自己浑然与万物同体，与宇宙同性，与人类同喜乐同悲哀。有了这样的觉悟，人好像在生活中得了一个永恒的真实性，能像释迦一样地有"我不入地狱，谁入地狱"的感想，像范仲淹一样地有"先天下之忧而忧，后天下之乐而乐"的志气，像保罗一样地有"与哀哭者同哭，与喜乐者同乐"的心肠，像耶稣一样地有非我旨意成全，惟求上帝旨意成全的决心。其实，人生何尝没有确定的标准，只是他们求之不得其道罢了。这个标准，在耶稣的宣告里，横渠先生的《西铭》里，已经有很清楚的启示。（《赵紫宸文集》卷一）

●查猛济

○张子《西铭》，是一篇充满着"道学气"的文章，向来中国的文章家，都不很注意。这次特地提出这篇文章来要大家熟读，无非因为这篇文章的思想，是中国民族思想的结晶。我们要抗战，要建国，第一要先把这种思想保持起来，我们现在有这样大的民族，可惜失去了民族思想；因为失了民族思想，所以外国政治力和经济力才能打破我们；如果民族思想没有失去，外国的政治力和经济力一定打不破我们。到了抗战的幕一拉开，还是注意到这个缺点；恐怕全国民众对自己本国的民族思想的基础太浅薄，不够抵抗敌人准备打破我们的阴谋，但是倘忽略了这基层的性质，对于这防线的坚定性和稳固性难免有动摇的可能。所以《礼运》的《大同章》和这篇《西铭》，大有熟读的价值。

横渠先生以前，宋代的理学大师像涑水、百源、濂溪、二程难道没有很好的话？为什么单单看中这篇文章？关于这一点，须要明白《西铭》的立场。《西铭》的重点是怎样的？我们可以参考《宋元学案》作者黄宗羲的儿子百家的案语："先生尝铭其书室之两牖：东曰《砭愚》，西曰《订顽》。伊川曰：'是起争端，不若曰《东铭》《西铭》。'""二铭"虽同出于一时，而《西铭》旨意更纯粹广大。程子曰："《订顽》之言，极纯无杂，秦汉以来学者所未到，意极完备，乃仁之体也。"又曰："《订顽》立心，便可达天德。"朱子曰："程门专以《西铭》开示学者。"横渠著《正蒙》时，处处置笔砚，得意即书，明道云："子厚却如此不熟！"张采有一段案语说得好："是子厚谨慎处。若到熟时，便是圣人言圣人事矣。子厚既不能,若未到熟时,率意著作,如何得有《西铭》极纯无杂来!"明道说:"《西铭》某得此意,只是须得子厚如此笔力,他人无缘做得。孟子以后,未有人及此。得此文学,省多少言语!要之,仁孝之理备于此。须臾而不如此,则便不仁不孝也。"又说:"孟子之后,只有《原道》一篇,其间言语固多病,然大要尽近理。若《西铭》,则是《原道》之宗祖也。《原道》却只说道,元未到《西铭》意思。据子厚之文,醇然无出此文也。自孟子后,盖未见此书。"明道《语录》里还有一段话:"问:'《西铭》如何?'曰:'此横渠文之粹者也。'曰:'充得尽时如何?'曰:'圣人也。''横渠能充尽否?'曰:'言有两端,有有德之言,有造道之言。有德之言,说自己事,如圣人言圣人事也;造道之言,则智足以知此,如贤人说圣人事也。横渠道尽高,言尽醇,自孟子后,儒者都无他见识。'"有人问伊川先生说:"横渠言'由明以至诚,由诚以至明',此言恐过当。"伊川说:"'由明以至诚',此句却是;'由诚以至明',则不然。诚即明也。孟子曰'我知言,我善养吾浩然之气',只'我知言'一句已尽。横渠之言,不能无失,类若此。若《西铭》一篇,谁说得到此?今以管窥天,固是见北斗,别处虽不得见,北斗不可谓不是也。"杨龟山疑《西铭》言体而不及用,恐其流于兼爱,伊川先生替他解释道:"横渠立言,诚有过者,乃在《正蒙》。若《西铭》,明理以存义,据前圣所未发,与孟子'性善''养气'之论同功,岂墨氏之比哉?《西铭》理一而分殊,墨氏则二本而无分,子比而同之,过矣。且未言体而不及用,彼欲使人推而行之,本为用也,反谓不及,不亦异乎?"龟山说:"《西铭》只是发明一个事天底道理,所谓事天者,循天理而已。"又说:"《西铭》只是要学者求仁而已。"刘刚中问张子《西铭》,与墨子"兼爱"何以异?朱子说:"异以理一分殊。一者,一本;殊者,万殊。脉络流通,真从父母源头上联贯出来,其后支分派别,井井有条,隐然子思'尽其性''尽人性''尽物性',孟子'亲亲而仁民仁民而爱物'微旨,非如夷之爱无差等。且理一体也,分殊用也。墨子兼爱,只在用上施行,如后之释氏,人我平等,亲属平等,一味慈悲。彼不知分之殊,又乌知理之一哉?"朱子在横渠先生的像赞上说:"早悦孙吴,晚逃佛老。勇撤皋比,一变至道;精思力践,妙契疾书,《订顽》之训,示我广居。"张南轩说:"《西铭》谓以乾为父,坤为母,有生之类,无不皆然,所谓理一也。而人物之生,血脉之属,各亲其亲,各子其子,则其分亦安得而不殊哉?是则然矣,然即其理一之中,乾则为父,坤则为母,民则为同胞,物则为吾与,若此之类,分固未尝不具焉。龟山所谓'用未尝离体'者,盖有见于此也,似更需说破耳。"

又说："人之有是身也,则易以私,私则失其正理矣。《西铭》之作,惟患夫私胜之流也。故推明理之一,以示人理则一,而其分森然,自不可易。惟识夫理一乃其分之殊,明其分殊则所谓理之一者,斯周流而无弊矣。此仁义之道,所以常相须也。学者存此意,涵泳体察,求仁之要也。"薛文清说："读《西铭》,有天下为一家,中国为一人之气象。"又说："《西铭》立心,可以语王道。"刘蕺山有一段话,很可以当作这篇《西铭》的提要:

"订顽"云者,医书以手足痿痹为不仁,是人之但知有己而不知有人,其病亦犹是,则此篇乃求仁之学也。仁者以天地万物为一体,真如一头两足,合之百体然;盖原其付畀之初,吾体吾性,即是天地;吾胞吾与,本同父母,而君、相任家督之责,圣、贤表合德之选,皆吾一体中人也。然则当是时而有一夫不得其所,其能自己于一体之痛乎?于时保之,畏天以保国也;乐且不忧,乐天以保天下也。反是而违天,则自贼其仁甚焉,济恶,亦天之戮民而已。然则君子宜如何,以求其所为一体之脉,而通于民物乎?必也反求诸身,即天地之所以与我者一一而践之;践之心,即是穷神;践之事,即是知化;而工夫则在不愧屋漏始。于是有存养之功焉,继之有省察之要焉,进之有推己及人以及天下万世者焉。天下生斯民也,使先知觉后知,使先觉觉后觉,如是而已矣。庶几以之称天地之肖子不虚耳。若夫所遇之穷通顺逆,君子有弗暇问者。功足以格天地赞化育,尚矣!其或际之屯,亦无所逃焉,道足以守身而令终幸也。其或濒之辱,亦为所命也。凡以善承天心之仁爱,而死生两无所憾焉。斯已矣,此之谓立命之学。至此而君子真能通天地万物以为一体矣,此求仁之极则也。历引崇伯子以下言之,皆以孝子例仁人云。(《张子〈西铭〉的抗战哲学》,《胜利》1939年第32期)

●杜天縻

○《西铭》,宋张载所著,书于学堂左右两庑,右书《订顽》,左书《砭愚》,程颐改《订顽》曰《西铭》,《砭愚》曰《东铭》。朱熹曾于其所著《正蒙》中抽出而为之注释。(参阅《近思录》)张载,宋郿县横渠镇人。(一○二○——一○七七)生宋真宗天禧四年,卒于神宗熙宁十年,年五十八岁。字子厚,少孤自立,喜谈兵事。年二十一,以书谒范仲淹,仲淹劝读《中庸》。载尚以为不足,又访诸释老,反而求之六经,与二程子(程颢、程颐)相切磋,深得道学之要。尝语云:"为天地立心,为生民立命,为往圣继绝学,为万世开太平。"嘉祐(宋仁宗年号)间进士,为祁州司法参军,调云岩令。熙宁初(一〇六八)为崇政院校书,寻屏居南山下,与诸生讲学。卒,赐谥明公,世号横渠先生。其学说以《易》为宗,以《中庸》为的,以《礼》为体,以孔、孟为极。著有《正蒙》《理窟》《易说》等。其教授后学,以学古力行为主,以其讲学于关中,传其学者因称为"关学",又称"横渠学派"。〇横渠先生立说,穷生人之始,本诸天地;穷生人之终,信有委顺。今观《西铭》一文,首以乾坤体性,即率性之教也;极于穷神知化,即明天地之功也;结以存顺没宁,即知命之学也。其后陆象山谓"宇宙即我,我即宇宙",何等胸襟,盖已将小我之见,一扫而空之。横渠以乾坤为父母,始能民胞物与,以成大我。锡类厎豫,以成大孝,亦即孝于天地,而后"天下为公",大同可期。文中上半提出"仁"字,下半提出"孝"字;孝于天地,即仁于万物,此之谓率性,《中庸》所谓"天命之谓性"是也。《易·系辞》谓"在天成象,在地成形,变化见矣。"又云:"仰以观于天文,俯以察于地理,是故知幽明之故。"能穷天地之变化而察乎幽明,万理一贯,万物具备,用能言动尚变,制器尚象,人智之增进,科学之发明,无不于"穷神知化""述事继志"二语中得之。此君子之所以"自强不息"而欲明造化之功也。道家一死生,齐彭殇,盖能看破生死关头,始能泯除彼我畛畦、私利企图;苟一息之尚存,矢此志而不懈;及一朝之溘化,乃恬然而宁神,大澈大悟,不忧不惧,此即大无畏精神之所系,而古人之所以重知命欤!(《西铭笺释》,《浙江自治》1939 年第 13 期、第 14 期、第 15 期连载)

● 王淄尘

〇张子名载,字子厚,关中人,(今陕西)宋代大儒,学者称为横渠先生。张子曾于学堂两处窗门前,各写一文,左曰《砭愚》,右曰《订顽》,后被伊川程颐见了,以为《砭愚》《订顽》,有骂人的意思,容易惹起争端,改名为《东铭》《西铭》。今《张子全书》中,只载《西铭》,历来儒者,都称为一篇有价值的大文章。〇张子《西铭》,与《礼运·大同》,意思相同而途径不同。《大同》是期望一个完善的社会,使人有乐无苦;《西铭》则说我对于人,都要如兄弟的看待;因为大家都是天地的儿子,此其不同之点。兹将本文大意译述如下:天称父,坤称母,我这个微小的人,乃混在这中间。所以天地中塞满的,犹我的体魄;天地所主宰的气候运行,犹我的性灵。天地间的人民,都是我的同胞;就是天地间的物,我也与以同情。天子者,犹我家里的长兄;他的大臣,犹我家里管理事务的人。我们尊敬年纪高大的人,就是尊敬自己的长辈;慈爱孤儿弱妇,就是慈爱自己的幼辈。圣人是合于这种道德的,贤人能知这种道德,所以优秀于常人。故凡天下疲乏、老病、残疾、无兄弟、儿子、夫妇的人,都是困苦而没有地方可以告诉者,应时时保护他们,如人子帮助父母保护弟子。做这种事体,只有欢乐且不忧疲乏的,这样始纯然是个孝子。违反这行为的,是悖违道德,损害这人道的是盗贼,做这种恶事,是个不成才的东西,不过只有形貌像个人罢了!圣人能知天地变化的道理,则能体天地的意思,时时保护困苦的人,也如孝子能体父母的心,好端端做父母所做的事;能极端研究这种道理神而明之,则自能好好的继续这种志向做事做人。站在人的地位,不要辜负了一生做人的道理。就使穷苦到了屋漏不能修补,只要做人不错,也没有什么惭愧。一个人要存养这个心,又要养好性情,不要乱行乱做,就是早起夜里,都不可懈怠,如孝子事亲一样。古时有大禹,要补救父的过失,厌恶好味道的酒不肯饮,他要顾全养生,去治水。颍考叔爱自己的母,又能使庄公也爱母,养成庄公成了一个英才。不断的劳乏,只知事亲,使亲安乐,这是舜之功。不肯逃避而待父烹死,这是申生的恭敬;把身体完全归还父母的是曾参,情愿死而顺从父令者是伯奇。富贵福泽,是把我的生活养得丰厚些。贫贱忧愁悲戚,是使我们在困苦艰难中争扎,造成一个大人物。这样我存在的时候,顺着这道理去做事;就是死了,心里也安宁的。复次,《西铭》一文,昔人解者,至数万字,说"事天",说"理一分殊",未免深文曲说,使人难懂。今只照原文直解,不掺他说,浅漏错误,自知不免,请读者有以指正。(《张子西铭》,《前线旬刊》1939年第2卷第18期)

● 马叙伦

○"大程子教人以识仁,张子誉《西铭》以自励,彼二子之遐心,殆欲吾人抗万物而为其父母。"又曰:"夫吾人体天以立心,则其大莫能比也;抗万物而为其父母,则其尊莫与并也。父母之怀,莫不肫肫乎,慈之至也。故以仁为心。"又曰:"苟体天以立心者,即我即天,毫无所异。故诚者,诚天即诚我;明者,明天即明我。盖小之为我,大之为天,天非大,我亦非小,我之性,即天也。"又曰:"志者,志于大伦;学者,学所以为大伦。自我而及盈天地之万物,我不得而异之者,万物皆大伦中之物也。我无分于物,而学其所以尽我尽物者,天下之道,尽在是矣。"(朱逸人:《读西铭》,《服务(诸暨)》1939年

第 2 期)

●朱逸人

○《读西铭·前言》曰:《西铭》为最难读,此一般所公认者也。回忆二十五年前,肄业浙江省立第一师范,时马师叙伦任修身科,对于宋儒理学,颇多指示。自毕业后,服务教界,年无暇晷,畴昔所学,什不一存。今不禁于吾心有戚戚也。用考古籍,略加切磋,并将研究所得,拉杂记录,以供读是篇者之参考。错误之处,在所不免,抛砖引玉,尤其所切望焉。(《读西铭》,服务(诸暨)》1939 年第 2 期)

○《西铭》所阐发者仁之体,亦即人道主义之最高准则也。当此人欲横流,惨酷悲痛之世,或谓倭寇凭陵,中原板荡,杀之不暇,何事于仁？吾侪熟读研究之旨,果何居乎？谨答之曰:吾固不敢妄度,然孟子不云乎"上无礼,下无学,贼民兴,丧无日矣"？夫学者,学所以为人也,亦即所以为国也,今日吾侪所负之责任,当莫重于保国矣。《西铭》大旨,在以天下为一家。陆象山谓"吾心即宇宙,宇宙即吾心,宇宙内事,乃吾分内事",其气象之宏,目光之远,责任之重,与《西铭》"民胞物与"之义同。自抗倭军兴以来,吾同胞之断腿裂肢,以血膏润野草者,何可胜数？颠沛流离,呻吟于水深火热之中者,何可胜数？疲、癃、残、疾、惸、独、鳏、寡之被困于愁惨残酷之境,而无所控告者,又何可胜数？试问今之党政人员,能加以垂念而体恤之者,有几何人？能以一家人视之,抚爱而扶养之者,更有几何人？能视宇宙内事为己分内事,不私不偏,竭其忠诚而尽其职守者,又有几何人？吾徒见其不闻不睹而已,吾徒见其痛痒无关而已,吾徒见其钩心斗角、图多发国难财而已,吾徒见其瘠人肥己、悠闲自得而已。乌乎！国家多难,外侮不已。以一身任天下之责,忧勤惕励临深履薄,其劳苦可谓至矣尽矣,蔑以加矣。而一般不知自爱之党政人员,竟敢荒戏贪污,枉法殃民,徇私舞弊,蒿目时艰,欲哭无泪,若辈肉复何足食乎？故吾对于此篇之旨,虽不敢妄度,而其欲以先哲仁爱之言,药而救之,激发其天良,唤起其责任,正人心而挽颓风,或者其有意乎？吾人自当充其民胞物与之量,存自救救世之心,身体力行,矢志不懈,一致奋起,驱逐日寇,勇于从而顺令,胜残去杀,道在是矣。(《读西铭》,《服务(诸暨)》1939 年第 2 期)

●毛夷庚

○《西铭》前段是说明人和天地万物为一体的道理。起首所谓"乾称父,坤称母,予兹藐焉,乃浑然中处。"就是说,人从这阴阳气化而生,在此宇宙之中,是浑然分不开的。但既成为个体的人,那么人所得于天地的是什么东西呢?《西铭》说"天地之塞,吾其体,天地之帅,吾其性。"从气化方面说,人是得天地流动的气化变成一个身体,这个"塞"就是塞乎天地之间的"气"。"帅"就是孟子所谓"志气之帅也"的"帅",就是横渠所说"一故神"的"神",就是浑然一体之"仁"。一个人得天地的气化而为体质,得气化的本源而为德性,所以人是与宇宙全体相同的。人既与万物一体,所以《西铭》说:"民吾同胞,物吾与也。"人类都是我们的同胞兄弟,万物都是我们共生的同类,大君大臣都是我们一家之人,圣人、贤人都是我们兄弟内的有德有才之人,老人、幼子都是我们兄弟内的年长年轻之人,就是一切有疾病的人,孤独的人,都是我们的兄弟的颠连而无告之人,这都是说明人类与万物一体的道理。○人生应该怎样呢?《西铭》后段"于时保之,子之翼也"以下,都是说明人生应该如此的道理。人的德性既然是万物一体之仁,那就应该保全这个德性,能够保全这个德性,就是尽其事天的职务,如子之事父母那样敬慎其事。因此得到保全天性的快乐,没有什么忧愁,就是纯粹孝顺事天的人。反过来说,违反这个天性,就是悖逆,残害万物一体之仁,就是破坏仁道之贼;如若凭仗才干成就恶事,那就不是天生之子。凡人既然有这形体,便有这形体所含的天性,依着这天性切实践履,这才是天之肖子。(其践形惟肖者也)宇宙的事业就是气化,气化的本源就是"不测之神"。我们既然是天地之肖子,应该懂得天地化育万物的事业,我们要祖述他的事业;应该懂得天地的事业就是神妙不测的运用,我们继续他的精神,这就是"知化则善述其事,穷神则善继其志"的意思。再就做人方面说,"不愧屋漏为无忝,存心养性为匪懈",我们做人,第一不要欺骗自己本身,在屋漏无人的地方,无愧于心,那就不致羞辱父母,羞辱天地。常常存着本心,不要放出去,那就是涵养天性,保全万物一体之仁,这是我们"夙夜匪懈"的要务。要涵养天性,就要除去惑乱天性的嗜好,这就是"恶旨酒,崇伯子之顾养"。要涵养我的天性,也要使别人能涵养天性,人与我同是具有"天地之性"的人,就是同类的孝子,这是"育英才,颖封人之锡类"。"不弛劳而底豫,舜其功也;无所逃而待烹,申生其恭也",舜的功劳,不在乎他在帝位,而在乎孝顺父母,不怕劳苦,终要使父母愉快。申生的恭顺,不在乎保全性命,而在乎保全孝亲的天性,保全天地之性,为天地之孝子。曾子之孝,不敢毁伤父母所遗的身体,即是保全天地所授之身体。伯奇之孝,不敢违悖父母的命令，就是顺滋天地之命令。这些都可以说明事父母的道理就是事天的道理。处顺境如此，处逆境也应如此，总是顺受其正，不要亏损我们的天性就是。至于"富贵福泽，将厚吾之生也；贫贱忧戚，庸玉女于成也"，富贵对于德性无甚关系，但能厚我之生；患难是勉励我们的时候，要当"动心忍性，增益其所不能"，这就是我的成功。凡人生存的时候，是顺着天性做事，死是安宁的时候。受了天地所赋予的身体和德性，没有亏损了一点，仍旧归还于天地，这是最合理的人生。〇《西铭》的意义是说明人物一体之仁，若照这个道理施行政治，即以百姓为同胞。就孟子的政治学说而言，是："先王有不忍人之心，斯有不忍人之政。"这"不忍人之心"，就是从人物一体之仁所发。推广这"不忍人之心"，于是"视民如伤"，以百姓的苦痛为苦痛，所以不得不行仁政。仁政最重要的不外教、养二事，《西铭》所说："知化则善述其事"，就是祖述天地化育万物的事业，施行长养万民的事业；"穷神则善继其志"，就是继续天地神妙之运用，施行教育万民的事业。在孟子所说的仁政中，其一为"使民养生送死无憾"，是养的事情；其二为"谨庠序之教，申之以孝弟之义"，是教的事情。这都是"以德行仁者王"的王道。《西铭》的道理是从"仁"字推衍出来，所以就政治方面说，也同孟子一样的王道。〇《西铭》后段是讲做人处世的道理，处顺境不失其"天地之性"，处逆境也是这样；处富贵如此，处患难也是如此，从种种经历事变之中把握中心，不致放失了浑然一体之仁，就是修养。程明道先生《识仁篇》是说修养方法，他说："仁者，浑然与物同体……"《西铭》意思，乃备言此体。又说："识得此理，以诚敬存之而已。"《西铭》前段说明浑然一体之仁，后段说明人生处世的道理，与明道先生修养方法相同。不过明道先生说"以诚敬存之"，而横渠则示人从种种事变中存着"浑然与物同体"之仁，比明道先生较为说得切实可循罢了。〇《西铭》所说"存，吾顺事；没，吾宁也"，是解决死生问题。照横渠先生说："太虚不能无气，气不能不聚而为万物，万物不能不散而为太虚"，依这个系统，人的形体由气化凝聚而成，散而复归于太虚，则是"聚是吾体，散亦是吾体"。若能一生尽其天性，则死时天性并不丧失，所以说"生无所得，死无所丧"。〇《西铭》说仁与墨子兼爱之说有三点不同。第一，《西铭》说人我是从一个来源生出，人我互相亲爱是发于德性之自然；墨翟却是有个天字来统制，他说人们如不相爱，天便要降祸于他，是有宗教性的。第二，墨子对父母路人一样的亲爱，《西铭》最重要的是父子之亲，其次乃亲爱他人，次乃及万物。第三，《西铭》是说人生应该这样,而墨翟的兼爱,却是说要这样才有利益,否则便有害。在意义上有这三点不同,所以墨翟的兼爱是功利主义的;《西铭》的说仁是正谊明道的。程明道弟子谓横渠《西铭》所主张,与墨翟兼爱之说无异。明道说:"《西铭》主张理一分殊,故与墨子兼爱之说不同。"朱子《西铭注》亦申明此旨,但未尝分别指示而已。○宋代道学家的责任,有横渠四句话可以包括之。他说:"为天地立心,为生民立命,为往圣继绝学,为万世开太平。"天地之心,即浑然万物一体之仁。《西铭》整个的意思就是揭出天地之心。这天地之心,无形象可见,要从人心所发的德性才能证实,人心原来包含浑然一体之仁,所发见的就是天地之心,所以道学家从人心中立定一个仁体,就是"为天地立心"。人的体性完全得着天地的本体与气化,有这身体,有这德性,就叫作"命",使人人懂得这个道理,处世做人能够不失了天所赋予的德性,就是"为生民立命"。这种浑然万物一体的学说,从《论语》孔子所说的"仁道"、孟子所说的"万物皆备于我"以来,已成了儒家的学统。却是中间没有人继述,断绝了好些时候。到了宋朝道学家,如横渠的《西铭》,明道先生的《识仁篇》,都是继续孔孟的学统,这就是"为往圣继绝学"。这种"浑然物我一体之仁"的学说,是说明人人各有其"浑然物我一体之仁",人人得各尽其"亲亲、仁民、爱物"的德性,人人能尽其德性,那就没有犯上作乱,彼此争夺的事情,便成了太平世界,所以维持这个学统,就是"为万世开太平"。(《张载西铭》,《号角》1939 年第 30 期、第 31 期)

○《西铭》这一篇,完全是解释一个"仁"字。这篇文章可以分作两段读。……第一段的意义之就是说明浑然物我一体之理(又可说人我)人是从宇宙"气化"所生,所以说:"乾称父,坤称母,予兹藐焉,乃浑然中处。"吾人在宇宙里所得的"两"就是这里说的"天地之塞"("塞"字,就是孟子所说"浩然之气,塞乎天地"之塞)。这"塞"字是指气而言。天地之气,分与我而为我的身体,故曰:"吾其体。"吾人所得宇宙之"一",就是这里说的"天地之帅"(帅,志也,孟子曰"志气之帅也")。这"帅"字是指性而言,天地之性,赋予吾心,而为吾之性,故曰"吾其性"。合性与气而构成一个人,凡耳目口鼻之用与物质相接者,属于气质;凡以领导气质而使之合理者,属于精神,即吾人心中所具之性,无论任何人,都具此"天地之性"与"天地之气"。故人与我是混然一体。既是宇宙间所有的人,均是同体所生,所以说"民吾同胞;物吾与也"。"大君者,吾父母宗子;其大臣,宗子之家相也。"就是国家的君主,也是我兄弟中的长子;其大臣,是我长兄的帮助人。至于尊敬高年的人,慈爱幼小的人,也就是替天地而尊敬,替天地而慈爱。吾人所称为圣人的,他是与天地合德,他能够完全发挥天地所赋予的德性,故说"圣其合德"。至于有才干的人,他是得着天地所赋予的秀气,所以能超出普通人的才干之上,所以说"贤其秀也"。凡一切即残疾孤独可怜的人,也都是我们的兄弟遭受痛苦的人。这第一段的意义,完全是说明宇宙中的人,地位环境虽然有不同,但都是我们的同胞兄弟一样。

第二段就是说明"人"应该怎么样,就是人生观念。根据第一段的意义,"人"是以天地之性为性,而天地之性就是"仁",所以吾人对于本心之"仁",是应该保持的,保持吾们本心的"仁",就是保全天地之性。所以说"于时保之,子之翼也",于这个天地之性,能够保持着,就是能尽事天的责任,亦如为人子的能够保全父母所遗之德性,就是敬慎(翼)其事亲的重要道理。"乐且不忧,纯乎孝者也。"既能保全天地之性,于是乐乎"万物皆备于我",性分之内足乎已无待于外,而不忧其不足,这是纯合乎事天之孝着也。这一段是把事亲的道理,说明事天的道理。因为从宇宙全体而言,人是以天地为父母,若就吾人一身而言,则以生我者为父母,故天地与父母其理是相同。"违曰悖德",违背天地之性,就谓之悖德。"害仁曰贼",伤害天地之仁,就谓之贼。"济恶者不才",才是天生给我的,而我把这种才干来成就恶事,这就谓之不才。"其践形惟肖者也。"("践形"两字,是《孟子》中来)凡吾人的形体是天地所赋予的,天地赋给我人的形状,同时并赋给我做人的道理,我们既然是人的形状,应该尽做人的道理。能够实践做人的道理,那才是天地的克肖之子。"知化则善述其事",我们懂得宇宙的"气化"是能生成万物,生成万物是宇宙的事业。我们依照这种道理,做成种种事业,就是继续天地的事业。"穷神则善继其志",天地所以能生长万物,有其神妙不测之用,这种神妙不测之用,就是领导万物的主宰,其在吾人心中就是"志帅气"之"志",吾人能够穷尽意志的作用,就是以精神支配物质,而不为物质所拘束,使此精神常为领导者,这就善于继续天地的意志。(这一句话是指内心而言,上一句是指事物而言,做成事业,固然是我们应分的事,但要以心统物,以理统事,所以贵乎精神之修养)

要修养这种充实的精神,却须有缜密的工夫。此处说"不愧屋漏为无忝"(《诗经》"相在尔室,尚不愧于屋漏")就是说吾人在屋内黑暗处,心中毫无恶念发生,对于黑暗处,内心没有惭愧,就是常存光明之心,发为正大的行为,这样,才不致羞辱天地生我之身。(《诗经》"无忝尔所生")"存心养性为匪懈。"孟子曾说:"存其心,养其性,所以事天也。"吾人之心,"出入无时,莫知其乡",或是被诱于嗜好里去,或是驰逐于名利那边,念念不舍,顷刻不停,如果养成这种心理习惯,那就天性消灭,物欲炽张,一生就会堕落了去。所以要常存本心,不许他奔驰于外诱,而时时注意到天地赋予我之性,一点仁爱的心,使之常存,那末,一切嗜好名利之念,便退听不会发生。就是孟子所说的"先立乎其大者,小者勿能夺也"的功夫,这样就是涵养天地赋予之性,自朝至暮,用力于这件事情,才是《诗经》所谓"夙夜匪懈"的人生要务。

存养天地之性,要使没有一点昏乱,常常明灵不昧。"恶旨酒,崇伯子之顾养。"就是因为酒是一种兴奋麻醉剂,饮酒会摇动本心,搅乱天性,而且助成一切恶事,就是"不顾父母之养"。父母所遗之德性,不能保全,反而好饮酒,使他丧失了去,这便等于不能养其父母。"育英才,颍封人之锡类。"这是谈到教育别人的问题。教育别人,要如颍考叔这样用感化的方法,颍考叔用孝子之心感动郑庄公,郑庄公也能因为"小人有母"的话感悟到母亲,这可以证明孝亲之心,人人所同具。所以说"孝子不匮,永锡尔类"。依照这种事例,推到教育天下英才,天生的英才也是我的同类。我有天地所赋予的性,他们也有天地所赋予的性,我们但发挥我的天性,他们也就感动起来。所以教育最重要的在道德,而道德的原理,人人心中所同有,由己及人,予以"感化",没有不成就的。

再就事亲实际上说:"不弛劳而厎豫,舜其功也。"舜尽事亲之道,虽然父顽母嚚,而舜不辞劳苦,终能得到父母的欢心。舜是不失其天地所赋予之性,即是成就事天之功。"无所逃而待烹,申生其恭也。"申生为骊姬所谗,致之死地,但申生不肯逃避偷生,终于自杀。处境虽然极其困难,然能保持其孝子之心,虽死而不失天地之性,这是事天之恭。"体其受而归全者,参乎。"曾子以为吾人的身体,是受之于父母,父母给我们的身体,应该完全的归还父母,所以一生谨慎小心,不敢有一言一行之失,致辱父母所遗之身体。所以说"身体发肤受之父母,不敢毁伤"。一直到临死的时候,使弟子"启予足,启予手",然后知一生并没有受辱,乃得完全的归还父母。这虽然就身体一方面说,但亦是不失天地所赋予之身体,亦是事天之孝。"勇于从而顺令者,伯奇也。"尹吉甫之子伯奇,是元配所生,后为后母所谗,使之历尽艰苦,但伯奇毫无怨气,只是顺从父母之命。这也是能尽孝亲之心,不失天地所赋予之性,即所以顺从天地之命。天地之性以"仁"为本,而行"仁"之第一事为孝。所以人生以孝亲为大本,从虞舜、申生、以至曾子、伯奇,虽然遭遇不同,或归全,或牺牲,然皆能保全天地之性,却是相同,是即人生重要的事务。

至于人生境遇的不同,亦有种种处置的方法,"富贵福泽,将厚吾之生也;贫贱忧戚,庸玉汝于成也"。在富贵福泽的环境中,只是认为天地给我,所以厚吾之生;在贫贱忧戚的环境中,我们亦不必烦闷,只是认为天地所以切磋琢磨我的,使我坚固卓绝,乃所以成就我。但是"素富贵行乎富贵,素贫贱行乎贫贱",无论富贵贫贱,而吾之德性即存乎其中,仍不失其所受于天地之性,所以"存,吾顺事",吾人生存的时候,就是顺着这个道理而做成种种事业。"没,吾宁也。"死的时候,我的事业已成功,也觉得很安宁。这种人生观念,是很透澈。根据宇宙观念,人的生死,就是气的变化,《正蒙》里说:"太虚不能无气,气不能不聚而为万物,万物不能不散而为太虚。"依照这个系统,生与死不过聚与散的不同,其实都在一气流行之中,并没有增加,亦没有减少,所以说"聚亦吾体,散亦吾体","生无所得,死无所丧"。这就是儒家最透澈的人生观念。(《张载西铭论》,①《浙赣月刊》1940年第1卷第5期)

●曹冷泉

○《关学概论》曰:横渠之伦理思想,最富哲学根据。横渠根据其本体论万有一源说,将孔子之"仁"与"孝",及宗法社会之伦理道德,皆组织于完密的体系中。其伦理思想完全表现《西铭》中。……横渠不但将宗法社会各方面道德伦理皆与一解释,使之获有哲理的根据。且将仁爱之范围推及物类,其伟大的胸怀与见解,是儒家之进步。当时传者批评横渠之《西铭》陷于兼爱之蔽,不知此正横渠伟大之处所在!程正叔批评《西铭》云:"《西铭》明理一而分殊,扩前圣所未发,与孟子性养气之论同功……自孟子后,未见此书。"杨龟山云:"《西铭》只是一个事,发明天底道理。所谓事天,循天理耳。"《西铭》中心意旨,则为万物一源,人皆上天之体耳,人只因体天心以尽天道。无论富贵贫贱,困苦艰难,皆应"各安其分"。即是死生,亦应服从上天的自然律。故

---

① 本篇原名《张子西铭》,《浙赣月刊》1940年第1卷第5期。因作者另有一篇文章亦名《张子西铭》,发表在《江西地方教育》1939年第159期、160期,《大风(金华)》1939年第97/98期亦有发表。为区别起见,更名为《张载西铭论》。

曰:"存,吾顺事;没,吾宁也。"此种宿命论的伦理观,实为宗法社会最理想之道德。(《西北文化月刊》1941年第1卷第3期)

●孙常钧

○《西铭》是张先生著作之一。先生尝于书室两牖,左书《砭愚》,右书《订顽》,后来被程伊川先生看到了,对他说:"是启争端,不若改为《东铭》《西铭》。""二铭"虽同作于一时,而《西铭》意旨更纯粹广大,故程门专以《西铭》开示学者。《西铭》之意义,从"订顽"两个字就可以看出。医家的说法,手足痿痹叫做"不仁",一个人如果只知道有"己",不知道有"人",正好比手足的麻木不仁,所以全篇主旨在发挥"仁"的极则,除"我"与"非我"的界限,而使个体与宇宙合一。他说:"事天如事亲。"所以引用许多孝亲的例子,说明天地万物同为一体,一夫不得其所,都是我们没有尽到事天的责任。这种崇高伟大的精神,正是中国五千年正统思想的核心。尧以是传之舜,舜以是传之禹,禹以是传之汤,汤以是传之文、武、周公,文、武、周公传之孔、孟,横渠先生继承其说,而为生民立说。所以我们今天来研究《西铭》,就应当激发良知,坚定我们的意志,确立革命的人生观,为和平扫除障碍,促世界进于大同,使全体人类的生活能够增进,宇宙继起的生命得以延续。○以上是《西铭》全篇的义理,阐说虽未详尽,而其"推仁行孝"的本旨,却已指出。还望各位秉承"力行就是革命"的召示,多多研究,切实推行。现在再把本文的要旨,作一个简单的结论吧!我们研读古人的书籍,有两个要点:一是精读其文辞,一是详阐其义理。《西铭》的义理,已解释了,他的文辞是如何的呢?各位只要仔细去研究其结构的紧严,纲举的翔实,就能体会出其文辞的珍贵了。典籍中的《易经》,依形画卦,把乾坤六子,参伍变化,错综其数,而成为六十四爻,其所含吉、凶、悔、吝、进、退、存、亡、若天、若人的道理,直待数圣人的象象爻词,才穷其义蕴。至其奇、偶之间,更取依类像形的义理。这一部书的文辞,真是穷神绝妙。而今天所讲的《西铭》,晓喻后辈要以孝父母的心思去孝天地,这样自上演下,以人合天,正可和《易经》媲美。大家只看全文仅只寥寥二百五十多字,竟将天人根本的道理,存养省察的工夫,与夫尽人事天的至理,说得透澈分明,了无尘垢,是如何的难能可贵!宜乎程门用以昭示后学,而历代的学者,更无人不研之、诵之,所谓"言之无文,行而不远",文辞的珍贵,直非平庸者所可想像的了。

张先生的《西铭》,虽是九百年以前的著作,然而他所昭示的立身行己、做人处世的要义,却随着时间的增进,日益彰著。更加发扬光大。四万万个天子的主张,直把孔、孟的微言大义,若隐若现的指陈出来,打破了二千年来专制政体下所虚说的幌子,而使一般人民各个认识自己的责任。我们就应该知道人之所以为人者,万不可虚生虚死,像草木的春荣秋枯,蜉蝣的朝生暮死,纯为气化支配,而要把救国救民的铁担子担上肩来。

再有一点,须得提示诸君的:《西铭》是张子《正蒙》全书中最精要的一篇,其取"蒙以养正,圣功也"之义,也就结晶于此。诸君都是英气勃勃的青年,作圣之功从今天发轫,也就是顺事之功从今天开始。诸君就该把握时间,及时振奋,莫待中年怠尤丛集,才来忏悔。须知老大徒伤,是追悔莫及的。全国青年同志,果能一致震醒,日新又新的精进不懈,便可贤才辈出,民族前途,国家前途,是未可限量的了。这个至诚的要求,希望诸君采纳,同时也愿以此与诸君共勉!(孙常钧编注《释西铭》,沅陵中报社,1942年3月版)

●张伯良

〇《〈释西铭〉序》曰:敬业之娶予长女为继室也,代择者曰:"敬业笃性好学者也,敬业亲亲爱人者也。"予初未之见,迄今犹未之见也。近阅所释《西铭》一卷,义理详明,辞意深远,已足触予遐思,又为之词曰:"《西铭》之释,原为沅陵之请首次演讲唤醒青年而作。然依横渠《正蒙》本意,认为家庭良好教材:(一)因常钧儿女多人,长者专注科学,于经义未曾研究,恐孝悌之道微,《西铭》以孝立基,可引以为训。(二)常钧以续娶之故,希望儿女履行孝道。(三)盼各儿不为世俗所染,策励将来,使成其大。(四)《论语》《孟子》《易》《诗》《书》《礼》《春秋》《左传》,皆万以上若干千字,不易择取;《西铭》二百五十三字,言简意赅,诸子假中归来,最便讲习。"以是等意,请为之序。

予为之喟然曰:予已见敬业矣,非所谓贤而识其大者欤!夫保旧有家声之绵长,即当时贤豪之去取,自洒扫应对之微,迄立身行己之大,掇拾陈言,杂糅己见,士大夫著法戒以训子弟者多矣,敬业何不择而取之?乃拳拳于《西铭》,若有不能已于言者?闻敬业知《易》,殆欲辙合天人,以教其子欤?然此本儒者一贯之道,吾人童而诵之,而未察耳。《论语》首言"学"之一字,学者何?次章孝悌为仁之本是也。十五志学之始,六十、七十耳顺从心之终,真修里地,步步实践,事非虚玄,名无假托,孟子以传贤传子之天与,纳诸人民之视听,亦即此意耳。然必曰"道之大原出于天"者,何也?是则哲学途径,谓为宇宙原则。哲学之原则,无论其唯一无二与否,第欲有以演绎之,不得不先有以归纳之。事由于理,见事之非倘至,理彻诸事,明理之非脱空,由是以覗焉之一点,摄全景于一环,然后吾同体之大悲心花,平等开放,灿烂辉煌。不如是,从何而知凡疲、癃、残、疾、惸、独、鳏、寡之皆为吾兄弟之颠连而无告者乎?人类同情尚矣。世之乱也,莫大于无悲心,彼侵略者,举生聚教训之谋,皆强弓毒矢之术,见广大疆土之非己有,思而占据之,见丰富财源泉之非己有,思而掠夺之,遂不惮忍心害理,惨将现有之主人翁,殄之灭之,以肥其身。而长养其子孙,殒节贞于兽行,戕无辜于弹毒,平原膏血,市郊白骨,不法之罪,世之所无,书契以来,未之或录,然其究也,驱所爱子弟以殉之,并祖宗坟墓而自掘之,狂言"乾坤一掷",宁曰父母一杀。倭人者,无悲心之尤者也。吾国人群茹苦忍痛,树抵抗之先声,导全球于轨物,悲之大者也。悲者何?恻隐之心是也,仁也。仁之本维何?孝也。仁以行孝而孝大,孝以推仁而仁普。《礼》曰:"事君不忠,非孝也。莅官不敬,非孝也。战陈无勇,非孝也。"又曰:"断一木,杀一兽不以其时,非孝也。小孝用力,中孝用劳,大孝不匮。夫孝而不匮,吾人之大事毕矣。"舜称大孝,武王、周公达孝,明目达聪之政立,制礼作乐之功成,仁之事,孝之事也。禹、稷之己溺己饥,同胞攸切,孟子之老老幼幼,锡类甚宏,禹、稷、颜子,异地而皆然。委吏承田与帝王何异?举宗子、家相、圣德、贤秀,一炉而冶之,斯平民总统,总统平民,素位而行之。非然者,富贵福泽而不知所以厚吾生,贫贱忧戚而不知所以玉吾成,何能饭糗茹草,若将终身。被袗鼓琴,若固有之哉!孝子之功能,不可限量若此。今之重国家教育而不轻家庭教育者,诚为数典而不忘其祖也。仁孝合一,家国共荣,教子之道得矣。乃敬业希望儿女孝行至以续娶为言者,虑有伯奇申生事哉?无之也。吾女挈异日已生子之爱,平等爱前生子,效教师全班学生之爱,平等爱长幼儿女,早矢决心。入门三日,与诸儿女发生极亲爱关系,敬业叠引《桃夭》《螽斯》,欢诚赞美。世不无家庭之变起自后母者,敬业家无之也。特以父顽母嚚,犹号泣而怨之慕之,况慈父悲母,而不求得之顺之,正以策励诸儿如其本愿所期者耳。是谓序。三十年十二月,张伯良作于避难处之湘乡罗家湾陈宅。

(孙常钧编注《释西铭》,沅陵中报社,1942年3月版)

●王建新

○《西铭》这篇文字所代表是一种人生观。这种人生观,足以代表我们民族先哲对于人生的正确理解和中心信仰,同时又是在存诚功夫上很能满足革命事业的最大需要。革命事业原是悲天悯人的事业。在贯彻上必得有大无畏的精神、牺牲的决心、纯洁的操守和热烈而经久的行动。这些条件全不是凭一时的冲动所可以做到的,非有伟大的哲学思想做基础不可,而正确的宇宙观和人生观正是建立革命信仰的第一层基础。我们知道革命的原动力是"诚",而革命的出发点是"公",后有"诚"就做不到"公",没有正确的宇宙观和人生观就做不到"诚"。《西铭》是以一种"上下与天地同流"的精神为背景的宇宙观做中心而形成的人生观。我们如果对于这样的人生观有了彻悟,便不患没有诚。有了"诚"才会产生真实的革命行动。从发扬民族固有精神的见地来讲,这篇文字和《礼记·礼运·大同篇》有相得益彰之妙,因为它能代表我们中国人所独具的政治理想。这种理想是要求伦理与政治合一的,是注重保持人与人间合理关系的。先哲讲"德惟善政",直可以说在服务人民的事项上,没有好的表现就谈不到有道德。又说"为政在人,取人以身,修身以道,修道以仁",显示政治非建筑在道德的基础上不可。这种伦理与道德合一的思想,在《西铭》所讲的是注重在个人活动方面,而在《大同篇》所讲的是注重在社会活动方面,可是两者的中心观念是一致的。我觉得要从思想上、精神上把一个形式上的中国人,变成了真正的中国人,像《西铭》这样的文字,是最低限度应该研谈的东西。如果把一个形式上的革命者,变成了忠实的革命同志,这篇文字的领略更是绝不可少。○"西铭"二字的由来,是有一段故事做背景的。横渠先生讲学的地方,有东、西两牖。张先生做了两篇文字,分悬两牖。一篇是讲"仁"的,名为《订顽》,悬在西面;一篇是讲"义"的,名为《砭愚》,悬在东面。所谓"订顽"的意思,是说人而不仁,就是犯了麻木不仁或冥顽不灵症,必得订正他一下;所谓"砭愚"的意思,是说人而不义,等于不辨是非的下愚,所以要痛下针砭。后来因为程伊川先生见了"订顽"和"砭愚"字样,认为在感情上有刺激作用,易起争端,就改《订顽》为《西铭》,《砭愚》为《东铭》,一向受着思想界的推崇,甚至有人称它为《孟子》一书以后,举世所仅见的大文章。○《西铭》的大意是说,天地是人类的父母,人类应该以天地之心为心。惟如此的便是天地之孝子,不然便是天地之罪人。我们应该向天地尽至孝,并且不关环境上的变化若何,这种精神应该始终不变。○《〈西铭〉读后的感想》曰:"人"的因素在政治上如何重要,这是不可否认的。我国固有的政治思想,是注重"人的条件"的。好人多起来,政治才会转为优良;而施政的终极目标,也在于化民成俗,把一切国民的素质完全变好。所以我国伦理思想上最高的要求是产生仁人;而政治上的最高要求,是施行仁政。"仁"的基本精神,就出于以天地为父母,以人类为一家,以求各安其所、各遂其生的概念。这种思想足以造成一个民族生命的颠扑不破,更足以造成全人类的长治久安。革命就是"行仁",近处的是行仁政于中国,远处的便是行仁政于世界。所有赴汤蹈火,甘为救国救民的革命事业而献身的,全是仁人志士,所有冒万险、排万难,同黑暗的势力奋斗,以求为中国觅出路,为人类保自由的,也是有成仁取义决心的这般人。关于"仁"字含义的领略,我们在读古书时,虽不难有东鳞西爪的发现,但总没有像读《西铭》时所得的概念这样明确。这一点可以说是《西铭》给后学的一个最大贡献。有人讲,《西铭》所讲的是"仁之体也",如果用现代的话来解释,应该说《西铭》讲的是仁之本质。这个判断总不失为正确。我们惟有把宇宙的精神认识清楚,并且确实领略到人的精神与宇宙的精神原属一体,并且是永远无尽的。我们须臾也不可妄自菲薄,而陷不孝的行为以自贻伊戚。因为救人类就是救自己,害人类就是害自己。我们一定要拥护正义、反对侵略到底,一定要以服务为人生的目的,以成仁取义为无上的光荣。我们要使创造高过享受。所有危害人类文明的侵略者野心家,从《西铭》的观点看来,都是天地间的逆子,极大的罪徒。他们的行径是悖德,是贼,是不肖。我们如果以天地之心为心,必能发拯救人类、担负革命责任的宏愿,更必能嫉恶如仇,把这些自外天地生成的罪恶势力,予以彻底扫荡。我们对于《西铭》的教训,如果能深切领略,则孟子所说的浩然之气,与一个革命者应具的精诚,必能在不知不觉中养到很充足的地步。这样才可以给革命事业造出丰美的果实,写成光辉的史页。孟子说得好:"诚者,天之道也;思诚者,人之道也。至诚而不动者,未之有也。不诚,未有能动者也。"我们要想从自身把川流不息的革命行动表现出来,就应该把能够发动我们精诚的《西铭》先彻底的研究一下。(《〈西铭〉新话》,《湘桂月刊》1943 年第 2 卷第 8 期)

● 陈敦仁

○本篇为必读名文之一。全篇要旨,在"求仁推爱"四字。原名《订顽》,

程伊川以其悬于书室西牖,为改名《西铭》,并云:"'订顽'之言,极精纯无杂,秦汉以来学者所未到,意极完备,乃仁之体也。"刘蕺山曰:"'订顽'云者,医书以手足痿痹为不仁,今人但之有己而不知有人,其病亦若是。'订'者,正也。'顽'者,冥顽无知。一体之痛痒若不相关,此不仁之甚也。必须识得天地万物与我为一体,而后可以言仁,故曰'订顽'。"《东铭》(《砭愚》)、《西铭》(《订顽》),乃横渠哲学思想精髓,而《西铭》之旨更广纯,为程门讲学所宗云。(《〈西铭〉注》,《福建训练月刊》1943年第2卷第3期)

● **世界不孝子《孝经救世》**

○张子《西铭》曰:"乾称父,坤称母,予兹藐焉,乃浑然中处",又曰:"民吾同胞,物我与也",又曰:"凡天下疲、癃、残、茕、独、鳏、寡,皆我兄弟之颠连无告者也。"夫孝悌之至,必如《西铭》之量,父天母地,仁覆天下,若是则天地与吾为一体,而神明之通,有必然者。且佛、道、耶、回各教,皆同此量,故光于四海无所不通,亦无疑也。(《民国时期经学丛书》第3辑第16卷)

● **冯友兰**

○《宋明儒家哲学述评》曰:张横渠的《西铭》为后世人所极推崇,认为《孟子》以后第一篇大文章。程明道谓《西铭》之意,我亦有之,但惟张子厚能书之。朱子对此文,亦极备推崇。可是这篇文章好在什么地方,未见有确切的说明。照我们的说法,他的好处,是在从"事天"的观点以看道德的事,有高于道德的意义。何谓事天?知道个人乃至任何事物都是宇宙的一部分,谓之知天。由此观点,知道对于任何事物的服务,对于任何事物的改善,对于任何事物的救济,都是替宇宙服务,即谓之事天。从宇宙观点看各种道德行为,都是事天行为。从事天观点去看道德行为,不仅是道德行为,而且还是替天服务。《西铭》即从宇宙观点来看道德的事,则所有道德的事都是事天行为了。《西铭》说:"尊高年,所以长其长;慈孤弱,所以幼其幼。"这个"其"字的意义,是指乾坤——即宇宙。所以高年与孤弱,不仅是社会的高年孤弱,还是宇宙的高年孤弱。由此看来,尊社会的高年孤弱,就是尊宇宙的高年孤弱。全文所用的"其"字,都是一样的意思。又说:"知化则善述其事,穷神则善继其志。""化""神"也都是宇宙的"化""神",所以穷神知化,不仅是求知,且还是穷宇宙未竟之功,这是《西铭》之高深所在。(《中央周刊》1943年第五卷

45期)

〇《新原道》曰:张横渠的《西铭》,是道学家的一篇重要文章。《西铭》云:"乾称父,坤称母。余兹藐焉,乃混然中处。故天地之塞,吾其体;天地之帅,吾其性。民,吾同胞;物,吾与也。""尊高年,所以长其长;慈孤弱,所以幼其幼。圣,其合德,贤,其秀也。""知化则善述其事,穷神则善继其志。""富贵福泽,将厚吾之生也;贫贱忧戚,庸玉汝于成也。存,吾顺事;没,吾宁也。"(《正蒙·乾称》)当时及以后底道学家,都很推崇这篇文章。程明道说:"《西铭》某得此意,只是须得他子厚有此笔力。他人无缘做得。孟子后未有人及此。得此文字,省多少言语。"(《二程遗书》卷二上)横渠以"气"为万物的根本。气之全体,他称之为太和或道。他说:"太和所谓道,中涵浮沉升降动静相感之性,是生絪缊相荡胜负屈伸之始。"(《正蒙·太和》气之中,涵有阴阳二性,气之涵有阴性者,是静底,是沉而下降底;气之涵有阳性者,是动底,是浮而上升底。气如是"升降飞扬,未尝止息","相荡","相感",故有聚散。聚则为物,散复为气。"气之聚散于太虚,犹冰凝释于水。"(同上)乾坤是天地的别名。人物俱生于天地间。天地可以说是人物的父母。《西铭》说:"乾称父,坤称母。"人与物同以乾坤为父母。不过人与物有不同者,就是人于人的形体之外,还得有"天地之性"。我与天地万物,都是一气之聚,所以我与天地万物本是一体。所以说"天地之塞,吾其体"。"天地之性"是天地的主宰。我的性,就是我所得于"天地之性"者,所以说"天地之帅,吾其性"。就我的七尺之躯说,我在天地之间,是非常渺小底;就我的形体及心性的本源说,我是与天地万物为一体底。了解至此,则知"民,吾同胞;物,吾与也"。横渠说:"性者,万物之一源,非有我之得私也。惟大人为能尽其道,是故立必俱立,知必周知,爱必兼爱,成不独成。彼自蔽而不知顺吾理者,则亦末如之何矣。"(《正蒙·诚明》)不但性是万物之一源,非有我所得私。气亦是万物之一源,非有我所得私。人之性发为知觉。"合性与知觉,有心之名。"(《正蒙·太和》)人有心所以能觉解,性与气都是万物之一源,圣人有此觉解,所以"立必俱立,知必周知,爱必兼爱,成必独成"。此即是所谓能尽心,能尽性。横渠说:"大其心则能体天下之物。物有未体,则心为有外。世人之心,止于闻见之狭。圣人尽性,不以闻见梏其心。其视天下无一物非我。孟子谓尽心则知性知天,以此。天大无外,故有外之心,不足以合天心。"(《正蒙·大心》)无外者是至大,是大全。天无外。"大其心"者"合天心",故亦无外。合天心者,一举一动都是"赞天地之化育"。所以《西铭》说:"尊高年,所以长其长;慈孤弱,所以幼其幼。"篇中诸"其"字,都指天言。尊高年,慈孤弱,若只是长社会的长,幼社会的幼,则其事是道德底事,做此等事底行为,是道德行为。但社会的长,亦是天的长。社会的幼,亦是天的幼。合天心者本其觉解,以尊高年,慈孤弱,虽其事仍是尊高年,慈孤弱,但其行为的意义则是长天之长,幼天之幼。其行为的意义,是超道德底。科学上所谓研究自然,利用自然,在合天心者的觉解中,都是穷神知化的工作。穷神是穷天的神,知化是知天的化。天有神化,而人穷之知之。人继天的未继之功,合天心者做此等事,亦如子继其父之志,述其父之事。所以亦有事天的意义。合天心者本其觉解,做其在社会中所应该做底事。富贵亦可,贫贱亦可,寿亦可,夭亦可。一日生存,一日继续做其在社会中应做底事。一日死亡,即作永久底休息。此所谓"存,吾顺事;没,吾宁也"。此所说底是一种生活态度,亦是一种修养方法。此种修养方法,亦是所谓"集义"的方法。道学家的"圣功",都是用这一种方法。所以他们以为他们是直接孟子之传。合天心者,所做底事,虽仍是道德底事,但因他所做底事对于他底意义,是超道德底,所以他的境界亦是超道德底。他并不是拘于社会之内,但对于他并没有方内方外之分。高明与中庸的对立,如是统一起来。横渠《西铭》讲明了这个义理。这就是这篇的价值之所在。(《新原道》第九章"道学")

●枯木

○儒家有理学,亦犹佛教之有禅宗。禅则直指心源,理学则直言性理。孔子天人一贯之道,至宋儒有以明其体用之全,殆亦禅宗启发之也。《中庸》曰:"天命之谓性,率性之谓道,修道之谓教。"天即理也,人禀天地之正,亦有人欲之私,克人欲而复天理,是谓率性,是谓修道。故圣人行而是为天下则,言而是为天下法。孔子祖述尧、舜,宪章文、武,此儒家所以称为三代文教者也。

○《西铭》,宋儒张载横渠先生所作,读此篇可以窥理学之全貌。凡立身处世,修己治人之道,无不言之恳切有余。昔日佛教专教人出家修行,忽略人天乘为在家修行,建立人道,暗托之于儒家。今人连儒家伦常之道亦唾弃之,而于出世之道益觉空疏孤立,失其基础。故近代之佛教渐衰落,于此为一大原因。况今日之社会情形已非其旧,未可徒知孜孜言出家事,亟宜建立大乘佛教以安定民生,然后出世之高级佛教始有所托,始有施设教化之余地,此为<u>虚公大师</u>历年倡导佛教之意旨者也。故诸生求学,亦须旁通儒家,以为立身处世待人接物,施设教化之方便,且为修己之下学功夫,建立菩萨行之基础,特选此篇授之。(《西铭口授》,《海潮音》1948年第29卷第2期)

卷五　《东铭》诠解

（第一章）

戏言，出于思也；戏动，作于谋也。发乎声，见乎四支，谓非己心，不明也；欲人无己疑，不能也。

●杨伯嵒曰：戏，生于有意；过，出于无心。能敬焉，则何戏之有？能悔焉，则何过之有？狃戏以为常，文过以为事，乌在其为智哉？（《泳斋近思录衍注》卷二）

●熊刚大曰：戏谑之言，由思而出；戏谑之动，自谋而作。戏言发于声音，戏动见乎支体，自云不是本于吾心，是惑也；本于吾心欲人不疑，弗能得也。（《性理群书句解》卷三）

●叶采曰：言虽戏，必以思而出也；动虽戏，必以谋而作也。戏言发于声，戏动见乎四支，虽非本于吾心，是惑也。本于吾心，而欲人之不我疑，不可得也。（《近思录集解》卷二）

●保八曰：戏谑轻言，皆出于心思之不谨。戏谑轻动，亦起于己谋之不谨。言动轻作，皆由心出。形见于手足四肢举动间。且谓此事不出己心而然。所见不明彻。一动之差，欲他人之无疑于我。断弗能也。（《周子通书训义》）

●韩邦奇曰：言虽戏谑，必出于思，动虽戏谑，必出于谋。夫声者，心之发；四肢者，心之用。思与谋，皆心之筹度。今既发于声，见于四肢，出于思而谋，是皆本于心者也，而谓"非己之心"，愚也，非不明而何？则人必疑之。谓非端人正士也。谓非己心，若曰："吾直戏耳，非实心如此也。"（《正蒙拾遗·乾称篇》）

●王夫之曰：言、动虽无大咎，而非理所应然，任一时之适者，皆戏也。心无游泆之情，则戏言何自而生？不谋非所当为之事，则戏动何自而成？凝神正气,则二者之失亡矣。(敔按:此"思"字,犹《易》"朋从尔思"之"思"。)见于身则已动其心,加于人则人见其妄,而谓偶然言动,无关得失乎!苏子瞻之所以淫昵而召祸也。(《张子正蒙注·乾称下》)

●冉觐祖曰:"言""动",犹云"言""行",观下文"四支""四体",则只就一身举动说,□□□稍别。○"戏言",谓戏谑之言;"戏动",是嬉戏之动。亦活看,凡轻薄、猥侮皆是。○"思"与"谋"无大分,只是下文"心"字,见其本出己心耳。○"戏言",自是发于声;"戏动",自是见乎四支。"发"字、"见"字承上说,非□一意。○出于思,作于谋,原是己心欲然,而却谓非己欲然,无可诿而自诿,岂非不明之甚乎?○实出己心,而自谓非己心,如是而欲人信其果非己心而不疑己,必不能也。○谓非己心,欲人无疑,便是归咎为己戏意。○此一段说"戏言""戏动",以见其出汝当知戒,而不可长傲意。(《性理纂要附训》卷四)

●李文炤曰:"见",音现。○"戏言"、"戏动",皆有意以为之。"言",业已"发乎声";"动",业已"见乎四支",而谓非出于己之心,欲人不疑,其为伪饰之辞,岂自知之智乎?(《正蒙集解·乾称篇》)

●茅星来曰:"砭",平声,一音去声。"谋",叶莫悲切。"见",音现。"能",叶年弥切,又古韵"明"、"能"通,或自相叶,亦可。"砭",《说文》:"以石刺病也。"服虔《春秋传注》:"砭,石也。"季世无佳石,故以铁代之。言"言""动"之"戏",本出于有心,而以为非心之所为,而欲人之无己疑,所以明"长傲"之失。吴氏曰:"'发于声',谓'戏言'也;'见乎四支'谓'戏动'也。"(《近思录集注》卷二)

●刘沅曰:"戏言"、"戏动",只是一个"肆"字,以为出于思谋,非也。若使思而后言,谋而后动,则不敢肆矣。非礼勿言、勿动,只是不使此心放肆,非但强制于外,亦非欲人无疑己,乃如是而行。当云:"言、动出于心,不可轻肆,然后可以养心而孚于人",则句义无弊矣。(《正讹》)

●李元春曰:非所言而言,皆"戏言"也;非所动而动,皆"戏动"也。言、动皆由中,中不自信,则不可以信人。(《关中道脉四种书·张子释要》)

(第二章)

过言,非心也;过动,非诚也。失于声,缪迷其四体,谓己当然,自诬也;欲他人己从,诬人也。

●熊刚大曰:误于言,非其心之本然也;误于动,非其心之实然也。失于声音而为言之过,缪迷其四体而为动之过,吝于改过,遂以为己之当然,自诬罔其心也。既惮改而自诬,又欲他人之顺从乎己,是诬罔他人也。(《性理群书句解》卷三)

●叶采曰:言之过者,非其心之本然也;动之过者,非其诚之实然也。失于声而为"过言",缪迷其四体而为"过动",谓之过者,皆误而非故也。或者吝于改过,遂以为己之当然,是自诬其心也。既惮改而自诬,又欲人之从之,是诬人也。此夫子所谓"小人之过也必文",孟子所谓"过则顺之","又从而为之辞"。(《近思录集解》卷二)

●保八曰:言语之过,不得谓之存心正直。动作载过,不得谓之存诚之至。失于心声之妄发。缪乱迷冥以至四体。且谓吾己当然之事。是出自诬罔于己。欲期他人惟我是从。是诬罔他人也。(《周子通书训义》)

●韩邦奇曰:上言有心之非,此言无心之失。"诚",实也。"过言""过动",出于一时之仓卒,未暇斟量,皆失于思谋者也。故"过言"非其本心,"过动"非其实意,是一时失于声,缪迷于四体耳。虽然,是皆不当于理,所当改者。若文其过,谓"当如此言","当如此动",则其过遂成而为恶矣,非诬而何?谓"己当然",如云"不是我差了,我心要如此"。"当",是如此言,如此动也。(《正蒙拾遗·乾称篇》)

●王夫之曰:非物理之应得,任闻见之小辨以言动,虽始非不善,而终成乎恶,谓之"过"。"非心"者,非其初心;"非诚"者、非心之实得。(敏按:"心"者,自尽之心;"诚"者,实有之理,忠信是也。)始亦有意于善,而过则终成乎恶矣。不存诚精义,以求至当,自恃其初心之近道而自诬,则未有能强人者也。王介甫之所以怙过而取怨于天下也。(《张子正蒙注·乾称下》)

●冉觐祖曰:"过"者,无心之失,只是疏忽不及检点之意。"过言"非出于本心,"过动"非本于诚。然此"心"字、"诚"字,不宜深看。○"缪迷",只是乖舛之意,与"失"字对看。○"过言"之"失于声","过动"之"缪迷其四体",本过也。但以为过而改之,可也;乃文饰之,而谓为己所当然,岂非自诬?是以无心之过,反成有心之恶也。○不惟己谓为当然,且欲他人以为是而从己,是并诬人也。究之,人不可诬,只自诬而己。〇"谓己当然",便是为己诚然意。〇此一段说"过言""过动",以见其不出汝当知归咎,而不可遂非意。文法与上段同。(《性理纂要附训》卷四)

●李文炤曰:过言、过动,皆无意而为之。言,忽而失于声;动,忽而缪迷其四体,而谓为己所当然之理,欲人相从其失误之迹,岂省身之智乎?(《正蒙集解·乾称篇》)

●茅星来曰:"人",叶如丁切。言言动之过,本非出于有心,而以为己之所当然,而欲人之从我,所以明"遂非"之失。吴氏曰:"失于声谓过言也,缪迷其四体谓过动也。"(《近思录集注》卷二)

●刘沅曰:此申明上文之意,言戏言戏动,非心与诚之理不慎,而失于声与四体,犹以为当然,则自欺;又欲人从己,更欲诬人故至此,然语意晦涩。(《正讹》)

●李元春曰:韩苑洛曰:"上言有心之失,此言无心之失。"按:过本无心,自诬诬人,则不能改过者也。(《关中道脉四种书·张子释要》)

(第三章)

或者以出于心者,归咎为己戏;失于思者,自诬为己诚。不知戒其出汝者,归咎其不出汝者,长傲且遂非,不知孰甚焉!

●熊刚大曰:或说是出于心思而戏谑者,可归咎责以为己之戏;失于心思而过误者,可自诬罔以为己之实然。不知警戒其出汝心而故为者,乃归咎责其不出汝心而偶失者,咎己戏则增长敖诞,而慢愈滋矣。"长",上声;"敖",去声。诬己诚则遂从非失,而过不改矣。不知而愚,莫此为甚!(《性理群书句解》卷三)

●叶采曰:戏谑出于心思,乃故为也,不知所当戒,徒归咎以为戏,则长傲,而慢愈滋矣;过误不出于心思,乃偶失耳,不知归咎于偶失,反自诬以为实然,则遂非而过不改矣。〇学者深省乎此,则崇德、辨惑、矫轻、警惰之功亦大矣。然其于戏且误者,克治尚如此之严;况乎过之非戏误者,岂复留之纤芥,以累其身心哉!(《近思录集解》卷二)

●保八曰:或有又言,言出于心而有过者。以戏语之罪归责其身。失于所思之不自谨审者。自诬诞以为己心之诚实，曾不知戒谨其言，出于汝心者。反归罪其戏言，非真出于汝言。长益其傲慢，且遂成其非心。此人之无所知莫甚于此。(《周子通书训义》)

●韩邦奇曰：此承上文而言。本"出于心"也，或者以"出于心"者，曰"吾直戏耳，非有心欲若此也"；本非思也，或者以"失于思"者，曰"理当若是，吾实欲若是也"。"以出于心者"，"归咎为己戏"，是不知戒其出汝者，长傲孰甚焉！以"失于思"，"自诬为己诚"，是不知归咎其不出于汝者，遂非孰甚焉！(《正蒙拾遗·乾称篇》)

●曹好益《四书腃栝》曰：《东铭图》"归咎其出汝者"："出"上缺"不"字。(《芝山先生文集》卷六)

●李尚馨《上沙溪金先生禀目》：《近思录》《砭愚》篇中，"不知戒其出汝者，归咎其不出汝者"，前见退溪之释，"不知"之意，止于"不出汝者"之下。读之，每觉晻昧不明。以尚馨管见，则"不知"之意，当止于"出汝者"之下。盖谓戏言、戏动，出于汝者，所当自戒，而或者不知致戒；过言、过动，不出于汝者，不当归咎，而或者反自归咎，此所以长傲且遂非也。如此读之，则似得上下文理明白，前后语意照应。而退溪、栗谷两先生所释不如是，故不敢自信。近读《性理群书》，"归咎"上有"反"字，注说亦分明，不似叶注之矇眬，有两"不知"字也。此则尚馨之所见，偶与之合矣，商订赐教，如何？答：当从叶氏及退溪、栗谷说，《性理群书》加"反"字，非是。赵孟𫖯及雪庵所书《东铭》有"反"字，皆非也。(《天默先生遗稿》卷三)

●王夫之曰：谓为戏，无伤于大义；诬为诚，谓可不怍于天人，自命为君子而成乎妄人。(敔按：出于实心者必不戏，失于浮思者必不诚。)谓己戏而人何疑之已甚，谓偶有过而人不相谅以信从，则怨天尤人，而不知下学之不立其基也。重则无戏，改则无过，瞬有存，息有养，何暇至于戏！过岂有不知，知岂有复行者乎！合天存神之学，切于身心者如此，下学而作圣之功在矣，尽己而化物之道存矣，故《正蒙》以此终焉。(敔按："戒其出汝者"，谓戒其朋从之思；"归咎其不出汝者"，谓心不自尽，归咎于偶戏。)(《张子正蒙注·乾称下》)

●施璜曰：若知戒其出汝，则诚意正心之本立矣。知归咎其不出汝，则迁善改过之门阔矣。非智者而能若是乎，学者急宜警省。(《五子近思录发明》卷二)

●冉觐祖曰：上二段(柏麓按：分指"戏言"至"不能也"、"过言非心"至"诬人也"。)论其理，此方指其人。"或者"，谓自谓也，自己宽解之词。两字绾二句。○发于思，作于谋，是出于心也，而却谓非己心，但归咎为己之戏，非心非诚，是失于思也。"失于思"是疏失而不致思，而却自诬为己诚欲然。○"不知"二句，紧接上二句说，不用过文。"不知"二字绾二句，谓不知戒、不知归咎也。○以两"汝"字换"己"字，作呼而告之之语，以儆惕之。○出于心，是出汝者也，当致其戒。而乃徒委之于戏，是不知戒也。失于思，是无心致然，不出汝者也。当归咎于己之过，惧而乃妄，认为诚然，是不知归咎也。○上"归咎"是宽词，此"归咎"是认过之词。古人用字不拘，多如此，今人则避之矣。○自诬为己诚，只是文过而不肯认过之意，故接云"不知""归咎其不出汝者"。○一本"归咎"上多一"反"字，误。○《东铭》但说弊病，无工夫。此处"戒"字、"归咎"字当着眼，可见戏言动当知戒，过言动当知归咎也。○"长傲"直承"不知戒"，"遂非"直承不知"归咎"。戏多不恭，故贴傲；过则有失，故贴非。○"傲"不知惩，"失"不知去，而且长之遂之，是愚也，非智也。○"不知"，与上"不明""自诬"相照应。○学者当用居敬穷理之功，于凡有心之戏，无心之过，皆洞见其弊，而早杜其萌。言动无苟，心存理得，由智而可以求仁也。(《性理纂要附训》卷四)

●李文炤曰："长"，上声。"知"，音智。○"出汝者"，戏言、戏动也，"不知戒"，则"长傲"。"不出汝者"，过言、过动也，徒"归咎"，则"遂非"。戏也，过也，业已不知，至于"长傲""遂非"，斯不知之甚者矣。○朱子曰：此章即《东铭》，正如今《法书》所谓"故失"两字。(《正蒙集解·乾称篇》)

●茅星来曰："己"，并音纪。"长"，张丈反。下"不知"，音智。"焉"，叶余轻切。出于心者，谓戏言戏动也。失于思者，谓过言过动也。言动之戏，本出于有心，故曰出汝者。归咎为己戏，是不知戒也。言动之过，本非出于有心，故曰"不出汝者"。自诬为己诚，是不知所以归咎也。长傲就归咎为己戏而言，遂非就自诬为己诚而言。(《近思录集注》清《四库全书》抄本)

●刘沅曰：此又进一层说言有心戏言，及人非之，则谓偶然戏耳，是为遂非，或言动本非而不认错，是并不以戏为非，傲不服礼。自己不戒其言，动而反咎人，则上文所谓自诬诬人者。○右《东铭》大意戒人谨言动，勿遂非长傲，诬己诬人耳，而刘蕺山遂以为精言心学。夫言之精者，仅此乎？且心学二字，

尤为不妙。孔子云:"言忠信,行笃敬,夫然后行,"已该得此段义矣。而传会标榜,誉之失实,岂非未实践孔孟乎?(《正讹》)

●李元春曰:以过为戏,以戏为诚,斯则文过之小人,终且不自知其非矣。自以为智,实大愚也。可畏哉,可哂哉!(《关中道脉四种书·张子释要》)

卷六 《东铭》评述

● 尹 焞

○韩元吉《书尹和靖所书〈东铭〉后》:和靖先生手书《东铭》,修水黄子余所藏,寓九江时笔也。先生少喜字画,尝因书碑,同舍聚观。伊川笑谓之曰:"是固无害,第将为人役也。"自是不复书。然暮年笔力,犹健如此。其教学者,必先读《东铭》,然后看《西铭》,谓:"从寡过而入。"子余,其知之也。展玩太息。淳熙改元六月戊寅书。(韩元吉:《南涧甲乙稿》卷十六)

柏麓按:韩元吉(1118—1187),字无咎,开封(今属河南)人。韩维四世孙,韩元龙之弟。仕至吏部尚书、龙图阁学士,封颍川公。尝师尹焞,与朱熹友善,又得吕祖谦为婿。著有《愚鸳录》《周易系辞》《南涧甲乙稿》等。

● 朱 熹

○问《东铭》。曰:"此正如今法书所谓'故''失'两字。"因令道夫写作图子看:

戏言,出于思也;	发于声,	谓非己心,不明也;欲人无己疑,不能也。
戏动,作于谋也。	见乎四支,	
过言,非心也;	失于声,	谓己当然,自诬也;欲他人己从,诬人也。
过动,非诚也。	缪迷其四体,	
或者谓	出于心者,归咎为己戏;	
	失于思者,自诬为己诚。	
不知	戒其出汝者,	长傲且遂非,不智孰甚焉!
	归咎其不出汝者,	

(《朱子语类》卷九十八)

○朱子曰:"横渠学力绝人,尤勇于改过,独以戏为无伤。一日,忽曰:'凡人之过,犹有出于不知而为之者。至戏,则皆有心为之也,其为害尤甚。'遂作《东铭》。"(叶采《近思录集解》卷四:"戏谑不惟害事,志亦为气所流。不戏谑,亦是持气之一端"句下解。又见元张光祖《言行龟鉴》卷一)

〇《与刘子澄》:所喻戏谑,本欲词之巧而然,此固有之。然亦是自家有此玩侮之意,以为之根,而日用之间,流转运用,机械活熟,致得临事,不觉出来,又自以为情信词巧,主于爱人,可以无害于义理,故不复更加防遏,以至于此。盖不惟害事,而所以害于心术者,尤深。昔横渠先生尝言之矣,(见之《近思》四。)此当痛改,不可缓也。(《朱子文集》卷三十五)

● 陈 埴

〇"'前言戏之耳'。善戏谑兮,此亦圣贤有底事。横渠谓'戏言,出于思也',莫斩断太过否?""善学柳下惠者,当如鲁独居之男子。"(《木钟集》卷一)

● 真德秀

〇张子曰:"戏谑不惟害事,志亦为气所流。不戏谑,亦持气之一端。"按:韩子《与张籍书》曰:"昔者夫子犹有所戏。《诗》曰:'善戏谑兮,不为虐兮。'《记》曰:'张而不弛,文武不能也。'"恶害其为道哉!而张子乃云尔,何邪?盖牛刀之言,夫子特以发子游,而非正言尔,故曰"戏"。卫武公之戏,曰"善"曰"不为虐",则和而有节。可知百日之蜡,一日之泽,盖是日也,恣民之宴乐,以休其劳,非文武自为戏也。若张子,则持志养气之功严,惟恐"戏言""戏动"以害之,故既为《东铭》,又发此语,学者试以身体之,当戏谑时,志能不为气所流否?然后知张子真药石之言,未可以夫子、武公自诿也。(《西山读书记》卷四)

● 饶 鲁

〇双峰饶氏曰:"视、听、言、动四者,横渠《东铭》只云'戏言'、'戏动',却是二件。《中庸》'非礼不动',又只是一件,详略不同,何也?盖详言之,是四件;约言之,只二件。所谓言行,君子之枢机是也。言是言;视听也,属动,是行。又约言之,都只是动,视是目之动,听是耳之动,言是口之动,动是身之动。故《中庸》只说'非礼不动'一句。圣贤之言,有详有约,颜子是问"克复"之目,故以详告之。"(胡广《四书大全》卷十二)

● **熊刚大**

○熊刚大曰:此篇论"戏言"、"戏动"与"过言"、"过动"不同。(《性理群书句解》卷三)

● **沈贵珤**

○朱子与江西学者说:"此篇大旨,不越'过''故'二字。"有心谑浪之谓"戏",无心差失之谓"过"。本有心而掩之以无心,则以"故"为"戏",而至于"长傲";本无心而诬之以有心,则以"过"为"诚",而至于"遂非"。是愚之甚者也。"戏"不可有,朱子推其原而谓之"故",欲人深戒其言动未发之先,以为正心诚意之本;"过"不能无,朱子指其流而谓之"过",欲人自咎于言动已失之后,以为迁善改过之机。其诲人之意深矣。学者于是二端,深戒而自咎焉,则于处己待人,亦庶几矣。(《新刊性理大全书》卷六)

● **王应麟**

○《宴于蓝台》:或问智襄子:"以戏侮坠厥宗,陨其身,何也?"曰:"守身莫如敬,保家莫如恭。敬则不戏,恭则不侮。《春秋》书齐侯败于鞌,以妇人之笑也;书卫石买伐曹,以重丘人之诟也。戏侮之患,岂小哉!荀瑶以五贤陵人,以不仁行之,智果知其必灭。长傲不悛,既以无勇,辱赵襄子,又戏韩康子而侮段规。夫襄子非无勇,将忍耻以有为也,康子非可戏,段规非受侮者,始如处女,后如脱兔,协以谋我,未可测也。而瑶不戒惧焉,智国谏而不听,其颠覆宜哉!怨不在大,康叔所以应保殷民;克勤小物,毕公所以弼亮四世。智国之言,荀瑶不能用,而载在简策,可以为学者之药石,是亦进德之助。张子《砭愚》曰:"戏言,出于思也;戏动,作于谋也。"盖过者,无心而为过;戏者,有心而为恶。以志帅气,以性胜习,斯为善学。(《通鉴答问》卷一)

● **吴 讷**

○此章即《东铭》也。谓言虽戏,必以思而出也;动虽戏,必以谋而作也。戏言"发于声",戏动"见乎四肢",谓非本于吾之心,是惑也。本于吾意而欲人之不我疑,不可得也。言之过者,非其心之本然也;动之过者,非其诚之实然也。"失于声"而为"过言","缪迷其四体"而为"过动",谓己之当然,是

"自诬"也;又欲人之从之,是"诬人"也。或者以"戏言""戏动"之"出于心者,归咎为己戏"而不知戒,已"长傲"而恶愈滋矣;以"过言""过动"之"失于思者,自诬为己诚"而不知归咎,则"遂非"而过益深矣。"过言""过动",见《礼记·哀公问》。沈毅斋先生详述朱子与江西学者说:"此篇大旨,不越乎'过''故'二字。"先生且曰:"有心谑浪之谓'戏',无心差失之谓'过',本有心而掩之以无心,则以故为戏,而至于长傲;本无心而诬之以有心,则以过为诚,而至于遂非,是愚之甚者也。'戏'不可有,朱子推其原,而谓之'故',欲人深戒其言动未发之先,以为正心诚意之本;'过'不能无,朱子指其流而谓之'过',欲人自咎于言动已失之后,以为迁善改过之机。其诲人之意深矣。学者于是二端,深戒而自咎焉,则于处己待人,亦庶几矣。"(《新刊性理大全》嘉靖进贤堂本之《正蒙》部分)

● **刘 玑**

○"戏言",戏谑之言也,"出于思",斯"发乎声",不可"谓非己心";"戏动",非义之动也,"作于谋",即"见乎四支",岂能免人之疑?"过言",虽不出于思,但一"失于声",即非心矣;"过动",虽非"作于谋",但"缪迷其四体",即非诚矣。既不可"谓己当然"以"自诬",抑岂可欲人"己从"以"诬人"哉?"出于心者,归咎为己戏",应"戏言""戏动"。"失于思者,自诬为己诚",应"过言""过动"。"出汝",即前"言""动";"不出汝",谓人疑己及不从也。"长傲""遂非",大抵谓傲不可长,非不可遂。若己之言、动,不知戒慎,而反归咎于人,则"长傲且遂非"矣。"遂非",谓文过,是其心岂但不知而已?曰"不知"者,圣贤言不迫切也。此即张子《东铭》,朱子谓:"正如今法书'故''失'两字。"愚谓:"'故',则出于有心,如'故出入人罪'之类;'失',则出于无心,如'失出入人罪'之类。"(《正蒙会稿》卷四)

● **何 瑭**

○《和节居士传》:惟古之圣贤,不废戏谑。盖一张一弛,文武之道,戏谑出于人情之所不免,故不禁也。及张子作《砭愚》以训学者,乃切切以"戏言""戏动"为戒。夫张子,传圣贤之道者也,所言乃若冰炭,殊不可晓。及读《鲁论》,见有子论"礼之用,和为贵",复曰"知和而和,不以礼节之,亦不可行。"乃始得其说。盖圣贤盛德之至,动容周旋,无不中礼,故其戏谑,自不为谑;后

之君子，未能谨礼，若遽以戏谑为事，鲜有不失者矣，此横渠之所以切切而戒之也。（《柏斋集》卷九）

●吕 柟

○《东铭》本文后释：君子之所以动天地、感人鬼者，惟诚于言行耳。（《张子抄释》卷一）

●韩邦奇

○此章言恶虽小而不可为，过无损而所当改。兼言、行而言也。朱子以"故""误"言之，其警学者深矣。《西铭》，是规模之阔大处，言天道也；《东铭》，是工夫之谨密处，言人道也。先"东"后"西"，由人道而天道可造矣。朱子独取《西铭》，失横渠之旨矣。圣贤之学，言其小，极于"戏言""戏动"、"过言""过动"之际，无不曲致其谨；推而大之，则乾坤父母而子处其中，盖与天地一般大也。此《西铭》《东铭》之旨。（《正蒙拾遗·乾称篇》）

●余 本

○此张子《东铭》，警己以教人者。人之"戏言"，出于心思之所欲戏也；人之"戏动"，作于谋虑之所欲戏也。是发乎心声以成言，见乎四体以为动，何尝不出于中乎？但人不明其理而若是之妄言动也，谓非出于己之心，此不明也；欲人不己疑，不能也；若曰非实欲如此，亦欺人耳。至于"过言"，则非己之正言；"过动"，则非己之正动，或失发于声气，或"谬迷其四体"，而致其然，亦非理也；谓己之自当如此，则自欺矣；欲他人从己而不疑，则欺人矣。岂不自知其不可乎！或又以为出于中心者，但"归咎为己戏"，失于心思者，则自诬为己诚，皆出于诈伪者，是皆不知戒其出于己之戏，及归咎于不出乎心之过，则长其骄傲，遂其非恶，庸有既乎其无知识之甚矣。苟知之明，则有心之戏，无心之过，皆悔悟禁戒，而至于无妄，为不二过矣。学者其可忽其小而不用力焉！○"出汝者"，"戏言""戏动"也，不知"戒"则"长傲"；"不出汝者"，"过言""过动"也，不知"归咎"则"遂非"。○愚谓：《正蒙》一书，实张子作之，而门人记之。始之以太虚，终之以言动，亦欲事于细微，亦至高远矣也。其间多有发圣贤所未发者，不可以为艰涩而遗之也。（《新刊性理大全》嘉靖进贤堂本卷六之《正蒙》部分）

●周世鹏

○《为学》：义理与客气相胜，只看消长分数多少，为君子小人之别。(横渠曰："戏谑，不惟害事，志亦为己所流。不戏谑，是亦持己之一端"，遂作《东铭》》。)内重则可以胜外之轻，得深则可以见诱之小。(《武陵杂稿》卷六)

●刘僖

○"出汝者"，戏言、戏动也；"不出汝者"，过言、过动也。沈氏曰："有心谑浪之谓'戏'，无心差失之谓'过'。本有心而撑之以无心，则以故为戏，而至于长傲；本无心而诬之以有心，则以过为诚，而至于遂非。是愚之甚也。"愚按：此章即张子之《东铭》也。指意所该，虽不若《西铭》之宏大，然别理、欲于毫忽，辨故、误于隐微，其切于学者，入德之功，尤为独至。盖人诚能于"出于思"者，不咎为己戏，则有以慎言动于未发之先，以为正心诚意之本；于"失于思"者，不诬为己诚，则有以察言动于已发之后，而有以为迁善改过之机。极而至于穷神知化，为天之孝子仁人，其基实始于此。朱子于此"二铭"，作图对看，盖深有味于斯矣。读者其可以先儒未训释，而遂忽之哉？(《新刊正蒙解》之《乾称篇第十七》篇末《东铭》文后)

●李珥

○《语录(上)》：问："《东铭》注：'主智而礼在其中'。愚意以为，戏言出于思，而归咎为己戏；过动非诚也，而自诬为己诚，便是不智也。学者因是省悟，非礼勿言，非礼勿动，则此谓'主智而礼在其中'耶？"曰："如此看无妨。"(《栗谷先生全书》卷三十一)

●李德弘

○《东铭说》：退溪先生曰："此初名《砭愚》，以石为针治病，谓之'砭'，以此铭治去愚病，故曰'砭愚'"。德弘谨按：自"戏言出于思"至"无己疑不能也"为上一节，此言有心失理为戏，即出于汝者；自"过言非心"至"己从诬人也"为中一节，此言无心失理为过，即不出汝者；自"或者谓"至终篇为末一节。上一节，戏于言、动，而自以为戏非中心者说。中一节，失于言、动，而自谓过由中心者说。末一节，不但谓之而至于"咎""诬""长遂"者说。盖以出于心者,谓不出于心;以不出于心者,谓出于心,终至于咎诬长遂。一节深于一节,其愚不可胜言,故云"砭愚"。(《艮斋先生文集》卷七)

○《心经质疑》:"或者"以下,有甚于前所云者,前面人以为非己心,谓已当然而已,犹有可改之望。至此"或者",则以之为己戏、为己诚,更无可改之意,所以为甚。○"持气":不言持志,而曰持气者,何欤?曰:"孟子曰'持其志,无暴其气'云者,所以明气亦不可不持也。此言戏言、戏动,故以气言,非别有他意也。(《艮斋先生续集》卷三)

●顾允成

○《题正蒙释后》:程门单提《西铭》,朱子从而表章,遂将《东铭》混过。愚熟玩之,《西铭》是个极宏阔的体段,故推至于知化穷神;《东铭》是个极详密的工夫,故严覆于戏言戏动。孟子论仁义之充纩,及"无受尔汝""可言""未可言"之间,意盖如此质美者,明得尽渣滓,便浑化,却与天地同体。其次须在一言一动上仔细磨勘,方可渐入。若无《东铭》工夫,骤而语之以《西铭》体段,鲜不穷大而失其居矣。(高攀龙集注、徐必达发明《正蒙释》卷首)

○顾氏允成曰:"《东铭》是个极详密的工夫,程门单提《西铭》,朱子表章之,遂将《东铭》混过。"然下学之功甚广,岂仅严覆于言动间哉!以此知程、朱单重《西铭》不可易也。(刘廷诏《理学宗传辨正》卷四眉评)

○《简高景逸大行》:日来吟风弄月,大自得趣。弟却自觉谑语太多,殊妨道器。此横渠所以致戒于《东铭》也。如何如何?(《小辨斋偶存》卷六)

●陈继儒

○《与友(陈眉公)》:王荆公论"戱(戏)"字,杨龟山辨之。余谓"虚"字着一"戈"字,凡戏虽非真杀机,然戏言戏动中,往往有时害人,非虚戈而何?(沈佳胤:《翰海》明末徐含灵刻本,卷十二佳言部)

●高攀龙

○高攀龙曰:有心谑浪之谓"戏",无心差失之谓"过"。言虽戏,必以思而出也;动虽戏,必以谋而作也。"戏言","发于声";"戏动","见乎四支","谓非己心",难以欺己;欲人无疑,难以欺人。言之过者,非其心之本然也;动之过者,非其诚之实然也。"失于声",而为"过言";"缪迷其四体",而为"过动"。"谓己当然",既以诬己;欲人己从,复以诬人。或者以"戏言""戏动"之出于心者,"归咎为己戏",而"不知戒其出汝者",乃"长傲"而恶愈滋矣。以"过言""过动"之失于思者,"自诬为己诚",而不知"归咎其不出汝者",则遂非而过益深矣。"不知孰甚焉"!○又曰:朱子曰:"此《东铭》也。正如今法书所谓'故''失'二字。"(《正蒙释》卷四)

● 徐必达

○徐必达曰:"'出于心',故曰'出汝';'失于思',故曰'不出汝'。'不知'以下十四字,为一句。戏有心,而以无心掩之,则傲日长,知'戒其出汝',则诚意正心之本立矣;过无心,而以有心饰之,则非益遂,知'归咎其不出汝',则迁善改过之门辟矣。孰知孰不知,学者可不警省?"(《正蒙释》卷四)

● 刘宗周

○此张子精言心学也。戏言、戏动,人以为非心,而不知其出于心。思与谋,心之本乎人者也。过言、过动,人以为是心,而不知其非心。诚者,心之本乎天者也。心之本乎人者,当如何以省察之;而其不本乎天者,当如何以克治之,则学问之能事毕矣。今也指其本乎心者,曰"吾戏耳"而不知戒;又指其不本乎心者,曰"是亦吾心也"而不知咎,则戏而不已,必长其傲;过而不已,必遂其非。适以自欺其本心之明,不智孰甚焉!夫学,因明至诚而已矣。然则《西铭》之道,天道也;《东铭》,其尽人者与!(《刘子遗书》卷一,《东铭》文下)

○《作圣篇》:张子《东铭》篇曰:"戏言,出于思也,戏动,作于谋也。发乎声,见乎四支,谓非己心,不明也。欲人无己疑,不能也。过言,非心也,过动,非诚也。失于声,缪迷其四体,谓己当然,自诬也。欲他人己从,诬人也。或者以出于心者,归咎为己戏。失于思者,自诬为己诚。不知戒其出汝者,归咎其不出汝者。长傲且遂非,不知孰甚焉!"千古而下,埋没却《东铭》,今特为表而出之,止缘儒者专喜讲大话也。余尝谓《东铭》远胜《西铭》,闻者愕然。(《人谱类记》卷下)

● 崔有海

○《敬斋箴解上·第七章》:张子《砭愚》曰:"戏言,出于思也;戏动,作于谋也。发乎声,见乎四支,谓非己心,不明也。欲人无己疑,不能也。过言,非心也;过动,非诚也。失于声,缪迷其四体,谓己当然,自诬也。欲他人己从,诬人也。或者以出于心者,归咎为己戏;失于思者,自诬为己诚。不知戒其出汝者,归咎其不出汝者。长傲且遂非,不知孰甚焉!"又曰:"戏谑不惟害事,志亦为气所流。不戏谑,亦是持气之一端。"又曰:"戏谑所以害于心术者尤深。"按:戏谑之甚,则必害事而害心。虽或无害,亦无益于实德,徒有荡于持气。而正人君子,亦为之流习者,盖以理不明而敬不成也。理明则有害者固不发于心,无益者亦不作于言行。而敬德之成,表里严正,则自无戏敖。(《嘿守堂先生文集》卷十四)

● 河弘度

○《行录》:甲辰,先生七十二岁。……先生平生无戏言。尝语学者曰:"戏言谓非己心,而至于流荡,则心亦为所移,故横渠有《东铭》之训。"河津亦曰:"不戏谑,亦存养之一端。苟为浪言,则后虽有诚实之辞,人亦不信。"尝曰:"《薛文清读书录》,最切于敬工夫。"(《谦斋先生文集附录》卷十二)

● 宋时烈

○《与郑晏叔(丁酉十一月晦日)》:东、西《铭》,韵虽不甚精,大概有之。如"功"、"恭"、"生"、"成"、"宁",则亦甚精矣。如以古人叶音例之,则必皆当协,而后人不能,可叹。(《宋子大全》卷三十五)

○《经筵讲义》:孝宗戊戌。十月。……二十七日召对。自"君子反情"止"自诬也"。……时烈曰:"'反情以和其志'云者,尤为要语也。此张子之言,即《东铭》文字也。……"又曰:"此文颇似险赜,故难晓也。"上曰:"'戏言''戏动',何谓也?"对曰:"出于有心者,'戏'也。欲文其过而令人无疑者,乃'戏'也。偶然失于声,偶然缪迷其四体,而欲为文过,谓己当然,即'自诬'也。出于心,即'戏言'、'戏动'也。不出汝者,亦'过言'、'过动'也。无心者,'过'也;有心者,'戏'也。'长敖'即'戏'也,'遂非'即'过'也。朱子以为如今法'故''失'二字,类此文也。"上曰:"然矣。"时烈曰:"横渠气质,比诸二程则驳杂。而勇猛工夫,优于二程也。朱子作赞曰:'早悦孙吴,晚逃佛老,勇撤皋比,一变至道。'"(皋比,即虎皮也)又曰:"人非尧舜,岂无过乎?知过而改过,则日月之明也。"上曰:"宋哲宗临轩折柳,方与程子对讲时事也。与儒贤讲学,而临轩折柳,未晓其意也。"浚吉曰:"此事或以为非实然也。"时

烈曰:"'戏谑不惟害事'以下,非《东铭》文也。'持气'之'气'字,乃'志'字之误也。"(《宋子大全拾遗》卷九)

○《语录(朴光一录)》:光一问曰:"读《大全》,至《与刘子澄书》,则其中言'戏谑为心术之害',而曰:'昔横渠先生尝言之矣。'退溪《记疑》曰:'横渠先生尝言之者,指《东铭》云云。'"先生曰:"《东铭》则不是但言戏谑也。此乃分明指《近思录》第四篇所载横渠说,所谓"戏谑,不惟害事,志亦为气所流。不戏谑,亦是持气之一端云者也。"《记疑》说,似是偶失照勘。《记疑》中如此处多,以我退翁之精详谨密,未知何乃如此? 不得已,随处改正,甚可悯也。"问曰:"横渠先生所谓'持气'之一段,'持气'二字,侍生之所尝疑者也。观其语脉,则似是'持志'之一端云尔。'持气','气'字恐'志'字之误矣。孟子曰:'持其志,无暴其气。'横渠之说,本于孟子此说,而亦以志为主。故曰'亦是持志之一段云尔',未知如此看何如?"先生曰:"此'气'字,昔郑愚伏尝疑之矣,看来分明'志'字之误也。"(《宋子大全附录》卷十六)

○《答李士深(庚辰四月二十一日)》:然结发受读《鲁论》,粗闻其义,宁学荷蒉歌凤者之趋避孔氏为也,分华之教,恐是读《东铭》未熟之致也,不胜捧腹。(《宋子大全》卷二十八)

○《与宋明甫(庚辰正月十九日)》:岁序新又新矣。……幸舍《十图》,先取《东铭》,而实体之,则自无此等说话矣。且舍自家光明宝藏,向炉边寻查脚,不瑕为佛者笑耶,且无庸为子容丈所笑也。(《宋子大全》卷三十)

○《与李云举》:被逐过江时,有来见者。有戏语于仲令,愚与之一笑,而仍传于户判矣。今闻仲令闻而颇不安,云:"以戏为实也。"谓之不读《东铭》,则其人必服矣。若以为有心,则必不然矣。(《宋子大全》卷四十六)

○《答金久之(己未二月二日)》:一己之私欲渐消而天理渐长,则实自家倾否回泰之关键,而尚不可得,则是真吾忧而相与勉励者也。承有脚病,欲奉戏语云:"病则不须学晦翁。"然此近于康节之无礼,故始不敢言而终言之。岂驳杂之膏肓,而读《东铭》未熟耶? (《宋子大全》卷五十五)

○《答闵大受(壬子五月)》:然若使起闹之本,真为君子。而不为林甫之使人衔杯,则执事之荣,亦不少矣,还将为执事贺也。每于执事书,有此戏语,安得《砭愚》书,粘之屋壁耶? 此病日益痼,一就木后,千百蚊蚋,非我所知也。(《宋子大全》卷五十八)

○《答闵大受(戊午十二月)》:平日喜读《东铭》,而今乃为此谑语。将为

横渠之罪人,然晦翁于庆元年间,亦为悬鹑之戏言。吾有所受之矣,不罪不罪。适会中酒,不能究宣。(《宋子大全》卷五十九)

○《答闵持叔(乙卯)》:仲羽云云,复荷开谕,感戢难喻。昔有人有诗云:"舍弟江南没,家兄塞北亡。"人慰其不幸,其人曰:"吾实无是,而只取其对之好耳。"然愚以语持叔者,亦是不曾熟读《东铭》之致尔,第亦有可恕者。朱子于党祸时,有悬鹑百结之善谑。平生读得朱子书,而不能学一事,又禁此一事,则是终无所学也,不亦太无事乎?(《宋子大全》卷六十三)

○《答闵持叔(戊午十二月十五日)》:别纸所谕。……孔明娶妇,敢陈戏语于尊前,实《东铭》之罪人也。然其中不无所寓之箴,则亦甚僭越矣,方俟谴责之至矣。兹承喜闻意,深仰盛德也。日者曾有三鞭之祝,是犹古人戒人作诗而还赠笔墨也,好笑。(《宋子大全》卷六十三)

○《答金永叔(己酉六月十九日)》:适地主来传所闻,因以戏语酬酢矣。至今思之,则横渠《东铭》之戒,正是治病之药石也。然某亦岂不当有所戒耶?如有所闻,续赐砭订,不惮改也。(《宋子大全》卷七十三)

○《答李同甫(戊辰六月五日)》:暑雨相仍,……横渠《东铭》,非不奉诵;而戏谑之言,时时闯发,岂旧习未除而然。(《宋子大全》卷九十六)

● 张履祥

○《备忘》:《东铭》义理,本对《西铭》,不过横渠先生并揭于扉,盖"戏言""戏动"最为害事,进德修业,唯诚与敬而已。思为一,入于戏而能存诚敬者,未之有也。窃尝以为,学者不读《西铭》,则理一分殊之义不明,而恻隐之心不笃;不读《东铭》,则戏言、戏动之失不知戒,而长备饰非之习,日深锢而不可拔。初学之士,即不可不精思而力践之也。(《杨园全书·初学备忘》第七)

● 王夫之

○此篇张子书之东牖以示学者,名曰《砭愚》,盖以砭二氏之愚而明圣道之要,程子改曰《东铭》。旧说唯"戏言,出于思也"以下为《东铭》,今按十七篇之数,则此二篇合为一篇,明矣,正之。

柏麓按:王夫之《张子正蒙注》分《乾称篇》为上下两篇,上篇为《西铭》,下篇则为《乾称篇》中《西铭》以下文字。此语原在《乾称下》卷首,兹入于此,以见其所论《东铭》,与他者不同。

●熊赐履

○横渠《东铭》,正是"四勿"注脚,学者亦安可忽诸! ○《东铭》,克己之实事。(《下学堂箚记》卷二)

●冉觐祖

○东西《铭》并出一时,程子独取《西铭》以示门人,及朱子为之注解行世,而《东铭》仅附《正蒙》卷末,无表章之者。学者或因《西铭》以求《东铭》,又苦其不易读而置之。愚谓:言、动亦是为学吃紧处,从此致慎,便可作"非礼勿言""非礼勿动"下手工夫。僭为分其段落,读其文义,以揣合张子《砭愚》之□□。中有舛谬,俟博雅之士,取而裁正焉。(《性理纂要附训》卷四)

○夫"达德"首"知","知"之用非一端,而莫切于言、动。言、动各得其当,斯称知矣。然言、动有出于戏者,有出于过者,皆不可不慎也。"戏言"本发于思也,"戏动"本作于谋也。其言之发于声,动之见于四支,是己有心致,然而诿之非己有心。夫非己有心,而谁令其然者? 则是己之不明也。且欲人见谅而不疑己之为真,又不能矣。"过言"本非有心也,"过动"本非诚然也。其言之失于声,动之缪迷其四体,是不当,然而误至于此,而乃自认为己之当然,是自妄诬乎己也。且欲他人不以为过,而推己是从,是并欲贻诬他人也。此"戏"与"过",二者之必不可也。或者乃自宽假,谓"戏"之"出于心"者,只"归咎为己之戏",言其无伤。谓"过"之"失于思"者,更"自诬为已诚"当然,信为不差。则是于"戏"之出汝之思者,不知致戒,而"过"之不出汝心者,不知归咎也。恣戏而为傲,傲将日长,且文过而成非,非将日遂。自欺欺人,终为下愚之归,不知孰甚于此乎! ○昔《东铭》是双开文字,一扇是"戏",一扇是"过"。"出于心"与"出于汝",承"戏"边;"失于思"与"不出汝",承"过"边。末以"长傲""遂非"结之,"长傲"应"戏","遂非"应"过",总以"知"字为结穴。○两意相形,有心却作无心,无心却作有心,正见得不知之情状。○"出于思""作于谋",是指戏言、动之实,分明是出于心而当戒。"不明"与"不能",便"不知戒"而"长傲矣"。非心非诚,是原过言、动之情,分明是失于思而亦当知所归咎,"自诬""诬人",便不"归咎"而"遂非"矣。"出于心"二句,是分承说,"不知"二句,亦是分承。"长傲""遂非",又以一句分应,文法结束甚好。○"知"与"愚"反,《东铭》言"不知",正是示人求知处,故名曰《砭愚》,早已自标大旨矣。然则《西铭》言仁之名为《订顽》,何也？仁者,以天地万物为一体,顽则痿痹不仁矣。东西《铭》分《砭愚》《订顽》,实分配"知""仁"道理也。○"诚"字,只见于过言动一边,似不甚重,或欲拈"存诚"为旨,觉偏。(《性理纂要附训》卷四)

●李光地

○"言""动"之戏者,有心之过也,乃自以为出于无心,而欲人之不己疑,曰"吾聊为戏耳",而"不知戒其出汝者",是之谓"长傲"。"言""动"之过者,无心之失也,乃自以为当然,而欲人之己从,曰"吾诚欲如此耳",而"不知归咎其不出汝者",是之谓"遂非"。凡此者,皆不能思省检察之过,故曰"不知"莫甚焉。(《注解正蒙》卷下《乾称篇第十七》末段《东铭》注)

○此章即《东铭》也。《东铭》本曰《砭愚》,《西铭》本曰《订顽》,程子改之。盖愚则不智,顽则不仁,观其所谓"不明""自诬",而卒之以"不智",则所以砭其愚者,切矣！所谓"济恶""不才",而本之于"悖德""害仁",则所以订其顽者,至矣！《西铭》为此篇之首,实《正蒙》一书之体要,故自"可状皆有"章以下,统论神化性命人鬼死生,皆括全书之意,以申《西铭》之义。其以《东铭》终篇,乃初学之门也,故"益物必诚"及"修己厚重"二章,实以见进学之本于诚,而其要在于持重改过,以起《东铭》之指,持重而无"戏言""戏动"者,主敬之事也;改过而无"过言""过动"者,徙义之事也。"长傲"则不敬,"遂非"则害义,不敬无义,而初学之本失矣。愚谓此铭虽本《论语》"重威"章之意,为初学之门,然究其极,则直内方外,夹持而上天德者,实在于此。盖如此则"言有教,动有法",而所谓"昼为""宵得",以至于"息养""瞬存"者,皆自此而充之、熟之尔。虽不能如《西铭》之彻上彻下、一以贯之,然下学上达之序,则又安可以偏废哉！(《注解正蒙》卷下《乾称篇第十七》末段《东铭》注)

●张伯行

○横渠既作《订顽》,明万物一体之学,又恐日用间言、动偶有过差,亦进德修业之累,因作《铭》以砭治其愚,盖亦省察之功也。言学贵内外如一,则思诚慎动,改过不吝,最是亲切工夫。如日间偶然戏谑之"言",乃出于心有所思想;或有戏谑之"动",乃起于心有所谋虑。盖"言"乃心之声,四支亦为心之役。明明有"言"发于声,有"动"见乎四支,谓非己心为之,是不明于内外相因之道也。明明言、动有所出入而不中节,欲人无疑乎己之不是,势不能也。如是而不速悔,试思此过差之"言",本非吾心所固有也;过差之"动",又非吾心诚实当如是也。既失错于声而为"戏言",纰缪迷乱其四支而为"戏动"矣。若谓己本当如是,是自诬其本心也。因之欲人不以为非,顺从乎我所为,是诬人无是非之公心也,抑已惑矣!或者又转一念曰:吾之言、动虽出于心,而所以过失处乃是己之戏耳。且以为"戏"故失于思,而吾本然之心未尝不真实无妄也。夫思而有失,即是不诚,由心而出,又将谁诿?乃不知戒其言、动之出于心,而日恣其戏,且归咎于"戏言""戏动",以为不出汝者,原非真实之过。如是,则"戏"可不戒,而傲慢之气将日长。既属于"戏",即过亦不妨,而非道之心,亦日自遂而不知所终矣。过恶日深,是非回惑,不知孰甚焉!凡此种种病痛,展转相因,其弊在于省察不严,谨独无功。学者诚以为戒,则言动必诚,身心如一,日用动静,无息而非天理之流行矣。(《近思录集解·东铭解》)

●金昌协

○《经筵讲义(心经)》:九月十二日,经筵。论《东铭》曰:"此篇文字艰深,颇似难看。而细究其旨,则极分明矣。"仍解释其文义,至"不知戒其出汝者,归咎其不出汝者"一段,曰:"此段人多错看。乃以'不知'二字之意,止于'戒其出汝者'一句,而'归咎其不出汝者',却自为一句,此极非矣。张子之意,正以人'不能戒其出汝'之'戏'而至于'长傲',又不能'归咎其不出汝'之'过'而至于'遂非',故作此铭。今若以'不知'二字之意,为止于上一句,则是张子不以不归咎其过者为非,而反以归咎其过者为非也。如此则上下文义,皆相违反,而不成道理矣。"又曰:"'欲他人己从'一句,尤切于人主。夫匹夫有过,不自引咎,而乃反谓为当然,欲使他人从己,则其害固不可说。至于人主,有至尊之威,而乃或自是务胜,政令行事之失,不惟不自悔责,而必欲令群下阿谀顺旨,靡然从之,不敢为违,覆匡救之计,则其为国家之害,何可胜言!愿上于此,更加惕念焉。"(《农岩集》卷十)

●张棠、周芳

○此言人当致谨于言、动也。戏者,有心之失也;过者,无心之失也。戏既有心,当自知矣,乃谓非己心,而欲人之不疑,是归咎于戏,而不知戏之出于汝者,当戒也。过虽无心,然非理矣,乃谓己当然,而欲人之己从,是自诬为诚,而不知过之不出于汝者,亦当咎也。不知自戒,为纵恣而长傲,不知自咎,则文过而遂非,皆不智之甚也。按:此即《东铭》也。篇首冠以《西铭》,言理一分殊。中间极论神化、性命、天人、死生之理,要归于存诚进德,而终之以此。此初学之门也,学者能致谨于此,则可以寡过亲贤而进于德。德立,则可以自益、益人,而几于诚。诚,然后可以穷神知化、尽性至命,而尽此理一分殊之责,乃《正蒙》全书之体要也。(《正蒙注·乾称篇第十七》)

●华希闵

○此分"戏"与"过"两段,意虽"戏"实出于心,自谓我无心则日肆矣,故曰"长傲";"过"本出于无心,欲饰其非,反自谓当然,则终于过矣,故曰"遂非"。"戒"焉,"归"咎焉,斯不入于"戏",不终于"过"。"不知",则不智矣。学者可不勉哉?首篇及此篇,多论神化之事,而以此章终之。见君子穷神达化之功,不外乎言、动身心之地,正示人着实用功处。(《正蒙辑释·乾称篇》末段《东铭》下)

●王　植

○【征引】《礼记·哀公问》:孔子对曰:"君子过言则民作辞,过动则民作则。"○张子《经学理窟·学大原上》篇:"戏谑直是大无益,出于无敬心。戏谑不已,不惟害事,志亦为气所流。不戏谑,亦是持气之一端。善戏谑之事,虽不为,无伤。"○朱子曰:此章即《东铭》,正如今《法书》所谓"故""失"两字。○华(希闵)注:首篇及此篇,多论神化之事,而以此章终之,见君子穷神达化之功,不外乎言动身心之地,正示人著实用功处。○李(光地)注:言动之戏者,有心之过也,乃自以为出于无心而欲人之不己疑,曰"吾聊为戏耳",而"不知戒其出汝者",是之谓"长傲";言动之过者,无心之失也,乃自以为当然,而欲人之己从,曰"吾诚欲如此耳",而不知"归咎其不出汝者",是之谓"遂非"。凡此者皆不能思省、检察之过,故曰"不知莫甚焉"。

【补注】沈毅斋先生详述朱子之说,谓:"此篇大指,不越'过''故'二字。"且曰:"有心谑浪之谓'戏',无心差失之谓'过'。本有心而掩之以无心,则以'故'为'戏'而至于长傲;本无心而诬之以有心,则以'过'为'诚'而至于遂非,是愚之甚者也。'戏'不可有,朱子推其原而谓之故,欲人深戒于言、动未发之先,以为正心诚意之本;'过'不能无,朱子指其流而谓之过,欲人自咎于言、动已失之后,以为迁善改过之机。"其诲人之意深矣。

愚按:"归咎",犹云"任过"。"出于思""作于谋",即是出于心,即是"出汝"者。谓"非己心",即是归咎于戏,即是不知戒。"非心""非诚",即是失于思,即是"不出汝";"谓己当然",即是"自诬"。为诚,即是"不知归咎"。虽言之重而词之复,意则只此两层。(《正蒙初义》卷十七)

● 江　永

○朱子曰:"横渠学力绝人,尤勇于改过,独以戏为无伤。一日忽曰:'凡人之过犹有出于不知而为之者,至戏则皆有心为之也。其为害尤甚',遂作《东铭》。"问:"《东铭》。"曰:"此正如今法书所谓'改失'(《王记》云:《语类》供本同,王、吴本'故失'作'改失'。按,'故失'即今律例,所谓故意、失误也,作'改'者误。)两字。"(《近思录集注》卷二)

● 杨方达

○有心谑浪为"戏",无心差失"为过"。言虽"戏",必以思而出也。动虽"戏",必以谋而作也。"戏言""发乎声","戏动""见乎四支",谓非己心,难以欺己。欲人无疑,难以欺人。言之"过"者,非其心之本然也;动之"过"者,非其诚之本然也。"失于声"而为"过言","缪迷其四体"而为"过动",谓己当然,既以诬己;欲人己从,复以诬人。或者以言戏动之出于心者,"归咎为己戏",而"不知戒其出汝"者,是谓"长傲";以"过言""过动"之失于思者,"自诬为己诚",而"不知归咎其不出汝"者,是谓"遂非"。凡此皆不能思省检察之故,故曰"不知孰甚焉"。出于心,故曰"出汝";失于思,故曰"不出汝"。

○此章即《东铭》也。《东铭》本曰《砭愚》,《西铭》本曰《订顽》。程子改之,盖愚则不智,顽则不仁。观其所谓"不明""自诬",而卒之以"不知",则所以砭其愚者至矣;所谓"济恶""不才",而本之于"悖德""害仁",则所以订其顽者至矣。《西铭》为此篇之首,实《正蒙》一书之体要。自"可状皆有"章以下,统论神化、性命、人鬼、死生,皆括全书之意,以申《西铭》之义。其以《东铭》终篇,乃初学之门也。故"益物必诚"及"修己厚重"二章,实以见进学之本于诚,而其要在于持重改过,以起《东铭》之旨。持重而无"戏言""戏动"者,主敬之事也;改过而无"过言""过动"者,徒义之事也。此铭虽为初学之门,然究其极则直内方外夹持而上天德者,实在于此。盖如此,则"言有教,动有法",而所谓"昼为""宵得",以至于"息养""瞬存"者,皆自此而充之、熟之尔。(《正蒙集说》卷十七)

●刘绍攽、王信芳

○《读张子〈东铭〉书后》:程子《定性书》,不外"敬以直内,义以方外",忘怒者,敬;观理者,义也。张子是篇,实与同旨,其戒"戏言""戏动",孔子所谓"不重不威","主敬"之事;其戒"过言过动",孔子所谓"改过迁善","徙义"之学。是以程子之书,前引《论语》,而后系此篇欤!○继信曰:"从二书中,看出程、张同旨,自非一以贯之,安能窥见儒先底里!"(《九畹古文》卷九)

●李塨

○《"反情和志"章,东铭》:窃谓此铭,亦与《西铭》规模体制,大抵略同。《西铭》"于时保之"以上如布棋,以下如下棋。《东铭》亦然,"或者"以上,只是平说"戏言""戏动","过言""过动","有心""无心",其曰"不明""不能""自诬""诬人"者,亦所以泛言"戏"与"过"之得失而已。至"或者"以下,方说"归咎""己戏","自诬""己诚",而成"长傲""遂非"之过。正所以覆说上段之意,言其所以为害之实,而垂戒痛切之辞也,恐非前后两样人病痛也。如何如何?(《俛庵集》卷三)

●南汉朝

○《答权循如(道相 戊辰)·别纸(节要)》:《答汪尚书》"《东铭》于下学工夫,犹有未尽":"《东铭》论戏谑之害,分别其长傲遂非之失于毫厘间,使人警悟深切,而于事亲事长日用应接,许多节目,皆未之及,则谓之'犹有未尽'者,非以是耶?"(《损斋集》卷十一)

●柳寻春

○《朱书剳疑》:"亦何俟于《东铭》而后足":"尚书之意,以《西铭》为体,以《东铭》为用,二者相待而为体用之全,故云耶?"(《江皋集》卷八)

●姜必孝

○又将《东铭》读如初。讲义曰:"此上一节,言有心失理,为出于汝者;

中一节,言无心失理,为不出于汝者;末一节,言其以出于心者,为不出于心;以不出于心者,为出于心。是愚之甚,故曰'砭愚'也。"又曰:"'不知'之意,止于'不出汝者'看得,文义似长矣。"(《海隐遗稿》卷十四)

○《答成圣发》:《东铭》"戏言出于思""过言非心也",下句曰"或者谓出于心者,归咎为己戏;失于思者,自诬为己诚","心"字"思"字,互换说下云云。""'心'字'思'字,非互言也。戏言出于思,戏动作于谋,皆出于心也。过言非心也,过动非诚也,是失于思也。"○"不知戒其出汝者,归咎其不出汝者",或看作"不知"之义,止于当句,或止于下句? 愚意后说似长。""后说似长。"(《海隐遗稿》卷五)

●李元春

○《东铭》,《正蒙·乾称篇》之终;《西铭》,《正蒙·乾称篇》之首。张子初著此二篇,揭于东西牖。《东铭》曰《砭愚》,《西铭》曰《订顽》。伊川以其起争端,改为东、西《铭》,而又专取《西铭》。张子后著《正蒙》,以二书为首尾,今列《正蒙》前释之,原其始也。○韩苑洛曰:"《西铭》规模阔大,言天道也;《东铭》工夫谨密,言人道也。先"东"后"西",由人道而天道可言矣。圣贤之学,言其小极于戏言戏动、过言过动,无不曲致其谨,推而大之,则乾坤父母而子处其中,盖与天地同大。此《西铭》《东铭》之旨。"(《关中道脉四种书·张子释要》)

●李钟祥

○《育英斋讲义·心经》:"《东铭》首段,以'不明也'发端。而末段又以'不智'为结语,终始归趣,似专在于'智'字上。盖戏言戏动,过言过动,皆是容貌辞气上失,则一篇命意,当以'礼'字为归重,而从'智'字上始终发明者,何意?"(李龟永)"《东铭》旧名《砭愚》,'愚'为'知'之反,而'不明''不知',皆指'愚'而言。"○"'戏言'则曰'出于思','过言'则曰'失于声'者。以其戏出于有心,过出于无心。而'或者'以下,则于'失于声'处变文,为'失于思',若过言过动,果失于思,则何以谓不出汝乎!"(李时润)"当思而不思,亦谓之'失于思'。"○"溪训以'或者'以上为一般人,'或者'以下为一般人,而谓下面一般人之用心,较上面一般人,其失尤甚。因而有可改不可改之训,后学当遵守此训。而愚意则前后不必看作两般人,疑前面是平说事理,后段方是举其人以实之耳。"(观俭)"寻常看得亦如此。窃疑上段'当然'字,与下段'已诚'字,自是一样话。而为'已戏'云者,亦只是个'非己心'三字之替换说,则又何以分别得乎?盖前后两段,只是重叠说去,而未见后面人用心之失,甚于前面人。今盛论政合鄙意,但溪训如此,不敢深置疑也。"○"《东铭》末段'不知戒其出汝者,归咎其不出汝者',前承教诲。以谓'不知'二字之意,拖至于'不出汝'之下。而近考《性理群书》小注,则'不知'之意,只止于'戒其出汝'之下。岂此注说误耶?"(钻)"此注说恐误。盖'或者'于当戒处不知戒,而反归咎焉;于合归咎处不知归咎,而反自诬焉。故横渠反覆言之如此。若谓'不知'之意,止于'戒出汝'之下,则全失本意。朱子尝使门人作《东铭图子》,而取'不知'二字单书于两句之上,其意可知矣。《群书》注误无疑。《图子》见《语类》。"(《定轩集》卷十二)

●许愈

○《答李子刚(泰植)问目》:"学者,且须观礼"云云。○"礼之失,每由'戏言'、'戏动'。此只举'言'、'动',亦《东铭》之旨也。"(《后山集》卷九)

●郑载圭

○《答黄新汝》:人乐有贤父兄,足下可谓"不出户庭而道存焉"。进德修业,绰有余地。况得日新为依归,学之无成,非所忧也。然决意以往,难仰他人,只争自家之肯与不肯耳。来书中"不肯"二字,虽出鸣谦,而大抵非好消息也。"戏谑"之云,《东铭》一书尽之矣。就考而切己之如何。(《老柏轩集》卷二十)

●郭钟锡

○《近思录疑义》:《东铭》一篇,恐专责学者。若泛言众人之过言动,则或有知而故犯者,安得尽谓之"失于思"乎?(《俛宇集》卷八十)

●牛兆濂

○《长傲之不智》:《东铭》"不知戒其出汝者",以为长傲统归于不智,此《砭愚》之所由作也。(《蓝川文钞续》卷五)

● 缪篆

○《东铭》本文一百二十字,原题"砭愚"。

　　戏言,出于思也;戏动,作于谋也。发乎声,见乎四肢,谓非己心,不明也;欲人无己疑,不能也。过言,非心也;过动,非诚也。失于声,缪迷其四体,谓己当然,自诬也;欲他人己从,诬人也。或者谓出于心者,归咎为己戏;失于思者,自诬为己诚。不知戒其出汝者,归咎其不出汝者,长傲且遂非,不知孰甚焉!

今案:僖公二十四年《左传》云:"心不则德义之经为顽,口不道忠信之言为嚚。"《广雅·释诂》:"嚚,愚也。"然则横渠以"愚""顽"平列,即古训"顽""嚚"平列之旧耳。夫去非所以求是,则"砭嚚"所以求"口道忠信之言"明矣。但横渠之意,非仅说"言",乃兼说"动",以为"嚚"虽训愚,而"愚"字能兼指言、动两者之谬,"嚚"字仅指言之谬耳,故立题曰"砭愚"。既曰"砭愚",则其目的之词为何?曰:"其目的之词,曰'复礼'。'复礼'者,仁也。明乎此,则《东铭》之文,读者乃知其所谓。"

昔者颜渊问仁,而孔子答之以"复礼",曰:"非礼勿视,非礼勿听,非礼勿言,非礼勿动。"盖"复礼"之节目,此四者平列而已可知。但如何知其"非",如何使之"勿",孔子明明告之曰"由己"云者,"言由己听,动由己视"之谓也。"言由己听",而如或非礼也,则战胜己之非礼言,而恢复己之礼言。"动由己视",而如或非礼也,则克服己之非礼动,而光复己之礼动。故曰"为仁由己,而由人乎哉"。惟其不由人,则视、听、言、动四目,约之为言、动二目,乃与《易·系辞》云"拟之而后言,议之而后动"相符合。何为"拟之而后言"?《系辞》引"《中孚》"之"鸣鹤在阴,其子和之",《同人》之"先号咷而后笑",《节》之"不出户庭,无咎"以释之。何为"议之而后动"?《系辞》引《大过》之"藉用白茅,无咎",《谦》之"劳谦,君子有终,吉",《乾》之"亢龙有悔",《解》之"负且乘,致寇至"以释之。"易有圣人之道,以言者尚其辞,以动者尚其变",其坦白易行也如此。《系辞》又曰:"君子安其身而后动,易其心而后语。"危以动,则民不兴也。惧以语,则民不应也。如何易民之心而后语?则当就施者之言与受者之听约为一。换言之,先就自施之言而自受以听之也。如何安民之身而后动?则当就施者之动与受者之视约为一。换言之,先就自施之动而自受以听之也。《孟子》云"汤武反之",又云"反身而诚",(于文法,为"自反"云谓字",或"循环"云谓字。拉丁文为 Verbumreflexivum)即《系辞》及《东铭》所用"言"、"动"二字也。

横渠为学《易》专家，《东铭》专说"言""动"，其根据于《易经·系辞》既明矣。至于如何为之为非礼之言？横渠释之以"戏言""过言"；如何谓之为非礼之动？横渠释之以"戏动""过动"，是故口业、身业，受制裁于意业。

夫以卫武公之圣，而《诗》美之曰"善戏谑兮"；以孔子之圣，而《论语》载之曰"前言戏之耳"，"戏"，亦似无大谬。然横渠所谓"戏"，则非此之比也。横渠乃谓愚者"之言"，无稽之言也；不肖者之言，诈谖之言也。愚者之动，无意识之动也；不肖者之动，多患害之动也。此皆"戏言""戏动"之属于非礼者也。且夫一人之身，克念则作圣，罔念则作狂。成王与叔虞戏，削桐叶为珪，以与叔虞，曰："以此封若。"史佚因请择日立叔虞。成王曰："吾与之戏耳。"史佚曰："天子无戏言。言则史书之，礼成之，乐歌之。"于是遂封叔虞于唐。故横渠谓"长傲"者，为"戏言""戏动"。若夫等而下之，言不及意、举止轻浮之类，则又横渠所不屑责也。

夫以蘧伯玉之贤，犹曰"欲寡过而未能"；以孔子之圣，犹曰"学《易》可无大过"，"过"，亦似无大差。然横渠所谓"过"，亦非此之比也。横渠乃谓智者之过言，思想太锐之言也；贤者之"过言"，陈义太高之言也。智者之"过动"，易滋流弊之动也；贤者之"过动"，好为难能之动也。此皆"过言""过动"之属于非礼者也。且夫颂《祈招》之诗，言昭德音，动式金玉，始而寝馈自克，继而不能自持。楚灵王起章华之台而死于乾溪，仲尼曰："古也有志，克己复礼，仁也，信善哉！"故横渠谓"遂非"者，为"过言""过动"。若夫推而上之，《系辞》称颜渊"有不善"，此非孔子不能察；《成唯识论》称菩萨有"微误犯愚"，此非释迦不能知，则又横渠所不得不视人太高者矣。(昭公二十年《左传》："古也有志。"纂按："志"，训如"周志"之"志"，则古也有"志"，即古史有之。然则《论语》称"克己复礼为仁"，本于古训"克己复礼，仁也"，明矣。夫以楚灵王之太侈，孔子犹嘉其有克己之明，惜其无克己之力。圣人之性不绝人也如此，克己之难能可贵也又如此。)

由此观之，"戏言""戏动""过言""过动"，一言以蔽之，曰："不克己之言动而已。"因不克己而有"戏言""戏动"，故横渠本文曰："谓非己心，不明也"，"欲人无己疑，不能也"，此"出于心者，归咎为己戏"，是"不知戒其出汝者"也。愚不肖者之所以"长傲也"，因不克己而有"过言""过动"，故横渠本文曰:"谓己当然,自诬也","欲他人己从,诬人也",此"失于思者自诬为己诚",是"归咎其不出汝者也",贤者之所以"遂非"也。

予故曰:横渠之《东铭》名曰《砭愚》者,"此复"礼之文也。教人知仁覆天下,自"克己"始。"己"如何"克"?不待外求也,视己之动,听己之言而已矣。视己之动而非礼则"勿"之,戒慎乎其所不睹,故其动也仁。听己之言而非礼则"勿"之,恐惧乎其所不闻,故其言也仁。《淮南子·齐俗训》曰:"所谓明者,非谓其见彼也,自见而已;所谓听者,非谓其闻彼也,自闻而已。"《书》有之曰:"天视自我民视,天听自我民听。"夫岂徒谓苍苍之天哉?求在我者也。《荀子·正名篇》曰"缘天官",天则指耳目言也。《老子》曰"治人事天莫如啬",韩非解之,天则指聪明言也。君子言而世为天下法,动而世为天下道,故曰非礼勿言,非礼勿动,而天下归仁。至天下归仁矣,则不动而敬,不言而信,无声无臭至矣。子贡有言:"至人固有尸居而龙见,雷声而渊默,发动如天地者。"(《庄子·天运篇》)

复次,孔子诏颜渊之旨,言非小子应对之谓,动非小子进退之谓,礼更非一若龙一若虎,一成规一成矩之谓,(温伯雪子语,见《庄子·田子方篇》)原夫周自姬旦制礼,以迄荀卿笃礼,八百年中,一切天地春夏秋冬之官,吏户礼兵刑工之职,均以一"礼"字包之。周之所谓"礼",在学术上其犹希腊时之所谓"哲学",在政治上其犹近世欧洲诸国所谓法治国之"法"尔。颜渊称"夫子约我以礼",夫子亦与弟子云"为国以礼,行夏之时,乘殷之辂,服周之冕,乐则《韶》舞,放郑声,远佞人",皆礼之显示者也。是故以云言,达则涣汗大号,金玉尔音;穷则一字褒贬,乱贼知惧。以云动,达则北辰居所,众星拱之;穷则南面可使,居敬行简。太史公《礼书》曰:"洋洋美德乎,宰制万物,役使群众,岂人力也哉!"

如上所述,已知《砭愚》之文,为"仁覆天下"主义之文也。若《订顽》之文则又何说?曰"孝治天下"主义之文也。今欲申说《西铭》,当有二简语如下:一曰,本儒家《孝经》,参以《易》理;二曰,辟佛说"无我",故称《订顽》。(节自缪篆《读张横渠〈东铭〉〈西铭〉》,《新民》1935年第1卷第2期)

附　录

一　本书所涉学人文献概略

宋元之部
（71人）

　　张　载（1020—1077），字子厚，祖籍大梁（今河南开封），生于长安（今陕西西安），后侨寓于凤翔郿县横渠镇（今陕西眉县横渠镇），故后世称其为"横渠先生"。张载因其讲学关中，故其所创立的学派称为"关学"；后世尊称张子，与周敦颐、邵雍、程颐、程颢合称"北宋五子"。张载作《西铭》《东铭》，然于《东铭》无所论，仅《张子语录》载其论《西铭》1节。

　　程　颢（1032—1085），字伯淳，学者称"明道先生"。与弟程颐开创"洛学"，奠定了理学基础，后世并称"二程"。又因其兄弟二人学说后来为朱熹所继承发展，故后世又将其兄弟二人与朱熹合称为"程朱学派"。《河南程氏遗书》《二程粹言》录程颢评述《西铭》8节。

　　程　颐（1033—1107），字正叔，程颢胞弟，学者称"伊川先生"。与胞兄程颢共创"洛学"，为理学奠定了基础，世称"二程"。其兄弟二人在理学发展史上占有重要地位，后来为朱熹所继承和发展，世称"程朱学派"。《河南程氏遗书》《河南程氏外书》《河南程氏文集》等载程颐论述《西铭》及教授弟子《西铭》事文16节。

　　吕大临（1042—1090），字与叔，号芸阁。京兆蓝田（今陕西蓝田）人，先后从张载二程学，为关学和洛学的重要代表人物，世称"芸阁先生"，与其兄吕大忠、吕大防、吕大钧合称"蓝田四吕"。吕大临有《横渠赞》见张暎照等集修上海青浦族系"汇集知本堂"藏《张氏支谱》卷首；有《西铭赞》，见宋林駉《古今源流至论·前集》卷一，题名为"吕博士西铭赞"。另有《西铭解》，收录于宋王霆震辑《新刻诸儒批点古文集成·前集》卷四十九《西铭》。

附 录

杨　时(1044—1130),字中立,号龟山,祖籍弘农华阴(今陕西华阴东),南剑西镛州龙池团(今属福建将乐县古镛镇龙池社区)人,二程门下高徒,洛学重要代表人物。《二程粹言》载杨时与程颐论《西铭》事1则,《龟山集》载杨时与程颐论《西铭》书2通,杨时与门下论《西铭》语6节。

游　酢(1053—1123),建州建阳(建阳麻沙镇长坪村)人,字子通,后改为定夫,号广平。北宋理学家,程门高弟,学者称"廌山先生"。《河南程氏外书》《二程粹言》载程颢论其读《西铭》文3条。

尹　焞(1061—1132),字彦明,河南人。少师事程颐,后世称"和靖先生"。《和靖集》《河南程氏外书》《宋名臣言行录》《永乐大典》载尹焞从程颐学《西铭》事3则及记事2则。《永乐大典》又录《尹和靖言行录》尹焞答《西铭》问1节,其门下韩元吉《南涧甲乙稿》卷十六《书尹和靖所书东铭后》载尹焞"教学者,必先读《东铭》,然后看《西铭》"。

郭　雍(1091—1187),字子和,号白云先生,河南洛阳(今属河南)人。其父兼山先生郭忠孝,师事程颐。郭雍幼传家学,为"兼山学派"创立者之一,主要弟子有谢谔、蒋行简等。王霆震《古文集成》载郭雍与《西铭》相关论述2条。

谢　谔(1121—1194),字昌国,号艮斋,一说定斋,人称"艮斋先生""桂山先生",新喻(今属江西)人。从郭雍学,程颐三传弟子。王霆震《古文集成》卷四九载谢谔答郭雍论《西铭》书1通,可见谢谔对《西铭》之理解。

张九成(1092—1159),字子韶,号无垢,汴京(今河南省开封)人,后迁海宁盐官(今浙江海宁)。南宋官员、数学家。少从杨时学。著有《横浦集》等多种,后形成"横浦学派"。张九成有《西铭解》,载《横浦集》四库本卷十五。王霆震《古文集成》四库本卷四十九《西铭》亦有收录,然略有阙失。

李　涂(里居及生卒年均不详),字耆卿,约宋高宗绍兴中前后(1147年左右)在世。事迹无考。著有《文章精义》1卷。《文章精义》载李涂评《西铭》1节。

李　侗(1093—1163),宋南剑州剑浦人,字愿中,世称"延平先生"。少从罗从彦学,得其《春秋》《中庸》《论语》《孟子》之说,为二程三传弟子。朱熹尝从受业,得其传。《朱子全书》第十三册《延平答问》载朱熹向李侗问《西铭》书3通。

汪应辰(1118—1176),初名洋,字圣锡,信州玉山(今江西省玉山县)人。

南宋官吏、诗人、散文家。少从吕居仁、胡安国游,精于义理,好贤乐善,学者称"玉山先生"。著有《文定集》五十卷。《文定集》载汪应辰与朱熹论《西铭》《东铭》书1通。

林　栗(生卒年均不详),字黄中,福州福清人。著有《春秋经传集解》《论语知心》《林黄中奏议》《简肃集》,皆散失,唯有《周易经传集解》传世。与朱熹论《易》及《西铭》不合,见载《朱子文集》卷七十一《记林黄中辨易西铭》。

朱　熹(1130—1200),字元晦、仲晦,号晦庵。南宋徽州婺源县(今江西省上饶市婺源县)人,南宋理学家,程朱理学集大成者。朱熹的著作繁多,后人编有《晦庵文集》《朱文公全集》《朱子全书》等。朱熹关于《西铭》《东铭》论述颇多。朱熹有《横渠赞》、其与吕祖谦所编《近思录》卷二,亦录有横渠《西铭》《东铭》及二程关于《西铭》语数条。对于《西铭》的论述、解说,更是朱熹对张载著作的关注重点。他不仅花费十余年时间修订《西铭解》,且在其文集、语类中,关于《西铭》《东铭》的论述颇多。

张　栻(1133—1180),字敬夫,后避讳改字钦夫,又字乐斋,号南轩,学者称"南轩先生"。南宋汉州绵竹(今四川绵竹市)人。南宋初期学者、教育家。拜胡宏为师,问河南程氏学,故为二程四传弟子。与朱熹、吕祖谦齐名,时称"东南三贤"。《南轩集》载张栻与友人门下论《西铭》11节。

吕祖谦(1137—1181),字伯恭,世称"东莱先生",婺州(今浙江金华)人。南宋著名理学家、文学家,与朱熹、张栻齐名,并称"东南三贤"。著有《东莱集》《丽泽论说集录》《历代制度详说》《东莱博议》《东莱集注观澜文集》等,并与朱熹合著《近思录》。《东莱集注观澜文集》为吕祖谦为其师林之奇所编《观澜文集》所作注解。该文集卷十五为张载《西铭》《东铭》,《西铭》下有吕祖谦所作注,与朱熹《西铭解》大同小异。《东莱集·别集》载吕祖谦与朱熹论《西铭》书2通。《丽泽论说集录》有其论《西铭》1节。

陈　亮(1143—1194),原名陈汝能,字同甫,号龙川,学者称为"龙川先生"。婺州永康(今浙江永康)人。南宋思想家、文学家。著作有《龙川集》《龙川词》等。《龙川集》载陈亮论及《西铭》文2节。

黄　榦(1152—1221),字直卿,南宋闽县(今福州郊区洪山镇东门村浦下)人,从朱熹受业,朱熹赞他"与之处甚有益",并以女妻之。著有《勉斋集》。《勉斋集》有其《西铭说》1则及其与师友论《西铭》书3通。

陈文蔚(1154—1239)，字才卿，号克斋，学者称"克斋先生"。南宋信州上饶(今属江西)人。朱熹门人。著有《克斋集》等。《克斋集》有其与徐子融论《西铭》书2通。

陈　淳(1159—1223)，字安卿，学者称"北溪先生"。漳州龙溪(今福建龙海)人。朱熹门人，理学思想的重要继承者和阐发者。著有《北溪大全集》。《北溪大全集》载有陈淳论《西铭》诗1首、书4通、文1篇、论1节。

程　珌(1164—1242)，字怀古，号洺水遗民，南宋休宁(今属安徽)人。著有《洺水集》六十卷。《洺水集》有其论《西铭》文1篇。

虞　正(1167—1235后)，字周卿，合州巴川县(今重庆市铜梁县)人。少从朱熹学。著有《性善堂稿》。《性善堂稿》有其《西铭》论1节，文3篇。

林夔孙(生卒年不详)，字子武，号蒙谷，福州古田(今属福建)人。朱熹门人。著有《尚书本义》《中庸章句》等。周敦颐《周元公集》宋刻本有其引述《西铭》文1节。

陈　埴(生卒年不详)，字器之，号木钟，南宋温州永嘉人。少师叶适，后从朱熹游，学者称"潜室先生"。著有《木钟集》《禹贡辨》《洪范解》等。《木钟集》以问答形式阐发程朱理学思想，故后世将其与叶味道共创学派，称"木钟学派"。《木钟集》有其答《东铭》《西铭》问3节。

杨伯嵒(？—1254)，字彦思，一作彦瞻，号泳斋，南宋代州崞县(今山西代县西南)人，居临安(今浙江杭州)。朱熹弟子。著《九经韵补》《白孔六贴》《泳斋近思录衍注》等。《泳斋近思录衍注》卷二有其《西铭》《东铭》注2节。

真德秀(1178—1235)，本姓慎，因避孝宗讳，改姓真。始字实夫，后更字景元，又更为希元，号西山，学者称"西山先生"。福建浦城(今浦城县仙阳镇)人，南宋后期理学家、大臣。学宗朱熹，是继朱熹之后的理学正宗传人，在确立理学正统地位的过程中发挥了重大作用。著有《西山读书记》《西山文集》《大学衍义》等。《西山读书记》有其《张子之学》1篇，收张子《西铭》及朱子《西铭解》全文，并附以二程、杨时、吕大临解说及案语数则；另《西山读书记》《大学衍义》《西山文集》有其论及《西铭》11节、《东铭》1节。

刘达可(生卒年不详)，著有《璧水群英待问会元》。《璧水群英待问会元》有其论述《西铭》4节。

曾由基(生卒年不详)，字朝伯，号兰墅，三山(今福建福州)人。著有《兰墅集》《兰墅续稿》，已佚。宋陈起编《江湖后集》收其引述《西铭》诗1首。

程公许(？—1251)，字季与，一字希颖，号沧洲。叙州宣化(今四川宜宾西北)人。著有《沧洲尘罐编》。《沧洲尘罐编》有其引述《订顽》诗2首。

熊刚大(生卒年不详)，号古溪，福建建阳人。从学于朱熹弟子蔡渊、黄榦，与朱子门人同乡人熊节合编的《性理群书句解》二十三卷。《性理群书句解》卷一有熊刚大对朱熹《横渠先生遗像赞》注解，卷三有熊刚大对《西铭》《东铭》的注解，《西铭》注解本之朱熹《西铭解》而文句简洁，《东铭》注解亦简洁。

高斯得(生卒年不详)，字不妄，邛州蒲江县人。著有《诗肤说》《仪礼合抄》《增损刊正杜佑通典》《徽宗长编》《孝宗系年要录》及《耻堂文集》。《耻堂存稿》有其引述《西铭》文2节，诗2首。

叶　采(生卒年不详)，字仲圭，号平岩，南宋建阳(今属福建)人。从蔡渊、陈淳学，为朱熹再传弟子。著有《近思录集解》《西铭集解》《性理集解》等。《近思录集解》有《西铭》《东铭》文注解3节。

林　駧(生卒年不详)，字德颂，南宋宁德(今属福建)人。著有《古今源流至论前后集》。《古今源流至论》有其《西铭》《东铭》论述7节。

黄履翁(生卒年不详)，字吉甫，号西峰，宁德(今属福建)人。编有《古今源流至论别集》。《古今源流至论别集》有其论《西铭》1节。

李　冶(1192—1279)，原名李治，字仁卿，自号敬斋，真定栾城(今河北栾城)人。金元时期数学家、诗人。著有《敬斋集》《敬斋古今注》《测圆海镜》《益古演段》《泛说》《壁书丛削》等。《永乐大典》存其论二铭1节。

饶　鲁(1193—1264)，字伯舆，一字仲元，号双峰，饶州余干(今江西万年)人。南宋著名理学家。先后从柴元裕、柴中行、黄榦、李燔学。著有《五经讲义》《语孟纪闻》《西铭图》等。饶鲁文集今不可见，《性理大全》卷四存其论《西铭》1节，卷五《正蒙》载其论《东铭》1节，《永乐大典》亦有其论《西铭》文1篇，较《性理大全》所存更为完整。

罗大经(1196—1252后)，字景纶，号儒林，又号鹤林，南宋吉州吉水(今江西省吉水县)人。著有《易解》《鹤林玉露》一书。《鹤林玉露》卷七《元子宗子》论及《西铭》。

王　柏(1197—1274)，字会之，号鲁斋，南宋婺州金华人。藏书家、书画家。从何基学，著有《鲁斋集》《诗疑》《书疑》等。《鲁斋集》有其引述《西铭》诗1首，引《西铭》文句1节，《书疑》有其引述《西铭》1节。《金华丛书》"子部"收其所著《研几图》1卷,其中有《西铭图》1幅。

萧立之(1203—?),原名立等,字斯立,自号冰崖,宁都(今属江西)人。著有《冰崖诗集》二十六卷,已佚。明弘治十八年九世孙敏辑刊《萧冰崖公诗拾遗》三卷。《萧冰崖诗集拾遗》有其引《西铭》诗1首。

赵昀(1205—1264),即宋理宗。宋宁宗死后,被权臣史弥远拥立为帝。继位前十年在权相史弥远挟制之下,直到绍定六年(1233)史弥远死后,才开始亲政。亲政之初,立志中兴,采取罢黜史党、亲擢台谏、澄清吏治、整顿财政等改革措施,史称"端平更化"。执政后期,朝政相继落入丁大全、贾似道等奸相之手,国势急衰。乾隆《郿县志》卷十三载宋理宗《挽祭张献公诗歌三章》,其一言及《西铭》。

沈贵瑶(生卒年不详),又名汝砺,字诚叔,号"毅斋先生",饶州德兴(今属江西)人。学于介轩先生董梦程,介轩学于勉斋先生黄榦、盘涧先生董铢,是朱熹的三传弟子。著有《四书要义》7篇,又有《诸经说》《杂著》等,均已散佚,佚文略见《四书大全》《五经大全》等。《永乐大典》卷八二六八载其引其论《西铭》1节,《新刊性理大全书》卷六引其论《东铭》1节。

刘　炎(生卒年不详),字子宣,括苍(今浙江丽水)人。师从真德秀,是杨简再传弟子,也是陆九渊"心学"到王守仁"阳明心学"较为重要的起承人之一。著有《刘子迩言》十二卷。《迩言》载其论《西铭》2节。

乐雷发(1210—1271),字声远,号雪矶。湖南宁远人。南宋政治家、军事家、文学家、诗人。著有《雪矶丛稿》《状元策》《乌乌歌》《舂陵道中望九嶷》《九嶷紫霞洞歌》《象岩铭》等。宋人陈思所编《两宋名贤小集》录其《与复古叔读横渠正蒙书》诗1首引述《西铭》。

薛　嵎(1212—?),字仲止,一字宾日,号云泉,温州永嘉(今浙江温州)人。著有《云泉诗》一卷。宋人陈思所编《两宋名贤小集》录其引述《西铭》诗1首。

黄　震(1213—1281),字东发,号文洁,人称"于越先生"。庆元府(浙江宁波)慈溪县人。文天祥同榜进士。著述甚多,主要有《黄氏日抄》97卷、《古今纪要》19卷、《戊辰修史传》1卷、《古今纪要逸编》1卷等多种。《黄氏日抄》载其论《西铭》4节。

王义山(1214—1287),字元高,号稼村,富州(今江西丰城)人,宋末元初进士、诗文家、词人。宋初文学大家王禹偁的后裔,学者称"稼村先生"。著有

《稼村类稿》30卷。《稼村类稿》有其引述《西铭》4节。

潜说友(1216—1288),字君高,号赤壁子,缙云人。南宋淳祐元年(1241)进士,任临安(今杭州)知府、平江(今苏州)知府,官至代理户部尚书,封缙云县开国男。德祐元年(1275),元兵逼平江时以城降。次年仕元,任福州安抚使。后被部将李雄杀死。《咸淳临安志》载其论《西铭》1节。

方逢辰(1221—1291),原名梦魁,学者称"蛟峰先生",淳安(今属浙江)人。南宋政治家。著作大多散失,五世从孙渊辑为《蛟峰先生文集》八卷,七世孙中续辑《外集》四卷。《蛟峰先生文集》载其论《西铭》1节。

黄岩孙(1218—?),字景傅,号苍磐,南宋惠安人。受业于朱熹,把朱熹与门人问答、书语及诸儒之说有创见者和自己的理解,分门别类编辑成《性理辑解》一书。《性理大全》录其解《西铭》3条。

王应麟(1223—1296),字伯厚,号深宁居士,又号厚斋,庆元府鄞县(今浙江省宁波市鄞州区)人。南宋著名学者、教育家、政治家。学宗朱熹,涉猎经史百家、天文地理,熟悉掌故制度,长于考证。著作有《困学纪闻》《玉海》《诗考》《诗地理考》《汉艺文志考证》《通鉴答问》《玉堂类稿》《深宁集》等六百多卷。《通鉴答问》载其引述《东铭》1节。

鲍云龙(1226—1296),字景翔,号鲁斋,歙县霞峰(今属安徽省歙县上丰乡霞江村)人。南宋经师,博通经史,尤精易学。著有《天原发微》《大月令》《筮章研几》等。《天原发微》载其解说《西铭》2节。

牟巘(1227—1311),字献之,湖州人,学者称"陵阳先生"。著有《陵阳集》。《陵阳集》有其引述《西铭》文2节。

王恽(1228—1304),字仲谋,号秋涧,卫州路汲县(今河南卫辉)人,元朝学者、诗人、政治家。著有《秋涧集》。《秋涧集》有其论《西铭》1节,引述"订顽"诗1首。

金履祥(1232—1303),字吉父,号次农,自号桐阳叔子,宋元间兰溪(今浙江省兰溪市桐山后金村)人。元代学者,学者称"仁山先生"。著有《通鉴前编》《大学章句疏义》《尚书表注》《论语集注考证》《孟子集注考证》《通鉴前编》《举要》《仁山文集》等,编有《濂洛风雅》。《孟子集注考证》有其论《西铭》1节。

文天祥(1236—1283),原名云孙,字宋瑞,一字履善,号文山,道号浮休道人,江西吉州庐陵人,南宋末政治家、文学家,爱国诗人,抗元名臣。著有《文山诗集》《指南录》《指南后录》等,经后人整理,被辑为《文山先生全集》。《文山先生全集》有其引述《西铭》诗3首。

陈　普(1244—1315),字尚德,号惧斋,居石堂山,世称"石堂先生"。潜心探研朱熹理学。著有《四书句解铃键》《学庸指要》《孟子纂图》《周易解》《尚书补微》《四书五经讲义》《浑天仪论》《咏史诗断》《字义》等数百卷,大多散佚。今存《石堂先生遗集》二十二卷。《石堂先生遗集》有其论述《西铭》4节。

熊朋来(1246—1323),字与可,豫章丰城县(今江西丰城市)人。著有《燕京志》《五经说》《魏氏乐谱》《九宫大成南北词宫谱》《瑟谱》《小学标注》《家集》《天慵文集》等。《五经说》有其引述《西铭》1节。

熊　禾(1247—1312),字位辛,一字去非,号勿轩,晚号退斋。建阳崇泰里(今莒口乡)人。宋末元初著名理学家、教育家。以继朱子学为己任,著有《易经讲义》《易学图存》《周易集疏》《书说》《大学尚书口义》《三礼考略》《春秋通解》《春秋论考》《四书标题》《大学广义》《四书小学集疏》《文公要语》《勿轩集》等。《勿轩集》有其引述《西铭》文1节、诗1首。

吴　澄(1249—1333),字幼清,晚字伯清,抚州崇仁凤岗咸口(今属江西省乐安县鳌溪镇咸口村)人。元代杰出的理学家、经学家、教育家。学者称"草庐先生",与许衡齐名,并称"北许南吴"。著有《吴文正公全集》。《性理大全》卷四《西铭》有其通论《西铭》1篇,《礼记纂言》有其引述《西铭》2节,《吴文正集》有其引述《西铭》5节。

同　恕(1254—1331),字宽甫,号"静安先生"。祖籍太原,后迁秦中奉元(今陕西西安)。元代教育家。著有《矩庵集》。《矩庵集》载其论《西铭》1节。

程复心(1257—1340),字子见,号林隐。元徽州婺源人。尝取《四书集注》,会黄榦、辅广之说而折衷之,分章为图,积三十余年,撰成《四书章图》。又取诸书语录,辨证异同,著《纂释》。《四书章图》载其所作《西铭图》及解说。

刘将孙(1257—?),字尚友,庐陵(今江西吉安)人,刘辰翁子,因辰翁号"须溪先生",故人称其为"小须"。著有《养吾斋集》《养吾斋诗余》。黄瑞节《朱子成书》存其所作《朱子成书序》中论及《西铭》。

黄瑞节(生卒年不详),字观乐,安福人,举乡试,授泰和州学正。元季遂不仕,萃朱子所定《太极图》《通书》《正蒙》《西铭》《启蒙家礼》《律吕新书》《皇极经世》诸书,并加注释,目曰《朱子成书》。《朱子成书》第三册收有朱熹《西铭解》及二程、朱熹等人所论与《西铭》相关语录,并有其数条案语。本册《正蒙·乾称篇》亦收录《东铭》原文及程颐、朱熹解。

揭祐民(约1260—1330),字希韦,号盱里子,广昌县(今属江西)盱江人。元代著名文学家、诗人。著有《盱里子集》。元人蒋易《皇元风雅》卷十收其引《西铭》诗1首。

保　八(?—1311),又名宝巴、保巴,元代思想家,蒙古人(一说色目人),字公孟,号普庵。籍贯不详,居洛阳,历官大中大夫、黄州路总管兼管内劝农事。著有《易源奥义》《周易原旨》《周子通书训义》等。《周子通书训义》有其《西铭》《东铭》解各1篇,《周子通书训义》《周易原旨》另有引述《西铭》各1节。

侯克中(?—1315),字正卿,号艮斋,真定(今属河北)人。元曲家、诗人。著有《大易通义》,已佚。现存《艮斋诗集》十四卷。《艮斋诗集》有其引述《西铭》诗1首。

陈仁子(约公元1279年前后在世),字同俌,一作同甫,号古迂,茶陵人。著有《文选补遗》《续文选补遗》《牧莱脞语》《唐史厄言》《韵史》《增补六臣注文选》等。《文选补遗》有其称引二铭文1节。

郑　玉(1298—1358),元末徽州歙县人。经学家。著有《师山先生文集》《师山遗文》《周易纂注》等。《师山遗文》载其论《西铭》文1篇。

王　毅(1303—1354),字刚叔,号讷斋(或木讷斋),龙泉(今属浙江)人。至正十四年(1354),守境自保时被杀,年五十二。遇难后,门人多方搜辑其诗文为《木讷斋集》,刊行于世。《木讷斋集》有其引述《西铭》诗1首。

侯有造(生卒年不详),字静一,缙阳(今属山西)人,元至治、泰定时(1321—1327)在世。著有《泛言》一书,今佚。《永乐大典》载其《泛言》佚文《张子西铭说》。

明代之部

(80人)

王　逢(1319—1388),字原吉,号最闲园丁、最贤园丁,又称梧溪子、席帽山人。元明之际诗人。著有《梧溪集》《杜诗本义》《诗经讲说》。《梧溪集》

有其引述《西铭》诗 1 首。

程本立(？—1402)，字原道，号巽隐。明初浙江崇德(今浙江桐乡)人，程颐之后。著有《巽隐集》。《巽隐集》引述《西铭》诗 1 首，文 2 节。

曹 端(1376—1434)，字正夫，号月川，河南渑池人。明初著名学者、理学家。著有《太极图说述解》《通书述解》《西铭述解》《四书详说》《性理文集》《夜行烛》《拙巢集》《存疑录》《〈孝经〉述解》《训蒙要纂》《家规辑略》《录粹》《尤文语录》《儒学宗统谱》《月川图诗》《月川诗文集》等。《西铭述解》一卷，见存于《四库全书》。

吴 讷(1372—1457)，字敏德，号思庵。江苏常熟双溪人。著有《小学集解》《文章辨体》《思庵集》等。现存《新刊性理大全》嘉靖进贤堂本之《正蒙》部分，收录有"补注"，为吴讷所作。其中《乾称篇》有其论《西铭》《东铭》各 1 节。

薛 瑄(1389—1464)，字德温，号敬轩，山西河津县人(今河津市)，明朝理学家，河东学派的创始人。著有《薛文清公全集》。其中《读书录》《读书续录》有《读西铭笔录》及论《西铭》39 节。

黄 俊(生卒年不详)，字熙彦，丰城人，约生活在明成祖至宪宗间。编集先儒成说，五经各为一卷，名为《五经通略》。其中《周易通略》有其论《西铭》文 1 节。

陈献章(1428—1500)，字公甫，别号石斋，人称"白沙先生"，广州府新会县白沙里(今广东省江门市蓬江区白沙街道)人。明朝思想家、哲学家、教育家、书法家、诗人，心学的奠基者、明代性灵诗派的开创者。著有《陈白沙集》。《陈白沙集》有其引述《订顽》《砭愚》文 1 节，引述《西铭》诗 4 首，文 1 节。

彭 韶(1430—1495)，字凤仪，号从吾，莆田(今属福建)涵口人。著有《彭惠安集》。《彭惠安集》有其引述《西铭》文 2 节。

薛敬之(1435—1508)，字显思，号思庵。明代关学重要传人，史称"关西夫子"。著有《思庵野录》《道学纂统》《洙泗言学录》《尔雅变音》《归来稿》《定心性说》等。《思庵野录》有其论《西铭》5 节，朱轼《张子全书序》引其论《西铭》1 节。

周 琦(生卒年不详)，字廷玺，别号东溪，明代柳州府马平县人，"柳州八贤"之一。著有《东溪日谈录》。《东溪日谈录》有《张子〈西铭〉〈正蒙〉》《张横渠之学》2 篇。

王　鏊(1450—1524),字济之,号守溪,晚号拙叟,学者称"震泽先生",吴县(今江苏苏州)人。明代名臣、文学家。著有《震泽编》《震泽集》《震泽长语》《震泽纪闻》《姑苏志》等。《震泽集》《震泽长语》有其论《西铭》文4节。

杨　廉(1452—1525),字方震,号月湖,一号畏轩,学者称"月湖先生"。江西丰城人。著有《伊洛渊源新增》《皇明名臣言行录》《月湖集》《杨文恪公文集》等。《杨文恪公文集》有其《西铭讲义》1篇,论《西铭》文4节,诗3首,论《西铭》《东铭》文3节。

刘　玑(1457—1532),字用齐,号近山。明陕西咸宁(今陕西西安)人。著有《正蒙会稿》。《正蒙会稿》有其论"二铭"4节,《乾称篇第十七》有其对《东铭》注解。

张　旭(生卒年不详),字廷曙,徽州休宁人。著有诗文集《梅岩小稿》。《梅岩小稿》有其引述《西铭》诗1首。

刘　春(1459—1521),字仁仲,号东川,又号樗庵,四川省重庆府巴县(今重庆市九龙坡区华岩镇)人。著有《凤山集》《东川刘文简公集》若干卷。《东川刘文简公集》有其引述《西铭》"订顽"诗2首。

杨　旦(1460—?),字晋叔,号偲庵,福建建安(今建瓯)人,明初名臣杨荣曾孙。明代曹学佺《石仓历代诗选》有其引《西铭》诗1首。

邵　宝(1460—1527),字国贤,号泉斋,别号二泉,江苏无锡人。著有《容春堂集》《简端录》《大儒奏议》《慧山记》《漕政举要录》《学史》《端简二余》《定性书说》等。《容春堂集》有其论及《西铭》文2节。

钱　福(1461—1504),字与谦,号鹤滩。南直隶松江府华亭(今上海松江)人,吴越国太祖武肃王钱镠之后。著有《鹤滩集》《尚书丛说》等。《鹤滩稿》有其引《西铭》诗1首,引论《西铭》"大君者,吾父母宗子"文1节。

罗钦顺(1465—1547),字允升,号整庵,江西泰和(今江西省泰和县)人。明代著名哲学家,"气学"的代表人物之一。著有《困知记》《整庵存稿》《整庵续稿》。《困知记》有其论《西铭》3节。

湛若水(1466—1560),字元明,号甘泉,广东广州府增城县甘泉都(今广州市增城区新塘)人,明代著名思想家、哲学家、政治家、教育家、书法家。拜陈献章为师,深得赏识,为白沙学说衣钵传人。著有《湛甘泉先生文集》《格物通》《遵道录》《杨子折衷》《二礼经传测》《春秋正传》《古乐经传》

《心性图说》《白沙诗教解注》等。《湛甘泉先生文集》有其解《西铭》8节,《格物通》有其解《西铭》7节,《遵道录》有其解《西铭》2节,《杨子折衷》1节。

王守仁(1472—1529),幼名云,字伯安,别号阳明,学者称"阳明先生"。浙江绍兴府余姚县(今属宁波余姚)人。明代著名的思想家、文学家、哲学家和军事家,陆王心学之集大成者。著有《王文成公全书》。《王文成公全书》有其称引《西铭》诗1首。

马　理(1474—1556),字伯循,号谿田,陕西三原人(今陕西省三原县),明代关学重要代表人物。著有《谿田文集》《四书注疏》《周易赞义》《尚书疏义》《诗经删义》《周礼注解》《春秋修义》《陕西通志》等。《谿田文集》有其引《西铭》诗1首。

何　瑭(1474—1543),字粹夫,号柏斋,祖籍扬州府泰州如皋,生于河南怀庆府(焦作武陟)。著有《柏斋集》《医学管见》《柏斋三书》《柏斋何先生乐府》等。《柏斋集》有《和节居士传》1篇,言及对张载《东铭》之理解。

孙　绪(1474—1547),字诚甫,号沙溪,河间府故城人。著有《沙溪集》二十三卷。《沙溪集》有其论《西铭》1节。

崔　铣(1478—1541),字子钟,又字仲凫,号后渠,又号洹野,世称"后渠先生",河南安阳市人,明代学者。著有《洹词》《士翼》《彰德府志》等。《士翼》载其论《西铭》2节。

吕　柟(1479—1542),字仲木,号泾野,高陵(今陕西省西安市高陵区)人,师事薛敬之,明代关学重要代表人物。著有《周易说翼》《尚书说要》《毛诗说序》《礼问内外篇》《春秋说志》《四书因问》《史约》《小学释》《宋四子钞释》《寒暑经图解》《史馆献纳》《南省奏藁》《泾野诗文集》《泾野子内篇》《泾野集》等。《张子抄释》引《西铭》《东铭》原文略加简释,又有与《西铭》相关解释2节;《二程子抄释》《朱子抄释》引二程、朱子语11节;《四书因问》《泾野子内篇》有其论《西铭》21节,《泾野先生文集》有引《西铭》7节,康海《(正德)武功县志》载其引述"订顽"诗1首。

韩邦奇(1479—1556),字汝节,号苑洛,西安府朝邑县(今陕西省渭南市大荔县朝邑镇)人,明代关学重要代表人物。著有《性理三解》《苑洛志乐》《苑洛集》等。《性理三解》之《正蒙拾遗·乾称篇》有其对《东铭》解说。

胡缵宗(1480—1560),字孝思,一字世甫,号可泉,又号鸟鼠山人,巩昌府秦安县(今甘肃省天水市秦安县)人。著有《鸟鼠山人小集》《安庆府志》《苏州府志》《秦州志》《愿学编》等。《鸟鼠山人小集》有其引述《西铭》文3节,《愿学编》有其引述《西铭》文3节。

徐　问(1480—1550),字用中,号养斋,学者称"养斋先生"。南直隶常州府武进县(今江苏省常州市武进区)人。著有《读书劄记》《小山堂外纪》《山堂萃稿》《养斋二集》《养斋三集》《徐尚书集》等。《读书劄记》记其言《西铭》结构1节。

余　本(1480—1529),字子华,号南湖,浙江鄞县人。著有《易经集解》《皇极释义》《礼记拾遗》《周礼考误》《春秋传义》《孝经刊误》等。《新刊性理大全》中《乾称篇》录其对《东铭》注解2节。

何景明(1483—1521),字仲默,号白坡,又号大复山人,河南信阳人。明代"文坛四杰""前七子"之一,与李梦阳并称文坛领袖。著有《大复集》《雍大记》等。《大复集》《雍大记》有其论《西铭》3节。

魏　校(1483—1543),字子才,号庄渠,南直隶苏州府昆山(今属江苏)人。著有《大学指归》《周礼沿革传》《六书精蕴》《春秋经世》《经世策》《官职会通》《庄渠遗书》等。《庄渠遗书》有引述《西铭》4节。

王一槐(生卒年不详),仁和(今属浙江杭州)人。正德十一年(1516)举人,官华容、临淄知县。著有《玉唾壶》二卷。《玉唾壶》录有其论《西铭》文1节。

张邦奇(1484—1544),字常甫,号甬川,别号兀涯,浙江鄞县布政乡张家潭村(今属古林镇)人。学宗程朱,著有《张邦奇集》《学庸传》《五经说》《兀涯两汉书议》《大学传》《中庸传》《甬川史说》《环碧堂集》《纡玉楼集》《四友亭集》等。《张邦奇集》有其论《西铭》文4节,引述《东铭》《西铭》诗各1首。

季　本(1485—1563),字明德,号彭山。浙江会稽(今浙江绍兴)人。明代哲学家。其学先师王文辕,后转师王守仁,为浙中王门传人之一。著有《说理会编》《易学四同》《四书私考》《春秋私考》《乐律纂要》等。《说理会编》有其论《西铭》文1节。

林大辂(1487—1560),字以乘,福建莆田人。著有《愧瘖集》等。《愧瘖集》有其引述《西铭》"恶旨酒,育英才"文1节。

邹守益(1491—1562),字谦之,号东廓。江西安福县北乡濑源(今江西省安福县连村乡新背老屋里村)人。著名理学家、教育家。著有《东廓邹先生文集》《诗集》《学脉遗集》等。《东廓邹先生文集》有其论《西铭》1节。

叶良佩((1491—1570)),字敬之,台州太平人。著有《海峰堂前稿》《周易义丛》《叶海峰文》等。《周易义丛》有其论《西铭》文2节。

杨 爵(1493—1549),字伯修,号斛山,陕西富平县老庙镇笃祜村人,明代关学重要代表人物。著有《杨忠介集》十三卷,《周易辨录》四卷。《杨忠介集》有其引《西铭》文2节、诗1首。

骆文盛(1496—1550),字质甫、质夫,号两溪,武康人。著有《骆两溪集》十四卷。《骆两溪集》有其引述《西铭》文1节。

唐 枢(1497—1574),字惟中,号子一、一庵,人称"一庵先生",归安(今湖州)人。少时学于湛若水,留心经世之务。著有《木钟台集》。《木钟台集初集十种》中《宋学商求》(一卷)有其论《西铭》《东铭》文各1节。

薛应旂(1500—1575),字仲常,号方山,今江苏省常州市武进区横林镇余巷村人。明朝学者、藏书家。著有《宋元资治通鉴》《考亭渊源录》《甲子会记》《附续甲子会纪》《四书人物考》《高士传》《薛子庸语》《薛方山纪述》《宪章录》《方山文录》《浙江通志》《宋方文语》《孙子说》等。《薛子庸语》《方山文录》有其论《西铭》文2节。

刘 儓(生卒年不详),字伯高,号龙峰,浙江寿昌人。著有《新刊正蒙解》。《新刊正蒙解》中《乾称篇十七》有《西铭》《东铭》全文及其总论2节。

罗洪先(1504—1564),字达夫,号念庵,江西吉安府吉水黄橙溪(今吉水县谷村)人,明代地理制图学家,江右王门学派学者。著有《念庵集》《冬游记》《广舆图》等。《念庵文集》有其引述《西铭》文5节,诗2首。

邵圭洁(生卒年不详),字伯如,又字茂斋、茂齐,号北虞,南直隶苏州府常熟(今属江苏)人。著有《北虞先生遗文》。《北虞先生遗文》有其论《西铭》中"舜申生曾参伯奇之孝何如"文1篇。

方弘静(1516—1611),字定之,号采山。明代安徽歙县人。著有《千一录》《素园存稿》等。《千一录》有其引述《西铭》文2节。

吴 绅(生卒年不详),字克服,号九山,别号一庵,福建莆田人。郭应聘《郭襄靖公遗集》有其论《东铭》《西铭》1节。

王　樵(1521—1599),字明远,镇江府金坛人。著有《绍闻编》《方麓居士集》。《绍闻编》有其节解《西铭》2节,《方麓集》有其解说《西铭》1节。

徐　渭(1521—1593),初字文清,后改字文长,号青藤老人、青藤道士、天池生、天池山人、天池渔隐等。浙江绍兴府山阴(今浙江绍兴)人。明代中期文学家、书画家、戏曲家、军事家。著有《徐文长集》《路史分释》《徐文长逸稿》《南词叙录》及杂剧《四声猿》等。《徐文长集》有其引述《西铭》"民胞物与"诗1首、文1节。

邓　球(1525—1595),字应明,号三吾寄漫子,明祁阳人。著有《理学宗旨》《闲适剧谈》《老子注》《皇明泳化类编》《皇明泳化续编》《杂记》《隆庆祁阳县志》等。《闲适剧谈》有其论《西铭》文3节。

董传策(1530—1579),字原汉,号幼海。南直隶华亭县(今上海市松江)人。著有《奏疏辑略》《采薇集》《幽贞集》《奇游漫记》等。《采薇集·利册》有其引述《西铭》诗1首,《(嘉靖)南宁府志》载其引《西铭》文1节。

方学渐(1539—1615),字达卿,号本庵,安徽枞阳(今安徽枞阳县)人。明代中叶桐城学术的领头人。与邹守益、吕坤、冯从吾、顾宪成、高攀龙诸名士交游,学识益进。著有《易蠡》《孝经绎》《心学宗》《桐彝》《桐彝续集》《迩训》《崇本堂稿》《崇本堂续稿》《别稿》等。《心学宗》有其论《西铭》文2节。

温　纯(1539—1607),字景文,一字叔文,号一斋,陕西三原(今陕西省三原县)人。著有《温恭毅集》。《温恭毅集》有其引《西铭》文4节,诗1首。

李廷机(1542—1616),字尔张,号九我,晋江浮桥(今福建泉州市鲤城区)人。明朝末年大臣。著有《四书臆说》《春秋讲章》《通鉴节要》《性理删》《燕居录》《李文节文集》等。《燕居录》有其解《西铭》全文1节。

姚舜牧(1543—1622以后),字虞佐,乌程人。万历初(1573)举人。著有《重订诗经疑问》《来恩堂草》《性理指归》《乐陶吟草》《五经四书疑问》《孝经疑问》等。《重订诗经疑问》有其解《西铭》"玉女"二字文1节,《来恩堂草》有其引述《西铭》文3节,《性理指归》有其论《西铭》文3节。

杨起元(1547—1599),字贞复,号复所。明代广东省归善县塔子湖(今属惠州桥东)人。师从罗汝芳。著有《杨复所先生家藏文集》《证学篇》《证道书义》《杨子学解》《杨子政序》《论学存笥稿》《天泉会语》《平气外史》《白沙语录》《仁孝训》《释道诸经品节》《识仁篇》《杨文懿集》等。《杨复所先生家藏文集》《证学编》有其引述《西铭》文3节。

李安仁(生卒年不详),字体元,号裕居,河北迁安人。隆庆五年(1571)进士。万历中,官衡州知府。著有《石鼓书院志》。《石鼓书院志》有其引述《西铭》文1节,引述"订顽"诗1首。

顾宪成(1550—1612),字叔时,号泾阳,因创办东林书院,人尊称"东林先生"。江苏无锡人。明代思想家,东林党领袖。著有《顾端文公遗书》《泾皋藏稿》等。《顾端文公遗书》中《小心斋札记》有其论《西铭》6节,《东林商语》有其答弟子问《西铭》4节,《泾皋藏稿》有其《西铭》授受文1节。

邹元标(1551—1624),字尔瞻,号南皋。江西吉水县人,明代东林党首领之一。著有《邹忠介公奏疏》《愿学集》《太平山居疏稿》《日新篇》《仁丈会语》《礼记正议》《四书讲义》《工书选要》《邹南皋语义合编》等。《邹忠介公奏疏》有其引述《西铭》文1节,《愿学集》有其引述《西铭》"民胞物与"文1节,"订顽"诗1首。

虞淳熙(1553—1621),字长孺,号德园。钱塘(浙江杭州)人。明代诗文作家。著有《虞德园集》《孝经集灵》等。明代朱鸿《孝经总类》收有虞淳熙所作《宗传图》,记录历代传承《孝经》之帝王圣贤,其中张载被置于上承孔、曾、思、孟,下启王阳明的核心重要位置。对于张载何以能位居于此,虞淳熙亦有所说明。

顾允成(1554—1607),字季时,号泾凡,江苏无锡人,顾宪成之弟。明末思想家,"东林八君子"之一。著有《小辨斋偶存》等。《小辨斋偶存》有其论《西铭》1节,高攀龙集注、徐必达发明《正蒙释》有其论《西铭》1节,刘廷诏《理学宗传辨正》亦节引之。《小辨斋偶存》有其论《东铭》1节。

冯从吾(1557—1627),字仲好,号少墟,陕西西安府长安县(今陕西省西安市)人。著名思想家、教育家,明代关学把程朱理学和陆王心学融合的集大成者,东林党西北领袖。著有《少墟集》《元儒考略》《冯子节要》及《古文辑选》等。《少墟集》有其引《西铭》诗1首,文6节,另有其门下韩梅《池阳语录序》引述《西铭》1节。

陈继儒(1558—1639),字仲醇,号眉公、麋公,松江府华亭(今上海市松江区)人。明朝文学家、画家。著有《陈眉公全集》《小窗幽记》《吴葛将军墓碑》《妮古录》等。沈佳胤《翰海》录其《与友》书札1通,论述《东铭》"戏"字。

薛　冈(1561—1641后),初字伯起,更字千仞,浙江鄞县人。著有《天爵堂集》《天爵堂笔余》等。《天爵堂文集》有其论《西铭》文1节。

高攀龙(1562—1626),字存之,又字云从,南直隶无锡(今江苏无锡)人,世称"景逸先生"。明朝政治家、思想家,东林党领袖,"东林八君子"之一。著有《高子遗书》《周易易简说》《春秋孔义》《二程节录》《水居诗稿》《毛诗集注》等书。又有《正蒙集注》,与徐必达《正蒙发明》合刻为《正蒙释》。《高子遗书》有其引述《西铭》2节,《周易易简说》有其引述《西铭》"贫贱忧戚,玉汝于成"文1节,徐必达《正蒙释》有其解《东铭》文1节。

徐必达(1562—1645),字德夫,号玄丈,浙江秀水(今嘉兴)人。万历二十年(1592)进士,授太湖知县,补溧水县,累仕至右佥都御史,官至南京兵部侍郎,以拾遗罢归。刊刻《二程遗书》《周子全书》《邵子全书》《张子全书》,著有《南州诗说》《南州集》《南京都察院志》《光禄寺志》《编订豫章全书》《元经订注》等。所著《正蒙发明》,与高攀龙《正蒙集注》合刻为《正蒙释》。《正蒙释》有其解《东铭》1节。

沈自彰(生卒年不详),字芳杨,大兴(今北京)人。万历中进士,知凤翔府。万历四十五年(1617),编纂刊印《张子全书》,重修张载祠于凤翔城内东街。《张子全书》有其《张子二铭题辞》。

戴君恩(1570—1636),字忠甫,号紫宸,别号兰江痴叟。明澧州(今湖南澧县闸口乡石庄村)人。著有《说山》《剩言》《绘孟风评》《读风臆评》《抚晋疏草》《掌园杂记》等。《剩言》有其论《西铭》文4节。

顾大韶(1576—?),字仲恭,东林党人顾大章孪生弟,苏州府常熟(今江苏常熟市)人。通经史百家及内典,于《诗》《礼》《仪礼》《周官》多所发明。将死,始缮所笺《诗》《礼》《庄子》为《炳烛斋随笔》。《炳烛斋随笔》有其引述《西铭》文2节。

刘宗周(1578—1645),字起东,别号念台,明朝绍兴府山阴(今浙江绍兴)人,因讲学于山阴蕺山,学者称"蕺山先生"。著有《刘蕺山集》《刘子全书》《周易古文钞》《论语学案》等。其中《刘子遗书》有其引"二铭"文1节,解《西铭》文1节,解《东铭》文1节;《人谱》有其论《西铭》1节;《人谱类记》有其论《东铭》1节,论《东铭》1节;《刘氏家塾规》有其论"二铭"1节。

戴　澳(1578—1644),字有斐,号斐君,浙江奉化人。著有《杜曲集》《丰干集》。《杜曲集》有其引述《西铭》文1节。

张大命(生卒年不详),字宪翼,又字我绣、右衮,福建建宁府建阳县人。

著有《太古正音琴经》《太古正音琴谱》《骰谱》《兵书》等。《太古正音琴经》有其引述"砭愚""订顽"文1节。

孙奇逢(1584—1675),字启泰,号钟元,世称"夏峰先生"。明末清初理学大家,与李颙、黄宗羲合称"明末清初三大儒"。著有《夏峰先生集》《理学宗传》《四书近指》《读易大旨》《书经近指》等。《夏峰先生集》有其论二铭1节,《读易大旨》有其论《西铭》1节。

黄道周(1585—1646),字幼玄,一作幼平或幼元,又字螭若、螭平,号石斋,福建漳州府漳浦县(今福建省东山县铜陵镇)人。明末学者、书画家、文学家、民族英雄,与刘宗周并称"二周"。著有《榕坛问业》等。《榕坛问业》有其答《西铭》问文10节,《黄石斋先生文集》有其论《西铭》《东铭》文1节。

吕维祺(1587—1641),字介孺,号豫石。河南府新安(今河南新安)人。明代著名理学家。著有《明德堂文集》《孝经本义》《孝经大全》《孝经翼》《节孝义忠集》等。《孝经大全》有其引《西铭》文2节。

雷于霖(1589—1667),字午天,号柏林。陕西朝邑人。崇祯癸酉(1633)举人。著有《孝经神授篇》《西铭续生篇》《太图说》《柏林集》等。李元春所编《青照堂丛书续编》存《西铭续生篇》1篇。

张自烈(1597—1673),字尔公,号芑山,又号谁庐居士。江西宜春北厢上水关(今市区秀江路市委大院一带)人。明末清初著名学者、藏书家。著有《四书大全辨》《诸家辨》《古今文辨》等40余种。编纂字典《正字通》。《正字通》有其引述《西铭》文1节。

刁 包(1603—1669),字蒙吉,晚号用六居士,直隶祁州(今河北安国)人。著有《易酌》《潜室札记》《四书翊注》《用六集》。《易酌》有其引述《西铭》1节,《潜室札记》有其论述《西铭》《东铭》文1节。

陈 确(1604—1677),初名道永,字非玄,后改名确,字乾初。浙江海宁新仓人。明末清初思想家。与黄宗羲、祝渊同受业于刘宗周。著有《陈确集》《大学辨》《瞽言》《葬书》等。《陈确集》有其引述《西铭》1节。

高尔俨(1605—1654),字中孚,天津市静海县人。著有《古处堂集》四卷。《古处堂集》卷一有其所撰《西铭演义》。又有《圣人之德无以加于孝》,引《西铭》以解《孝经》。《古处堂集》卷首有戴明说《高文端公文集序》、米寿都《高文端公文集叙》、其子高懋恒所作文集跋,均论其《西铭》解。

清代之部

(77人)

陆世仪(1611—1672),字道威,号刚斋,晚号桴亭,别署眉史氏,江苏太仓人。明末清初著名的理学家、文学家,江南大儒。著有《桴亭先生文钞》《思辨录辑要》《论学酬答》《性善图说》《淮云问答》及诗文杂著等40余种,凡100余卷。《桴亭先生文钞》有其《西铭讲义》1篇,《思辨录辑要》有其论《西铭》12节。

张履祥(1611—1674),字考夫,又字渊甫,号念芝,号杨园,浙江桐乡人,世居清风乡炉镇杨园村,故学者称"杨园先生"。明末清初著名理学家,清初朱子学倡导者。著有《读易笔记》《愿学记》《近古录》《杨园全书》等。《杨园全书》有其引《西铭》文3节,论《西铭》《东铭》文1节。

张尔岐(1612—1678),字稷若,号蒿庵,山东济阳人。著有《蒿庵闲话》《仪礼郑注句读》《易经说略》《诗经说略》《书经直解》《老子说略》等。《蒿庵闲话》有其论述《西铭》文1节。

顾炎武(1613—1682),本名顾绛,字宁人,人称"亭林先生",南直隶昆山(今江苏昆山市)人。明末清初杰出思想家、经学家、史地学家和音韵学家,与王夫之、黄宗羲、唐甄并称"明末清初四大启蒙思想家"。著有《日知录》《天下郡国利病书》《肇域志》《音学五书》《韵补正》《金石文字记》《亭林诗集》等。《日知录》有其引述《西铭》2节。

谢文洊(1615—1681),字秋水,号约斋、程山,江西南丰人,清初著名理学家,补诸生,世人称"程山先生",又被誉为"江西理学之宗"。著有《谢程山集》《读易绪言》《风雅伦音》《左传济变录》《大臣法则》《初学先言》《学庸切己录》《中庸切己录》《大学切己录》等。《学庸切己录》二卷,书首作《君子有三畏讲义》1篇,发明张子主敬之旨。卷末附《西铭解》1篇,谓"其立义宏深,为学者究竟指归,篇名不可不尊,因易之曰《事天谟》,以示崇信之意"。

王建常(1615—1701),初名建侯,后改为建常,字仲复,号复斋,学者称"渭塄先生",陕西朝邑人(今陕西省渭南市大荔县人),明清之际关中著名经学家、哲学家,与冯少墟、李二曲合称"关中三先生"。著有《复斋录》《复斋余稿》《尚书要义》《大学直解》《太极图集解》《小学句读记》《律吕图说》等。《复斋录》有其论《西铭》13节,《复斋余稿》有其引述《西铭》诗文各1节。

魏裔介(1616—1686),字石生,号贞庵,又号昆林,直隶柏乡人,清初大臣。著有《兼济堂文集》。《兼济堂文集》有其《西铭理一分殊解》1篇。

张能鳞(1617—1703),字玉甲,号西山,世居顺天大兴,后迁居河南浚县。横渠先生十四世孙。其学以程、朱理学为宗,以推崇横渠之学自励。著有《西山集》《儒宗理要》《诗经传说取裁》《孝经衍义》《孝经集注》《孝经制义稿》《大学衍义补删》等。《儒宗理要》第三至五册收有张载著作六卷,卷一为《西铭》《东铭》,《西铭》取朱熹《西铭解》及二程论《西铭》语,然不出《性理大全》之外。第三册卷首有其所作《张子序》论及《西铭》,第五册第六卷末有其所作《论天地之帅吾其性》。

王夫之(1619—1692),字而农,号姜斋,又号夕堂,人称"船山先生",湖广衡州府衡阳县(今湖南衡阳)人。明末清初著名思想家,与顾炎武、黄宗羲并称"明清之际三大思想家"。著有《周易外传》《张子正蒙注》《尚书引义》《永历实录》《春秋世论》《读通鉴论》《宋论》等。《张子正蒙注》有其对《西铭》《东铭》注解,另《张子正蒙注》《思问录·内篇》《读四书大全说》《周易内传》《周易外传》《礼记章句》《诗广传》有其引论《西铭》文17节。

董 说(1620—1686),字若雨,号西庵,又号鹧鸪生、漏霜。明亡后,隐居丰草庵,改姓林,名蹇,字远游,号南村,又名林胡子,并自称"槁木林"。中年在苏州灵岩寺出家为僧,法名南潜,字月涵,一作月岩。乌程(今浙江吴兴)人。明末清初小说家。著有《丰草集》《丰草庵杂著》《上堂晚参》《唱酬语录》等多种,后人合编为《董说集》。《董说集》有其引述《西铭》诗2首。

王嗣槐(1620—?),字仲昭,号桂山,浙江仁和人。著有《桂山堂偶存》《啸石斋词》《太极图说论》《桂山堂诗文选》等。其所著《太极图说论》有其论《西铭》7节,《桂山堂诗文选》有其论《西铭》2节。然与同时代众多学者不同,其对张载《西铭》持批判态度。

汪 琬(1624—1691),字苕文,号钝庵,初号玉遮山樵,晚号尧峰。江苏长洲(今江苏省苏州市)人,清初官吏、学者、散文家,与侯方域、魏禧,合称明末清初散文"三大家"。著有《尧峰诗文钞》《钝翁前后类稿续稿》。周在梁、周在浚、周在延兄弟编选的《赖古堂尺牍新钞三选结邻集》收其论"二铭"文1节。

杨 球(生卒年不详),字陟瞻。据《二曲集》中《南行述》及《年谱》,康熙十年(1671)二月十八日,杨球兄弟谒李二曲于龙兴旧寓。盖为与二曲同时人也。《二曲集》卷十《南行述》录其赠二曲诗1首,其中引述《西铭》。

陈世祉(生卒年不详),据《二曲集》卷十一《东林书院会语》中《梁溪应求录》下落款:"康熙辛亥仲春,晋陵晚学陈世祉介夫氏,敬录于梁溪之友善堂",可知其为晋陵(今常州)人,字介夫,年龄少于二曲。《二曲集》卷十一有其《赋赠关中李二曲先生并叙》,其中引述《西铭》。

朱显祖(生卒年不详),号雪鸿,江都(今江苏扬州)人。顺治三年(1646)副榜贡生。著《希贤录》记录自周至明历代名儒言行,并各系以论断。《希贤录》有其论及"二铭"文1节,《西铭》文1节。

陆陇其(1630—1692),原名龙其,因避讳改名陇其,字稼书,浙江平湖人,学者称其为"平湖先生",清代理学家。学术专宗朱熹,排斥陆王,被清廷誉为"本朝理学儒臣第一",与陆世仪并称"二陆"。著有《困勉录》《松阳讲义》《读朱随笔》《读书志疑》《三鱼堂剩言》《三鱼堂文集》等。《困勉录》《松阳讲义》《读朱随笔》《读书志疑》《三鱼堂剩言》《三鱼堂文集》有其引述《西铭》11条,《松阳钞存》有其论《西铭》2条,并有杨开基按语,又《松阳钞存》有相关提要序跋3节。

屈大均(1630—1696),初名邵龙,又名邵隆,号非池,字骚余,又字翁山、介子,号菜圃。明末清初广东广州府番禺县(今广州市番禺区)人。著名学者、诗人,有"广东徐霞客"的美称。著有《广东文集》《广东文选》《广东新语》《翁山文外》《翁山诗外》等。《翁山诗外·五律》有其引《西铭》诗1首。

熊赐履(1635—1709),字敬修,又字青岳,号素九,别号愚斋,湖广汉阳府孝感人。清初理学名臣。著有《经义斋集》《闲道录》《学统》《澡修堂集》,与李光地等奉敕纂集《御纂朱子全书》66卷。《御纂朱子全书》收有朱子论《西铭》数十条,《学统》亦收有前人评论《西铭》数十条、其论"二铭"1节、《西铭》1节,《经义斋集》《下学堂箚记》有其论《西铭》5节,论《东铭》2节。

施璜(?—1706),字虹玉,安徽休宁人。著有《诚斋文集》《思诚录》《小学》《五子近思录发明》等。《钦定续通志》卷一百六十二、《钦定续文献通考》卷一百九十四载施璜著有《西铭问答》一卷,未见。《五子近思录发明》卷二引有《西铭》原文、朱熹《西铭解》以及二程解说,又引《东铭》原文及高攀龙解说,其所作评述按语3条。

张习孔(生卒年不详),字念难,安徽歙县人。著有《贻清堂集》《补遗》《云谷卧游》《近思录传》。《扬州府志》有载其学《西铭》事1节,《近思录传》

载其有关《西铭》小注 2 节,《云谷卧游》有其论《西铭》文 1 篇。

张　英(1638—1708),字敦复,又字梦敦,号学圃,安徽桐城人。清朝大臣,名相张廷玉之父,官至文华殿大学士兼礼部尚书。著有《御定孝经衍义》《笃素堂诗集》《笃素堂文集》《易经衷论》《书经衷论》。《御定孝经衍义》有其注解《西铭》1 节,引《西铭》解《孝经》25 节,《文端集》《书经衷论》有其引《西铭》文 3 节。

冉觐祖(1638—1719),字永光,号覃庵,河南中牟大孟镇人,祖籍山东,系孔子弟子冉伯牛后裔。清藏书家、经学家。著有《五经四书详说》《性理纂要附训》《阳明疑案》《正蒙补训》《尚书详说》《四书玩注》及诗文杂著 20 余种。《性理纂要附训》卷四有其所撰《西铭解》,大抵以《性理大全》本《西铭》为据而略有删节或增益,又收入薛瑄少量注解,并加按语以释之。亦有其所作《东铭解》。《礼记详说》有其引《西铭》1 节,《正蒙补训》有其论《西铭》2 节。

陈廷敬(1638—1712),本名陈敬,字子端,号说岩、午亭,泽州府阳城县中道庄(今山西省晋城市)人。著有《午亭文编》五十卷。《午亭文编》卷二十四有其《困学绪言》1 篇引述《西铭》。

李光地(1642—1718),字晋卿,号厚庵,别号榕村,福建泉州府安溪(今福建安溪)人。清代康熙朝大臣,理学名臣。著有《注解正蒙》《历像要义》《四书解》《性理精义》《朱子全书》等。《注解正蒙》有与《西铭》相关者 2 节,其《乾称篇第十七》篇末有《东铭》注解 1 节,其他著作中论《西铭》30 条。

姚际恒(1647—1715),字立方,一字首源,仁和人。著有《古文尚书通论辑本》《礼经通论》《庸言录》。《古文尚书通论辑本》有其论《西铭》渊源 1 节。

陈梦雷(1650—1741),字则震,号省斋,号天一道人,晚号松鹤老人,福建闽县人,著名学者、文献学家。著有《松鹤山房集》,编撰《周易浅述》《盛京通志》《古今图书集成》等。《松鹤山房诗文集》有其引述《西铭》诗 1 首。

李光坡(1651—1722),字皋轩,号耜卿,福建安溪人,李光地之弟。清代著名理学家,著有《皋轩文编》《礼记述注》《离骚注》等。《礼记述注》有其论《西铭》2 节。

张伯行(1651—1725),字孝先,晚号敬庵,河南仪封(今河南兰考)人,清初著名理学家。著有《正谊堂集》《性理正宗》《濂洛关闽书》《近思录集解》等,还编有《张横渠集》。《濂洛关闽书》卷二有其所作《张子序》及《西铭》注解各 1 节。《近思录集解》有其《西铭》《东铭》解。《张横渠集》卷一为《西铭》《东铭》,《西铭》并录朱子《西铭解》,《东铭》为白文。

窦克勤(1653—1708),字敏修,一字艮斋,号静庵,河南柘城人。著有《事亲庸言》《洛贤讲义》《理学正宗》《寻乐堂日录》《乐饥集》《朱阳书院讲习录》《理学正宗》《孝经阐义》《同志谱》等。《事亲庸言》卷一《事亲如事天,事天如事亲 第一》,引朱子《西铭解》而自作按语;《洛贤讲义》卷下有其《张子西铭衍义》1 篇。

胡　煦(1655—1736),字沧晓,号紫弦,河南光山县人。清代儒学家。著有《周易函书》50 卷,《释经文》49 卷,另有《农田要务》《卜法说考》《韵玉函中》等。《周易函书》有其论《西铭》11 节。

蔡衍鎤(生卒年不详),字宫闻,号操斋,清康熙时福建漳浦人。著有《操斋集》。《操斋集》"文部"有其引《西铭》7 节,"骈部"有引《西铭》3 节。

王心敬(1656—1738),字尔缉,号丰川。清代理学家,陕西鄠县(今西安市鄠邑区)人。从李颙学,著作有《易说》《诗说》《尚书质疑》《春秋原经》《礼记汇编》《荒政考》《关学汇编》《文献揽要》《洗冤录》《南行述》《汉江书院讲义》《诗草》等,后人编为《丰川全集》《丰川续集》。《丰川全集》《丰川续集》有其论《西铭》45 节,李二曲《司牧宝鉴》卷首有其《司牧宝鉴》亦论《西铭》。

廖志灏(1660—?),字湘门,清湖南醴陵人。著有《燕日堂录》。《燕日堂录》中《梦余草》有其所著《订顽一气赋》及《西铭论》上下 2 篇,又有其所引《西铭》文 2 节;《一乐编》有其引《西铭》文 7 节,《庐云前编》有其引《西铭》文 2 节,《庐云小筑》有其引《西铭》文 1 节,《惕斋放言》有其祖父廖登宸《自序》,亦引《西铭》文 1 节。

杨名时(1661—1736),字宾实,号凝斋,江南江阴人。清朝政治人物。著有《杨氏全书》《易义札记》《诗经札记》《四书札记》等。《杨氏全书》有其论《西铭》1 节。

张棠(1662—1734),字吟樵,华亭人。康熙丙子年(1696)举人,官至桂林府知府。与周芳合著《正蒙注》。《正蒙注·乾称篇第十七》中《西铭》《东铭》下有注文 2 节。

周芳(生卒年不详),字履洁,云间(松江府)人。与张棠合著《正蒙注》。《正蒙注·乾称篇第十七》中《西铭》《东铭》下有注文 2 节。

朱轼(1665—1736),字若瞻,一字伯苏,号可亭,瑞州府高安县人。清朝中期名臣,著名史学家,乾隆帝师。著有《周礼注解》《周易注解》《文端公集》《春秋钞》《历代名臣传》《历代名儒传》《仪礼节要》《驳吕留良四书讲义》等。康熙己亥(1719),朱轼督学陕西,从张载裔孙五经博士张绳武家得《张子全书》旧稿,为之重刊。其书卷一为《西铭》,大略同《性理大全》而略有删节。《东铭》则置于卷三《正蒙乾称篇》末,无注。《驳吕留良四书讲义》及《张子全书》及《文集》中有其引述《西铭》5节。

方苞(1668—1749),字灵皋,亦字凤九,晚年号望溪,亦号南山牧叟,江南桐城(今安徽省桐城市凤仪里)人。清代文学家,与姚鼐、刘大櫆合称"桐城三祖",著有《方望溪先生全集》《礼记析疑》等。《礼记析疑》有其论《西铭》1节。

李文炤(1672—1735),字元朗,号恒斋,清善化县(今长沙县)人。著有《周易本义拾遗》《春秋集传》《周礼集传》《近思录集解》《正蒙集解》《西铭解拾遗》《西铭解拾遗后录》《楚辞集注拾遗》《大学讲义》《中庸讲义》《恒斋文集》等。《西铭解拾遗》本之朱子《西铭解》而自作按语,《西铭后录》本之程朱语而作解,《正蒙集解》有其《东铭》注,《恒斋文集》有其论《西铭》《东铭》文1节、诗3首,论《西铭》文2篇。

华希闵(1672—1751),字豫原,号剑光,又号芋园,江苏无锡人。著有《延绿阁集》《广事类赋》《性理四书注释》等。《性理四书注释》有其《西铭辑释》1卷,本之《性理大全》而加按语;又有《正蒙辑释》,其《乾称篇第十七》篇题下有其论"二铭"按语1节,《东铭》下有其按语1节,《性理四书注释序》有其论《西铭》1节。

茅星来(1678—1748),字岂宿,号钝叟,又号具茨山人,浙江归安人。著《近思录集注》十四卷。其卷二收有《西铭》《东铭》,并有注释数条。

王植(1681—1766),字怀三,一作槐三,直隶深泽(今河北深泽县)人。著有《正蒙初义》《皇极经世书解》《四书参注》《朱子注释濂关三书》《道学渊源录》等。《朱子注释濂关三书》有《西铭》,本之《性理大全》,采朱子解而自作按语;《正蒙初义》之《自序》有其论及《西铭》1节,《乾称篇第十七》标题下有其论"二铭"1节,卷末有《东铭》注解1节。

江永(1681—1762),字慎修,又字慎斋,徽州府婺源县人。清代著名经学家、语言学家、数学家、天文学家,徽派学术的开创者。著有《善余堂文集》《近思录集注》《明史历志拟稿》《历学疑问》《古今历法通考》《勿庵历算书目》等。《善余堂文集》有其《西铭论》1篇,《近思录集注》有其论《西铭》1节,注《东铭》1节。

蔡世远(1682—1733),字闻之,号梁村。清漳浦县人。因世居漳浦梁山,学者称之为"梁山先生"。著有《二希堂文集》《鳌峰学约》《朱子家礼辑要》,另编有《性理精要》《历代名臣言行录》《古文雅正》《汉魏六朝四唐诗》等。《二希堂文集》有其引述《西铭》2节,《古文雅正》有其记《西铭》事1节。

陈　梓(1683—1759),字俯恭,号客星山人,余姚临山人。清前中期著名理学家、诗人、书法家。著有《陈一斋先生文集》《陈一斋先生诗集》《删后文集》《删后诗存》等。《删后文集》有其引述《西铭》4节,《删后诗存》有其引《西铭》诗1首。

庄亨阳(1686—1746),字元仲,号复斋,南靖上洋人。清代著名的学者、治水专家。著有《秋水堂集》《河防算法》等。《秋水堂集》有其论《西铭》1节。

李清植(1690—1745),字立侯,别号穆亭,清代福建安溪感化里(现湖头镇)人,李光地之孙。曾主持校刊《十三经》《二十四史》。《孝经注疏》卷九《考证》录其论《孝经》与《西铭》1节。

陈　法(1692—1766),字世垂,一字圣泉,晚号定斋,贵州安平(今平坝县)人。清代乾隆年间著名学者、治水专家。著有《易笺》8卷。《易笺》载其引述《西铭》1节。

郑板桥(1693—1766),原名郑燮,字克柔,号理庵,又号板桥,人称"板桥先生",江苏兴化人,祖籍苏州。清代书画家、文学家。著有《板桥集》。《板桥集》中有其论《西铭》1节。

范尔梅(生卒不详),字梅臣,一字雪庵,洪洞(今山西南部)人。著《乐律考》《四书札记》《五经随笔》《周易轮图》《周礼补解》《读书小记》《雪庵文集》行世。《雪庵文集》有其引述《西铭》1节。

杨方达(生卒不详),字符苍,一字扶苍,武进人。雍正二年(1724)举人。著有《正蒙集说》《周易辑说存正》《易说通旨略》《易学图说会通》《易学图说续闻》等。《正蒙集说序》有其引述《西铭》1节。

刘绍攽(1707—1778),字继贡,号九畹,清代学者,西安府三原县(治今三原县)人。著有《九畹集》《九畹古文》《周易详说》等。《九畹古文》卷九有其《读张子西铭书后》《读张子东铭书后》2篇,每篇末有王信芳(字继信)评语。

蔡　新(1707—1799),字次明,号葛山,别号缉斋,福建省漳浦人,堂叔父为蔡世远。清朝大臣。著有《缉斋诗稿》《缉斋文集》。《缉斋诗稿》有其引述《西铭》诗1首,《缉斋文集》有其引述《西铭》文2节。

爱新觉罗·弘历(1711—1799),清朝第六位皇帝,年号"乾隆",在位六十年,中国历史上实际执掌国家最高权力时间最长的皇帝,也是最长寿的皇帝。乾隆《御制诗馀集》有其引《西铭》诗5首。

毕　沅(1730—1797),字纕蘅,一字秋帆,自号灵岩山人,江苏镇洋(今太仓)人。著有《续资治通鉴》《山海经新校正》《关中胜迹图记》《长安县志》《关中金石记》《中州金石记》《灵岩山人诗集》等。《关中金石记》有其引述《西铭》文1篇,《灵岩山人诗集》有其引述《西铭》诗2首。

何纶锦(1752—?),字子襄,山阴人,乾隆丁酉(1777)举人,官金华学官。著有《论语直指》《古三疾斋杂著》《巢云阁诗草》等。《古三疾斋杂著》有其《横渠西铭》1篇。

纪大奎(1756—1825),字向辰,号慎斋,江西临川龙溪人。清代史学家、文学家、数学家。编纂《什邡县志》54卷,又主编《临川县志》32卷,著有《双桂堂稿》等。《双桂堂稿》有其《读西铭》1篇。

刘　沅(1767—1855),字止唐,号青阳子,双流县云栖里人,"槐轩学派"创始人。著有《大学恒解》《中庸恒解》《子问》《正讹》《大学古本质言》等,收录于《槐轩全书》。《正讹》中有其所著《西铭》《东铭》注解,其旨在于批评张载《西铭》《东铭》。

李元春(1769—1854),陕西朝邑(今属大荔县)人,字仲仁,号时斋,清代中晚期关学的代表人物,著有《四书简题课解》《诸经绪说》《经传摭余》等,编有《关中道脉四种书》。《关中道脉四种书·张子释要》有其《张子西铭全注》《张子东铭全注》2篇。

邓显鹤(1777—1851),字子立,一字湘皋,晚号南村老人,湖南新化人。编纂《资江耆旧集》《沅湘耆旧集》。《沅湘耆旧集》有其引述《西铭》书1通、诗1首,引述"二铭"诗1首。

唐　鉴(1778—1861),字镜海。湖南善化人。学宗程朱,倭仁、曾国藩等皆从问业。有《朱子年谱考异》《学案小识》《畿辅水利备览》等。罗泽南《西铭讲义》卷首有其所作序文1篇。

吴敏树(1805—1873),字本深,自号南屏,巴陵铜柈湖(今岳阳县友爱乡)人,学者称"南屏先生"。著有《桦湖文录》《桦湖诗录》《桦湖诗稿》《周易注义补象》《春秋三传义求》《诗国风原指》等。《桦湖文录》有其为罗泽南《西铭讲义》所写《书西铭讲义后》《又书西铭讲义后》2篇。

罗泽南(1808—1856),字仲岳,号罗山,湖南省双峰县人。晚清湘军将领、理学家、文学家,著有《西铭讲义》《周易本义衍言》《小学韵语》等,后人辑其著作为《罗氏遗书》。《西铭讲义》为罗泽南关于《西铭》重要论著。其卷首原有唐鉴《西铭讲义序》,罗泽南自作《西铭讲义叙》《分立而推理一图赞》,其下分为《西铭总论》《西铭讲义》,大抵本之《性理大全》之《西铭》而为之加按、集说、讲义。其《罗氏遗书·罗忠节公遗集》《小学韵语》中各有其论《西铭》2节。

陈　澧(1810—1882),字兰甫、兰浦,号东塾,世称"东塾先生",广东广州府番禺县人,清代著名学者,广东近代学术史上的重要人物。著述多达120余种,著有《东塾读书记》《汉儒通义》《声律通考》等。《东塾读书记》有其引述《西铭》1节。

曾国藩(1811—1872),初名子城,字伯涵,号涤生,湖南湘乡人。中国近代政治家、战略家、理学家、文学家,湘军的创立者和统帅。与胡林翼并称"曾胡",与李鸿章、左宗棠、张之洞并称"晚清四大名臣"。著有《曾文正公文集》《求阙斋文集》《诗集》《读书录》《日记》《奏议》《家书》《家训》及《经史百家杂钞》《十八家诗钞》等。《曾文正公文集》有其引述《西铭》文3节。

吴可读(1812—1879),字柳堂,号冶樵,甘肃皋兰(今兰州)人,晚清政治人物。著有《携雪堂全集》。《携雪堂文集》有其引述《西铭》《东铭》1节。

李元缃(生卒年不详),字叶初,一字青函。山东章丘人。道光二十九年(1849)举人。著有《注释近思录》等。《注释近思录》有其《西铭》注解1节。

贺瑞麟(1824—1893),原名贺均,榜名瑞麟,字角生,号复斋、中阿山人、清末著名理学家、教育家、书法家。编著有《朱子五书》《女儿经》《信好录》《养蒙书》《清麓文集》《三原县新志》《三水县志》等。贺瑞麟论《西铭》甚多。《清麓遗语》有其论《西铭》12节,《清麓日记》有其论《西铭》12节,《清麓答问》有其论《西铭》6节,《清麓文集》有其论《西铭》10节,有其引述《西铭》诗文联6节,有其论二铭1节。其门人所作行略、行状、侍行记、年谱载其与《西铭》相关事文13节。

朱一新(1846—1894),字鼎甫,号蓉生,浙江义乌人。清末著名学者,汉宋调和学派代表人物之一。著有《无邪堂答问》《拙庵丛稿》等。《无邪堂答问》有其《西铭》答问 2 则。

严　复(1854—1921)，原名宗光，字又陵，后改名复，字几道。近代资产阶级启蒙思想家，著名的翻译家、教育家，新法家代表人物。著有《严复集》。严复所译《支那教案论》为英人宓克著，完成于 1892 年。《支那教案论》卷三按语有其引述《西铭》1 节。

张元勋(1863—1955)，陕西省兴平县庄头镇庄头村人。著有《地球浅说》《原道》《格物测算》《太阳质疑》《新正气歌》《正学隅见》等。《正学隅见》有其所绘《西铭图》1 幅。

曹元弼(1867—1953)，字谷孙，又字师郑，一字懿斋，号叔彦，晚号复礼老人，又号新罗仙吏，室名复礼堂，江苏苏州人。著名学者、藏书家。著有《孝经学》《礼经学》《礼经校释》《周易郑氏注笺释》《古文尚书郑氏注笺释》《复礼堂文集》《复礼堂述学诗》《曹元弼日记》等。《曹元弼日记》有其论《西铭》1 节，论《西铭》《东铭》1 节。

曾习经(1867—1926)，字刚甫，广东省揭阳人。晚清民国著名的理学家、文学家。著有《蛰庵诗存》。《蛰庵诗存》有其称引《西铭》诗 2 首。

何　璋(生卒不详)，清代基督徒。1892 年《中西教会报》第 2 卷第 16 期载何璋《论教》一文，提出耶稣教与《西铭》思想一致的观点。

刘师培(1884—1919)，字申叔，曾改名光汉，号左盦，江苏仪征人，经学家。著有《左盦集》《左盦外集》《左盦诗录》《词录》。1903 年，刘师培与林獬合撰的《中国民约精义》，其中有节引《西铭》以阐发民约精神文 1 节。

梁启超(1873—1929)，字卓如，一字任甫，号任公，又号饮冰室主人、饮冰子、哀时客、中国之新民、自由斋主人。清朝光绪年间举人，中国近代思想家、政治家、教育家、史学家、文学家。其著作颇多，合编为《饮冰室合集》。清光绪二十八年至三十二年(1902—1906)，以"中国之新民"的笔名，在《新民丛报》上发表 20 多篇政论文章，后合称《新民说》，收入《饮冰室文集》。《新民说》第六节《论国家思想》有张载论《西铭》一节，提出"横渠《西铭》之作，视国家为眇小之一物，而不屑屑意。究其极也，所谓国家以上之一大团体，岂尝因此等微妙之空言而有所补益？而国家则滋益衰矣"的观点。

归曾祁(生卒不详)，字小宋，江苏常熟人。近代学者。著有《西铭汇纂》《四裔制作权舆》《归玄恭先生年谱》等。《西铭汇纂》为清宣统二年(1910)稿本,现收入中国人民大学图书馆藏古籍珍本丛刊。此书为二卷,卷前有书名、横渠先生像、归曾祁影摹朱子赞、易闻像赞各一页。全书5万字,以《性理大全》本《西铭》为本,兼采中韩日学者关于《西铭》的论说并参以己见,对《西铭》予以注解,是收入内容相对全面的《西铭》集解著作。

民国之部

（32人）

吴承烜(1854—1940),字子融,又字紫蓉,号东园、伍佑,安徽歙县人。著有《六朝文挈补释》《东园传奇十八种》《东园丛编》等。《小说新报》1916年第2卷第11期第195页("艺府"栏目第6页)载有其《西铭赞》一首。

金夕阳(籍贯及生卒不详),晚清民国时人。《同南》1917年第6期载其《宋张横渠有民胞物与之说申而论之》一文。

周维新(籍贯及生卒不详),《青年进步》1919年第19期载《书张子〈西铭〉后》一文,题目下署名"广东宝安李浪传道院周维新"。

刘伯明(1887—1923),名经庶,字伯明,江苏南京人。中国现代哲学的先驱者、中国现代自由教育的倡导人、中国现代人文主义的先驱,民国时期教育家、近代《学衡》派的代表人物之一。《申报》1920年6月3日第10版刊登的《刘伯明博士在职业学校讲演:东西洋人生观之比较》认为张载《西铭》有民主精神。

武　淑(1850—1921),女。字怡鸿,号仪光阁主。陕西富平人。陕西妇女主持教育的第一人。著有《仪光阁诗钞》《仪光阁杂著(文集)》。《仪光阁杂著》载其《西铭解》1篇。

唐文治(1865—1954),字颖侯,号蔚芝,江苏太仓人。近代著名教育家、学者。著有《茹经堂文集》《茹经堂奏疏》《十三经提纲》《紫阳学术发微》《阳明学术发微》《性理学大义》等。《性理学大义》中有《张子大义》一卷,其《西铭》引朱子注而自加按语,其后《诸儒西铭论说》有刘蕺山先生《西铭后记》、陆桴亭先生《西铭讲义》,又有《东铭》本文及朱子解说3条。

李佳白(1857—1927),字启东,英文名"GilbertReid"。近代美国在华传教士。尚贤堂及其报刊《尚贤堂纪事》创办人。《尚贤堂纪事》1922年第13期有其《李路得先生演说》1篇,认为基督教与佛儒一致,并引《西铭》。

张轶欧(1881—1938),名肇桐,又字翼后,号一鸥。无锡人。早岁赴比利时留学,入海南工科大学,获硕士学位。回国后,历任北京政府工商部科长、技正、矿务司司长、矿政局主任,第一区矿务监督署署长,矿政局会办,农商部矿政司司长。1923 年修《锡山张氏统谱》。《锡山张氏统谱》有其引述《西铭》文 1 节。

张绍价(1861—1941),字范卿,山东即墨人。1924 年,著成《近思录解义》。《近思录解义》中有其《西铭解》及论《西铭》1 节。

孙迺琨(1861—1940),字仲玉,号灵泉。山东淄川县董家村人。清末民初教育家。光绪十六年(1890),赴陕西三原正谊书院,拜理学正宗贺瑞麟为师。著有《灵泉文集》《易经绪论》《大学讲义》《中庸辑说讲义》《太极通书问答》等。《灵泉文集》有其引述《西铭》文 8 节。

牛兆濂(1867—1937),字梦周,号蓝川。西安市蓝田县人,清末关中大儒。世人尊称"蓝川先生"。著有《蓝川文钞》《蓝川文钞续》《吕氏遗书辑略》《芸阁礼记传》《近思录类编》等,又曾主纂《续修蓝田县志》。《蓝川文钞》有其引述《西铭》3 节,《蓝川文钞续》有其论《东铭》1 节。

褚应章(生卒不详),1929 年前后为上海医学院医生,曾于 1934 年至 1937 年前后发表多篇医学论文,并翻译美国作战部《流行性斑疹伤寒—虱传的"内科进展"》一书。《金陵女子大学校刊》1926 年第 8 期载褚应章《张子〈西铭〉书后》一文。

谢扶雅(1892—1991),浙江省绍兴人,中国当代著名的哲学家、文学家、基督教思想家。1927 年,撰成《宗教哲学》一书。《宗教哲学》第二章《宗教之起源与演进》提出《西铭》"是宗教精神之最深奥处"。

刘仲山(籍贯及生卒不详),《希望月刊》1928 第 5 卷 12 期有其《基督教与中国文化的关系》一文,提出"基督教与中国文化,丝丝入扣",并引述《西铭》。

徐宝谦(1892—1944),初名荐谦,字子牧,号亚陶,后更名宝谦,字子尊,号迓裯,一字公之嘉,又号嘉斋,晚号语溪老人,浙江上虞人。清官员、诗人、书画家,1913 年入基督教。著有《琴言室诗稿》《倡和雪泥集》等。《大公报》1933 年 12 月 14 日第 13 版刊登徐宝谦《基督教与中国文化》,认为《西铭》与基督教的有神论有关。

陈荣珪(生卒不详),湖北汉阳人。1926 年曾任国民革命军政治部教官。《感化月刊》1933 年第 1 卷第 2 期载其《西铭解》一文。

江　谦(1875—1942)，字易园，号阳复。安徽婺源人。著有《灵峰儒释一宗论》《佛儒经颂》《东坡禅学诗文要解》《阳复斋诗偈集》等。《佛学半月刊》1934年第78期载其《广张子〈西铭〉》一文。

缪　篆(1877—1939)，原名学贤，字子才，江苏泰州人。曾学于章太炎，先后任厦门大学、中山大学教授。著有《老子古微》《齐物论释注》。《新民》1935年第1卷第2期载缪篆《读张横渠〈东铭〉〈西铭〉》一文。

赵紫宸(1888—1979)，20世纪中国基督教杰出的神学家、神学教育家、基督徒作家、诗人，中国基督教界代表人士。1935年所著《学仁》中提出"人的大觉悟，都是宗教的觉悟"，并引述《西铭》1节。

查猛济(1902—1966)，字太爻、宽之，别号寂翁，浙江海宁县人。近现代学者。著有《唐宋散文选》《中国诗史》《猛济文存》等。《胜利》1939年第32期载其《张子〈西铭〉的抗战哲学》一文。

杜天糜(1891—1958)，名文治，字志文。一字天糜，号鹏展。以天糜字行，马渚西湖杜村(今湖山乡杜家村)人。《浙江自治》1939年第13期、第14期、第15期连载其《西铭笺释》一文。

王缁尘(生卒不详)，又名王子尘，是周恩来姑父王子余之弟，近代著名儒学家，浙江绍兴人。著有《四书读本》《国学讲话》《儒家社会主义》等。《前线旬刊》1939年第2卷第18期载其《张子西铭》一文。

朱逸人(籍贯生卒不详)，马叙伦学生，曾任诸暨简易师范国文教员。《服务(诸暨)》1939年第2期载《读西铭》一文。

毛夷庚(1881—1951)，原名毛常，又名翔，字夷庚，浙江衢州江山县(今江山市)人。《江西地方教育》1939年第159期、160期载其《张子西铭》一文。《号角》1939年第30期、第31期载其《张载西铭》一文，为徐翔根据其演讲所作笔记。《浙赣月刊》1940年第1卷第5期，另载有同样题名为《张子西铭》一文。

曹冷泉(1901—1980)，安徽颍上人。1925年参加中国共产党，曾任东南大学党组织领导人、南京市委委员，我国现代著名学者、教育家、诗人和无产阶级革命家。《西北文化月刊》1941年第1卷第3期载其《关学概论》，其中有对《西铭》论述1节。

孙常钧(1897—1952)，别号敬业，湖南长沙人。黄埔军校第一期毕业。新中国成立后，任湖南省人民政府参事。编注《释西铭》，1942年3月由沅陵中报社出版单行本。此书是其结合时事对《西铭》的解说,前有其岳父张伯良所作的序文 1 篇。

王建新(籍贯生卒不详),在 20 世纪 30 到 40 年代在《湘桂月刊》《长城》《远东月报》等刊物发表过多篇杂论文章。《湘桂月刊》1943 年第 2 卷第 8 期有其《〈西铭〉新话》。

陈敦仁(1903—?),又名陈梦韶,福建厦门市翔凤里山侯亭乡人。曾师从鲁迅学习中国文学史。中华人民共和国成立后在厦门大学从教。著有《绛洞花主》(剧本)、《古代汉语特殊句法》《鲁迅旧诗新译》《文学于语言》《古代汉语语法新编》等。《福建训练月刊》1943 年第 2 卷第 3 期载其《〈西铭〉注》一文。

方　豪(1910—1980),字傑人,后改杰人,笔名茅芦、绝鹿、圣老,浙江杭县人。现代天主教神学家。著有《中国天主教史话丛》《宋史》等。《真理杂志》1944 年第 1 卷第 3 期载其《论中西文化传统:发扬儒家学说之途径》一文引述《西铭》。

世界不孝子(籍贯生卒真名不详),1940 年代上海尊经会刊刻、题名为"世界不孝子"所作《孝经救世》在注释《孝经》经文"孝悌之至,通于神明,光于四海,无所不通"时,有引述《西铭》按语 1 节。

冯友兰(1895—1990),字芝生,河南省南阳市唐河县人。中国当代著名哲学家、教育家。著有《中国哲学史》《中国哲学小史》《中国哲学简史》《中国哲学史新编》《贞元六书》等。《中央周刊》1943 年第五卷 45 期所载《宋明儒家哲学述评》和商务印书馆 1945 年 4 月版《新原道》"第九章道学"有《西铭》论述 2 节。

枯　木(籍贯生卒真名不详),《海潮音》1948 年第 29 卷第 2 期载其《西铭口授》一文。

韩国李氏朝鲜之部

(137 人)

朴兴生(1374—1446),朝鲜密阳人。字敬夫,号菊隐、菊堂、春谷、筠斋、二乐、双清。著有《菊堂先生遗稿》。《菊堂先生遗稿》有其引述《西铭》诗 1 首。

金时习(1435—1493),朝鲜李朝时期诗人、小说家。字悦卿,号梅月堂、东峰、清寒子等。著有《梅月堂文集》19 卷。《梅月堂文集》卷二十有其所作

《张载传》,言张载著"二铭"及程子更名事。

申光汉(1484—1555),朝鲜高灵人。字汉之,一字时晦,历任弘文馆正字兼经筵典经、春秋馆记事官、弘文馆副修撰、知制教兼经筵捡讨官、承文院校理、成均馆大司成、大司谏、吏曹参议、折冲将军等。著有《企斋别集》。《企斋别集》有其引《西铭》诗1首。

周世鹏(1495—1554),朝鲜尚州人。字景游,历任承文院权知副正字,艺文馆检阅兼春秋馆记事官、忠清道都事、奉常寺判官、昆阳郡守等。著有《武陵杂稿》《竹溪志》《东国名臣言行录》《心图》《彝训录》等。《武陵杂稿》有其论及《东铭》1节。

李滉(1501—1570),朝鲜安东府礼安县温溪(今庆尚北道安东市)人。初名瑞鸿,字景浩、季浩,号退溪、陶翁、退陶、清凉山人、真宝人,朝鲜朱子学的主要代表人物,创立"退溪学派"。著有《退溪集》(68卷)《朱子书节要》《启蒙传疑》《心经释录》《天贫图说》《四端七情论》等。《退溪先生年谱》《退溪先生文集考证》载其有关讲授《西铭》记事,可见退溪对《西铭》之见解;《退溪先生文集》有《进圣学十图劄(并图)》《第二西铭图》及其案语,又有《西铭考证讲义》及关于《西铭》师友往来书札、诗歌等多节。

金麟厚(1511—1560),朝鲜庆尚道蔚州人。字厚之,号河西、湛斋,本贯蔚山,谥号文正。朝鲜王朝哲学家、诗人。著有《河西先生全集》(16卷)《周易观象篇》《西铭事天图》。《西铭事天图》已失传,《河西先生全集》中有其门人后学论其与《西铭》相关文献数节。

李桢(1512—1571),字刚而。朝鲜泗川人。历任汉城府判官,荣川郡守,军资监金正,善山府使,兵曹参议,大司谏,庆州府尹。著有《龟岩先生文集》。《龟岩先生文集》有其《示学者》引述《西铭》。

柳希春(1513—1577),朝鲜善山人。字仁仲,号眉岩。朝鲜王朝明宗、宣祖年间的学者。精通经史,对性理学造诣很深。依照朝鲜王之命,编纂《国朝儒先录》,出版汉文学习书《新增类合》。著有《朱子语类笺解》《诗书释义》《眉岩先生集》等。《眉岩先生集》有其引《西铭》诗1首,日记3则。

金富弼(1516—1577),朝鲜光山人。字彦遇,别号后彫,著有《后彫堂先生文集》。《后彫堂先生文集》有其论"订顽"1节。

吴健(1521—1574),朝鲜咸阳人。字子强。嘉靖壬子,中进士二等。历任礼曹佐郎、兵曹佐郎、户曹佐郎、工曹佐郎、成均直讲、议政府检详等。著有《德溪先生文集》。《德溪先生文集》有其称引《西铭》1节。

权好文(1532—1587),朝鲜永嘉人。字章仲,号松岩。朝鲜王朝中宗、宣祖年间的学者。著有《松岩集》。《松岩先生续集》有其引述《西铭》诗1首,《松岩集别集年谱》引述金道盛于青城山讲《西铭》事。

李珥(1536—1584),朝鲜李朝哲学家、政治家、教育家。字叔献,号栗谷、石潭、愚斋,世称"栗谷先生"。与李滉并称为朝鲜思想界"双璧""二大儒"。著有《栗谷全书》44卷,哲学代表作有《答成浩原》《圣学辑要》《东湖问答》《击蒙要诀》《经筵日记》《四书栗谷谚解》等。《栗谷先生全书》载其与《西铭》相关论述5节,与《东铭》相关论述1节。

尹根寿(1537—1616),朝鲜王朝宣祖时期的文学家。字子固,号月汀,海平人。军资监正尹忭之子,领议政尹斗寿之弟,金德秀、李滉的门人。著作有《四书吐释》《月汀先生集》等。《月汀先生集》有其论"二铭"1节。

李德弘(1541—1596),朝鲜荣川人。字艮斋,退溪门人。著有《艮斋先生文集》。《艮斋先生文集》中有其与李滉言《西铭》者2节,言《东铭》者2节。

曹好益(1545—1609),朝鲜王朝宣祖(1567—1608)时期的学者。字士友,号芝山,昌宁人,李滉门客。著有《芝山先生文集》《家礼考证》《周易释解》等。《芝山先生文集》有其考证《西铭》《东铭》即注解文字2节。

徐思远(1550—1615),朝鲜星州人。字行甫,号乐斋,历任蒙学教授,安奇察访,宣务郎,承议郎等。著有《乐斋先生文集》。《乐斋先生文集》有其引述《西铭》文1节。

黄汝一(1556—1622),朝鲜平海人。字会元。历任嘉善大夫吏曹参判,兼同知经筵,义禁府,春秋馆,成均馆事,弘文馆提学,艺文馆提学,世子左副宾客。行通政大夫工曹参议等。著有《海月先生文集》。《海月先生文集》有其论《西铭》赋文1篇。

吴允谦(1559—1636),朝鲜海州人。字汝益,号楸滩、土塘。历任同副承旨,忠清监司,江原监司,佥知中枢府事,广州牧使等。著有《楸滩集》。《楸滩集》有其引述《西铭》文1节。

李睟光(1563—1628),朝鲜璿源人。字润卿,号芝峰,朝鲜的文臣及外教官,性理学者,实学者和作家,韩国性理学和实学及过渡期的人物。著有《芝峰集》《芝峰类说》《升平志》等。《芝峰先生集》有其解《西铭》文1节。

李光胤(1564—1637),朝鲜月城人。字克休,号瀼西。历任比安县监,礼曹佐郎、翊卫司翊赞、户曹佐郎、司谏院正言等。著有《瀼西先生文集》。《瀼西先生文集》有其引述《西铭》诗1首。

申　钦(1566—1628)，朝鲜王朝宣祖、仁祖年间的学者、文臣。字敬叔，号象村、玄轩，著有《象村稿》30卷。《象村稿》有其引述《西铭》文1节。

权得己(1570—1622)，朝鲜安东人。字重之，历任兵曹佐郎、除兵郎。著有《晚悔集》。《晚悔集》有其引述《西铭》文1节。

朴知诚(1573—1635)，朝鲜咸阳人。字仁之，号潜冶。历任通政大夫、承政院同副承旨兼经筵参赞官、赠资宪大夫、吏曹判书兼知义禁府事、成均馆祭酒、世子赞善、五卫都总府都总管。著有《潜冶先生集》。《潜冶先生集》有其引述《西铭》文3节。

权克中(1585—1659)，朝鲜松山人。字正之，号青霞子。早年从学于崔命龙，朝鲜李朝学者。著有《青霞集》。《青霞集》有其引述《西铭》文1节，称引"订顽""砭愚"诗各1首。

李尚馨(1585—1645)，朝鲜顺天府桶泉里人。字德先，号天默斋，从活溪李先生大甹、沙溪先生金长生学。著有《天默先生遗稿》。《天默先生遗稿》有其引述《东铭》文1节。

林真怤(1586—1657)，字乐翁。朝鲜三嘉人。立斋先生门人。著有《林谷先生文集》。《林谷先生文集》有其引述《西铭》文1节，诗2首，《文集》所录《行状》《年谱》《祭文》亦有记其《西铭》事文3节。

张　维(1587—1638)，李氏朝鲜中期"汉文四大家"之一。字持国，号溪谷、默所，著有《溪谷集》。《溪谷先生漫笔》有其引述《西铭》文1节。

崔有海(1587—1641)，朝鲜学者。崔淀之子。朝鲜海州人。著有《嘿守堂先生文集》。崔有海有《西铭》解十三章，其《嘿守堂先生文集》亦有其论《西铭》2节，《东铭》1节。

河弘度(1593—1666)，朝鲜晋州人。字重远。著有《谦斋先生文集》。《谦斋先生文集》有其引述《东铭》《西铭》文各1节。

许　穆(1595—1682)，李氏朝鲜后期的政治家和思想家及作家、诗人、画家、教育家。字文甫、和甫，号眉叟、台领老人，谥号文正。著有《经礼类纂》《东事》《清士列传》《经说》《眉叟记言》《眉叟千字文》《陟州东海碑文》《李成中墓表》。《眉叟记言》有其引述《西铭》文1节。

尹舜举(1596—1668)，字鲁直。朝鲜坡平人。历任赠吏曹参判兼成均馆祭酒,世子侍讲院赞善。著有《童土先生文集》。《童土先生文集》有其引述《西铭》文1节。

权諰(1604—1672),字思诚。朝鲜安东人。历任工曹佐郎,工曹正郎及庆尚都事等。著有《炭翁先生集》。《炭翁先生集》有其引述《西铭》文5节。

宋时烈(1607—1689),朝鲜王朝中期政治家、哲学家,乳名圣赉,字英甫,号尤庵、华阳洞主、南涧老叟、桥山老父。为金长生、金集的门人。著述颇多,后被整理为《宋子大全》。《宋子大全》有其引"二铭"者1节,论《东铭》者12节,论述《西铭》文27节,诗4首。

朴长远(1612—1671),朝鲜高灵人。字仲久,号久堂。历任大匡辅国崇禄大夫,议政府领议政兼领经筵,弘文馆、艺文馆、春秋馆观象监事,行正宪大夫吏曹判书兼知经筵,义禁府春秋馆事,弘文馆提学同知,成均馆事,世子左宾客,五卫都总府都总管。著有《久堂先生集》。《久堂先生集》有其引述《西铭》文2节,诗1首。

申最(1619—1658),朝鲜平山人。字季良,自号春沼,东阳尉申翊圣之第四子,领议政文贞公申钦之孙。著有《春沼子集》。《春沼子集》有其引述《西铭》文1节。

金榦(1646—1732),朝鲜学者。号厚斋。著有《厚斋集》《小学劄记》《大学劄记》。《厚斋集》有其诠解《西铭》3节,《行状》记事1节。

李世龟(1646—1700),朝鲜学者。号养窝,又号孜寿翁,朝鲜著名文臣李恒福的后人。以儒学著称,著有《养窝集》。《养窝集》有其论《西铭》4节。

林泳(1649—1696),朝鲜学者。字德涵,号沧溪。著有《沧溪集》。《沧溪集》有其论《西铭》3节。

金昌协(1651—1708),朝鲜王朝孝宗至肃宗年间的学者、文臣。字仲和,号农岩、三洲,著有《农岩集》。《农岩集》有其论《西铭》3节,《东铭》1节。

徐宗泰(1652—1719),朝鲜学者。号晚静堂。著有《晚静堂集》。《晚静堂集》有其论《西铭》诗1首。

李衡祥(1653—1733),朝鲜王朝肃宗朝时期学者,字仲玉,号瓶窝,亦号顺翁。历任济州牧使、户曹参议、汉城府尹,著有《瓶窝先生文集》。金昌协《农岩集》有其论"二铭"1节,引述《西铭》1节。

朴光一(1655—1723),朝鲜学者。字士元,号逊斋。学术笃信朱子,著有

《逊斋集》。《逊斋集》有其引述《西铭》3 节。

  金春泽(1670—1717)，朝鲜光山人。字伯雨，号北轩，祖父是朝鲜王朝肃宗的丈人金万基，父亲是户曹判书金镇龟。著有《北轩集》《漫笔》。《北轩集》有其论《西铭》1 节。

  申益愰(1672—1722)，字明仲，任户曹典书，赠左赞成，谥"齐靖"。著有《克斋集》。《克斋集》有其引述《西铭》1 节。

  鱼有凤(1672—1744)，字顺瑞，号杞园，朝鲜王朝英祖时期的文臣、学者。历任户曹参议、承旨等官职。著有《杞园集》《经说语录》等。《杞园集》有其引述《西铭》诗 1 首，文 2 节。

  权德秀(1672—1759)，朝鲜安东人。字润哉，号遁轩、淡翁、土室、遁村。著有《遁轩集》。《遁轩集》有其引述《西铭》诗 1 首，文 1 节。

  丁时翰(1674—1720)，朝鲜王朝肃宗时期的学者、文人。号愚潭，著有《愚潭集》。《愚潭集》有其引述《西铭》文 2 节。

  李夏坤(1677—1724)，朝鲜学者，生平不详。著有《头陀草》。《头陀草》有其引述《西铭》诗 1 首。

  李 縡(1680—1746)，朝鲜牛峰人。字熙卿，号陶庵、寒泉，朝鲜王朝中期学者、文臣。著有《陶庵集》。《陶庵集》有其引述《西铭》诗 4 首，文 10 节。

  金德五(1680—1748)，朝鲜学者。号痴轩。著有《痴轩集》。《痴轩集》有其《西铭对策》文 1 篇，引述《西铭》文 1 节，后学载其读《西铭》事 1 节。

  尹凤朝(1680—1761)，朝鲜学者。著有《圃岩集》。《圃岩集》有其引述《西铭》诗 2 首，文 3 节。

  韩元震(1682—1751)，字德昭，号南塘，朝鲜王朝后期杰出的性理学家，畿湖学派代表人物之一。著有《南塘集》。《南塘集》有其引述《西铭》5 节。

  尹凤九(1683—1767)，朝鲜学者。著有《屏溪集》。《屏溪集》有其解答《西铭》书札 3 通、讲说 1 篇，另有引述《西铭》诗文 5 节。

  郑重器(1685—1757)，字道翁，号梅山、梅谷、艮巢。朝鲜迎日人。著有《梅山集》。《梅山集》有其引述《西铭》1 节。

  沈 錥(1685—1753)，朝鲜学者。著有《樗村遗稿》。《樗村遗稿》有其引述《西铭》诗 2 首，文 7 节。

  姜再恒(1689—1756)，字久之，号立斋，朝鲜晋山人。著有《立斋遗稿》。

《立斋遗稿》有其引述《西铭》文2节。

郑　玉(1694—1760),朝鲜学者。初讳周观,字子成,号牛川,又号梅园。著有《牛川集》。《牛川集》有其引述《西铭》诗1首。

闵遇洙(1694—1756),字士元,姓闵氏,骊兴人。著有《贞庵集》。《贞庵集》有其引述《西铭》诗1首。

申　暻(1696—1766),朝鲜学者。著有《直庵集》。《直庵集》有其引述《西铭》文2节。

徐宗华(1700—1748),字士镇,号药轩、居夷,朝鲜达城人。著有《药轩遗集》。《药轩遗集》有其论述《西铭》文1节。

杨应秀(1700—1767),字季达,号白水、学古斋,朝鲜南原人。著有《白水集》。《白水集》有论述《西铭》文5节。

崔兴远(1705—1786),字太初,号百弗,朝鲜月城人。以经学荐授大君师傅。崇祯甲申后,入八公山中,不复仕。著有《百弗庵集》。《百弗庵集》有其引述《西铭》文2节,《百弗庵先生文集·附录·年谱》言其《西铭》事4节。

赵普阳(1709—1788),字仁卿,号八友轩,朝鲜汉阳人。著有《八友轩先生文集》。《八友轩先生文集》有其引述《西铭》文1节。

李象靖(1711—1781),号大山,朝鲜著名性理学家李徽逸玄孙。著有《大山集》。《大山集》有其论述《西铭》文6节。

任圣周(1711—1788),字仲思,号鹿门。朝鲜咸兴人,祖籍丰川。著作颇丰,但大部遗失,仅存《鹿门集》26卷。《鹿门集》有其引述《西铭》文12节。

安鼎福(1712—1791),字百顺,号顺庵、汉山病隐、虞夷子、橡轩,本贯广州安氏。朝鲜王朝后期的政治家、历史学家、思想家、性理学者兼实学者。著有《顺庵集》。《顺庵集》有其引述《西铭》诗1首,《缉斋文集》有其引述《西铭》文2节,引述《西铭》《东铭》文1节。

李光靖(1714—1789),字子昂,号小山,朝鲜全义人,李象靖弟。著有《小山集》。《小山集》有其引述《西铭》文8节,引述《西铭》文1节。

金砥行(1716—1774),字幼道,号密庵、密翁,朝鲜安东人。著有《密庵集》。《密庵集》有其引述《西铭》文2节。

李宗洙(1722—1797),朝鲜真宝人,字学甫,号后山,著有《后山先生文集》。《后山先生文集》有其《西铭剳疑(朱子解)》1篇,论述《西铭》文4节,引述《西铭》文5节。

权　炳(1723—1772),字景晦,号约斋,朝鲜安东人。著有《约斋集》。《约斋集》有其论述《西铭》文3节。

金宗德(1724—1797),朝鲜安东人。字道彦,号川沙。著有《川沙集》。《川沙集》有其论述《西铭》文4节,引述《西铭》文3节。

柳长源(1724—1796),字叔远,号东岩,朝鲜全州人。朝鲜王朝英祖、正祖时期的学者。晚年在李象靖的门下致力于学问、著书。著有《东岩集》《四书纂注增补》《四书小注考疑》等。《东岩集》有其论述《西铭》文5节,引述《西铭》文2节。

赵荣顺(1725—1775),字孝承,号退轩,朝鲜杨州人。著有《退轩集》。《退轩集》有其引述《西铭》诗1首。

徐昌载(1726—1781),字尚甫,号梧山,朝鲜达城人。著有《梧山集》。《梧山集》有其引述《西铭》文2节。

金镇东(1727—1800),字定之,号素岩,朝鲜学者。著有《素岩集》。《素岩集》有其引述《西铭》文1节。

南基万(1730—1796),字伯温,号默山,朝鲜英阳人。著有《默山集》。默山集》有其引述《西铭》文1节,并有载其上疏进言《西铭》事诗文5节。

赵有善(1731—1809),字子淳,号萝山,朝鲜稷山人。著有《萝山集》。《萝山集》有其引述《西铭》文3节。

李种徽(1731—1797),朝鲜学者。著有《修山集》。《修山集》有其引述《西铭》文1节。

申体仁(1731—1812),字子长,号晦屏、锦渊,朝鲜鹅洲人。著有《晦屏集》。《晦屏集》有其引述《西铭》文5节。

朴胤源(1734—1799),朝鲜学者。著有《近斋集》。《近斋集》有其论述《西铭》文3节,引《西铭》诗文2节。

金相进(1736—1811),字士达,号濯溪,朝鲜金陵人。著有《濯溪集》。《濯溪集》有其论述"二铭"1节、《西铭》3节。

李东汲(1738—1811),字进汝,号晚觉斋,朝鲜广州人。著有《晚觉斋集》。《晚觉斋集》有其论述《西铭》文2节,引述《西铭》诗文3节。

郑宗鲁(1738—1816),字士仰,号立斋。朝鲜晋阳人。著有《立斋集》。《立斋集》有其引述《西铭》文1节。

李树仁(1739—1822),字性安,自号惧庵。又称杜巷居士。朝鲜学者。

著有《惧庵集》。《惧庵集》有其引述《西铭》诗1首。

李堣(1739—1810),字穉春,号俛庵,朝鲜韩山人。著有《俛庵集》。《俛庵集》有其引述"二铭"文1节,《西铭》文3节。

金垙(1739—1816),字子野,号龟窝,朝鲜义城人。著有《龟窝集》。《龟窝集》有其论述《西铭》4节,记《西铭》事文3节。

郑　炜(1740—1811),字辉祖、士集,号芝厓,朝鲜清州人。著有《芝厓集》。《芝厓集》有其引述《西铭》诗1首,文1节。

李德懋(1741—1793),字懋官,号炯庵、雅亭、青庄馆、婴处、东方一士。朝鲜全州人,18世纪朝鲜实学派文学的代表诗人之一。著有《青庄馆全书》。《青庄馆全书》有其引述《西铭》诗1首,有其摘录《东林传》记事1节。

南汉朝(1744—1809),字宗伯,号损斋、樗翁,朝鲜宜宁人。著有《损斋集》。《损斋集》有其论述《西铭》文2节。

柳范休(1744—1823),字天瑞,朝鲜学者。著有《壶谷集》。《壶谷集》有其引述《西铭》文1节,记《西铭》事3节。

李元培(1745—1802),字汝达,号龟岩。朝鲜学者。著有《龟岩集》。《龟岩集》有其引述《西铭》文2节。

徐滢修(1749—1824),朝鲜学者。著有《明皋全集》。《明皋全集》有其引述《西铭》诗1首、引述《西铭》文4节。

夏时赞(1750—1828),号悦庵,朝鲜大邱人。朝鲜学者。著有《八礼节要》《悦庵集》。《悦庵集》有其引述《西铭》诗1首。

黄德吉(1750—1827),字而修,号下庐。朝鲜学者。著有《下庐集》。《下庐集》有其引述《西铭》诗1首,文2节,记《西铭》事2节。

李　祘(1752—1800),字亨运,号弘斋,庄献世子第二子。1776年丙申(乾隆四十一年)即位。1800年庚申(嘉庆五年)去世,在位24年,终年49岁,葬水原健陵。其庙号原为"正宗"。1900年,追尊为正祖宣皇帝,别称"正祖大王"。著有《弘斋全书》。《弘斋全书》有其引述《西铭》诗1首、《缉斋文集》有其引述《西铭》文7节。

朴旨瑞(1754—1819),字国祯,号讷庵。朝鲜密阳人。著有《讷庵集》。《讷庵集》有其引述《西铭》文1节。

李书九(1754—1825),字洛瑞,号惕斋、姜山,本贯全州。朝鲜王朝文臣、学者。著有《惕斋集》《姜山初集》。《惕斋集》有其引述《西铭》文2节。

李野淳(1755—1831)，字健之、景容，号广濑、霞翁、漱石亭，朝鲜真宝人。著有《广濑集》。《广濑集》有其引述《西铭》诗1首。

裴相说(1759—1789)，字君弼，号槐潭，朝鲜兴海人。著有《槐潭遗稿》。《槐潭遗稿》有其引述《西铭》文2节。

南汉皓(1760—1821)，字子㠎，号诚斋，朝鲜宜宁人。著有《诚斋集》。《诚斋集》有其引述《西铭》文3节，记《西铭》事文4条。

柳寻春(1762—1834)，字象远、象叟，号江皋、二勤窝，朝鲜丰山人。著有《江皋集》。《江皋集》有其引述《西铭》文4节，记《西铭》事文3节。

丁若镛(1762—1836)，朝鲜学者。著有《与犹堂全书》。《与犹堂全书》有其引述《西铭》文3节。

柳台佐(1763—1837)，字士铉，号鹤栖、聋哑。朝鲜丰山人。著有《鹤栖集》。《鹤栖集》有其引述《西铭》文2节。

吴熙常(1763—1833)，字士敬，学者称"老洲先生"。朝鲜学者。著有《老洲集》。《老洲集》有其引述《西铭》4节、《东铭》1节。

姜必孝(1764—1848)，号海隐，朝鲜学者。著有《海隐遗稿》《近思录后录》。《海隐遗稿》有其引述"二铭"文6节，论述《西铭》3节，引述《西铭》7节，论述《东铭》文2节，记《西铭》事文2节。

姜浚钦(1768—1833)，朝鲜学者。著有《三溟诗集》。《三溟诗集》有其引述《西铭》诗1首。

李羲发(1768—1849)，字又文，朝鲜学者。著有《云谷集》。《云谷集》有其引述《西铭》诗2首，文2节。

李载毅(1772—1839)，字汝弘，号文山，朝鲜全州人。著有《文山集》。《文山集》有其引述《西铭》文1节。

金宪基(1773—1842)，字稚度，号初庵，朝鲜熊川人。著有《初庵全集》。《初庵全集》有其《与金止庵论西铭说》1篇。

李秉远(1774—1840)，号所庵，曾任清河县监、比安县监等。朝鲜学者。著有《所庵集》《续性理大全》。《所庵集》有其解《西铭》文8节，引述《西铭》文4节。

金迈淳(1776—1840)，字德叟，号台山，朝鲜安东人。朝鲜王朝英祖、宪宗年间学者。著有《台山集》《篆余日录》《台山公移占录》《洌阳岁时记》等。《台山集》有其引述《西铭》诗1首、文2节。

柳致明(1777—1861),字诚伯,号定斋,朝鲜全州人。朝鲜王朝哲宗时期的文臣、学者。拜柳长源、南汉朝为师,曾任同知春秋馆事官职。晚年于晚恩斋讲学。著有《定斋集》《读书琐语》《礼疑丛话》《家礼辑解》等。《定斋集》有其论述《西铭》文7节,引《西铭》文5节。

郑在褧(1781—1858),字公实,号慎窝、慎身窝、春身翁,朝鲜迎日人。著有《慎窝集》。《慎窝集》有其引述《西铭》文2节,论述《西铭》文3节。

李恒老(1792—1868),字而述,号华西,朝鲜王朝后期著名的思想家,信奉程朱理学,著有《华西集》。《华西集》有其引述《西铭》文1节、《缉斋文集》有其引述《西铭》文9节,"二铭"文1节。

奇正镇(1798—1879),字大中,号芦沙。朝鲜学者。著有《芦沙集》。《芦沙集》有其引述《西铭》文1节。

李钟祥(1799—1870),字淑汝,号定轩、习比,朝鲜骊州人。著有《定轩集》。《定轩集》有其论述"二铭"文1节,论述《西铭》文2节,论述《东铭》文1节。

金岱镇(1800—1871),字泰叟,号订窝,朝鲜义城人。著有《订窝集》。《订窝集卷》有其论述《西铭》文5节。

韩运圣(1802—1863),字文五,号立轩,朝鲜清州人。著有《立轩集》。《立轩集》有其引述《西铭》文1节。

苏辉冕(1814—1889),字纯汝,号仁山,朝鲜晋州人。著有《仁山集》。《仁山集》有其引述《西铭》文5节。

朴永鲁(1814—1903),朝鲜王朝晚期学者,著有《西铭集解》《岩居文集》等。《西铭集解》有昭和六年崔宗瀚发行本,卷首有李晚煮《西铭集解序》,其下分为四卷,前三卷皆取《性理大全》《近思录》《朱子语类》及李滉《西铭考证讲义》。

张福枢(1815—1900),朝鲜学者。著有《四未轩集》。《四未轩集》有其引述《西铭》文4节。

李震相(1818—1886),朝鲜学者。著有《寒洲集》。《寒洲集》有其引述《西铭》诗1首、文5节。

金平默(1819—1891),号重庵。朝鲜学者。著有《重庵集》。《重庵集》有其引述《西铭》文17节。

李象秀(1820—1882),字汝人,号峿堂,朝鲜全州人。著有《峿堂集》。

《晤堂集》有其引述《西铭》文1节。

金道和(1825—1912),字达民,号拓庵,朝鲜义城人。著有《拓庵集》。《拓庵集》有其《西铭(读书琐义)》1篇,论述《西铭》文1节,引《西铭》文4节,记《西铭》事8节。

柳重教(1832—1893),字致根,号省斋。朝鲜王朝高宗时期的儒家人物,著作有《省斋集》《太极图说》《河图洛书说》《易说》《礼说》等。《省斋集》有其论述"二铭"文2节,《西铭》文6节,记《西铭》事2节。

许愈(1833—1906),号后山,朝鲜学者。著有《后山集》。《后山集》有其引述《西铭》文17节,"二铭"文1节,《东铭》文1节。

金允植(1835—1922),字洵卿,号云养,本贯清风。朝鲜近代史上的政治家、思想家、文学家。著有《云养集》。《云养集》有其引述《西铭》诗2首。

许薰(1836—1907),号舫山,朝鲜学者。著有《舫山集》。《舫山集》有其引述《西铭》诗2首,论述《西铭》文1节。

李种杞(1837—1902),朝鲜学者。著有《晚求集》。《晚求集》有其引述《西铭》文7节。

田愚(1841—1922),字子明,号艮斋,又号秋潭,朝鲜潭阳人,朝鲜王朝末期的巨儒,被称为"五百年理学之结局"。著有《艮斋集》。《艮斋集》有其论"二铭"文1节,引述《西铭》文23节,记《西铭》事文1节。

柳麟锡(1842—1915),字汝圣,号毅庵,本贯高兴柳氏。朝鲜王朝后期儒学家、义兵将领,儒家朱子学的代表人物。著有《毅庵集》。《毅庵集》有其引述《西铭》文10节。

郑载圭(1843—1911),字厚允、英五,号老柏轩、艾山,朝鲜草溪人。著有《老柏轩先生文集》。《老柏轩先生文集》有其引述《西铭》文7节,《东铭》文1节。

李承熙(1846—1871),号大溪,朝鲜骊州人。著有《大溪集》。《大溪集》有其论述"二铭"文1节,引述《西铭》文7节。

郭钟锡(1846—1919),号俛宇,朝鲜李朝时期学者、诗人,著有《俛宇集》《天君颂》。《俛宇集》有其诠说《西铭》文23节,称引《西铭》诗1首、文22节,记《西铭》事文1节,记"二铭"事文2节,诠说《东铭》文1节。

张锡英(1847—1921),朝鲜瑞兴人。著有《晦堂集》。《晦堂集》有其诠说《西铭》文4节,引述《西铭》文5节。

金泽荣(1850—1927),字于霖,朝鲜著名诗人。著有《韶濩堂集》。《韶濩堂集》有其引述《西铭》文2节。

日本德川幕府之部
(10人)

藤原惺窝(1561—1619),名肃,字敛夫,号惺窝。生于播磨国(今兵库县)。日本哲学家,江户时期早期理学领袖,曾任德川家康的教师。学生有林罗山、松永尺五、那波活所、堀杏庵等著名学者。著有《文章达德纲领》《杏阴稿》《惺窝文集》等。《杏阴稿》有其论《西铭》"理一分殊"1节,《惺窝文集》有其引《西铭》"民胞物与"1节。

林罗山(1583—1657),名信胜,法号道春,又称罗浮子。日本京都人。拜藤原惺窝为师,为幕府儒官林家的始祖。著《神道传授》《本朝神社考》等,企图调和日本的固有信仰和朱子学说。著有《本朝通鉴》《罗山文集》等。《罗山文集》有其《西铭讲解》1篇。

林　恕(1618—1680),初名三郎春胜,又名恕,号鹅峰,又号春斋。幕府御用朱子学者林道春(号罗山)之子。著有《西铭私考》一书,存日本《内阁文库》。

山崎闇斋(1619—1682),名嘉,字敬义,号闇斋,通称嘉右卫门;作为神道家又号垂加。日本德川时代初期的儒学者、神道家。主要著作有《辟异》《垂加草》《文会笔录》等。《文会笔录》卷十二之一有其对《西铭》的注解,浅见安正《西铭参考》亦有摘录。

贝原益轩(1630—1714),名笃信,字子诚,初号损轩,退隐后改号益轩,通称久兵卫。日本江户时代前期的儒学家,哲学家、游记作家和植物学家。著有《慎思录》《大疑录》《自娱集》《初学知要》《大和本草》《益轩十训》等。《慎思录》有其论《西铭》7节,《大疑录》有其论《西铭》1节,《近思录备考》有其简释《西铭》1节;另《自娱集》有其《事天地说》上下2篇,《益轩十训》有其《初学训》1篇,亦阐发《西铭》之意。

浅见安正(1652—1712),又名浅见重次郎,号䌷斋。笔名望楠楼,日本德川时代儒学家。著有《靖献遗言》《西铭参考》等。《西铭参考》有1846年江户山城屋佐兵卫刊本、《甘雨亭丛书》刊本。

室鸠巢(1658—1734),名直清,字师礼,号鸠巢,又号沧浪、英贺,通称新助,日本江户(今东京),德川时代中期的儒学家。著有《太极图述》《赤穗义人录》《大学新疏》《西铭详义》等。关仪一郎编《续续日本儒林丛书》第1册有室鸠巢《西铭详义》,第2册《太极图述》亦有其论《西铭》1节。

荻生徂徕(1666—1728),本姓物部,名双松,字茂卿,号徂徕、萱园,通称总右卫门。武藏国半岛郡江户城(今东京)人,日本德川时代中期的哲学家和儒学家,古学派之一的萱园学派的创始人。著有《萱园十笔》《弁道》《弁名》《拟自律书》《太平策》《政谈》《学则》《论语徵》等。《萱园十笔》有其论《西铭》1节。

久代宽(1667—1743),全名久代景宽,通称弥三郎,久代宽斋,号敲亭主翁,日本播州饰东郡姬山下人。江户前中期儒学家,研究儒学(朱子学)。著有《心境西铭》《报仇传闻录》。日本国文馆藏有《心境西铭》1部,其文大略模仿张载《西铭》而作,本注则仿朱熹《西铭解》;上栏又有其门下活泼童子黑泽须小注以为补充,大略发明心学之旨也。此亦《西铭》传响之一特例。

佐藤一斋(1772—1859),美浓岩村藩士,儒学学者。著有《言志四录》《近思录栏外书》。《近思录栏外书》有其论《西铭》文1节,论"二铭"文2节。

二　本书所采文献底本名目

宋元部

（宋）张载撰.（宋）朱熹注.《张子全书》[M].朱文端公藏书本.

（宋）程颢、程颐撰.（宋）朱熹辑.《河南程氏遗书》[M].西京清麓丛书本.

（宋）程颢、程颐撰.（宋）杨时辑.《二程粹言》[M].西京清麓丛书本.

（宋）程颢、程颐撰.（宋）朱熹辑.《河南程氏外书》[M].西京清麓丛书本.

（宋）程颢、程颐撰.（宋）朱熹辑.《河南程氏文集》[M].西京清麓丛书本.

（宋）林駉辑.《古今源流至论》[M].元延祐四年圆沙书院刻本.

（宋）王霆震辑.《古文集成》[M].宋刻配清钞本.

（宋）杨时撰.《龟山集》[M].明万历十九年刻本.

（宋）尹焞撰.《和靖集》[M].明嘉靖九年刻本.

（宋）尹焞撰.《尹和靖言行录》[M].清文渊阁四库全书本.

（宋）韩元吉撰.《南涧甲乙稿》[M].清武英殿聚珍版丛书本.

（宋）张九成撰.《横浦集》[M].清文渊阁四库全书本.

（宋）李涂撰.《文章精义》[M].明刻本.

（宋）汪应辰撰.《文定集》[M].清文渊阁四库全书本.

（宋）朱熹撰.（宋）黄瑞节辑.《朱子成书》[M].元至正元年日新书堂刻本.

（宋）朱熹撰.（清）李光地、熊赐履辑.《朱子全书》[M].清康熙五十三年内府刻本.

（宋）朱熹撰.（宋）黎靖德辑.《朱子语类》[M].西京清麓丛书本.

（宋）朱熹撰.（明）张大伦、胡岳辑.《晦庵先生朱文公文集》[M].四部丛刊景明嘉靖本.

（宋）朱熹撰.《晦庵先生文集》[M].南宋淳熙间刻本.

（宋）朱熹撰.（宋）吕祖谦辑.《近思录》[M].西京清麓丛书本.

（宋）张栻撰.《南轩集》[M].清文渊阁四库全书本.

（宋）林之奇编.吕祖谦集注.《东莱集注观澜文集》[M].清光绪十年巴陵方功惠碧琳琅馆影宋本.

（宋）吕祖谦撰.《东莱集》[M].清文渊阁四库全书本.

（宋）吕祖谦撰.《丽泽论说集录》[M].清文渊阁四库全书本.

（宋）陈亮撰.《龙川集》[M].金华丛书本.

（宋）黄榦撰.《勉斋集》[M].元刻延祐二年重修本.

（宋）陈文蔚撰.《陈克斋集》[M].清文渊阁四库全书本.

（宋）陈淳撰.《北溪大全集》[M].惜阴轩丛书本.

（宋）程珌撰.《洺水集》[M].明崇祯元年刻本.

（宋）度正撰.《性善堂稿》[M].清文渊阁四库全书本.

（宋）周敦颐撰.《周元公集》[M].清文渊阁四库全书本.

（宋）陈埴撰.《木钟集》[M].明慎独斋刻本.

（宋）杨伯嵒注.《泳斋近思录衍注》[M].宋刻本.

（宋）真德秀撰.《西山读书记》[M].宋刻元修本.

（宋）真德秀撰.《大学衍义》[M].西京清麓丛书本.

（宋）真德秀撰.《西山文集》[M].四部丛刊景明正德刊本.

（宋）刘达可辑.《璧水群英待问会元》[M].明丽泽堂活字印本.

（宋）陈起辑.《江湖后集》[M].清文渊阁四库全书本.

（宋）程公许撰.《沧洲尘罐编》[M].永乐大典本.

（宋）熊节编.熊刚大句解.（明）吴讷补注.《性理群书句解》[M].明宣德九年刻本.

（宋）高斯得撰.《耻堂存稿》[M].清武英殿聚珍版丛书本.

（宋）叶采撰.（清）邵沧来重订.《近思录集解》[M].吴郡邵氏尚义堂本.

（宋）林駉撰.《古今源流至论前后集》[M].清文渊阁四库全书本.

（宋）黄履翁撰.《古今源流至论别集》[M].清文渊阁四库全书本.

（元）李冶撰.《敬斋泛说》[M].永乐大典残卷本.

（宋）罗大经撰.《鹤林玉露》[M].稗海本.

（宋）王柏撰.《鲁斋集》[M].续金华丛书本.

（宋）王柏撰.《书疑》[M].清通志堂经解康熙初刻本.

（宋）萧立之撰.《萧冰崖诗集拾遗》[M].明弘治萧敏刻本.

（宋）刘炎撰.《迩言》[M].清文渊阁四库全书本.

（宋）陈思辑.（元）陈世隆补.《两宋名贤小集》[M].清文渊阁四库全书本.

（宋）黄震撰.《黄氏日抄》[M].汪氏校刊本.

（元）王义山撰.《稼村类稿》[M].清文渊阁四库全书补配清文津阁四库

全书本.

(宋)潜说友撰.《咸淳临安志》[M].清朝道光十年刻本.

(宋)方逢辰撰.《蛟峰文集》[M].江苏蒋曾莹家藏本.

(宋)王应麟撰.《通鉴答问》[M].清文渊阁四库全书本.

(宋)鲍云龙撰.(明)鲍宁辨.《天原发微》[M].明正统道藏本.

(宋)牟巘撰.《陵阳集》[M]吴兴丛书本.

(元)王恽撰.《秋涧集》[M].四部丛刊景明弘治本.

(宋)金履祥撰.《孟子集注考证》[M].率祖堂丛书本.

(宋)文天祥撰.《文山集》[M].四部丛刊景明本.

(宋)文天祥撰.《文信国公集》[M].清同治七年楚醴景莱书室刊本.

(宋)陈普撰.《石堂先生遗集》[M].明万历三年薛孔洵刻本.

(元)熊朋来撰.《五经说》[M].清通志堂经解本.

(宋)熊禾撰.《勿轩集》[M].清文渊阁四库全书本.

(元)吴澄著.《吴文正集》[M].清文渊阁四库全书本.

(元)同恕撰.《矩庵集》[M].清文渊阁四库全书补配清文津阁四库全书本.

(元)程复心撰.《四书章图》[M].元后至元三年富沙碧湾吴氏德新堂刻本.

(元)蒋易辑.《皇元风雅》[M].元建阳张氏梅溪书院刻本.

(元)保八撰.《周子通书训义》[M].元刻本.

(元)侯克中撰.《艮斋诗集》[M].清文渊阁四库全书本.

(宋)陈仁子撰.《文选补遗》[M].清文渊阁四库全书本.

(元)郑玉撰.《师山遗文》[M].明刊附済美录本.

(元)王毅撰.《木讷斋集》[M].清乾隆二十八年刻本.

(元)侯有造撰.《泛言》[M].明永乐大典本.

明代

(明)解缙,姚广孝等编.《永乐大典》(22877卷存814卷)[M].明钞本.

(明)胡广敕撰.《新刊性理大全》[M].明嘉靖进贤堂本.

(明)胡广敕撰.《性理大全》[M].清文渊阁四库全书本.

(明)王逢撰.《梧溪集》[M].清知不足斋丛书本.

（明）程本立撰.《巽隐集》[M].清文渊阁四库全书本.

（明）曹端撰.《西铭述解》[M].文渊阁四库全书本.

（明）薛瑄撰.《读书录·读书续录》[M].清文渊阁四库全书本.

（明）黄俊撰.《周易通略》[M].明钞本.

（明）陈献章撰.《陈白沙集》[M].万历钦定四库全书本.

（明）彭韶撰.《彭惠安集》[M].清文渊阁四库全书补配清文津阁四库全书本.

（明）薛敬之撰.《思庵野录》[M].清光绪九年渭南武鸿模刻本.

（明）周琦撰.《东溪日谈录》[M].清文渊阁四库全书本.

（明）王鏊撰.《震泽集》[M].清文渊阁四库全书本.

（明）王鏊撰.《震泽长语》[M].清指海本.

（明）杨廉撰.《杨文恪公文集》[M].明刻本.

（明）刘玑撰.《正蒙会稿》[M].明正德十五年刻本.

（明）张旭撰.《梅岩小稿》[M].明正德元年刻本.

（明）刘春撰.《东川刘文简公集》[M].明嘉靖三十三年刻本.

（明）曹学佺撰.《石仓历代诗选》[M].清文渊阁四库全书补配清文津阁四库全书本.

（明）邵宝撰.《容春堂集》[M].清文渊阁四库全书本.

（明）钱福撰.《钱太史鹤滩稿》[M].明万历三十六年沈思梅居刻本.

（明）罗钦顺撰.《困知记》[M].明万历刻本.

（明）湛若水撰.《格物通》[M].清文渊阁四库全书本.

（明）湛若水撰.《杨子折衷》[M].明嘉靖葛涧刻本.

（明）湛若水撰.《湛甘泉先生文集》[M].清康熙二十黄楷刻本.

（明）湛若水撰.《遵道录》[M].明嘉靖二年刻本.

（明）王阳明撰.《王文成公全书》[M].清文渊阁四库全书本.

（明）马理撰.《谿田文集》[M].清道光二十年三原刻本.

（明）何瑭撰.《柏斋集》[M].清文渊阁四库全书补配清文津阁四库全书本.

（明）孙绪撰.《沙溪集》[M].清文渊阁四库全书本.

（明）崔铣撰.《士翼》[M].明嘉靖十四年刻本.

（明）吕柟撰.《张子抄释》[M].清文渊阁四库全书本.

(明)吕柟撰.《二程子抄释》[M].嘉靖十五年吕氏门人邓诰刊本.

(明)吕柟撰.《四书因问》[M].清文渊阁四库全书本.

(明)吕柟撰.王光祖辑.《泾野子内篇》[M].清文渊阁四库全书本.

(明)韩邦奇撰.《正蒙拾遗》[M].清乾隆十六年四库全书本.

(明)胡缵宗撰.《鸟鼠山人小集》[M].明嘉靖十八年刻本.

(明)胡缵宗撰.《愿学编》[M].明嘉靖刻清修本.

(明)徐问撰.《读书劄记》[M].清文渊阁四库全书本.

(明)何景明撰.《大复集》[M].明万历五年刻本.

(明)何景明撰.《雍大记》[M].明嘉靖刻本.

(明)魏校撰.《庄渠遗书》[M].清文渊阁四库全书本.

(明)王一槐撰.《玉唾壶》[M].明钞本.

(明)张邦奇撰.《张邦奇集》[M].明刻本.

(明)季本撰.《说理会编》[M].明刻本.

(明)林大辂撰.《愧瘖集》[M].明嘉靖林敦履刻本.

(明)邹守益撰.《东廓邹先生文集》[M].四库全书存目丛书本.

(明)叶良佩撰.《周易义丛》[M].明嘉靖刻本.

(明)杨爵撰.《杨忠介集》[M].清文渊阁四库全书本.

(明)骆文盛撰.《骆两溪集》[M].明万历刻武康四先生集本.

(明)唐枢撰.《宋学商求》[M].清文渊阁四库全书本.

(明)薛应旂撰.《方山先生文录》[M].明嘉靖东吴书林刻本.

(明)薛应旂撰.《薛子庸语》[M].明隆庆刻本.

(明)刘儓撰.《新刊正蒙解》[M].明嘉靖刻本.

(明)罗洪先撰.《念庵文集》[M].清文渊阁四库全书本.

(明)邵圭洁撰.《北虞先生遗文》[M].明万历庆刻本.

(明)方弘静撰.《千一录》[M].明万历刻本.

(明)郭应聘撰.《郭襄靖公遗集》[M].明万历刻本.

(明)王樵撰.《绍闻编》[M].明万历二十四年刻本.

(明)王樵撰.《方麓集》[M].清文渊阁四库全书本.

(明)徐渭撰.《徐文长文集》[M].明刻本.

(明)邓球撰.《闲适剧谈》[M].明万历邓云台刻本.

(明)董传策撰.《董传策集·采薇集利册》[M].明万历刻本.

（明）董传策撰.《（嘉靖）南宁府志》[M].明嘉靖四十三年刻本.

（明）方学渐撰.《心学宗》[M].清康熙继声堂刻本.

（明）温纯撰.《温恭毅集》[M].清文渊阁四库全书本.

（明）李廷机撰.《燕居录》[M].明末刻本.

（明）姚舜牧撰.《重订诗经疑问》[M].清文渊阁四库全书本.

（明）姚舜牧撰.《来恩堂草》[M].明刻本.

（明）姚舜牧撰.《性理指归》[M].明万历刻清顺治重修本.

（明）杨起元撰.《杨复所先生家藏文集》[M].明崇祯杨见晙等刻本.

（明）杨起元撰.《证学编》[M].明万历四十五年余永宁刻本.

（明）李安仁撰.《石鼓书院志》[M].明万历刻本.

（明）顾宪成撰.《顾端文公遗书》[M].清康熙刻本.

（明）顾宪成撰.《泾皋藏稿》[M].清文渊阁四库全书本.

（明）邹元标撰.《邹忠介公奏疏》[M].明崇祯十四年林铨刻本.

（明）邹元标撰.《愿学集》[M].清文渊阁四库全书补配清文津阁四库全书本.

（明）朱鸿撰.《经书孝语》[M].明崇祯刻孝经大全本.

（明）顾允成撰.《小辨斋偶存》[M].清光绪常州先哲遗书本.

（明）冯从吾撰.《少墟集》[M].清文渊阁四库全书本.

（明）沈佳胤撰.《翰海》[M].明末徐含灵刻本

（明）薛冈撰.《天爵堂文集》[M].明崇祯刻本.

（明）高攀龙集注,徐必达发明.《正蒙释》[M].浙江巡抚采进本.

（明）高攀龙撰.《高子遗书》[M].清文渊阁四库全书补配清文津阁四库全书本.

（明）沈自彰撰.《张子全书》[M].明万历凤翔府刻本.

（明）戴君恩撰.《剩言》[M].明刻本.

（明）顾大韶撰.《炳烛斋随笔》[M].清初刻本.

（明）刘宗周撰.《刘子遗书》[M].董氏重订本.

（明）刘宗周撰.《人谱》[M].董氏重订本.

（明）刘宗周撰.《人谱类记》[M].董氏重订本.

（明）刘宗周撰.《刘氏家塾规》[M].董氏重订本.

（明）戴澳撰.《杜曲集》[M].明崇祯刻本.

（明）张大命撰.《太古正音琴经》[M].明万历刻后印本.
（明）孙奇逢撰.《夏峰先生集》[M].清道光二十五年大梁书院刻本.
（明）孙奇逢撰.《读易大旨》[M].浙江巡抚采进本.
（明）黄道周撰.《榕坛问业》[M].清乾隆刻本.
（明）黄道周撰.《黄石斋先生文集》[M].清康熙五十三年刻本.
（明）吕维祺撰.《孝经大全》[M].清康熙刻本.
（明）张自烈撰.《正字通》[M].清康熙二十四年清畏堂刻本.
（明）刁包撰.《易酌》[M].清文渊阁四库全书本.
（明）陈确撰.《陈确集》[M].嘉庆三年稿本.
（明）高尔俨撰.《古处堂集》[M].清康熙三年高懋恒刻本.

清代

（清）陆世仪撰.《思辨录辑要》[M].清文渊阁四库全书本.
（清）陆世仪撰.《桴亭先生文钞》[M].光绪二十五年京师刊遗书本.
（清）张履祥撰.《杨园全书》[M].清乾隆刻本.
（清）张尔岐撰.《蒿庵闲话》[M].清康熙徐氏真合斋磁版印本.
（清）顾炎武撰.《日知录》[M].清乾隆刻本.
（清）谢文洊撰.《学庸切己录》[M].江西巡抚采进本.
（清）王建常撰.《复斋录》[M].清光绪元年刘述经堂刻本.
（清）王建常撰.《复斋馀稿》[M].四勿斋石印本.
（清）魏裔介撰.《兼济堂文集》[M].清文渊阁四库全书本.
（清）张能鳞撰.《儒宗理要·张子》[M].清顺治刻本.
（清）王夫之撰.《张子正蒙注》[M].清船山遗书本.
（清）王夫之撰.《思问录·内篇》[M].同治四年曾刻本.
（清）王夫之撰.《读四书大全说》[M].清船山遗书本.
（清）王夫之撰.《周易内传》[M].清船山遗书本.
（清）王夫之撰.《礼记章句》[M].清船山遗书本.
（清）董说撰.《董说集》[M].民国吴兴丛书本.
（清）王嗣槐撰.《太极图说论》[M].浙江吴玉墀家藏本.
（清）周在梁,周在浚,周在延辑.《赖古堂尺牍新钞三选结邻集》[M].清道光六年赖古堂重刻本.

(清)李二曲撰.《二曲集》[M].清康熙三十三年刻后印本.
(清)朱显祖撰.《希贤录》[M].清康熙三十二年天瑞堂刻本.
(清)陆陇其撰.《四书讲义困勉录》[M].清文渊阁四库全书本.
(清)陆陇其撰.《松阳讲义》[M].清文渊阁四库全书本.
(清)陆陇其撰.《读朱随笔》[M].清刻陆子全书本.
(清)陆陇其撰.《三鱼堂剩言》[M].清文渊阁四库全书本.
(清)陆陇其撰.《三鱼堂外集》[M].清康熙刻本.
(清)陆陇其撰.《松阳钞存》[M].清刻陆子全书本.
(清)屈大均撰.《翁山诗外·五律》[M].清康熙二十八年刻本.
(清)熊赐履撰.《学统》[M].清康熙二十四年刻本.
(清)施璜撰.《五子近思录发明》[M].清刻本.
(清)张习孔撰.《近思录传》[M].清康熙刻本刻本.
(清)张万寿撰.《扬州府志》[M].两淮盐政采进本.
(清)张英撰.《文端集》[M].清文渊阁四库全书本.
(清)张英撰.《书经衷论》[M].清文渊阁四库全书本.
(清)冉觐祖撰.《性理纂要附训》[M].河南巡抚采进本.
(清)冉觐祖撰.《正蒙补训》[M].清康熙四十一年刻本.
(清)陈廷敬撰.《午亭文编》[M].清文渊阁四库全书本.
(清)张玉书撰.《张文贞集》[M].清乾隆文渊阁四库全书钞江苏巡抚采进本.
(清)李光地撰.《注解正蒙》[M].清刻榕村全书本.
(清)李光地撰.《性理精义》[M].清文渊阁四库全书本.
(清)李光地撰.《周易通论》[M].清刻榕村全书本.
(清)李光地撰.《榕村四书说》[M].清四库本.
(清)李光地撰.《榕村语录》[M].清文渊阁四库全书本.
(清)李光地撰.《榕村集》[M].清文渊阁四库全书本.
(清)李光地撰.《御制性理精义》[M].清康熙五十四年武英殿刻本.
(清)姚际恒撰.《古文尚书通论辑本.》[M].清四库本.
(清)陈梦雷撰.《松鹤山房诗文集》[M].清康熙铜活字印本.
(清)李光坡撰.《礼记述注》[M].清文渊阁四库全书本.
(清)张伯行编.《濂洛关闽书》[M].清正谊堂全书本.

(宋)张载撰.(清)张伯行辑.《张横渠集》[M].清正谊堂全书本.

(清)窦克勤撰.《事亲庸言》[M].民國十七年清史館本.

(清)胡煦撰.《周易函书》[M].清文渊阁四库全书本.

(清)蔡衍鎤撰.《操斋集》[M].清康熙刻本.

(清)王心敬撰.《丰川全集》[M].清康熙五十四年本.

(清)王心敬撰.《丰川语录》[M].清康熙五十四年本.

(清)王心敬撰.《侍侧纪闻》[M].清康熙五十四年本.

(清)王心敬撰.《司牧宝鉴》[M].清康熙五十四年本.

(清)廖志灏撰.《燕日堂录》[M].清康熙刻本.

(清)杨名时撰.《杨氏全书》[M].清乾隆五十九年江阴叶廷甲水心草堂刻本.

(清)张棠、周芳撰.《正蒙注》[M].清康熙四十六年刻本.

(宋)张载撰.(清)朱轼辑.《张子全书》[M].清康熙五十八年朱轼序刻本.

(清)朱轼撰.《朱文端公集》[M].清康熙六十年刻乾隆二年续刻本.

(清)朱轼撰.《驳吕留良四书讲义》[M].清雍正十一年刻本.

(清)方苞撰.《礼记析疑》[M].清文渊阁四库全书本.

(清)李文炤撰.《恒斋文集》[M].四为堂藏版

(清)华希闵撰.《性理四书注释》[M].清康熙刻本.

(清)华希闵撰.《正蒙辑释》[M].清康熙四十七年刻本.

(清)茅星来撰.《近思录集注》[M].清文渊阁四库全书本.

(清)王植撰.《正蒙初义》[M].清文渊阁四库全书本.

(清)王植撰.《朱子注释濂关三书》[M].直隶总督采进本.

(清)江永撰.《善余堂文集》[M].吴县潘氏宝山楼本.

(清)蔡世远撰.《二希堂文集》[M].清文渊阁四库全书本.

(清)蔡世远编.《古文雅正》[M].清文渊阁四库全书本.

(清)陈梓撰.《删后文集》[M].清嘉庆二十年胡氏敬义堂刻本.

(清)庄亨阳撰.《秋水堂遗集》[M].清嘉庆二十一年刻

(清)李清植撰.《孝经注疏》[M].清乾隆文渊阁四库全书钞内府藏本.

(清)陈法撰.《易笺》[M].清文渊阁四库全书

(清)郑板桥撰.《板桥集》[M].清清晖书屋刻本.

(清)范尔梅撰.《雪庵文集》[M].清刻本.

(清)杨方达撰.《正蒙集说》[M].清嘉庆十年刻本.

(清)刘绍攽撰.《九畹古文》[M].清乾隆刻本.

(清)蔡新撰.《缉斋诗稿》[M].清乾隆刻本.

(清)乾隆撰.《御制诗馀集》[M].清四库本.

(清)毕沅撰.《关中金石记》[M].清乾隆经训堂刻本.

(清)毕沅撰.《灵岩山人诗集》[M].清嘉庆四年经训堂刻本.

(清)何纶锦.《古三疾斋杂著》[M].清庆八年刻本.

(清)纪大奎撰.《双桂堂稿》[M].清嘉庆十三年刻纪慎斋先生全集本.

(清)刘沅撰.《正讹》[M].光绪刘氏家刻本.

(清)李元春辑.《关中道脉四种书·张子释要》[M].守朴堂刻本.

(清)李元春撰.《青照堂丛书续编》[M].清道光十五年朝邑刘际清刊本.

(清)邓显鹤撰.《沅湘耆旧集》[M].清道光二十三年邓氏南邨草堂刻本.

(清)邓显鹤撰.《沅湘耆旧集前编》[M].清道光二十四邓氏小九华山楼刻本.

(清)吴敏树撰.《柈湖文录》[M].光绪十九年湖南思贤书局刻本.

(清)罗泽南撰.《西铭讲义》[M].清咸丰七年长沙刊本.

(清)罗泽南撰.《罗山遗书》[M].清咸丰九年刻本.

(清)罗泽南撰.《小学韵语》[M].清咸丰六年刻本.

(清)陈澧撰.《东塾读书记》[M].清光绪刻本.

(清)曾国藩撰.《曾文正公文集》[M].传忠书局刻本.

(清)吴可读撰.《携雪堂文集》[M].清光绪间浙江书局刻本.

(清)李元绷撰.《注释近思录》[M].清刻本.

(清)贺瑞麟撰.《清麓遗语》[M].光绪三十一年正谊书院刻本.

(清)贺瑞麟撰.《清麓日记》[M].光绪二十五年刘氏传经堂刻本.

(清)贺瑞麟撰.《清麓答问》[M].光绪三十一年正谊书院刻本.

(清)贺瑞麟撰.《清麓文集》[M].光绪二十五年刘氏传经堂刻本.

(清)朱一新撰.《无邪堂答问》[M].清光绪二十一年广雅书局刻本.

(英)宓克撰.(清)严复译《支那教案论》[M].清光绪南洋公学译书院排印本.

民国

(民国)张元勋撰.《正学隅见》[M].民国二十五年爱日精舍排印本.

（民国）曹元弼撰.李科整理.《曹元弼日记》[M].凤凰出版社2020年9月第1版.

（民国）曾习经撰.《蛰庵诗存》[M].叶恭绰影印本.

（民国）何璋撰.《论教》[J].中西教会报,1892年第2卷第16期.

（民国）刘师培,林獬撰.《中国民约精义》[M].镜今书局本.

（民国）梁启超撰.《饮冰室文集》[M].上海文化进步社,2001年8月版.

（民国）归曾祁撰.《西铭汇纂》[M].清宣统二年稿本.

（民国）吴承炬撰.《西铭赞》[J].小说新报,1916年(11).

（民国）金夕阳撰.《宋张横渠有民胞物与之说申而论之》[J].同南,1917(06).

（民国）周维新撰.《书张子〈西铭〉后》[J].青年进步,1919(19).

（民国）刘伯明撰.《东西洋人生观之比较》[J].申报,1920(10).

（民国）武淑撰.《仪光阁杂著》[M].民国十年铅印本(1921).

（民国）唐文治撰.《性理学大义》[M].民国二十五年五月无锡光复路民生印书馆印刷本.

（民国）李佳白撰.《李路得先生演说》[J].尚贤堂纪事,1922(13)41.

（民国）张轶欧撰.《锡山张氏统谱》[M].民国十二年铅印本.

（民国）张绍价撰.《近思录解义》[M].上海古籍出版社,2021年7月版.

（民国）孙迺琨撰.《灵泉文集》[M].民国铅印本.

（民国）牛兆濂撰.《蓝川文钞》[M].民国十三年芸阁诸生排印本.

（民国）牛兆濂撰.《蓝川文钞续》[M].民国二十四年芸阁学舍诸生排印本.

（民国）褚应章撰.《张子〈西铭〉书后》[J].金陵女子大学校刊,1926(08).

（民国）谢扶雅撰.《宗教哲学》[M].上海：上海青年协会书局,1950.

（民国）刘仲山撰.《基督教与中国文化的关系》[J].希望月刊,1928,05(12).

（民国）徐宝谦撰.《基督教与中国文化》[J].大公报,1933(13).

（民国）陈荣珪撰.《西铭解》[J].感化月刊,1933,01(02).

（民国）江谦撰.《广张子〈西铭〉》[J].佛学半月刊,1934(78).

（民国）缪篆撰.《读张横渠〈东铭〉〈西铭〉》[J].新民,1935,01(02).

（民国）赵紫宸撰.《学仁篇》[M].中华基督教女青年会全国协会,1936.

(民国)赵紫宸撰,燕京研究院编.《赵紫宸文集》[M].上海:商务印书馆,2003.

(民国)查猛济撰.《张子〈西铭〉的抗战哲学》[J].胜利,1939(32).

(民国)杜天縻撰.《西铭笺释》[J].浙江自治,1939(13-15).

(民国)王淄尘撰.《张子西铭》[J].前线旬刊,1939,02(18).

(民国)朱逸人撰.《读西铭》[J].服务(诸暨),1939(02).

(民国)毛夷庚撰.《张子西铭》[J].江西地方教育,1939(139).

(民国)毛夷庚撰.《张子西铭》[J].浙赣月刊,1940,01(05).

(民国)曹冷泉撰.《关学概论》[J].西北文化月刊,1941,01(03).

(民国)孙常钧撰.《释西铭》[J].沅陵中报社,1942,(03).

(民国)王建新撰.《〈西铭〉新话》[J].湘桂月刊,1943,02(08).

(民国)陈敦仁撰.《〈西铭〉注》[J].福建训练月刊,1943,02(03).

(民国)方豪撰.《论中西文化传统.发扬儒家学说之途径》[J].真理杂志,1944,01(03).

(民国)世界不孝子撰.《孝经救世》[M].民国时期经学丛书.台中:文听阁图书公司,2009.

(民国)冯友兰撰.《宋明儒家哲学述评》[J].中央周刊,1943,05(45).

(民国)罗事宜撰.《张子立心立命之说即礼运大同之义》[J].聚学,1947(02).

(民国)枯木撰.《西铭口授》[J].海潮音,1948,29(02).

韩国

朴兴生.《菊堂先生遗稿》[M].1895年木版本.景仁文化社.韩国文集丛刊1999.8.

金时习.《梅月堂文集》[M].1893年木版本.韩国文集丛刊1999.45.

申光汉.《企斋别集》[M].1573年木版本.韩国文集丛刊1999.22.

周世鹏.《武陵集》[M].1859年木版本.景仁文化社.韩国文集丛刊1999.1107-1109.

李滉.《退溪集》[M].1573年木版本.景仁文化社.韩国文集丛刊1999.29-31.

金麟厚.《河西先生全集》[M].1798年木版本.景仁文化社.韩国文集丛

刊 1999.107－108.

李桢.《龟岩先生文集》[M].1902 年木版本.景仁文化社.韩国文集丛刊 1999.802－1308.

柳希春.《眉岩先生集》[M].朝鲜后期木版本.景仁文化社.韩国文集丛刊 1999.111－113.

金富弼.《后彫堂先生文集》[M].16 世纪木版本.民族文化推进会 2005 年编.韩国文集丛刊续.

吴健.《德溪先生文集》[M].18 世纪初木版本.《韩国文学集》第 38 卷.韩国古典翻译研究所 2013 年.

权好文.《松岩集》[M].1680 年版本.景仁文化社.韩国文集丛刊 1999.41.

李珥.《栗谷先生全书》[M].1749 年活字本.景仁文化社.韩国文集丛刊 1999.210－216.

尹根寿.《月汀先生集》[M].1647 年木版本.景仁文化社.韩国文集丛刊 1999.203.

李德弘.《艮斋先生文集》[M].1752 年版本.景仁文化社.韩国文集丛刊 1999.51.

金诚一.《鹤峰先生文集续集》[M].1803 年木版本.景仁文化社.韩国文集丛刊 1999.1901－1903.

郑述.《寒冈文集》[M].朝鲜后期木版本.景仁文化社.韩国文集丛刊 1999.406－414.

李鲁.《松岩先生文集》[M].1852 年木版本.景仁文化社.韩国文集丛刊 1999.1527.

曹好益.《芝山先生文集》[M].朝鲜中期木版本.景仁文化社.韩国文集丛刊 1999.1797.

李廷馨.《知退堂集》[M].1960 年活字本.景仁文化社.韩国文集丛刊 1999.2574.

柳根.《西坰集》[M].朝鲜后期木版本.景仁文化社.韩国文集丛刊 1999.2209.

徐思远.《乐斋先生文集》[M].朝鲜后期木版本.景仁文化社.韩国文集丛刊 1999.1816.

权宇.《松巢先生文集》[M].朝鲜后期木版本.景仁文化社.韩国文集丛刊1999.1645.

孙处讷.《慕堂先生文集》[M].1849年木版本.韩国文集丛刊1999.2214.

张显光.《旅轩集》[M].朝鲜后期木版本.景仁文化社.韩国文集丛刊1999.642-645.

黄汝一.《海月先生文集》[M].1776年木版本.韩国文集丛刊1999.2338-2339.

吴允谦.《楸滩集》[M].1692年版本.景仁文化社.韩国文集丛刊1999.64.

李睟光.《芝峰先生集》[M].1634年木版本.景仁文化社.韩国文集丛刊1999.2530-2532.

李光胤.《瀼西先生文集》[M].坡州庆仁文化史2016年.韩国历代文集丛书3135.

申钦.《象村稿》[M].1635年木版本.景仁文化社.韩国文集丛刊1999.126-130.

权得己.《晚悔集》[M].朝鲜后期.景仁文化社.韩国文集丛刊1999.598-599.

朴知诫.《潜冶先生集》[M].现代笔写本.景仁文化社.韩国文集丛刊1999.2248-2250.

权克中.《青霞集》[M].1644年木版本.景仁文化社.韩国文集丛刊1999.549.

李尚馨.《天默先生遗稿》[M].1908年木版本.景仁文化社.韩国文集丛刊1999.543.

林真怤.《林谷先生文集》[M].1834年木活字本.

张维.《溪谷先生漫笔》[M].1643年木版本.景仁文化社.韩国文集丛刊1999.705-708.

崔有海.《默守堂先生文集》[M].朝鲜王朝1630年手抄本.

河弘度.《谦斋先生文集》[M].朝鲜后期木版本.景仁文化社.韩国文集丛刊1999.348-349.

许穆.《眉叟记言》[M].1772年版本.景仁文化社.韩国文集丛刊1999.

98-99.

尹舜举.《童土先生文集》[M].朝鲜后期活字本.景仁文化社.韩国文集丛刊1999.2353.

权諰.《炭翁先生集》[M].朝鲜后期木版本.景仁文化社.韩国文集丛刊1999.1904-1905.

宋时烈.《尤庵先生文集》[M].朝鲜后期木版本.景仁文化社.韩国文集丛刊1999.1531-1550.

朴长远.《久堂先生集》[M].朝鲜后期木版本.景仁文化社.韩国文集丛刊1999.2647-2650.

申最.《春沼子集》[M].1682年木刻本.

金干.《厚斋集》[M].1766年木刻本.

李世龟.《养窝集》[M].首尔国立大学奎章阁韩国研究所罫印写本.林泳撰.《沧溪集》[M].朝鲜后期木版本.景仁文化社.韩国文集丛刊1999.368-371.

金昌协.《农岩集》[M].1752年木版本.景仁文化社.韩国文集丛刊1999.248-252.

徐宗泰.《晚静堂集》[M].17—18世纪版本.檀国大学东方学研究所2020年.

李衡祥.《瓶窝先生文集》[M].18世纪版本.韩国精神文化研究所1990年.

朴光一.《逊斋集》[M].1848年活字本.景仁文化社.韩国文集丛刊1999.2340-2341.

金春泽.《北轩居士集》[M].朝鲜后期木版本.景仁文化社.韩国文集丛刊1999.875.

申益愰.《克斋集》[M].朝鲜后期木版本.景仁文化社.韩国文集丛刊1999.1439-1440.

鱼有凤.《杞园集》[M].1887手稿版本.韩国文学作品集183-184.

权德秀.《逋轩集》[M].民族文化推进会编.韩国文集丛刊续2007年57.

丁时翰.《愚潭集》[M].朝鲜后期木版本.景仁文化社.韩国文集丛刊1999.332-333.

李夏坤.《头陀草》[M].18世纪版本.韩国古典翻译研究所2018年出版新韩文版.《韩国文集学》第191卷.

李縡.《陶庵集》[M].1803年版本.景仁文化社.韩国文集丛刊1999.194-195.

金德五.《痴轩集》[M]1912年木版本.景仁文化社.韩国文集丛刊1999.1889-1890.

尹凤朝.《圃岩集》[M].朝鲜后期活字本.景仁文化社.韩国文集丛刊1999.2412-2422.

韩元震.《南塘集》[M].朝鲜后期木版本.景仁文化社.韩国文集丛刊1999.163-168.

尹凤九.《屏溪集》[M].朝鲜后期活字本.景仁文化社.韩国文集丛刊1999.2412-2422.

郑重器.《梅山集》[M].1797年木版本.景仁文化社.韩国文集丛刊1999.2424-2425.

沈錥.《樗村集》[M].1750年活字本.景仁文化社.韩国文集丛刊1999.2569.

姜再恒.《立斋遗稿》[M]1912年木版本.景仁文化社.韩国文集丛刊1999.342-343.

郑玉.《牛川集》[M].朝鲜后期木版本.景仁文化社.韩国文集丛刊1999.2434.

闵遇洙.《贞庵集》[M].朝鲜后期木版本.景仁文化社.韩国文集丛刊1999.2431-2433.

申暻.《直庵集》[M].1811年版本.韩国文集丛刊1999.216.

徐宗华.《药轩遗集》[M].韩国古典翻译院.韩国文集丛刊续2009.76.

杨应秀.《白水集》[M].1928年活字本.景仁文化社.韩国文集丛刊1999.1651-1656.

崔兴远.《百弗庵集》[M].1816年版本.景仁文化社.韩国文集丛刊1999.222.

赵普阳.《八友轩先生文集》[M].1831年木版本.景仁文化社.韩国文集丛刊1999.3243-3244.

李象靖.《大山集》[M].朝鲜后期木版本.景仁文化社.韩国文集丛刊

1999.172 – 178.

任圣周.《鹿门集》[M].1795 年木版本.景仁文化社.韩国文集丛刊 1999.1501 – 1504.

安鼎福.《顺庵集》[M].1900 年木版本.景仁文化社.韩国文集丛刊 1999.951 – 955.

李光靖.《小山集》[M].朝鲜后期木版本.景仁文化社.韩国文集丛刊 1999.1020 – 1021.

金砥行.《密庵集》[M].1800 年木刻版.骊江出版社刊行.

李宗洙.《后山先生文集》[M].朝鲜后期木版本.景仁文化社.韩国文集丛刊 1999.915 – 917.

权炳.《约斋集》[M].1811 年木版本.景仁文化社.韩国文集丛刊 1999.2449 – 2450.

金宗德.《川沙集》[M].朝鲜后期木版本.景仁文化社.韩国文集丛刊 1999.840 – 843.

柳长源.《东岩集》[M].韩国古典翻译院.韩国文集丛刊续 2009.88.

赵荣顺.《退轩集》[M].纯祖 180L – 1834 年版本.

徐昌载.《梧山集》[M].1831 年活字本.景仁文化社.韩国文集丛刊 1999.2508.

金镇东.《素岩集》[M].韩国古典翻译院.韩国文集丛刊续 2009.90.

南基万.《默山集》[M].1874 年木版本.景仁文化社.韩国文集丛刊 1999.1281.

赵有善.《萝山集》[M].韩国古典翻译院.韩国文集丛刊续 2010.93.

李种徽.《修山集》[M].1799 年版本.景仁文化社.韩国文集丛刊 1999.247.

申体仁.《晦屏集》[M].朝鲜后期木版本.景仁文化社.韩国文集丛刊 1999.1026 – 1027.

朴胤源.《近斋集》[M].朝鲜后期活字本.景仁文化社.韩国文集丛刊 1999.946 – 950.

金相进.《濯溪集》[M].韩国古典翻译院.韩国文集丛刊续 2010.94.

李东汲.《晚觉斋集》[M].日帝强占期木版本.景仁文化社.韩国文集丛刊 1999.2501.

郑宗鲁.《立斋集》[M].朝鲜后期木版本.景仁文化社.韩国文集丛刊 1999.294 – 299.

李树仁.《惧庵集》[M].1901 年木版本.景仁文化社.韩国文集丛刊 1999.1755 – 1756.

李堣.《俛庵集》[M].朝鲜后期木版本.景仁文化社.韩国文集丛刊 1999.1037 – 1039.

金垙.《龟窝集》[M].韩国古典翻译院.韩国文集丛刊续 2010.95.

郑炜.《芝厓集》[M].韩国古典翻译院.韩国文集丛刊续 2010.97.

李德懋.《青庄馆全书》[M].1900 年版本.景仁文化社.韩国文集丛刊 1999.257 – 259.

南汉朝.《损斋集》[M].朝鲜后期木版本.景仁文化社.韩国文集丛刊 1999.188 – 189.

柳范休.《壶谷集》[M].朝鲜后期木版本.景仁文化社.韩国文集丛刊 1999.2539 – 2541.

李元培.《龟岩集》[M].韩国古典翻译院.韩国文集丛刊续 2010.101.

徐滢修.《明皋全集》[M].景仁文化社.韩国文集丛刊 1999.261.

夏时赞.《悦庵集》[M].韩国古典翻译院.韩国文集丛刊续 2010.102.

黄德吉.《下庐集》[M].景仁文化社.韩国文集丛刊 1999.260.

李祘.《弘斋全书》[M].1814 年版本.景仁文化社.韩国文集丛刊 1999.262 – 267.

朴旨瑞.《讷庵集》[M].韩国古典翻译院.韩国文集丛刊续 2010.103.

李书九.《惕斋集》[M].景仁文化社.韩国文集丛刊 1999.270.

李野淳.《广濑集》[M].韩国古典翻译院.韩国文集丛刊续 2010.102.

裴相说.《槐潭遗稿》[M].韩国古典翻译院.韩国文集丛刊续 2010.105.

南汉皓.《诚斋集》[M].韩国古典翻译院.韩国文集丛刊续 2010.105.

柳寻春.《江皋集》[M].韩国古典翻译院.韩国文集丛刊续 2010.106.

丁若镛.《与犹堂全书》[M].景仁文化社.韩国文集丛刊 1999.281 – 286.

柳台佐.《鹤栖集》[M].韩国古典翻译院.韩国文集丛刊续 2010.107.

吴熙常.《老洲集》[M].朝鲜后期笔写本.景仁文化社.韩国文集丛刊 1999.190 – 193.

附　录

姜必孝.《海隐遗稿》[M].朝鲜后期木版本.景仁文化社.韩国文集丛刊 1999.1909-1918.

姜浚钦.《三溟诗集》[M].1833年后转录手稿.首尔国立大学奎章阁韩国研究所.韩国文学110

李羲发.《云谷集》[M].朝鲜后期木版本.景仁文化社.韩国文集丛刊 1999.2962-2964.

李载毅.《文山集》[M].韩国古典翻译院.韩国文集丛刊续2011.112.

金宪基.《初庵全集》[M].朝鲜后期活字本.景仁文化社.韩国文集丛刊 1999.2618-2619.

李秉远.《所庵集》[M].韩国古典翻译院.韩国文集丛刊续2011.115.

金迈淳.《台山集》[M].1879年活字本.景仁文化社.韩国文集丛刊 1999.756-758.

柳致明.《定斋集》[M].朝鲜后期木版本.景仁文化社.韩国文集丛刊 1999.993-1000.

郑在褧.《慎窝集》[M].韩国古典翻译院.韩国文集丛刊续2011.117.

李恒老.《华西集》[M].景仁文化社.韩国文集丛刊1999.304-305.

奇正镇.《芦沙集》[M].1898年活字本.景仁文化社.韩国文集丛刊 1999.285-287.

李钟祥.《定轩集》[M].朝鲜后期木版本.景仁文化社.韩国文集丛刊 1999.1040-1042.

金岱镇.《订窝集卷》[M].日帝强占期木版本.景仁文化社.韩国文集丛刊 1999.1879-1881.

韩运圣.《立轩集》[M].韩国古典翻译院.韩国文集丛刊续2011.124.

苏辉冕.《仁山集》[M].木活字本

朴永鲁.《岩居文集》[M].景仁文化社.韩国文集丛刊1999.1561.

张福枢.《四未轩集》[M].景仁文化社.韩国文集丛刊1999.316.

李震相.《寒洲集》[M].景仁文化社.韩国文集丛刊1999.317-318.

金平默.《重庵集》[M].景仁文化社.韩国文集丛刊1999.319-320.

李象秀.《峿堂集》[M].1900年活字本.景仁文化社.韩国文集丛刊 1999.2643-2646.

金道和.《拓庵集》[M].日帝强占期木版本.景仁文化社.韩国文集丛刊.

1119－1126.

柳重教.《省斋集》[M].景仁文化社.韩国文集丛刊 1999.323－324.

许愈.《后山集》[M].朝鲜后期木版本.景仁文化社.韩国文集丛刊 1999.918－921.

金允植.《云养集》[M].现代笔写本.景仁文化社.韩国文集丛刊 1999.2743－2745.

许薰.《舫山集》[M].景仁文化社.韩国文集丛刊 1999.327－328.

李种杞.《晚求集》[M].1935 年笔写本.景仁文化社.韩国文集丛刊 1999.1050－1054.

田愚.《艮斋集》[M].日帝强占期活字本.景仁文化社.韩国文集丛刊 1999.321－329.

柳麟锡.《毅庵集》[M].景仁文化社.韩国文集丛刊 1999.337－339.

郑载圭.《老柏轩先生文集》[M].日帝强占期木版本.景仁文化社.韩国文集丛刊 1999.507－513.

李承熙.《大溪集》[M].日帝强占期活字本.景仁文化社.韩国文集丛刊 1999.1055－1060.

郭钟锡.《俛宇集》[M].景仁文化社.韩国文集丛刊 1999.340－344.

张锡英.《晦堂集》[M].1932 年木版本.景仁文化社.韩国文集丛刊 1999.894－900.

日本

藤原惺窝.《惺窝文集》[M].京都:思文阁,1941.

林罗山.《罗山文集》[M].京都:京都史迹会,1979.

林恕.《西铭私考》[M].日本内阁文库本.

山崎闇斋.《文会笔录》[M].日本天和三年(1683)寿文堂刊本.

贝原益轩.《近思录备考》[M].日本宽文八年刊本.

贝原益轩.《慎思录》[M].贝原益轩全集刊行部.1911.

贝原益轩.《益轩十训》[M].东京:有朋堂文库,1912.

贝原益轩.《自娱集》[M].贝原益轩全集刊行部.1911.

贝原益轩.《大疑录》[M].贝原益轩全集刊行部.1911.

浅见安正.《西铭参考》[M].甘雨亭丛书刊本.

室鸠巢.《西铭详义》[M].天明四年东都书肆崇文堂本.

室鸠巢.《太极图述》[M].续日本儒林丛书.东京:东洋图书刊行会,1931-1933.

荻生徂徕.《蘐园十笔》[M].续日本儒林丛书.东京:东洋图书刊行会,1931-1933.

久代宽.《心境西铭》[M].日本国文馆藏本.

佐藤一斋.《近思录栏外书》[M].日本天保十年写本.

三　张载"二铭"研究论文要目(1949—2023)

《西铭》

(共228篇)

【中国】

[1]苏文擢.《西铭》通释[J].珠海特刊(第十二届毕业典特刊),1962年7月.

[2]李少陵.张载作《西铭》[J].公保月刊,第10卷11、12期,1969年12月.

[3]蔡仁厚.张子《西铭》开示的理境[J].鹅湖月刊,1975(03):24-28.

[4]陈俊民.张载《西铭》理想论[J].陕西师大学报(哲学社会科学版),1983(04):44-55.

[5]李宗桂.朱熹对张载"民胞物与"思想的利用和改造[J].福建论坛(文史哲版),1984(05):14-17.

[6]胡楚生.韩愈《原人》与张载《西铭》[J].中国哲学史研究(北京),1985(04):52.

[7]范学德,范鹏.《西铭》—张载哲学的总纲和秘密[J].人文杂志,1987(05):26-31.

[8]赵永忠.论张载"民胞物与"的泛爱思想[J].道德与文明,1987(03):33-35.

[9]张佳雨.从《西铭》看张载的社会政治思想[J].《气化之道—张载哲学新论》收录,陕西省哲学学会编,陕西人民教育出版社,1992年11月第一版.

[10]张牛.从《乾称》篇看张载的哲学思想[J].四川大学学报(哲学社会科学版),1995(01):30-38.

[11]谢兰荣.张载与《西铭》[J].教育史研究(北京),1995(01):25-28.

[12]何炳棣.儒家宗法模式的宇宙本体论——从张载的《西铭》谈起[J].哲学研究,1998(12):64-69.

[13]商聚德.《西铭》义蕴析论[C]//."张载关学与实学"国际研讨会论

文集,1999:186-194.

[14]胡义成.《西铭》祭——回视张载对"仁道"的论证[C]//."张载关学与实学"国际研讨会论文集,1999:195-203.

[15]程灵生.《西铭》对现代教育的启示[C]//."张载关学与实学"国际研讨会论文集,1999:204-208.

[16]胡义成.仁道唯物论和"新关学"——回视张载《西铭》对"仁道"的论证[J].昆明师范高等专科学校学报,2000(01):6-10.

[17]胡义成."西土谁供后学求?"——回视张载对"仁道"的论证[J].赣南师范学院学报,2000(1):18-22.

[18]商聚德.《西铭》义蕴析论[J].保定师专学报,2001(01):1-5.

[19]胡义成.西铭祭——回视张载对"仁道"的论证[J].绥化师专学报,2001(02):1-5.

[20]陈延庆."存顺没宁"——论中国传统生死观及其现代意义[J].道德与文明,2001(02):26-28.

[21]张世英.人类中心论与民胞物与说[J].江海学刊,2001(04):85-89.

[22]罗德尼·L·泰勒,雷洪德,张珉.民胞物与——儒家生态学的源和流[J].泰安教育学院学报岱宗学刊,2001(04):59-63.

[23]张京华.程朱之学与《东铭》《西铭》[C]//.02'中国北海《朱熹思想与以德治国》学术研讨会论文集,2002:112-114.

[24]"民吾同胞,物吾与也"[J].山东教育,2002(17):60-61.

[25]王宝峰.《西铭》与天地境界比较研究[D].西北大学,2003.

[26]李隆华.民胞物与——对人的类本质关系的思考[J].现代哲学,2003(03):22-26.

[27]张践.《西铭》:中国士大夫的精神家园[J].江汉论坛,2004(01):112-115.

[28]王处辉,宣朝庆.张载社会视觉中的"民胞物与"理想及其时代性[J].南开学报,2004(01):25-30+85.

[29]刘少航.张载《西铭》的大爱之义[J].运城学院学报,2004(03):7-9.

[30]魏涛.浅析张载"民胞物与"思想与墨家"兼爱"思想之异同[J].西安联合大学学报,2004(06):76-78.

[31]陈靖怡.民胞物与——论人与自然、人与人的和谐[J].河南科技大

学学报(社会科学版),2004(04):43-46.

[32]潘玉爱.从张载"民胞物与"谈儒家生态观[J].哲学与文化,2005(08):111-126.

[33]杨林生."民胞物与"与和谐社会[J].新远见,2006(06):96-99.

[34]王克奇."民胞物与"思想的性质及其文化溯源——兼论"仁爱"发展的历史进程[J].东岳论丛,2006(06):205-209.

[35]杨雄."贞生死以尽人道"——王船山对张载"存顺没宁"生死观的继承与发展[J].船山学刊,2006(04):22-24.

[36]张思齐.比较文学视野下的《说卦》和《西铭》[J].烟台大学学报(哲学社会科学版),2006(04):425-430.

[37]王广.论《西铭说》对"理一分殊"思想的创新[J].孔子研究,2006(06):115-122.

[38]王克奇."民胞物与"思想的性质及其文化溯源——兼论"仁爱"发展的历史进程[J].东岳论丛,2006(06):205-209.

[39]杨林生."民胞物与"与和谐社会[J].新远见,2006,(6):96-99.

[40]刘宗贤.张载:从太虚即气到万物一体[C]//.中国宝鸡张载关学与东亚文明学术研讨会论文集.[出版者不详],2007:120-129.

[41]谢阳举.穷神知化与天为一——从《西铭》看张载的宇宙意识及世界观[C]//.中国宝鸡张载关学与东亚文明学术研讨会论文集.[出版者不详],2007:175-176.

[42]赵馥洁.张载"民胞物与"理想的思维特征和普适意义(提要)[C]//.中国宝鸡张载关学与东亚文明学术研讨会论文集.[出版者不详],2007:234-235.

[43]任大援.张载"民胞物与"说对儒家世界观的贡献(提要)[C]//.中国宝鸡张载关学与东亚文明学术研讨会论文集.[出版者不详],2007:240.

[44]朱柳青.张载《西铭》伦理思想研究[D].南昌大学,2007.

[45]刘天杰.张载的"民胞物与"论及其现代意蕴[J].江西社会科学,2007(04):49-53.

[46]金维明.略论张载的"民胞物与"说及其非人类中心主义思想[J].中国科技信息,2008(10):222,224.

[47]魏冬.《西铭》的现代价值意蕴[N].光明日报,2008(7).

[48] 吕妙芬.《西铭》为《孝经》之正传?——论晚明仁孝关系的新意涵[J]. 中国文哲研究集刊,2008(33):139-172.

[49] 陈培强.倡导"民胞物与"思想建设医院文化[J]. 山东卫生,2008(10):24-25.

[50] 涂敏,杨桂芳.张载"民胞物与"的博爱思想及其现代启示[J]. 遵义师范学院学报,2009,11(01):11-14.

[51] 王雪蕊.张载的"民胞物与"论与"生态文明"[J]. 内蒙古电大学刊,2009(01):48-49.

[52] 涂敏,杨桂芳.张载"民胞物与"的博爱思想及其现代启示[J]. 遵义师范学院学报,2009,11(01):11-14.

[53] 何安峰,凌剑宝.论张载的"民胞物与"思想[J]. 牡丹江教育学院学报,2009(02):30-31.

[54] 王佩.张载《西铭》境界说[J]. 石河子大学学报(哲学社会科学版),2009,23(04):47-49.

[55] 谢兰荣.张载与《西铭》[C]//.纪念《教育史研究》创刊二十周年论文集(2)——中国教育思想史与人物研究.[出版者不详],2009:720-723.

[56] 盖光."民胞物与"的生态智慧启悟生态审美的爱意[C]//.全球视野中的生态美学与环境美学国际学术研讨会论文选集,2009:465-474.

[57] 吕逸新,盖光."民胞物与"与中国艺术的生态智慧[J]. 兰州学刊,2009(11):171-174.

[58] 杨名."民胞物与"与"大同""小康"——张载哲学的理想归宿与实践指向[J]. 船山学刊,2010(01):87-89.

[59] 邹广文,蔡志军.张载"民胞物与"思想的超越维度[J]. 河北学刊,2010,30(02):17-21.

[60] 范钊.儒家"民胞物与"思想在当代构建和谐社会中的价值[D]. 郑州大学,2010.

[61] 肖发荣.朱熹《西铭》研究之影响[J]. 西安石油大学学报(社会科学版),2010,19(02):81-85.

[62] 许宁,朱晓红."物与"之道:张载关学的生态哲学意蕴[J]. 陕西师范大学学报:哲学社会科学版,2010(2):53-57.

[63] 郭锋航.《西铭》的境界特质及其价值意蕴[J]. 北京理工大学学报

(社会科学版),2010,12(03):114-118.

[64]司道斌.从《西铭》看张载"民胞物与"思想及其当代意义[J].魅力中国,2010(17):283.

[65]刘佳.试论张载的"民胞物与"思想及其现代意义[J].学理论,2010(20):152-153.

[66]王广.朱熹"理一分殊"视野下的《西铭》诠释[J].朱子学刊,2010(00):73-85.

[67]肖发荣,史莉琴.朱熹围绕《西铭》展开的论战[J].宝鸡文理学院学报(社会科学版),2010,30(04):22-26+38.

[68]郑超.张载的民胞物与思想及其启示[J].东方企业文化,2010(18):252.

[69]李奖.儒家"理一分殊"原则对构建和谐社会主体心理养成因素的影响——以张载《西铭》为例[J].北京电力高等专科学校学报(社会科学版),2011,28(4):11-11.

[70]栾海燕.论《西铭》的美学思想[J].衡水学院学报,2011,13(02):19-22.

[71]米文科.王船山《张子正蒙注》哲学思想研究[D].陕西师范大学,2011.

[72]秦朗.张载《西铭》之"理一分殊"仁爱观管窥[J].学理论,2011(15):44-45.

[73]苏振武.我国传统文化的现代价值选析——张载《西铭》的和谐思想及其现代价值[J].价值工程,2011,30(16):304-305.

[74]吴红叶.党员道德素养:我党抵御执政风险之基础——从张载《西铭》说开去[J].新西部(理论版),2011(10):90.

[75]苟卫锋.张载"民胞物与"与墨子"兼爱"思想之比较[J].南昌教育学院学报,2011,26(01):13.

[76]金泽.党员干部要有"民胞物与"的信仰境界[J].内蒙古统计,2011(05):55-56.

[77]尹奇军,喻乐."民胞物与",书写大文人情怀[N].湘潭日报,2011-11-29(S02).

[78]周赟.从《西铭》出发看张载的宗法思想[J].民俗研究,2012(01):

109-115.

[79]袁清云.试论张载的《西铭》[J].神州(下旬刊),2012(z2):46-47.

[80]吴洲.民胞物与、无情有性和天地不仁——儒释道的物我观比较[J].江南大学学报(人文社会科学版),2012,11(01):30-33+61.

[81]陈颖聪.论《西铭》中的气、人性与人性修养[J].常州大学学报(社会科学版),2012,13(01):5-8.

[82]乐爱国.朱熹对张载"民胞物与"的诠释——一种以人与自然和谐为中心的生态观[J].中共宁波市委党校学报,2012,34(03):115-119.

[83]陈学奎.以《西铭》窥探张载的"天人观"[D].华东师范大学,2012.

[84]杨佳.张载仁爱观研究——兼论《西铭》仁孝思想[D].陕西师范大学,2012.

[85]乐爱国.朱熹对张载"民胞物与"的诠释——一种以人与自然和谐为中心的生态观[J].中共宁波市委党校学报,2012,34(03):115-119.

[86]何大海."存顺没宁":浅析张载的生死观——以《正蒙》为例[J].学理论,2013(14):43-44.

[87]王雪婴."民胞物与"的关学传统与当代西安地域文化建设[J].陕西社会主义学院学报,2012(03):31-33.

[88]秦朗.《西铭》之"理一分殊"原则对人格形成的负面影响[J].延安大学学报(社会科学版),2012,34(04):62-65.

[89]张再林."死而不亡"如何成为可能?——张载"气化生死观"的现代解读[J].中州学刊,2012(05):118-123.

[90]肖发荣.朱熹《西铭》研究的三个特点[J].唐都学刊,2012,28(06):28-31.

[91]王英.通过"互文"再释《西铭》[J].理论界,2012(12):104-105.

[92]王新春.张载《西铭》所构设的理学新语境[J].烟台大学学报(哲学社会科学版),2013,26(01):1-8.

[93]王新春.易学语境下张载《西铭》所构设的理学新语境[C].//第七届海峡两岸周易学术研讨会论文集.2013:506-517.

[94]段爱萍.论张载及其《西铭》天人合一、民胞物与的思想[J].长安学刊(哲学社会科学版),2013,4(5):21-23,31.

[95]耿静波.关于"民胞物与"与佛教思想的几点思考[J].理论界,2013

(01):109-111.

[96]赵馥洁.论张载"民胞物与"价值观的普适性[J].华夏文化,2013(02):12-16.

[97]孙闯.张载《正蒙》天人逻辑理路探析[D].辽宁大学,2013.

[98]杜林杰.论港台新儒家对张载《正蒙》的诠释[D].陕西师范大学,2013.

[99]刘兆玉.论《宋元学案》对张载关学的诠释[D].陕西师范大学,2013.

[100]林乐昌.张载《西铭》纲要新诠[J].中共宁波市委党校学报,2013,35(03):105-109+113.

[101]曹树明.吕大临佚文《西铭解》辑释[J].唐都学刊,2013,29(03):31-35.

[102]王进.圣人的隐忧——杨时(龟山)《寄伊川先生书》疏解[J].社会科学论坛,2013(12):39-48.

[103]高凤仪.浅谈张载"民胞物与"思想及其现实意义[J].大观周刊,2013(5):14.

[104]李晶.张载的"民胞物与"思想述评[J].现代妇女(下旬),2014(06):320.

[105]于右任.草书张载《西铭》卷[J].中国书法,2014(03):80-85.

[106]周璨.《西铭》孝思想的逻辑构成[J].长春教育学院学报,2014,30(04):1-2.

[107]王明华.对理解《西铭》的三条进路的批评[J].切磋集系列,2014(00):74-94.

[108]张瑞元.《正蒙》清代注研究[D].陕西师范大学,2014.

[109]肖发荣.朱熹《西铭》研究的史料问题考述[J].宝鸡文理学院学报(社会科学版),2014,34(04):20-25.

[110]刘京菊.杨时解读张载之《西铭》[J].晋阳学刊,2014(06):136-139.

[111]叶约翰.主祷文与基督教身份:与儒家《西铭》的一个简短对比(英文)[J].比较经学,2014(02):9-57.

[112]张丽.张载《西铭》的伦理道德观及现实价值[J].华章,2014(7):11-11,16.

[113]黄曼云.张载"民胞物与"思想及其现实意义[J].教育界,2014(12):125-125.

[114]孙占卿.王道正名:从《西铭》到"理一分殊"[J].政治思想史,2014,5(04):28-41+198.

[115]萧子扬.天人合一,民胞物与:浅析张载《西铭》的和谐思想及其当代价值[J].今日湖北(下旬刊),2014(2):149-150.

[116]林乐昌.从经典名篇中汲取精神养分——品读《西铭》[N].光明日报,2014(11).

[117]肖发荣.论朱熹对张载著作的整理和研究[J].宝鸡文理学院学报(社会科学版),2015,35(01):16-21.

[118]向世陵.从"天下为公"到"民胞物与"——传统公平与博爱观的旨趣和走向[J].中国人民大学学报,2015,29(02):71-79.

[119]姚婷婷.论"民胞物与"的佛教思想渊源[J].重庆科技学院学报(社会科学版),2015(08):17-18.

[120]余立国."民胞物与"万物一体[J].学习月刊,2015(21):51-52.

[121]刘鑫."胞民物与"的关中审美圆融思想建构[J].戏剧之家,2015(24):274-275.

[122]曾春海.张载《西铭》及《经学理窟》中的伦理思想——从方东美的观点切入[J].陕西师范大学学报(哲学社会科学版),2015,44(05):84-91.

[123]姜波,刘艳.论张载《西铭》思想的三个维度[J].重庆三峡学院学报,2015,31(05):14-16.

[124]陈翠苗.角色与自我的失衡——从《西铭》看中国伦理心理[J].名作欣赏,2015(35):105-107.

[125]符鹏.张载《西铭》与儒家宗法共同体的想象性构建——以"亲亲尊尊"的礼秩原则为视角[C]//.宋史研究论丛第17辑.,2015:371-392.

[126]张晴,王晓伟,唐珊珊.张载"民胞物与"思想对大学生生态教育的启示[J].青春岁月,2015(8):247-247.

[127]关玉杰.张载的"民胞物与"及当代价值[J].商情,2016(11):133.

[128]张璐,谷晓芸."民胞物与,天人合一"——论张载天道本体论与人性论的贯通关系[J].自然辩证法研究,2016,32(06):58-62.

[129]王政燃,张伟.论张载"天人合一"思想[J].长江丛刊,2016

(20):63.

[130]于文博.张载:民吾同胞,物吾与也[J].中国纪检监察,2016(19):59-60.

[131]陈晓东.民吾同胞,物吾与也——宋明心物关系论对城市规划价值观的启示[J].城市规划,2016,40(11):15-20.

[132]姜辉.论二程对张载《西铭》的接受[J].华夏文化,2016(02):53-54.

[133]易好.邓石如晚年隶书用笔特征新变探微——以《张子西铭》册为例[J].书法,2016(09):101-104.

[134]杨奇凡.张载《西铭》中的三种秩序[J].濮阳职业技术学院学报,2016,29(06):21-23.

[135]无.天人一体 民胞物与:对生命共同体的道德关怀[J].中国哲学年鉴,2016(1):344-345.

[136]林乐昌.论朱熹的《西铭》诠释模式—以"理一分殊"为标志[J].哲学与文化,2016(10):91-107.

[137]杨瑞松.从"民吾同胞"到"我四万万同胞之国民":传统到近现代"同胞"符号意涵的变化[J].政治大学历史学报,2016(45):109-164.

[138]吴凡明.张载"民胞物与"生态伦理思想及其当代价值[J].湖州师范学院学报,2017,39(09):1-5.

[139]陈渊,李涛.从张载"民胞物与"思想发现"深层生态学"[J].宝鸡文理学院学报(社会科学版),2017,37(06):48-53.

[140]范立舟.张载对宗法制度的构思及其"民胞物与"的大同理想[J].杭州师范大学学报(社会科学版),2017,39(05):12-19+26.

[141]郑善文.张载"民胞物与"思想的理学语境及时代价值[J].绍兴文理学院学报(哲学社会科学),2017,37(02):85-90.

[142]宋霞.《西铭》所开创的三种人文语境[J].理论界,2017(05):46-52.

[143]连凡.《宋元学案》视域下张载思想的阐释与评价——以《西铭》、《东铭》、太虚论为中心[J].西部学刊,2017(11):5-13.

[144]连凡.论《宋元学案》对张载《西铭》《东铭》及《正蒙》的诠释[J].人文论丛,2017,28(02):86-92.

[145]成松柳.张载《西铭》及其他[J].长沙理工大学学报(社会科学

版),2017,32(06):143-148.

[146]李存山.程颐与杨时关于《西铭》的讨论[J].人文论丛,2017,28(02):29-37.

[147]李毅."差等大爱"或"差等推爱"——以"西铭讨论"为中心重新检讨儒家仁爱理论[C].//2017年第三届全国哲学伦理学博士生学术论坛论文集.

[148]王新春.儒家视域下的个体价值——以张载《西铭》思想为[C].//2017第八届世界儒学大会论文集.2017:340-348.

[149]张美宏.《正蒙》对儒家"死生之说"的重构[J].哲学与文化,2017(02):37-51.

[150]张丽.农村生态伦理教育的现实藩篱与路径解析——来自"民胞物与"思想的启示[J].西北农林科技大学学报(社会科学版),2018,18(04):48-53.

[151]曹树明.北宋《西铭》诠释模式述论[J].齐鲁学刊,2018(02):27-31.

[152]陈渊.民胞物与:张载生态伦理思想研究[D].河北大学,2018.

[153]王光洁."民胞物与"思想的"他者"思考[J].宜宾学院学报,2018,18(07):66-73.

[154]李彬.从天人关系的角度论朱子的"理一分殊"——以朱子对《西铭》的诠释为中心[C].//第十一届南北五校哲学博士生学术论坛论文集.2018:111-124.

[155]薛勇民,党盛文.从"仁民爱物"到"民胞物与"——儒家仁爱思想的生态伦理意蕴[J].晋阳学刊,2018(05):94-98.

[156]岳贤雷.《西铭》孝论:逆向时间性与自然血脉上的人文精神[J].原道,2018(01):82-92.

[157]曹宇,闫晗阳,王圣琪.张载"民胞物与"价值观的普适性研究[J].神州,2018(7):294.

[158]许宁.《西铭》现代诠释的三个面向[J].孔子研究,2019(01):64-70.

[159]张新国.朱子《西铭解》的哲学建构[J].福建师范大学学报(哲学社会科学版),2019(01):131-137+171.

[160]苏小秋.贯通天人与勾连汉宋——论《西铭》与汉学《孝经》之关系[J].船山学刊,2019(02):71-78.

[161]徐涓.从杨时、李侗到朱熹论"《西铭》明理一而分殊"[J].朱子学研究,2019(01):108-117.

[162]黄会生,袁娟,王黎辉.张载"民胞物与"思想对当代中学生品德教育的启示[J].侨园,2019(06):131.

[163]林鸿信.民胞物与 休戚与共[J].基督教文化学刊,2019(02):79-103.

[164]刘晓潇.试论"民胞物与"之人文语境下的生态关怀[J].江苏省社会主义学院学报,2019(06):20-23.

[165]刘遥阳.天道事天与孝道事亲:朱熹与王船山注解《西铭》比论[J].衡阳师范学院学报,2019,40(04):13-19.

[166]桑东辉.《西铭》与共同体精神的思想萌芽[J].广西社会科学,2019(12):85-89.

[167]黄敏浩.张载《西铭》"理一分殊"及"孝论"的义涵[J].鹅湖学志,2019(63):1-28.

[168]蔡家和.王船山"合两之道"之生死观阐释——以《西铭》与《太和篇》两篇批注为例[J].衡阳师范学院学报,2020,41(01):9-16.

[169]谭阳伊."民胞物与"与"浑然与物同体"比较研究[J].长江丛刊,2020(05):152-153.

[170]吴玉琨.分析哲学视域下的《西铭》命题判断[J].德州学院学报,2020,36(01):96-99.

[171]张新瑞.《西铭续生篇》中的义理浅析[J].文存阅刊,2020(44):69,68.

[172]刘梁剑.天亲合一与身体的成长——船山《西铭》题解孝道思想引义[J].船山学刊,2020(02):12-19.

[173]顿一鸣.《西铭》孝论的双重向度[J].西安石油大学学报(社会科学版),2020,29(03):67-72.

[174]吕妙芬.清初至民国《西铭》的多元诠释[J].南开史学,2020(01):109-142+327.

[175]李小奋.张载的"民胞物与""玉汝于成"[J].宝鸡社会科学,2020

(3):11-11.

[176]王婉添.张载"民胞物与"思想分析——兼与墨子"兼爱"思想比较[J].中国文化论衡,2020(2):196-203.

[177]冯倩,谢悦,郭晓蓓."民胞物与"的生态伦理价值及其对当代环境问题的启示[J].科学与财富,2020,12(33):228.

[178]冯天瑜."民吾同胞,物吾与也"[J].书屋,2020(08):9-10.

[179]陈力祥,祝梦琳.船山于杨时、程朱体用视域下《西铭》主旨争讼之辨正[J].中国哲学史,2021(01):67-73.

[180]谷继明.张载与王夫之关于乾父坤母说的政治哲学差异[J].人文杂志,2021(01):45-52.

[181]李睿.从"创造性诠释"到"还原性解读"——关于宋明理学张载《西铭》诠释模式的反思[J].唐都学刊,2021,37(02):67-72.

[182]杨超逸.践形闺庭内 位育天地间——船山《西铭》题解之"孝"探微[J].船山学刊,2021(03):42-55.

[183]葛薇.张载"民胞物与"思想对师德两难困境消解的启示[J].教师教育论坛,2021,34(02):29-31.

[184]高贵朋.张载《西铭》对孟子思想的继承与发展[J].理论界,2021(07):85-90.

[185]田治国,潘晴.国家公园社区冲突缓解机制研究——基于"民胞物与"理论[J].常州大学学报(社会科学版),2021,22(03):108-116.

[186]崔靖晨.找回教育中失落的自然之维——来自张载民胞物与思想的启示[J].扬州大学学报(高教研究版),2021,25(03):47-51.

[187]任俊华,胡丹丹.儒学"民胞物与"的生态伦理精神[J].船山学刊,2021(04):102-112.

[188]任惠云.民胞物与 天人合一[J].人与自然,2021(8):3-3.

[189]王杰.仁民爱物、民胞物与的生态智慧(一)[J].月读,2021(08):53-63.

[190]王杰.仁民爱物、民胞物与的生态智慧(二)[J].月读,2021(09):57-64.

[191]王杰.仁民爱物、民胞物与的生态智慧(三)——仁者智者的山水之乐[J].月读,2021(10):51-58.

[192]王杰.仁民爱物、民胞物与的生态智慧(四)——古人对自然万物的崇拜[J].月读,2021(11):49-56.

[193]王杰.仁民爱物、民胞物与的生态智慧(五)[J].月读,2021(12):45-59.

[194]伍金霞.《西铭》释义流变探析[J].衡阳师范学院学报,2021,42(04):31-38.

[195]海涛.张载《西铭》[J].月读,2021(09):25-29.

[196]李彬.论二程对《西铭》诠释之差异:从"万物一体"到"理一分殊"[J].船山学刊,2021(05):66-75.

[197]吴瑶.《西铭》"称"之意涵再探——从"乾称父,坤称母"说起[J].哲学门,2021,21(01):69-83.

[198]王倩,郭晓蓓.从"民胞物与"到人与自然和谐共处[J].消费导刊,2021(17):121.

[199]乔玉清,郭晓蓓.从"民胞物与"思想看人与自然和谐共生[J].商情,2021(14):274.

[200]贺雯,郭晓蓓.张载"民胞物与"思想的伦理价值解析[J].文存阅刊,2021(9):15.

[201]武锦,郭晓蓓.张载"民胞物与"思想对生态文明建设的启示[J].环球市场,2021(7):249.

[202]吕德禧,郭晓蓓.张载"民胞物与"思想对当代生态文明建设的启示[J].文存阅刊,2021(20):208.

[203]张悦,马圆圆,郭晓蓓."民胞物与"思想对青少年树立生态伦理观的启示[J].环球市场,2021(7):302.

[204]李瑶鹏,郭晓蓓.张载"民胞物与"思想对当代生态文明建设的启示[J].魅力中国,2021(14):288.

[205]林世蒸,向阳,郭晓蓓."民胞物与"对大学生树立正确生态文明观的启示[J].魅力中国,2021(16):354.

[206]张嘉龙,郭晓蓓.张载"民胞物与"思想对当代生态文明建设的启示[J].环球市场,2021(7):268.

[207]周博.民胞物与:生态设计与差序伦理[J].美术观察,2022(01):18-19.

[208]王杰.仁民爱物、民胞物与的生态智慧(七)[J].月读,2022(02):37-44.

[209]王润港.人类命运共同体视域下"民胞物与"思想的生态伦理探赜[J].西部学刊,2022(05):140-144.

[210]张莹莹.《西铭》中的"天人合一"思想研究[D].吉林大学,2022.

[211]宋从.朱子《西铭》诠释研究[D].江西师范大学,2022.

[212]肖娟.民胞物与,敬天爱人[J].中关村,2022(08):76-77.

[213]李凯旋.宋明理学语境下的《西铭》诠释研究.[D]西北大学,2023.

[214]王佃晓.清代民国时期的《西铭》诠释研究.[D]西北大学,2023.

【韩国】

[1] 이향준.(2005).「서명(西铭)」의 은유적 구조.철학,(84),7-32.

[2] 戴瑞坤.(2007).试论张载〈西铭〉儒与家核心价值关系동아인문학,(12),439-454.

[3] 황쥐밍,Zhuo-ming.(2009).试论张载哲学思想对韩国儒学的影响.중국학,(32),297-306.

[4] 주용성.(2010).퇴계의 서명관(西铭观을 통한 자기중심적 문화비판-<서명도(西铭图와 <서명고증강의(西铭考证讲义를 중심으로-.유교문화연구,1(16),123-152.

[5] 이철승.(2012).<서명>에 나타난 어울림 사상의 논리 구조와 의의.동양철학연구,(69),303-328.

[6] 성동권.(2015).退溪의 西铭考证讲义에서 乾坤父母研究.퇴계학논집,(17),363-389.

[7] 정환희.(2017).정이와 양시,『西铭』을 논하다.인문학연구,(28),259-282.

[8] 추제협.(2017).장재의「서명」에 대한 이황의 독법,구인지학(求仁之学윤리적 실천의 문제를 중심으로-.유학연구,(40),31-52.

[9] 정환희.(2018).장재(张载의 공부론 연구―「동명(东铭)」을 단초로 하여.인문학연구.제30집.205-225 (21page)

[10] 조남호.(2019).장재의 기학(气学과 수양공부론.서강인문논총,54,169-201.

［11］정환희.(2021).만물일체와 리일분수 -「서명」을 바라보는 두 시선과 그 공부론.교육사상연구,35(3),93-110.

［12］이현선.(2021).이이의 기질변화론 고찰 - 장재 수양론과 대조를 중심으로.율곡학연구, 제45권.69-99.

［13］장윤수.(2022).퇴계 이황과 조선시대 성리학자들의 <西铭> 담론.퇴계학보,(151),5-44.

［14］서근식.(2022).퇴계(退溪) 이황(李滉)의 인(仁)에 대한 해석 연구 -『논어석의』,『연평답문』과『연평답문질의』,『성학십도』「인설도」를 중심으로 -.한국철학논집,(73),63-88.

《东铭》
（共 5 篇）

【中国】

［1］赵映蓉.记邓石如《张横渠东铭》屏补缺轶事［J］.文史杂志,2003(05):31-33.

［2］魏涛.张载《东铭》之思想史意义及其价值发微［J］.河北师范大学学报(哲学社会科学版),2011,34(1):20-24.

［3］刘莹,米文科.张载《东铭》与明清儒学的转向［J］.唐都学刊,2012,28(06):32-35.

［4］刘兆玉,魏涛.张载《东铭》思想探析［J］.郑州轻工业学院学报(社会科学版),2013,14(3):44-47.

［5］丁为祥,王星.从"六有"到"东铭":张载哲学的另一层面［J］.人文杂志,2019(12):21-27.

后　记

　　我自幼喜读中国古典哲学书,于先秦诸子,用力尤多。然直到2002年进入业师刘学智先生门下学习之后,方才对中国哲学有了较深的了悟。二十年来,我虽于儒释道各家均有涉猎,然受现实条件限制,学无定方,时而《周易》,时而道家道教,时而藏传佛教,正是在这种变动中,大致形成以儒释道与藏汉文化关系为基本范围的治学畛域。虽说如此,而其实也不过是对道家之庄子、儒家之韩邦奇、佛教之宗喀巴略为深入而已。直至近十年来,因年龄增长之故,始由"出入佛老"而"返之六经",把儒家作为自己在传统文化上的精神依托和价值归向,并将张载关学作为自己学术研究的重点。而《张载〈西铭〉〈东铭〉诠评汇纂》一书,即是我近年从事张载关学文献整理的研究成果之一。

　　对于张载的著作,我在十年前读硕士、博士的时候也曾认真研读过,但对张载关学的正式研究,是以对韩邦奇的文献整理和学术研究为切入点的。十多年前,西北大学出版社启动《关学文库》项目,我负责编校其中的《韩邦奇集》和撰写《韩邦奇评传》,这是我对关学研究的正式起点。在对韩邦奇的研究中,特别是在对其进行关学史定位的研究中,我进一步认识到关学史文献研究的必要性,于是在完成上述任务后,又把对关学谱系文献的研究作为重点,先后考察了《关学编》及其补续文献的版本源流及相关著者的撰述立意,撰成《新订关学编》,算是对这一阶段研究的阶段性总结。进而在对关学发展史的研究中,我思考了关学有没有历史下限的问题,意识到关学的发展虽然有其阶段性,但只要后世有继承有发展,就不存在下限的问题,于是又对晚清民国的关学研究文献做了考察,和业师刘学智先生一起编成三卷本的《二十世纪前期关学研究文献辑要》,对关学从古代到近现代的研究范式转化历程做了考察。近年来,我在对关学史的研究过程中,愈发深刻感受到张载在关学及宋明理学中之重要,遂又将重心转移到对张载的文献整理与学术研究,并有意在此基础上,重新审视张载之学在历史上的地位和影响。

　　在我看来,现代从哲学学科角度对张载的研究固然有其价值,但对张载的哲学研究,并不能概括张载研究的全部;哲学角度的研究,也未必能把握住"张载之学"的主题。在历史上,"张载之学"从来就不等于单纯的张载哲学,而是融张载的思想学说、精神境界、人格气象为一体的学问统称。从价值取向和立身功夫上来看,"张载之学"的内容虽然博大精深,但其目标是明确的,这就是他说的:"学者,学所以为人"(《语录》中)。"张载之学",正是围绕着这一目标展开的。为了实现这一目标,张载提出"人者,仁也","学者,当须立人之性","当辨其人之所谓人"。(《语录》中)张载"学所以为人"的目标,是以对人性的确立和人之所以为人的辨别为立论基础,以"学必圣人而后已"为终极指向的。他说:"圣者,至诚得天之谓",(《正蒙·太和篇》)他心目中最高的理想人格,是与天合德的圣人。然而到达圣人的境界是有次第的,即由善人、有恒者而君子,由君子而大人,由大人而圣人。而要完成这一修养次第,其立足点就是他主张的"穷理尽性,以至于命","知礼成性,变化气质"。而这一理想人格及其境界功夫的标志,就是张载所提出的"为天地立心,为生民立道,为去圣继绝学,为万世开太平"(《语录》中)的"四为"志向和"言有教,动有法;昼有为,宵有得;息有养,瞬有存"(《正蒙·有德篇》)的"六有"准则。这两个方面的进一步展开,则是张载最重要的著作《正蒙》中的两篇:《西铭》《东铭》。因而,要考察张载之学在历史上的价值和影响,首先就要把握住"四为"和"六有",并且将《西铭》《东铭》在历史上的价值和影响作为起点。这也就是我之所以搜集整理历史上不同时期、不同学人关于张载"二铭"众多文献的初心和原因。

同时,在多年的教学生涯中,我也逐渐认识到中国哲学专业后续人才培养的不易。与其他专业研究人才培养不同,中国哲学专业研究人才的培养,需要做更多的奠基性工作。但由于多方面原因,现在刚入门的中国哲学专业研究生或初学者,大都对繁体字认识不多,与古典文献接触甚少,故而古典文献的搜求、整理、阅读、点校能力普遍较弱。这无形中限制了中国哲学研究生面对古典文献的阅读水平,也在一定程度上制约了他们的哲学研究能力。为了提升和培养哲学专业研究生对古典文献的驾驭能力和哲学专业的素养,我在教学中逐渐摸索出一条路子,那就是中国哲学专业人才培养必须和导师的研究重点结合起来,师生一起向科研方向攻关,只有确立了共同的研究目标,确定了合理的分工协作,才能把教学和科研统一起来,才能把师生的科研力量凝聚起来,然后付诸集体性的实践训练,才能突破传统教科书的有限视域,在面对古典文献的整理阅读中开拓出新的学术成长空间。我把这种方式称作"中国哲学专业研究人才的师承制培养模式",而对张载"二铭"诠评文献的搜集整理,就是我对这种研究培养方式的一次实践性的尝试。

在这次尝试中,我首先提出与张载"二铭"相关的一组问题:张载的《西铭》和《东铭》,在历史上发生了怎样的影响?当时和后世的学者,如何评价"二铭",如何在不同的语境下对"二铭"做出新的诠释?在当今我们又如何评价"二铭",并对其做出合乎时代的阐释?围绕着这一组问题,我做了一些思考,并与门下王佃晓、李凯旋商议,确定了他们两个的专业研究重点,李凯旋主要围绕宋元明时期的文献,对以上问题作考察;而王佃晓则主要围绕清代民国的文献,对以上问题做考察。由于文献资料的搜集、汇编是学术研究的基础,于是我起草了基本文献书目,划定了大致的文献范围,指导他们分别重点从宋元明、清代民国两个时段去搜集整理阅读文献。随后,西北大学哲学学院中国哲学专业研究生张琪、韩师悦、石俏俏、李昊然、陈戈、王磊、张婧、张钊维,以及南京大学历史学院中国思想史专业研究生张琳笛,也都先后投入其中,为文献的搜求做了不少工作。经过五年多的艰苦训练,他们的古典文献搜集、整理、点校、阅读能力得到了大幅度的提高,学术视域也得到了极大的拓展。而这一点,是仅仅通过中国哲学史教材和中国哲学原著选读的讲授得不来的,只有通过实际的文献训练,才能达到这一点。

同时,在对文献的搜求和研读过程中,我们原来的研究视域也得到了进一步的拓展。最初,我们将考察仅仅着眼于中国的范围之内,然而在对文献的搜求中,我们也发现在韩国、在日本,也有大量关于张载"二铭"的传述文献。据目前所见,中国对张载"二铭"的传述时段较久,从张载开始,历宋元明清到民国,八百余年间传述张载"二铭"的学人有600多位;韩国李氏朝鲜王朝(1392—1910)传述"二铭"的时间次之,五百余年间论及"二铭"的学人有240多位,日本德川幕府时期(1603—1868)虽然时间只有二百余年,但传述张载"二铭"的重要学者也有10多位。合计起来,传述"二铭"的学人已经达到850家,直接引用文献1000余种,其中逐句解释的专书94部,通篇论述的专论240多篇,问答对话130多篇,其他短句、叙事、以及称引"二铭"的诗文,亦有1800余节,字数120多万。以文献的内容来看,其中有对"二铭"传承中的人物、事件作出叙述记载的,有对"二铭"的地位、主旨、渊源、结构、文体、影响进行总体评价的,有以章句、训诂、问答、书札、别纸等形式对"二铭"篇章句字做出诠释的,有在文章以及诗词楹联中称引"二铭"的,还有对前人论述进行类编汇纂的,形式可谓丰富多样。张载"二铭"在历史传述中具有如此丰厚的数量,如此多样的形式,无疑是超乎我们原来的想象,也是令人感叹惊讶的。需要说明的是:由于我们的学力和视域所限,且不懂韩文、日文和喃文,因此目前所见的中、朝、日汉籍文献还是不完善的,而对越南文献的考察还没有展开。但就目前所见传述张载"二铭"汉籍文献的丰厚度而言,已经说明了早在宋元时期,张载之学的传播已经走出关中,走向全国;早在明清时期,张载之学已经迈出国门,传播流衍到朝鲜、日本,并发生了广泛、持久、深远的影响。所以说在哲学思想史上,张载不仅是关学的创立者,而且是对全国乃至对东亚具有国际影响的哲学家、思想家,应该是不成问题的,而这一点也得到了"二铭"文献的有力支持。就当前的关学研究而言,还受到一种传统观念的制约:即张载关学主要是依附程朱理学而得以发展的;张载关学的影响,似乎也主要局限在西北隅的关中一带。然而上述文献的"发现",无疑会对以上观念提出质疑。故而这一发现,是令人鼓舞的,也是令人振奋的。

因为以上的原因,我们决定首先将中韩日三国历史上对张载"二铭"诠释、评述的汉籍文献予以系统、全面的搜集整理,以为张载之学的专业研究和普及传播做一些文献基础工作。而这一点,也得到西北地区长期关注支持张载关学研究的著名出版社——西北大学出版社的大力支持。长期以来,西北大学出版社把关学著作的出版作为重要出版项目,前些年不仅出版了关学文献大型丛书《关学文库》,近年来在关学文献整理和学术研究上一直持续地给予关注和支持。在图书市场竞争日益激烈的情况下,这种精神是难得可贵的。在本书的编纂和出版过程中,西北大学出版社马来社长、张萍总编多次给予关心指导,副社长桂方海先生、副总编张运琪先生具体筹划了本书的出版事宜,而西北大学出版社特聘编辑马平先生则认真审阅了本书统稿,不仅提出了不少修订意见,而且为本书所涉及学者和地名加了专名线,以帮助阅读为本书增色不少。

还需要提及的是,对张载"二铭"诠释、评述文献的编纂,也得到陕西省社会科学界名誉主席赵馥洁先生,陕西师范大学资深教授刘学智先生,四川大学国际儒学研究院院长舒大刚先生,北京大学知名教授张学智先生,浙江大学知名教授董平先生,韩国大邱教育大学校哲学教授张闰洙先生,以及北京大学哲学系杨立华教授、中国社会科学院哲学所刘丰研究员、山东曲阜孔子研究院孔德立教授等国内外专家学者的的支持和关注。赵馥洁先生虽已八十余岁高龄,仍不辞劳苦,为本书题辞。这种勉励后学、提携后进的学术胸怀,是对我们这个研究团队的极大鼓励。另外,在资料的搜集过程中,韩国大邱教育大学校张闰洙教授、中国人民大学曾丙健教授、四川省新文人画院学术院长孙亚军先生、陕西社会科学院的刘泉博士也给与了大力支持和热忱相助;西北农林科技大学王海成教授,宝鸡文理学院米文科教授、张波教授,西藏民族大学杨胜利教授,审读了全稿并提出了不少中肯的建议和意见。这种基于学问友情的帮助,也是令人难以忘怀的。我的妻子、西藏民族大学马克思主义学院思想政治教育专业副教授梁军莉女士,也为本项研究的顺利开展付出了辛勤的劳动。

对张载"二铭"文献的搜集整理,是一项极其琐碎而艰苦的工作。此如大海寻针,有所见,必有所不见,其中疏漏在所不免,相关考证也难免有错误缺憾。作为对张载"二铭"文献的搜集整理的一部尝试性成果,此书是我所带领的关学研究团队的集体研究成果;但因为我是这一工作的总体主持者,所以凡是文中出现的问题,概由我一人负责。关学文献的搜集整理和研究,路仍然很长;其中的不足和缺陷,也请方家给予批评指正。

柏　麓
2024 年 11 月
于西北大学关学研究院